Kingsley Amis · Jim im Glück

KINGSLEY AMIS

Jim im Glück

ROMAN

AUS DEM ENGLISCHEN
VON
STEFFEN JACOBS

MIT EINER EINLEITUNG
VON
DAVID LODGE

HAFFMANS VERLAG
BEI ZWEITAUSENDEINS

Die englische Erstausgabe erschien 1954
unter dem Titel »Lucky Jim« bei Victor Gollancz in London.
© 1953 Kingsley Amis.
Die deutsche Erstausgabe erschien 1957 in der Übersetzung von Elisabeth Schnack
unter dem Titel »Glück für Jim« im Verlag Die Arche Zürich.

Das Vorwort von David Lodge erschien zuerst als Einleitung zur
Penguin Ausgabe von 1992. Erstveröffentlichung mit freundlicher
Genehmigung des Autors © 1992 David Lodge. Deutsch von Steffen Jacobs.
© 2010 Tolkemitt & Haffmans Verlag.

Der Übersetzer dankt der Kunststiftung NRW in Düsseldorf
für die Förderung seiner Arbeit.

1. Auflage dieser Neuübersetzung, Frühling 2010

Copyright © 2010 Haffmans & Tolkemitt Verlag,
Alexanderstraße 7, D-10178 Berlin, www.haffmanns-tolkemitt.de

Alle Rechte vorbehalten, insbesondere das Recht der mechanischen,
elektronischen oder fotografischen Vervielfältigung,
der Einspeicherung und Verarbeitung in elektronischen Systemen,
des Nachdrucks in Zeitschriften oder Zeitungen, des öffentlichen Vortrags,
der Verfilmung oder Dramatisierung, der Übertragung
durch Rundfunk, Fernsehen oder Video, auch einzelner Text- und Bildteile.

Der gewerbliche Weiterverkauf oder gewerbliche Verleih von Büchern,
CDs, CD-ROMs, DVDs, Videos oder anderen Sachen
der Verlage Haffmans & Tolkemitt, Berlin–Zürich bedürfen in jedem Fall
der schriftlichen Genehmigung durch die Geschäftsleitung der Verlage
Haffmans & Tolkemitt, Berlin.

Umschlagbild von Edward Gorey zur Erstausgabe von 1954.
Abdruck mit freundlicher Genehmigung des
© Edward Gorey Charitable Trust. All rights reserved.
Produktion und Gestaltung von Urs Jakob,
Werkstatt im Grünen Winkel, CH-8400 Winterthur.
Satz: Fotosatz Reinhard Amann, Aichstetten.
Druck & Bindung: Ebner & Spiegel, Ulm.
Printed in Germany.

Dieses Buch gibt es nur bei Zweitausendeins im Versand,
Postfach, D-60381 Frankfurt am Main,
Telefon 069-420 8000, Fax 069-415 003.
Internet www.Zweitausendeins.de. E-Mail: info@Zweitausendeins.de.
Oder in den Zweitausendeins-Läden in Aachen, Augsburg, Bamberg,
2x Berlin, in Bochum, Bonn, Braunschweig, Bremen, Darmstadt,
Dortmund, Dresden, Duisburg, Düsseldorf, Erfurt, Essen, Frankfurt am Main,
Freiburg, Gelsenkirchen, Göttingen, Gütersloh, 2x in Hamburg, in Hannover,
Karlsruhe, Kiel, Koblenz, 2x in Köln, Leipzig, Ludwigsburg, Mannheim,
Marburg, Mönchengladbach, München, Münster, Neustadt an der Weinstraße,
Nürnberg, Oldenburg, Osnabrück, Speyer, Stuttgart, Trier, Tübingen,
Ulm, Wuppertal-Barmen und Würzburg.

In der Schweiz über buch 2000, Postfach 89, CH-8910 Affoltern a. A.

ISBN 978-3-942048-10-1

Inhalt

Einleitung
Von David Lodge

7

JIM IM GLÜCK

29

Einleitung

VON DAVID LODGE

»Jim im Glück« erschien erstmals im Januar 1954 bei Victor Gollancz. Der Band erlebte im Jahr seines Erscheinens zehn Auflagen und erreichte die zwanzigste Auflage im Jahr 1957. Ich selbst las ihn zum ersten Mal im Sommer des Jahres 1955, als lang aufgeschobenen Genuß, nachdem ich mein Englischstudium am University College London mit einem Bakkalaureusgrad abgeschlossen hatte. Dort hatte der Lehrplan mit deutlichem Abstand vor der zeitgenössischen englischen Literatur haltgemacht. Ich verschlang den Roman mit größtem Vergnügen und las auch später jeden Roman von Kingsley Amis, sobald ich ihn aus einer öffentlichen Bibliothek entleihen konnte. (Neue Belletristik sprengte damals den Rahmen meiner Möglichkeiten, und es dauerte Jahre, bis den gebundenen Ausgaben Taschenbuchausgaben folgten. Die erste Taschenbuchausgabe von »Jim im Glück« erschien erst im Jahr 1959, in Verbindung mit der enttäuschenden Verfilmung des Romans durch die Brüder Boulting.)

Im Jahr 1963 veröffentlichte ich einen der ersten wissenschaftlichen Aufsätze über Amis' Werk; er wurde später in meinen Band »Language of Fiction« (1966) aufgenommen. Seitdem habe ich »Jim im Glück« zu vielen Anlässen aus meinem Bücherregal gezogen, habe in dem Band geblättert oder mich kurz darin versenkt, zu Unterrichtszwecken oder um daraus zu zitieren, aber es ist einige Zeit vergangen, seit ich ihn sorgfältig von vorn bis hinten durchgelesen habe. Als ich es jetzt tat, um mich auf diese Einleitung vorzubereiten, stellte ich fest, daß das Buch sich deutlich von dem Buch unterschied, an das ich mich erinnerte, und auch von dem, das in den meisten Abrissen englischer Nachkriegsliteratur beschrieben wird. Das liegt weniger daran, daß ich – wir – das Buch in früheren Jahren falsch gelesen hätten, als vielmehr daran, daß wir offenbar einige Elemente seiner Komposition ausgeblendet hatten.

»Der Roman, der eine ganze Generation verändert hat«, verkündet der Text auf der Rückseite meiner derzeitigen Penguin-Ausgabe. »In seiner urkomischen Parodie auf das akademische Leben machte sich Kingsley Amis mit entwaffnendem Witz über einen sehr britischen Lebensstil lustig und bereicherte die Nachkriegsbelletristik um eine neue Gestalt von bleibender Komik. Man kommt aus dem Lachen nicht heraus.« Dies ist in ihrer Art eine völlig zutreffende Beschreibung: »Jim im Glück« ist tatsächlich ein klassischer komischer Roman, ein bedeutender Campus-Roman und ein Roman, der die Stimmung einer Generation, die in den fünfziger Jahren volljährig wurde, erfaßte und zum Ausdruck brachte. Aber es steckt mehr in dem Buch als das. Das Buch ist zum Beispiel nicht *ununterbrochen* so komisch, wie man es in Erinnerung hat, oder wie es neue Leser wegen seines Rufes erwarten könnten. Es gibt viele Passagen darin, die nicht zum Kichern einladen, nicht einmal zum Lächeln. Diese Passagen haben normalerweise mit dem emotionalen Werdegang des Helden zu tun, und sie sind überraschend ernsthaft in Tonfall und Aussage. Gleich mehr dazu. Zuerst jedoch wollen wir der Komik des Buches wohlverdienten Tribut zollen.

Sie entspringt zwei Quellen, Situation und Stil, und während die Situationskomik untrennbar mit dem Stil verbunden ist, trifft das Gegenteil nicht immer zu: Der Stil kann uns auch aus eigener Kraft zum Lachen bringen. Beide sind jedoch von Amis' unfehlbarem Gespür für den richtigen Zeitpunkt abhängig: der Art, wie er die Entwicklung eines Handlungsstranges oder eines Satzes kontrolliert, um jene Kombination aus Überraschung und Logik zu erzeugen, die das Herzstück aller Komik ist. Situationskomik kommt auf exemplarische Weise in jenen denkwürdigen Szenen zum Einsatz, wo Jims Mißgeschick mit der Bettwäsche bei den Welchs geschildert wird, samt seinen Bemühungen, den Schaden zu verbergen, seine Versuche, Mrs. Welch und ihren Sohn Bertrand mit verstellter Stimme am Telefon zu täuschen, seine Entführung des Barclayschen Taxis nach dem College-Ball und sein betrunkener Vortrag über »Merry England«. All diese Episoden haben mit der Verletzung von Verhaltensvorschriften und Höflichkeitskonventionen zu tun und enthalten ein Element der Farce: Sie reihen sich in eine Tradition komischer englischer Literatur ein, die über Waugh, Wodehouse, Dickens und Fielding bis in die Restaurationszeit und zur elisabethanischen Komödie zurückreicht.

Die Komik, die Amis durch seinen Stil erzeugte, war innovativer und führte einen unverwechselbaren, neuen Ton in die englische Belletristik ein. Dieser Stil ist durch peinlichste Präzision gekennzeichnet, verschmäht aber traditionelle »Eleganz«. Er ist gebildet, aber klassenlos. Wenngleich er einen umfangreichen Wortschatz zum Einsatz bringt, vermeidet er doch alle traditionellen Stilmittel komischer Prosa – witzige Paraphrasen, ironisch-hochtrabende Literaturanspielungen, weltmännische Distanziertheit. Er ist jener Philosophie einer »gewöhnlichen Sprache« verpflichtet, die in Oxford dominierte, als Amis dort Student war. Dieser Stil wird fortlaufend mit seiner eigenen Ehrlichkeit konfrontiert und von ihr modifiziert, indem er vorgestanzte Phrasen und vorgestanzte Entgegnungen unerwartet unterläuft und in ihr Gegenteil verkehrt und auf diese Weise eine belebende Frische in die satirischen Schilderungen alltäglicher Ereignisse bringt. Die kursiven Hervorhebungen in den folgenden Zitaten aus den ersten Seiten des Romans stammen von mir:

Er hatte seinen Professor getroffen, als dieser – *überraschend genug* – vor dem Regal mit den Neuerwerbungen der College-Bibliothek gestanden hatte ...

Aus der Ferne, *aber nicht nur aus der Ferne*, erinnerten sie an die Figuren einer Varieténummer ...

Es konnte ja durchaus sein, daß er und Welch über Geschichte sprachen (...) In Augenblicken wie diesen *wünschte sich Dixon fast*, das sei wirklich der Fall.

»... und die daraus folgende Verwirrung ... also, mein Wort darauf ...«
Dixon entschied rasch, welches Wort er selbst am liebsten gebrauchen würde. Er sprach es sich im stillen vor ...

»Lach mich nicht aus, wenn ich dir sage, daß die Kommission meiner Meinung nach besser gearbeitet hat, als sie ahnte, indem sie dich ernannt hat.« *Er hatte damals nicht lachen wollen, und er wollte es auch jetzt nicht.* Was würde sie heute abend tragen? Er *konnte sich notfalls dazu bringen, alles zu loben – außer* dem grünen Kleid mit Paisley-Muster in Kombination mit den niedrigen Schuhen aus falschem Samt.

Er begann mit den Worten: »Bei der Betrachtung dieses seltsam vernachlässigten Themas.« *Dieses wie vernachlässigten Themas? Dieses seltsam was Themas? Dieses seltsam vernachlässigten was?*

Das letzte Zitat schildert Jims Selbstverhör bezüglich seines wissenschaftlichen Aufsatzes, von dessen Veröffentlichung seine berufliche Zukunft abhängt.

»Jim im Glück« war der erste englische Campus-Roman (im Unterschied zum Uni-Roman, der von den Erlebnissen junger Menschen in Oxbridge handelte) – der erste, der einen Dozenten an einer Provinzuniversität zu seiner zentralen Gestalt erkoren hatte und der eine Fülle komischen Erzählstoffes in dieser überschaubaren Welt fand. Amis' eigener Aussage zufolge war die ursprüngliche Inspiration zu dem Roman ein flüchtiger Blick in den Gemeinschaftsraum der Lehrkräfte am damaligen Universitätscollege von Leicester im Jahr 1948 gewesen, als er Philip Larkin besuchte, der dort Bibliothekar war:

> Ich sah mich ein paarmal um und sagte mir: »Himmel, jemand sollte etwas daraus machen.« Nicht, daß es furchtbar gewesen wäre – na ja, nur ein bißchen; es war sonderbar und auf gewisse Weise hochentwickelt, eine ganze Daseinsform, von der niemand draußen den geringsten Schimmer hatte.

So stellt sich der Ursprung von »Jim im Glück« in Amis' Erinnerungen (»Memoirs«, 1991) dar, aber er hat die Leicester-Anekdote schon sehr viel früher in Umlauf gebracht – vielleicht, um die Aufmerksamkeit davon abzulenken, daß das Universitätscollege Swansea, wo er von 1949 bis 1961 lehrte, eine Quelle für den Roman gewesen sein könnte. In jedem Fall begann mit »Jim im Glück« etwas Neues, die unverkennbar englische Version einer Romanform, die bis dato ein typisch amerikanisches Phänomen gewesen war. Meine eigenen Romane über das Universitätsleben, wie auch diejenigen von Malcolm Bradbury, Howard Jacobson, Andrew Davies und anderen, sind seinem Vorbild tief verpflichtet. Jim Dixons Sorge um seine berufliche Zukunft, seine Abhängigkeit von der Unterstützung eines von ihm verachteten Vorgesetzten sind wiederkehrende Motive des Genres, und mit Professor Welch (»Kein anderer Professor in ganz Großbritannien, dachte er, maß der Anrede ›Professor‹ so große Bedeutung bei«) hat Amis ein unsterbliches Porträt der Zerstreutheit, Eitelkeit, Exzentrizität und Inkompetenz in praktischen Belangen gezeichnet, das akademische Institutionen in ihrer leitenden Belegschaft zu tolerieren oder sogar zu ermutigen scheinen (zumindest ehe das Modewort »Management« in den achtziger Jahren durch die akademische Welt zu hallen begann).

Aber Hochschulpolitik im engeren Sinn, intellektuelle Streitigkeiten und Intrigen, tabuisierte Sexualbeziehungen zwischen Lehrkräften und Studenten und die sozialen und pädagogischen Dynamiken von Seminaren und Tutorien, die den Stoff der meisten Campus-Romane englischer und amerikanischer Herkunft bilden, haben wenig oder gar keinen Platz in »Jim im Glück«. Die Universität fungiert hier vorrangig als Verkörperung einer miefigen, spießigen Provinzwelt, in die der Held durch seine Ausbildung befördert wird und gegen deren Werte und Codes er – zunächst innerlich, schließlich auch äußerlich – rebelliert. Das längste und wichtigste Stück fortlaufender Erzählung erstreckt sich über sechs Kapitel und rund fünfzig Seiten des Romans und dreht sich um einen Ball – ein erzählerisches Verfahren, handelnde Figuren zusammenzubringen, das bis ins achtzehnte Jahrhundert zurückreicht und ebensogut mit anderen hierarchischen Institutionen – wie etwa einer Bank oder einer Firma – in Verbindung gebracht werden könnte.

Das führt uns zu der Frage nach der historischen und soziologischen Bedeutung von »Jim im Glück«. Im Jahr 1954 hat man den Roman als Ankunftssignal einer neuen literarischen Generation, derjenigen der Schriftsteller der fünfziger Jahre, begrüßt, die manchmal auch als »The Movement« oder »The Angry Young Men« bezeichnet wurde. Das waren zwei unterschiedliche, aber einander überlappende Kategorien. »The Movement« war eine lyrische Stilrichtung, deren unumstrittener Anführer Philip Larkin war und zu der, neben anderen Hochschullehrenden wie John Wain, Donald Davie und D. J. Enright, auch Amis selbst gehörte. Robert Conquests Anthologie »New Lines« (1956) markierte ihren Beginn, und ihre Protagonisten hatten sich bewußt zum Ziel gesetzt, die deklamatorische, surrealistische, metaphorisch stark verdichtete Lyrik eines Dylan Thomas und seiner Gefährten durch Verse zu ersetzen, die formal versiert, verständlich, von trockenem Witz, umgangssprachlich und bodenständig waren. Neben Amis schrieben mehrere andere »Movement«-Protagonisten Romane, welche die gleichen Qualitäten kultivierten. Larkin etwa, mit dem sich Amis als Student in Oxford angefreundet hatte, hatte im Jahr 1946 »Jill« veröffentlicht, und im Jahr 1947 »A Girl in Winter«, wenngleich beide Romane nur wenig Resonanz bei einem größeren Publikum gefunden hatten. Der erste dieser Romane nahm »Jim im Glück« insofern vorweg, als er einen Helden von bescheidener Herkunft vorstellte, der sich in einem universitären Milieu unbehaglich fühlt. Amis zeigte Larkin um das Jahr 1950 herum einen frühen Entwurf von »Jim im Glück«, nahm dessen Ratschlag an, überflüssige Figuren zu streichen (siehe »Memoirs«) und widmete ihm den fertiggestellten Roman.

»The Angry Young Men« war eine journalistische Wortschöpfung, die ursprünglich durch einen Leitartikel im *Spectator* in Umlauf gebracht worden war und eine Anzahl von Autoren und/oder deren fiktionale Helden bezeichnete, die Mitte bis Ende der fünfziger Jahre die literarische oder dramatische Bühne betreten hatten und mit Nachdruck ihre Unzufriedenheit mit dem Leben im zeitgenössischen England zum Ausdruck brachten. Zu ihnen zählten John Osborne/Jimmy Porter (»Look Back in Anger«), Alan Sillitoe/Arthur Seaton (»Saturday Night and Sunday Morning«), John Braine/Joe Lampton (»Room at the Top«) und Kingsley Amis/Jim Dixon. Die Kategorie wurde alsbald ausgeweitet, so daß sie quasi jeden interessanten neuen jungen Schriftsteller aufnehmen konnte, der des Weges kam – zum Beispiel Colin Wilson, dessen existentialistisches Traktat »The Outsider« mit den oben genannten Werken nicht das Geringste gemein hatte. Amis hat sich explizit gegen das Etikett »Angry Young Man« verwahrt, aber es blieb, wie das bei solchen Dingen der Fall zu sein pflegt, an ihm haften.

Obwohl diese Schriftsteller in den fünfziger Jahren die Szene betraten, waren ihre Ausbildungsgänge und Karrieren in vielen Fällen durch den Zweiten Weltkrieg unterbrochen worden, und ihre prägende Zeit waren eigentlich die vierziger Jahre gewesen. Wenn man »Jim im Glück« sorgfältig anschaut, wird klar, daß es sich um einen Roman *über* die vierziger Jahre handelt und daß er deutlich im Schatten des Krieges liegt. Jims allzu begeisterter Student Michie ist ein ehemaliger Militärangehöriger, »der vorher bei der Armee gedient und in Anzio eine Panzertruppe kommandiert hatte. Dixon war hingegen als Luftwaffenkorporal in Westschottland stationiert gewesen.« Jim bewahrt sein Vortragsmanuskript in einem alten Luftwaffenordner auf und stellt sich die Straßen und Plätze Londons vor, indem er »sich an einen Wochenendurlaub während des Krieges« erinnert. Sogar Welch merkt in ungewohntem Mitgefühl an: »Nach einem Krieg kann man etwas anderes wohl kaum erwarten«, als daß es jungen Männern nicht ganz leicht fällt, sich in eine Stelle einzufinden.

Im Text werden keine expliziten Daten genannt. Der Roman kann nicht später als 1951 spielen, da eine Labour-Regierung an der Macht ist. Bertrands Bemerkung über deren Unfähigkeit, »die Wogen zu glätten«, könnte ein Hinweis auf die persische Ölkrise jenes Jahres sein*. (In seinen Memoiren schreibt Amis diese Witzelei Dylan Thomas zu und beschuldigt ihn, sie einstudiert zu haben, um in Swansea ein aus Universitätslehrern und Studenten zusammengesetztes Kneipenpublikum zu beeindrucken.) In diesem Fall wäre die Handlung im Sommertrimester des Jahres 1951 anzusiedeln, aber wir wissen, daß Amis bereits früher an dem Roman gearbeitet hat. Entscheidend ist, daß die Atmosphäre des Romans, obwohl er veröffentlicht wurde, als die im Jahr 1951 gewählte Tory-Regierung bereits seit einiger Zeit Konsumdenken und freies Unternehmertum ermutigte, klar auf ein sozialistisches, »schmuckloses« Großbritannien der vierziger Jahre schließen läßt, als es durchaus glaubhaft war, daß ein junger Universitätsdozent nur drei Hosen besaß, in einer Pension lebte, seiner Wirtin sein Bezugsscheinbuch aushändigte, nicht einmal davon träumte, ein eigenes Auto zu besitzen und – nicht

---

* A. d. Ü.: Die Redewendung lautet im Englischen »to pour water on troubled oil«, also wörtlich übersetzt ungefähr »Wasser auf bewegtes Öl gießen«.

aus gesundheitlichen, sondern aus finanziellen Gründen – besorgt seinen Zigarettenkonsum zählte.

Aus demselben Grund weist der Lebensstil der Welchs auf das Bürgertum der Vorkriegszeit hin. Sie leben in einem Haus, das sich eines »Musikzimmers« rühmen kann und haben ein »Hausmädchen«. (Dieser für einen Geschichtsprofessor an einer Provinzuniversität unübliche Wohlstand wird erklärt, indem Mrs. Welch private Einnahmen zugeschrieben werden.) Die beiden Söhne der Welchs, der »bärtige malende Pazifist« Bertrand und der »effeminierte schreibende« Michel, scheinen in vielerlei Hinsicht Relikte einer Vorkriegs-Boheme zu sein. Genaugenommen ist Bertrands Pazifismus nur schwer mit dem Toryismus vereinbar, den er in seinen politischen Auseinandersetzungen mit Jim an den Tag legt. Jims Sozialismus, andererseits, ist ideologisch nicht anspruchsvoll: »Wenn ein Mann zehn Brote hat und ein anderer zwei, und einer von beiden muß ein Brot abgeben, dann nimmt man es doch sicherlich von dem Mann mit zehn Broten.« Es kann nicht gänzlich überraschen, daß Amis und seine Helden sich genau in dem Moment gegen eine fortschrittliche Politik wandten, als das – wie in den sechziger Jahren geschehen – schick wurde (siehe seinen Essay aus dem Jahr 1967, »Warum Jim im Glück jetzt ein Rechter ist«); im Grunde kann man in Jims stillschweigender Übereinstimmung mit Beesley über den Verfall von Bildungsstandards bereits eine Vorahnung des Slogans »Mehr ist weniger« erkennen, den Amis später auf die Erweiterung der Universitäten anwandte. Die linke Einstellung in »Jim im Glück« ist, kurzum, eine gefühlsmäßige, intuitive Angelegenheit und hat mehr mit Klassenzugehörigkeiten und Manieren zu tun, als mit Politik im engeren Sinn.

Es war in den vierziger Jahren landläufige Meinung, daß der Zweite Weltkrieg, der »Krieg des Volkes«, der erdrutschartige Sieg der Labour-Partei bei den Wahlen von 1945 und die Einrichtung des Sozialstaates inklusive kostenlosen Besuches höherer Schulen und Universitäten die englische Gesellschaft von Grund auf demokratisiert und sie zu ihrem Besten von Klassengegensätzen und Ungleichheiten befreit habe. Aber für viele junge Menschen, die in der Nachkriegszeit aufwuchsen und vom Bildungsgesetz des Jahres 1944 profitierten, sah es so aus, als ob die alte Vorkriegsoberschicht noch immer ihre privilegierte Stellung innehabe, da sie nach wie vor die Führungsetagen des sozialen und kulturellen Lebens dominierte. Für mich und viele andere war es der Wehrdienst in der Friedensarmee, der uns die Augen für diesen Umstand öffnete. Für Jim Dixon war es der Antritt einer Hochschulstelle zu einer Zeit, als alle Provinzuniversitäten kleine Oxbridges waren, die die alten Universitäten nachäfften und ihren Lehrkörper größtenteils aus deren Absolventen rekrutierten.

Jim fühlt sich unbehaglich und deplaziert an der Universität, weil er im Innersten seines Herzens nicht an deren sozialen und kulturellen Werte glaubt, lieber Popmusik als Mozart hört, lieber in Pubs als in Salons seine Abende verbringt und nicht-akademische Gesellschaft der akademischen vorzieht. Als er einer nicht sonderlich attraktiven Barfrau ins Gesicht schaut, während er Margaret ein Getränk holt, denkt er »wie sehr er sie mochte und wie viel er mit ihr gemein hatte und wie sehr sie ihn mögen würde und mit ihm gemein hätte, wenn sie ihn nur kennen würde«. Als Dozent kommt er sich wie ein Schwindler vor. Seine Studenten »stehlen mir die Zeit, und ich stehle sie ihnen«. Warum hat er diesen unangenehmen Beruf überhaupt ergriffen? Er gibt eine aufschlußreiche Antwort, als ihm Beesley ebendiese Frage stellt: »daß ich das Gefühl habe, nicht für den Schuldienst zu taugen und so weiter«. Als er jedoch seinen Posten an der Universität verliert, bereitet sich Jim so resigniert darauf vor, eine Stelle als Lehrer (an seiner eigenen früheren Schule) anzunehmen, als gäbe es dazu keine Alternative. Ungezählte junge Geisteswissenschaftler schlugen in den vierziger und fünfziger Jahren eine Laufbahn im Schuldienst ein, nicht, weil sie sich dazu berufen gefühlt hätten, sondern weil der Zugang zu anderen geisteswissenschaftlichen Tätigkeitsfeldern – Verwaltungsdienst, diplomatischer Dienst, Jura, Verlagswesen etc. – immer noch von einem Netzwerk aus ehemaligen Privatschul-Oxbridge-Absolventen kontrolliert wurde. Sie waren ideale Leser von »Jim im Glück«.

Nirgendwo wird Jims Verachtung für die Protokolle und Pietäten des Hochschullebens so scharf zum Ausdruck gebracht wie in seinem (teils schon zitierten) Privatkommentar zu dem wissenschaftlichen Aufsatz, den er zu veröffentlichen hofft.

> Dixon hatte Dutzende solcher Aufsätze gelesen oder zu lesen angefangen, aber seiner erschien ihm in der Art, wie er sich von seiner eigenen Nützlichkeit und Bedeutung überzeugt zeigte, schlimmer als die meisten anderen. Er begann mit den Worten: »Bei der Betrachtung dieses seltsam vernachlässigten Themas«. Dieses wie vernachlässigten Themas? Dieses seltsam was Themas? Dieses seltsam vernachlässigten was? Daß er all das gedacht hatte, ohne das Manuskript anzuzünden oder sich darauf zu übergeben, machte ihn in seinen Augen zu einem Heuchler und Idioten. »Lassen Sie mich nachdenken«, sagte er und gab vor, sein Gedächtnis bemühen zu müssen: »Ah ja, ›Der ökonomische Einfluß der technischen Entwicklung im Schiffsbau von 1450 bis 1485‹.«

Der Unterton von Selbstanklage in dieser Passage ist von entscheidender Bedeutung. Während des Großteils der Romanhandlung findet Jims Rebellion gegen bürgerliche Werte und Institutionen nur in Gedanken statt, oder wird physisch allein durch groteske Grimassen zum Ausdruck gebracht, die er schneidet, wenn er sich unbeobachtet glaubt. Sein Verlangen, gegen seine Unterdrücker mit Gewalt vorzugehen, entlädt sich in harmlosen, kindischen Privatfantasien (was diese um nichts weniger komisch macht) – Welch mit den Füßen voran in eine Toilettenschüssel zu stecken, ihm eine Flasche über Kopf und Schultern zu ziehen, eine Perle in Margarets Nase zu drücken etc. Nach einer dieser Fantasievorstellungen überlegt Dixon traurig, daß er Welch niemals werde »sagen können, was er ihm sagen wollte, so wenig, wie er das jemals bei Margaret tun konnte«. Die erste Gelegenheit, bei der Jims innere und äußere Rede exakt übereinstimmen, ist gekommen, nachdem er mit Bertrand gekämpft und ihn niedergeschlagen hat.

> Der verfluchte alte Totempfahl mit Hundeschnauze und Demutsgesicht in einem abgewrackten Reservat, dachte Dixon. »Du verfluchter alter Totempfahl mit Hundeschnauze und Demutsgesicht in einem abgewrackten Reservat«, sagte er.

Danach nehmen Dixons Geschicke einen besseren Lauf, auch wenn zunächst das Gegenteil der Fall zu sein scheint. In seinem betrunkenen Vortrag über »Merry England« bringt er erneut, wenn auch unfreiwillig, sein wahres Selbst zum Ausdruck. Zwar wird er daraufhin gefeuert, doch erweist sich die Kündigung als ein Segen: Wenig später wird er von seiner emotionalen Verstrickung mit Margaret befreit. Der Job und das Mädchen seiner Träume sind seine Belohnung.

Einige Kritiker haben in der Tiefenstruktur von »Jim im Glück« ein Märchen ausmachen wollen, in dem Jim der Froschkönig, Christine die Prinzessin, Gore-Urquhart die gute Fee und Margaret die Hexe ist. Aber Jims Verhältnis zu den beiden Frauen ist subtiler und komplexer, als dieser Vergleich nahelegt. Es bildet den ernsthaftesten Handlungsstrang des Romans und wird in den Kapiteln, die zu Jims Kampf mit Bertrand führen, mit besonderer Aufmerksamkeit verfolgt. Die Figur Christines erhebt sich zugegebenermaßen nur selten über ihren Archetypus: das blonde, schöne, jungfräuliche und dennoch sinnliche Objekt männlichen Verlangens, und die Gespräche zwischen ihr und Jim sind oft von peinlicher Banalität. Die dunkle, dünne, neurotische Margaret ist viel interessanter. Ihr Anspruch auf Jims emotionale Treue steht in Analogie zu dem Anspruch, den die Universität auf seine berufliche Loyalität erhebt. Genauso, wie er macht, was von einem Universitätslehrer erwartet wird – wohl wissend, daß er es ohne innere Überzeugung tut, aber unfähig, etwas dagegen zu unternehmen –, genauso fühlt er sich verpflichtet, so zu tun, als wäre er Margarets Partner, auch wenn er kein Begehren und kaum Liebe für sie empfindet. Als er sich endlich dazu überwinden kann, ihr dies offen zu sagen (in Kapitel 16), reagiert sie erst mit einem hysterischen Anfall, dann mit Entschuldigungen, »weil du absolut recht hattest mit dem, was du gesagt hast. Es ist viel besser, reinen Tisch zu machen. Ich habe mich wie eine Schwachsinnige benommen.« Man sollte meinen, daß Jim dadurch von allen weiteren Verpflichtungen gegenüber Margaret ehrenhaft entbunden wäre und frei, der vielversprechenden Nähe, die sich am Abend des Balls zwischen ihm und Christine eingestellt hat, weiter nachzugehen. Und doch bleibt er seltsamerweise an Margaret gebunden. Kurze Zeit später beschuldigt ihn Bertrand wütend, daß er ihm Christine abspenstig machen wolle. Jim hält seinen Rüpeleien stand; aber als Christine und Margaret den Raum betreten, kommt es zu dieser äußerst bedeutsamen Introspektion:

> Er sah Margaret an, und eine unerträgliche Bedrückung überkam ihn.
> Er wußte nun, was er die ganze Zeit seit dem vorangegangenen Morgen vor sich selbst zu verbergen versucht und durch seinen Streit mit Bertrand zeitweilig vergessen hatte: Er und Christine würden sich morgen nachmittag keinesfalls zum Tee treffen können. Wenn er seinen Tee mit irgendeiner anderen Frau als Miss Cutler einnehmen würde, dann nicht mit Christine, sondern mit Margaret. Ihm fiel eine Figur in einem modernen Roman ein, den Beesley ihm ausgeliehen hatte. Von dieser Figur hieß es, ein Bedauern habe sie wie eine Krankheit durchdrungen, oder so ähnlich. Das Gleichnis paßte: Er fühlte sich sehr krank.

Es gehört zu Jims Abscheu gegenüber aller hochkulturellen Affektiertheit, daß er niemals, nicht einmal sich selbst gegenüber, eingestehen kann, sich an einen Schriftstellernamen oder den Titel eines Buches, das er gelesen hat, zu erinnern. Aber es besteht wenig Zweifel daran, daß ihm hier Graham Greenes »Das Herz aller Dinge« (»The Heart of the Matter«, 1948) durch den Kopf geht. Die größte Ähnlichkeit zu dem zitierten Gleichnis findet sich freilich in Greenes »Am Abgrund des Lebens« (»Brighton Rock«, 1938), wo »ein Stechen des Verlangens ihn [Pinkie Brown] beunruhigte wie eine Krankheit«. Aber es ist »Das

Herz aller Dinge«, in dem der Held von einem Gefühl des Bedauerns beherrscht und schließlich zerstört wird. Das Wort »Bedauern« kommt unzählige Male in dem Roman vor, oft in Gleichnissen wie dem von Jim Dixon unvollständig erinnerten (z. B.: »Bedauern glomm wie Fäulnis in seinem Herzen«). Als Amis als angehender Baccalaureus Litterarum zwischen 1947 und 1949 in Oxford studierte, wurde er, so unwahrscheinlich das klingt, von einer argentinischen Universität beauftragt, ein Buch über Graham Greene zu schreiben. Das Projekt verlief im Sande, und man kann aus der Tatsache, daß der akademische Scharlatan »L. S. Caton«, der Jims Aufsatz plagiiert, einen Lehrstuhl in Argentinien erhält, auf die Meinung schließen, die Amis von seinem potentiellen Verleger hatte. Aber es ist gewiß, daß Amis ausgedehnte Greene-Lektüre betrieben hat und »Das Herz aller Dinge« bereits kurz nach dessen Erscheinen gelesen haben muß, als sein eigener erster Roman noch heranreifte.

Es lassen sich nur schwer zwei moderne Romanautoren finden, die weniger gemeinsam haben als Kingsley Amis und »Grimmiges Grinsen« (so wird Greenes Name in Amis' »I Like It Here« verballhornt). Aber genau darum geht es natürlich. In den späten vierziger Jahren war Greene der wohl meistgeachtete lebende Romanautor Englands, und der Erfolg von »Das Herz aller Dinge« besiegelte diesen Ruf. Er war exakt die Art von Gestalt, an der sich ein aufstrebender junger Schriftsteller messen konnte, die zu ersetzen oder zumindest von der zu unterscheiden er sich erhoffen konnte. »Jim im Glück« ist eine komische Umkehrung des tragischen »Das Herz aller Dinge«. Amis' Held erlangt Glück und Zufriedenheit, indem er das Bedauern und die Schuld abwirft, die Greenes Scobie zerstören. (Es ist vielleicht eine Anmerkung wert, daß Amis' sich auf seinen Helden – obwohl ich ihn, wie die meisten Kritiker, liebevoll und familiär »Jim« nenne – im gesamten Roman mit dessen Nachnamen bezieht, so wie es auch Greene in »Das Herz aller Dinge« tut.) Viele Formulierungen, die Scobies Gefühle gegenüber seiner zänkischen Frau beschreiben, würden ebensogut auf Jims Gefühle gegenüber Margaret passen: »Bedauern und Verantwortungsgefühl erreichten die Intensität einer Passion«; »das schrecklich ohnmächtige Gefühl von Verantwortlichkeit und Bedauern«; »ihn band das Pathos ihrer Unattraktivität an sie«. Selbst jener essentiell Greensche Satz: »Er empfand die Loyalität, die wir alle angesichts der Traurigkeit empfinden: das Gefühl, daß dies der Ort ist, an den wir wirklich gehören«, scheint auf Jim anwendbar zu sein, als er seine glücklose Verbindung mit Margaret wieder aufnimmt. Margaret selbst ist in dieser Szene überraschend ehrlich, sogar großzügig, was die Absonderlichkeit von Jims Verzicht auf Christine noch erhöht:

> »Du hättest mit ihr sehr viel mehr Spaß, als du mit mir jemals hattest.«
> »Das mag schon sein. Tatsache ist aber, daß ich bei dir bleiben muß.« Er sagte das ohne Bitterkeit, und er empfand auch keine.
> Ein Moment der Stille trat ein, ehe sie antwortete: »Mir liegt nichts an dieser Art von Verzicht. Du wirfst sie wegen deiner Skrupel weg. Nur ein Dummkopf handelt so.«
> Diesmal verging eine Minute oder mehr, ehe einer der beiden sprach. Dixon hatte das Gefühl, daß seine Rolle in diesem Gespräch – wie überhaupt in seiner gesamten Beziehung zu Margaret – von etwas bestimmt war, das zwar außerhalb seiner selbst lag, aber auch nicht direkt in ihr. Er empfand

mehr denn je, daß alles, was er sagte und tat, nicht aus innerer Bereitschaft erwuchs, nicht einmal aus Langeweile, sondern aus einer Art situativen Gespürs. Aber woher kam dieses Gespür, wenn er augenscheinlich keine Bereitschaft dazu empfand?

Es kommt natürlich aus Jims Gewissen, aus einer Art blasser, säkularisierter Version der christlichen Selbstaufopferungsmoral, die in Greenes Scobie so übermäßig entwickelt ist, und aus einer Furcht, gegen ihre Gebote zu verstoßen. Deshalb sagt Jim später zu Christine: »Und ich bleibe bei Margaret, weil ich nicht den Mumm habe, mich von ihr zu lösen und sie für sich selbst sorgen zu lassen. Also tue ich das, anstatt das zu tun, was ich will, weil ich nämlich Angst davor habe.«

Was als nächstes geschieht, ist, daß Jim durch zwei Wendepunkte der Handlung von seiner selbstauferlegten Loyalität gegenüber der Traurigkeit erlöst wird. Erstens wird er durch Gore-Urquharts Angebot, eine Stelle als dessen Privatsekretär anzutreten, von einer unbefriedigenden Hochschullaufbahn befreit – und der Posten ist doppelt erstrebenswert, weil er von Bertrand begehrt wird und weil Jim nun in London leben kann, wie er es sich erträumt hat. Er ist jedoch in finanzieller Hinsicht nicht einträglicher als Jims Hochschuldozentur und sicher weniger als der Schuldienst, so daß Jims bereitwillige Zustimmung ein Zeichen seiner neuen Bereitschaft ist, Risiken in seinem Leben zu akzeptieren. Zweitens wird er aus seiner emotionalen Verstrickung mit Margaret ausgelöst, indem er durch Catchpole erfährt, daß sie den Selbstmordversuch, der ihn ursprünglich in einer von Schuld und Mitleid gekennzeichneten Beziehung an sie band, nur vorgetäuscht hat. Während Scobies Unfähigkeit, die Verantwortungsgefühle gegenüber seiner Frau, seiner Geliebten und Gott miteinander auszusöhnen, zu seinem Selbstmord führt, befreit die Entdeckung, daß Margaret nicht die Absicht hatte, Selbstmord zu begehen, Jim aus seiner Lähmung. Nun endlich handelt er nach der Devise, an die er schon immer geglaubt hat: daß nette Dinge netter sind als scheußliche. »Zum ersten Mal fühlte er wirklich, wie nutzlos es war, jemanden retten zu wollen, der im Grunde nicht gerettet werden wollte.« Er entschließt sich, auf sein Glück zu setzen – und auch auf Christines Glück:

> Sicherlich resultierte Christines normalerer, sprich: weniger schwergängiger Charakter zumindest teilweise daraus, daß sie mit ihrem Gesicht und ihrer Figur Glück gehabt hatte. Aber das war auch schon alles. Etwas dem Glück zuzuschreiben, hieß nicht, daß man es als nichtexistent oder komplett unvernünftig abtat. Christine war immer noch netter und hübscher als Margaret, und alle Schlüsse, die man aus diesem Umstand ziehen konnte, durften gern gezogen werden: Nette Dinge sind nun einmal unerschöpflich netter als scheußliche.

Ist der Gegensatz, der hier zwischen den beiden Frauen gezeichnet wird, sexistisch? Natürlich! So wie die meiste Erzählliteratur, die in den fünfziger Jahren von Männern geschrieben wurde – oder eigentlich zu allen Zeiten, wenn man nach den Maßstäben dessen urteilt, was in den neunziger Jahren des zwanzigsten Jahrhunderts »politisch korrekt« ist. Der eigentliche Einwand gegen die Darstellung Margarets besteht nicht darin, daß sie als hysterisch, hinterlistig und sexuell frigide charakterisiert wird, denn es wäre absurd, anzunehmen, daß solche Frauen niemals existiert hätten, sondern darin, daß das

Verhalten, in dem sich diese Eigenschaften manifestieren, in einer wichtigen Hinsicht ziemlich unglaubwürdig ist. Ich beziehe mich auf ihre Doppeltäuschung von Jim und Catchpole hinsichtlich ihres simulierten Selbstmordes, der die Notwendigkeit einer ärtzlichen Verschreibung dupliziert. Wie das plötzliche Eingreifen Gore-Urquharts, als er Jim eine Stelle anbietet, funktioniert auch diese Entdeckung in erzählerischer Hinsicht nur deshalb, weil sie in einem komischen Roman stattfindet, weil wir an sie glauben wollen, weil wir wollen, daß der Held von seiner Verzauberung befreit wird und sein Glück findet. Margarets Geschichte ist potentiell tragisch, aber sie wird hier nicht erzählt (sie sollte dann viele Male, und sehr eindrucksvoll, von Romanautorinnen erzählt werden).

Vielleicht kann der moralische Pragmatismus, den sich Jim Dixon schließlich zu eigen macht, nur dann aufrechterhalten werden, wenn der Protagonist Glück hat. Der Satz »Nette Dinge sind netter als scheußliche« ist kein großer Trost gegen Krankheit, Wahnsinn, Abhängigkeit, Depression und Tod. Als Kingsley Amis diesen scheußlichen Dingen gestattete, mehr und mehr Einfluß auf die Welt seiner späteren Romane Einfluß zu nehmen, wurden sie – zur Enttäuschung vieler Leser von »Jim im Glück« – zunehmend dunkler, aber auch tiefer.

D. L.

Jim im Glück

FÜR
PHILIP LARKIN

Oh, Lucky Jim,
How I envy him.
Oh, lucky Jim,
How I envy him.

Old Song

I

»Die haben jedoch einen dummen Fehler gemacht«, sagte der Geschichtsprofessor, und Dixon sah, wie sein Lächeln in Anbetracht dieser Erinnerung langsam unter die Oberfläche seiner Gesichtszüge sank. »Nach der Pause haben wir ein kleines Stück von Dowland gespielt«, fuhr er fort, »für Blockflöte und Klavier. Ich habe natürlich Blockflöte gespielt, und der junge Johns…« Er machte eine Pause, und sein Rumpf versteifte sich während des Gehens. Es war, als ob ein völlig anderer Mann, ein Hochstapler, der seine Stimme nicht nachahmen konnte, zeitweilig seinen Platz eingenommen hätte. Dann setzte er seine Rede fort: »… der junge Johns spielte Klavier. Sehr vielseitiger Bursche; eigentlich ist die Oboe sein Instrument. Wie dem auch sei, dieser Reporter muß die Sache falsch mitbekommen haben, oder er hat nicht zugehört, oder was auch immer. Jedenfalls stand es überlebensgroß in der *Post*. Dowland, ja, den haben sie richtig hingekriegt. Die Herren Welch und Johns, ja, die auch. Aber was meinen Sie, was die als nächstes geschrieben haben?«

Dixon schüttelte den Kopf. »Ich weiß es nicht, Professor«, sagte er schlicht. Kein anderer Professor in ganz Großbritannien, dachte er, maß der Anrede »Professor« so große Bedeutung bei.

»Flöte und Klavier.«

»Ach?«

»Flöte und Klavier – nicht *Block*flöte und Klavier.« Welch lachte kurz auf. »Nun ist eine Blockflöte, wie Sie wissen, etwas ganz anderes als eine Flöte, obwohl sie natürlich deren direkter Vorläufer ist. Erstens spielt man sie, die Blockflöte nämlich, mit dem sogenannten *à bec*, will heißen, daß man wie bei einer Oboe oder Klarinette in ein geformtes Mundstück bläst. Eine zeitgenössische Flöte wird hingegen mit dem sogenannten *traverso* gespielt, man bläst, mit anderen Worten, über ein Loch, anstatt...«

Als Welch sich wieder beruhigt zu haben schien und es fertigbrachte, sein Schrittempo noch weiter zu drosseln, entspannte sich Dixon an seiner Seite. Er hatte seinen Professor getroffen, als dieser – überraschend genug – vor dem Regal mit den Neuerwerbungen der College-Bibliothek gestanden hatte. Nun liefen sie quer über ein kleines Rasenstück auf das Hauptgebäude zu. Aus der Ferne, aber nicht nur aus der Ferne, erinnerten sie an die Figuren einer Varieténummer: Welch groß und dürr, mit mattem, weiß werdendem Haar; Dixon eher gedrungen, blond und rundköpfig, mit außergewöhnlich breiten Schultern, die niemals mit irgendeiner besonderen Stärke oder Fähigkeit einhergegangen waren. Dixon dachte, daß sie trotz des allzu deutlichen Kontrasts auf die vorbeigehenden Studenten einen ziemlich gelehrten Eindruck machen mußten, wie sie, allem Anschein nach in ein gedankenvolles Gespräch vertieft, bedächtig voranschritten. Es konnte ja durchaus sein, daß er und Welch über Geschichte sprachen, und zwar auf die Art und Weise, wie man in den Innenhöfen von Oxford und Cambridge über Geschichte sprechen mochte. In Augenblicken wie diesen wünschte sich Dixon fast, das sei wirklich der Fall. Er hing seinem Gedanken noch eine Weile nach, bis sich ein neuerlicher Temperamentsausbruch des älteren Herrn neben ihm ankündigte, und zwar so heftig, daß der fast schreiend zu sprechen anhub, mit einem Tremolo, das von unerwidertem Gelächter durchsetzt war.

»Es gab ein ganz köstliches Durcheinander in dem Stück, das unmittelbar vor der Pause aufgeführt wurde. Der junge Mann, der die Bratsche spielte, hatte das Pech, zwei Seiten auf einmal umzublättern, und die daraus folgende Verwirrung... also, mein Wort darauf...«

Dixon entschied sich, welches Wort er selbst am liebsten gebrauchen würde. Er sprach es sich im stillen vor und versuchte, seine Gesichtszüge in eine Miene zu pressen, die als Reaktion auf etwas Humorvolles durchgehen konnte. In Gedanken machte er jedoch ein ganz anderes Gesicht und schwor sich, tatsächlich genau dieses Gesicht zu machen, sobald er allein wäre. Er würde seine Unterlippe unter die oberen Schneidezähne saugen, sein Kinn so weit wie möglich zurückziehen und seine Augen und Nasenlöcher weit aufreißen. Dadurch würde er, wie er hoffte, eine tiefe, gefährliche Röte auf seinem Gesicht erzeugen.

Welch war immer noch bei seinem Konzert. Wie hatte er nur Geschichtsprofessor werden können, selbst an einer Universität wie dieser? Durch Publikationen? Nein. Durch besonders guten Unterricht? Nein – in kursiv. Also wie? Wie immer stellte Dixon diese Frage zurück. Was allein zählte, sagte er sich, war der entscheidende Einfluß, den dieser Mann auf seine Zukunft hatte – zumindest während der nächsten vier oder fünf Wochen. Bis dahin mußte er Welch dazu bringen, ihn zu mögen, und eine Möglichkeit, dies zu tun, bestand anscheinend darin, anwesend und bei Bewußtsein zu sein, während Welch über Konzerte sprach.

Aber nahm Welch während des Sprechens überhaupt wahr, was um ihn herum geschah? Und falls er es wahrnahm, erinnerte er sich später noch daran? Und falls er sich später noch daran erinnerte, würde es die Überzeugungen beeinflussen, die er bereits hatte? Plötzlich und ohne jede Vorwarnung fiel Dixon die zweite Zwickmühle ein, in der er steckte. Während er mühsam ein nervöses Gähnen unterdrückte, fragte er mit seinem flachen nördlichen Akzent: »Wie geht es Margaret in letzter Zeit?«

Die lehmigen Züge des Professors veränderten sich auf unbestimmbare Weise, während seine Aufmerksamkeit wie ein Geschwader alter Schlachtschiffe beidrehte und sich diesem neuen Phänomen zuwandte. Schon ein, zwei Augenblicke später war er in der Lage, etwas zu sagen: »Margaret.«

»Ja. Ich habe sie ein oder zwei Wochen lang nicht gesehen.« Oder drei, fügte er im stillen unbehaglich hinzu.

»Ach so. Nun, alles in allem erholt sie sich sehr schnell. Es ist natürlich ein schwerer Schlag für sie gewesen, dieser Catchpole und die ganze unglückselige Geschichte danach. Für mich sieht es ganz danach aus... Es ist ihr Geist, der jetzt leidet, verstehen Sie, nicht ihr Körper. Körperlich, scheint mir, ist sie wieder ganz auf dem Posten. Je eher sie wieder zu arbeiten anfängt, desto besser, obwohl es natürlich zu spät ist, um in diesem Trimester noch Vorlesungen zu halten. Ich weiß von ihr, daß sie gern wieder anfangen möchte, und ich muß sagen, daß ich das unterstütze. Es würde ihre Gedanken ablenken von dieser... dieser...«

Dixon wußte all das, und sehr viel besser, als Welch annehmen konnte, aber er beschränkte sich darauf, zu antworten: »Ja, ich verstehe. Bei Ihnen und Mrs. Welch zu wohnen, Professor, muß ihr sehr dabei geholfen haben, über das Schlimmste hinwegzukommen.«

»Ja, es ist offenbar etwas Besonderes an der Atmosphäre des Ortes, etwas, das eine heilende Wirkung ausübt. Wir hatten einmal einen Freund von Peter Warlock bei uns, das war zu Weihnachten, muß jetzt schon Jahre her sein. Der hat so ziemlich das gleiche gesagt. Das erinnert mich daran, wie ich im letzten Sommer von der Prüferkonferenz in Durham zurückgekommen bin. Es war wirklich eine Affenhitze, und der Zug war ... also, er war ...«

Nach einem kleinen Schlenker war das fehlgezündete Vehikel seiner Konversation zurück auf den üblichen Kurs geschwenkt. Dixon resignierte. Als sie endlich die Treppe des Hauptgebäudes erreichten, versteifte er seine Beine. Er stellte sich vor, seinen Professor bei der Taille zu fassen, die graublaue Wollweste zusammenzupressen, um die Luft herauszulassen, schwerfällig die Stufen mit ihm hoch- und den Gang zur Personaltoilette entlangzulaufen, die zu klein geratenen Füße in ihren kappenlosen Schuhen in ein Toilettenbecken zu stoßen, die Spülung einmal, zweimal und noch einmal zu ziehen, und ihm den Mund mit Toilettenpapier zu stopfen.

Dies denkend, lächelte er bloß träumerisch, als Welch nach einer gedankenverlorenen Pause in der steingepflasterten Eingangshalle sagte, daß er hinaufgehen und seinen »Beutel« aus seinem Büro holen müsse, das im zweiten Stockwerk lag. Während Dixon wartete, überlegte er, wie er Welch – ohne ein langanhaltendes, fragendes Stirnrunzeln bei ihm hervorzurufen – an dessen Einladung zum Abendessen in seinem Haus außerhalb der Stadt erinnern konnte. Sie hatten vereinbart, mit Welchs Auto um vier Uhr hinzufahren, und jetzt war es schon zehn nach vier. Dixon spürte ein flaues Gefühl in der Magengrube, als er an sein Treffen mit Margaret dachte, und daran, daß er heute abend zum ersten Mal seit ihrem Zusammenbruch mit ihr ausgehen würde. Er zwang sich, seine Aufmerksamkeit von dieser Frage ab- und Welchs Fähigkeiten als Autofahrer zuzuwenden. Um seine Besorgnis zu kaschieren, steigerte er sich in eine gewisse Entrüstung hinein, während er mit seinen langen, braunen Schuhen geräuschvoll auf den Boden klopfte und dazu pfiff. Es funktionierte fünf Sekunden lang oder weniger.

Wie würde sie sich verhalten, sobald sie miteinander allein wären? Wäre sie heiter, würde sie so tun, als ob sie vergessen oder niemals bemerkt hätte, wie viel Zeit vergangen war, seit er sich das letzte Mal mit ihr getroffen hatte? Würde sie versuchen, an Höhe zu gewinnen, um dann im Sturzflug zum Angriff überzugehen? Oder würde sie sich still und teilnahmslos geben, dem Anschein nach völlig gleichgültig, um ihn zu zwingen, unter Schmerzen von einleitendem Geplänkel über Besorgtheit zu feigen Versprechungen und Entschuldigungen zu taumeln? Wie auch immer es begänne – es würde auf die gleiche Art enden, wie es immer endete: mit einer dieser Fragen, die man weder beantworten noch ignorieren konnte, mit einigen peinlichen Geständnissen, mit irgendeiner Äußerung über sie selbst, die ihre Wirkung nicht verfehlen würde, ganz gleich, ob sie nun »um der Wirkung willen« gemacht worden war oder nicht. In die Sache mit Margaret war er durch eine Verkettung von Tugenden geraten, deren Vorhandensein bei sich er vorher nicht einmal erahnt hatte: Höflichkeit, freundliches Interesse, gesunde Anteilnahme, eine gutmütige Bereitschaft, sich ausnutzen zu lassen, der

Wunsch nach unkomplizierter Freundschaft. Es war ihm ganz normal erschienen, daß eine Dozentin einen weniger erfahrenen, wenngleich älteren Kollegen zu sich zum Kaffee einlud, und nichts als höflich, die Einladung anzunehmen. Dann war er plötzlich der Mann geworden, der sich mit Margaret »traf« und auf irgendeine Weise mit Catchpole konkurrierte, einer Hintergrundgestalt von schwankender Bedeutung. Ein paar Monate zuvor hatte er gedacht, daß Catchpole gute Fortschritte mache und den Druck von ihm nehmen werde, so daß er sich auf die Funktion eines Beraters in Liebesdingen beschränken könne. Er hatte es sogar ein wenig genossen, daß sie ihm Kenntnisse in amourösen Kampagnen unterstellte. Und dann hatte Catchpole sie sitzenlassen, direkt auf seinem Schoß. In dieser Position konnte er seinem Schicksal als derzeit einziger Adressat ihrer demoralisierenden Fragen und Geständnisse schwerlich entkommen.

Diese Fragen ... Obwohl er bis fünf Uhr keine Zigarette mehr rauchen durfte, steckte Dixon sich eine an, als er an die erste Serie von Fragen dachte, mit der er vor gut sechs Monaten konfrontiert worden war. Ungefähr Anfang Dezember war das gewesen, sieben oder acht Wochen, nachdem er seine Stelle angetreten hatte. »Möchten Sie mich besuchen?« hatte die erste Frage gelautet, an die er sich erinnern konnte, und es war ebenso einfach gewesen, mit »Ja« zu antworten, wie es der Wahrheit entsprochen hatte. Dann waren Fragen gefolgt wie: »Finden Sie nicht, daß wir uns gut verstehen?« und: »Bin ich die einzige Frau hier, die Sie näher kennen?« und einmal, als sie an drei aufeinanderfolgenden Abenden miteinander ausgegangen waren: »Werden wir uns weiter so oft sehen?« Damals regten sich erste Bedenken bei ihm, aber vorher und noch einige Zeit danach hatte er gedacht, daß solche Ehrlichkeit und Geradlinigkeit das schreckliche Unterfangen, sich Frauen zu nähern, ungemein erleichterte. Und das gleiche schien für ihre Geständnisse zu gelten: »Ich bin gern mit dir zusammen«, »Ich verstehe mich normalerweise nicht so gut mit Männern«, »Lach mich nicht aus, wenn ich dir sage, daß die Kommission meiner Meinung nach besser gearbeitet hat, als sie ahnte, indem sie dich ernannt hat.« Er hatte damals nicht lachen wollen, und er wollte es auch jetzt nicht. Was würde sie heute abend tragen? Er konnte sich notfalls dazu bringen, alles zu loben – außer dem grünen Kleid mit Paisley-Muster in Kombination mit den flachen Schuhen aus falschem Samt.

Wo Welch nur blieb? Der alte Mann war als unverbesserlicher Drückeberger bekannt. Dixon eilte die Treppe hinauf, vorbei an Gedenktafeln, die verlassenen Gänge entlang, aber der vertraute Raum mit der niedrigen Decke war leer. Er polterte die Hintertreppe hinab – ein Fluchtweg, den er selbst oft benutzt hatte – und stürmte in die Personaltoiletten. Welch war dort, geheimnisvoll über ein Waschbecken gebeugt. »Ah, habe ich Sie erwischt. Dachte schon, Sie wären ohne mich aufgebrochen«, sagte Dixon heiter. »Professor«, fügte er, fast zu spät, hinzu.

Welch hob sein schmales, fragend verzerrtes Gesicht. »Aufgebrochen?« fragte er. »Sind Sie...«

»Sie nehmen mich zum Tee mit zu sich nach Hause«, sagte Dixon klar und deutlich. »Wir haben uns am Montag beim Kaffee im Gemeinschaftsraum verabredet.« Er erhaschte einen Blick auf sein Gesicht im Wandspiegel und stellte überrascht fest, daß es einen Ausdruck eifrig bemühter Freundlichkeit zeigte.

Welch hatte seine Hände trockengeschüttelt und hielt nun inne. Er sah aus wie ein afrikanischer Wilder, dem ein einfacher Zaubertrick gezeigt worden ist. »Beim Kaffee?« fragte er.

»Ja, am Montag«, entgegnete Dixon, steckte seine Hände in die Taschen und ballte die Fäuste.

»Oh«, sagte Welch und schaute Dixon erstmals an. »Oh. Haben wir heute nachmittag gesagt?« Er wandte sich dem gestreiften Handtuch auf der Walze zu und trocknete langsam seine Hände ab. Aufmerksam sah er Dixon an.

»Das ist richtig, Professor. Ich hoffe, es paßt Ihnen noch.«

»Oh, es paßt durchaus«, sagte Welch mit unnatürlich leiser Stimme.

»Gut«, sagte Dixon, »ich freue mich darauf«, und nahm seinen schmutzigen alten Regenmantel von einem Haken an der Wand.

Welchs Verhalten war immer noch ein wenig nebulös, aber es war klar erkennbar, daß er sich rasch wieder fangen würde. Recht bald schon schaffte er es, den »Beutel« zu nehmen und seinen rehbraunen Fischerhut aufzusetzen.

»Wir fahren mit meinem Auto hin«, bot er an.

»Das wäre sehr freundlich.«

Vor dem Gebäude gingen sie die Kiesauffahrt hoch zum Auto, das dort zwischen einigen anderen Fahrzeugen parkte. Dixon sah sich um, während Welch umständlich nach seinen Schlüsseln suchte: Ein ungepflegter Rasen erstreckte sich bis zu einem amputierten Geländer, hinter dem die College Road und der städtische Friedhof lagen – ein Zusammentreffen, das bei Ortsansässigen als Stoff für Witze beliebt war. Dozenten lobten an ihren

Studenten gern deren relative Empfänglichkeit für Fakten im Gegensatz zu der »Abschlußklasse auf der anderen Straßenseite«, und die Parallele zwischen den Berufen eines Friedhofsaufsehers und eines Aufsehers der Lernenden drängte sich nicht nur Studenten oft wie von selbst auf.

Während Dixon sich umsah, fuhr ein Bus im sanften Maiensonnenschein langsam über den Hügel und setzte seinen Weg zu der Kleinstadt fort, in der die Welchs lebten. Dixon wettete mit sich selbst, daß der Bus eher eintreffen werde als sie. Eine dröhnende Stimme hob hinter einem der Fenster über seinem Kopf zu singen an. Sie klang wie – und war es vermutlich sogar – die Stimme von Barclay, dem Musikprofessor.

Eine Minute später saß Dixon im Auto und lauschte, als Welch den Anlasser zog, einem Geräusch, das an das Schellen einer kaputten Türklingel erinnerte. Das Geräusch erstarb, nur um einem hohen Summen zu weichen, an dem jeder Teil des Autos beteiligt zu sein schien. Welch versuchte es noch einmal; diesmal klang es, als würden ruckartig Bierflaschen zerschlagen. Dixon konnte gerade noch die Augen schließen, ehe er mit Wucht gegen den Sitz gedrückt wurde. Die Zigarette flog, noch brennend, aus seiner Hand und in irgendeinen Zwischenraum im Boden. Knirschenden Kies unter den Rädern, schnellte das Auto in Richtung des Grünstreifens am Rande des Parkplatzes. Welch überfuhr den Grünstreifen und schwenkte dann Richtung Auffahrt. Im Schritt-Tempo bewegten sie sich auf die Straße zu, während der Motor ein lautes Muhen ausstieß. Das veranlaßte einige herumtrödelnde Studenten – die meisten trugen das gelbgrüne College-Tuch –, ihnen aus der kleinen überdachten

Nische neben dem Pförtnerhaus nachzusehen, wo die Sportankündigungen aushingen.

Sie erklommen die College Road und hielten sich in der Mitte der Bundesstraße. Das fruchtlose Hupen eines Lastwagens hinter ihnen veranlaßte Dixon, einen verstohlenen Blick auf Welch zu werfen. Beunruhigt stellte er fest, daß dessen Gesicht einen Ausdruck ruhiger Selbstsicherheit beibehielt. Es erinnerte an einen alten Steuermannsmaat bei schwerem Wetter. Dixon schloß die Augen wieder. Er hoffte, das Gespräch werde sich anderen als akademischen Belangen zuwenden, sobald Welch unbeholfen den zweiten der beiden anstehenden Gangwechsel vorgenommen hätte. Er dachte sogar, daß er lieber etwas über Musik hören würde oder über die Umtriebe von Welchs Söhnen, des effeminierten schreibenden Michel und des bärtigen malenden Pazifisten Bertrand, die Margaret ihm geschildert hatte. Aber Dixon war klar, daß sein Gesicht, was auch immer der Gegenstand ihres Gespräches sein mochte, vor Fahrtende faltig und schlapp wie eine alte Tasche aussehen würde, vor lauter Anstrengung, es zum Lächeln zu bringen und Interesse zu heucheln und die wenigen Worte zu sagen, die ihm zugestanden wurden, und es zwischen Anfällen machtloser Erschöpfung einerseits und Ausbrüchen anarchischer Wut andererseits hindurchzulavieren.

»Ach... äh... Dixon.«

Dixon öffnete die Augen und stellte alles Erdenkliche mit seiner abgewandten Gesichtshälfte an. Vielleicht half das prophylaktisch, seine Gefühle erträglicher zu machen.

»Ja, Professor?«

»Ich denke gerade über diesen Aufsatz nach, den Sie geschrieben haben.«

»Ah ja. Ich habe noch nicht ...«

»Haben Sie schon etwas von Partington gehört?«

»Doch, schon. Ihm habe ich ihn ja als erstes geschickt, falls Sie sich erinnern, und er sagte, durch andere Sachen sei der Druck ...«

»Was?«

Dixon hatte seine Stimme unter das mittlere Schreien gesenkt, das durch den Lärm des Autos erforderlich war. Er wollte Welchs Gedächtnisausfall, so gut es ging, vor ihm verbergen, um sich selbst zu schützen. Nun mußte er es laut hinausbrüllen: »Ich hatte Ihnen erzählt, daß er keinen Platz dafür finden konnte. Sagt er.«

»Ach, konnte er nicht? Konnte er nicht? Nun, die kriegen dort natürlich einen Haufen aller ... eine ungeheure Menge Zeug zugeschickt, nicht wahr. Aber wenn etwas deren Interesse erregt, dann denke ich, daß sie ... daß ... Haben Sie ihn sonst noch jemandem geschickt?«

»Ja, diesem Menschen namens Caton, der vor ein paar Monaten im *TLS* annonciert hat. Will offenbar ein neues historisches Magazin von internationalem Zuschnitt gründen. Ich dachte, die würden mich gleich drucken. Schließlich kann eine neue Zeitschrift nicht schon so lange im voraus verstopft sein, wie die, denen ich ...«

»Ah ja, eine neue Zeitschrift könnte einen Versuch wert sein. Im *Times Literary Supplement* wurde vor kurzem eine annonciert. Paton oder so ähnlich nannte sich der Mensch, der sie herausgibt. Sie könnten es bei ihm versuchen, da es nun nicht mehr danach aussieht, daß die etablierteren Magazine für Ihre ... Bemühungen Platz haben werden. Lassen Sie uns nachdenken: Wie genau lautet der Titel des Aufsatzes?«

Dixon blickte aus dem Fenster auf die vorbeirollenden

Felder, die nach einem feuchten April in kräftigem Grün erstrahlten. Es war nicht der Dopplereffekt ihrer Unterhaltung in der letzten halben Minute, der ihm die Sprache verschlagen hatte – solche Vorkommnisse bildeten den Grundstock jeder Konversation mit Welch. Es war vielmehr die Aussicht darauf, den Titel seiner Arbeit referieren zu müssen. Der Titel war insofern perfekt, als sich darin die ganze nagende Gedankenlosigkeit des Aufsatzes kristallisierte: sein Leichenzug gähnenmachender Fakten, das Pseudolicht, das er auf Unprobleme warf. Dixon hatte Dutzende solcher Aufsätze gelesen oder zu lesen angefangen, aber seiner erschien ihm in der Art, wie er sich von seiner eigenen Nützlichkeit und Bedeutung überzeugt zeigte, schlimmer als die meisten anderen. Er begann mit den Worten: »Bei der Betrachtung dieses seltsam vernachlässigten Themas.« Dieses wie vernachlässigten Themas? Dieses seltsam was Themas? Dieses seltsam vernachlässigten was? Daß er all das gedacht hatte, ohne das Manuskript anzuzünden oder sich darauf zu übergeben, machte ihn in seinen Augen zu einem Heuchler und Idioten. »Lassen Sie mich nachdenken«, sagte er und gab vor, sein Gedächtnis bemühen zu müssen: »Ah ja, *Der ökonomische Einfluß der technischen Entwicklung im Schiffsbau von 1450 bis 1485*. Das ist es, wovon ...«

Außerstande, seinen Satz zu beenden, sah er wieder nach links. Er blickte in das Gesicht eines Mannes, der ihn aus rund zwanzig Zentimetern Entfernung anstarrte. Das Gesicht, auf dem sich Entsetzen abzeichnete, während er es noch ansah, gehörte dem Fahrer eines Lieferwagens. Welch hatte sich entschlossen, ihn ausgerechnet in einer scharfen Kurve zwischen zwei Steinmauern zu überholen. Ein riesiger Bus kam weiter hinten in der Kurve in Sicht.

Welch verlangsamte seine Fahrt ein wenig, was zur Folge hatte, daß sie immer noch gleichauf mit dem Lieferwagen liegen würden, wenn der Bus sie erreichte, und sagte mit Nachdruck: »Das sollte seinen Zweck doch erfüllen, will ich meinen.«

Ehe Dixon sich zu einem Ball zusammenrollen oder auch nur seine Brille abnehmen konnte, hatte der Lieferwagen gebremst und war verschwunden. Der Busfahrer hatte den Mund geöffnet, energisch wieder geschlossen und sein Gefährt an die Mauer navigiert, und das Auto schoß vorwärts und ließ die Kurve hinter sich. Alles in allem war Dixon froh über dieses Entkommen. Gleichzeitig hatte er jedoch das Gefühl, daß ihr Gespräch durch Welchs Tod einen passenden Abschluß gefunden hätte. Sein Gefühl verstärkte sich noch, als Welch fortfuhr: »An Ihrer Stelle, Dixon, würde ich alles daransetzen, daß dieser Aufsatz im nächsten Monat angenommen wird. Ich verfüge natürlich nicht über die nötigen Spezialkenntnisse, um mir ein Urteil erlauben zu können ...« Er sprach schneller: »Ich kann also nicht sagen, was er taugt. Es ist völlig unnütz, daß jemand zu mir kommt und mich fragt: ›Wie sind die Sachen des jungen Dixon?‹, wenn ich keine fachliche Meinung über deren Wert äußern kann. Aber eine Annahme durch eine Fachzeitschrift würde ... würde ... Sie ... Sie wissen ja selbst nicht, was er taugt, wie könnten Sie auch.«

Dixon hatte ganz im Gegenteil das Gefühl, eine sehr genaue Vorstellung davon zu haben, was sein Aufsatz aus verschiedenen Perspektiven betrachtet wert war. Aus einer dieser Perspektiven ließ sich sein Wert in einem kurzen Unflätigkeitskompositum ausdrücken. Aus einer anderen Perspektive war er genau die Menge an fieberhafter Faktensammelei und besessener Langeweile wert, die in ihn geflossen war. Aus einer dritten Perspektive wiederum konnte er durchaus seinen Zweck erfüllen: die Beseitigung des »schlechten Eindrucks«, den er bislang an seinem College und in seinem Institut hinterlassen hatte. Er sagte jedoch: »Nein, natürlich nicht, Professor.«

»Und sehen Sie, Faulkner, es ist nicht unwichtig für Sie, daß er sich als etwas Taugliches herausstellt, wenn Sie verstehen, was ich meine.«

Obwohl er mit falschem Namen angesprochen worden war (Faulkner hieß sein Vorgänger), wußte Dixon, was Welch meinte, und er sagte das auch. Wie er diesen schlechten Eindruck hinterlassen hatte? Seiner Meinung nach am ehesten dadurch, daß er dem Englischprofessor in seiner ersten Arbeitswoche eine leichte körperliche Verletzung zugefügt hatte. Dieser Mensch, ein noch recht junger Cambrigde-Absolvent, hatte gerade vor den Stufen der Eingangstreppe gestanden, als Dixon, von der Bibliothek kommend, um die Ecke gebogen war und einem kleinen Stein im Schotter einen heftigen Tritt verpaßt hatte. Ehe der Stein die Spitze seiner Flugbahn erreichen konnte, hatte er den Cambridgemann aus einer Entfernung von gut fünfzehn Metern knapp unter der linken Kniescheibe getroffen. Dixon hatte den Kopf abgewandt und aus den Augenwinkeln mit erschrockenem Staunen zugesehen. Weglaufen wäre zwecklos gewesen, denn die nächste Deckung war viel zu weit entfernt. Beim Aufprall des Steins drehte er sich einfach um und ging die Auffahrt hinab. Er wußte natürlich, daß er weit und breit als einzige steinewerfende Entität in Frage kam. Einmal schaute er zurück: Der Englischprofessor kauerte auf einem Bein und sah ihm nach. Wie immer bei solchen Anlässen hatte er sich entschuldigen wollen, aber feststellen müssen, daß ihm im entscheidenden Moment der Mut fehlte. Dasselbe passierte, als er zwei Tage später bei seinem ersten Fakultätstreffen hinter dem Stuhl des Verwaltungschefs vorbeiging. Er stolperte und stieß den Stuhl just in dem Moment um, als der Verwaltungschef sich setzte. Ein Warnschrei des Verwaltungsassistenten hatte eine Katastrophe knapp verhindert, aber er erinnerte sich immer noch an den Gesichtsausdruck des Verwaltungschefs, dessen ganzer Körper sich in Form des Buchstabens S versteift hatte. Dann war da noch die Hausarbeit, die ein Student aus Welchs Abschlußklasse geschrieben hatte und die mißbräuchliche Anleihen bei einem Buch über Einfriedungen machte (besser gesagt: daraus bestand), das ein ehemaliger Student Welchs geschrieben hatte. »Ich fragte ihn also, wer ihm das alles in den Kopf gesetzt haben könnte, Dixon, und er sagte, es stamme alles aus einem Ihrer Seminare. Ich habe ihm dann so taktvoll wie möglich gesagt...« Sehr viel später fand Dixon heraus, daß das fragliche Buch auf Anregung Welchs und teilweise unter dessen Ägide geschrieben worden war. All das konnte man in den Anmerkungen nachlesen, aber Dixon, der von jedem Buch grundsätzlich so wenig wie möglich las, hatte sich nie groß um Anmerkungen geschert. Es war Margaret gewesen, die ihn darauf hingewiesen hatte, und zwar, wenn er sich recht erinnerte, am Morgen des Tages, an dessen Abend sie sich mit Schlaftabletten umzubringen versucht hatte.

Als Welch mit einem weit entfernten Halbschrei »Ach übrigens, Dixon« sagte, wandte er sich ihm mit echtem Enthusiasmus zu. »Ja, Professor?« Wie viel besser es doch war, mehr von dem zu hören, was Welch an Überlegungen beizusteuern hatte, als zu überlegen, was Margaret beisteuern würde – zumal er nur allzu bald Zeuge ihres Beitrages sein würde.

»Ich frage mich, ob es Ihnen recht wäre, am nächsten Wochenende vorbeizukommen auf... auf ein Wochenende. Mir scheint, das könnte recht vergnüglich werden. Wir haben ein paar Leute aus London da, Freunde von uns und meinem Sohn Bertrand. Bertrand will natürlich versuchen, selbst vorbeizukommen, aber er weiß noch nicht, ob er sich freimachen kann. Ich rechne damit, daß wir ein oder zwei kleine Aufführungen geben werden, kleine Musikstücke und dergleichen. Sicherlich werden wir Sie bitten, uns mit irgend etwas auszuhelfen.«

Das Auto schnurrte über die freie Straße. »Vielen Dank, ich werde sehr gern kommen«, sagte Dixon und dachte, daß er Margaret dazu bringen müsse, etwas Spionagearbeit bezüglich des »Irgendetwas« zu leisten, mit dem man ihn auszuhelfen bitten würde.

Welch schien sich über diese rasche Zusage aufrichtig zu freuen. »Das ist schön«, sagte er mit ehrlicher Anteilnahme. »Es gibt da noch etwas Akademisches, das ich gern mit Ihnen besprechen würde. Ich habe mich mit dem Direktor über die Woche der offenen Tür unterhalten, die das College zum Semesterende veranstaltet. Er möchte, daß auch das Historische Institut etwas in den großen Topf wirft. Ich habe dabei an Sie gedacht.«

»Ach, wirklich?« Sicherlich gab es andere, die besser qualifiziert waren, in den großen Topf geworfen zu werden?

»Ja. Ich dachte, daß Sie, wenn möglich, den abendlichen Vortrag übernehmen könnten, den das Institut beisteuern wird.«

»Ich würde mich gern an dem Abendvortrag versuchen, wenn Sie glauben, daß ich das kann«, brachte Dixon heraus.

»Ich dachte an etwas wie ›Merry England‹. Nicht zu akademisch und nicht zu... nicht zu... Denken Sie, daß Sie etwas in dieser Richtung zustande brächten?«

2

»Und dann, kurz ehe alles wegsank, war es mir plötzlich egal. Ich erinnere mich, daß ich mit Todesverzweiflung die leere Flasche umklammert hielt, als ob ich mich dadurch am Leben festhalten könnte. Aber schon bald machte es mir überhaupt nichts mehr aus, sie loszulassen. Irgendwie fühlte ich mich zu müde. Und trotzdem – wenn mich jemand geschüttelt und gesagt hätte: ›Komm schon, geh nicht fort, bleib hier‹, dann hätte ich mich, glaube ich, wirklich angestrengt und zu bleiben versucht. Aber es war niemand da, und so dachte ich bloß: Na gut, jetzt ist es soweit, und so wichtig ist es auch nicht. Seltsames Gefühl.«
Margaret Peel, klein, dünn und bebrillt, mit leuchtendem Make-up, sah Dixon mit einem schiefen Lächeln an. Um sie herum plätscherte ein halbes Dutzend Gespräche murmelnd dahin.

»Es ist ein gutes Zeichen, daß du so offen darüber sprechen kannst«, sagte er. Da sie nicht antwortete, fuhr er fort: »Was geschah danach, oder kannst du dich nicht mehr erinnern? Natürlich mußt du es mir nicht erzählen, wenn du nicht magst.«

»Nein, es macht mir nichts aus, darüber zu sprechen, wenn ich dich nicht damit langweile.« Ihr Lächeln wurde etwas breiter. »Aber hat Wilson dir nicht erzählt, wie er mich gefunden hat?«

»Wilson? Ach, der Bursche im Stockwerk unter dir. Ja, er sagte, daß er dein Radio laut dröhnen hörte und hinaufgegangen sei, um sich zu beschweren. Wieso hast du den Apparat angelassen?« Die Gefühle, die Margarets Bericht in ihm ausgelöst hatte, waren jetzt fast völlig abgeklungen, und er konnte wieder etwas klarer denken.

Sie wandte sich ab und ließ ihren Blick durch die halbleere Bar schweifen. »Ich weiß es nicht genau, James«, sagte sie. »Ich wollte wohl irgendein Geräusch um mich haben, während ich ... fortging. Es schien so schrecklich leise im Zimmer zu sein.« Sie schauderte ein wenig und sagte rasch: »Bißchen kühl hier drinnen, nicht wahr?«

»Wenn du magst, können wir woandershin gehen.«

»Nein, es geht schon. Es hat nur etwas gezogen, als dieser Bursche eben hereinkam ... Richtig, ja, danach. Ich habe anscheinend ziemlich bald begriffen, was gerade geschah und wo ich war und so weiter. Und was sie mit mir machten. Ich dachte: O Gott, Stunden um Stunden, in denen ich mich krank und jämmerlich fühlen werde, ob ich das aushalte? Aber natürlich verlor ich die ganze Zeit über immer wieder das Bewußtsein, und letztlich war das gut so. Zu dem Zeitpunkt, als ich wieder völlig, äh, *compos mentis* war, hatte ich, was die Übelkeit anging, das Schlimmste hinter mir. Ich war natürlich entsetzlich schwach, du erinnerst dich ... Aber alle waren unheimlich nett zu mir. Ich hätte gedacht, daß sie genug mit den Leuten zu tun haben, die ohne eigenes Verschulden krank werden. Ich erinnere mich, daß ich entsetzliche Angst hatte, sie würden die Polizei informieren und mich in ein Polizeikrankenhaus schaffen lassen – gibt es so etwas, James? –, aber sie waren einfach wundervoll, geradezu engelsgleich. Sie hätten nicht netter sein können. Und dann bist du zu Besuch gekommen, und der ganze schreckliche Teil fing langsam an, irreal zu wirken. Aber du hast so schlimm ausgesehen...« Sie lehnte sich lachend auf ihrem Barhocker zur Seite und umklammerte mit den Händen das Knie. Der Schuh aus falschem Samt fiel von ihrer Ferse. »Du hast ausgesehen, als ob du bei einer wirklich grausigen Operation zugeschaut hättest, weiß wie ein Laken... mit hohlen Augen...« Sie schüttelte ihren Kopf, immer noch leise vor sich hin lachend, und zog ihre Strickjacke über die Schulterpartie des grünen Kleides mit dem Paisley-Muster.

»Wirklich?« fragte Dixon. Ihn erleichterte dieses neue Detail: herauszufinden, daß er an jenem Morgen so schlecht ausgesehen hatte, wie er sich gefühlt hatte. Gleich darauf sank seine Stimmung, als er sich Mut zusprach, die letzte obligatorische Frage zu stellen. Er hörte eine halbe Minute lang mit halbem Ohr zu, während Margaret schilderte, wie gut Mrs. Welch zu ihr gewesen sei, weil sie Margaret aus dem Krankenhaus geholt und zur Genesung in ihrem Haus untergebracht habe. Zweifellos war sie sehr freundlich zu Margaret gewesen, obwohl sie bei anderer Gelegenheit – zum Beispiel, wenn sie öffentlich ihrem Mann widersprach – als einziges lebendes Geschöpf imstande war, bei Dixon Mitgefühl für Welch auszulösen. Es war ziemlich enervierend, hören zu müssen, wie freundlich sie gewesen war, denn das zog mühsame Modifikationen seiner Abneigung gegen sie nach sich. Nachdem er einen großen Schluck aus seinem Glas genommen hatte, sagte Dixon schließlich mit gesenkter Stimme: »Du mußt nichts sagen, wenn du nicht möchtest, aber... du bist doch jetzt über die Sache hinweg, oder? Ich meine, du denkst nicht daran, es noch einmal zu tun?«

Sie sah kurz hoch, als ob sie auf diese Frage gewartet

hätte, aber es war schwer zu sagen, ob sie nun, da er sie gestellt hatte, froh darüber war oder Bedauern empfand. Dann drehte sie den Kopf zur Seite, und er sah, wie wenig Fleisch über ihrem Kieferknochen war. »Nein, ich würde es nicht noch einmal tun«, sagte sie. »Er ist mir jetzt gleichgültig. Ich empfinde überhaupt nichts mehr für ihn, weder im Guten noch im Schlechten. So wenig, daß es mir inzwischen ziemlich albern vorkommt, daß ich es überhaupt versucht habe.«

Dixon kam daraufhin zu dem Schluß, daß seine Angst vor diesem Abend völlig fehl am Platz gewesen sei. »Gut«, sagte er herzlich. »Hat er irgendwie versucht, sich mit dir in Verbindung zu setzen?«

»Überhaupt nicht, nicht einmal telefonisch. Spurlos verschwunden. Er könnte genausogut nie existiert haben, soweit es uns betrifft. Ich nehme an, er ist in letzter Zeit zu sehr mit seiner Mieze beschäftigt, ganz wie er gesagt hat.«

»Das hat er wirklich gesagt?«

»Aber ja, unser Mr. Catchpole war nie jemand, der um den heißen Brei herumredet. Wie sagte er noch? ›Ich nehme sie für ein paar Wochen mit nach Nordwales. Ich dachte, ich sage es dir besser, ehe ich fahre.‹ O ja, er war bezaubernd aufrichtig in diesen Dingen, James; in jeder Hinsicht ganz bezaubernd.«

Wieder drehte sie den Kopf zur Seite, und diesmal traten die Sehnen an ihrem Hals und die Schulterknochen hervor. Er fühlte Besorgnis, die noch zunahm, als er feststellte, daß ihm nichts zu sagen einfiel. Er musterte ihr Gesicht, als ob dort der passende Text stünde, und sah die Büschel braunen Haars, die über ihre Brillenbügel hingen, die Falte, die entlang der Wange verlief und sich mehr als früher dem Auge näherte (oder bildete er sich das ein?), und die schwache, aber aus seiner Perspektive nicht zu übersehende Abwärtskurve ihres Mundes. Es gab keinen Gesprächsstoff mehr. Er tastete nach seinen Zigaretten, doch ehe er ihr eine anbieten konnte, um ihre Starre zu durchbrechen, wandte sie sich ihm wieder zu. Ihr schwaches Lächeln war ihm wohlvertraut: Selbstablehnung und demonstrative Tapferkeit waren darin vereint.

Sie trank ihr Glas mit einer raschen, schwungvollen Bewegung aus. »Bier«, sagte sie. »Gib mir ein Bier aus. Die Nacht ist jung.«

Während er nach der Bardame winkte und die Getränke entgegennahm, fragte sich Dixon zuerst, für wie viele weitere Runden *Blue Label* zu zahlen von ihm erwartet wurde, und als nächstes, warum Margaret mit ihrem vollen, auch während ihrer Erkrankung weiter ausgezahlten Dozentinnengehalt ihm so selten freiwillig einen Drink spendierte. Schließlich, auch wenn dieser Gedanke weniger willkommen war, dachte er an den Vormittag des Tages, an dem Margaret eine Überdosis Schlaftabletten genommen hatte. Er hatte erst am Nachmittag zu einem zweistündigen Seminar ins College gehen müssen, und sie hatte nach einem Tutorium um zehn Uhr frei gehabt. Nachdem sie Kaffee für sieben Pence die Tasse in einem kurz zuvor eröffneten und inzwischen florierenden Restaurant getrunken hatten, waren sie in eine Apotheke gegangen, wo sie einige Sachen einkaufen wollte. Eine dieser Sachen war eine Flasche Schlaftabletten gewesen. Er konnte sich genau an ihren Gesichtsausdruck erinnern, als sie die Flasche in der versiegelten weißen Packung in ihre Handtasche fallen ließ und hochsah: »Wenn du heute abend nichts Besseres zu tun hast – ich mache mir gegen zehn einen Tee«, hatte sie gesagt. »Warum kommst du nicht auf eine Stunde vorbei?« Er sagte zu und hatte auch hingehen wollen, aber dann wurde er mit seiner Vorlesung für den nächsten Tag nicht rechtzeitig fertig, und als es auf zehn Uhr zuging, wurde ihm klar, daß ihn die Aussicht auf eine weitere Catchpole-Konferenz wenig verlockte. Am frühen Abend war Catchpole kurz bei Margaret gewesen, um ihr zu sagen, daß er Schluß machen wolle, und gegen zehn hatte sie alle Pillen aus der Flasche geschluckt. Wäre ich dort gewesen, dachte Dixon zum tausendsten Mal, hätte ich sie abhalten oder, falls es zu spät dafür gewesen wäre, mindestens anderthalb Stunden früher als dieser Wilson ins Krankenhaus bringen können. Er wagte nicht, sich auszumalen, was geschehen wäre, wenn Wilson nicht zu Margaret hochgegangen wäre. Was tatsächlich geschehen war, war sehr viel unangenehmer gewesen als alles, was er an jenem Morgen hätte voraussagen können. Als nächstes sah er sie eine Woche später im Krankenhaus.

Dixon steckte die acht Pence Wechselgeld für seine beiden Zweischillingstücke ein und schob Margaret eines der langstieligen Gläser zu. Sie saßen an der Bar der Eichenlounge eines großen Hotels, das nicht weit entfernt von Welchs Haus an der Bundesstraße lag. Dixon hatte plötzlich den Einfall, seine Investition in die teuren Getränke zu amortisieren, indem er sich über die Kartoffelchips, Essiggurken und die roten, grünen und bernsteingelben Cocktailzwiebeln hermachte, die eine ambitionierte Hotelleitung zur Verfügung gestellt hatte. Er begann mit der größten verbliebenen Essiggurke und dachte, was für ein Glück er gehabt habe, daß so viel von dem emotionalen Geschäft des Abends abgewickelt worden war, ohne ihn direkt einzubeziehen. Weder hatte sie ein Wort darüber verloren, daß er sich bei den Welchs in letzter Zeit nicht hatte sehen lassen, noch waren zermürbende Fragen oder Bekenntnisse zur Sprache gekommen.

»Übrigens möchte ich dir sagen, James«, sagte Margaret und hielt ihr Glas am Stiel umfaßt, »wie schrecklich dankbar ich dir für dein Feingefühl in den letzten Wochen bin. Du hast das genau richtig gemacht.«

Dixon versetzte all seine geistigen Reserven in Alarmbereitschaft. Rätselhafte Aussagen wie diese, wie harmlos oder sogar freundlich sie auch klangen, waren das zuverlässigste Zeichen eines bevorstehenden Angriffs (sagte der geheimnisvolle Reiter, als er auf die Kutsche mit den Goldbarren zuritt). »Ich wußte gar nicht, daß ich so taktvoll war«, entgegnete er ausdruckslos.

»Oh, nur die Art, wie du dich im Hintergrund gehalten hast. Du warst der einzige, der verstanden hat, daß ich vielleicht lieber nicht mit freundlichen Nachfragen bombardiert werden würde: ›Und wie fühlen Sie sich, meine Liebe, nach Ihrer unangenehmen Erfahrung‹ et cetera. Sogar Leute aus dem Dorf, von denen ich niemals vorher gehört hatte, haben bei der alten Mutter Welch vorbeigeschaut, um zu fragen, wie es mir gehe. Es war wirklich unglaublich. Sie hätten nicht freundlicher sein können, James, aber ich bin froh, daß ich dort wegkomme.«

Das wirkte ehrlich. Sie hatte schon früher einige seiner heftigsten oder verletzendsten Anfälle von Untätigkeit auf diese Weise interpretiert, wenn auch natürlich nicht so oft, wie sie unterstützende Gesten als heftig oder verletzend interpretiert hatte. Vielleicht konnte er das Gespräch nun behutsam in eine andere Richtung lenken. »Neddy deutete an, daß du dich bereit fühlst, bald wieder mit der Arbeit anzufangen«, sagte er. »Natürlich stehen demnächst die Prüfungen an. Wirst du vorher noch etwas am College machen?«

»Ich werde mich wohl mit jeder meiner Klassen treffen, um Fragen zu beantworten, die sie möglicherweise stellen wollen – vorausgesetzt, daß die Anstrengung, sich Fragen auszudenken, ihre armen kleinen Gehirne nicht überfordert. Aber mehr werde ich in diesem Jahr wohl nicht mehr machen, abgesehen vom Korrigieren der Prüfungsarbeiten. Was mich wirklich zurück in die Realität bringen wird, ist mein Abschied von den Neddys, so undankbar das klingen mag.« Sie schlug krampfartig die Beine übereinander.

»Wie lange willst du noch bei ihnen bleiben?«

»Nicht länger als zwei Wochen, hoffe ich. Auf jeden Fall will ich vor den Sommerferien weg sein. Es hängt davon ab, wie schnell ich eine Wohnung finde.«

»Das ist gut«, sagte Dixon. Nun, da eine Phase größerer Aufrichtigkeit zu nahen schien, hellte sich seine Stimmung auf. »Du wirst also nächstes Wochenende dort sein.«

»Zu Neddys verschmocktem Boheme-Treffen? Ja, natürlich. Du willst doch da nicht etwa hingehen, oder?«

»Doch, genau das habe ich vor. Er hat mich mit der Frage überrumpelt, als wir herfuhren. Was ist daran so lustig?«

Margaret lachte auf die Art, die Dixon insgeheim »das Klingeln winziger Silberglöckchen« nannte. Manchmal hatte er das Gefühl, daß ihr Verhalten größtenteils aus Übersetzungen solcher Redewendungen bestand, aber ehe größerer Ärger über sich oder sie in ihm aufkommen konnte, sagte sie schon: »Du weißt sicherlich, was da auf dich zukommt?«

»Na ja, größtenteils schöne Worte, hoffe ich. Wenn's ums Schwafeln geht, kann ich mit den Besten mithalten. Was sollen wir uns denn bieten lassen?«

Sie zählte die einzelnen Posten an den Fingern ab. »Mehrstimmige Lieder. Eine Dramenlesung. Demonstration einiger Schwerttanzschritte. Rezitationen. Ein Kammerkonzert. Da ist noch etwas, aber ich habe vergessen, was. Es fällt mir gleich wieder ein.« Sie lachte immer noch.

»Mach dir keine Mühe, das ist mehr als genug. Herrje, das klingt wirklich bedenklich. Neddy hat jetzt wohl doch den Verstand verloren. Das ist völlig absurd, niemand wird kommen.«

»Damit hast du leider unrecht: Jemand vom dritten Programm hat versprochen, vorbeizukommen. Und ein Fototeam von der *Picture Post*. Einige der bekannteren hiesigen Musiker werden auftreten, darunter auch dein Freund Johns mit...«

Dixon verschluckte sich fast an seinem Bier. »Das kann nicht sein«, sagte er und stieß ein gedrosseltes Geheul aus. »Bitte keine weiteren Phantastereien. So viele Leute passen doch gar nicht in das Haus. Oder sollen die alle auf dem Rasen schlafen? Und was...«

»Laut Mrs. Neddy fahren die meisten nur für sonntags hin und bleiben tagsüber. Natürlich werden außer dir noch weitere Übernachtungsgäste da sein. Johns trifft am Freitagabend ein, Welch fährt euch wahrscheinlich gemeinsam hin...«

»Ich erwürge das kleine Schwein lieber, als daß ich mit ihm in dasselbe...«

»Ja, ja, sicher. Schrei nicht so. Einer der Söhne kommt auch, mit seiner Freundin. Die Freundin könnte ziemlich interessant sein – eine Ballettstudentin, glaube ich.«

»Eine Ballettstudentin? Ich wußte gar nicht, daß es so etwas gibt.«

»Anscheinend doch. Die hier heißt Sonia Loosmore.«

»Wirklich wahr? Woher weißt du das alles?«

»Ich habe von keinem der beiden Neddys während der letzten Woche irgend etwas anderes gehört.«

»Kann ich mir vorstellen.« Dixon hielt nach der Bardame Ausschau. »Vielleicht kannst du mir auch sagen, warum sie mich eingeladen haben.«

»Sie haben sich darüber nicht klar geäußert. Ich nehme an, du sollst einfach mitmachen. Es wird viel für dich zu tun geben, daran habe ich überhaupt keinen Zweifel.«

»Margaret, du weißt so gut wie ich, daß ich nicht singen, nicht schauspielern und kaum lesen kann, zum Glück schon gar keine Noten. Nein, ich weiß, was es ist. Eigentlich ist es ein gutes Zeichen. Er möchte bestimmt meine Reaktionen auf Kultur testen, um zu sehen, ob ich dazu geeignet bin, an der Uni zu unterrichten. Niemand, der eine Flöte nicht von einer Blockflöte unterscheiden kann, ist es wert, den Preis irgendwelcher dämlichen Kühe unter Edward dem Dritten zu erfahren.« Er steckte sich sieben oder acht Zwiebeln in den Mund und begann, sie zu zermalmen.

»Aber er hat dich doch bestimmt schon früher mit Kultur in Berührung gebracht.«

»Nicht in so hoher Konzentration wie diesmal. Mein Gott, was glaubt er denn, für wen er da spielt? Wen er damit unterstützt? Es kann doch nicht alles nur zu meinem Nutzen sein.«

»Er denkt an einen Artikel oder ein Rundfunkgespräch über regionales Kulturleben. Diese Ansichten, mit denen er zu Ostern randvoll aus Manchester zurückgekommen ist.«

»Aber er kann doch nicht glauben, daß sich jemand ernsthaft mit ihm befassen wird.«

»Wer weiß, was er wirklich denkt? Nein, das ist alles vermutlich nur eine Entschuldigung dafür, es trotzdem zu tun. Du weißt, wie sehr er diesen Quatsch liebt.«

»Nichts besser als das«, sagte Dixon und versuchte erneut, die Aufmerksamkeit der Bardame auf sich zu lenken.

»Du mußt herausfinden, was er mit mir vorhat. Damit ich mir Gründe ausdenken kann, warum ich dazu nicht in der Lage bin.«

Sie legte ihre Hand auf seine. »Du kannst dich auf mich verlassen«, sagte sie mit halblauter Stimme.

Dixon entgegnete rasch: »Aber wie ist er an den Typen von der BBC und die Leute von der *Picture Post* herangekommen? Er muß doch jemanden für die Sache interessiert haben.«

»Ich vermute, daß es Bekanntschaften von Bertrand sind, oder vielleicht von seiner Freundin. Aber laß uns nicht weiter darüber reden. Wollen wir nicht lieber über uns reden? Wir haben uns so viel zu sagen, findest du nicht?«

»Ja, natürlich«, sagte er und versuchte, seine Stimme kameradschaftlich klingen zu lassen. Er holte seine Zigaretten heraus, und während er zwei davon ansteckte und eine neue Runde Bier besorgte, dachte er über Margarets Begabung nach, ohne jede Vorwarnung solche Sachen zu sagen. Am liebsten wäre er mit einem unartikulierten Schrei aus der Bar gerannt und erst stehengeblieben, wenn er sich an Bord eines Busses in die Stadt befunden hätte. Dankbar vermerkte er, daß die Nähe der Bardame Margaret zum Verstummen brachte. Sie brachte es trotzdem fertig, den Druck aufrechtzuerhalten, indem sie ihm vertrauliche Blicke zuwarf und sogar sein Knie mit dem ihren berührte. Er wandelte sein Erschrecken darüber in einen

Blick auf die Uhr über dem Tresen um. Der dünne rote Sekundenzeiger schnurrte um das Zifferblatt und erzeugte die Illusion schnell verstreichender Zeit. Die beiden anderen Zeiger zeigten auf fünf nach neun.

Dixon sah die Bardame an, während sie ihm das Wechselgeld herausgab. Sie war groß, mit sehr dunklen Haaren, einer schmalen Oberlippe und ziemlich eng beieinanderstehenden Augen. Er dachte, wie sehr er sie mochte und wie viel er mit ihr gemein hatte und wie sehr sie ihn mögen würde und mit ihm gemein hätte, wenn sie ihn nur kennen würde. So gemächlich wie möglich steckte er sein Wechselgeld in die Hosentasche, nahm eine Zigarettenschachtel, die jemand auf dem Tresen liegenlassen hatte und schüttelte sie: Es stellte sich heraus, daß sie leer war. Neben ihm stieß Margaret den typischen Seufzer aus, der unfehlbar ihren allerschlimmsten Bekenntnissen voranging. Sie wartete, bis er sie ansehen mußte, und sagte: »Wie nah wir uns heute abend zu sein scheinen, James.« Ein Mann mit fettem Gesicht drehte sich auf ihrer anderen Seite um und starrte sie an. »Endlich sind alle Hürden gefallen, nicht wahr?« fragte sie.

Dixon, der diese Frage völlig unbeantwortbar fand, sah sie an, nickte langsam und erwartete halb den Applaus eines unsichtbaren Publikums. Was hätte er nicht für ein heftiges reinigendes Gewitter oder eine ordentliche Dosis Verachtung gegeben – irgendeine zutiefst wirksame Wurmkur gegen sein Verantwortungsgefühl.

Sie senkte die Augen und saß da, als ob sie ihr Bier auf Fremdkörper untersuchte. »Das ist mehr, als ich zu hoffen gewagt hatte.« Nach einem Moment der Stille fuhr sie energischer fort: »Aber können wir nicht irgendwo sitzen, wo wir mehr ... weniger im Licht der Öffentlichkeit stehen?«

Dixon sagte, er halte dies für eine gute Idee. Sie durchquerten den sich langsam füllenden Raum und gingen auf eine freie Ecke zu. Statt sich hinzusetzen, entschuldigte er sich und ging auf die Toilette.

Kaum hatte er den Raum verlassen, dachte er, wie schön es wäre, wenn er seine Rolle als Besänftiger aufgeben und sich einfach aus dem Staub machen könnte. Fünf Minuten würden völlig ausreichen, um Welch einen beleidigenden Anruf zukommen zu lassen und Margaret klarzumachen, wie die Dinge wirklich standen. Dann konnte er gehen, ein paar Kleidungsstücke zusammenpacken und den Zehn-Uhr-vierzig-Zug nach London nehmen. Als er in dem schlecht beleuchteten Klosett stand, suchte ihn erneut und mit unerträglicher Klarheit das metaphorische Bild heim, das ihn verfolgte, seit er seine Stelle hier angetreten hatte: Er schaute aus einem dunklen Zimmer auf eine verlassene Seitenstraße, wo sich gegen einen schwach leuchtenden Abendhimmel eine Reihe von Schornsteinaufsätzen so deutlich abzeichnete, als wären sie aus Blech gestanzt. Eine kleine Doppelwolke bewegte sich langsam von rechts nach links. Das Bild war nicht völlig metaphorisch, denn ein leises, nicht identifizierbares Geräusch erklang in seinen Ohren, und er fühlte mit der grundlosen Überzeugtheit eines Träumenden, daß jemand das Zimmer betreten werde, in dem er sich allem Anschein nach befand – jemand, den er in der Metapher, aber nicht in Wirklichkeit kannte. Er war sich sicher, daß dies eine Metapher auf London war, und er war sich ebenso sicher, daß es kein Teil Londons war, den er kannte. In seinem ganzen Leben hatte er nicht mehr als ein Dutzend Abende dort verbracht. Warum also, fragte er sich, wurde sein ganz gewöhnlicher Wunsch, die Provinz zu verlassen und nach

London zu gehen, durch diese flüchtige Szene verschärft und konkretisiert?

Nachdenklich verließ er die Toilette, ohne sich die Mühe zu machen, die Tür hinter sich zu schließen. Sie war mit einem verzögernden Druckluftmechanismus ausgestattet, dessen Zylinder von irgendeinem Randalierer abgeschraubt worden war, und so schnellte sie sofort hinter ihm zu und verfehlte nur knapp seine Ferse. Das Geräusch, das sie beim Zuschlagen machte, klang, als ob jemand ein Artilleriegeschütz in dem kurzen, engen Gang abgefeuert hätte. Er glaubte, einen heiseren Angstschrei aus der Bar zu hören. Mehr denn je war dies der richtige Moment, um auf die Straße zu rennen und niemals zurückzukehren. Aber ökonomische Notwendigkeit und die Stimme des Mitleids gingen ein machtvolles Bündnis ein, und da sie obendrein von Furcht gekrönt wurden, erwiesen sie sich als unbezwingbar. Durch die auf Hochglanz polierte Eichentür ging er zurück in die Lounge.

3

»Entschuldigen Sie, Mr. Dixon, haben Sie einen Moment Zeit?«

Dixon schnitt zuerst seine Im-Rücken-getroffen-Grimasse, dann blieb er stehen und drehte sich um. Er hatte gerade eine Vorlesung gehalten und beeilte sich, das College zu verlassen. »Ja, Mr. Michie?«

Michie war ein schnurrbärtiger Student, der vorher bei der Armee gedient und in Anzio eine Panzertruppe kommandiert hatte. Dixon war hingegen als Luftwaffenkorporal in Westschottland stationiert gewesen. Jetzt standen sie einander beim Pförtnerhaus gegenüber. Wie immer benahm sich Michie, als ob er etwas zu verbergen hätte, auch wenn Dixon sich nie ganz sicher war, was. Er wartete einen Moment, ehe er sagte: »Haben Sie schon die Leseliste zusammengestellt, Sir?« Er war der einzige Student, den Dixon jemals ein Mitglied des Lehrköpers »Sir« hatte nennen hören, und er hatte diesen Titel allem Anschein nach exklusiv für Dixon reserviert.

»Richtig, die Leseliste«, sagte Dixon und spielte auf Zeit. Er hatte sie noch nicht zusammengestellt.

Michie tat, als hielte er seine Frage weiterer Ausführungen für bedürftig. »Sie wissen schon, Sir, die Liste mit den Texten zu Ihrem Sonderthema im nächsten Jahr. Sie sagten, daß Sie an die Studenten der Abschlußklasse Kopien austeilen würden. Vielleicht erinnern Sie sich.«

»Ja, seltsamerweise erinnere ich mich, das gesagt zu haben«, entgegnete Dixon. Dann riß er sich zusammen: Er durfte sich Michie nicht zum Feind machen. »Die Texte liegen in meinem Zimmer, aber ich habe sie noch nicht an die Schreibkraft weitergegeben. Ich werde versuchen, die Liste bis Anfang nächster Woche für Sie fertigzustellen, wenn Ihnen das recht ist.«

»Das reicht völlig, Sir«, sagte Michie überschwenglich, und sein Schnurrbart krümmte sich ein wenig unter seinem Lächeln. Er entfernte sich ein paar Schritte auf der Auffahrt und hielt seinen Blick weiter fest auf Dixon gerichtet. Offenbar versuchte er, einen vereinten Rückzug aus dem College zu bewerkstelligen. Eine Aktentasche, randvoll mit Wochenendlektüre, schaukelte lose in seiner Hand. »Ob ich wohl bei Gelegenheit bei Ihnen vorbeikommen kann, um sie abzuholen?«

Dixon gab seine Stellung auf und folgte Michie in Richtung der Straße. »Wenn Sie wollen«, sagte er. Zorn flammte in seinem Kopf auf, als wär's ein auf dem Grill vergessener Toast. Das Erstellen einer Leseliste war natürlich Welchs Idee gewesen. Aus ihr würden die Examenskandidaten im Fach Geschichte »ersehen können, ob sie Interesse haben«, lieber das neue Sonderthema zu belegen als die alten Sonderthemen der alten Institutsmitglieder, und ob sie in einer der acht Klausuren, die für die Bakkalaureusprüfung nötig sind, zu diesem Thema geprüft werden wollten. Klar war: Je mehr Studenten Dixon – innerhalb gewisser Vernunftgrenzen – für sein Thema »interessieren« konnte, desto besser für ihn. Genauso klar war, daß bei zu vielen »interessierten« Studenten die Anzahl derer, die Welchs eigenes Sonderthema belegten, so sehr sinken würde, daß Welch dies aller Voraussicht nach übelnähme. Bei einer Examensklasse von neunzehn Studenten und einem Institut mit sechs Lehrkräften schienen drei Studenten eine angemessene Anzahl zu sein. Bislang hatten sich Dixons Bemühungen hinsichtlich seines Sonderthemas – abgesehen von dem Gedanken, wie sehr er es haßte – darauf beschränkt, die drei hübschesten Mädchen der Klasse abzuwerben. Eine von ihnen war Michies Freundin, Michie selbst wollte er vergraulen. Stellte man zudem Dixons generelle Abneigung in Rechnung, über Arbeit nachzudenken, dann erklärte die Notwendigkeit, Michie auf Abstand zu halten, einen Großteil seines gegenwärtigen Unbehagens.

»Was sind Ihre bisherigen Vorstellungen, wenn ich fragen darf?« erkundigte sich Michie, als sie die abschüssige Auffahrt zur College Road hinabgingen.

Dixon fand, daß er das nicht fragen dürfe, sagte aber nur: »Ich denke, der Hauptakzent wird auf dem gesellschaftlichen Aspekt der Thematik liegen.« Er versuchte, nicht direkt an den offiziellen Titel seines Themas zu denken: »Leben und Kultur des Mittelalters«. »Ich habe überlegt, mit einer Diskussion über die gesellschaftliche Rolle der Universitäten anzufangen.« Er wußte, daß dieser Satz nichts bedeutete, und tröstete sich mit diesem Gedanken über die Tatsache hinweg, daß er ihn ausgesprochen hatte.

»Sie beabsichtigen folglich nicht, eine Analyse der Scholastik anzubieten?«

Diese Frage zeigte exakt, warum er Michie von seinem Kurs fernhalten wollte. Michie wußte allem Anschein nach eine Menge, und das war schlecht. Eine der Sachen, über die er allem Anschein nach Bescheid wußte, war die Bedeutung des Wortes »Scholastik«. Dixon las, hörte und benutzte dieses Wort ein dutzendmal am Tag, ohne zu wissen, was es bedeutete, auch wenn er so tat, als ob. Aber er sah deutlich voraus, daß er nicht in der Lage sein würde, weiterhin Wissen über die Bedeutung dieses Wortes und Hunderte weiterer Wörter desselben Schlages vorzutäuschen, wenn Michie anwesend war und sie hinterfragte, erörterte und darüber debattierte. Michie war allem Anschein nach in der Lage, ihn ohne Vorwarnung wieder und wieder wie einen Idioten dastehen zu lassen. Obwohl es nur allzu einfach gewesen wäre, einen Streit mit ihm anzufangen – zum Beispiel über einen ausstehenden Aufsatz –, schreckte Dixon davor zurück, denn er hegte den abergläubischen Verdacht, daß Michie fähig wäre, »Leben und Kultur des Mittelalters« aus nichts als purer Bosheit und dem Verlangen, ihn fertigzumachen, zu belegen. Andererseits mußte er erreichen, daß Michie dem Kurs fernblieb, aber das hatte mit Lächeln und Bedauern zu geschehen, anstelle der Schläge und Tritte, die ihm eigentlich gebührten. Deshalb sagte Dixon jetzt: »Ach nein, ich fürchte, in dieser Hinsicht wird das Sonderthema nicht viel zu bieten haben. Ich bin leider nicht ausreichend qualifiziert, um über den gelehrten Scotus oder Thomas von Aquin Stellung zu beziehen. Oder hätte es Augustinus heißen müssen?«

»Es könnte recht faszinierend sein, die Wirkung verschiedener populärer Trivialisierungen und Vulgarisierungen der scholastischen Lehren auf das Leben der Menschen zu studieren.«

»Aber ja, akzeptiert, akzeptiert«, sagte Dixon, dessen Lippen zu beben anfingen, »aber finden Sie nicht, daß das eher ein Thema für eine Doktorarbeit ist als für eine eher elementare Vorlesung?«

Michie legte recht ausführlich dar, was aus seiner Sicht für und wider eine solche Meinung sprach, aber zum Glück stellte er keine weiteren Fragen. Nachdem Dixon sein Bedauern darüber geäußert hatte, eine so interessante Diskussion abbrechen zu müssen, trennten sie sich an der College Road. Michie ging zu seinem Studentenwohnheim und Dixon zu seiner Pension.

Er eilte durch die Seitenstraßen, die zu dieser Stunde vor Arbeitsende und Büroschluß völlig menschenleer waren, und dachte über Welch nach. Hätte Welch ihn gebeten, ein Sonderthema auszuarbeiten, wenn er ihn nicht als Dozenten behalten wollte? Man setze den Namen einer beliebigen Person ein, und die Antwort hätte »Nein« lauten müssen. Aber bei Welch war Gewißheit unmöglich. Erst letzte Woche, einen Monat, nachdem das Sonderthema erstmals zur Sprache gekommen war, hatte er gehört, wie Welch dem Professor für Erziehungswissenschaften erzählt hatte, hinter welcher »Sorte von neuem Mann« er her sei. Dixon war fünf Minuten lang sehr übel gewesen; dann war Welch auf ihn zugekommen und hatte im Tonfall vollkommener Aufrichtigkeit zu besprechen begonnen, was Dixon mit den Absolventen des nächsten Jahres anstellen solle. Als er daran dachte, rollte Dixon die Augen wie Murmeln zusammen, sog seine Wangen ein, um seinem Gesicht einen schwindsüchtig-ausgemergelten Ausdruck zu verleihen, und stöhnte laut auf. So überquerte er die sonnenbeschienene Straße vor der Haustür seiner Pension.

Auf der reich ornamentierten Flurgarderobe lagen einige Zeitschriften und Briefe, die mit der zweiten Post gekommen waren. Einer der Umschläge war mit Maschinenschrift an Alfred Beesley adressiert, ein Mitglied des Englisch-Instituts. Ein gelbbrauner Umschlag enthielt Tipscheine für das Fußballtoto und war an W. Atkinson adressiert, einen Versicherungsvertreter, der einige Jahre älter als Dixon war. Ein weiterer mit Maschine adressierter Umschlag mit Londoner Poststempel war für »J. Dickinson«. Er zögerte, dann öffnete er ihn. Darin befand sich ein Blatt Papier, das hastig von einem Block abgerissen worden war und auf dem einige mit grüner Tinte und schlechter Handschrift hingekritzelte Zeilen standen. Formlos verkündete der Absender, den Schiffsbauaufsatz gemocht zu haben, und schlug vor, ihn »zu gegebener Zeit« zu veröffentlichen. Er werde sich »in absehbarer Frist« noch einmal melden. Unterschrieben hatte er mit »L. S. Caton«.

Dixon nahm einen von Atkinsons Filzhüten von der Flurgarderobe, setzte ihn auf und vollführte ein Tänzchen in dem schmalen Flur. Nun würde es Welch nicht mehr so leicht fallen, ihn rauszuwerfen. Auch sonst war dies eine gute Nachricht von allgemein ermutigendem Charakter. Vielleicht hatte der Artikel doch seine Vorzüge. Nein, das hieße, zu weit zu gehen. Aber die Nachricht bedeutete, daß er die richtige Sorte von Text produziert hatte, und ein Mann, der ein Stück von der richtigen Textsorte produzieren konnte, war vermutlich in der Lage, noch mehr davon zu schreiben. Er freute sich darauf, Margaret diese Neuigkeit zu erzählen, legte den Hut auf seinen Platz zurück und sah sich müßig die Zeitschriften für Evan Johns an, Verwaltungsangestellter am College und Amateuroboist. Einer der Umschläge zeigte die große, gut gemachte Fotografie eines zeitgenössischen Komponisten, den Johns wahrscheinlich bewunderte. Dixon hatte einen Einfall, und seine Jubelstimmung trug dazu bei, daß sein Verstand ihn bereitwillig willkommen hieß. Er stand einen Moment lang regungslos da und horchte, dann schlich er ins Eßzimmer, wo der Tisch für das Abendessen gedeckt war. Schnell, aber gründlich verschönerte er mit einem weichen, dunklen Bleistift das Gesicht des Komponisten. Die Unterlippe verwandelte er in eine Reihe verfärbter Mäusezähne, darunter brachte er eine neue, dickere und schlaffere Unterlippe an. Auf den Wangen zeigten sich Schmisse; Haare so dick wie Zahnstocher sprossen aus den geweiteten Nasenlöchern, und die Augen – vergrößert und enger zusammenstehend – schwappten auf die Nase. Nachdem er die Kieferpartie mit Scharten versehen und die Stirn unter einem üppigen Pony versteckt hatte, fügte er einen chinesischen Schnurrbart und Piratenohrringe hinzu. Kaum hatte er die Zeitschrift zurück auf die Flurgarderobe gelegt, als jemand zur Vordertür hereinkam. Er sprang ins Eßzimmer und lauschte. Einige Sekunden später lächelte er, als eine Stimme »Miss Cutler« rief – in einem nördlichen Akzent, der dem seinen ähnelte, aber dort nordöstlich war, wo seiner nordwestlich war. Er ging hinaus und sagte: »Hallo, Alfred.«

»Oh, hallo, Jim.« Beesley riß hastig seinen Brief auf. Hinter Dixon öffnete sich die Küchentür, und Miss Cutler, ihre Wirtin, steckte den Kopf herein, um zu sehen, wer und wie viele sie seien. Diesbezüglich zufriedengestellt, lächelte sie und zog sich zurück. Dixon drehte sich wieder zu Beesley um, der jetzt mit mürrischem Gesicht seinen Brief las.

»Kommen Sie zum Abendessen?«

Beesley nickte und reichte Dixon das aus einem Vervielfältigungsapparat stammende Papier. »Ein kleine gute Nachricht, die ich zum Wochenende mit nach Hause nehmen kann.«

Dixon las, daß man Beesley für seine Bewerbung danke, daß aber Mr. P. Oldham die Stelle erhalten habe. »Oh, das ist Pech, Alfred. Aber es gibt noch genug andere Möglichkeiten, oder?«

»Bis Oktober? Das bezweifle ich. Die Zeit wird ziemlich knapp.«

Sie nahmen ihre Plätze bei Tisch ein. »Hatten Sie sich sehr darauf eingestellt?« fragte Dixon.

»Nur insofern, als es eine Möglichkeit gewesen wäre, Fred Karno zu entkommen.« Solcherart bezog sich Beesley auf seinen Professor.

»Dann hatten Sie sich vermutlich sehr darauf eingestellt.«

»Richtig. Irgend etwas Neues von Neddy über Ihre Aussichten?«

»Nein, nicht direkt, aber ich habe gerade eine kleine gute Nachricht erhalten. Dieser Bursche namens Caton hat meinen Artikel angenommen, die Sache über Schiffsbau.«

»Das ist doch tröstlich. Wann soll er erscheinen?«

»Hat er nicht gesagt.«

»Oh. Haben Sie den Brief da?« Dixon reichte ihm den Zettel. »Hmm, nicht allzu wählerisch mit seinen Schreibwaren, was? So, so... Sie wollen bestimmt etwas klarere Informationen als diese hier, oder?«

Dixon schob – eine seiner Angewohnheiten – seine Brille mit einem Zucken der Nase zurecht. »Will ich das?«

»Herrje, Jim, natürlich wollen Sie das. Eine vage Zusage dieser Art nützt Ihnen gar nichts. Könnte mehrere Jahre dauern, bis das Stück erscheint, wenn überhaupt. Nein, er soll sich auf ein Datum festlegen, dann haben Sie ein gültiges Beweisstück, das Sie Neddy vorlegen können. Hören Sie auf mich.«

Unsicher, ob dies ein guter Rat sei oder ob er seinen Ursprung in Beesleys Enttäuschung habe, wollte Dixon gerade seine übliche Hinhaltetaktik zur Anwendung bringen, als Miss Cutler mit einem Tablett voller Essen und Tee in den Raum kam. Eines der ältesten ihrer zahlreichen schwarzen Kleider glänzte sanft an verschiedenen Stellen ihrer fülligen Statur. Die betonte Ruhe ihres Gangs, die schnellen, geübten Bewegungen ihrer großen violetten Hände, die kleine Grimasse, der Schnaufer, mit dem sie bei jedem Gegenstand, den sie auf den Tisch legte, zur Ruhe mahnte, und ihr bescheiden gesenkter Blick bewirkten, daß es unmöglich war, in ihrer Gegenwart mit jemand anderem als ihr zu sprechen. Es war jetzt viele Jahre her, seit sie ihr Dasein als Hausangestellte aufgegeben hatte und in das Pensionsgeschäft eingestiegen war. Aber obwohl sie manchmal eine beeindruckende Anzahl jener Charakteristika, die man einer Pensionswirtin zuschreibt, an den Tag legte, hätte ihr Benehmen beim Auftragen der Mahlzeiten immer noch den anspruchvollsten weiblichen Hausvorstand zufriedengestellt. Dixon und Beesley sagten etwas zu ihr und erhielten, wie üblich, nichts als ein Nicken zur Antwort, bis das Tablett abgeräumt war. Dann entspann sich ein Gespräch, das beim Eintritt des Versicherungsvertreters und vormaligen Truppenmajors Bill Atkinson abrupt abbrach.

Dieser große und sehr dunkelhaarige Mensch nahm würdevoll seinen Platz am Kopf der Tafel ein, während Miss Cutler – die von seinen Anforderungen an das, was er »die korrekte Art und Weise« nannte, stets eingeschüchtert wurde – aus dem Zimmer lief. Atkinson sah

Dixon prüfend an, als dieser sagte: »Sie sind heute früh dran, Bill«, als ob er damit seine Körperkraft oder Ausdauer anzweifeln könnte. Nachdem er sich offenbar wieder beruhigt hatte, nickte er zwanzig oder dreißig Mal. Sein schwarzes Haar mit Mittelscheitel und sein rechteckiger Schnurrbart verliehen ihm eine Aura archaischer Wildheit.

Die Mahlzeit wurde fortgesetzt, und auch Atkinson nahm daran teil. Er hielt sich jedoch aus der Unterhaltung heraus, die einige Minuten lang um Dixons Artikel und dessen möglichen Erscheinungstermin kreiste. »Ist es ein guter Artikel?« fragte Beesley schließlich.

Dixon sah überrascht auf. »Gut? Was meinen Sie mit ›gut‹? Gut?«

»Ist er nur präzise, oder bietet er mehr als das, was üblicherweise produziert wird? Irgend etwas, das über die Sachen hinausgeht, die geschrieben werden, damit man seine Stellung behält?«

»Herr im Himmel, nein. Sie glauben doch nicht, daß ich diesen Kram ernst nehme.« Dixon bemerkte, daß Atkinsons Augen unter ihren dicken Wimpern auf ihn gerichtet waren.

»Ich war mir nicht ganz sicher«, sagte Beesley und brachte die geschwungene, nickelumwundene Pfeife zum Vorschein, um die er seine Persönlichkeit herumrankte, wie eine Kletterpflanze um ein Spalier. »Ich dachte es mir aber schon.«

»Aber Alfred, Sie können doch nicht ernsthaft glauben, daß ich das alles ernst nehme. Worauf wollen Sie hinaus?«

»Ich glaube gar nichts. Ich habe mich bloß gefragt, warum Sie überhaupt in dieses Spiel eingestiegen sind.«

Dixon zögerte. »Aber das habe ich Ihnen alles schon vor

Monaten erklärt – daß ich das Gefühl habe, nicht für den Schuldienst zu taugen und so weiter.«

»Nein, ich meine, warum Sie Mediävist geworden sind.« Beesley entzündete ein Streichholz und runzelte die Stirn seines kleinen, wühlmausartigen Gesichts. »Es macht Ihnen doch nichts aus, Bill?« Als keine Antwort kam, fuhr er zwischen zwei Pfeifennucklern fort: »Sie interessieren sich anscheinend nicht besonders dafür.«

Dixon versuchte, zu lachen. »Nein, nicht wahr? Der Grund, warum ich Mediävist geworden bin, wie Sie es nennen, ist sehr einfach: Mittelalterliche Schriften waren die leichteste Option in meinem Studium in Leicester, also habe ich mich darauf spezialisiert. Als ich mich dann hier für eine Stelle beworben habe, habe ich natürlich viel Tamtam darum gemacht, weil es besser aussah, an etwas Bestimmtem interessiert zu sein. Deshalb war ich es, der die Stelle bekommen hat, und nicht dieses kluge Bürschchen aus Oxford, das sein Vorstellungsgespräch vermasselt hat, weil es viel heiße Luft über moderne Interpretationstheorien abgelassen hat. Aber ich hätte nie gedacht, daß ich bei dem Mittelalterkram, und nur bei dem Mittelalterkram landen würde.« Er unterdrückte das Verlangen nach einer Zigarette: Seine Fünfuhrzigarette hatte er schon um Viertel nach drei aufgeraucht.

»Verstehe«, sagte Beesley naserümpfend. »Das wußte ich noch nicht.«

»Ist Ihnen noch nie aufgefallen, daß wir alle uns auf das spezialisieren, was wir am meisten hassen?« fragte Dixon, aber Beesley hatte sich bereits pfeifepaffend erhoben. Dixons Ansichten über das Mittelalter als solches mußten bis zum nächsten Mal warten.

»Ich gehe dann«, sagte Beesley. »Viel Spaß mit den

Künstlern, Jim. Passen Sie auf, daß Sie sich nicht betrinken und anfangen, Neddy zu erzählen, was Sie mir gerade erzählt haben. Tschüß, Bill«, fügte er in Richtung des schweigenden Atkinson hinzu. Dann ging er hinaus und ließ die Tür offenstehen.

Dixon sagte Auf Wiedersehen und wartete einen Moment, ehe er sagte: »Ich frage mich übrigens, Bill, ob Sie mir einen Gefallen tun könnten.«

Die Antwort kam unerwartet rasch. »Kommt drauf an, was es ist«, sagte Atkinson süffisant.

»Könnten Sie mich am Sonntagvormittag um elf Uhr unter dieser Nummer anrufen? Ich werde gleich drangehen und bloß eine Weile über das Wetter mit Ihnen plaudern. Aber wenn ich zufällig nicht gleich drangehen sollte ...« Er hielt inne, als er draußen ein leises, unidentifizierbares Geräusch hörte. Als weiter nichts kam, fuhr er fort: »Falls Sie mich nicht erreichen, sagen Sie bitte demjenigen, der ans Telefon geht, daß meine Eltern aus heiterem Himmel hier aufgetaucht seien, und ob ich bitte so schnell wie möglich zurückkommen könne. Hier, ich habe alles aufgeschrieben.«

Atkinson hob seine buschigen Augenbrauen und begutachtete die Umschlagrückseite, als ob darin die falsche Antwort auf eine Schachaufgabe steckte. Er stieß ein grobes Lachen aus und starrte Dixon ins Gesicht. »Angst, daß Sie nicht durchhalten, was?«

»Es ist eines der gestelzten Kulturwochenenden meines Professors. Ich muß mich dort sehen lassen, aber ich kann unmöglich den ganzen Sonntag über bleiben.«

Eine lange Pause trat ein, während Atkinson sich auf seine übliche Art kritisch im Zimmer umsah. Dixon mochte und verehrte ihn für die Aura, alles, was sich seiner

Wahrnehmung darbot, zu verabscheuen, und er mochte und verehrte ihn dafür, daß er seine Abscheu nicht durch Routine schal werden ließ. Schließlich sagte Atkinson: »Verstehe. Das macht mir Spaß.« In diesem Moment betrat ein weiterer Mann das Zimmer. Es war Johns, der seine Zeitschriften bei sich trug, und bei dessen Anblick sich Dixon von leichter Besorgnis erfaßt fühlte: Johns gehörte zu jener Sorte Menschen, die sich geräuschlos bewegen und andere mutmaßlich belauschen, und er war ein Freund der Welchs, insbesondere von Mrs. Welch. Dixon fragte sich, ob Johns etwas von der Aufgabe mitbekommen haben könnte, mit der er Atkinson gerade betraut hatte. Während er noch überlegte, nickte er ihm besorgt zu, doch Johns' talgige Gesichtszüge ließen keinerlei Regung erkennen. Diese Starre dauerte an, als Atkinson ihn mit den Worten »Hallo, Sonnyboy« begrüßte.

Um Johns aus dem Weg zu gehen, wollte Dixon mit dem Bus zu den Welchs zu fahren. Also stand er auf und überlegte, Atkinson eine Warnung zukommen zu lassen. Da ihm aber nichts Passendes einfiel, ging er hinaus. Hinter sich hörte er, wie Atkinson das Wort erneut an Johns richtete: »Setzen Sie sich, und erzählen Sie mir etwas über Ihre Oboe.«

Einige Minuten später eilte Dixon mit einem kleinen Koffer durch die Straßen zur Bushaltestelle. An der Ecke zur Hauptstraße hatte er eine gute Aussicht bergab. Dort machten die letzten Reihenhäuser und kleinen Lebensmittelgeschäfte Platz für Büroblocks, bessere Bekleidungsgeschäfte und Schneider, die öffentliche Bibliothek, die Fernsprechvermittlung und ein modernes Kino. Dahinter zeichneten sich die größeren Gebäude der Innenstadt und der spitz zulaufende Kathedralenturm ab. Straßenbahnen summten und Linienbusse brummten in die Stadt und aus ihr heraus, inmitten von Autokolonnen, die sich auf den mal geraden, mal kurvigen Straßen teils stauten, teils zügig voranbewegten. Die Bürgersteige waren voller Menschen. Dixon überquerte die Straße. Der Anblick von so viel Energie hob seine Stimmung, und irgendwo in seinem Kopf kam ein schwer erklärbares Hochgefühl auf. Nichts deutete darauf hin, daß das Wochenende etwas Besseres als die übliche Mischung vorhersehbarer und unvorhersehbarer Langeweile bereithielte, aber hier und jetzt mochte er nicht daran glauben. Sein Aufsatz war angenommen worden, und vielleicht war das der Auftakt zu einer dringend benötigten Glückssträhne. Er würde mit Menschen zusammentreffen, und es konnte durchaus sein, daß die sich als interessant und unterhaltsam herausstellten. Wenn nicht, konnte er sich immer noch mit Margaret über sie lustig machen. Er mußte dafür sorgen, daß Margaret sich so gut wie möglich amüsierte, und das wäre in Gesellschaft leichter. In seinem Koffer befand sich der schmale Gedichtband eines zeitgenössischen Lyrikers, den er insgeheim gräßlich fand. Er hatte ihn am Vormittag ohne jeden Anlaß für Margaret gekauft. Der Überraschungseffekt würde zusammen mit der Zuneigungsbekundung und der Schmeichelei, die diese Wahl implizierte, eine treffliche Verbindung eingehen. Als er daran dachte, was er auf das Vorsatzblatt geschrieben hatte, überkam ihn seine übliche Sorge, doch dank seiner guten Laune gelang es ihm, sie zu unterdrücken.

4

»Natürlich ist diese Art von Musik nicht für Publikum gedacht«, sagte Welch, während er die Noten austeilte. »Das Vergnügen liegt im Singen. Jeder singt eine richtige Melodie – eine richtige Melodie«, wiederholte er mit Nachdruck. »Man könnte wirklich sagen, daß die Polyphonie in dieser Periode ihren Höhepunkt, ihren Gipfel erreicht habe und daß sie sich seitdem im Niedergang befinde. Man muß sich nur die Stimmaufteilung in Stücken wie ›Onward, Christian Soldiers‹ ansehen, dem Kirchenlied, das ein typisches ... ein typisches ...«

»Ned, wir warten alle«, sagte Mrs. Welch vom Klavier her. Sie spielte ein langsames Arpeggio und ließ es mittels des Pedals nachklingen. »Sind alle bereit?«

Ein einschläferndes Dröhnen erfüllte die Luft rund um Dixon, als die Sänger sich gegenseitig ihre Noten vorsummten. Mrs. Welch gesellte sich zu ihnen auf die niedrige Bühne, die am Ende des Musikzimmers aufgebaut worden war, und stellte sich neben Margaret, den zweiten Sopran. Eine kleine, grobschlächtige Frau mit schütterem braunem Haar war die einzige Altistin. Neben Dixon stand Cecil Goldsmith, einer seiner Kollegen vom Historischen Institut, dessen Tenorstimme – insbesondere über dem mittleren C – von so wilder Kraft erfüllt war, daß sie mühelos alle Geräusche übertönte, die Dixon sich eventuell auszustoßen genötigt sehen würde. Seitlich hinter ihm standen die drei Bässe: ein ortsansässiger Komponist; ein Amateurgeiger, der gelegentlich vom städtischen Orchester rekrutiert wurde, wenn gerade Bedarf herrschte; drittens schließlich Evan Johns.

Dixon ließ seinen Blick über die Zeilen voll wild hüpfender schwarzer Punkte schweifen und redete sich erfolgreich ein, daß alle die ganze Zeit singen würden. Vor zwanzig Minuten hatte er bei irgendeinem Brahms-Quatsch, der mit ungefähr zehn Sekunden unbegleiteter Tenorstimme einsetzte, eine böse Schlappe erlitten – das Stück hatte, um genau zu sein, mit unbegleitetem Goldsmith eingesetzt, und da dessen Stimme angesichts eines kniffligen Intervalls zweimal versiegt war, hatte Dixon mit lautlos sich öffnendem und schließendem Mund dagestanden. Nun ahmte er vorsichtig den Ton nach, den Goldsmith summte, und fand das Resultat angenehmer als erwartet. Warum hatte man nicht den Anstand besessen, ihn zu fragen, ob er gerne mitmachen wolle, anstatt ihn auf die Bühne zu scheuchen und ihm Notenblätter aufzudrängen?

Auf Geheiß von Welchs arthritischem Zeigefinger nahm das Madrigal seinen Gang. Dixon hielt den Kopf gesenkt, bewegte den Mund so wenig, wie sich das mit der Notwendigkeit vereinbaren ließ, ihn deutlich sichtbar zu bewegen, und überflog die Wörter, die die anderen sangen. »Ich fand bei meiner Liebsten nicht der Liebe Lust und Tugend«, las er, »es zeigten ihre Schwüre sich so treulos als die Jugend. Doch als ich sie dann fragte, wie...« Er sah zu Margaret hinüber, die fröhlich genug mitschmetterte – sie nahm im Winter regelmäßig an den Chortreffen des Ortsvereins der Konservativen teil –, und fragte sich, welche Änderungen in ihrer beider Lebensumstände und

Temperamente nötig seien, damit die Worte des Madrigals, wie entfernt auch immer, auf ihn und sie zuträfen. Sie hatte ihm gegenüber Schwüre ausgesprochen, oder zumindest Bekenntnisse gemacht, und vielleicht war das schon alles, was der Verfasser gemeint hatte. Aber falls er das meinte, was er mit »der Liebe Lust« zu meinen schien, dann hatte Dixon niemals irgend etwas davon bei Margaret »zu finden« versucht. Vielleicht sollte er es tun – dergleichen passierte jeden Tag. Schade nur, daß sie nicht besser aussah. Doch irgendwann in nächster Zeit würde er einen Versuch unternehmen und sehen, was geschähe.

»Doch noch und noch stroiten sö's ab ond sagen, 's sei nor Scharz«, sang Goldsmith tremolierend und sehr laut. Es war der letzte Takt. Dixon ließ den Mund offenstehen, solange Welch seinen Finger hochhielt, dann, als der Finger seitwärts witschte, schloß er ihn mit einem kurzen Rucken des Kopfes, wie er es bei Sängern gesehen hatte. Alle schienen mit der Vorführung zufrieden zu sein und ungeduldig die nächste zu erwarten. »Was als nächstes kommt, nennt man ein Ballett. Natürlich meinte man damit nicht das, was wir mit dem ähnlichen … Das hier ist ziemlich bekannt. Es heißt ›Nun ist der Monat des Maien‹. Wenn Sie also einfach alle …«

Ein Salve schniefenden Gelächters erreichte Dixon von links hinten. Er blickte sich um und sah, wie Johns' Gesichtsblässe von einem Grinsen zerteilt wurde. Die großen Augen mit den kurzen Lidern fixierten ihn. »Was ist so lustig?« fragte er. Falls Johns Welch auslachte, war Dixon gerüstet, sich auf Welchs Seite zu stellen.

»Sie werden schon sehen«, sagte Johns. Er fuhr fort, Dixon anzustarren. »Sie werden schon sehen«, wiederholte er grinsend.

In weniger als einer Minute sah Dixon es, und zwar klar und deutlich. Anstelle der üblichen vier Teile bestand dieses Stück aus fünf Teilen. Über der dritten und vierten Notenzeile von oben stand *Tenor I* und *Tenor II*; überdies gab es allerlei infantilen Fa-la-la-la-Kram auf der zweiten Seite, mit zahlreichen Lücken in den Einzelstimmen. Sogar Welchs Ohr war zuzutrauen, daß ihm das völlige Fehlen einer Stimme unter solchen Umständen nicht verborgen bleiben würde. Unmöglich konnte Dixon jetzt noch erklären, daß er nicht ganz ernst gemeint habe, was er eine halbe Stunde zuvor gesagt hatte: daß er nämlich »einigermaßen« Noten lesen könne. Viel zu spät auch, noch zu den Bässen überzulaufen. Allenfalls ein epileptischer Anfall konnte ihn jetzt noch retten.

»Sie übernehmen besser den ersten Tenor, Jim«, sagte Goldsmith, »der zweite ist ein bißchen vertrackt.«

Dixon nickte verwirrt und nahm kaum wahr, daß Johns weiterlachte. Ehe er noch protestieren konnte, war das Klavierritual samt Brummen schon vorbei und das Stück in vollem Gange. Seine Lippen flatterten zu: »Jeder mit seinem Herzensschatz sitzt a-a-auf dem grünen Gras: fa-la-la-la, fa-la-la-la-la-la la la-la...«, aber Welch hatte aufgehört, mit dem Finger zu wedeln und hielt ihn starr in die Luft. Das Singen erstarb. »Oh, Tenöre«, hub Welch an, »ich glaube, ich höre gar nicht...«

Ein unregelmäßiges Klopfen erklang von der Tür am anderen Ende des Raumes. Gleich darauf sprang sie geräuschvoll auf und ein großer Mann trat ein. Er trug ein zitronengelbes Sportsakko, dessen drei Knöpfe verschlossen waren, und nannte einen langen Bart sein eigen, der auf einer Seite tiefer herabreichte als auf der anderen und die obere Hälfte einer Krawatte mit Rebenmuster verbarg.

Dixon vermutete mit aufbrandendem Frohlocken, daß dies der malende Pazifist Bertrand sei, dessen baldige Ankunft nebst Freundin Welch auf seine typische schrille Art seit dem Tee alle paar Minuten angekündigt hatte. Es war dies eine Ankunft, die sich früher oder später als Ärgernis herausstellen mußte, aber im Moment diente sie im Hinblick auf die verheerenden Madrigale als das beste denkbare Anti-Ärgernis. Dixon hatte diesen Gedanken noch nicht zu Ende gedacht, da verließen die älteren Welchs bereits ihre Posten und eilten, ihren Sohn zu begrüßen. Andere schlossen sich langsamer an. Die meisten schienen der Aussicht auf eine Unterbrechung nicht völlig abgeneigt und fingen noch während des Gehens an, sich zu unterhalten. Erfreut zündete Dixon eine Zigarette an und mußte feststellen, daß er allein zurückgeblieben war: Der Amateurgeiger hatte sich Margarets bemächtigt; Goldsmith und der ortsansässige Komponist sprachen mit Goldsmiths Frau, die sich mit beneidenswerter Standhaftigkeit geweigert hatte, etwas anderes zu tun, als in einem Sessel am Kamin zu sitzen und dem Gesang zu lauschen; Johns nahm irgendwelche Justierungen am Klavier vor. Dixon ging durch die Gesellschaft zum anderen Ende des Raumes und lehnte sich nahe der Tür an eine Wand mit Bücherregalen. Er stand auch noch dort und erfreute sich seiner Zigarette, als Bertrands Freundin ein paar Sekunden später langsam und zögerlich hereinkam. Unbemerkt von allen außer ihm stand sie eine Zeitlang einfach da.

Binnen weniger Sekunden hatte Dixon alles gesehen, was er von dieser Frau sehen mußte: blondes, glattes Kurzhaar in Kombination mit braunen Augen, die strenge Linie des ungeschminkten Mundes in Kombination mit breiten Schultern, die großen Brüste in Kombination mit einer schmalen Taille, die wohlüberlegte Schlichtheit ihres weinroten Cordsamtrocks in Kombination mit einer einfachen weißen Leinenbluse. Ihr Anblick war wie ein unwiderstehlicher Angriff auf all seine Gewohnheiten, Maßstäbe und Ziele, wie etwas, das eigens dazu erdacht worden war, ihn in seine Schranken zu weisen. Daß man Frauen wie sie nur als Eigentum von Männern wie Bertrand zu Gesicht bekam, war ihm so vertraut, daß es ihm längst nicht mehr ungerecht erschien. Es war die riesige Gruppe von Frauen wie Margaret, die dazu bestimmt war, seine Art von Weibervolk bereitzustellen: Frauen, deren Absicht, attraktiv zu wirken, man bei ausreichendem Wohlwollen für Attraktivität halten konnte; Frauen, bei denen ein zu enger Rock, ein Lippenstift, der fehlte oder die falsche Farbe hatte, selbst ein schlecht ausgeführtes Lächeln diese Illusion sofort und ohne jede erkennbare Hoffnung auf Rückkehr zerstören konnte. Aber die Rückkehr blieb nie aus: Ein neuer Pullover reduzierte die zu großen Füße, eine großzügige Geste belebte das spröde Haar, ein paar Pints verliehen einem Gespräch über die Bühnen Londons oder die Küche Frankreichs Charme.

Die junge Frau drehte ihren Kopf und sah, daß Dixon sie anstarrte. Angstvoll zog sich sein Zwerchfell zusammen, und sie richtete sich so ruckhaft auf wie ein Soldat, der entspannt dasteht und aufgefordert wird, sich zu rühren. Sie sahen sich einen Moment lang an, und gerade, als Dixons Kopfhaut zu kribbeln begann, rief eine hohe, bellende Stimme: »Da bist du ja, Liebling; komm doch bitte hier entlang, damit ich dich den Leuten vorstellen kann.« Bertrand ging zielstrebig durch den Raum auf sie zu, wobei er Dixon mit einem kurzen, feindseligen Blick bedachte. Dixon gefiel das nicht: Alles, was er von Bertrand brauchte, war eine bescheiden vorgebrachte Entschuldigung für sein Auftauchen.

Dixon war beim Anblick von Bertrands Freundin zu angespannt gewesen, um ihr vorgestellt werden zu wollen, und so ging er ihr eine Zeitlang aus dem Weg. Er kehrte zu seinem Platz zurück und fing ein Gespräch mit Margaret und dem Amateurgeiger an. Bertrand dominierte die Gruppe im Zentrum des Raumes und lachte häufig, während er eine langatmige Geschichte erzählte. Seine Freundin beobachtete ihn so aufmerksam, als könnte er sie später bitten, die Kernthesen zusammenzufassen. Man brachte Kaffee und Kuchen, die das Abendessen ersetzen sollten, und Dixon war vollauf damit beschäftigt, genug für Margaret und sich selbst zu ergattern. Dann kam Welch auf ihn zu und sagte unerklärlicherweise: »Dixon, jetzt kommen Sie doch. Ich möchte Sie meinem Sohn Bertrand vorstellen und seiner ... seiner ... Kommen Sie.«

Mit Margaret an seiner Seite stand er bald darauf den beiden Personen gegenüber, denen sie vorgestellt werden sollten. Auch Evan Johns war da. »Dies sind Mr. Dixon und Miss Peel«, sagte Welch und zog das Ehepaar Goldsmith zur Seite.

Ehe sich Schweigen breitmachen konnte, fragte Margaret: »Sind Sie für längere Zeit hier, Mr. Welch?«, und Dixon war dankbar dafür, daß sie da war und immer etwas zu sagen wußte.

Bertrands Kiefer schnappten erfolgreich nach einem Nahrungsstück, das ihnen um Haaresbreite entkommen wäre. Versonnen kaute er eine Weile. »Ich bezweifle es«, sagte er schließlich. »Bei näherer Betrachtung erscheint es mir unabdingbar, es zu bezweifeln. Es gibt allerlei Anliegen in London, die meiner leitenden Hand bedürfen.« Er lächelte unter seinem Bart, von dem er jetzt einige Krümel fegte. »Aber es ist sehr angenehm, herzukommen und zu wissen, daß sich die Fackel der Kultur in der Provinz immer noch im Zustand des Loderns befindet. Wie auch zutiefst beruhigend.«

»Und wie kommen Sie mit Ihrer Arbeit voran?« fragte Margaret.

Darüber mußte Bertrand lachen, und er wandte sich seiner Freundin zu, die ebenfalls lachte – mit einem klaren, musikalischen Klang, der dem von Margarets winzigen Silberglöckchen nicht unähnlich war. »Meine Arbeit?« wiederholte Bertrand. »So wie Sie es sagen, klingt es nach einer Missionsarbeit. Nicht, daß einige unserer Freunde dieser Beschreibung ihrer Arbeit widersprechen würden. Fred zum Beispiel«, sagte er zu seiner Freundin.

»Ja, oder vielleicht Otto«, entgegnete sie.

»Ganz bestimmt Otto. Er sieht zumindest wie ein Missionar aus, auch wenn er sich nicht wie einer benimmt.« Er lachte erneut. Seine Freundin auch.

»Was genau machen Sie?« fragte Dixon lahm.

»Ich bin Maler. Leider Gottes keiner, der Häuser anstreicht, denn sonst hätte ich eine Menge Schotter und könnte jetzt in den Ruhestand treten. Nein, nein, ich male Bilder. Und leider Gottes wiederum keine Bilder von Gewerkschaftlern oder Rathäusern oder nackten Frauen, denn sonst würde ich jetzt auf einer noch viel größeren Menge Schotter sitzen. Nein, nein, nur Bilder, nichts als Bilder, Bilder *tout court*, wie unsere amerikanischen Vettern sagen würden, Bilder und Punkt aus. Und was genau machen Sie? Immer vorausgesetzt, versteht sich, daß Ihnen die Frage nicht unangenehm ist.«

Dixon zögerte. Bertrands Rede, die, abgesehen von

ihrem Schluß, offenkundig schon früher gehalten worden war, ärgerte ihn auf mannigfaltigere Weise, als er dies für möglich gehalten hätte. Bertrands Freundin sah ihn fragend an. Sie hatte ihre Augenbrauen, die dunkler als ihr Haar waren, hochgezogen und sagte nun mit ihrer ziemlich tiefen Stimme: »Befriedigen Sie unsere Neugier.« Bertrands Augen, denen die konvexe Form normaler Augäpfel abzugehen schien, fixierten ihn ebenfalls.

»Ich bin einer der Untergebenen Ihres Vater«, sagte Dixon zu Bertrand, nachdem er entschieden hatte, daß er nicht in die Offensive gehen durfte. »Ich vertrete hier am Historischen Institut den mittelalterlichen Aspekt.«

»Reizend, reizend«, sagte Bertrand, und seine Freundin sagte: »Das macht Ihnen sicherlich Freude?«

Welch war, wie Dixon bemerkte, wieder zu der Gruppe getreten und blickte – offensichtlich auf der Suche nach einem Zugang zu der Unterhaltung – von einem Gesicht zum anderen. Dixon beschloß, ihm die Teilnahme am Gespräch unter allen Umständen zu verwehren. Leise, aber rasch sagte er: »Es hat natürlich seinen eigenen Reiz. Ich sehe vollkommen ein, daß es nicht dieselbe Art von Glanz hat, die«, er wandte sich an die Freundin, »Ihrer Sparte innewohnt.« Er mußte Bertrand zeigen, daß es nicht unter seiner Würde war, seine Freundin mit in die Unterhaltung einzubeziehen.

Sie sah verblüfft zu Bertrand auf. »Aber ich glaube nicht, daß es besonders glamourös ist, herumzustehen und ...«

»Natürlich weiß ich«, sagte Dixon, »daß eine Menge harter Arbeit und Übung dazugehört, aber das Ballett, also ...«, er ignorierte einen Stups von Margaret, »da muß es doch ziemlich glamourös zugehen. So schien es mir jedenfalls immer.« Während er sprach, warf er Bertrand ein Lächeln voll höflich-kameradschaftlichen Neides zu und rührte seinen Kaffee mit kultivierten, beträchtlich vom Löffel abstehenden Fingern um.

Bertrands Gesicht lief rot an. Er beugte sich zu ihm vor, während er gleichzeitig zu sprechen und ein halbes Brötchen hinunterzuschlucken versuchte. Die Freundin wiederholte mit aufrichtiger Verwirrung: »Das Ballett? Aber ich arbeite in einer Buchhandlung. Wie kommen Sie darauf, daß ich …?« Johns grinste. Sogar Welch hatte offenbar mitbekommen, was er gesagt hatte. Was hatte er getan? Er wurde gleichzeitig von Angst und dem Verdacht heimgesucht, daß »Ballett« für Welch ein privates Synonym für »Geschlechtsverkehr« sein könnte.

»Schauen Sie, Dickinson, oder wie Sie heißen«, setzte Bertrand an, »vielleicht halten Sie sich für komisch, aber wenn es Ihnen recht ist, unterlassen Sie das bitte schleunigst. Wir wollen doch keine große Sache daraus machen, oder?«

Der bellende Klang seiner Stimme, vor allem bei der letzten Frage, und das Verschleifen mancher Konsonanten weckten in Dixon den Wunsch, Bertrand auf seine Sprachfehler aufmerksam zu machen, vielleicht auch auf seine absonderlichen Augen. Möglicherweise würde Bertrand ihn dann physisch angreifen. Großartig: Dixon war sich sicher, jegliches Aufeinandertreffen dieser Art mit einem Künstler für sich entscheiden zu können. Oder würde Bertrands Pazifismus ihm Einhalt gebieten? Angesichts der anhaltenden Stille entschloß Dixon sich rasch zu einem Rückzieher. Ihm war hinsichtlich der Freundin ein Irrtum unterlaufen, nun durfte er die Dinge nicht noch schlimmer machen. »Es tut mir schrecklich leid, falls ich mich geirrt habe, aber ich hatte den Eindruck, daß Miss Loosmore etwas mit dem Ballett ...«

Er drehte sich hilfesuchend zu Margaret um, aber ehe sie sprechen konnte, hatte ausgerechnet Welch sich lautstark eingeschaltet: »Armer Dixon, bruha-ha-ha, muß dieses ... diese junge Dame mit Sonia Loosmore verwechselt haben, einer Freundin Bertrands, die uns alle vor kurzem ziemlich böse enttäuscht hat. Bertrand muß wohl gedacht haben, daß Sie ... ihn zum Narren halten wollten oder dergleichen, Dixon; brahu-ha-ha.«

»Wenn er sich die Mühe gemacht hätte, bei unserer Vorstellung dabei zu sein, wäre das nicht passiert«, sagte Bertrand mit immer noch hochrotem Gesicht. »Statt dessen hat er ...«

»Machen Sie sich deshalb keine Gedanken, Mr. Dixon«, unterbrach ihn die Freundin. »Es war nur ein dummes Mißverständnis. Ich verstehe völlig, wie das passieren konnte. Ich heiße Christine Callaghan. Ganz anders, wie Sie sehen.«

»Nun, ähm ... danke, daß Sie es so aufnehmen. Es tut mir sehr leid, wirklich sehr.«

»Nein, nein, lassen Sie sich dadurch nicht die Laune verderben, Dixon«, sagte Bertrand mit einem Blick auf seine Freundin. »Wenn Sie uns entschuldigen wollen, ich denke, wir sollten uns ein bißchen unter die Leute mischen.«

Sie entfernten sich, gefolgt von Johns, in Richtung der Gruppe um die Goldsmiths, und Dixon blieb mit Margaret allein zurück.

»Hier, nimm eine Zigarette«, sagte sie. »Bestimmt kannst du eine gebrauchen. Meine Güte, was für ein Schwein dieser Bertrand ist. Ihm hätte ja wohl klar sein können ...«

»Nein, es war meine Schuld«, sagte Dixon, dankbar für Nikotin und Unterstützung. »Ich hätte dabei sein sollen, als sie vorgestellt wurden.«

»Ja, warum warst du nicht dabei? Aber er hätte es nicht noch schlimmer machen müssen. Das ist typisch für ihn, soweit ich weiß.«

»Irgendwie habe ich es nicht über mich gebracht, bei der Vorstellung dabei zu sein. Wie oft hast du ihn getroffen?«

»Er ist schon einmal dagewesen, mit dieser Loosmore. Das ist ziemlich seltsam, oder? Damals wollte er die Loosmore heiraten, und jetzt ist er mit einer Neuerwerbung hier. Richtig... Neddy hat mir erst vor einigen Tagen einen langen Vortrag darüber gehalten, wann die Heirat mit der Loosmore stattfinden solle. Soweit er wußte...«

»Sag mal, Margaret, können wir nicht etwas trinken gehen? Ich brauche ein Bier, und hier bekommen wir keines. Es ist erst acht, wir könnten zurück sein, wenn...«

Margaret lachte so sehr, daß er ziemlich viel von ihrem Gebiß zu sehen bekam: Ein Eckzahn war fleckig von Lippenstift (sie legte immer ein bißchen zu viel Schminke auf). »Ach James, du bist unverbesserlich«, sagte sie. »Was kommt als nächstes? Natürlich können wir nicht weggehen, was würden die Neddys wohl von uns halten? Gleich, nachdem ihr brillanter Sohn angekommen ist? Du wärst in Nullkommanix gekündigt.«

»Ja, da hast du recht, zugegeben. Aber ich würde alles für drei schnelle Pints geben. Ich habe nichts getrunken, seit ich mir gestern abend einen auf den Weg hierher genehmigt habe.«

»Das ist auch besser für dein Portemonnaie.« Sie fing wieder zu lachen an. »Bei den Madrigalen warst du wunderbar, dein bislang bester Auftritt.«

»Erinnere mich bitte nicht daran.«
»Sogar noch besser als deine Anouilh-Interpretation. Dein Akzent ließ sie richtig unheimlich klingen. Was war es noch mal? *La rigolade, c'est autre chose?* Sehr ausdrucksstark, fand ich.«
Dixon produzierte einen leisen Schrei aus verschnürter Kehle. »Hör auf! Ich ertrage das nicht. Warum haben sie kein englisches Stück ausgewählt? Na gut, ich weiß schon. Erklär es mir nicht. Also, was kommt als nächstes?«
»Blockflöten, nehme ich an.«
»Damit habe ich schon mal nichts zu tun. Keine Schande, sie nicht zu spielen. Bin schließlich nur ein Laienbruder. Aber ist es nicht entsetzlich, Margaret? Ist es nicht entsetzlich? Wie viele von diesen verdammten Dingern können gleichzeitig gespielt werden?«
Sie lachte wieder und sah sich rasch im Raum um – ein zuverlässiges Zeichen dafür, daß sie sich ausgezeichnet amüsierte. »Beliebig viele, soweit ich weiß.«
Dixon lachte auch und versuchte, das Bier zu vergessen. Es stimmte, daß in seiner Blechbüchse nur noch drei Pfund lagen, die bis zum nächsten Zahltag in neun Tagen reichen mußten. Auf der Bank hatte er achtundzwanzig Pfund, aber das war ein Fonds, den er für den Fall seiner Kündigung angelegt hatte.
»Hübsches Mädchen, diese Christine Sowieso«, sagte Margaret.
»Ja, nicht wahr?«
»Hat eine wunderbare Figur, was?«
»Ja.«
»Eine so gute Figur und ein gutaussehendes Gesicht dazu sind selten.«

»Ja.« Dixon erwartete angespannt die unvermeidliche Einschränkung.

»Schade nur, daß sie so etepetete ist.« Margaret zögerte, ehe sie sich entschloß, dieses Epitheton zu kommentieren. »Ich mag es nicht, wenn Mädchen ihres Alters sich wie würdevolle Damen aufführen wollen. Ein bißchen kleinkariert ist sie auch.«

Dixon, der bereits ähnliche Schlüsse gezogen hatte, legte keinen großen Wert darauf, sich auf diese Weise bestätigt zu sehen. »Ach, ich weiß nicht«, sagte er. »Ich kann jetzt noch nichts dazu sagen.«

Seine Äußerung wurde mit dem Klingeln der winzigen Glöckchen begrüßt. »Du hattest schon immer etwas für hübsche Gesichter übrig. Dahinter kann man viel verstecken, sage ich immer.«

Er hielt dies für zutiefst wahr, und da er nun nicht mehr zustimmen konnte, wußte er keine Antwort. Sie sahen einander so besorgt an, als ob alles, was als nächstes gesagt werden könnte, eine Beleidigung sein müßte. Schließlich sagte Dixon: »Sie scheint um kein Haar besser zu sein als Bertrand.«

Sie warf ihm ein eigentümlich sardonisches Lächeln zu. »Ich würde sagen, daß sie vieles gemeinsam haben.«

»Das denke ich auch.«

Ein Hausmädchen sammelte jetzt das benutzte Geschirr ein, und in die Gesellschaft kam Bewegung. Der nächste Abschnitt des Abends stand unverkennbar bevor. Bertrand und seine Freundin waren verschwunden, vermutlich, um ihre Koffer auszupacken. Auf Welchs Geheiß ließ Dixon Margaret zurück und arrangierte einige Stühle um. »Was steht als nächstes auf dem Programm, Professor?« fragte er.

Welchs grobe Züge hatten nach der manischen Phase der letzten anderthalb Stunden wieder ihren depressiven Ausdruck angenommen. Er funkelte Dixon mißmutig an. »Nichts als ein oder zwei Instrumentalstücke.«

»Oh, das wird nett. Wer steht als erstes auf der Liste?«

Welch grübelte, die klotzartige Hand auf der Rückenlehne eines lächerlich niedrigen Stuhls, der an ein halb konvertiertes Kniekissen denken ließ. Kurz darauf verkündete er, daß der ortsansässige Komponist und der Amateurgeiger die Violinsonate irgendeines germanischen Langeweilers »in Angriff« nehmen würden, daß eine ungenannte Anzahl von Blockflöten danach irgendein hierfür passendes Stück aufführen, und daß zu einem späteren Zeitpunkt vermutlich Johns auf seiner Oboe Musik produzieren würde. Dixon nickte, als ob er höchst erfreut wäre.

Er kehrte zu Margaret zurück und fand sie mitten in einer Unterhaltung mit Carol Goldsmith vor. Dixon zählte diese Frau – ungefähr vierzig, dünn, mit langem, glattem, braunem Haar – zu seinen Verbündeten, auch wenn sie ihn mit ihrer reifen Ausstrahlung manchmal etwas überwältigte.

»Hallo, Jim, wie geht es Ihnen?« fragte sie mit ihrer außerordentlich klaren Stimme.

»Schlecht. Wir haben mindestens eine Stunde Kratzen und Blasen vor uns.«

»Ja, es ist wirklich schlimm, nicht wahr? Warum kommen wir zu so etwas her? Ich weiß natürlich, warum Sie da sind, Jim, und die arme Margaret lebt ja hier. Ich meine vermutlich, warum zum Teufel ich herkomme.«

»Eheliche Unterstützung des Gatten, nehme ich an«, sagte Margaret.

»Etwas in der Richtung wird es sein. Aber warum kommt Cecil her? Es gibt nicht mal etwas zu trinken.«

»Das ist James auch schon aufgefallen.«

»Dem großen Maler vorgestellt zu werden, ist wohl kaum des Kommens wert«, sagte Dixon. Er hoffte auf ein Gespräch, das seine peinliche Berührtheit über den jüngsten Loosmore-Callaghan-Hexenkessel mindern würde.

Aus einem Grund, der ihm zu diesem Zeitpunkt noch nicht bekannt war, wurde seine Bemerkung mit spürbarer Mißgunst aufgenommen. Margaret sah ihn mit hochgerecktem Kinn an, als ob sie ihn gleich wegen einer Taktlosigkeit zurechtzuweisen wollte. Aber in ihren Augen stellte, so lange sie nicht unter sich waren, jede ablehnende Bemerkung über wen auch immer eine Taktlosigkeit dar. Carol schloß halb die Augen und strich ihr glattgestrichenes Haar glatt. »Warum sagen Sie das?« fragte sie.

»Ach, aus keinem bestimmten Grund«, entgegnete Dixon irritiert. »Ich hatte bloß gerade einen kleinen Zusammenstoß mit ihm, das ist alles. Ich habe den Namen seiner Freundin verwechselt, und er war, fand ich, etwas offensiv. Nichts Dramatisches.«

»Das ist typisch für ihn«, sagte Carol. »Er glaubt immer gleich, daß man ihn kritisiert. Wird er auch oft.«

»Ach, Sie kennen ihn?« fragte Dixon. »Tut mir leid, Carol. Ist er ein enger Freund von Ihnen?«

»Das kaum. Wir haben ihn im letzten Sommer ein paarmal gesehen, Cecil und ich, ehe Sie Ihre Stelle bekommen haben. Er kann gelegentlich sogar sehr unterhaltsam sein, obwohl Sie in bezug auf die Große-Maler-Attitüde völlig recht haben. Die kann einem schon auf die Nerven gehen. Margaret, ich glaube, Sie sind ihm mehrmals begegnet. Was halten Sie von ihm?«

»Ja, ich bin ihm begegnet, als er zuletzt hier war. Ich fand ihn ganz in Ordnung, solange man ihn so nimmt, wie er ist. Wenn er ein Publikum hat, glaubt er wohl, sich produzieren und alle beeindrucken zu müssen.«

Ein gewaltiges, bellendes Lachen veranlaßte alle drei, sich umzudrehen. Bertrand kam, Goldsmith am Arm führend, auf sie zu. Während ihm die Überbleibsel seines Gelächters noch vom Gesicht tröpfelten, sagte er zu Carol: »Da sind Sie ja, meine Liebe. Wie geht's, wie steht's?«

»Ganz gut, mein Lieber, danke. Ich sehe ja, wie es bei Ihnen ist. Gar nicht Ihr Typ, oder?«

»Christine? Sie ist wirklich ein prächtiges Mädchen, ein prächtiges Mädchen. Eines der besten.«

»Haben Sie gemeinsame Pläne?« hakte Carol leise lächelnd nach.

»Pläne? Pläne? Nein, nein, überhaupt keine Pläne. Ganz bestimmt nicht.«

»Das sieht Ihnen gar nicht ähnlich, mein Guter«, sagte Goldsmith mit seiner belegten, monotonen Sprechstimme, die sich stark von seinem brüllenden Gesangstenor unterschied.

»Sie hat mich, um ehrlich zu sein, gerade ziemlich verärgert«, sagte Bertrand und bildete zur Betonung des letzten Wortes einen Kreis aus Daumen und Zeigefinger.

»Wie das, Bertrand?« fragte Goldsmith teilnahmsvoll.

»Sie können sich ja denken, daß diese Art von Sport« – er nickte in Richtung des Klaviers, wo der Amateurgeiger seine Violine in Zusammenarbeit mit dem ortsansässigen Komponisten stimmte – »trotz meines leidenschaftlichen Interesses nicht ausreicht, um mich hierher zu führen, so froh ich auch bin, Sie alle zu sehen. Nein, nein, man hatte mir ein Treffen mit einem gewissen Julius Gore-

Urquhart in Aussicht gestellt, von dem Sie gehört haben dürften.«

Dixon hatte tatsächlich von Gore-Urquhart gehört, einem reichen Verehrer der Künste, der gelegentlich Rezensionen für die wöchentlichen Kunstmagazine schrieb. Er besaß ein Haus in der Nachbarschaft, in dem bisweilen herausragende Persönlichkeiten logierten, und war ein Fisch, den Welch mehrmals an Land zu ziehen versucht hatte. Dixon betrachtete erneut Bertrands Augen. Sie waren wirklich ungewöhnlich: Man hätte meinen können, daß ein gemustertes Laken mit zwei Gucklöchern im Innern seines Kopfes befestigt wäre. Was konnte ein Mann mit solchen Augen, solch einem Bart und derart unterschiedlichen Ohren (sie fielen ihm zum ersten Mal auf) mit einem Mann wie Gore-Urquhart zu tun haben?

Er erfuhr es in den nächsten Minuten. Vorläufig war die Verbindung schwach: Das Callaghan-Mädchen kannte die Familie Gore-Urquharts oder war vielleicht sogar dessen Nichte. Sie hatte es so arrangiert, daß Bertrand ihm während des Wochenendes vorgestellt werden sollte. Später hatte sich herausgestellt, daß Gore-Urquhart sich gerade in Paris aufhielt, so daß zum Behufe eines Treffens ein weiterer Ausflug in die hiesigen Gefilde unternommen werden mußte. Aus irgendeinem Grund, den Dixon sofort vergaß, war ein Treffen in London weniger zufriedenstellend. Was aber würde Gore-Urquhart für Bertrand tun, wenn sie sich träfen?

Nachdem Margaret diese Information auf ihre umständliche Art erbeten hatte, hob Bertrand seinen großen Schädel und blickte an seinen Backen herab von einem Gesicht zum nächsten. »Ich weiß aus mehr als gut informierter Quelle«, sagte er bedächtig, »daß unser einflußreicher Freund in Kürze die Stelle seines Privatsekretärs für vakant erklären wird. Ich bezweifle, daß dieser Posten öffentlich ausgeschrieben werden wird, und so bin ich derzeit emsig damit befaßt, mich auf die Stelle vorzubereiten. Ein Patronat – darauf wird es hinauslaufen. Ich werde mit der einen Hand seine Briefe beantworten und mit der anderen malen.« Er stieß ein Lachen aus, in das Goldsmith und Margaret einfielen. »Folglich bin ich bestrebt, das Eisen zu schmieden, solange es noch heiß ist, wenn Sie die Formulierung entschuldigen wollen.«

Warum sollten sie die Formulierung nicht entschuldigen? Dixon dachte nach. Warum?

»Was glauben Sie denn, wann Sie wieder bei uns sein werden?« fragte Goldsmith. »Wir müssen uns unbedingt verabreden. Diesmal hatten wir ja keine Gelegenheit dazu.«

»In etwa zwei Wochen, nehme ich an«, sagte Bertrand und fügte vielsagend hinzu: »Miss Callaghan und ich haben ein Tête-à-tête am nächsten Wochenende. Sie werden verstehen, daß ich das nicht verpassen will.«

»Am übernächsten Wochenende findet der Sommerball im College statt«, fiel Margaret rasch ein – wie Dixon annahm, in dem Versuch, den anzüglichen Unterton der letzten Aussage zu überspielen. Wie brachte Bertrand es fertig, solche Sachen bei der ersten Begegnung mit einer Frau, die er kaum kannte, und einem Mann, der ihn aller Wahrscheinlichkeit nach nicht besonders mochte, zu sagen?

»Ach, tatsächlich?« fragte Bertrand mit scheinbarem Interesse.

»Ja. Gehen Sie dieses Jahr wieder hin, Mr. Welch?«

»Das könnte sich einrichten lassen. Ich erinnere mich, den letzten Ball nicht ganz ununterhaltsam gefunden zu haben. Ah, wie ich sehe, werden Zigaretten hervorgeholt. Ich mag Zigaretten. Darf ich eine aus Ihren Beständen nehmen, Cecil? Gut. Was also hat es mit diesem Ball auf sich? Nichts wird Sie davon fernhalten können, nehme ich an?«

»Diesmal leider doch«, sagte Goldsmith. »In Leeds findet eine Konferenz der Geschichtslehrenden statt. Ihr Vater will, daß ich dort hingehe.«

»O je, o je«, sagte Bertrand. »Das ist äußerst bedauerlich, sehr bedauerlich. Kann er nicht jemand anders hinschicken?« Er sah zu Dixon hinüber.

»Leider nicht. Es ist schon alles besprochen«, sagte Goldsmith.

»Schade, schade. Nun gut. Wird denn ein anderes Mitglied unserer Gesellschaft teilnehmen?«

Margaret warf Dixon einen Blick zu, und Carol sagte: »Was ist mit Ihnen, Jim?«

Dixon schüttelte nachdrücklich den Kopf. »Nein, ich bin leider noch nie ein großer Tänzer gewesen. Was mich angeht, wäre das rausgeworfenes Geld.« Es wäre furchtbar, wenn Margaret ihn erpreßte, mit ihr hinzugehen.

»Nun, das wollen wir natürlich nicht«, sagte Bertrand. »Das würde überhaupt nichts bringen. Ich frage mich, wo Miss Callaghan junior bleibt. Es steht zu vermuten, daß ihr Näschen inzwischen dick mit Puder überkrustet ist. Und warum diese Verzögerung bei den Musikern?«

Dixon sah hinüber und bemerkte, daß die beiden Künstler, nachdem sie das Stimmen ihrer Instrumente allem Anschein nach beendet, den Bogen kolophoniert und die Noten aufgeschlagen hatten, rauchend und plaudernd dasaßen. Welch war nirgendwo in Sicht; wahrscheinlich demonstrierte er gerade seine beeindruckende

Geschicklichkeit als Drückeberger. Am anderen Ende des langen, niedrigen und schwach beleuchteten Raumes öffnete sich die Tür, und die junge Callaghan kam herein. Dixon fand, daß sie sich für ein so gutgebautes Mädchen etwas linkisch bewegte.

»Ah, meine Liebe«, sagte Bertrand mit einer galanten Verbeugung, »wir haben uns schon gefragt, was aus dir geworden ist.«

Sie wirkte irritiert. »Oh, ich war nur...«

»Wir haben uns gerade über Mr. Gore-Urquhart unterhalten und uns gefragt, ob es möglich wäre, ihn am übernächsten Wochenende zu treffen, da zu diesem Zeitpunkt eine Tanzfeierlichkeit am College stattfinden wird. Ob du uns diesbezüglich Aufklärung verschaffen könntest?«

»Sein Sekretär sagte, daß er vermutlich bis Mitte nächsten Monats in Paris sein wird. Das wäre wohl zu lange für diesen Anlaß.«

»Ja, das wäre es wohl. Ja, das wäre es. Nun, dann eben ein anderes Mal, wie?« Die Neuigkeit schien ihn nicht im geringsten zu verstimmen.

»Ich habe Onkel geschrieben und ihn gebeten, mir Bescheid zu geben, wenn er zurück ist.«

Dixon hätte am liebsten laut losgelacht. Es hatte ihn immer belustigt, wenn Frauen (Männer taten das nie) sich auf »Onkel«, »Papa« und so weiter bezogen, als ob es nur einen Onkel oder einen Papa auf der Welt gäbe, oder als ob dieser eine Onkel oder Papa der einzige gegenwärtig vorhandene wäre.

»Was ist so lustig, Jim?« fragte Carol. Bertrand starrte ihn an.

»Ach, nichts.« Er erwiderte Bertrands Starren und

wünschte sich, daß es ein Gebiet gäbe, auf dem er ihn übertrumpfen könnte, auch wenn er damit Gefahr liefe, Bertrands Vater zu verärgern. Jede Maßnahme mit Ausnahme der Anwendung von – oder zumindest ohne die Notwendigkeit von allzu viel – körperlicher Gewalt wäre angemessen. Aber es schien kein Gebiet zu geben, auf dem er eine solche Maßnahme anwenden konnte. Gern hätte er – zumindest einen Augenblick lang – die nächsten zehn Jahre dafür geopfert, sich zu einem einflußreichen Kunstkritiker hochzuarbeiten, einzig, um Bertrands Werke zu verreißen. Ihm fiel ein Satz aus einem Buch ein, das er einmal gelesen hatte: »Und mit diesen Worten packte er den verdammten alten Zausel beim Schlafittchen und hätte ihn, so wahr mir Gott helfe, ums Haar erdrosselt.« Das ließ ihn erneut lächeln. Bertrands Bart zuckte, aber er sagte nichts, und die entstandene Pause dauerte an.

Wie immer wußte Margaret etwas zu sagen: »Ich habe erst neulich etwas über Ihren Onkel gelesen, Miss Callaghan. In der Lokalzeitung stand ein Artikel über ihn. Er hat unserer hiesigen Galerie einige Aquarelle gestiftet. Ich wüßte nicht, wie wir ohne Menschen wie ihn auskommen sollten.«

Diese Bemerkung war nicht nur praktisch unbeantwortbar, sondern hatte zudem den allen Bekannten Margarets wohlvertrauten Effekt, ihr Publikum durch die Offensichtlichkeit ihrer Absicht sprachlos zu machen – nämlich die, es mit Gewalt zum Sprechen zu bringen. Einige Schritte entfernt konnte man den Amateurgeiger rauh über etwas lachen hören, das ihm der ortsansässige Komponist erzählt hatte. Wo war Welch?

»Ja, er ist sehr großzügig«, sagte die junge Callaghan.

»Gut, daß es bei uns immer noch einige Menschen gibt,

die sich solche Großzügigkeit leisten können«, sagte Margaret. Dixon schaute auf, um Carols Gesichtsausdruck aufzufangen, aber sie tauschte gerade einen Blick mit ihrem Mann aus.

»Nicht mehr lange, fürchte ich, wenn die Linke uns weiter vorschreibt, wie wir zu leben haben«, sagte Bertrand.

»Ach, ich finde nicht, daß diese Leute ihre Sache allzu schlecht machen«, warf Goldsmith ein. »Schließlich kann man nicht ...«

»Ihre Außenpolitik hätte um einiges schlechter sein können, dem stimme ich zu. Abgesehen von ihrer sensationellen Unfähigkeit, hinsichtlich der Ölkrise die Wogen zu glätten.« Bertrand sah sich rasch in der Gruppe um, ehe er fortfuhr: »Aber ihre Innenpolitik ... die Reichen schröpfen ... ich meine ...« Er schien zu zögern. »Um nichts anderes geht es doch, oder? Ich frage nur, sonst nichts. Darum scheint es doch zu gehen, darin stimmen wir doch sicherlich überein, nicht wahr? Ich gehe davon aus, daß es um nicht anderes geht. Oder täusche ich mich?«

Dixon gab vor, Margarets warnendes Stirnrunzeln und Carols erwartungsvolles Grinsen nicht zu sehen und sagte leise: »Was ist denn falsch daran? Selbst wenn es um nichts anderes geht? Wenn ein Mann zehn Brote hat und ein anderer zwei, und einer von beiden muß ein Brot abgeben, dann nimmt man es doch sicherlich von dem Mann mit zehn Broten.«

Bertrand und seine Freundin sahen sich mit identischem Gesichtsausdruck an: Sie schüttelten die Köpfe, lächelten, hoben die Augenbrauen, seufzten. Es war, als ob Dixon gerade gesagt hätte, daß er zwar keine Ahnung von Kunst habe, aber sehr wohl wisse, was er möge.

»Aber wir glauben nicht, daß jemand ein Brot abgeben

muß, Mr. Dixon«, sagte die junge Frau. »Genau darum geht es doch.«

»Wohl kaum nur darum«, sagte Dixon in demselben Moment, als Margaret sagte: »Wir sollten uns lieber nicht in einen Streit über...«, und Bertrand: »Es geht darum, daß die Reichen...«

Es war Bertrand, der den kleinen Wettstreit gewann. »Es geht darum, daß die Reichen eine unverzichtbare Stellung in der modernen Gesellschaft innehaben«, sagte er, und seine Stimme bellte noch eine Spur vernehmlicher als bisher. »Mehr als jemals zuvor. Das ist alles. Ich werde Sie nicht mit den abgestandenen Platitüden langweilen, die meine Argumente belegen. Und zufällig mag ich Kunst, wie Sie wohl einsähm.«

Das letzte Wort, eine Variante von »einsehen«, war eine Eigenschöpfung Bertrands. Es klang wie folgt: Bertrand dehnte den Vokal zu einem langen »ä«, als ob er »ähnlich« sagen wollte. Das brachte seine Lippen ein wenig auseinander, und die Folge ihres anschließenden schnellen Schließens war, daß die Silbe mit einem leisen, aber hörbaren »m« endete. Nachdem er sich den Vorgang so weit erarbeitet hatte, fiel Dixon keine Erwiderung mehr ein, und er rang sich zu einem »Tatsächlich« durch, das er so kenntnisreich und skeptisch wie möglich klingen zu lassen versuchte.

Das schien wiederum Bertrand aus dem Konzept zu bringen. »Ja, tatsächlich«, sagte er sogar noch lauter als bisher, so daß alle Zuhörenden ihm einen raschen Blick zuwarfen. »Und soll ich Ihnen sagen, was ich zufällig noch mag? Reiche Menschen. Ich bin stolz auf die gegenwärtige Unbeliebtheit dieser Aussage. Und warum mag ich sie? Weil sie charmant sind, weil sie großzügig sind, weil sie gelernt haben, die Dinge zu schätzen, die auch ich mag, weil ihre Häuser voller schöner Dinge sind. Deshalb mag ich sie und deshalb will ich nicht, daß man sie schröpft. Verstanden?«

»Komm jetzt, Lieber«, rief Mrs. Welch hinter ihm. »Wenn wir auf deinen Vater warten, stehen wir hier noch die ganze Nacht herum. Warum fangen wir nicht einfach an? Wenn du herkommst, können wir uns alle setzen.«

»Einverstanden, Mutter«, sagte Bertrand über die Schulter, und die Gruppe begann, sich zu zerstreuen. Ehe er sich selbst in Bewegung setzte, sagte Bertrand mit auf Dixon gerichtetem Blick: »Ich habe mich doch unmißverständlich ausgedrückt, oder?«

Margaret zupfte Dixon am Ärmel. Dieser wollte nach Rundenende nicht weiterkämpfen und sagte liebenswürdig: »Aber ja. Sie scheinen einfach mehr Glück mit den reichen Menschen Ihrer Bekanntschaft gehabt zu haben als ich.«

»Das würde mich keineswegs überraschen«, entgegnete Bertrand geringschätzig und trat beiseite, so daß Margaret an ihm vorbeigehen konnte.

Dixon erwiderte wütend: »Dann machen Sie lieber das Beste aus Ihren Bekanntschaften, solange es sie noch gibt. Weil es sie nämlich nicht mehr lange geben wird.«

Er schickte sich an, sich hinter Margaret durch die Menge zu schieben, hielt aber inne, als das Callaghan-Mädchen sagte: »Falls es Ihnen nichts ausmacht, wäre es mir lieber, wenn Sie sich nicht auf diese Weise ausdrücken würden.«

Dixon sah sich um. Der Rest der Gesellschaft hatte Platz genommen, und der Amateurgeiger schmiegte sein Instrument unter das Kinn. Er ließ sich auf den nächstgelegenen

Stuhl fallen und sagte mit gesenkter Stimme: »Sie sagen, daß es Ihnen lieber wäre, wenn ich mich nicht auf diese Weise ausdrückte?«

»Ja, falls es Ihnen nichts ausmacht.« Sie und Bertrand nahmen ebenfalls Platz. »Ich fühle mich dadurch immer ein wenig aufgebracht. Es tut mir leid, aber ich kann nichts daran ändern. Das ist leider eine Eigenheit von mir.«

Wenn Dixon dieses Argument nicht bereits dadurch zu mißbilligen gelernt hätte, daß auch Margaret es des öfteren vorbrachte, hätte er vermutlich nicht so geantwortet, wie er nun antwortete. »Haben Sie sich schon einmal um eine Behandlung bemüht?«

Der Amateurgeiger nickte mit der gesamten oberen Leibeshälfte und brach dann, mit Unterstützung des ortsansässigen Komponisten, in irgendeine dahinhuschende Melodielosigkeit aus. Bertrand beugte sich zu Dixon hinüber: »Was zum Teufel wollen Sie damit sagen?« fragte er mit lauthals gedämpfter Stimme.

»Wer ist Ihr Psychiater?« fragte Dixon, den Flurschaden vergrößernd.

»Sie reden wie jemand, der sich einen kräftigen Schlag auf die Nase einhandeln möchte, Dixon.«

Wenn Dixon aufgebracht war, konnte er seine Gedanken nur schlecht ordnen. »Selbst wenn das stimmt, glauben Sie doch wohl nicht, daß Sie derjenige sein werden, der ihn austeilt.«

Bertrand verzog sein Gesicht angesichts dieser Rätselfrage. »Was?«

»Wissen Sie, wie Sie mit diesem Bart aussehen?« Dixons Herz begann zu rasen, als er auf schlichteres Terrain auswich.

»Also gut, kommen Sie kurz mit raus?«

Die letzte Frage dieses kurzen Meinungsaustauschs wurde von einem langen, grollenden Baßdonnern des Klaviers übertönt. »Was?« fragte Dixon.

Es war, als ob Mrs. Welch, Margaret, Johns, die Goldsmiths und die Altistin sich gleichzeitig umdrehten. »Psssst« machten sie alle, und es klang wie eine Lokomotive, die unter einem Glasdach Dampf ausstößt. Dixon stand auf und ging auf Zehenspitzen zur Tür. Bertrand erhob sich halb, um ihm zu folgen, aber seine Freundin hielt ihn zurück.

Ehe Dixon die Tür erreicht hatte, öffnete sie sich, und Welch trat ein. »Oh, es hat schon angefangen, ja?« fragte er, ohne seine Stimme im mindesten zu senken.

»Ja«, flüsterte Dixon. »Ich will bloß ...«

»Schade, daß man nicht etwas länger gewartet hat. Ich war am Telefon. Es war dieser Bursche von der ... von der ...«

»Bis später.« Dixon bewegte sich langsam in Richtung Tür.

»Bleiben Sie nicht bis zu dem P. Racine Fricker?«

»Dauert nicht lange, Professor. Ich will bloß ...« Dixon machte einige absichtlich sinnlose Handbewegungen. »Ich komme wieder.«

Er schloß die Tür zu Welchs lang anhaltendem, fragendem Stirnrunzeln.

5

»Er fuhr abwärts mit neunzig Meilen die Stunde, als die Pfeife zu schrillen begann«, sang Dixon. »Und man fand ihn im Wrack mit der Hand an der Bremse...« Keuchend brach er ab. Es war harte Arbeit, den trockenen, sandigen Weg zum Haus der Welchs hochzugehen, vor allem mit so viel Bier im Blut. Ein verträumtes Lächeln malte sich in der Dunkelheit auf seinen Zügen, als er rückblickend noch einmal jenem wunderbaren Moment gegen zehn Uhr genießerisch nachschmeckte. Es war wie ein erstes echtes Erlebnis von Kunst oder menschlicher Güte gewesen, eine ernste, selbstvergessene, beinahe andächtige Begeisterung. Als er das hinunterkippte, was seiner Annahme nach das letzte Pint des Abends war, sah er, daß immer noch Drinks bestellt und ausgeschenkt wurden, daß immer noch Leute hereinkamen, deren Gesichter nicht besorgt, sondern zuversichtlich wirkten, daß jemand einen frischen Sixpence in die Automatik des Billardtisches geworfen hatte. Die Erleuchtung war über ihn gekommen, als der Barmann in seinem weißen Kittel sich an zwei vollen Kisten Guinness zu schaffen gemacht hatte. Die kleine Stadt und die große Stadt lagen in zwei verschiedenen Grafschaften. Die hiesigen Pubs waren, im Gegensatz zu den städtischen Pubs und dem Hotel, in das er mit Margaret gegangen war, im Sommer bis halb elf geöffnet, und der Sommer hatte soeben offiziell begonnen. Seine Dankbarkeit hatte sich unmöglich in Worten ausdrücken lassen; einzig weitere Bestellungen an der Bar konnten diese glückliche Schuld abtragen. Folglich gab er mehr aus, als er sich leisten konnte, trank mehr, als er hätte trinken sollen, und empfand dennoch nichts als Ruhe und Frieden. Nachdem er schmerzhaft gegen den Torpfosten geprallt war, begann er, schleichend die gepflasterte Umgebung des Hauses zu umrunden.

Der große, lange Raum auf der Rückseite, wo musiziert worden war, lag im Dunkeln. Das war gut. Weiter hinten jedoch, wo sich der Wohnraum befand, schien Licht. Gleich darauf hörte er Stimmen, die sich unterhielten. Als er durch einen Spalt im Vorhang spähte, sah er Welch, der gerade in seinem blauen Regenmantel mit den purpurroten Streifen, den Fischerhut auf dem Kopf, aus der Tür ging, gefolgt von dem ortsansässigen Komponisten und Cecil Goldsmith, die ebenfalls Regenmäntel trugen. Anscheinend sollten die Gäste nach Hause gefahren werden. Dixon grinste, als er an die Art von Fahrt dachte, die ihnen mit Welch bevorstand. Carol in ihrem hellen Tweedmantel blieb stehen, um ein paar Abschiedsworte mit Bertrand zu wechseln. Ansonsten war niemand im Raum.

Ein nahegelegenes Fenster stand offen, aber Dixon konnte nicht hören, was Bertrand jetzt sagte. Er erkannte jedoch an der Intonation seiner Worte, daß sie eine Frage bildeten, auf die wiederum Carol »Ja, einverstanden« erwiderte. Daraufhin tat Bertrand einen Schritt vor und legte seine Arme um sie. Dixon konnte nicht erkennen, was dann passierte, da Bertrand mit dem Rücken zum Fenster stand, aber falls es ein Kuß war, dann dauerte er nur einen Augenblick. Carol machte sich los und eilte hinaus. Auch Bertrand ging.

Dixon kehrte zum Musikzimmer zurück und gelangte durch die Verandatür ins Innere. Was er gesehen hatte, beunruhigte ihn auf eine Weise, die er schwer benennen konnte. Obwohl er theoretisch gegenüber solchen Dingen abgestumpft war, fand er es unangenehm, wenn sie sich in seiner unmittelbaren Nähe abspielten. Daß er Cecil Goldsmith seit einigen Monaten mehrmals wöchentlich gesehen und gesprochen hatte, machte den Kollegen um nichts weniger zu einem Unbekannten, aber es gab ihm zumindest einen Anspruch auf Vorhandensein – ein Anspruch, der noch dadurch verstärkt wurde, daß er gesehen hatte, wie seine Frau von einer dritten Partei berührt wurde, insbesondere von dieser dritten Partei. Als erstes wünschte Dixon, den Spalt in den Vorhängen nicht gefunden zu haben, dann verbannte er die Angelegenheit aus seinen Gedanken. Er benötigte nun all seine Aufmerksamkeit, um unbemerkt zu seinem Schlafzimmer im ersten Stock zu gelangen.

Dixon kam zu dem Schluß, daß das Risiko, daß jemand das Musikzimmer betrat, gering war und er es sowieso auf sich nehmen mußte. Er tastete sich durch die Dunkelheit zu einem Sessel, streckte sich darin aus, schloß die Augen und hörte zufrieden, wie Welch das Auto startete und fortfuhr. Nach einer Weile überkam ihn das Gefühl, nach hinten zu krängen, und seine Magengrube schien derart anzuschwellen, daß sie bereits begann, seinen Kopf zu umschließen. Er öffnete die Augen und zog sein tragisches Maskengesicht: Es war vielleicht doch keine gute Idee gewesen, das letzte Pint zu trinken. Er stand auf und machte eine Mit-hochgestreckten-Armen-Hüpfen-Übung, die ihm seit seiner Zeit bei der Luftwaffe zutiefst vertraut war. Fünfhundert Hüpfer und Armhochstrecker hatten ihm schon des öfteren zu einem klaren Kopf verholfen. Nach hundertachtzig Wiederholungen wollte ihm freilich scheinen, daß ein unklarer Kopf weiteren Hüpfern bei weitem vorzuziehen wäre. Es war an der Zeit, sich auf den Weg zu machen.

Auf halbem Weg durch die Eingangsdiele hörte er Bertrands Lachen, doch wurde es durch eine Tür gedämpft. Er pirschte die knarrende Treppe hoch und überquerte den Treppenabsatz. Einer architektonischen Laune zufolge war sein Schlafzimmer nur durch ein großes Badezimmer erreichbar, dessen äußere Tür er jetzt zu öffnen versuchte. Nichts geschah. Das Badezimmer war anscheinend besetzt. Vielleicht hatte Johns beschlossen, das dem Verunstalter seiner Zeitschrift zugeteilte Schlafzimmer zu blockieren. Dixon trat einen Schritt zurück, stand breitbeinig da und hob seine Hand wie ein Dirigent unmittelbar vor dem Losdonnern einer Ouvertüre oder Programm-Musik. Dann brach er – halb Dirigent, halb Boxer – in eine kurze, wilde Abfolge obszöner Gesten aus. Just in diesem Moment öffnete sich eine Tür am anderen Ende des Treppenabsatzes. Ihm blieb gerade noch Zeit, die Haltung eines Mannes einzunehmen, der vor einem Badezimmer wartet – ein Strategem, das in gewissem Umfang durch den Regenmantel beeinträchtigt wurde, den er immer noch trug.

»James! Was um Himmelswillen tust du da?«

Niemals zuvor war Dixon so froh gewesen, Margaret, und niemand anderen als Margaret, zu sehen. »Pssst«, sagte er. »Bring mich hier weg.«

Er mochte sie sogar noch mehr, als sie ihn herüberwinkte und ohne weitere Worte in ihr Schlafzimmer ließ. Gerade, als er die Tür schloß, kam Wer-auch-immer-essein-mochte aus dem Badezimmer. Dixon merkte jetzt, wie heftig sein Herz gehämmert hatte. »Dem Himmel sei Dank«, sagte er.

»Wo bist du den ganzen Abend gewesen, James?«

Während er es ihr erzählte, gab er im stillen mißgünstige Kommentare über ihre verärgerte Mimik und ihr schmollendes Verhalten ab, die schon bald die Oberhand über seine Erleichterung gewannen. Wie würden sich solche Situationen anfühlen, falls sie jemals heirateten? Zugleich mußte er zugeben, daß sie in ihrem blauen Morgenrock mit ihren braunen, stellenweise dunkelblonden und von Nadeln und aufgerollten Locken befreiten Haaren so gut aussah, wie sie überhaupt aussehen konnte. Er zog seinen Regenmantel aus, steckte sich eine Zigarette an und begann bereits, sich besser zu fühlen. Dann brachte er zu Ende, was er zu sagen hatte, jedoch ohne zu erwähnen, was er durch das Wohnzimmerfenster gesehen hatte.

Nachdem sie ihm schweigend bis zum Ende zugehört hatte, brachte sie die Andeutung eines Lächelns zustande. »Es sieht so aus, als könnte ich dir dein Verhalten nicht verübeln. Ziemlich unhöflich war es trotzdem. Ich glaube, daß Mrs. Neddy es ein wenig unschicklich fand.«

»Ach ja, fand sie das ein wenig? Was hast du denn gesagt, wo ich hingegangen sei?«

»Ich hatte keine Gelegenheit, überhaupt etwas zu sagen. Evan hat ihr gesagt, daß du seiner Meinung nach ins Pub gegangen seist.«

»Ich werde diesem kleinen Dreckskerl demnächst den Hals umdrehen. Das ist ja wunderbar. Was für ein schöner Freundschaftsgeist. Und wie hübsch mich das bei den Neddys in Mißkredit bringt. Und nenn ihn nicht Evan.«

»Mach dir keine Sorgen. Neddy schien es egal zu sein.«

Dixon schnaubte. »Wie kannst du dir dessen sicher sein? Man kann unmöglich sagen, was in seinem Kopf vorgeht, falls dort überhaupt etwas vorgeht. Bleib eine Minute hier, ja? Ich muß etwas im Badezimmer erledigen. Geh nicht weg.«

Als er zurückkam, saß sie immer noch auf dem Bett, hatte aber anscheinend eigens für ihn etwas Lippenstift aufgetragen. Das freute ihn, wenn auch mehr aufgrund des dadurch zum Ausdruck kommenden Kompliments als aufgrund der tatsächlichen Wirkung. Er begann sogar, sich wieder richtig gut zu fühlen, und das blieb auch noch so, als er sich in seinem Stuhl zurücklehnte und ein paar Minuten lang den früheren Teil des Abends mit ihr besprach. Dann meinte Margaret: »Findest du nicht, daß du gehen solltest? Es ist schon spät.«

»Ich weiß. Nur eine Minute noch. Mir gefällt unser Zusammensein.«

»Mir auch. Es ist das erste Mal, daß wir wirklich allein sind seit ... wie lange?«

Eine der Auswirkungen dieser Frage bestand darin, daß Dixon sich sehr betrunken fühlte. Später konnte er nie mehr ganz nachvollziehen, warum er getan hatte, was er als nächstes tat, nämlich sich neben Margaret auf das Bett zu setzen, den Arm um ihre Schulter zu legen und sie fest auf den Mund zu küssen. Was auch immer seine Beweggründe gewesen sein mochten (der blaue Morgenrock, das offene Haar, der eigens aufgelegte Lippenstift, die Pints örtlichen Bitters, sein Wunsch, ihr Verhältnis in eine Krise zu steuern, sein Wunsch, einer weiteren Salve vertraulicher Fragen und Bekenntnisse zu entgehen, die Sorge um seine Stelle – all das trug dazu bei), die Auswirkungen waren unmißverständlich: Sie legte ihre Arme um seinen

Hals und erwiderte innig seinen Kuß – um genau zu sein: mit mehr Innigkeit, als sie während irgendeiner ihrer früheren, eher halbherzigen und alles in allem ergebnislosen sexuellen Begegnungen in ihrer Wohnung an den Tag gelegt hatte. Dixon rupfte erst ihr, dann sich die Brille ab und legte sie irgendwohin. Er küßte sie noch einmal, nachdrücklicher diesmal, und fühlte seine Füße sich schneller drehen. Ein oder zwei Minuten später schien es keinen Grund zu geben, warum er seine Hand nicht unter den Kragenaufschlag ihres Morgenrocks legen sollte. Sie flüsterte eine Zärtlichkeit und verstärkte den Druck ihrer Arme um seinen Hals.

Warum sollte er nicht weitermachen? Es schien, als sei er dazu in der Lage, wenngleich er nicht zu sagen vermochte, wie lange noch. Wollte er? Ja, eigentlich schon, aber war das ihr gegenüber anständig? Er erinnerte sich dunkel, ihr geraten zu haben, nach der Affäre mit Catchpole für längere Zeit – wie zum Beispiel für ein Jahr – selbst die zarteste sexuelle Verstrickung zu meiden. War es ihr gegenüber anständig? War es ihm gegenüber anständig? Er konnte sie kaum anders denn als platonische Freundin berühren. Als ihr »Liebhaber« wäre er in der Lage eines Cowboys, der seinem ersten notorisch furchteinflößenden jungen Ochsen gegenübersteht. Nein, es wäre ihm gegenüber nicht anständig. Und es wäre ganz gewiß ihr gegenüber nicht anständig, sie mit etwas zu konfrontieren, das sie auf kurze Sicht verstören und verwirren mußte, ganz zu schweigen von allem, was später noch geschähe. Nein, von ihm sollte sie nichts bekommen. Andererseits schien sie – Dixon rang um einen klaren oder auch nur um irgendeinen Gedanken – mit großer Bestimmtheit etwas von ihm zu wollen. Er spürte ihren Atem sanft und warm auf seiner Wange, und sein bereits abgeklungenes Verlangen erstarkte plötzlich wieder. Was ihn mit Sorge erfüllt hatte, war natürlich nichts weiter als die Furcht vor Zurückweisung gewesen. Er nahm seine Hand fort und legte sie dann wieder zurück, diesmal unter ihr Nachthemd. Dies, und ihr Erschaudern, ließ seinen Kopf sich noch schneller als bisher drehen – zu schnell für ihn, um noch klar denken zu können. Die Stille dröhnte in seinen Ohren.

Kurze Zeit später, als sie sich auf das Bett legten, machte er eine Bewegung, die nicht nur ziemlich unzweideutig war, sondern vielleicht sogar auf recht unverschämte Weise eindeutig. Margarets Antwort darauf war zwar heftig, aber schwer zu deuten. Ohne Umschweife arbeitete Dixon sich weiter voran. Es kam zu einem kurzen Gerangel, bei dem sie über das Bett rollten, dann sah er sich so schwungvoll vom Bett geworfen, daß sein Kopf mit dessen Trittbrett Kontakt aufnahm und sich unverzüglich zurückmeldete. Margaret stand auf, richtete ihr Nachthemd und hob seinen Regenmantel auf. »Los jetzt«, sagte sie. »Raus mit dir, James.«

Er kam mühsam auf die Füße und schaffte es, seinen Mantel aufzufangen, den sie ihm zuwarf. »Entschuldige. Was ist denn los?«

»Raus!« Ihre kleine Gestalt bebte vor Zorn.

»Schon gut, aber ich verstehe nicht...«

Sie öffnete die Tür und deutete mit dem Kopf in Richtung Ausgang. Jemand kam die Stufen zum Treppenabsatz hoch.

»Da ist aber jemand...«

Sie warf ihn raus. Mit dem Mantel über dem Arm stand er da, und sein Kopf trudelte in eine neue Richtung. Auf halbem Weg zum Badezimmer begegnete er dem Callaghan-Mädchen. »Guten Abend«, sagte er höflich. Sie sah beiseite und ging an ihm vorbei in ihr Zimmer. Er versuchte, die Tür des Badezimmers zu öffnen, aber sie war schon wieder verschlossen. Ohne nachzudenken, warf er den Kopf in den Nacken, füllte seine Lungen mit Luft und brach in einen lauten und anhaltenden Wutschrei aus, der in Lautstärke und Timbre an Goldsmiths Leistung bei den Madrigalen erinnerte. Dann polterte er die Treppe hinab, hängte seinen Mantel an einen Haken, ging ins Eßzimmer und kniete vor der nachgemachten oder möglicherweise sogar echten Barockanrichte nieder.

Im Handumdrehen hatte er eine Flasche Portwein an sich gebracht, die zwischen all dem Sherry, Bier und Cider gestanden hatte, mit dem ein halbes Regal im Innern der Anrichte vollgestellt war. Aus ebendieser Flasche hatte Welch ihm am Vorabend den kleinsten Drink eingeschenkt, der Dixon jemals ernstlich angeboten worden war. Einiges, aber nicht alles auf dem Etikett war in irgendeiner romanischen Sprache abgefaßt. Genau richtig: nicht zu britisch, aber auch nicht zu ausländisch. Der Korken löste sich mit einem festlich-julzeitlichen Knall, der ihn sich Nüsse und Rosinen wünschen ließ, und er nahm einen tiefen Schluck. Etwas Flüssigkeit lief auf erfrischende Weise sein Kinn hinab und setzte ihren Weg unter seinem Hemdkragen fort. Die Flasche war zu ungefähr Dreivierteln voll gewesen, als er zu trinken begonnen hatte, und sie war zu ungefähr Dreivierteln leer, als er mit Trinken aufhörte. Knallend und klirrend stellte er sie an ihren Platz zurück, wischte sich den Mund an dem Läufer ab, der auf der Anrichte lag, und nahm bester Laune und ohne weiteren Widerstand sein Schlafzimmer in Besitz.

Hier ging er etwa vier Minuten lang auf und ab, während er sich langsam auszog und so gut wie möglich über die Begegnung mit Margaret nachdachte. Hatte er wirklich gewollt, was sein Handeln nahelegte? Wie zuvor lautete die einzige Antwort: Ja, eigentlich schon. Aber er hätte es nicht wirklich versucht, oder? Oder jedenfalls nicht so sehr, wenn sie nicht so leidenschaftlich entbrannt gewirkt hätte. Und warum hatte sie sich dazu entschlossen, so leidenschaftlich entbrannt zu wirken, nach all den Wochen des Nicht-so-leidenschaftlich-Entbrannt-Wirkens? Höchstwahrscheinlich wegen irgendeines neuen Romanciers, den sie gelesen hatte. Aber natürlich war es nur folgerichtig, daß sie so leidenschaftlich entbrannt gewirkt hatte. Das ist es doch, was sie wirklich will, dachte er und überzeugte sich derart nachdrücklich von diesem Gedanken, daß er unwillkürlich finster dreinblickte. Sie weiß es zwar nicht, aber das ist es, was sie wirklich will, was ihre Natur wirklich verlangt. Herrgott, es war seine Schuld, oder? Schließlich hatte er mit allem angefangen. Aber war es anständig ihr gegenüber, sie in eine solche Situation zu bringen, nach allem, was sie hatte erdulden müssen? Sobald Dixon den imaginären Briefumschlag erkannt hatte, der diese Frage enthielt, schob er ihn ungeöffnet beiseite und ging, die Kordel seines Schlafanzugs zubindend, ins Badezimmer.

Im Badezimmer war es nicht so nett wie im Schlafzimmer. Obwohl es für eine Frühsommernacht kühl war, fühlte er sich heiß und verschwitzt. Eine Weile stand er vor dem Waschbecken und versuchte, mehr über seine Wahrnehmungen herauszufinden. Unterhalb seiner Brust schien sein Körper angeschwollen und von ungleichmäßiger Konsistenz zu sein. Das Zeug, das aus der Lampe drang, wirkte weniger wie Licht als vielmehr wie ein sehr dünnes, wolkig-phosphoreszierendes Gas. Außerdem gab es ein diffuses Brummen von sich. Er drehte den altertümlichen Wasserhahn auf und beugte sich über das Becken. Dabei mußte er dem Impuls widerstehen, sich so weit vorzubeugen, daß sein Kopf zwischen den Händen zu liegen kam. Er benetzte sein Gesicht, nahm einen Bakelitbecher, der auf der Glaskonsole über dem Becken stand, und trank eine große Menge Wasser, was ihn kurzfristig erfrischte, aber auch einige andere Auswirkungen hatte, die er nicht gleich identifizieren konnte. Er putzte sich die Zähne mit sehr viel Zahnpasta, benetzte noch einmal sein Gesicht, füllte erneut seinen Becher und aß ein wenig Zahnpasta.

Versonnen stand er neben dem Bett. Sein Gesicht war so schwer, als ob jemand mittels einer schmerzlosen Operation kleine Sandbeutel darin eingenäht hätte, die sein Antlitz von den Knochen wegzögen – sofern er noch Knochen im Gesicht hatte. Plötzlich ging es ihm schlechter, und er stieß schaudernd einen schweren Seufzer aus. Jemand schien behende hinter ihn gesprungen zu sein und ihm eine Art Taucheranzug aus unsichtbarer Baumwolle übergeworfen zu haben. Er gab ein leises Stöhnen von sich. Er wollte sich nicht noch schlechter fühlen.

Dann machte er sich daran, ins Bett zu gehen. Die vier überlebenden Zigaretten – hatte er heute abend wirklich zwölf Stück geraucht? – lagen in ihrem Päckchen auf dem polierten Nachttisch, in Gesellschaft einer Schachtel Streichhölzer, eines Aschenbechers vom Kaminsims und des Bakelitbechers mit Wasser. Eine zeitweilige Unfähigkeit, den zweiten Fuß auf das Bett zu heben, führte ihm vor Augen, was die Nebenwirkung all des Wassers gewesen war, das er zu sich genommen hatte: Es hatte ihn betrunken gemacht. Aus der Nebenwirkung wurde, als er im Bett lag, eine Hauptwirkung. Auf dem schwankenden Kaminsims stand eine kleine Porzellanstatuette, die eine bekannte religiöse Persönlichkeit des Orients im Schneidersitz darstellte. Hatte Welch sie dort als stille Erinnerung an die Vorzüge einer kontemplativen Lebensführung aufgestellt? Wenn ja, dann kam die Botschaft zu spät. Er streckte den Arm nach dem Hängeschalter über seinem Kopf aus und löschte das Licht. Der Raum begann, sich vom rechten Fußende des Bettes aus zu heben; gleichzeitig schien es, als würde er in seiner Stellung verharren. Dixon warf die Decken zurück und saß mit hängenden Beinen auf der Bettkante. Der Raum kam zum Stillstand. Nach einigen Augenblicken schwang er seine Beine zurück und legte sich wieder hin. Der Raum hob sich. Er stellte die Füße auf den Boden. Der Raum hielt inne. Er legte die Beine auf das Bett, ohne sich hinzulegen. Der Raum bewegte sich. Er setzte sich auf die Bettkante. Nichts. Er legte ein Bein auf das Bett. Etwas. Eine Menge sogar. Er befand sich offenbar in einem höchst kritischen Zustand. Heftig fluchend türmte er die Kissen auf, stützte sich halb liegend, halb sitzend auf ihnen ab und ließ seine Beine zur Hälfte über die Bettkante hängen. In dieser Position war es ihm möglich, sich behutsam in den Schlaf zu senken.

6

Dixon weilte wieder unter den Lebenden. Das Bewußtsein hatte ihn eingeholt, ehe er ihm entkommen konnte. Nicht langsames, würdevolles Schreiten aus Morpheus' Hallen war ihm zuteil geworden, sondern ein rascher, gewaltsamer Rausschmiß. Hingestreckt lag er da, zu sehr in Mitleidenschaft gezogen, um sich rühren zu können, ausgespien wie ein zerborstener Spinnenkrebs auf des Morgens teerigen Strandkieseln. Das Licht verursachte ihm Schmerzen, aber nicht so sehr wie das Betrachten der Dinge ringsum. Er versuchte, seine Augäpfel zu bewegen, und beschloß, es nie wieder zu tun. Ein mattes, dumpfes Rumsen in seinem Kopf versetzte die vor ihm liegende Szenerie in pulsierendes Pochen. Offenbar war sein Mund von kleinen Geschöpfen der Finsternis erst als Latrine und dann als Mausoleum benutzt worden. Auch mußte er während der Nacht an einem Geländelauf teilgenommen haben und anschließend von Geheimpolizisten nach allen Regeln der Kunst verprügelt worden sein. Es ging ihm nicht gut.

Er tastete nach seiner Brille und setzte sie auf. Sofort sah er, daß etwas mit der Bettwäsche vor seiner Nase nicht stimmte. Unter Gefährdung seiner Überlebensaussichten setzte er sich ein Stück weit auf, und was seine berstenden Augen erblickten, brachte den Paukisten in seinem Kopf zur Raserei. Ein großes, ungleichmäßiges Stück im zurückgeschlagenen Teil des Lakens fehlte; ein kleineres, aber immer noch beträchtliches Stück im zurückgeschlagenen Teil der Decke fehlte; und im Hauptteil der oberen Decke fehlte ein Stück von der Größe seines Handtellers. Durch die drei Löcher mit ihren angemessen schwarzen Trauerrändern wurde er eines dunkelbraunen Flecks auf der zweiten Decke ansichtig. Er fuhr mit dem Finger um einen Teil des Lochs im Laken, und als er ihn betrachtete, wies dieser eine dunkelgraue Verfärbung auf. Das bedeutete Asche. Asche bedeutete Feuer. Feuer bedeutete natürlich Zigaretten. War seine Zigarette auf der Decke verglüht? Wenn nicht, wo war sie jetzt? Nirgendwo auf dem Bett oder darin. Er beugte sich seitlich vor und knirschte mit den Zähnen: In einem Lichtfleck auf dem Boden verlief eine tiefe, braune Senke mitten durch das Muster des teuer aussehenden Teppichs und endete bei einem verkokelten Stück Papier. Ihm war elend zumute – eine Empfindung, die sich noch verstärkte, als sein Blick auf den Nachttisch fiel. Diesen zierten zwei schwarze, verkohlte, teils gräuliche, teils glänzende Rillen, die in rechtem Winkel zueinander standen und kurz vor dem Aschenbecher endeten, in dem ein einzelnes Streichholz lag. Auch zwei unbenutzte Streichhölzer lagen auf dem Tisch; die restlichen waren neben der leeren Zigarettenschachtel auf dem Boden verstreut. Der Bakelitbecher war nirgendwo zu sehen.

War er es, der das alles verursacht hatte? Oder hatte ein Streuner, ein Einbrecher in seinem Zimmer kampiert? War er vielleicht das Opfer eines Horlas mit einer Schwäche für Tabak geworden? Alle Faktoren abwägend, kam er zu dem Schluß, daß er selbst der Verursacher sein mußte. Er wünschte sich sehr, daß dem nicht so wäre.

Ganz gewiß bedeutete dies, daß er seine Stelle verlieren würde, vor allem, wenn er es nicht schaffte, zu Mrs. Welch zu gehen und ihr alles zu erzählen – und er wußte schon jetzt, daß er dazu nicht imstande sein würde. Es gab keine Entschuldigung, die nicht aus Unentschuldbarkeiten bestand: Ein Brandstifter war um nichts weniger schändlich, weil er sich als Trunkenbold entpuppte –, als ein so starker Trunkenbold überdies, daß alle Verpflichtungen gegenüber Gastgebern und Mitgästen, ja sogar die Gegenattraktion eines Kammerkonzerts im Vergleich zu den Lockungen des Trunkes ihm nichts bedeuteten. Seine einzige Hoffnung bestand darin, daß Welch nicht wahrnähme, was seine Frau ihm sicherlich über die verbrannte Bettwäsche erzählen würde. Aber Welch war bekannt dafür, daß er vieles wahrnahm, wie etwa den Angriff auf seinen Studenten in der besagten Hausarbeit. Das war freilich in Wahrheit ein Angriff auf Welch selbst gewesen, und es konnte ihn nicht sonderlich kümmern, was mit Laken und Decken geschehen war, die er zum fraglichen Zeitpunkt gar nicht benutzt hatte. Dixon erinnerte sich, bei einer früheren Gelegenheit gedacht zu haben, daß es Welchs Aufmerksamkeit völlig entgehen würde, wenn jemand in seiner Gegenwart im Gemeinschaftsraum der Universität betrunken herumtorkelte, Obszönitäten kreischte, Fenster zertrümmerte und Zeitschriften bekritzelte, solange nur seine eigene Person unbeeinträchtigt bliebe. Diese Erinnerung ließ ihn wiederum an einen Satz in einem Buch denken, das Alfred Beesley gehörte und in das er einmal einen Blick geworfen hatte: »Ein Stimulus kann vom Geist nicht aufgenommen werden, wenn er nicht einem Bedürfnis des Organismus entspricht.« Er mußte lachen, reduzierte seine Mimik aber zügig auf ein Zucken.

Er stand auf und ging ins Badezimmer. Einige Minuten später kehrte er zahnpastakauend und mit einer Sicherheitsrasierklinge in der Hand zurück. Vorsichtig begann er, die Kanten der Brandstellen mit der Rasierklinge zu bearbeiten. Er wußte nicht, warum er das tat, aber der Gesamteindruck war danach schon etwas besser: Die Ursache der Katastrophe fiel nicht mehr sofort ins Auge. Als alle Kanten glatt und gleichmäßig aussahen, kniete er so langsam nieder, als ob er plötzlich ein sehr alter Mann geworden wäre, und rasierte den in Mitleidenschaft gezogenen Teil des Teppichs ab; die Rückstände seiner Verschönerungsaktion stopfte er in die Jackentasche. Er überlegte, ein Bad zu nehmen und dann nach unten zu gehen, um Bill Atkinson anzurufen und ihn zu bitten, seine Nachricht über die elterlichen Dixons eine ganze Weile früher als verabredet zu übermitteln. Er setzte sich kurz aufs Bett, um sich von seiner schwindelerregenden Anstrengung bezüglich des Teppichs zu erholen, doch ehe er wieder aufstehen konnte, betrat jemand, der sich rasch als männliches Wesen identifizieren ließ, das benachbarte Badezimmer. Er hörte das Klirren der Kette an der Klosettspülvorrichtung, dann das Zischen eines Wasserhahns. Welch oder sein Sohn oder Johns schickte sich an, ein Bad zu nehmen. Welcher von ihnen es war, klärte sich rasch auf, als eine tiefe, ungeschulte Stimme ein Lied anstimmte. Dixon erkannte in dem Stück eine Reihe der unermüdlichen Spaßhaftigkeiten dieses entsetzlichen Mozart. Es war äußerst unwahrscheinlich, daß Bertrand überhaupt sang, und Johns machte keinen Hehl aus seiner Gleichgültigkeit gegenüber allem, was vor Richard Strauss lag. Sehr langsam, wie ein Baumriese unter einer Axt, sank Dixon zur Seite, bis sein glühendes Gesicht auf dem Kissen ruhte.

Das gab ihm natürlich Gelegenheit, seine Gedanken zu sammeln, und natürlich war es genau das, was er mit seinen Gedanken nicht tun wollte: Je länger sie ungesammelt blieben, desto besser. Das betraf insbesondere alle Gedanken an Margaret. Zum ersten Mal konnte er nicht anders, als sich auszumalen, was sie zu ihm sagen würde (falls sie überhaupt etwas sagen würde), wenn er sie das nächste Mal sähe. Er plazierte seine Zunge vor der unteren Zahnreihe, rümpfte die Nase, so stark er nur konnte, und machte Stammelbewegungen mit dem Mund. Wie lange würde es dauern, bis er sie dazu bewegen konnte, ihr Schließfach voller Vorwürfe zu öffnen und zu leeren? Selbst das wäre nur die Ouvertüre zu der gewaltigen Kraftanstrengung, mit der er sie dazu bringen mußte, sich seine Entschuldigungen anzuhören. Verzweifelt versuchte er, Welchs Gesang zu lauschen, dessen einmalige Vorhersagbarkeit zu bewundern, seine strenge, unbeirrbare Hingabe an die Langeweile, aber es funktionierte nicht. Dann versuchte er, sich darüber zu freuen, daß sein Aufsatz angenommen worden war, aber alles, woran er sich erinnern konnte, war Welchs kaum verhohlene Gleichgültigkeit angesichts dieser Neuigkeit und seine Mahnung – derjenigen Beesleys zum Verzweifeln ähnlich –, ein »eindeutiges Publikationsdatum einzufordern, Dixon, andernfalls ist es nicht viel... nicht viel...« Er setzte sich auf und näherte seine Füße langsam dem Boden.

Es gab eine Alternative zu dem Atkinson-Plan: die einfachere, angenehmere, sich sofort aus dem Staub zu machen, ohne irgend jemandem ein Wort zu sagen. Das freilich wäre nicht wirklich hilfreich, es sei denn, er flöhe gleich bis London. Was war um diese Zeit in London los? Er beschloß, das Bad ausfallen zu lassen, und begann, seinen Schlafanzug auszuziehen. Die weiten Straßen und Plätze Londons waren um diese Zeit, abgesehen von einigen einsam dahineilenden Gestalten, völlig menschenleer. Dixon erinnerte sich an einen Wochenendurlaub während des Krieges und konnte sich die Szenerie mühelos ausmalen. Er seufzte. Genausogut konnte er nach Monte Carlo oder Xinjiang fahren. Dann, als er mit einem Fuß im Schlafanzug und dem anderen außerhalb desselben auf dem Teppich herumhüpfte, dachte er nur noch an den Schmerz, der in seinen Kopf schwappte wie Meerwasser in eine Sandburg. Er klammerte sich an das Kaminsims – um ein Haar hätte er den Orientalen im Schneidersitz umgeworfen – und sank in sich zusammen wie ein angeschossener Filmbandit. Ob es in Xinjiang Margarets und Welchs gab?

Einige Minuten später stand er im Bad. Welch hatte einen Schmutzrand in der Wanne und Wasserdampf auf dem Spiegel hinterlassen. Nach kurzem Nachdenken streckte Dixon einen Finger aus und schrieb: »Ned Welch isn sentimentala Trottl mitm Gesicht wien Schweinehintan« in den Wasserdampf. Dann wischte er mit einem Handtuch über die Spiegelscheibe und schaute sich selbst an. Er sah eigentlich nicht allzu schlecht aus, jedenfalls besser, als er sich fühlte. Sein Haar jedoch stand trotz behelfsweisen, energischen Striegelns mit einer wassergetränkten Nagelbürste in alle Richtungen. Er erwog, Seife als Pomade zu benutzen, entschied sich aber dagegen, da er die kurzen Haare an den Seiten und auf der Rückseite seines Kopfes dadurch schon öfter in etwas verwandelt hatte, das stark dem Federkleid einer Ente ähnelte. Seine Brille erinnerte noch mehr als sonst an ein Paar Schutzgläser. Doch er sah wie immer gesund aus und auch, wie er hoffte, ehrlich und freundlich. Damit mußte er sich zufriedengeben.

Er kehrte zurück ins Schlafzimmer und war drauf und dran, sich nach unten zum Telefon zu schleichen, als ihm erneut die versehrte Bettwäsche ins Auge fiel. Sie ließ auf schwer erklärbare Weise zu wünschen übrig – er hätte nicht zu sagen gewußt, wie. Also verriegelte er die äußere Tür des Badezimmers, nahm die Rasierklinge und machte sich erneut an den Lochkanten zu schaffen. Diesmal schnitt er Zacken in den Stoff, kleine Ausbuchtungen an den Rändern der großen, fehlenden Flächen. Einige Stücke zerriß er fast. Schließlich hielt er die Klinge so, daß sie rechtwinklig abstand, fuhr damit rasch um die Löcher und rauhte deren Ränder auf. Er trat einen Schritt zurück und begutachtete sein Werk. Der Gesamteindruck war jetzt merklich besser, schien ihm. Der ganze Schlamassel sah weniger wie ein Resultat menschlicher Einwirkung aus, und ein unbefangener Beobachter mochte ihn sogar einige Sekunden lang einer gewaltigen Trockenfäule oder dem verheerenden Wirken einer Mottenkolonie zuschreiben. Er verschob den Teppich so, daß die abrasierte Brandstelle von einem Stuhl zwar nicht direkt verborgen wurde, aber immerhin in dessen Nähe lag. Gerade erwog er, den Nachttisch nach unten zu tragen und später auf dem Heimweg aus dem Bus zu werfen, als sich auf dem Gang eine vertraute Stimme bemerkbar machte, die eine Melodie voll schunkelnder Fröhlichkeit sang. Die Lautstärke des Gesangs nahm ebenso zu wie seine Vorahnung von etwas Ungutem oder Schrecklichem, bis jemand mit lautem Klappern am Griff der abgeschlossenen Badezimmertür rüttelte. Das Singen verstummte, aber das Klappern hielt an, wurde von einem Treten ergänzt und zeitweilig sogar durch einen dumpfen Schlag ersetzt, der von einer Schulter herrühren mußte. Welch hatte offenbar nicht bedacht, daß das Badezimmer besetzt sein könnte, wenn er selbst dorthin zurückkehrte (warum kehrte er überhaupt zurück?), und auch jetzt dämmerte ihm das nicht auf Anhieb. Nachdem er verschiedene Manöver ausprobiert hatte, die sein erstes vergebliches Rütteln am Türgriff ersetzen sollten, verwandte er seine ganze Aufmerksamkeit auf ein vergebliches Rütteln am Türgriff. Es kam zu einem finalen Orgasmus des Schüttelns, Klopfens, Schlagens und Rüttelns, dann entfernten sich Schritte und eine Tür wurde zugeschlagen.

Mit Zornestränen in den Augen verließ Dixon das Schlafzimmer und trat dabei versehentlich auf den zersplitternden Bakelitbecher, der irgendwo hervor- und ihm direkt in den Weg gerollt sein mußte. In der Diele im Erdgeschoß blickte er auf die Uhr – es war zwanzig nach acht – und ging ins Wohnzimmer, wo das Telefon stand. Es traf sich gut, daß Atkinson sonntags in aller Frühe aufstand, um seine Zeitungen zu holen. So konnte Dixon ihn leicht abfangen, ehe er sich auf den Weg machte. Er hob den Hörer ab.

Was ihm während der nächsten fünfundzwanzig Minuten die größte Sorge bereitete, war die Frage, wie er seinen Gefühlen Ausdruck verleihen konnte, ohne seinen Kopf allzu stark zu verletzen. Während dieser Zeit drang, außer schwachem Muschelrauschen, nicht das geringste Geräusch aus dem Hörer. Kaum hatte er sich auf die Lehne eines Ledersessels gesetzt und sein Gesicht alle Kombinationen des Abscheus durchlaufen lassen, als der gesamte Haushalt auf einen Schlag zu emsiger Betriebsamkeit zu erwachen schien. Schritte ertönten im oberen Stockwerk, andere Schritte kamen die Treppe herab und betraten das Frühstückszimmer, weitere Schritte näherten sich von der Rückseite des Hauses und betraten gleichfalls das Frühstückszimmer. In der Ferne heulte ein Staubsauger, rauschte ein Spülkasten, knallte eine Tür, wurde irgend etwas gerufen. Als es klang, als ob eine ganze Kompanie sich unmittelbar vor der Tür des Wohnzimmers versammelt hätte, legte er auf und ging hinaus. Sein Hintern schmerzte vom Sitzen auf der schmalen Lehne, sein Arm vom Rütteln an der Gabel.

Die Frühstücksprozedur im Haushalt der Welchs rief, wie viele der dortigen Gepflogenheiten, Erinnerungen an vergangene Epochen wach. Das Essen stand auf der Anrichte und wurde in etwas warmgehalten, das Dixons Mutmaßung zufolge Wärmschüsseln sein mußten. Die Reichhaltigkeit und Vielfalt der Speisen gemahnte daran, daß Mrs. Welch das professorale Gehalt ihres Gatten um ein beträchtliches Eigenvermögen angereichert hatte. Dixon hatte sich schon oft gefragt, wie es Welch wohl gelungen war, eine so gute Partie zu machen. An seinen persönlichen Vorzügen, sie mochten nun echt oder vorgespiegelt sein, konnte es kaum liegen. Auch war unter den Launen des Welchschen Geistes schwerlich Platz für Habsucht. Vielleicht hatte der alte Bursche als jüngerer Mann über das verfügt, was ihm nun nachweislich abging: einen gewissen Charme. Dixon fragte sich, welche Speisen heute morgen den sichtbaren Beweis für den Wohlstand der Welchs liefern würden. Seinen tosenden Kopfschmerzen und seinem Zorn zum Trotz munterte ihn dieser Gedanke auf. Er ging ins Frühstückszimmer, und sowohl die Bettwäsche als auch Margaret hatten sich weit aus dem Mittelpunkt seines Denkens entfernt.

Der einzige Mensch im Raum war das Callaghan-Mädchen, das vor einem reichlich gefüllten Teller saß. Dixon wünschte ihr einen Guten Morgen.

»Oh, guten Morgen.« Ihr Tonfall war neutral, nicht feindselig.

Er entschied spontan, daß eine geradlinige, hemdsärmelige Art der Annäherung der beste Deckmantel für vergangene oder künftige Unhöflichkeiten sei. Einer der Freunde seines Vaters, ein Juwelier, war dank dieses Kunstgriffs während der gesamten fünfzehn Jahre, die Dixon ihn kannte, damit durchgekommen, daß seine Gesprächsbeiträge fast ausschließlich aus Beleidigungen bestanden. Dixon schaltete absichtlich seinen nordenglischen Akzent ein und sagte: »Tut mir leid, falls ich es mir gestern abend mit Ihnen verscherzt haben sollte.«

Sie sah kurz hoch, und er bemerkte voller Bitterkeit, wie hübsch ihr Hals war. »Ach das. Darüber würde ich mir an Ihrer Stelle keine allzu großen Sorgen machen. Ich habe mich nicht viel besser benommen.«

»Danke, daß Sie es so aufnehmen«, sagte er und erinnerte sich, diese Wendung ihr gegenüber schon einmal gebraucht zu haben. »Trotzdem sehr schlechte Manieren, die ich da an den Tag gelegt habe.«

»Wir wollen die Sache vergessen.«

»Gern, vielen Dank.«

Es trat eine Pause ein, und er nahm leicht überrascht Notiz davon, wie viel und wie schnell sie aß. Auf ihrem Teller befanden sich die Überreste eines großen Soßensees, daneben erhob sich ein rasch dahinschwindender Berg aus Spiegelei, Schinkenspeck und Tomaten. Noch während er zusah, füllte sie ihr Soßendepot mit einem dicken, tiefroten Spritzer aus der Flasche auf. Sie sah kurz hoch, bemerkte seinen neugierigen Blick, hob die Augenbrauen und sagte: »Tut mir leid, ich mag Soße; ich hoffe, Sie stören sich nicht daran.« Es klang nicht ganz überzeugend, und er glaubte, sie erröten zu sehen.

»Das ist in Ordnung«, sagte er herzlich. »Ich mag das Zeug selbst ganz gern.« Er schob seine Schüssel mit Cornflakes von sich. Sie waren von einer Art, die er nicht mochte – bei ihrer Herstellung war Malz verwendet worden. Der Anblick von Eiern mit Speck und Tomaten auf der anderen Seite des Tisches ließ ihn den Entschluß fassen, den Verzehr solcher Dinge noch für eine Weile aufzuschieben. Seine Speiseröhre und sein Magen fühlten sich an, als hätte sie jemand just in dem Moment, als er sich hinsetzte, geschickt zugenäht. Er schenkte sich eine Tasse schwarzen Kaffee ein, trank sie aus und goß sich nach.

»Essen Sie denn gar nichts?« fragte die junge Frau.

»Jetzt noch nicht.«

»Was ist los? Geht es Ihnen nicht gut?«

»Nein, stimmt. Mir geht es tatsächlich nicht gut. Leichte Kopfschmerzen, wissen Sie.«

»Ach, dann sind Sie also tatsächlich im Pub gewesen? Das sagte dieser kleine Mann namens – wie heißt er noch mal?«

»Johns«, sagte Dixon und versuchte, durch die betont deutliche Aussprache des Namens die Richtigkeit der Ansicht anzudeuten, die dessen Träger geäußert hatte. »Ja, ich bin ins Pub gegangen.«

»Sie haben ziemlich viel getrunken, was?« Interessiert hörte sie zu essen auf, hielt aber immer noch Messer und Gabel mit ihren auf dem Tischtuch ruhenden Fäusten umfaßt. Er sah, daß ihre Finger in kantigen Spitzen endeten und daß sie ihre Nägel kurzgeschnitten trug.

»Ich denke schon«, erwiderte er.
»Wieviel?«
»Ach, so etwas zähle ich nicht. Es ist eine schlechte Angewohnheit. Das Zählen meine ich.«
»Ja, das finde ich auch, aber wieviel glauben Sie denn, daß es waren? Ungefähr.«
»Ooh ... vielleicht sieben oder acht.«
»Bier heißt das, ja?«
»Himmel, ja. Sehe ich so aus, als ob ich mir Spirituosen leisten könnte?«
»Pints?«
»Ja.« Er lächelte leise und dachte, daß sie vielleicht doch nicht so übel sei. Außerdem dachte er, daß die leichte Bläue im Weiß ihrer Augen erheblich zu ihrer gesunden Ausstrahlung beitrage. Als sie antwortete, änderte er sofort seine Meinung bezüglich der ersten dieser beiden Wahrnehmungen und verlor in Sekundenschnelle alles Interesse an ihr:

»Wenn Sie so viel trinken, sollten Sie damit rechnen, daß Sie sich am nächsten Tag ein bißchen unpäßlich fühlen.« Sie richtete sich in ihrem Stuhl auf wie eine Dorfschullehrerin.

Er erinnerte sich an seinen Vater, der bis zum Krieg immer steife weiße Kragen getragen hatte, weshalb ihn der grantelnde Juwelier für sein übermäßig »dignantes« Erscheinungsbild zurechtzuweisen pflegte. Dieser etymologische Scherz drückte für Dixon exakt das aus, was ihm an Christine mißfiel. Er entgegnete kalt: »Ja, das sollte ich wohl, wenn ich denn muß.« Das war eine Redewendung, die er von Carol Goldsmith aufgeschnappt hatte. Als er an sie dachte, fiel ihm zum ersten Mal an diesem Morgen die Umarmung ein, deren Zeuge er am Vorabend geworden war, und ihm wurde klar, daß die junge Frau ihm gegenüber davon genauso betroffen war wie Goldsmith. Aber anscheinend konnte sie gut auf sich selbst aufpassen.

»Alle haben sich gefragt, wo Sie waren«, sagte sie.

»Daran zweifle ich nicht. Wie hat denn Mr. Welch reagiert?«

»Worauf? Daß Sie wahrscheinlich ins Pub gegangen sind?«

»Ja. Wirkte er verärgert?«

»Keine Ahnung.« Vielleicht war ihr aufgefallen, daß ihre Entgegnung ziemlich kurz angebunden klang, denn sie fügte hinzu: »Ich kenne ihn kaum, also kann ich das schlecht einschätzen. Es sah nicht so aus, als ob es ihm besonders aufgefallen wäre, wenn Sie verstehen.«

Dixon verstand. Überdies glaubte er, jetzt die Eier, den Speck und die Tomaten in Angriff nehmen zu können. Während er seinen Teller füllte, antwortete er: »Ehrlich gesagt, erleichtert mich das. Ich sollte mich wohl bei ihm entschuldigen.«

»Das könnte eine gute Idee sein.«

Sie sagte das so gönnerhaft, daß er sich veranlaßt fühlte, sein Gesicht kurz zu der Anrichte zu drehen und mit leicht gekrümmten Schultern seine Chinesischer-Mandarin-Grimasse zu ziehen. Er verspürte eine so starke Abneigung gegen diese Frau und ihren Freund, daß er nicht verstand, wieso die beiden keine Abneigung gegeneinander verspürten. Plötzlich fiel ihm seine Bettwäsche wieder ein. Wie hatte er nur derart dämlich sein können? Er konnte sie unmöglich so liegenlassen. Irgend etwas mußte damit geschehen. Er mußte auf der Stelle zurück in sein Zimmer laufen, sich die Bettwäsche ansehen und in sich lauschen, welche Eingebungen ihre stoffliche Präsenz für ihn bereithielte. »O Gott«, sagte er geistesabwesend. »O mein Gott.« Dann riß er sich zusammen und sagte: »Es tut mir leid, aber ich muß jetzt sofort los.«

»Kommen Sie zurück?«

»Nein, wahrscheinlich nicht, jedenfalls nicht, ehe... Ich meine, ich muß... ich muß nach oben.« Ihm wurde klar, daß dies eine kümmerliche Textzeile für seinen Abgang war, und so stammelte er, immer noch den Deckel einer Warmhalteschüssel in der Hand haltend: »Mit meinem Zimmer stimmt etwas nicht. Es gibt da etwas, das ich ändern muß.« Er sah sie an und bemerkte, daß ihre Augen sich geweitet hatten. »Letzte Nacht hat es bei mir gebrannt.«

»Sie haben ein Feuer in Ihrem Schlafzimmer gemacht?«

»Nein, nicht absichtlich, sondern mit einer Zigarette. Feuer hat es von selbst gefangen.«

Ihr Ausdruck änderte sich erneut. »Ihr Schlafzimmer hat Feuer gefangen?«

»Nein, nur das Bett. Ich habe es mit einer Zigarette angezündet.«

»Sie meinen, daß Sie Ihr Bett in Brand gesteckt haben?«

»Richtig.«

»Mit einer Zigarette? Ohne es zu wollen? Warum haben Sie sie nicht ausgemacht?«

»Ich habe geschlafen. Ich habe nichts davon mitbekommen, ehe ich aufgewacht bin.«

»Aber Sie müssen doch... Haben Sie sich nicht verbrannt?«

Er legte den Deckel der Warmhalteschüssel hin. »Anscheinend nicht.«

»Also, das ist ja ein Ding.« Sie sah ihn mit fest zusammengepreßten Lippen an, dann lachte sie auf eine Weise, die sich völlig von der Art unterschied, wie sie am vorangegangenen Abend gelacht hatte: Sie lachte nämlich, wie Dixon fand, recht unmusikalisch. Eine blonde Locke hatte sich aus ihrem sorgfältig frisierten Haar gelöst, und sie strich sie zurück. »Und was wollen Sie jetzt tun?«

»Ich weiß es noch nicht. Aber irgend etwas muß ich tun.«

»Ja, das sehe ich auch so. Und Sie fangen besser damit an, ehe das Hausmädchen seine Runde macht.«

»Ich weiß. Aber was kann ich tun?«

»Wie schlimm ist es denn?«

»Ziemlich schlimm. Größere Teile sind völlig weg.«

»Oh. Also, ich weiß wirklich nicht, wie ich Ihnen einen Ratschlag erteilen soll, ohne die Sache gesehen zu haben. Es sei denn, Sie... Nein, das würde nicht helfen.«

»Ich nehme nicht an, daß Sie mit nach oben kommen und...«

»Einen Blick darauf werfen würde?«

»Ja. Meinen Sie, das ginge?«

Sie setzte sich wieder aufrecht hin und dachte nach. »Ja, in Ordnung. Ich kann natürlich für nichts garantieren.«

»Nein, natürlich nicht.« Ihm fiel erfreulicherweise ein, daß einige Zigaretten das Inferno der letzten Nacht überstanden hatten. »Vielen Dank.«

Sie gingen gerade zur Tür, als sie fragte: »Was ist mit Ihrem Frühstück?«

»Ich muß es wohl ausfallen lassen. Nicht genug Zeit dafür.«

»Das würde ich an Ihrer Stelle nicht tun. Zum Mittagessen gibt es hier nämlich nicht viel.«

»Aber ich kann nicht warten, bis... Ich habe doch kaum Zeit, um... Warten Sie einen Moment.« Er schoß zur Anrichte zurück, griff sich ein glitschiges Spiegelei und ließ es zur Gänze in seinen Mund gleiten. Sie beobachtete ihn mit verschränkten Armen und ausdruckslosem Gesicht. Wild kauend rollte er ein Stück Schinkenspeck zusammen und stopfte es sich zwischen die Zähne. Dann signalisierte er, daß er zum Gehen bereit sei. Erste Anzeichen von Übelkeit zirkulierten in seinem Verdauungssystem.

Sie gingen im Gänsemarsch durch die Diele und die Treppe hinauf. Aus der Ferne tönten die okarinahaften Klänge einer Blockflöte, auf der eine kümmerliche Melodie gespielt wurde. Vielleicht hatte Welch auf seinem Zimmer gefrühstückt. Dixon stellte erleichtert fest, daß die Badezimmertür nicht verschlossen war.

Die junge Frau sah ihn streng an. »Warum gehen wir hier hinein?«

»Mein Schlafzimmer liegt auf der anderen Seite.«

»Verstehe. Was für eine seltsame Aufteilung.«

»Ich nehme an, der alte Welch hat diesen Teil des Hauses angebaut. Besser so, als wenn das Badezimmer hinter dem Schlafzimmer läge.«

»Vermutlich. Meine Güte, Sie hatten aber wirklich einen in der Krone, was?« Sie trat ans Bett und befühlte das Laken und die Decken wie jemand, dem in einem Geschäft Stoffe vorgelegt werden. »Aber das sieht nicht nach Brandflecken aus. Es sieht aus, als ob sie mit etwas zerschnitten worden wären.«

»Ja, ich ... habe die verbrannten Stellen mit einer Rasierklinge ausgeschnitten. Ich dachte, das sähe besser aus, als sie einfach verbrannt zu lassen.«

»Warum um Himmelswillen haben Sie das getan?«

»Ich kann es nicht richtig erklären. Ich dachte einfach, das sähe besser aus.«

»Hm. Und das hat alles eine einzige Zigarette angerichtet?«

»Ich weiß es nicht. Wahrscheinlich.«

»Sie müssen ganz schön weggetreten gewesen sein, daß Sie nicht einmal... Und der Tisch auch. Und der Teppich. Also wissen Sie, ich bin mir nicht sicher, ob ich in dieses Geheimnis eingeweiht werden möchte.« Sie grinste, wodurch sie fast grotesk gesund aussah. Gleichzeitig entblößte ihr Lächeln leicht unregelmäßige Schneidezähne, und aus irgendeinem Grund brachte ihn das mehr aus der Fassung, als jede Ebenmäßigkeit es vermocht hätte. Er dachte, daß er jetzt bereits mehr als genug von ihr gesehen habe, vielen Dank. Dann setzte sie sich aufrecht hin und preßte die Lippen zusammen, offenbar, um nachzudenken. »Ich glaube, es wäre am besten, das Bett neu zu machen, und zwar so, daß diese Sauerei nach unten kommt. Wir können die Decke, die nur versengt ist – diese hier –, nach oben legen. Auf der Seite, die jetzt unten liegt, wird wahrscheinlich fast nichts zu sehen sein. Was halten Sie davon? Schade, daß kein Federbett da ist.«

»Ja. Ich finde, das klingt ganz gut. Es wird aber beim Abziehen des Bettes sicherlich auffallen, oder?«

»Ja, aber man wird den Schaden vermutlich nicht mit Zigaretten in Verbindung bringen. Vor allem nicht, nachdem Sie die Laken mit der Rasierklinge bearbeitet haben. Und zum Rauchen hätten Sie Ihren Kopf wohl kaum unter alle Bettdecken gesteckt.«

»Stimmt. Dann lassen Sie uns am besten anfangen.«

Er rückte schnaufend das Bett von der Wand, während sie mit verschränkten Armen zusah. Dann machten sie sich gemeinsam an die Arbeit des Abziehens und Neubespannens. Der Staubsauger ließ sich jetzt ganz in der Nähe vernehmen und übertönte bereits Welchs Blockflöte. Trotz seines Entschlusses, nichts mehr von ihr sehen zu wollen, betrachtete Dixon während der gemeinsamen Arbeit eingehend die junge Callaghan. Erzürnt sah er, daß sie sogar noch hübscher war, als er angenommen hatte. Gern hätte er die Art von Grimasse oder Geräusch produziert, die er normalerweise machte, wenn Welch ihn mit einer neuerlichen Prüfung seiner Fähigkeiten bedachte. Oder wenn er Michie auf sich zukommen sah. Oder wenn er an Mrs. Welch dachte. Oder wenn Beesley ihm erzählte, was Johns gesagt hatte. Er hätte seine Gesichtszüge implodieren lassen und die Luft aus dem Mund gepreßt, und zwar so heftig, daß er dem Gefühlswirrwarr, das sie in ihm hervorrief – Entrüstung, Kummer, Verbitterung, Gereiztheit, Bosheit und fruchtlose Wut, alle Allotropien des Schmerzes –, wirklich etwas entgegengesetzt hätte. Dieses Mädchen hatte sich doppelt schuldig gemacht. Zum einen, indem es aussah, wie es aussah. Zum anderen, indem es so, wie es aussah, vor ihm erschienen war. Den üblichen Liebesgöttinnen – italienischen Filmschauspielerinnen, Millionärsgattinnen, Kalendermädchen – konnte er standhalten. Er schaute sie sich sogar sehr gern an. Aber diese Art von Schönheit würde er lieber früher als später gar nicht mehr sehen wollen. Er erinnerte sich vage an das Buch eines Mannes, der für sich beanspruchte, die Liebe tief ergründet zu haben – Plato vielleicht, oder Rilke –, und sie als ein Gefühl beschrieben hatte, dessen Ausmaß und Art sich völlig von normalen sexuellen Empfindungen unterschied. War es also Liebe, was er für junge Frauen wie diese empfand? Kein Gefühl, das er je verspürt hatte oder sich vorstellen konnte, kam etwas Derartigem so nahe. Aber abgesehen von der zweifelhaften Unterstützung durch Plato oder Rilke hatte er alle Untersuchungen zum Thema gegen sich. Was also war es, wenn es nicht Liebe war? Es fühlte sich nicht nach Begehren an. Als sie die letzte Ecke des Lakens eingesteckt hatte und er neben sie ans Bett trat, spürte er die starke Versuchung, die Hand auszustrecken und sie auf eine dieser vollen Brüste zu legen. Aber das wäre ihm selbst dann, wenn er es getan hätte, so natürlich und unanstößig erschienen, wie wenn er die Hand ausgestreckt hätte, um aus einer Obstschale einen großen, reifen Pfirsich zu nehmen. Nein, das alles – was auch immer es war und wie auch immer es hieß – war etwas, woran sich nichts ändern ließ.

»Na also. Ich finde, das sieht sehr hübsch aus«, sagte sie. »Wenn man es nicht weiß, ahnt man nicht, was sich darunter befindet, oder?«

»Nein, und vielen Dank für den Einfall und die Hilfe.«

»Gern geschehen. Was wollen Sie mit dem Tisch machen?«

»Ich habe darüber nachgedacht. Am Ende des Ganges gibt es eine kleine Rumpelkammer mit kaputten Möbeln, vermodernden Büchern und allerlei anderem Krempel. Man hat mich gestern hochgeschickt, um einen Notenständer zu holen, oder wie diese Dinger heißen. Da gibt es einen geeigneten Ort für diesen Tisch, und zwar hinter einem alten Paravent mit französischen Höflingen drauf. Sie wissen schon, Schlapphüte und Banjos. Wenn Sie nachsehen können, ob die Luft rein ist, husche ich jetzt schnell hinüber.«

»Einverstanden. Das ist tatsächlich ein guter Einfall. Sobald der Tisch aus dem Weg ist, wird niemand die Laken mit Zigaretten in Verbindung bringen. Man wird annehmen, daß Sie sie während eines Albtraums mit den Füßen zerrissen hätten.«

»Schöner Albtraum, bei dem man gleich noch zwei Decken mit zerreißt.«

Sie sah mit geöffnetem Mund an und brach in Gelächter aus. Dann setzte sie sich aufs Bett, nur um so plötzlich aufzuspringen, als ob es schon wieder brennen würde. Auch Dixon fing an zu lachen, nicht weil er besonders belustigt gewesen wäre, sondern weil er dankbar war für ihr Lachen. Sie lachten immer noch, als sie ihm eine Minute später von der Badezimmertür aus ein Zeichen gab. Er rannte mit dem Tisch auf den Treppenabsatz hinaus, als Margaret plötzlich die Tür ihres Schlafzimmers aufriß und ihn ansah.

»Was, bitteschön, tust du da, James?« fragte sie.

7

»Wir wollen bloß... Ich will bloß... Ich wollte eigentlich bloß diesen Tisch loswerden«, sagte Dixon und sah von einer Frau zur anderen.

Das Callaghan-Mädchen gab ein sehr lautes, schnaubendes Geräusch von sich, das auf halbherzig unterdrücktes Gelächter schließen ließ. Margaret sagte: »Was soll dieser Unfug?«

»Ich versichere dir, Margaret, es ist kein Unfug. Ich habe...«

»Wenn ich auch mal etwas sagen darf«, unterbrach ihn die junge Frau, »ich denke, daß wir zuerst den Tisch loswerden und das Wieso und Warum danach erklären sollten.«

»Das ist richtig«, sagte Dixon, senkte den Kopf und lief den Gang entlang. In der Rumpelkammer schob er eine Bogenzielscheibe beiseite, schnitt ihr seine »Verrückter Bauer«-Grimasse (welch aufflackernder Schwachköpfigkeiten sie wohl schon Zeuge geworden war?) und stellte den Tisch hinter dem Paravent ab. Als nächstes entrollte er ein in Reichweite liegendes Stück verschimmelter Seide und breitete es auf der Tischoberfläche aus. Dann drapierte er auf dem nunmehr mit zwei Floretten verzierten Tisch ein Buch namens »Die Spanischstunde« sowie eine Lilliputkommode, die zweifellos Muscheln und Kinderlocken enthielt. Schließlich lehnte er ein Stativ, das für irgendwelche teleskopischen oder fotografischen Narreteien gedacht war, gegen den gesamten Aufbau. Nachdem er einen Schritt zurückgetreten war, befand er die Gesamtwirkung für ausgezeichnet: Kein Beobachter würde jemals bezweifeln, daß diese Gegenstände seit Jahren auf genau diese Weise beisammen lebten. Er lächelte und schloß die Augen für einen Moment, ehe er in die wirkliche Welt zurückgerissen wurde.

Margaret erwartete ihn an der Schwelle ihres Zimmers. Einer ihrer Mundwinkel war auf eine ihm wohlbekannte Weise verzogen. Das Callaghan-Mädchen war verschwunden.

»Was sollte das alles, James?«

Er schloß die Tür hinter sich und setzte zu einer Erklärung an. Während er sprach, kamen ihm seine Zündelei und die damit verbundenen Gegenmaßnahmen zum ersten Mal komisch vor. Gewiß mußte auch Margaret sie komisch finden, zumal sie nicht persönlich davon betroffen war. Dies war die Art von Geschichte, die sie mochte. Er ließ etwas Derartiges verlauten, als er am Ende seines Berichts angelangt war.

Sie widersprach, ohne eine Miene zu verziehen. »Ich habe in der Tat bemerkt, daß du und dieses Mädchen die Sache ziemlich lustig fanden.«

»Warum hätten wir sie nicht lustig finden sollen?«

»Es gibt keinen Grund; das hat nichts mit mir zu tun. Mir kommt die Sache bloß ziemlich albern und kindisch vor, das ist alles.«

Eifrig bemüht sagte er: »Sieh mal, Margaret: Ich verstehe völlig, warum es so auf dich gewirkt hat. Aber verstehst du denn nicht? Der springende Punkt ist doch, daß ich diese verdammten Laken und Decken nicht absichtlich in Brand gesetzt habe. Aber nachdem ich es getan hatte, mußte ich natürlich etwas unternehmen, findest du nicht?«

»Du hättest natürlich zu Mrs. Welch gehen und ihr alles erklären können.«

»Nein. ›Natürlich‹ ist richtig, ›hätte‹ nicht. Ich wäre meine Stelle in fünf Minuten los gewesen.« Er holte Zigaretten für sie beide hervor und steckte sie an. Dann versuchte er, sich daran zu erinnern, ob Bertrands Freundin angedeutet hatte, daß er die Sache gegenüber Mrs. Welch zugeben sollte. Er glaubte nicht, daß sie das getan hatte, was irgendwie seltsam war.

»Du fliegst noch schneller raus, wenn sie jemals diesen Tisch findet.«

»Sie wird ihn nicht finden«, sagte er gereizt und begann, im Zimmer herumzugehen.

»Was ist mit dem Laken? Du sagst, es sei Christine Callaghans Einfall gewesen, das Bett neu zu beziehen?«

»Ja. Was ist daran falsch? Und was soll mit dem Laken sein?«

»Du scheinst sehr viel besser mit ihr auszukommen als gestern abend.«

»Ja, das ist gut, nicht wahr?«

»Übrigens finde ich, daß sie eben schrecklich unhöflich war.«

»Inwiefern das?«

»Sich so aufzudrängen und dich einfach mit diesem Tisch loszuschicken.«

Dixon, der sich durch diese Darstellung in seiner Manneswürde gekränkt fühlte, sagte: »Du hast diese Höflichkeitsmacke, Margaret. Sie hatte vollkommen recht: Einer von den beiden Welchs hätte jederzeit auftauchen können. Und wenn sich hier jemand aufgedrängt hat, dann du und nicht sie.« Er bereute seine Ansprache, noch ehe er sie beendet hatte.

Sie starrte ihn leicht geöffneten Mundes an und wandte sich abrupt von ihm ab. »Es tut mir leid, ich werde mich nicht wieder aufdrängen.«

»Margaret, du weißt, daß ich es nicht so gemeint habe. Sei nicht dumm. Ich habe nur...«

Mit hoher Stimme, die sie nur mit offensichtlicher Anstrengung stabil halten konnte, sagte sie: »Bitte geh.«

Dixon rang schwer gegen die Einschätzung, daß sie sich sowohl als Schauspielerin wie auch als Drehbuchautorin recht wacker schlug, und er haßte sich dafür, daß er bei diesem Ringen unterlag. Er versuchte, eine gewisse Dringlichkeit in seine Stimme zu legen, als er sagte: »So darfst du das nicht sehen. Ich gebe zu, daß es sehr dumm von mir war, das zu sagen. Ich wollte damit nicht etwa andeuten, daß du dich tatsächlich aufgedrängt hättest, das lag mir wirklich fern. Du mußt verstehen, daß...«

»Oh, ich verstehe schon, James. Ich verstehe ganz und gar.« Diesmal war ihre Stimme flach. Sie trug eine Art Künstlerkluft, bestehend aus einem bunten Hemd, einem Rock mit Fransensaum und Tasche, flachen Schuhen und Holzperlen. Der Rauch, der von ihrer Zigarette aufstieg, leuchtete blaugrau im Gegenlicht und umkräuselte ihren nackten Unterarm. Dixon ging einen Schritt auf sie zu und stellte fest, daß sie kürzlich ihre Haare gewaschen hatte: Sie lagen in trockenen, glanzlosen Büscheln auf ihrem Nacken. In diesem Zustand erschienen sie ihm durch und durch feminin, viel femininer als der schimmernde blonde Kurzhaarschnitt des Callaghan-Mädchens.

Arme alte Margaret, dachte er und legte seine Hand in einer, wie er hoffte, besorgten Geste auf ihre ihm zugewandte Schulter.

Ehe er etwas sagen konnte, hatte sie seine Hand abgeschüttelt, war an das Fenster getreten und hatte mit einem Nachdruck zu sprechen begonnen, der, wie ihm bald dämmerte, einen völlig neuen Abschnitt in der Szene einleitete, die sie ihm offensichtlich machen wollte. »Geh weg. Wie kannst du es wagen. Hör auf, mit meinen Gefühlen zu spielen. Was glaubst du, wer du bist? Du hattest nicht einmal den Anstand, dich für letzte Nacht zu entschuldigen. Du hast dich schändlich benommen. Ich hoffe, dir ist klar, daß du entsetzlich nach Bier gestunken hast. Ich habe dir nie im geringsten den Eindruck vermittelt... Wie konntest du annehmen, daß ich dir das durchgehen lassen würde? Wofür zum Teufel hältst du mich? Es ist ja nicht so, daß du nicht wüßtest, was ich in all diesen Wochen durchgemacht habe. Es ist inakzeptabel, vollkommen inakzeptabel. Ich werde mir das nicht bieten lassen. Du hättest wissen müssen, wie ich mich fühle.«

In dieser Manier fuhr sie fort, während Dixon ihr in die Augen schaute. Seine Panik nahm an Ausmaß und Intensität zu. Ihr Körper bewegte sich ruckartig; ihr Kopf wackelte auf ihrem ziemlich langen Hals hin und her und brachte die Holzperlen auf dem bunten Hemd zum Hüpfen. Er ertappte sich bei dem Gedanken, daß ihre bohemienhafte Aufmachung in einem seltsamen Gegensatz zu ihrem Verhalten stehe. Leute, die diese Art von Kleidung trugen, sollten sich nicht an Sachen stören, wie sie gestern abend vorgefallen waren. Es war einfach nicht richtig, sich die meiste Zeit so unkeusch zu kleiden und zu gebärden, wenn man sich immer derart sittsam verhielt. Andererseits hatte sie sich wohl nicht immer sittsam verhalten, jedenfalls nicht bei Catchpole. Aber natürlich war es falsch, so zu denken. Es war sogar sehr schlecht, daß er seinem Ärger über einige ihrer Marotten gestattete, das zu tun, was er immer tat, nämlich das Wichtigste zu verschleiern: daß sie eine Neurotikerin war, die kürzlich einen schweren Schlag erlitten hatte. Sie hatte tatsächlich recht, wenn auch nicht auf die von ihr vermutete Weise: Er hatte sich schlecht benommen, er war rücksichtslos gewesen. Er würde gut daran tun, all seine Energie in eine Entschuldigung zu legen. Entschlossen verbannte er die aus dem Nichts auftauchende Überlegung aus seinem Kopf, daß sie trotz ihrer Verletztheit ganz gut in der Lage zu sein schien, ihre Stimme gesenkt zu halten.

»Ich habe erst gestern nachmittag über die Beziehung nachgedacht, die wir aufgebaut haben, wie wertvoll sie war, etwas wirklich Gutes. War das nicht lächerlich von mir? Ich hatte völlig unrecht, ich ...«

»Nein, völlig unrecht hast du jetzt, gestern hattest du recht«, unterbrach er sie. »Solche Sachen hören nicht einfach auf. Menschen sind nicht so schlicht gestrickt, sie sind nicht wie Maschinen.«

In dieser Manier fuhr er fort, während sie ihm in die Augen schaute. Die Abgedroschenheit seiner Worte half ihm sogar, ihrem Blick standzuhalten. Sie stand in ihrer Lieblingshaltung da – ein Bein teilweise über das andere geschlagen –, und es war klar erkennbar, daß sie ihre Beine zur Schau stellen wollte, denn die waren gut, ihr bestes Merkmal. Einmal bewegte sie sich ein wenig, so daß ihre Brille das Licht reflektierte und er nicht mehr erkennen konnte, wohin sie sah. Dieser gespenstische Anblick irritierte ihn beträchtlich, aber er kämpfte sich tapfer zu seinem Ziel voran: dem längst noch nicht in Sichtweite liegenden Versprechen oder Bekenntnis, das diese Unterhaltung beenden und seinen Marsch aus den Gefilden der Wahrheit unterbrechen würde. Stiefel, Stiefel, Stiefel, Stiefel: Marsch nach hier und marsch zurück!

Nach einer Weile war sie nur noch unerbittlich verärgert, dann verärgert, dann verdrossen und einsilbig. »Ach, James«, sagte sie schließlich und glättete ihr Haar mit der hohlen Hand. »Laß uns für jetzt damit aufhören. Ich bin müde, ich bin schrecklich müde, ich kann nicht mehr. Ich gehe wieder ins Bett. Ich habe letzte Nacht kaum schlafen können. Ich möchte nichts als allein sein. Versuch das zu verstehen.«

»Was ist mit dem Frühstück?«

»Ich möchte keins. Es ist jetzt bestimmt sowieso schon vorbei. Und ich möchte mit niemandem reden müssen.« Sie sank auf das Bett und schloß die Augen. »Laß mich einfach allein.«

»Bist du sicher, daß es dir gut geht?«

Sie sagte: »O ja« und seufzte tief. »Bitte.«

»Vergiß nicht, was ich dir gesagt habe.«

Als keine Antwort kam, ging er leise hinaus und in sein Schlafzimmer, wo er sich auf das Bett legte, eine Zigarette rauchte und ohne großen Nutzen über die Ereignisse der letzten Stunde nachdachte. Was Margaret betraf, so gelang es ihm fast sofort, sie aus seinen Gedanken zu verbannen. Alles war sehr kompliziert, aber das war es immer gewesen. Er haßte das, was sie ihm gesagt hatte, und er haßte das, was er ihr gesagt hatte, aber er hatte es sagen müssen. Wie wirklich anständig sich, trotz ihrer gelegentlichen Überheblichkeit, diese Callaghan verhalten hatte, und wie vernünftig ihr Rat gewesen war. Das und ihr Lachanfall bewiesen, daß sie nicht so »dignant« war, wie sie aussah. Voller Unbehagen erinnerte er sich ihres ungewöhnlich strahlenden Teints, der peinigenden Klarheit ihrer Augen, der maßlosen Weiße ihrer leicht unregelmäßigen Zähne. Ihm wurde ein wenig leichter ums Herz, als er sich vor Augen führte, daß ihre Verbindung mit Bertrand eine klare Garantie dafür war, daß sie in Wahrheit äußerst garstig sein mußte. Ja, Bertrand. Entweder schloß er Frieden mit ihm, oder er ging ihm aus dem Weg. Ihm aus dem Weg zu gehen, wäre mit nahezu völliger Gewißheit besser. Er konnte diese Strategie damit verbinden, Margaret ebenfalls aus dem Weg zu gehen. Wenn Atkinson pünktlich anriefe, würde er dieses Haus in weniger als einer Stunde verlassen.

Er verwandte zwanzig oder dreißig Sekunden darauf, seine Zigarette im Aschenbecher auszudrücken, ehe er sich rasieren ging. Wenig später veranlaßte ihn ein lautes, bellendes Brüllen seines Namens dazu, zum Treppenabsatz zu gehen: »Dixon!« Er brüllte zurück: »Fragt jemand nach mir?«

»Telefon. Dixon. Dixon. Telefon.«

Im Wohnraum saß Bertrand mit seinen Eltern und seiner Freundin zusammen. Er deutete mit seinem großen Schädel auf das Telefon und fuhr dann fort, seinem Vater zu lauschen, der sich in seinem Stuhl wie ein kaputter Roboter seitwärts neigte und mürrisch sagte: »In der Kunst von Kindern gibt es etwas, das man eine Klarheit der Sichtwcise nennen könnte, eine Art des Nachdenkens über die Welt in Begriffen ihres tatsächlichen Erscheinens, nicht nach den Kenntnissen der Erwachsenen. Und das... das...«

»Sind Sie's, Jim?« fragte Atkinson so barsch wie immer. »Wie läuft's denn so bei Barnum und Bailey's?«

»Jetzt, wo ich Ihre Stimme höre, schon viel besser, Bill«

Während Atkinson in ungewohnter Schwatzhaftigkeit einen Fall beschrieb, über den er in der *News of the World* gelesen hatte, Dixon um seine Meinung bezüglich einer Frage in seinem Kreuzworträtsel bat und einen undurchführbaren Vorschlag machte, wie man die Gesellschaft im Hause Welch unterhalten könnte, beobachtete Dixon die junge Callaghan. Sie hörte Bertrand zu, der sich gerade über Kunst ausließ, und sie saß ebenso pfeilgerade auf ihrem Stuhl und preßte die Lippen ebenso fest zusammen wie am Abend zuvor. Zum ersten Mal fiel ihm auf, daß sie sogar dieselben Kleider trug. Alles an ihr wirkte streng, und doch machten Laken und verkohlte Tischplatten ihr nichts aus, Margaret aber sehr wohl. Diese Frau hatte nicht einmal Anstoß daran genommen, daß er Spiegeleier mit den Fingern gegessen hatte. Er stand vor einem Rätsel.

Dixon erhob die Stimme ein wenig und sagte: »Dann also vielen Dank für Ihren Anruf, Bill. Bitte entschuldigen Sie mich bei meinen Eltern und sagen Sie ihnen, daß ich so schnell wie möglich kommen werde.«

»Ehe Sie gehen, richten Sie Johns von mir aus, wo er sich seine Oboe hinstecken kann.«

»Ich werde mir Mühe geben. Auf Wiedersehen.«

»Das ist es, worum es bei mexikanischer Kunst in Wahrheit geht, Christine«, sagte Bertrand gerade. »Primitive Techniken an sich sind noch kein Vorteil, offenkundiglich.«

»Nein, natürlich nicht, das verstehe ich«, sagte sie.

»Ich fürchte, daß ich sofort gehen muß, Mrs. Welch«, sagte Dixon. »Dieser Anruf...«

Alle drehten sich zu ihm um: Bertrand ungeduldig, Mrs. Welch skeptisch, Welch desorientiert, Bertrands Freundin neugierig. Ehe Dixon zu einer Erklärung ansetzen konnte, kam Margaret, gefolgt von Johns, durch die offene Tür. Sie hatte sich erstaunlich schnell von ihrer überwältigenden Müdigkeit erholt – ob Johns dabei irgendwie geholfen hatte?

»A-ah«, sagte Margaret. Es war ihre übliche Begrüßung angesichts eines Raumes voller Leute: ein langes, gehauchtes Abwärtsglissando. »Hallo, alle miteinander.«

Alle, die im Raum waren, begannen sich in Erwiderung dieser Ansprache unbehaglich zu winden. Welch und Bertrand fingen gleichzeitig zu sprechen an, Mrs. Welch blickte rasch zwischen Dixon und Margaret hin und her, Johns stand schlaff und fahl auf der Schwelle. Als Welch, immer noch sprechend, schlenkrig von seinem Stuhl hochschnellte und auf Johns zuging, setzte sich Dixon – der das Gefühl hatte, daß seine Gelegenheit, das Wort zu ergreifen, verstrich – ebenfalls in Bewegung. Er hörte, wie Welch die Phrase »geschätzter Baß« benutzte. Er hustete, dann sagte er laut und überraschend heiser: »Es tut mir leid, daß ich jetzt gehen muß. Meine Eltern sind unerwartet zu Besuch gekommen.« Er legte eine Pause ein, um protestierenden und bedauernden Ausrufen Platz einzuräumen. Als keine kamen, beeilte er sich zu sagen: »Vielen Dank für die Unterbringung, Mrs. Welch, ich habe den Abend sehr genossen. Und jetzt muß ich leider wirklich gehen. Auf Wiedersehen Ihnen allen.«

Er wich Margarets Blick aus und ging erst durch das allgemeine Schweigen, dann durch die Tür. Abgesehen von dem Gefühl, daß er jeden Moment sterben oder verrückt werden könnte, war nichts von seinem Kater geblieben. Johns grinste ihn an, als er an ihm vorüberging.

8

»Ach Dixon, kann ich Sie mal kurz sprechen?«

Für ihren Empfänger war dies die schrecklichste aller Aufforderungen. Sie war ein Favorit seines Luftwaffen-Sergeanten gewesen, eines Berufssoldaten, dessen altmodische Anstandsvorstellungen es erforderten, einen angehenden Offizier außerhalb der Hörweite seiner Männer zu manövrieren, ehe er ihn nicht mit ein paar Worten, sondern einer ganzen Suada aus Beschimpfungen und Drohungen über irgendeine harmlose Unterlassung traktierte. Welch hatte dieselbe Phrase als kurze Einleitung *maestoso* wiederbelebt, die in ein *allegro con fuoco* seines Mißfallens über jede neue Facette des »schlechten Rufes« mündete, den Dixon sich erworben hatte. Bestenfalls kündigte sie eine neue akademische Aufgabe an, die mutmaßlich dazu ersonnen worden war, seinen Wert für das Institut auf die Probe zu stellen. Auch Michie hatte sie mehr als einmal benutzt, um seinem Wunsch nach einem Gespräch Ausdruck zu verleihen und Fragen über Leben und Kultur des Mittelalters zu stellen. Es war Welch, der die Aufforderung jetzt aussprach, und er stand dabei wie ein schwankendes Rohr in der Tür des kleinen Büros, das sich Dixon und Goldsmith teilten. Theoretisch konnte Dixon sich durchaus vorstellen, daß eine solche Bitte ein Lob einleitete – zum Beispiel dafür, daß er Welchs Anmerkungen zu dessen

Buch mit einem Register versehen hatte –, oder die Offerte einer Stelle im Mitarbeiterstab des *Medium Ævum*, oder die Einladung zu einer unanständigen Privatfeier. Praktisch und physisch aber würgte ihn die Gewißheit einer bevorstehenden Niedertracht.

»Natürlich, Professor.« Während er Welch zur Tür des Nachbarzimmers folgte und sich fragte, ob der Gegenstand der Debatte sein Laken oder sein vorzeitiger Aufbruch oder sein Laken und sein vorzeitiger Aufbruch sein werde, rasselte er leise murmelnd eine lange Abfolge von Flüchen herunter, so daß er für die ersten Minuten der Unterredung im Plus wäre. Er stampfte beim Gehen hart mit den Füßen auf, teils, um sich Mut zu machen, teils, um sein Gemurmel zu übertönen, teils, weil er an diesem Vormittag noch nicht geraucht hatte.

Welch setzte sich an seinen Schreibtisch, der irreführenderweise mit Papieren übersät war. »Ach ... äh .. Dixon.«

»Ja, Professor?«

»Ich habe ... wegen dieses Artikels von Ihnen.«

Bei aller Zusammenhanglosigkeit war Welch stets geradeheraus, wenn es um das Aussprechen eines Tadels ging, folglich war seine Bemerkung vergleichsweise ermutigend. Dixon sagte wachsam: »Ah ja?«

»Ich habe neulich mit einem alten Freund aus Südwales geplaudert. Er ist jetzt Professor am Universitäts-College von Abertawe. Athro Haines; sicherlich kennen Sie sein Buch über mittelalterliche Cwmrhydceirw.«

Dixon sagte »Ah ja« in modifiziertem Tonfall, aber immer noch wachsam. Er wollte eifriges und andächtiges Wiedererkennen signalisieren, das nicht zugleich originäre Kenntnis des fraglichen Werkes implizierte – für den Fall, daß Welch eine Wiedergabe der Zentralthese verlangte.

»Natürlich unterscheiden sich die Schwierigkeiten, die sie da unten haben, sehr stark von... von... Insbesondere die Examensklassen. Er sagte mir... es scheint, daß im ersten Jahr jeder, ganz egal, ob er mit Geschichte weitermachen will oder nicht, sich durch ein gewisses Maß an... daß er sich durcharbeiten muß durch...«

Dixon schaltete den Großteil seiner Aufmerksamkeit ab und erhielt nur so viel davon aufrecht, wie nötig war, um in angemessenen Abständen nicken zu können. Er empfand Erleichterung: Nichts wirklich Schlimmes würde geschehen, was auch immer sich als Brücke über die sich rasch vergrößernde Kluft zwischen seinem Aufsatz und diesem Menschen namens Haines erweisen mochte. In seinem Kopf begann ein Entschluß zu reifen, der ihm bereits Angst machte, ehe er ihn richtig identifiziert hatte. Nun, da er mit Welch allein war, würde er ihm im Entscheidungskampf entgegentreten und ihn preiszugeben zwingen, was dieser für seine Zukunft beschlossen hatte – oder, falls noch nichts Endgültiges beschlossen worden war, zu welchem Zeitpunkt die Entscheidung fallen und wodurch sie herbeigeführt werden würde. Er hatte es satt, mit der Hoffnung auf die Verbesserung seiner Aussichten dazu erpreßt zu werden, die öffentliche Bibliothek nach Material zu durchforsten, das sich für Welchs Buch über Lokalgeschichte »als nützlich erweisen könnte«. Oder auf die Druckfahnen eines langen Artikels, den Welch in einer regionalen Altertumszeitschrift veröffentlichen wollte, »nur mal einen Blick zu werfen« (d. h. ihn Korrektur zu lesen). Oder sich für die Teilnahme an einer Konferenz über Volkstänze bereitzuhalten (Gottseidank hatte er nicht hingehen müssen). Oder an diesem schrecklichen Boheme-Wochenende im letzten Monat teilzunehmen. Oder sich bereit zu erklären, einen

Vortrag über »Merry England« zu halten – letzteres vor allem. Und das Semester war fast schon vorbei, es blieb kaum noch ein Monat. Irgendwie mußte er Welch mit Granaten oder Bajonetten aus seinen sorgsam vorbereiteten Stellungen der Verschwiegenheit, der Redundanz und des allzeit bereiten fragenden Stirnrunzelns treiben.

Welch brachte ihn dazu, seine Aufmerksamkeit schlagartig wieder einzuschalten, als er sagte: »Anscheinend hatte sich dieser Caton zur selben Zeit wie Haines auf den Lehrstuhl in Abertawe beworben, drei oder vier Jahre muß das jetzt her sein. Natürlich konnte Haines nicht allzu deutlich werden, aber er hat mir zu verstehen gegeben, daß Caton den Lehrstuhl sehr wohl an seiner Stelle hätte bekommen können, wenn da nicht etwas Dubioses in seiner Biographie gewesen wäre. Da muß es – das bleibt doch unter uns, Dixon? – ein gefälschtes Zeugnis oder etwas Ähnliches gegeben haben. Jedenfalls etwas ziemlich Dubioses. Nun könnte seine Zeitschrift trotzdem über jeden Zweifel erhaben sein. Ich will nicht sagen, daß sie das nicht ist. Sie könnte … über jeden Zweifel erhaben sein. Aber ich dachte, Dixon, daß Sie von diesen Dingen erfahren sollten, damit Sie alle Maßnahmen ergreifen können, die Sie … die Sie für … die Sie für angemessen halten, um …«

»Vielen Dank, Professor, es ist sehr gütig von Ihnen, mich zu warnen. Vielleicht schreibe ich ihm besser noch einmal und frage …«

»Sie haben keine Antwort auf den Brief erhalten, in dem Sie um einen festen Publikationstermin für Ihr Stück baten?«

»Nein, keine Zeile.«

»Dann müssen Sie ihm auf jeden Fall noch einmal schreiben, Dixon, um ihm zu sagen, daß Sie einen definitiven Termin benötigen. Sagen Sie ihm, daß Sie eine Anfrage von einer anderen Zeitschrift über Ihre Arbeit erhalten hätten. Sagen Sie ihm, daß Sie innerhalb einer Woche eine eindeutige Antwort benötigten.« Solche rhetorische Gewandtheit schien Welch sich für die besonderen Anlässe vorzubehalten, bei denen er Leuten sagte, was sie zu tun hatten. Dasselbe galt für den scharfen Blick, mit dem solche Weisungen einhergingen.

»Ja, das werde ich auf jeden Fall tun.«

»Tun Sie es noch heute, Dixon.«

»Ja, das werde ich.«

»Es ist schließlich wichtig für Sie, nicht wahr?«

Das war das Stichwort, auf das er gewartet hatte. »Ja, Sir. Eigentlich hatte ich sowieso vorgehabt, Ihnen dazu eine Frage zu stellen.«

Welchs struppige Augenbrauen senkten sich ein wenig. »Wozu?«

»Nun ja, sicherlich verstehen Sie, daß ich mir über meine Stellung hier in den letzten Monaten einige Sorgen gemacht habe.«

»Ach ja?« fragte Welch vergnügt und mit wiederhergestellten Augenbrauen.

»Ich habe mich nämlich gefragt, wie es um meine Stellung hier bestellt ist.«

»Wie es um Ihre Stellung bestellt ist?«

»Ja, ich ... Ich meine, es tut mir leid, daß ich mich hier nicht so gut eingeführt habe. Ich habe ein paar ziemlich dumme Sachen gemacht. Und jetzt, wo mein erstes Jahr fast vorbei ist, bin ich wohl oder übel ein wenig besorgt.«

»Ja, ich weiß einiges über junge Burschen, denen es nicht ganz leicht fällt, sich in ihre erste Stelle einzufinden. Nach einem Krieg kann man etwas anderes wohl kaum erwarten. Ich weiß nicht, ob Sie jemals dem jungen Faulkner begegnet sind, er ist jetzt in Nottingham. Er hatte hier eine Stelle im Jahr Neunzehnhundert...« – hier legte er eine Pause ein – »...fünfundvierzig inne. Im Krieg hat er einige recht schlimme Sachen durchgemacht: Eine Zeitlang war er in Fernost bei einem Luftgeschwader stationiert, dann hat man ihn ans Mittelmeer zurückbeordert. Ich erinnere mich, daß er mir gesagt hat, wie schwer es ihm gefallen sei, sich hier einzufinden und seine Denkweise anzupassen...«

Er will dir nicht gleich mit der Faust ins Gesicht schlagen, dachte Dixon und wartete eine Weile ab. Als Welch dann eine seiner üblichen Pausen einlegte, sagte er: »Ja, und es ist natürlich doppelt schwierig, wenn man sich nicht sicher fühlt in seinem... ich würde viel besser arbeiten können, wenn ich wüßte, daß ich...«

»Richtig, Unsicherheit ist der größte Feind der Konzentration, das weiß ich nur zu gut. Und natürlich neigt man dazu, in seiner Konzentration nachzulassen, wenn man älter wird. Es ist erstaunlich, wie Ablenkungen, die man in jungen Jahren nicht einmal wahrgenommen hat, völlig nervenaufreibend sein können, wenn man... älter wird. Ich erinnere mich, wie hier die neuen Chemielaboratorien erbaut wurden, na ja, ich sage neu, aber ich nehme an, daß man sie jetzt kaum noch neu nennen kann. Zu der Zeit, von der ich spreche, einige Jahre vor dem Krieg, wurden gerade die Fundamente gelegt, um Ostern herum muß das gewesen sein, und die Betonmischmaschine, oder was auch immer es war...«

Dixon fragte sich, ob Welch hören konnte, wie er mit den Zähnen knirschte. Wenn ja, dann ließ er es sich nicht anmerken. Wie ein Boxer, der zehn Runden lang Schläge eingesteckt hat und unglaublicherweise immer noch auf den Füßen steht, fiel ihm Dixon ins Wort: »Ich könnte ziemlich zufrieden sein, wenn meine größte Sorge aus dem Weg geräumt wäre.«

Welchs Kopf hob sich so langsam wie die Mündung einer altmodischen Haubitze. Rasch formte sich das fragende Stirnrunzeln auf seinem Gesicht. »Ich verstehe nicht ganz ...«

»Meine Probezeit«, sagte Dixon laut.

Das Stirnrunzeln verfestigte sich. »Oh. Das. Sie haben eine zweijährige Probezeit hier, Dixon, keine einjährige. Es steht alles in Ihrem Vertrag. Zwei Jahre.«

»Ja, ich weiß, aber das heißt bloß, daß ich nicht in die Stammbelegschaft aufgenommen werden kann, ehe zwei Jahre vergangen sind. Es heißt nicht, daß man mich nicht ... auffordern kann, zu gehen, ehe das erste Jahr vorbei ist.«

»O nein«, sagte Welch herzlich: »Nein.« Er ließ offen, ob er Dixons Negation bekräftigen oder ihr widersprechen wollte.

»Man kann mich auffordern, vor Ablauf des ersten Jahres zu gehen, nicht wahr, Professor?« fragte Dixon rasch und preßte seinen Rücken gegen die Stuhllehne.

»Ja, vermutlich«, sagte Welch so kühl, als ob man ihn auffordern würde, ein Eingeständnis zu machen, das – obwohl theoretisch zutreffend – kein anständiger Mensch jemals von ihm verlangen würde.

»Ich habe mich bloß gefragt, wie es damit steht, das ist alles.«

»Ja, daran habe ich keinen Zweifel«, sagte Welch im gleichen Tonfall.

Dixon wartete ab und plante Grimassen. Er sah sich in

dem kleinen, behaglichen Zimmer mit Teppichboden um, sah die Reihen überholter Bücher, die Aktenschränke voller alter Prüfungen und Dossiers aus vergangenen Studentengenerationen, den Ausblick auf die sonnenbeschienenen Mauern des Physiklabors vor dem geschlossenen Fenster. Hinter Welch hing der Stundenplan des Instituts, den er höchstpersönlich in fünf verschiedenen Tintenfarben entsprechend den fünf Lehrkräften des Instituts erstellt hatte. Der Anblick all dieser Dinge schien die Dämme in Dixons Kopf zu öffnen: Zum ersten Mal seit seiner Ankunft im College glaubte er, echte, überwältigende, orgiastische Langeweile und ihren Begleiter, echten Haß, zu verspüren. Wenn Welch nicht innerhalb der nächsten fünf Sekunden spräche, dann würde er etwas tun, das ohne Zweifel zu seinem Rausschmiß führen würde. Nicht die Dinge, die er sich oft träumerisch ausgemalt hatte, wenn er im Nachbarraum gesessen und zu arbeiten vorgegeben hatte. Weder wollte er zum Beispiel einen kurzen, mit Obszönitäten leidlich herausgeputzten Bericht über seine Ansichten hinsichtlich des Geschichtsprofessors, des Historischen Instituts, mittelalterlicher Geschichte, Geschichte und Margaret auf den Stundenplan schreiben und zur Information vorbeigehender Studenten und Dozenten aus dem Fenster hängen. Noch beabsichtigte er, Welch an seinen Stuhl zu fesseln und ihm so lange eine Flasche über Schädel und Schultern zu ziehen, bis dieser preisgäbe, warum er seinen Söhnen, obgleich er selbst kein Franzose war, französische Namen gegeben hatte. Nein, er würde ganz leise und sehr langsam und deutlich, um Welch hinreichend Möglichkeit zum Verstehen zu geben, einfach sagen: »Hören Sie mal, Sie alter Maikäfer, was veranlaßt Sie zu der Annahme, ein Institut für Geschichte leiten zu können – selbst an einer Uni wie dieser. Häh, Sie alter Maikäfer? Ich weiß, wozu Sie gut sind, Sie alter Maikäfer...«

»Es ist alles nicht ganz so einfach, wie Sie es sich vielleicht vorstellen«, sagte Welch plötzlich. »Das ist eine sehr schwierige Angelegenheit, Dixon. Es gibt da sehr viele Faktoren, eine Menge Faktoren, die es zu berücksichtigen gilt.«

»Das verstehe ich natürlich, Professor. Ich wollte Sie auch nur fragen, wann die Entscheidung getroffen wird. Falls ich gehen soll, dann ist es nur recht und billig, daß ich bald davon erfahre.« Er spürte, wie sein Kopf während des Sprechens vor Wut leise zitterte.

Welchs Blick, der ein paarmal Dixons Gesicht gestreift hatte, fiel nun auf einen halb zusammengerollten Brief, der auf dem Schreibtisch lag: »Ja... nun... ich...«

Dixon sagte mit noch lauterer Stimme: »Weil ich anfangen müßte, mich nach einer anderen Stelle umzusehen. Und die meisten Schulen haben vor dem Ferienbeginn im Juli über ihre Einstellungen für September entschieden. Deshalb wüßte ich es gern einige Zeit im voraus.«

Auf Welchs Gesicht mit den kleinen Augen machte sich ein unglücklicher Ausdruck breit. Dixon war zunächst erfreut über diesen Beweis, daß Welchs Gedanken sich immer noch von außen beeinflussen ließen. Als nächstes suchten ihn kurzfristig Gewissensbisse heim, weil er einem Mann zusetzen mußte, der nicht gern etwas preisgab, das einen anderen schmerzte. Schließlich überkam ihn Panik. Was verbarg sich hinter Welchs Widerstreben? War das Urteil über ihn, Dixon, bereits gefällt? Wenn das der Fall war, konnte er immerhin die Maikäferrede halten, auch wenn er sich ein größeres Publikum dafür gewünscht hätte.

»Ich werde Ihnen Bescheid geben, sobald sich etwas entschieden hat«, sagte Welch mit unglaublicher Geschwindigkeit. »Noch ist das nicht der Fall.«

Dixon war sprachlos. Ihm dämmerte, was für eine abwegige Vorstellung die Maikäferrede gewesen war. Niemals würde er Welch sagen können, was er ihm sagen wollte, so wenig, wie er das jemals bei Margaret tun konnte. Während er die ganze Zeit über geglaubt hatte, die Frage seiner Probezeit zur Sprache zu bringen, war er nur eine Strandschnecke auf der Nadelspitze der Welchschen Ausfluchtstechniken gewesen. Diesmal war es eine verbale Variante anstelle der vertrauteren physischen gewesen, aber eine Technik war es doch, und sie war darauf angelegt, weit stärkerem Druck standzuhalten, als er jemals auszuüben hoffen konnte.

Wie es Dixon im Grunde die ganze Zeit erwartet hatte, holte Welch jetzt sein Taschentuch hervor. Es war klar, daß er sich die Nase putzen würde. Das war normalerweise schrecklich, und sei es auch nur, weil dadurch die Aufmerksamkeit auf den großen, offenporigen Tetraeder gelenkt wurde, der Welchs Nase bildete. Aber als die wohlvertrauten, unglaublich langanhaltenden Schmetterstöße gegen Wände und Fenster brandeten, nahm Dixon das kaum zur Kenntnis. Der ganze Lärm bewirkte lediglich, daß seine Stimmung umschlug. Alle Auskünfte, die man Welch entringen konnte, waren zuverlässig, und deshalb war Dixon keinen Schritt weiter als zuvor. Aber wie liebreizend es doch war, keinen Schritt weiter als zuvor zu sein, anstatt irgendwo zu stehen, wo man nicht stehen wollte! Wie unrecht die Leute hatten, wenn sie immer sagten: »Besser, man ist auf das Schlimmste gefaßt.« Nein, das Gegenteil war der Fall. Sagen Sie mir die Wahrheit, Doktor, je eher, desto besser. Aber nur, wenn es die Wahrheit ist, die ich hören will.

Als er sicher sein konnte, daß Welch mit Naseputzen fertig war, stand Dixon auf und bedankte sich beinahe aufrichtig für ihre Unterhaltung. Selbst der Anblick von »Beutel« und Fischerhut Welchs auf einem der Stühle – normalerweise ein sicheres Zornesmittel – brachte ihn lediglich dazu, im Gehen seine Welch-Melodie zu summen. Sie bestand aus dem »Rondo« eines langweiligen Klavierkonzertes, das Welch ihm einst unbedingt auf seinem komplizierten, üppig betrichterten Grammophon hatte vorspielen wollen. Der fragliche Satz war nach schätzungsweise vier großen, doppelseitigen, rot etikettierten Schallplatten an die Reihe gekommen, und Dixon hatte sich einen Text dazu ausgedacht. Als er die Treppe zum Gemeinschaftsraum hinunterging, wo es jetzt Kaffee gab, formte er diesen Text hinter verschlossenen Lippen: »Du *däm*licher Klotz, du *strunz*dummer Rotz, du *geife*rnder, *eife*rnder *Sklav*en*auf*se*he*r, nimm *das*...« Hier folgte eine Suada von Unaussprechlichkeiten, die mit einer Art Humta-ta-Effekt im Orchester einherging. »Du *labe*rnder, *wabe*rnder steinalter Schleim, du *nör*gelndes, *tröt*endes steinaltes Schwein...« Dixon störte sich nicht daran, daß der Hinweis auf Welchs Blockflöte (»trötendes«) vage ausfiel. Er wußte, was gemeint war.

Die Prüfungen hatten begonnen, und Dixon blieb für den Rest des Vormittags nichts weiter zu tun, als um zwölf Uhr dreißig in der Aula zu erscheinen und einige Examensarbeiten einzusammeln. Sie würden Antworten auf Fragen enthalten, die er über das Mittelalter gestellt hatte. Als er sich dem Gemeinschaftsraum näherte, dachte er kurz über das Mittelalter nach. Alle, die beteuerten, nicht an die Existenz menschlichen Fortschritts glauben zu können, hätte eine kurze Beschäftigung mit dem Mittelalter aufheitern müssen, so wie diese hoffentlich auch die Prüfungskandidaten erheblich aufgeheitert hatte. Die Wasserstoffbombe, die südafrikanische Regierung, Chiang Kaishek, selbst Senator McCarthy würden dann als ein geringer Preis dafür erscheinen, nicht länger im Mittelalter leben zu müssen. Waren Menschen jemals so gräßlich, so bequem, so langweilig, so elend, so halsstarrig, so schlecht in der Kunst, so hoffnungslos lächerlich oder auf dem falschen Dampfer gewesen wie im Mittelalter – der Art, wie Margaret sich auf das Mittelalter bezog? Bei diesem letzten Gedanken mußte er grinsen, doch er hörte damit auf, als er den Gemeinschaftsraum betrat und sein Blick auf sie fiel. Blaß und mit hängendem Kopf saß sie allein in der Nähe des leeren Kamins.

Ihr Verhältnis hatte sich während der zehn Tage, die seit dem verschmockten Kunstwochenende vergangen waren, nicht wesentlich verändert. Es hatte ihn einen ganzen Abend in der Eichenlounge und erhebliche Ausgaben und Heuchelei gekostet, um von ihr zu erfahren, daß sie ihm immer noch grollte. Weitere Ausgaben und noch mehr Heuchelei waren vonnöten gewesen, um sie dazu zu bringen, daß sie ihren Groll erklärte, erläuterte, erörterte, mäßigte und schließlich aufgab. Aus irgendeinem Grund, der zwar sporadisch wirksam, aber unmöglich zu benennen war, erfüllte ihr Anblick ihn nun mit Zuneigung und Reue. Da es ein heißer Tag war, schlug er Kaffee zugunsten von Zitronenlimonade aus, die er von der bekittelten Frau am Bedienungstisch in Empfang nahm. Dann ging er durch plaudernde Grüppchen hindurch auf Margaret zu.

Sie trug ihre Künstlerkluft, hatte aber die Perlen gegen

eine Brosche ausgetauscht, die aus dem hölzernen Buchstaben »M« bestand. Ein großer Umschlag mit Examensarbeiten lag auf dem Boden neben ihrem Stuhl. Das plötzliche Schrillen des Wasserkochers auf der anderen Seite des Raumes ließ ihn leicht zusammenfahren, dann sagte er: »Hallo, Liebes, wie geht es dir heute?«

»Alles in Ordnung, danke.«

Er lächelte zögernd. »Du klingst nicht so, als ob du das ernst meintest.«

»Nein? Das tut mir leid. Es ist aber wirklich alles in Ordnung mit mir.« Sie sprach mit ungewohnter Schärfe. Ihre Kiefermuskeln wirkten angespannt, als habe sie Zahnschmerzen.

Um sich blickend, ging er auf sie zu, beugte sich vor und sagte so sanft, wie er nur konnte: »Bitte, Margaret, rede nicht so. Das ist ganz unnötig. Wenn es dir nicht gut geht, erzähle mir davon, und ich werde mit dir fühlen. Wenn es dir gut geht – wunderbar. So oder so werden wir die Sache mit einer Zigarette besiegeln. Aber versuche um Himmelswillen nicht, einen Streit mit mir anzufangen. Mir ist nicht danach.«

Sie saß auf der Sessellehne. Nun drehte sie sich abrupt um, so daß sie allen anderen im Raum den Rücken zukehrte – allen außer Dixon, der sah, wie ihre Augen sich mit Tränen füllten. Als er zögerte, stieß sie ein lautes Schluchzen aus, wobei sie ihn immer noch ansah.

»Margaret, das darfst du nicht tun«, sagte er entsetzt. »Weine doch nicht. So habe ich das nicht gemeint.«

Sie machte eine unwirsche Abwehrgeste mit der Hand. »Du hattest völlig recht«, sagte sie bebend. »Es war meine Schuld. Es tut mir leid.«

»Margaret...«

»Nein, ich bin es, die im Unrecht ist. Ich habe dich völlig überfahren. Ich wollte das nicht, das hatte ich nicht vor. Alles ist so schrecklich heute vormittag.«

»Dann erzähl mir davon. Trockne dir die Augen.«

»Du bist der einzige, der nett zu mir ist, und ich behandle dich so.« Sie nahm ihre Brille ab und begann, sich die Augen abzutupfen.

»Mach dir darüber keine Gedanken. Sag mir, was nicht in Ordnung ist.«

»Ach, nichts. Alles und nichts.«

»Hattest du wieder eine schlechte Nacht?«

»Ja, Liebling, die hatte ich, und wie üblich hat sie dazu geführt, daß ich mir schrecklich leid getan habe. Ich muß immerzu denken: Was nützt das alles? Vor allem: Wozu bin ich nütze?«

»Nimm eine Zigarette.«

»Danke, James. Genau das, was ich jetzt brauche. Sehe ich einigermaßen aus?«

»Ja, natürlich. Nur ein bißchen müde, sonst nichts.«

»Ich bin erst nach vier Uhr eingeschlafen. Ich muß zum Arzt gehen, damit er mir etwas verschreibt. So kann es nicht weitergehen.«

»Aber hat er nicht gesagt, du solltest dich daran gewöhnen, ohne Schlafmittel auszukommen?«

Sie sah zu ihm hoch, und es lag etwas Triumphierendes in ihrem Blick: »Ja, das hat er gesagt. Aber er hat nicht gesagt, wie ich mich daran gewöhnen soll, ohne Schlaf auszukommen.«

»Hilft denn sonst gar nichts?«

»Ach Gott, du weißt ja, wie es mit Bädern und heißer Milch ist und, äh, mit Aspirin und geschlossenen Fenstern und geöffneten Fenstern…«

So redeten sie einige Minuten weiter, während die anderen Menschen im Raum sich zerstreuten und ihren verschiedenen Aufgaben nachgingen. Es mußten das größtenteils selbstverordnete Aufgaben sein, denn dies war die einzige Zeit im akademischen Jahr, in der niemand Vorlesungen hielt. Dixon schwitzte still vor sich hin, während das Gespräch sich in die Länge zog. Er versuchte, die hartnäckige Halberinnerung oder Halbtäuschung zu verdrängen, daß er Margaret beiläufig versprochen habe, sie am nächsten Abend – der nun der vergangene Abend war – bei den Welchs anzurufen. Irgendeine Einladung oder ein Versprechen war offensichtlich vonnöten, und sei es auch nur, um sie von seinem Wortbruch abzulenken. Bei der ersten sich bietenden Gelegenheit sagte er: »Wie wäre es heute mit Mittagessen? Hast du Zeit?«

Aus irgendeinem Grund bewirkten diese Fragen einen partiellen Rückfall in ihr früheres Verhalten. »Zeit? Wer sollte mich deiner Meinung nach zum Mittagessen eingeladen haben?«

»Ich dachte, du hättest Mrs. Neddy vielleicht gesagt, daß du zum Essen zurück seist.«

»Zufällig hat sie eine kleine Gesellschaft zum Mittagessen eingeladen und mich gebeten, zu kommen.«

»Dann hat dich also jemand zum Mittagessen eingeladen.«

Sie sagte: »Ja, das stimmt«, auf eine so ratlose und gedankenverlorene Art, daß es schien, als ob sie bereits vergessen hätte, was sie soeben gesagt hatte und was der Gegenstand ihres Gesprächs gewesen war. Das verstörte ihn noch mehr als ihre Tränen. Rasch sagte er:

»Was für eine Art von Gesellschaft ist es denn?«

»Ich weiß nicht«, sagte sie matt. »Nichts Spektakuläres,

nehme ich an.« Ihr Blick war so verschwommen, als ob ihre Brillengläser beschlagen wären. »Ich muß jetzt gehen.« Langsam und unbeholfen hielt sie Ausschau nach ihrer Handtasche.

»Margaret, wann werde ich dich wiedersehen?«

»Ich weiß es nicht.«

»Ich bin ein bißchen knapp bei Kasse, bis... Soll ich Neddy dazu bringen, mich am Wochenende zum Tee einzuladen?«

»Wenn du möchtest. Allerdings wird Bertrand dasein.« Sie sprach immer noch mit seltsam ausdrucksloser Stimme.

»Bertrand? Na gut, dann lassen wir das besser sein.«

Mit fast unmerklich stärkerer Betonung sagte sie: »Ja. Er kommt zum Sommerball her.«

Dixon fühlte sich wie der Mann, der genau weiß, daß er nicht mehr auf den fahrenden Zug springen kann, wenn er aufhört, daran zu denken. »Gehen wir hin?« fragte er.

Zehn Minuten später, nachdem sie sich auf einen gemeinsamen Ballbesuch geeinigt hatten, verließ Margaret strahlend den Raum, um ihre Examensarbeiten wegzuschließen, ihre Nase zu pudern und Mrs. Welch telefonisch mitzuteilen, daß sie an der Mittagsgesellschaft doch nicht teilnehmen werde, die, wie sich herausstellte, von weitaus geringerer Bedeutung war, als es zunächst den Anschein gehabt hatte. Margaret würde statt dessen mit Dixon ins Pub gehen und ein Mittagessen aus Bier und Käsebrötchen zu sich zu nehmen. Er war froh, daß seine Trumpfkarte eine so spektakuläre Wirkung gehabt hatte, aber wie das mit Trumpfkarten der Fall zu sein pflegt, hatte sie auf der Hand besser ausgesehen als auf dem Tisch und obendrein den Eindruck gemacht, als ob mit ihr mindestens zehn Stiche anstelle dieses einen zu machen wären. Er befand sich jedoch im Besitz zweier Informationen, die Margaret unbekannt waren. Eine davon war die Verbindung – welcher Art auch immer sie sein mochte – von Bertrand Welch und Carol Goldsmith, die plötzlich in seinen Gedanken hochgeschnellt war, als Margaret ihm mitgeteilt hatte, daß es Bertrand sei, der Carol zu dem Sommerball ausführen werde, dieweil ihr Ehemann als Gesandter Welchs über das Wochenende nach Leeds fahren müsse. Vermutlich hatte Bertrand das blonde und vollbusige Callaghan-Geschöpf inzwischen fallenlassen – was der jungen Frau nur zur Ehre gereichen konnte. Die Interessantheit dieser Situation entschädigte ihn größtenteils dafür, daß Carol, Bertrand, Margaret und er wahrscheinlich gemeinsam zu dem Ball gehen würden, »als Grüppchen«, wie Margaret es formuliert hatte. Die zweite Sache, die Dixon im Gegensatz zu Margaret wußte, war, daß Bill Atkinson zuvor zugestimmt hatte, ihn in eben jenem Pub zu treffen, zu dem Margaret und er jetzt aufbrechen würden. Atkinsons Anwesenheit wäre ein wertvoller Beistand für den Fall neuerlicher Schwierigkeiten mit Margaret (doch so kurz nach dem Ausspielen seiner Trumpfkarte sollte es bei Gott nichts derartiges geben), und seine Verschwiegenheit schlösse jegliches Risiko aus, daß die Tatsache, daß sie dieses Treffen arrangiert hatten, plötzlich und unerwünscht enthüllt würde. Aber wichtiger als all das war, daß Atkinson und Margaret sich noch nicht begegnet waren. Schon der Versuch, sich vorzustellen, was jeder der beiden im Anschluß über den anderen sagen würde, brachte Dixon zum Grinsen, als er sich hinsetzte, um auf Margaret zu warten (Gott allein wußte, wie lange). Um sich die Zeit zu vertreiben, hatte er ein paar Blatt College-Papier aufgetrieben.

Nun begann er zu schreiben:

»Sehr geehrter Herr Doktor Caton, ich hoffe, es macht Ihnen nichts aus, wenn ich Ihnen Umstände bereite, aber ich frage mich, ob Sie mich wissen lassen könnten, wann mein Artikel …«

9

»Professor Welch. Professor Welch, bitte.«

Dixon versenkte sich noch tiefer in die Zeitschrift, die er gerade las, und setzte unauffällig seine »Eindringling-vom-Mars«-Grimasse auf. Für ihn war es eine schwerwiegende Anstößigkeit, wenn dieser Name in der Öffentlichkeit ausgesprochen wurde, selbst dann, wenn keine Aussicht bestand, daß sein Träger dadurch herbeibeschworen wurde: Ihm war bekannt, daß Welch sich den ganzen Tag freigenommen hatte, im Gegensatz etwa zu gestern (dem Tag, an dem sie das Gespräch über seine Fortbeschäftigung geführt hatten), als Welch sich nur den Morgen, den Vormittag und den Nachmittag freigenommen hatte. Dixon wünschte, daß der Pförtner, ein sehr schlechter Mensch, aufhören würde, diesen Namen zu schreien, und verschwände, ehe sein Blick auf Dixon fiele und ihn als geeignetes Welch-Surrogat einordnete. Aber es war zwecklos; einen Augenblick später spürte er, wie der Pförtner sich ihm durch die gesamte Länge des Gemeinschaftsraums näherte, und es blieb ihm nichts weiter übrig, als aufzublicken.

Der Pförtner trug eine olivgrüne Uniform von militärischem Zuschnitt und eine spitze Mütze, die ihm nicht stand. Er war ein breitschultriger Mann mit einem langen Gesicht, aus dessen Nase Haare sprossen und dessen Alter schwer einzuschätzen war. Sein Gesichtsausdruck veränderte sich selten, und so war dies auch bei Dixons Anblick nicht zu erwarten. Noch während er sich näherte, sagte er mit rauher Stimme: »Ach, Mr. Jackson.«

Dixon hätte gern die Chuzpe gehabt, sich überrascht in seinem Sessel umzudrehen, um nach diesem völlig neuen und unbekannten Menschen Ausschau zu halten. »Ja, Maconochie?« fragte er hilfsbereit.

»Mr. Jackson, es ist jemand für Professor Welch am Telefon, aber es scheint so, als könnte ich ihn nicht finden. Ob Sie wohl den Anruf für ihn entgegennehmen würden? Sie sind der einzige Mensch vom Historischen Institut, den ich finden kann«, erklärte er.

»Ja, in Ordnung«, sagte Dixon. »Kann ich den Anruf hier annehmen?«

»Danke, Mr. Jackson. Nein, dieses Telefon ist an das öffentliche Netz angeschlossen. Der Anruf der Dame, die mit dem Professor sprechen möchte, wartet in der Telefonannahme des Colleges. Ich stelle sie zum Zimmer des Verwaltungsassistenten durch. Es wird ihm nichts ausmachen, wenn Sie den Anruf dort entgegennehmen.«

Eine Dame? Das mußte entweder Mrs. Welch sein oder irgendein armseliges, halbverrücktes Geschöpf, das etwas mit Kunst zu tun hatte. Mrs. Welch wäre insofern die bessere Variante, als sie ihre Nachricht verständlich übermitteln würde, aber insofern schlimmer, als sie die Sache mit den Laken herausgefunden haben könnte, oder sogar die mit dem Tisch. Warum ließ man ihn nicht in Ruhe? Warum verließ nicht jeder einzelne dieser Menschen ohne irgendeine wie auch immer geartete Ausnahme einfach den Ort, an dem er sich befand, und ließ ihn in Ruhe?

Zum Glück befand sich der Verwaltungsangestellte, ein weiterer sehr schlechter Mensch, nicht in seinem Zimmer. Dixon hob den Hörer ab und sagte: »Dixon hier.«

»Geologie für fortgeschrittene Anfänger, ja, das ist richtig«, sagte eine sanfte Stimme. »Wer ist da?« fragte eine andere. Es folgte ein Summen, das von einem trommelfellzerfetzenden Klicken beendet wurde. Als Dixon den Hörer wieder in der Hand hielt und ihn an sein anderes Ohr preßte, hörte er die zweite Stimme fragen: »Ist da Mr. Jackson?«

»Dixon hier.«

»Wer?« Die Stimme klang vage vertraut, aber es war nicht die von Mrs. Welch. Sie klang wie die Stimme eines halbwüchsigen Mädchens.

»Dixon. Ich nehme die Nachricht für Professor Welch entgegen.«

»Ach, natürlich, Mr. Dixon.« Es folgte ein Geräusch, das an ein unterdrücktes Prusten erinnerte. »Ich hätte mir denken können, daß Sie es sind. Hier spricht Christine Callaghan.«

»Ach, hallo. Ähm, wie geht es Ihnen?« Die Anspannung in seinen Gedärmen, die durch das Wiedererkennen ausgelöst worden war, ließ schnell nach. Er wußte, daß er mit ihrer Stimme leidlich zurechtkommen würde, solange der Rest ihrer Person dort blieb, wo er vermutlich war, nämlich in London.

»Mir geht es gut, danke. Wie geht es Ihnen? Hoffentlich hatten Sie keinen weiteren Ärger mit Ihrer Bettwäsche?«

Dixon lachte. »Nein, ich kann glücklicherweise sagen, daß die Lage sich wieder beruhigt hat – toi toi toi.«

»Das ist gut... Sagen Sie, wissen Sie, wie ich Professor Welch erreichen kann? Ist er irgendwo an der Uni?«

»Tut mir leid, aber er war den ganzen Vormittag über nicht hier. Er ist jetzt mit an Sicherheit grenzender Wahrscheinlichkeit bei sich zu Hause. Haben Sie es dort schon versucht?«

»Ach, wie ärgerlich. Aber vielleicht können Sie mir sagen, ob er Besuch von Bertrand erwartet.«

»Ja, zufällig weiß ich, daß Bertrand zum Wochenende kommen will. Margaret Peel hat es mir erzählt.« Dixons Gleichmut war dahin: Anscheinend wußte die junge Frau gar nicht, daß Bertrand ihr – zumindest, soweit es den Sommerball betraf – den Laufpaß gegeben hatte. Es würde nicht leicht sein, ihre Fragen über Bertrand zu beantworten.

»Wer hat Ihnen das erzählt?« Ihre Stimme war ein wenig schärfer geworden.

»Sie wissen schon, Margaret Peel. Die Frau, die bei den Welchs gewohnt hat, als Sie dort zu Besuch waren.«

»Ach so, verstehe... Hat sie vielleicht erwähnt, ob Bertrand auf diesen Sommerball gehen wird?«

Dixon überlegte rasch: Fragen über eine potentielle Begleiterin Bertrands durfte er keinesfalls zulassen. »Nein, leider nicht. Aber sonst gehen jedenfalls alle hin.« Warum wandte sie sich nicht einfach an Bertrand und fragte ihn selbst?

»Verstehe... Aber er fährt ganz bestimmt zu seinen Eltern?«

»Es sieht so aus.«

Sie mußte seine Ratlosigkeit gespürt haben, denn jetzt sagte sie: »Sie wundern sich bestimmt, daß ich Bertrand nicht persönlich frage. Aber man kann ihn oft nur sehr schwer erreichen. Zur Zeit ist er wieder einmal abgetaucht, und niemand weiß genau, wohin. Er kommt und geht gern, wie es ihm gefällt, und er haßt es, sich gebunden zu fühlen und all das. Das werden Sie sicherlich verstehen.«

»Ja, natürlich.« Dixon ballte seine freie Hand und wackelte mit Zeige- und Mittelfinger.

»Also wollte ich seinen Vater fragen, ob er vielleicht weiß, wo Bertrand steckt. Eigentlich geht es nur um folgendes: Mein Onkel, Mr. Gore-Urquhart, ist früher als erwartet aus Paris zurückgekehrt, und er ist von Ihrem Direktor zu diesem Sommerball eingeladen worden. Er weiß nicht recht, ob er hingehen soll oder nicht. Nun könnte ich ihn sicherlich überreden, hinzugehen, wenn Bertrand und ich hingingen, und dann könnte Bertrand ihn kennenlernen, und das möchte er. Aber ich muß es bald wissen, denn der Ball findet schon übermorgen statt, und ich denke, daß mein Onkel gern einige Zeit im voraus wissen möchte, wie er das Wochenende verbringt. Deshalb... na ja, es ist leider ein ziemliches Durcheinander.«

»Kann Mrs. Welch vielleicht etwas Licht in die Angelegenheit bringen?«

Es trat eine Pause ein. »Ich habe mich noch nicht an sie gewandt.«

»Sicherlich weiß sie mehr als ich, oder?... Hallo?«

»Ich bin noch dran... Hören Sie, behalten Sie das bitte für sich, ja? Ich möchte Mrs. Welch lieber nicht fragen, wenn es sich irgendwie vermeiden läßt. Ich... Wir haben uns nicht so gut verstanden, als ich dort zu Besuch war. Ich möchte nicht in die Lage geraten, am Telefon mit ihr über, na ja, über Bertrand sprechen zu müssen. Ich glaube, sie hält mich für eine... was auch immer. Aber Sie verstehen sicherlich, was ich meine?«

»In der Tat. Ehrlich gesagt, komme ich auch nicht

besonders gut mit der Dame aus. Lassen Sie mich einen Vorschlag machen. Ich rufe jetzt für Sie bei den Welchs an und bringe den Professor dazu, Sie zurückzurufen. Irgendwie werde ich dafür sorgen, daß Mrs. Welch nichts von der Sache erfährt. Falls ich keinen Erfolg haben sollte, rufe ich Sie zurück und gebe Ihnen Bescheid. Reicht das fürs erste?«

»Oh, das wäre sehr lieb, vielen herzlichen Dank. Was für ein großartiger Einfall. Hier ist meine Nummer am Arbeitsplatz, ich werde nach halb sechs nicht mehr hier sein. Haben Sie etwas zu schreiben?«

Während er die Nummer notierte, sprach Dixon sich mehrmals gut zu, daß Mrs. Welch unmöglich von dem Laken oder dem Tisch erfahren haben könne, da Margaret ihn andernfalls bestimmt gewarnt hätte. Wie nett sich diese junge Frau ihm gegenüber verhielt, dachte er. »In Ordnung, ich hab's«, sagte er schließlich.

»Es ist verteufelt nett von Ihnen, daß Sie das für mich tun«, sagte die junge Frau lebhaft. »Aber stehe ich nicht wie ein Trottel da, wenn Sie all diese Mühe auf sich nehmen, um mich zu retten ...?«

»Überhaupt nicht. Situationen wie diese kenne ich gut.« Nichts besser als das, sagte er sich.

»Ich bin Ihnen jedenfalls sehr dankbar. Ich könnte es einfach nicht ertragen ...«

Eine Art Morsesignal unterbrach sie, dann kam ein Brausen dazwischen. Eine Frauenstimme sagte: »Anrufer, Ihre zweiten drei Minuten sind aufgebraucht. Benötigen Sie weitere drei Minuten?«

Ehe Dixon sprechen konnte, hatte Christine Callaghan bereits reagiert: »Ja, halten Sie bitte die Verbindung.«

Das Brausen hörte auf. »Hallo?« fragte Dixon.

»Ich bin noch da.«

»Sagen Sie mal, kostet Sie das nicht einen Batzen Geld?«

»Nicht mich, nur den Laden.« Sie stieß ein Lachen von der Sorte ohne Silberglöckchen aus; über das Telefon war die Disharmonie noch deutlicher zu hören.

Dixon lachte auch. »Ich hoffe nur, daß Ihre Angelegenheit sich gut regeln läßt; nach all diesen Vorkehrungen wäre es wirklich schade, wenn die Sache nicht klappen würde.«

»Ja, nicht wahr? Werden Sie auch auf diesen Ball gehen?«

»Ja, leider.«

»Leider?«

»Na ja, ich bin kein großer Tänzer. Für mich wird das eine ziemliche Quälerei, fürchte ich.«

»Warum um Himmelswillen gehen Sie dann hin?«

»Es ist zu spät, die Sache abzublasen.«

»Was?«

»Ich sagte, beim Tanzen soll man nie nachlassen.«

»Oh, Sie werden es bestimmt schaffen. Offen gestanden, bin ich selbst auch keine besonders gute Tänzerin. Ich habe es nie richtig gelernt.«

»Aber Sie hatten doch bestimmt viel Gelegenheit zum Üben.«

»Eigentlich nicht. Ich war kaum auf Tanzveranstaltungen.«

»Dann können wir ja gemeinsam neben der Tanzfläche sitzen.« Das war ein bißchen aufdringlich, dachte er. Hätte ich nicht sagen sollen.

»Falls ich komme.«

»Ja, falls Sie kommen.«

Die obligatorische Pause vor dem Abschied senkte sich

über sie. Dixon fühlte sich niedergeschlagen: Ihm war zum ersten Mal klar geworden, daß ihre Teilnahme an dem Ball wirklich sehr unwahrscheinlich war – sehr viel unwahrscheinlicher, als sie selbst vermuten konnte – und daß es demzufolge unwahrscheinlich war, daß er sie jemals wiedersehen würde. Es war scheußlich, sich vorstellen zu müssen, daß die entscheidenden Faktoren für ein solches Wiedersehen die Intensität und Art der Absichten Bertrands waren, in sexueller wie in finanziell-gesellschaftlicher Hinsicht.

»Dann also vielen Dank für Ihre Hilfe.«

»Nichts zu danken. Ich hoffe sehr, daß Sie am Samstag dasein werden.«

»Das hoffe ich auch. Also dann, auf Wiedersehen. Ich höre vielleicht später noch von Ihnen.«

»Genau. Auf Wiederhören.«

Er lehnte sich zurück und blies die Backen auf. Dann versuchte er, sich ihre Position am anderen Ende der Leitung vorzustellen. Natürlich hatte sie kerzengerade auf ihrem Bürostuhl gesessen, wie ein Pilotengehilfe, dem der Luftwaffen-Vizemarschall während einer Inspektion »Weitermachen« befohlen hat. Oder doch nicht? Am Telefon hatte sie ganz anders als sonst geklungen. Sie hatte wieder auf die burschikose Art gesprochen, von der er während der Laken-und-Tisch-Kampagne einige flüchtige Kostproben erhalten hatte. Aber ihre offenkundige Freundlichkeit am Telefon konnte ebensogut eine Täuschung sein, die auf ihrer physischen Abwesenheit beruhte. Andererseits: Wie viel von der Strenge, die sie bei anderer Gelegenheit an den Tag gelegt hatte, war eine Täuschung, die auf ihrem Aussehen beruhte? Er tastete gerade nach seinen Zigaretten, als Johns mit einem Bündel Papiere im Arm zur Tür hereinkam. Hatte er gelauscht?

»Kann ich Ihnen helfen?« fragte er Johns mit übertriebener Liebenswürdigkeit.

Johns sah ein, daß er sprechen mußte. »Wo ist er?«

Dixon spähte suchend unter den Schreibtisch, in die oberste Schublade, in den Papierkorb. »Hier ist er nicht.«

Die quarkweißen Gesichtszüge des anderen ließen keine Regung erkennen. »Ich warte.«

»Ich nicht.«

Dixon ging mit der Absicht, das Telefon des Gemeinschaftsraums für seinen Anruf bei den Welchs zu benutzen. Als er am Büro des Pförtners vorbeikam, hörte er Maconochie sagen: »Ah, da ist er ja, Mr. Michie.« Er setzte sein Eskimogesicht auf, zu dem neben dem Versuch, das Gesicht um ungefähr die Hälfte zu verkürzen und zu verbreitern, das Kunststück gehörte, den Hals zwischen den Schultern zu versenken. Nachdem er das getan und das Resultat für einige Sekunden aufrechterhalten hatte, drehte er sich um und sah Michies Kommen entgegen.

»Ah, Mr. Dixon, ich hoffe, daß Sie nicht allzu beschäftigt sind.«

Dixon wußte genau, wie genau Michie wußte, daß und warum Dixon nicht allzu beschäftigt sein konnte. Er sagte: »Nein, im Augenblick nicht. Was kann ich für Sie tun?«

»Es geht um Ihr Sonderthema im nächsten Jahr, Sir.«

»Ja, was ist damit?« Bis jetzt war die Intrige größtenteils in Dixons Sinn verlaufen: Die drei hübschen jungen Studentinnen, die er insgeheim für seinen Kurs zu gewinnen trachtete, hatten bei ihrer letzten Besprechung allesamt »interessierter« als zuvor gewirkt, wohingegen Michies

»Interesse«, wiewohl noch nicht erloschen, keinerlei Anzeichen der Zunahme hatte erkennen lassen.

»Sollen wir ein wenig über den Rasen schlendern, Sir? Es ist doch zu schade, wenn man an einem so herrlichen Tag immer nur drinnen ist. Was den Kursplan betrifft, Sir: Miss O'Shaughnessy, Miss McCorquodale, Miss ap Rhys Williams und ich haben uns sehr sorgfältig damit befaßt, und ich glaube, daß die Damen der Meinung sind, der Lesestoff sei etwas zu schwierig ausgefallen. Ich selbst bin nicht dieser Meinung: Wie ich den Damen erklärte, erfordert ein Thema wie dieses erhebliches Hintergrundwissen, wenn es nicht zu völliger Bedeutungslosigkeit herabsinken soll. Aber ich fürchte, daß ich sie nicht überzeugen konnte. Als Frauen sind sie von etwas konservativerem Naturell, als wir es sind. Mit den Vorlesungspapieren von Mr. Goldsmith zum Beispiel fühlen sie sich sicherer. Sie wissen dann, was sie erwartet.«

Auch Dixon war sich dessen ziemlich sicher, aber er ließ zu, daß Michies Stimme weiterhin in seinen Ohren lärmte, während sie gemeinsam in das starke, schwindelerregende Sonnenlicht hinaustraten und den klebrigen Asphalt zwischen dem Rasen und dem Hauptgebäude überquerten. Versuchte Michie ihm schonend beizubringen, daß die drei hübschen jungen Frauen einen Rückzieher machen wollten, er selbst aber nicht? Das würde er zu verhindern wissen, und sei es durch die rechtswidrige Anwendung von Gewalt. Nach einer kurzen Pause sagte er, ohne einen klagenden Ton in seiner Stimme völlig unterdrücken zu können: »Was soll ich Ihrer Meinung nach also unternehmen?«

Michie sah ihn an. Sein Schnurrbart schien um eine Nummer größer zu sein als sonst; die mit einem Windsorknoten gebundene Seidenkrawatte war farblich perfekt auf sein keksfarbenes Hemd abgestimmt; die feinen, lavendelfarbenen Wolltuchhosen schmiegten sich beim Gehen anmutig um seine Beine. »Das liegt natürlich ganz bei Ihnen, Sir«, sagte er mit einem höflichen Minimum an Überraschtheit.

»Ich frage mich, ob man den Kursplan noch etwas kürzen könnte«, sagte Dixon, mehr oder weniger aufs Geratewohl.

»Ich denke, daß man nur weniges leichten Herzens opfern kann, Mr. Dixon. Soweit es mich betrifft, macht gerade die umfassende Ausrichtung den Hauptreiz aus.«

Das zumindest war gut zu wissen. Eine Ausrichtung, die auf einen einzigen Aspekt zielte – eine geometrische Einheit mit einer Position, aber ohne Umfang –, war zweifellos das Ziel, auf das es hinzuarbeiten galt. »Ich werde auf jeden Fall noch einmal einen Blick darauf werfen und prüfen, ob man irgend etwas streichen kann.«

»Sehr wohl, Sir«, sagte Michie, und sein Gebaren ähnelte dem eines Stabschefs, der sich daranmacht, die unausführbaren Pläne seines Generals in die Tat umzusetzen. »Wollen Sie sich danach mit mir in Verbindung setzen, oder soll ich ...?«

»Ich sehe es mir heute abend an und werde mich dann morgen früh an Sie wenden, wenn Ihnen das paßt.«

»Natürlich. Würde es Ihnen etwas ausmachen, gegen elf Uhr zum Gemeinschaftsraum der Studenten des zweiten Jahrgangs zu kommen? Ich werde die Damen bitten, ebenfalls dazusein. Wir könnten alle zusammen Kaffee trinken.«

»Das wäre großartig, Mr. Michie.«

»Danke, Mr. Dixon.«

Nach dieser viktorianischen – oder varietéhaften – Verabschiedung ging Dixon zurück in den nunmehr leeren Gemeinschaftsraum der Lehrkräfte und setzte sich ans Telefon. Er mußte alles, was Michie möglicherweise interessieren konnte, aus dem Kursplan werfen, selbst das, oder sogar insbesondere das, was unentbehrlich war. Und welchen Unterschied machte das schon? Er würde den Kurs wahrscheinlich sowieso nie geben müssen. Aber wenn dem so war, warum kümmerte ihn dann das »Interesse«, das Michie und die hübschen jungen Studentinnen an den Tag legten? Seufzend hob er den Telefonhörer ab.

Auf einmal ging alles sehr schnell. Obwohl er Grund zu der Annahme hatte, daß Anrufe aus dem Hause Welch etliche Zeit in Anspruch nahmen, wurden eingehende Anrufe schockierend schnell entgegengenommen. Nach weniger als einer Viertelminute sagte Mrs. Welch: »Celia Welch am Apparat.«

Es war, als ob er in einen harten Krokantkeks gebissen hätte; in seinem Eifer hatte er Mrs. Welch ganz vergessen. Aber warum sollte er sich Sorgen machen? In fast normalem Tonfall sagte er: »Kann ich bitte mit Professor Welch sprechen?«

»Mr. Dixon, ja? Ehe ich meinen Mann hole, hätte ich gern, daß Sie mir erklären, was Sie mit dem Laken und den Decken auf Ihrem Bett angestellt haben, als Sie...«

Am liebsten hätte er laut aufgeschrien. Seine weit aufgerissenen Augen fielen auf eine in der Nähe liegende Ausgabe der Lokalzeitung. Ohne nachzudenken, formte er mit seinen Lippen ein »O« und sagte mit verstellter Stimme: »Nein, Mrs. Welch, es muß sich um einen Irrtum handeln. Hier ist die *Evening Post*. Ich bin ziemlich sicher, daß bei uns kein Mr. Dixon arbeitet.«

»Oh, das tut mir schrecklich leid. Sie haben zuerst genauso geklungen wie ... Wie dumm von mir.«

»Völlig in Ordnung, Mrs. Welch, völlig in Ordnung.«

»Ich hole sofort meinen Mann.«

»Nun, eigentlich war es Mr. Bertrand Welch, den ich sprechen wollte«, sagte Dixon und lächelte angesichts der eigenen Gerissenheit, so gut ihm das mit gespitzten Lippen möglich war. Binnen weniger Sekunden würde sein Martyrium vorüber sein.

»Ich bin mir nicht sicher, ob er ... Warten Sie einen Augenblick.« Sie legte den Hörer hin.

Ich lege besser auf, dachte Dixon. Die Erkundigung, die Mrs. Welch über Bertrands Verbleib einholen wollte, war genau das, was er für die junge Callaghan brauchte. Er konnte sie anrufen und es ihr sagen. Ja, leg' jetzt um jeden Preis auf.

Einer dieser zu zahlenden Preise wurde ihm sogleich in Form einer wohlbekannten Stimme präsentiert, die direkt in sein Ohr bellte: »Bertrand Welch am Apparat.« So direkt, um genau zu sein, daß Dixon sich ohne weiteres ausmalen konnte, Bertrand wäre im selben Zimmer wie er und der Telefonhörer hätte durch irgendeine Zauberei die Form seiner rosigen, bartumrankten Lippen angenommen.

Er brachte es gerade noch fertig, mit zitternder Stimme »Hier ist die *Evening Post*« durch seinen Rüssel zu schnauben.

»Und was kann ich für Sie tun, Sir?«

Dixon berappelte sich ein wenig. »Ähm ... wir würden gern eine kleine Notiz über Sie bringen ... für unsere, für unsere Samstagsseite«, sagte er und begann, einen Plan zu schmieden. »Natürlich nur, wenn Sie keine Einwände dagegen haben.«

»Einwände? Einwände? Was für Einwände könnte ein bescheidener Maler gegen etwas harmlose Reklame haben? Ich nehme doch an, daß sie harmlos ist?«

Dixon stieß ein Lachen aus – das Dickenssche »Ho ho ho« war alles, was sein gespitzter Mund zustande brachte.

»Oh, völlig harmlos, dessen können Sie sicher sein, Sir. Wir haben schon einige Fakten über Sie gesammelt, aber wir wüßten natürlich gern noch, womit Sie zur Zeit beschäftigt sind.«

»Natürlich, natürlich, das verstehe ich. Ich bin gerade mit zwei oder drei Sachen befaßt. Es gibt da einen ganz ausgezeichneten Akt, wenngleich ich nicht weiß, ob Ihre Leser davon etwas erfahren wollen. Was meinen Sie?«

»Ganz bestimmt sogar, Mr. Welch, ganz bestimmt, solange wir ihnen die Sache auf die richtige Weise nahebringen. Ich nehme an, es macht Ihnen nichts aus, wenn wir das Gemälde als ›eine unbedeckte weibliche Gestalt‹ bezeichnen, Sir? Ich gehe doch recht in der Annahme, daß es sich um eine weibliche Gestalt handelt?«

Bertrand lachte wie der Rudelführer einer Meute von Spürhunden, der soeben das Ende der Suche verkündet. »Oh, es ist ganz bestimmt eine Frau, darauf können Sie ein pralles Bündel Dollar wetten. Und ›prall‹ ist in diesem Zusammenhang genau das richtige Wort.«

Dixon stimmte mit seinem Dickensschen Lachen ein. Was für eine prachtvolle Geschichte die ganze Episode abgeben würde, wenn er sie Beesley und Atkinson später erzählte. »Wollen Sie noch etwas über das sagen, was man, denke ich, die Machart nennt, Sir?« fragte er, sobald man annehmen konnte, daß er seine Fassung wiedererlangt hatte.

»Ziemlich gewagt. Recht modern, aber nicht zu sehr.

Diese modernen Burschen schmeißen die Details zu sehr durcheinander, und das wollen wir nicht, habe ich röcht?«

»In der Tat, das wollen wir nicht, Sir, genau, wie Sie sagen. Ich nehme an, daß es sich um ein Ölgemälde handelt, Sir?«

»Aber ja doch. Keine Kosten wurden gescheut. Sie ist übrigens annähernd zwei Meter siebzig hoch und zwei Meter breit – oder wird es jedenfalls nach der Rahmung sein. Eine richtige Klassefrau.«

»Gibt es einen bestimmten Titel dafür, Sir?«

»Äh... ja, ich dachte daran, sie ›Amateurmodell‹ zu nennen. Das Mädel, das für das Bild Modell gesessen hat, ist ganz gewiß eine Amateurin, und zumindest so lange, wie sie gemalt wird, benimmt sie sich auch wie ein Modell – *voilà*. Ich würde diese kleine Erklärung des Titels an Ihrer Stelle aber nicht erwähnen.«

»Daran würde ich nicht im Traum denken«, sagte Dixon mit beinahe normaler Stimme. Sein Mund hatte sich während der letzten Sekunden unwillkürlich verkrampft und vorübergehend sein »O« verloren. Was für ein Kerl war dieser Bertrand, hä? Er erinnerte sich der Andeutungen über das Wochenende mit dem Callaghan-Mädchen, die Bertrand bei ihrer ersten Begegnung gemacht hatte. Herr im Himmel, wenn es jemals zu einem Faustkampf zwischen ihnen käme, würde er...

»Was haben Sie gesagt?« fragte Bertrand, und in seiner Stimme schwang ein Hauch von Mißtrauen mit.

»Ich habe mit jemandem hier im Büro gesprochen, Mr. Welch«, sagte Dixon, diesmal wieder durch das »O«. »Ich hätte dann alles, Sir, vielen Dank. Was ist mit den anderen Sachen, an denen Sie arbeiten?«

»Nun, da wäre ein Selbstbildnis im Freien, vor einer Backsteinwand. Mehr Wand als Welch, um genau zu sein. Mir ging es vorrangig um die Darstellung der Blässe und Knittrigkeit der Kleidung vor der großen, roten, glatten Wand. Ein Bild für Kenner, mehr oder weniger.«

»Ah ja, perfekt, Sir. Dankeschön. Sonst noch etwas?«

»Da wäre noch ein kleinformatiges Stück mit drei Handwerkern in einem Pub, die in eine Zeitung schauen, aber damit habe ich gerade erst angefangen.«

»Verstehe. Nun, das reicht völlig, Mr. Welch«, sagte Dixon. Jetzt war der richtige Moment für den gewagten Dreh gekommen. »Die junge Dame erwähnte eine Ausstellung, stimmt das?«

»Ja, ich habe im Herbst eine kleine Schau auf lokaler Ebene. Aber um welche junge Dame handelt es sich?«

Dixon war so erleichtert, daß er still durch sein »O« lachte. »Eine Miss Callaghan, Sir«, sagte er. »Ich nehme an, daß Sie mit ihr bekannt sind.«

»Ja, ich kenne sie«, sagte Bertrand mit leicht verhärteter Stimme. »Aber wie kommt sie hier ins Spiel?«

»Ach, ich dachte, das wüßten Sie«, sagte Dixon mit gespielter Überraschung. »Das Ganze war eigentlich ihre Idee. Sie kennt jemanden aus unserer Belegschaft hier, und ich nehme an, daß sie ihm diese kleine Notiz, nun ja, nahegelegt hat, Sir.«

»Wirklich? Es ist das erste Mal, daß ich davon höre. Sind Sie sich dessen ganz sicher?«

Dixon gab ein äußerst professionelles Lachen von sich. »Oh, in diesen Dingen machen wir keine Fehler, Sir. Das sind wir unserer Stellung schuldig, wenn Sie verstehen, was ich meine, Sir.«

»Ja, ich verstehe, aber das klingt alles so ...«

»Ich werde mich noch einmal bei ihr rückversichern, Sir, falls Sie irgendwelche Zweifel haben. Es ist sogar so, daß Ihre Miss Callaghan, als Atkinson sie an der Strippe hatte...«

»Wer ist dieser Atkinson? Ich habe noch nie von ihm gehört.«

»Unser Mr. Atkinson im Londoner Büro, Sir. Sie hat gerade erst mit ihm gesprochen, Sir, und uns ersucht, Sie um einen Rückruf bei ihr zu bitten, falls wir Sie erreichen. Sieht so aus, als ob sie nicht zu Ihnen durchgekommen wäre. Es scheint ziemlich dringend zu sein. Sie hätte gern, daß Sie heute nachmittag bei ihr anrufen, und zwar möglichst vor halb sechs.«

»Gut, das werde ich tun. Wie lautet übrigens Ihr Name, für den Fall, daß ich...«

»Beesley, Sir«, sagte Dixon ohne Zögern, »Alfred R. Beesley.«

»Gut. Danke, Mr. Beesley.« (So klingt das also, dachte Dixon.) »Ach, übrigens, wann wird die Notiz erscheinen?«

»Ich habe keine Ahnung, Sir. Man kann das leider im voraus nie so genau sagen. Aber es wird ganz bestimmt innerhalb der nächsten vier Wochen geschehen. Wir haben unser Material gern einige Zeit im voraus beisammen, Mr. Welch. Auf gut Glück.«

»Verstehe, verstehe. Haben Sie jetzt alles, was Sie wollen?«

»Ja, ganz herzlichen Dank, Sir.«

»Nein, nein, ich bin es, der zu danken hat, mein Guter«, sagte Bertrand mit einer willkommenen Rückkehr zu seiner früheren Jovialität. »Sehr angenehme Zeitgenossen, die Herren von der Presse.«

»Nett, daß Sie das sagen, Sir«, sagte Dixon und schnitt

dem Telefon sein Edith-Sitwell-Gesicht. »Dann also auf Wiederhören und vielen Dank, Mr. Welch. Wir sind Ihnen sehr verbunden.«

»Bis bald, mein lieber Beesley.«

Dixon lehnte sich zurück, trocknete sich das Gesicht ab (obwohl er lieber den gesamten Körper abgetrocknet hätte) und zündete sich eine Zigarette an. Seine Panik hatte ihn schrecklich unbesonnen handeln lassen, aber nicht so unbesonnen, dachte er, daß es nicht wieder gutzumachen wäre. Der Schlüssel zu der ganz Szene lag darin, daß er den Schwindel schlagartig demontiert hatte, ehe Bertrand ihm damit zuvorkommen konnte. Nun mußte noch das Callaghan-Mädchen sorgfältig instruiert werden. Ihre Geschichte lautete wie folgt: Ein Unbekannter, der sich selbst Atkinson nannte, hatte sie am Vormittag angerufen, sich als Journalist ausgegeben und mit ihr über Bertrand gesprochen. Er hatte vage die *Evening Post* erwähnt, die Telefonnummer der Welchs in Erfahrung gebracht und dann aufgelegt. Sobald Bertrand bei ihr anrief, mußte sie ihn sofort mit der Atkinson-Geschichte empfangen und sagen, daß ihr das alles sehr verdächtig vorgekommen sei und die Stimme dieses »Atkinson« sie stark an einen ihrer gemeinsamen Londoner Bekannten erinnert habe – welcher auch immer am meisten dafür in Frage kam (oder am wenigsten nicht in Frage kam), ihnen einen sinnlosen Streich zu spielen. So nachdrücklich wie unverfänglich mußte sie ihm klarmachen, daß »Atkinson« sie von einer Londoner Nummer aus angerufen hatte, also nicht über eine Fernleitung. Vorausgesetzt, daß sie bei ihrer Geschichte bliebe, hatten sie und Dixon selbst dann keine Entlarvung zu befürchten, wenn Bertrand bereits bei der *Evening Post* angerufen und sich nach »Beesley« erkundigt hatte. Es bestand natürlich die Gefahr, daß sie sich nicht an dieser Verschwörung beteiligen wollte. Er hatte jedoch gute Gründe zu der Annahme, daß sie das tun würde: ihre Dankbarkeit über sein Hilfe; der Erfolg, den er entgegen aller Wahrscheinlichkeit bei seiner Mission gehabt hatte; ihr Verhalten bei der Laken-und-Tisch-Affäre; schließlich, falls notwendig, ihre eigene Verstrickung, wenn die Wahrheit sich herumspräche. Vermutlich konnte Bertrand, sofern er immer noch mißtrauisch war, die Wahrheit unter Anwendung emotionaler Druckmittel aus ihr herauspressen, aber warum sollte er mißtrauisch sein? Er konnte schwerlich annehmen, daß sie sich die Mühe machen würde, einen unbekannten Provinzler zur Preisgabe von Informationen über den Sommerball zu überreden – was im Grunde fast exakt das war, was sie getan hatte.

Nun ging es darum, sie zu erreichen und die Geschichte mit ihr einzuüben. Er mußte sich beeilen, denn gleich begann die Mittagspause, und er mußte rechtzeitig bis zwei Uhr zurück sein, um eine Prüfung zu beaufsichtigen. Doch ehe er irgendeine andere Bewegung machte, warf er den Kopf zurück und gab einen langgezogenen Posaunenstoß anarchischen Gelächters von sich. All das war, selbst wenn es schiefgehen sollte, einfach wunderbar. Aber es würde nicht schiefgehen. Die Kampagne gegen Bertrand, die er sich bei den Welchs erträumt hatte, war in Gang gekommen, und zwar mit einem glänzenden taktischen Erfolg. Eine warnende Stimme sagte ihm, daß diese Kampagne schon jetzt zu gefährlich für einen Mann in seiner prekären Lage sei. Sie warnte ihn auch, daß Kampfeslust ihn jede Vorsicht vergessen lassen werde. Aber er übertönte die Stimme mit neuerlichem Gelächter.

Wieder nahm er den Telefonhörer ab, wartete auf die

Fernvermittlung und ließ sich mit Christine verbinden. Ich erzähle ihr besser nicht den ganzen Ablauf des Gesprächs mit Bertrand, dachte er. Einen Augenblick später beugte er sich vor und sagte: »Miss Callaghan? Gut. Hier ist Dixon. Hören Sie jetzt genau zu.«

10

»Im ernst, James, sie hätte nicht fuchtiger sein können«, sagte Margaret. »Natürlich hatte sie sich im Griff, aber ihr Mund war fest zugekniffen, und ihre Augen schossen Blitze – du weißt, wie das bei ihr aussieht. Ich kann nicht behaupten, daß ich es ihr übelnähme, nachdem er ihr die Sache einfach so am Teetisch entgegengeschleudert hat, vor mir und den Neddys.«

»Was hat er denn gesagt?« fragte Dixon. Er führte eine Drehung an der Ecke der Tanzfläche durch und begann, sie in Richtung Tanzkapelle zu schwenken.

»Er meinte bloß: ›Ach übrigens, Carol, ich wollte dir noch sagen, daß Christine jetzt doch zu dem Ball kommt und ihren Onkel mitbringt.‹ Dann hat er versucht, witzig zu sein: ›Damit also der Onkel nicht mit der Nichte tanzen muß, was nicht ganz den feinen Sitten entspräche‹, oder etwas ähnlich Dämliches, ›dachte ich, es wäre das beste, wenn ich diese Aufgabe auf mich nähme, sofern du keine Einwände erhebst‹ – als ob sie Einwände hätte erheben können, während wir alle zuhörten –, ›und ich bin sicher, daß Gore-Urquhart nur allzu erfreut sein wird, dein Begleiter zu sein.‹ Und das war's.«

»Hm«, machte Dixon. Die erhebliche Anstrengung des Tanzens, vereint mit der Notwendigkeit, seinen Blick auf Margarets mal auf und ab hüpfendes, mal vorwärts und rückwärts schwankendes Gesicht zu richten, erschwerte es ihm, komplexe Sätze zu formulieren. Außerdem mußte er die Ohren spitzen, um bei dem Geschiebe vieler Fußpaare und dem Lärm vieler Unterhaltungen nicht aus dem Rhythmus zu kommen. »Ein bißchen dick aufgetragen.«

»Ich habe in meinem ganzen Leben nicht etwas so entsetzlich Unhöfliches erlebt. Der Mann ist völlig unmöglich, James, gesellschaftlich und, äh, in jeder Hinsicht. Was ich allerdings fragen wollte – es ging mir bei dieser Gelegenheit durch den Kopf –, glaubst du, daß zwischen Bertrand und Carol etwas, naja, läuft?«

»Keine Ahnung. Wie kommst du zu der Vermutung?«

»Ist dir nie etwas aufgefallen?«

»Ich glaube nicht. Warum?«

»Ach, ich weiß nicht. Es ist schon seltsam genug, daß er überhaupt mit ihr zu dem Ball gehen wollte, und als sie dann auch noch so wütend wirkte ...«

»Aber Bertrand war immer recht eng mit den beiden – ich erinnere mich, daß du dabei warst, als sie uns das sagte –, und es ist nur normal, daß sie sich etwas manipuliert fühlte«, sagte er. »Entschuldigung«, fügte er in Richtung einer jungen Frau hinzu, deren Hinterteil mit seiner Hüfte kollidiert war. Er wünschte, dieser Tanz würde enden. Ihm war heiß, seine Socken waren allem Anschein nach mit feinem, klebrigem Sand besprüht worden, und seine Arme schmerzten wie die eines Boxers, der nach der vierzehnten Runde immer noch seine Verteidigung aufrechterhält. Er fragte sich, warum er Margaret nichts von der Umarmung gesagt hatte, die er während des dämlichen Kunstwochenendes beobachtet hatte – sie war immer sehr diskret, wenn man sie darum bat. Vielleicht lag es daran, daß diese Neuigkeit, so schockierend sie auch sein mochte, Margaret möglicherweise in eine ausgelassene Stimmung versetzen würde, und das wollte er nicht. Warum wollte er das nicht?

Margaret redete schon wieder mit großer Lebhaftigkeit. Ihr Gesicht war leicht gerötet, und sie hatte ihren Lippenstift etwas sorgfältiger als sonst aufgetragen. Es schien, als ob sie sich gut amüsierte, und die ihr eigene Minimalattraktivität war deutlich sichtbar. »Jedenfalls denke ich, daß sie es mit Mr. Gore-Urquhart um einiges besser getroffen hat. Ich muß sagen, daß er einen wirklich reizenden Eindruck macht, und das ist heutzutage etwas ganz und gar Außergewöhnliches. Er hat zauberhafte Manieren, findest du nicht? Und sie wirken gar nicht aufgesetzt. Das ist doch mal 'ne nette Abwechslung nach so 'nem bärtigen Ungetüm.«

Dixon gurgelte ob dieser Stilmixtur unhörbar im Rachenraum, doch ehe er antworten konnte, neigte sich der Tanz seinem Ende zu. Gleich darauf verkündete ein unangenehmes Donnern, gefolgt von einem dumpf scheppernden Knallen, das Ende der gegenwärtigen Serie. Dixon stieß einen Seufzer der Erleichterung aus und wischte sich die Handflächen an seinem Taschentuch ab. »Wie wär's mit einem Drink?« fragte er.

Margaret verschoß ihre Blicke in alle Richtungen. »Warte einen Moment. Ich möchte gucken, ob ich die anderen sehen kann.«

Die Tänzer zerstreuten sich an den Seitenlinien der langgestreckten Tanzfläche. Die Wände waren mit Szenen einer weit zurückliegenden Vergangenheit geschmückt, dargestellt in einem zweifellos sehr fortschrittlichen Stil, so daß zum Beispiel auf der Dixon nächstgelegenen Wand ein Mangel an Perspektive oder einer ähnlichen Eigenschaft den Eindruck hervorrief, daß eine Phalanx zwergenhafter Infanteristen (spartanischer? mazedonischer? römischer?) aus der Luft auf ihre sehr viel größeren Barbarengegner (persische? iranische? karthagische?) herabstieß, die ihrerseits in völliger Verkennung der Gefahr zu ihren Häuptern drohend ins Leere starrten. In regelmäßigen Abständen erhoben sich große Säulen aus einem hellen Material. Dixon lächelte ein trauriges, nostalgisches Lächeln: Das alles erinnerte ihn nur zu deutlich an die großen Restaurationsbetriebe zwischen Marble Arch, Charing Cross und Coventry Street, wo er sich so ausnehmend gut amüsiert hatte. Als er den Blick von den Denkmalereien abwandte, sah er Michie, der in der Menschenmenge lebhaft mit Miss O'Shaugnessy, der hübschesten der drei hübschen jungen Studentinnen, sprach und lachte. Wie es sich traf, war sie seine Freundin. Ihr Gesicht erinnerte an eine Flußzigeunerin (dunkelhäutig, aber rosig), was ihn mit Unbehagen erfüllte. Dasselbe galt für das kurzgeschnittene Kleid, das sie trug. Obwohl Dixon fünf Meter von ihm entfernt stand, war er sich über die Makellosigkeit der Abendgarderobe Michies, die Wirkung seiner Plaudereien und die Aufmerksamkeit seines Publikums völlig im klaren. Jetzt begegnete Michie seinem Blick, wurde sofort ernst und deutete eine schwache, aber höfliche Verbeugung an. Miss O'Shaugnessy brachte ein kurzes Lächeln zustande, ehe sie sich abwandte, zweifellos, um zu lachen. »Wie wäre es mit einem Drink?« fragte Dixon Margaret noch einmal.

»Ach, da sind sie ja«, sagte sie anstelle einer Antwort.

Bertrand und Christine kamen auf sie zu. Dixon mußte zugeben, daß Bertrand in seiner Abendgarderobe ziemlich präsentabel war. Die Aussage, daß er irgendwie nach Künstler aussehe, wäre jetzt durchaus zutreffend und nicht allzu anstößig gewesen. Auf ihn richtete Dixon seinen

Blick, weniger aus Interesse, als vielmehr, um den Blick nicht auf Christine richten zu müssen. Ihr bisheriges Verhalten an diesem Abend war ihm gegenüber weniger als gleichgültig gewesen – es hatte schlichtweg nicht existiert. Das hatte ihm – im Gegensatz zu dem, was seine Sinneswahrnehmungen zu beweisen schienen – das Gefühl vermittelt, überhaupt nicht dazusein. Aber noch schlimmer war, daß sie an diesem Abend umwerfend gut aussah. Sie trug ein gelbes Kleid, das ihre linke Schulter freiließ. Es war von vollkommener Schlichtheit und wie eigens dafür gemacht, Margarets schlecht gewähltes königsblaues Taftkleid mit seiner Schleife und etwas, das nach Dixons Vermutung Kräuselfalten sein mußten, sowie der vierfachen Perlenreihe darüber bloßzustellen. Er nahm an, daß Christine ihre natürliche Gesichtsfarbe und ihren Teint hatte betonen wollen. Das Ergebnis war auf schmerzliche Weise gelungen und ließ alle anderen Anwesenden wie eine Ansammlung granulierter Halbtöne aussehen. Als sie und Bertrand sich näherten, fing Dixon ihren Blick auf, und obwohl sie keine Regung erkennen ließ, hätte er sich am liebsten hinter eine Schutzmauer aus Röcken und Hosenbeinen geduckt, oder, besser noch, den Kragen seines Smokings über den Kopf gezogen, und wäre hinaus auf die Straße gelaufen. Irgendwo hatte er gelesen (oder es war ihm erzählt worden), daß jemand wie Aristoteles oder I. A. Richards gesagt haben sollte, der Anblick der Schönheit erwecke in uns den Wunsch, auf sie zuzugehen. Damit hatten Aristoteles oder I. A. Richards ganz schön daneben gelegen.

»Wie geht's, wie steht's?« fragte Bertrand. Er hielt Christines Handgelenk zwischen Finger und Daumen – vielleicht prüfte er ihren Puls – und sah Dixon an, dem gegenüber er sich bislang recht liebenswürdig gezeigt hatte.

»Ich dachte, wir könnten etwas trinken gehen«, sagte Dixon.

»Ach, sei doch still, James. Man könnte glauben, du würdest sterben, wenn du eine Stunde lang ohne etwas zu trinken auskommen müßtest.«

»Würde er vermutlich wirklich«, sagte Bertrand. »Es ist aber sehr vernünftig von ihm, daß er dieses Risiko nicht eingehen möchte. Wie wär's, Liebling? Ich fürchte, es gibt nur Bier und Cider, sofern du nicht ein nahegelegenes Schenkarium ansteuern möchtest.«

»Ja, einverstanden, aber wo sind Onkel Julius und Mrs. Goldsmith? Wir können nicht einfach gehen und sie zurücklassen.«

Während übereinstimmend bekundet wurde, daß sie sich vermutlich bereits in der Bar befänden, grinste Dixon wegen des »Onkel Julius« in sich hinein. Wie wundervoll es doch war, daß jemand existierte, den man so nannte, und daß jemand existierte, der ihn so nannte, und daß er persönlich zugegen sein durfte, während der eine von der anderen so genannt wurde. Dieweil er an Margarets Seite durch die Grüppchen plaudernder Menschen einerseits und die Schweiger entlang der Wand andererseits trottete, erblickte er Alfred Beesley, der zwischen den Letztgenannten stand und ziemlich elend wirkte. Beesley war berüchtigt für seine Unfähigkeit, Frauen kennenzulernen. Er ging ständig zu Veranstaltungen wie dieser, aber da jede Frau, die heute abend anwesend war, in Gesellschaft eines Mannes gekommen war (mit Ausnahme von Frauen wie der sechzigjährigen Philosophieprofessorin oder der leitenden Zwei-Zentner-Wirtschaftsdozentin), mußte ihm eigentlich klar sein, daß er seine Lebenszeit vergeudete. Dixon wechselte einen Gruß mit ihm und glaubte, einen Schimmer von Neid in seinen Augen aufblitzen zu sehen. Dixon dachte zweierlei. Erstens: ein wie unzureichender Schutz vor Zeitvergeudung das Wissen um Zeitvergeudung doch sei (vor allem, wenn es um das ging, was Welch »die Angelegenheiten des Herzens« nannte); zweitens: wie schmal die Kluft sei, die in diesen Angelegenheiten zwischen Beesleys Position und seiner eigenen verlief. Und drittens, wie wenig Beneidenswertes an dem sei, was ihn auf der Beesley entgegengesetzten Seite der Kluft stehen ließ: das Privileg, mit der einen Frau sprechen zu können und sich mit der anderen in derselben Gruppe zu befinden. Aber, viertens, sind es die Insignien sexueller Privilegien, auf deren Besitz es ankommt, nicht deren Qualität oder das Vergnügen, das man aus ihnen zieht. Eigentlich, so dachte Dixon, hätte er sich angesichts dieser Schlußfolgerung beruhigt und befreit fühlen müssen, aber das war nicht der Fall. Nicht mehr, als ein Magengrimmen durch die Kenntnis seiner medizinischen Bezeichnung beseitigt wird.

Sie erreichten die Bar, einen kleinen Raum, der normalerweise anderen Zwecken diente. Die Tradition eines »feuchten« Sommerballs war noch jung, und sie war – auch wenn das natürlich nur wenige glauben mochten – von der College-Leitung höchstselbst eingeführt worden, und zwar aufgrund der Annahme, daß dadurch der vormals besorgniserregende Grad an Trunkenheit unter den studentischen Besuchern durch die Bereitstellung billiger und in geringem Maß alkoholhaltiger Getränke auf dem Gelände reduziert werden könne, wodurch wiederum das kostspielige und gesundheitsschädliche Hinunterstürzen von *Horses' Necks* oder minderwertigem Gin mit synthetischem Limettensaft in den städtischen Pubs sich als nicht ganz so ungemein reizvoll darstellen sollte. Noch seltsamer war vielleicht, daß diese Annahme sich als zutreffend erwiesen hatte, so daß sich in dem Raum, den Dixon und die drei anderen jetzt aufsuchten, untergeordnete College-Angestellte an Fässern mit Bier und Cider abmühten – und das alles unter Holztäfelungen, die wie ihre größeren Pendants im Ballsaal dunkelhäutige Potentaten abbildeten und auf denen sich Truppen von zwergenhaften Tscherkessen zu tanzen anschickten, oder Karawanen chinesischer Kaufleute, die von Wirbelwinden in die Lüfte gesogen wurden. An die Stelle der hellen Säulen waren hier Kübel- und Topfpalmen von fast grotesk wirkender Üppigkeit getreten. Zwischen den letztgenannten schlich auch Maconochie herum, der nominelle Aufseher der drei Barmänner, dessen Erscheinungsbild dadurch, daß er über seiner olivgrünen Hose einen gestärkten weißen Kittel trug, auf schwer zu beschreibende Weise verbessert wurde.

Gore-Urquhart und Carol saßen in einem der weiter entfernten Palmenhaine und unterhielten sich recht angeregt. Gore-Urquhart erhob sich, sobald er sah, daß die anderen sich näherten. In den Kreisen, mit denen Dixon normalerweise Umgang hatte, waren solche Förmlichkeiten derart unüblich, daß er sich einen Moment lang fragte, ob Gore-Urquhart sich ihrem Näherkommen körperlich entgegenstemmen wolle. Er war jünger, als Dixons Vorstellung zufolge ein vornehmer Mann – und auch ein Onkel von Christine – sein konnte, nämlich irgendwo in den mittleren Vierzigern. Auch sein Abendanzug war nicht annähernd so sensationell »makellos«, wie man hätte vermuten können. Sein langes, glattes Gesicht, das einen kurzen, dünnen Körper krönte, war zwar nicht gerade mißgebildet, aber asymmetrischer als alles, was Dixon je gesehen hatte. Es verlieh ihm das Aussehen eines betrunkenen Weisen, der seinen Verstand zu sammeln versucht – ein Anblick, der durch leicht vorstehende Lippen und eine einzige schwarze Augenbraue, die sich von Schläfe zu Schläfe zog, noch verstärkt wurde. Ehe die Gruppe sich schließlich setzte, sprang der zweifellos mit üppigem Trinkgeld bestochene Maconochie vor, um nach den gewünschten Getränken zu fragen. Dixon beobachtete seine Unterwürfigkeit mit Vergnügen.

»Es ist mir bislang gelungen, Ihrem Direktor aus dem Weg zu gehen«, sagte Gore-Urquhart mit starkem schottischen Tieflandakzent.

»Das ist eine Meisterleistung, Mr. Gore-Urquhart«, sagte Margaret lachend. »Ich bin sicher, daß er all seine Spione nach Ihnen ausgesandt hat.«

»Meinen Sie wirklich? Werde ich entkommen können, falls er mich erwischt?«

»Sehr unwahrscheinlich, Sir«, sagte Bertrand. »Sie wissen, wie die Leute hierzulande sind. Man wirft ihnen eine Berühmtheit vor, und sie streiten sich darum wie Hunde um einen Knochen. Sogar ich habe Ähnliches auf bescheidene Weise erdulden müssen, insbesondere von Leuten, die sich der sogenannten akademischen Gesellschaft zurechnen. Nur weil mein Vater zufällig Professor ist, glauben sie, daß es mein Wunsch sein müsse, mit der Frau des Vizekanzlers über die Schwierigkeiten zu sprechen, die sich ihrem mißratenen Enkel in der Schule entgegenstellen. Aber für Sie muß es natürlich tausendfach schlimmer sein, Sir, nicht wahr?«

Gore-Urquhart, der dieser Ansprache aufmerksam gelauscht hatte, sagte munter: »In mancher Hinsicht«, und nahm einen Schluck aus seinem Glas.

»Jedenfalls, Mr. Gore-Urquhart«, sagte Margaret, »sind Sie im Augenblick völlig sicher. Der Direktor hält bei Anlässen wie diesen in einem Raum am anderen Ende der Tanzfläche hof – mit dem Pöbel hier drinnen gibt er sich nicht ab.«

»Sie meinen also, Miss Peel, daß ich solange hinreichend sicher bin, wie ich mich unter den Pöbel mische? Gut, dann bleibe ich beim Pöbel.«

Dixon hatte schon vermutet, daß auf diese Äußerung Margarets Silberglöckchenlachen folgen würde, aber als es dann kam, war es trotzdem schwer zu ertragen. In diesem Moment traf Maconochie mit den Getränken ein, die Gore-Urquhart bestellt hatte. Zu Dixons Überraschung und Entzücken wurde das Bier in Pintgläsern serviert, und nachdem er abgewartet hatte, bis Gore-Urquhart sein schottisches »Beschaffen Sie mir Zigaretten, Jungchen« zu Maconochie gesagt hatte, beugte er sich vor und fragte: »Wie um alles in der Welt haben Sie es geschafft, Pints zu bekommen? Ich dachte, das sei hier eine Hausregel. Ich würde kein Pint bekommen, selbst wenn ich darum bäte. Wie um alles in der Welt haben Sie diese Regel umgangen?« Während er sprach, sah er verärgert, daß Margaret zwischen ihm und Gore-Urquhart hin- und herblickte und dabei so herablassend lächelte, als ob sie letzterem bedeuten wollte, daß Dixons Rede entgegen allem Anschein nicht für Geistesgestörtheit zeuge. Auch Bertrand guckte und grinste.

Gore-Urquhart, der Margarets Lächeln nicht zu bemerken schien, ließ einen kurzen, nikotingelben Daumen in

Richtung des davoneilenden Maconochie hochschnellen: »Ein schottischer Landsmann«, sagte er.

Alle, die sich links von Dixon befanden und ihm das Gesicht zuwandten – Gore-Urquhart selbst, Bertrand und Margaret –, lachten, und dasselbe tat Dixon, der nach rechts schaute und Christine erblickte, die neben ihm saß, die Ellbogen auf dem Tisch abstützte und kontrolliert lächelte. Dahinter, zur Linken Gore-Urquharts, saß Carol und starrte Bertrand grimmig an. Ehe das Gelächter sich verflüchtigt hatte, bemerkte Dixon noch, daß Bertrand der eindringlichen Prüfung seiner Person gewahr wurde und wegsah. Dixon beunruhigte diese kleine Spannung in ihrer Gesellschaft, und als er feststellte, daß Gore-Urquharts Augen unter ihren schwarzen Brauen starr auf ihn gerichtet waren, bugsierte er seine Brille mit einem leichten Zucken auf die rechte Seite seiner Nase und sagte auf gut Glück: »Es ist eine unerwartete Freude, bei einem Fest wie diesem Pints zu trinken.«

»Sie haben Glück, Dixon«, sagte Gore-Urquhart schneidend und hielt seine Zigaretten in die Runde.

Dixon fühlte, daß er leicht errötete, und beschloß, eine Zeitlang zu schweigen. Trotzdem freute es ihn, daß Gore-Urquhart sich seinen Namen gemerkt hatte. Im Ballsaal setzte die Musik mit einer lautstarken Trompetenfanfare ein, und etliche Leute schickten sich an, die Bar zu verlassen. Bertrand, der es sich neben Gore-Urquhart bequem gemacht hatte, begann nun eine gedämpfte Unterhaltung mit diesem. Fast gleichzeitig richtete Christine eine Bemerkung an Carol. Margaret sagte zu Dixon: »Es ist lieb von dir, daß du mich heute ausführst, James.«

»Freut mich, daß du dich gut amüsierst.«

»Es klingt nicht so, als ob das auch für dich gälte.«

»O doch, sehr sogar.«

»Ich bin zumindest sicher, daß du diesen Teil mehr genießt als das eigentliche Tanzen.«

»Nein, ehrlich, ich genieße beide Teile. Trink dein Glas aus und wir gehen zurück auf die Tanzfläche. Einen Quickstep bekomme ich hin.«

Sie sah ihn ernst an und legte eine Hand auf seinen Arm. »James, Lieber, glaubst du, daß es klug ist, wenn wir auf diese Weise weitermachen?« fragte sie ihn.

»Warum denn nicht?« fragte er beunruhigt.

»Weil du so lieb zu mir bist und ich dich allmählich viel zu gern habe.« Sie sagte das in einem Tonfall, der Lebhaftigkeit mit Ausdruckslosigkeit vereinte, wie eine große Schauspielerin, die zeigen will, mit welch sparsamen Mitteln sich große Gefühle vermitteln lassen. Das machte sie immer, wenn sie ihre Bekenntnisse ablegte.

Inmitten seiner aufkommenden Panik schaffte es Dixon, einen klaren Gedanken zu fassen: daß nämlich dies, wenn es der Wahrheit entspräche, tatsächlich Grund genug wäre, sich weniger oft zu sehen. Er entschied sich für eine Antwort, die sowohl ehrlich als auch akzeptabel war: »So etwas darfst du nicht sagen.«

Sie lachte leise. »Armer James«, sagte sie. »Hältst du mir bitte den Platz frei, Liebling? Ich bin gleich wieder da.« Sie ging hinaus.

Armer James? Armer James? Das war zwar eine sehr gerechtfertigte Charakterisierung, aber sicherlich keine, die ausgerechnet sie vornehmen sollte. Ein aufkommendes Schuldgefühl ließ ihn zum Glas greifen: Schuld nicht nur wegen seiner letzten Überlegung, sondern wegen der unbeabsichtigten Ironie ihres »Du bist so lieb zu mir«. Es war zweifelhaft, so überlegte er, daß er überhaupt lieb sein konnte, geschweige denn, daß er zu irgend jemandem »so« lieb sein konnte. Welche anständige Behandlung Margaret auch immer durch ihn erfahren haben mochte, sie war das Ergebnis eines kurzfristigen Triumphs der Furcht über die Gereiztheit und/oder des Mitleids über die Langeweile gewesen. Daß ein Verhalten solchen Ursprungs von ihr als »so lieb« angesehen werden konnte, sprach vielleicht für ihre Empfänglichkeit, war aber zugleich ein niederschmetternder Kommentar über ihre Frustration und Einsamkeit. Arme alte Margaret, dachte er erschaudernd. Er mußte sich ihr gegenüber noch mehr anstrengen. Aber welche Wirkung würde ein anhaltenderes oder intensiveres Liebsein auf sie haben? Welche Wirkung würde es auf ihn haben? Um derlei Spekulationen zu vertreiben, begann er, dem Gespräch zu seiner Linken zu lauschen.

»Ich hege den allergrößten Respekt für seine Meinung«, sagte Bertrand gerade (das Bellen in seiner Stimme war weitgehend zurückgefahren – vielleicht hatte ihn jemand dafür gerügt). »Ich sage immer, daß er der letzte Berufskritiker alten Schlages ist. Er weiß also, wovon er spricht, und das ist mehr, als man über die Mehrheit seiner Zunft heutzutage sagen kann. Wir sind uns immer wieder auf denselben Ausstellungen über den Weg gelaufen, und komischerweise sogar vor denselben Bildern.« An dieser Stelle lachte er und hob kurz eine Schulter. »Eines Tages sagte er zu mir: ›Ich möchte Ihre Arbeiten sehen. Wie ich höre, sollen sie gut sein.‹ Also habe ich eine Auswahl kleinerer Sachen eingepackt und bin damit zu ihm nach Hause gegangen – ein wunderbares Plätzchen, nicht wahr? Sie müssen es natürlich wissen. Man fühlt sich wirklich in das *dix-huitième* zurückversetzt. Fragt sich nur, wann die Gummiwarengewerkschaft das Haus übernimmt.

Und ich darf sagen, daß ein, zwei Pastellzeichnungen ihn zu fesseln schienen...«

An eine Kotzschüssel vielleicht, dachte Dixon. Dann überkam ihn Entsetzen bei dem Gedanken an einen Mann, der »weiß, worüber er spricht«, und nicht nur sagt, wie gräßlich Bertrands Bilder seien, sie nicht nur mit Stiefeln zertritt, sondern tatsächlich von einigen gefesselt zu sein scheint. Bertrand durfte kein guter Maler sein, das konnte er, Dixon, nicht zulassen. Und doch hörte sich dieser Gore-Juckbux, der dem ersten Anschein nach kein Dummkopf war, Bertrands überdimensionale Eigenwerbung nicht nur ohne offenen Protest, sondern sogar mit einer gewissen Aufmerksamkeit an – ja, wie Dixon jetzt sah, mit sehr großer Aufmerksamkeit. Gore-Urquhart hatte seinen großen, dunklen Schopf in Bertrands Richtung geneigt und hielt den Blick auf den Boden gesenkt. Auf seinem halb abgewandten Gesicht zeigte sich ein so aufmerksames Stirnrunzeln, als ob er schwerhörig wäre und die Vorstellung nicht ertragen könnte, ein einziges Wort zu verpassen. Dixon andererseits konnte es nicht ertragen, daß er nicht mehr davon verpaßte – Bertrand bediente sich jetzt des Ausdrucks »kontrapunktische Farbwerte« –, und so wandte er sich nach rechts. Dort herrschte, wie er unterschwellig bereits registriert hatte, seit geraumer Zeit Schweigen.

In diesem Moment wandte Christine sich ihm zu. »Sagen Sie, könnten Sie sich wohl hier ins Gespräch einschalten?« fragte sie leise. »Ich bekomme kein Wort aus ihr heraus.«

Er sah zu Carol hinüber, deren Augen den seinen ohne sichtbares Wiedererkennen begegneten, aber ehe er auch nur überlegen konnte, was er sagen sollte, war Margaret zurückgekehrt.

»Was denn, sitzen etwa immer noch alle da und trinken?« Munter wandte sie sich der Gruppe zu. »Ich dachte, alle seien längst auf der Tanzfläche. Mr. Gore-Urquhart, ich werde nicht zulassen, daß Sie hier weiter Trübsal blasen, Direktor hin oder her. Kommen Sie mit, es ist an der Zeit, das Tanzbein zu schwingen.«

Gore-Urquhart erhob sich höflich lächelnd und ließ sich, nach einem Wort an die anderen, aus der Bar führen. Bertrand sah zu Carol hinüber. »Die Kapelle soll nicht vergebens spielen, meine Liebe«, sagte er. »Ich habe immerhin fünfundzwanzig Schilling dafür bezahlt.«

»Hast du das, mein Lieber«, sagte Carol, die Anrede betonend. Einen Augenblick lang fürchtete Dixon, sie werde ablehnen und dadurch die Situation – welche auch immer das war – eskalieren lassen, aber als der Augenblick verstrichen war, stand sie auf und ging in Richtung der Tanzfläche.

»Passen Sie mir auf Christine auf, Dixon«, bellte Bertrand. »Nicht fallen lassen, sie ist zerbrechlich. Leb wohl, mein Schatz, auf bald«, flötete er in Richtung Christines, »ich bin bald wieder bei dir. Benutz deine Trillerpfeife, wenn der Mann hier sich nicht anständig benimmt.«

»Wollen Sie tanzen?« fragte Dixon Christine. »Ich bin nicht besonders gut, das habe ich Ihnen ja gesagt, aber gegen einen Versuch hätte ich nichts einzuwenden, wenn Sie möchten.«

Sie lächelte. »Ich auch nicht, wenn Sie möchten.«

11

Als er die Bar mit Christine an seiner Seite verließ, kam Dixon sich wie ein Geheimagent vor, ein Freibeuter, ein Gangsterkönig aus Chicago, ein Hidalgo, ein Ölbaron, ein Mitglied der Mohock-Bande. Er achtete sorgfältig auf seine Gesichtszüge, damit sie nicht das taten, was sie tun wollten, nämlich in ein schwachsinniges Grinsen voller Erregung und Stolz zu entgleisen. Als Christine sich am Rand der Tanzfläche zu ihm umdrehte, konnte er kaum glauben, daß sie ihm wirklich erlauben würde, sie anzufassen, oder daß die Männer in ihrer Umgebung nicht spontan einschreiten würden, um ihn davon abzuhalten. Aber binnen kurzem standen sie da, hielten sich in der konventionellen Pseudoumarmung umfaßt und tanzten tatsächlich miteinander – nicht besonders geschickt, aber sie tanzten. Dixon sah schweigend an ihrem Gesicht vorbei und fürchtete jede Ablenkung von seiner Aufgabe, sie nicht in eine Karambolage zu steuern, denn die Tanzfläche war um einiges dichter bevölkert als eine Viertelstunde zuvor. Unter den Tanzenden erkannte er Barclay, den Musikprofessor, der mit seiner Frau tanzte. Sie ähnelte immer einem Pferd, er nur dann, wenn er lachte, was er ebenso selten wie plötzlich zu tun pflegte und jetzt tat.

»Wissen Sie, was mit Mrs. Goldsmith los war?« fragte Christine.

Ihre Wißbegier überraschte ihn. »Sie sah aus, als ob sie ziemlich sauer wäre, nicht wahr?« antwortete er ausweichend.

»Weil sie erwartet hat, daß Bertrand heute abend nicht mich, sondern sie ausführen würde?«

Sollte das heißen, daß sie über den Partnertausch Bescheid wußte? Mußte es nicht, konnte es aber. »Ich weiß nicht«, sagte er gedämpft.

»Ich glaube, daß Sie es wissen.« Sie klang wütend. »Ich wünschte, Sie würden es mir erzählen.«

»Ich weiß leider überhaupt nichts darüber. Und auf jeden Fall hat es nichts mit mir zu tun.«

»Wenn das Ihre Einstellung ist, gibt es nichts mehr zu sagen.«

Dixon merkte, daß er nun schon zum zweiten Mal innerhalb der letzten paar Minuten rot anlief. Anscheinend war sie am meisten in ihrem Element gewesen, als sie Bertrand geholfen hatte, ihn bei ihrem ersten Treffen in die Falle zu locken. Oder als sie ihn zurechtgewiesen hatte, weil er zuviel getrunken hatte. Oder als sie ihn am heutigen Abend behandelt hatte, als wäre er Luft. Ihre förmliche Haltung, nicht ihre entspannte, war die wahre. Ihre Kooperation bei der Sache mit den Laken war vermutlich im Tausch für Anekdotenmaterial erfolgt, mit dem sie ihre Londoner Freunde unterhalten konnte. Ihre Freundlichkeit am Telefon hatte dem Zweck gedient, etwas aus ihm herauszubekommen. Natürlich beunruhigte sie, was sich zwischen Bertrand und Carol abspielte, aber die weibliche Strategie, einen unschuldigen Außenstehenden als Prügelknaben zu benutzen, hatte er früh zu erkennen und zu mißbilligen gelernt.

Sie tanzten eine Weile schweigend weiter. Es war keine

falsche Bescheidenheit gewesen, mit der sie sich zu einer mäßigen Tänzerin erklärt hatte, aber Dixons hartnäckige Vermeidung aller ehrgeizigen Tanzschritte sorgte dafür, daß sie einigermaßen zusammenblieben. Die anderen Paare bewegten sich um sie herum: wirbelnd, sobald sich kurzfristig eine Lücke auftat, dicht beieinanderstehend und auf der Stelle tretend im Gewühl. Alle anderen schienen miteinander zu reden, und schließlich wurde Dixon von einer weiblichen Stimme in Christines Tonlage getäuscht, die direkt neben ihm etwas sagte. »Was haben Sie gesagt?« fragte er.

»Nichts.«

Nun würde er irgend etwas sagen müssen, also sagte er, was er sich bereits den ganzen Abend zu sagen gewünscht hatte: »Ich hatte noch keine Gelegenheit, Ihnen dafür zu danken, daß Sie die Telefongeschichte so gut vertuscht haben.«

»Welche Telefongeschichte?«

»Sie wissen schon, als ich bei Bertrand den Reporter gespielt habe.«

»Ach das. Darüber möchte ich lieber nicht sprechen, wenn es Ihnen recht ist.«

Er konnte sie unmöglich auf diese Weise davonkommen lassen. »Angenommen, es ist mir nicht recht?«

»Wie meinen Sie das?«

»Sie scheinen zu vergessen, daß Sie ohne mich und meine kleine Darbietung heute abend wahrscheinlich gar nicht hier wären.«

»Das würde kaum einen großen Unterschied machen, oder?«

Der Tanz endete, aber keiner der beiden dachte daran, die Tanzfläche zu verlassen. Durch den Applaus hindurch sagte er: »Nein, vielleicht nicht, aber ich hatte neulich durchaus den Eindruck, daß sie kommen wollten.«

»Können Sie nicht einfach den Mund halten, was diese Sache betrifft?«

»In Ordnung, aber versuchen Sie nicht, mir gegenüber die große Dame zu spielen. Sie haben keinen Grund dazu.«

Sie zuckte unbeholfen die Schultern und senkte den Blick. »Es tut mir leid, das war dumm von mir. Das habe ich nicht gewollt.«

Während sie sprach, leitete ein unhörbares Klaviervorspiel zum letzten Tanz der Serie über. »In Ordnung«, sagte Dixon. »Tanzen wir?«

»Ja, natürlich.«

Sie legten wieder los. »Ich finde, daß wir den Dreh allmählich ganz gut raushaben«, sagte er nach einer Weile.

»Ich wünschte, ich hätte nicht gesagt, was ich eben gesagt habe. Das war dumm. Ich habe mich wie ein richtiger Dummkopf benommen.«

Wenn sie ihren einstudierten Gesichtsausdruck ablegte, hatte sie ebenso volle und vorstehende Lippen wie ihr Onkel. »Es ist wirklich in Ordnung. Nicht weiter der Rede wert«, sagte er.

»Nein, es ist der Rede wert; es war lächerlich. Ich fand die ganze Sache mit der *Evening Post* unglaublich komisch.«

»Kommen Sie, es ist nicht nötig, daß Sie ins entgegengesetzte Extrem verfallen.«

»Aber verstehen Sie bitte, daß ich nicht mit Ihnen über die Sache sprechen wollte. Das wäre so gewesen, als ob ich mich hinter Bertrands Rücken über ihn lustig gemacht hätte, und das wäre nicht richtig gewesen. Ich fürchte, daß ich beim zweiten Mal am Telefon etwas unfreundlich geklungen habe, aber das lag nur daran, daß ich mich nicht so gehenlassen konnte, wie ich gern wollte, ohne daß es so ausgesehen hätte, als ob ich in ein Komplott verwickelt wäre, mit dem Bertrand vorgeführt werden soll. Das war alles.«

Was sie sagte, klang ziemlich kindisch, aber besser das als mürrisch. Trotzdem war es seltsam, in was für Schlamassel sich Frauen für nichts und wieder nichts brachten. Auch Männer brachten sich in Schlamassel, und zwar in solche, aus denen man nicht so leicht herauskam, aber ihre Schlamassel ergaben sich immerhin aus Versuchen, echte und einfache Bedürfnisse zu befriedigen. Eine laute, halb unzusammenhängende Stimme (wie die eines leicht sprachgestörten Menschenfressers im Märchen) begann jetzt, mit stark an Cecil Goldsmith erinnernder Intonation in ein Mikrophon zu singen, so daß Dixon von der Notwendigkeit einer Antwort enthoben wurde:

»'ch werd' schnarf sein un' dich in ein Taxi setzen, Schatz,
Sei bittä fättig gegen schnarf schnarf acht;
Ach Schatz, sei nich' zu spät dran inne Nacht,
'ch wär gern schnarf schnarf schnarf, wenn die Kapelle
spiehiehielt...«

Der Versuch, Christine aus der Zielgeraden eines kleinen, rotgesichtigen Mannes zu manövrieren, der mit einer großen, bleichen Frau tanzte, brachte Dixon schwer aus dem Takt. »Noch mal von vorne«, murmelte er, aber sie schienen außerstande zu sein, sich im selben Gleichklang wie zuvor zu bewegen.

»Das wird nichts, solange Sie so weit weg stehen«, sagte Christine. »Ich bin nicht nahe genug bei Ihnen, um zu fühlen, was Sie machen. Packen Sie mich richtig fest.«

Behutsam trat Dixon vor, bis sie einander unmittelbar gegenüberstanden. Wieder faßte er ihre rechte Hand und führte sie. Diesmal ging es viel besser, obwohl Dixon etwas mehr außer Atem war, als er seiner Meinung nach sein sollte. Ihr Körper fühlte sich rund und ziemlich massig an seinem Körper an. Sie bewegten sich über die Tanzfläche von der Kapelle fort, durch deren Spiel ein bellendes Lachen schwach an sein Ohr drang. Bertrand verschwand soeben mit zurückgeworfenem Kopf in einer wenige Meter entfernten Lücke. Obwohl Dixon Carols Gesicht nicht sehen konnte, schien das Lachen darauf hinzudeuten, daß sie zumindest teilweise besänftigt war.

Was zum Teufel hatte Bertrand vor? Diese Frage verdiente ebenso dringliche Aufmerksamkeit wie die Frage, warum er einen Bart trug. Versuchte er, sich zwei Geliebte gleichzeitig zu halten, oder versuchte er, die eine zugunsten der anderen loszuwerden? Wenn letzteres der Fall war, welche versuchte er dann zu erobern und welche versuchte er schonend darauf vorzubereiten, daß er sie loswerden wollte? Nahm er überhaupt je die Mühe auf sich, Leute schonend auf etwas vorzubereiten, das er mit ihnen vorhatte? Vermutlich nicht, in welchem Fall wohl Carol die künftige Geliebte war, denn nur so ließ sich ihre Anwesenheit am heutigen Abend erklären. Christine war nur als Gore-Urquharts Nichte von Interesse, mußte aber auf irgendeine Weise in Bertrands Firma gehalten werden, bis der Handel mit Gore-Urquhart sicher abgeschlossen war. Dixon bemerkte, daß sein Kopf leicht zu dröhnen begonnen hatte. Ihm war klar geworden, daß das dritte Gefecht in seiner Kampagne gegen Bertrand unmittelbar bevorstand – auch wenn er noch nicht wußte, welche Stellung er dabei einnehmen sollte.

»Wie kommen Sie denn in letzter Zeit mit Professor Welch aus?« fragte Christine unvermittelt.

Dixon versteifte sich. »Ach, ganz gut«, sagte er automatisch.

»Hat er Sie nicht wegen des Anrufs gepiesackt?«

Er hoffte, daß die Musik den Schrei übertönt hatte, den er unwillkürlich ausgestoßen hatte. »Soll das heißen, Bertrand hat doch noch herausgefunden, daß ich es war?«

»Herausgefunden, daß Sie es waren? Wie meinen Sie das?«

»Daß ich mich neulich als Reporter ausgegeben habe.«

»Nein, das habe ich nicht gemeint. Ich meinte den Anruf des Mannes, der bei derselben Wirtin wie Sie wohnt. Neulich am Sonntag.«

So, wie der Körper eines geköpften Huhns angeblich weiter auf dem Hof herumrennt, führten auch Dixons Beine weiterhin die notwendigen Tanzschritte aus. »Er weiß, daß ich Atkinson gebeten habe, einen Besuch meiner Eltern vorzutäuschen?«

»Ach, das ist also Atkinson? Er scheint ziemlich viel telefoniert zu haben, seit wir uns begegnet sind. Ja, Mr. Welch weiß, daß Sie ihn gebeten haben, wegen Ihrer Eltern anzurufen.«

»Wer hat es ihm gesagt? Wer hat es ihm gesagt?«

»Bitte bohren Sie Ihre Fingernägel nicht in meinen Rücken ... Es war der kleine Mann, der Oboe spielt – Sie sagten, sein Name sei ...«

»Ja, sagte ich. Johns ist sein Name. Johns.«

»Stimmt. Wenn ich mich recht entsinne, hat er während seiner gesamten Anwesenheit überhaupt nur das gesagt.

Außer natürlich, als er am Abend zuvor sagte, daß Sie wahrscheinlich ins Pub gegangen seien. Er scheint Sie ziemlich auf dem Kieker zu haben.«

»Ja, nicht wahr? Sagen Sie, war Mrs. Welch dabei, als er mich wegen des Anrufs verpfiffen hat?«

»Nein, ich bin mir sicher, daß sie nicht dabei war. Nur wir drei haben uns nach dem Mittagessen unterhalten.«

»Das ist gut.« Es bestand durchaus die Möglichkeit, daß Welch nicht bemerkt hatte, was Johns ihm gesagt hatte, denn vermutlich hatte er es nur ein einziges Mal gesagt. Mrs. Welch hingegen hätte es Welch mit großer Wahrscheinlichkeit so lange gesagt, bis er es bemerkt hätte. Aber vielleicht hatte Johns es ihr bei anderer Gelegenheit gesagt, außerhalb von Christines Hörweite? Dann kam ihm ein neuer Aspekt der Situation in den Sinn: »Wie hat Johns erklärt, daß er von der Sache wußte? Sie können sich denken, daß ich ihm nichts davon erzählt habe.«

»Er sagte, er sei dabeigewesen, als Sie es eingefädelt haben.«

»Das ist ein ziemlich starkes Stück, finden Sie nicht?« sagte er finster. »Als ob ich ein einziges Wort im Beisein dieser kleinen Mimose gesagt hätte ... Entschuldigung. Nein, er hat an der Tür gelauscht. So muß es gewesen sein. Ich erinnere mich, daß ich etwas zu hören glaubte.«

»Was für ein mieser Trick«, sagte sie mit unerwarteter Heftigkeit. »Was haben Sie ihm getan?«

»Ich hab nur ein bißchen Unfug mit dem Foto eines Burschen auf einer Zeitschrift von ihm getrieben – mit einem Bleistift.«

Diese Äußerung wurde, als ob sie nicht schon rätselhaft genug gewesen wäre, fast durch den aufkommenden Tumult übertönt, der das Ende der gegenwärtigen Tanzfolge signalisierte. Nachdem Dixon ihr die Sache erklärt hatte, drehte sich Christine – die sich gerade von ihm gelöst hatte – um und sah ihn an. Sie lachte mit geschlossenem Mund. Als er verkniffen lächelte, lachte sie und steckte dabei die Zunge zwischen ihre leicht unregelmäßigen Zähne. Dixon fühlte, wie Begierde und eine gewaltige Erschöpfung seinen gesamten Körper so jäh durchströmten, als ob eine Kugel ihn an lebensbedrohlicher Stelle getroffen hätte. Ohne daß er es wollte, lockerten sich all seine Gesichtsmuskeln. Sie bemerkte seinen Blick und hörte auf zu lachen.

»Danke für den Tanz«, sagte er mit normaler Stimme.

»Er hat mir großes Vergnügen bereitet«, antwortete sie und kniff nach dem Sprechen die Lippen zusammen.

Dixon stellte verwundert fest, daß ihn Johns' jüngste Petzerei ziemlich kalt ließ, vorerst zumindest. Wahrscheinlich lag es daran, daß ihm das Tanzen so viel Spaß gemacht hatte.

Als sie in die Bar zurückkamen, trafen sie Gore-Urquhart an derselben Stelle wie zuvor an. Bertrand sprach schon wieder so lebhaft auf ihn ein, als ob ihre Unterhaltung niemals unterbrochen worden wäre. Margaret war sogar noch näher an ihn herangerückt, falls das überhaupt möglich war. Sie unterbrach ihr Lachen über eine Antwort Gore-Urquharts, um flüchtig zu Dixon hochzublicken. Ihr Gesichtsausdruck legte nahe, daß sie sich beiläufig fragte, wer er wohl sein mochte. Weitere Getränke trafen ein und stellten sich unfaßlicherweise als doppelte Gins heraus. Natürlich wurden sie von Maconochie gebracht, zu dessen Aufgaben bei solchen Feiern es zählte, den Import von Spirituosen zu unterbinden. Dixon, der allmählich das tat, was er als »spüren, wie man in die Jahre kommt«, bezeichnete, setzte sich auf einen Stuhl und machte sich daran, seinen Gin zu trinken und eine Zigarette zu rauchen. Wie heiß es war, und wie sehr seine Beine schmerzten, und wie lange dies alles wohl noch dauern sollte? Dann riß er sich zusammen. Er wollte sich mit Christine unterhalten, aber die saß neben Bertrand, und obwohl dieser sie nicht beachtete, lauschte sie dem Anschein nach allem, was er ihrem Onkel sagte. Dieser wiederum hielt seinen Blick auf die von Dixon bereits zuvor bemerkte Weise zu Boden gerichtet. Margaret lachte erneut auf und beugte sich zu Gore-Urquhart vor, so daß ihre Schultern sich nunmehr berührten. Alsdann, dachte Dixon, jeder amüsiert sich, wie und wann er kann. Aber wo steckte Carol?

Sie kehrte in diesem Moment zurück und näherte sich ihnen mit einer vorsichtigen Nachlässigkeit, die Dixon vermuten ließ, sie hätte in der Damentoilette ein Fläschchen versteckt, das nun zweifellos etwas leerer war als zuvor. Ihre Miene verhieß nichts Gutes. Als sie die Gruppe erreicht hatte, sah Dixon, wie Gore-Urquhart zu ihr hochblickte und ihr eine mimische Nachricht zukommen lassen wollte. »Sie sehen ja, wo ich sitze«, lautete die möglicherweise am nächsten kommende verbale Entsprechung. Dann stand er als einziger der anwesenden Männer auf.

Carol wandte sich Dixon zu. »Na los, Jim«, sagte sie ziemlich laut. »Ich möchte, daß Sie mit mir tanzen. Ich gehe davon aus, daß niemand hier etwas dagegen hat.«

12

»Was geht hier vor, Carol?«
»Das wollte ich Sie gerade fragen.«
»Wie meinen Sie das?«
»Sie wissen genau, wie ich das meine, Jim, sofern Sie nicht mit geschlossenen Augen herumlaufen. Und das tun Sie nicht, oder? Nein, ich habe es satt, herumgeschubst zu werden. Es macht mir nichts aus, Ihnen das zu sagen, weil ich Sie kenne. Ich kenne Sie doch, oder? Ich muß einfach mit jemandem sprechen, also habe ich Sie ausgesucht. Es macht Ihnen doch nichts aus?«

Was Dixon etwas ausmachte, war weniger, daß Carol ihm etwas sagen wollte, das zumindest interessant zu werden versprach, als vielmehr, daß er so bald wieder tanzen mußte. »Sie gehen vor«, sagte er aufmunternd und sah sich um, wer in ihrer Nähe alles tanzte. Die Tanzfläche schien mehr denn je mit hopsenden und taumelnden Paaren angefüllt zu sein, die alle paar Sekunden gemeinsam in dieselbe Richtung schlingerten und sich dabei gegenseitig mitzogen – wie eine Menschenmenge kurz vor einem Schlagstockeinsatz. Der Lärm war gewaltig; jedesmal, wenn er zu einem neuen Höhepunkt anschwoll, fühlte Dixon, wie Schweiß auf seine Brust trat, als ob er mit körperlicher Gewalt aus ihm herausgepreßt würde. Selbst die Pharaonen und Cäsaren über ihren Köpfen schienen zu kreiseln und zu straucheln.

»Er glaubt, daß er nur mit dem verdammten Finger wedeln muß, und schon komme ich angerannt«, verkündete Carol lauthals. »Da hat er sich aber geirrt.«

Fast hätte Dixon zu Carol gesagt, wie wenig sie irgend jemanden damit täusche, daß sie sich um so vieles betrunkener gebärdete, als sie tatsächlich war. Aber er ließ es sein, denn offenbar brauchte sie eine Maske, und er wußte aus eigener Erfahrung, daß vorgetäuschte Betrunkenheit eine weit wirkungsvollere Maske als Betrunkenheit selbst ist. Er sagte nur: »Bertrand?«

»Das ist der Bursche, den ich meine. Der Maler, verstehen Sie. Der große Maler. Natürlich weiß er, daß er nicht wirklich großartig ist, und aus genau diesem Grund benimmt er sich so. Künstler haben immer viele Frauen, wenn er es also schafft, viele Frauen zu haben, dann macht ihn das zu einem großen Künstler, ganz egal, wie schlecht seine Bilder sind. Sie kennen das Argument. Und den Trugschluß zweifellos auch. Ohne Gewähr, wie es so schön heißt. Sie können sich sicherlich vorstellen, wer in diesem Fall die Frauen sind. Ich und das Mädchen, auf das Sie ein Auge geworfen haben.«

Dixon antwortete erst einmal unaufrichtig. Die Anklage war zwar unbegründet, schaffte es aber, auf infame Weise wohlbegründet zu sein. »Was zum Teufel reden Sie da?«

»Vergeuden Sie Ihre Zeit nicht, Jim. Was haben Sie mit ihr vor?«

»Mit wem?«

Sie bohrte ihre Fingernägel in seinen Handrücken. »Hören Sie damit auf. Was haben Sie mit Christine Callaghan vor?«

»Nichts natürlich. Was könnte ich mit ihr vorhaben?«

»Wenn Sie es nicht wissen, kann ich es Ihnen nicht

zeigen, sagte die Schauspielerin zu dem Bischof. Machen Sie sich Sorgen über die Reaktion der armen Margaret?«

»Jetzt hören Sie aber mal auf mit dem Quatsch, Carol. Schließlich wollten Sie mich nicht ins Kreuzverhör nehmen, sondern mir etwas sagen.«

»Das hatte ich vor. Und machen Sie sich keine Sorgen, es hängt alles miteinander zusammen, alles miteinander. Nein, Sie lassen Margaret schön in ihrem eigenen Saft schmoren. Ich kenne Menschen wie sie, mein Guter, und glauben Sie mir, das ist die einzige Möglichkeit, die einzige Art, mit ihnen umzugehen. Werfen Sie ihr einen Rettungsring zu, und sie wird Sie mit sich in die Tiefe ziehen. Glauben Sie's mir.« Sie nickte mit halbgeschlossenen Augen.

»Was wollen Sie mir sagen, Carol? Falls Sie mir überhaupt etwas sagen wollen.«

»Oh, ich habe viel zu erzählen, viel. Sie wußten, daß ich es war, die er ursprünglich zu dieser Schwoferei begleiten wollte?«

»Ja, das habe ich gehört.«

»Zweifellos mal wieder von der lieben Margaret. Als nächstes gibt er mir den Laufpaß, damit er seine Neuerwerbung und deren Onkel begleiten kann, und verkuppelt mich mit dem Onkel. Nicht, daß mir das nach dem ersten Schrecken etwas ausgemacht hätte, denn mir scheint, daß der gute Julius und ich eine Menge gemeinsam haben. So schien es mir jedenfalls, ehe die liebe Margaret zu dem Schluß kam, daß sie mit dem guten Julius lieblichere Melodien spielen kann als ich. Ich verwende ihr Vokabular, verstehen Sie, nicht meines.«

»Ja, das verstehe ich sehr gut, danke.«

An dieser Stelle neigten sie sich, der Menge folgend, stark zur Seite, aber er hörte doch, wie sie sagte: »Diesmal bitte nicht Ihre üblichen Galsworthy-Dialoge, Jim. Können wir uns nicht einen Moment lang hinsetzen? Das hier erinnert mich zu sehr an den Schlußverkauf bei C & A.«

»In Ordnung.«

Sie bahnten sich mühsam einen Weg zu den Karthagern, unter denen zwei leere Sessel an der Wand standen. Sobald sie sich gesetzt hatten, beugte sich Carol lebhaft zu Dixon vor, so daß ihre Knie sich berührten. Ihr Gesicht lag im Schatten, und unter diesen Bedingungen hatte es einen gewissen romantischen Schmelz. »Vermutlich haben Sie schon erraten, daß ich mit unserem Freund, dem Maler, geschlafen habe?«

»Nein.« Er bekam es allmählich mit der Angst zu tun.

»Das ist gut. Ich möchte nicht, daß es sich herumspricht.«

»Ich werde es niemandem sagen.«

»Das ist die richtige Einstellung. Vor allem nicht der lieben Margaret, nein?«

»Natürlich nicht.«

»Gut. Ganz schöne Überraschung, was?«

»Ja.«

»Sie sind ein bißchen schockiert, nicht wahr?«

»Äh, eigentlich nicht, nein. Jedenfalls nicht auf die übliche Weise. Es ist nur so, daß das ein seltsamer Vogel zu sein scheint, mit dem Sie ... auf den Sie da geflogen sind.«

»Nicht so seltsam, wie man denken könnte. Seine Entschlossenheit ist ein guter Zug an ihm. Und auf seine Weise ist er sehr attraktiv.«

»Tatsächlich?« Dixons kniff die Lippen zusammen.

»Und, na ja, der alte Cecil ist für Spiele dieser Art kein besonders guter Gefährte, wie Sie sich sicherlich denken können. Wir haben's mehr oder weniger drangegeben. Das Problem ist, daß ich es immer noch sehr mag.«

»Und Bertrand geht das genauso, ja?«

»Selbstverständlich. Die Sache zieht sich jetzt schon eine ganze Weile hin. Wir haben die Nase inzwischen ziemlich voll voneinander. Bertrand ist dauernd in London und hüpft mit anderen Frauen ins Bett, vor allem mit dem Loosmore-Mädchen, und ich kann sein Gerede darüber, was er für ein großer Künstler ist, allmählich nicht mehr hören. Die Sache ist noch einmal aufgeflammt, als er letztes Mal hier war. Ich vermute, Christine war nicht gleich bei der Stange, oder vielleicht nicht schnell genug.«

»Oh, dann glauben Sie also nicht, daß sie ...?«

»Schwer zu sagen. Alles in allem wohl eher nicht. Sie ist eigentlich nicht der Typ dafür. Zumindest redet oder benimmt sie sich nicht so, obwohl sie auf gewisse Weise danach aussieht. Es hängt davon ab, wie tief ihre spröde, zickige Art reicht. Es geht aber immer noch darum, daß er mich erst für den Ball antreten läßt – und andeutet, daß es dabei nicht bleiben soll –, um mir dann im Beisein seiner Mutter und der lieben Margaret zu sagen, daß er mich doch nicht begleiten wird. Das hat mich sehr geärgert. Dann fängt er an, mich heute abend vor Christine zu beschwichtigen. Das hat mich auch wieder demoralisiert. Dann fordert er mich zum Tanzen auf und versucht, die ganze Geschichte mit einem Lachen abzutun, indem er mir quasi von Mann zu Mann sagt, ich weiß ja, wie kleine Mädchen à la Christine sind und daß ich nicht die Art von Mensch bin, für die er mich immer gehalten hat, wenn ich zulasse, daß solche Sachen eine – stellen Sie sich nur vor – Freundschaft zwischen zwei Erwachsenen stören kann – stellen Sie sich auch das vor. Oh, ich weiß, daß ich mir das alles nicht so zu Herzen nehmen sollte, aber... Ehrlich, Jim, so was macht einen fertig. Ich habe das alles so satt. Ich will ihm nicht mal mehr das Hirn einschlagen.«

Dixon hatte ihr Gesicht beobachtet, während sie sprach. Die Bewegungen ihres Mundes waren wunderbar entschlossen, und ihre Stimme hatte alle künstliche Verschwommenheit verloren und wieder die gewohnte Klarheit angenommen. All das trug dazu bei, ihrem Auftreten eine Festigkeit und Nachdrücklichkeit zu verleihen, die ihn beeindruckte. Es war weniger ihre sexuelle Anziehungskraft, die er spürte, als die Kraft ihrer Weiblichkeit. Gut, daß sie durch ihren Status als verheiratete Frau außerhalb der Reichweite seiner Wünsche lag, denn schon ihre Freundschaft erforderte einen Vorrat an Aufmerksamkeit und geistig-emotionaler Integrität, den zu besitzen er nicht mit Sicherheit von sich behaupten konnte. Nach einer kurzen Pause beeilte er sich fragen: »Wie haben Sie es geschafft, all das vor Cecil geheimzuhalten?«

»Sie glauben doch nicht, daß ich ihm nicht alles erzählt hätte, oder? Ich würde nicht im Traum daran denken, hinter seinem Rücken zu handeln.«

Dixon verfiel erneut in Schweigen. Nicht zum ersten Mal dachte er, daß er nicht das Geringste über andere Menschen und deren Lebensweise wußte. Dann kam Carols Gesicht aus dem Schatten hervor. Obwohl ihm Veränderungen in den Mienen anderer Menschen schnell auffielen, war er normalerweise kein guter Beobachter der Gesichtszüge selbst. Diesmal aber nahm er deutlich wahr, daß die Konturen ihrer Lippen leicht verwischt waren und daß sich auf ihren Wangen zwei deutliche Falten abzeichneten. Als sie weitersprach, fiel ihm noch etwas auf: daß die Weiße und Regelmäßigkeit ihrer oberen Zahnreihe hinter den Eckzähnen einer schwarzen Lücke wich. Wieder war ihm unbehaglich zumute.

»Das einzige, was wir jetzt klären können, ist die Frage, was Sie mit Christine anfangen wollen, Jim.«

»Ich habe es Ihnen gesagt: Nichts.«

»Vergessen Sie ein einziges Mal die liebe Margaret.«

»Hat nichts mit ihr zu tun. Es ist bloß so, daß... ich möchte nichts mit Christine anfangen, das ist alles.«

»Die Ausrede habe ich schon öfter gehört, aber sie ist gut. Ich muß immer darüber lachen.«

»Nein, ehrlich, Carol. Ich würde sie viel lieber ein oder zwei Mal treffen, ohne daß etwas daraus entsteht – was könnte überhaupt daraus entstehen? Ich bin nicht ganz ihre Liga, meinen Sie nicht? Wenn ich es bei ihr probieren würde, würde ich bloß abblitzen. Wir sind beide an andere gebunden...«

»Sie klingen, als ob Sie in sie verliebt wären.«

»Finden Sie?« fragte er fast begierig. Er konnte nicht anders, als ihre Bemerkung als Kompliment aufzufassen – zudem eines, das er schon lange gebraucht hatte.

»Ja. Ihre Haltung wird den zwei Grundvoraussetzungen der Liebe gerecht: Sie möchten mit ihr ins Bett gehen und können es nicht, und Sie kennen sie nicht besonders gut. Mangel an Kenntnis, gekrönt von Entbehrung, Jim. Sie entsprechen dem Schema aufs Haar, mehr noch: Sie möchten ihm weiterhin entsprechen. Die gute alte Leidenschaft ohne Hoffnung auf Erfüllung, nicht wahr? Daran bestehen nicht die geringsten zwei Zweifel, wie Cecil immer sagte, ehe ich ihm das abgewöhnt habe.«

»Ist das nicht ziemlich pubertär? Wenn ich das sagen darf.«

»Ja, nicht wahr? Haben Sie eine Zigarette, Jim?...

Danke. Mit ungefähr fünfzehn Jahren war ich mir völlig sicher, daß die Dinge auf diese Weise funktionieren und daß es sich bloß keiner leisten kann, das zuzugeben.«

»Jetzt haben Sie es ja getan.«

»Ja, jetzt habe ich es getan. Und da ich mich hier schon so unbeschwert offenbart habe, macht es mir auch nichts aus, Ihnen zu sagen, daß ich nach den Reifejahren zwischen zwanzig und dreißig mit einiger Erleichterung angefangen habe, die Dinge wieder auf diese Weise zu erklären. Nicht ohne Berechtigung, denke ich. Ich bin, ehrlich gesagt, seit längerem ziemlich angetan von meiner Formel.«

»Tatsächlich?«

»Aber sicher, Jim. Sie werden feststellen, daß die Ehe eine gute Abkürzung auf dem Weg zur Wahrheit ist. Nein, das trifft es nicht ganz. Sie ist ein Weg, auf dem man zur Wahrheit zurückkehrt. Außerdem werden Sie vermutlich feststellen, daß die Jahre der Täuschung nicht in der Pubertät liegen, wie die Erwachsenen uns immer weiszumachen versuchten. Es sind die Jahre unmittelbar danach, sagen wir die Jahre Mitte zwanzig, das falsche Erwachsensein, wenn Sie so wollen, wenn man zum ersten Mal völlig in diese Dinge verwickelt wird und den Kopf verliert. Ihr Alter, Jim, nebenbei bemerkt. Das ist der Zeitpunkt, wo einem zum ersten Mal klar wird, daß Sex auch für andere Menschen wichtig ist. Eine solche Entdeckung muß einen zwangsläufig eine Zeitlang aus dem Gleichgewicht bringen.«

»Carol... vielleicht, wenn Sie nicht geheiratet hätten...«

»Etwas anderes konnte ich doch gar nicht tun.«

»Nein? Warum nicht?«

»Himmel, haben Sie nicht zugehört? Ich war verliebt. Lassen Sie uns jetzt in die Bar zurückgehen, ja? Es ist so laut hier drinnen.« Ihre Stimme zitterte ein wenig – zum ersten Mal, seit sie miteinander zu sprechen begonnen hatten.

»Carol, es tut mir schrecklich leid. Ich hätte das nicht sagen sollen.«

»Jetzt seien Sie nicht albern, Jim. Es gibt nichts, wofür Sie sich entschuldigen müßten. Es war völlig normal, das zu sagen. Vergessen Sie aber nicht, daß Sie eine moralische Pflicht zu erfüllen haben: Halten Sie diese junge Frau von Bertrand fern; eine Affäre mit ihm würde ihr nicht gefallen. Das wäre ganz und gar nicht nach ihrem Geschmack. Geben Sie acht, daß Sie das nicht vergessen.«

Als er aufstand, merkte Dixon, daß er die Tänzer und die Kapelle ganz vergessen hatte. Nun jedoch erinnerte er sich lebhaft an sie. Gerade wurde ein Stück gespielt, das an melodischem Einfallsreichtum ebenso arm war wie an nennenswerten Variationen in Lautstärke, Rhythmus, Harmonie, Ausdruck, Tempo oder Tonfarbe. Gruppen von Tänzern kreiselten, hüpften und gestikulierten mehr oder weniger im Takt der Musik, dieweil der Menschenfresser, mit noch stärker ausgeprägter Sprachstörung als zuvor, lauthals seinen Text dazu mümmelte:

»Do schnarf den Haukie-Paukie on do dröhst schnarf schnarf,
 Schnarf das ist schnarf schnarf-schnarf.«

Sie betraten erneut die Bar. Dixon kam es so vor, als würde er seit Wochen nichts anderes tun. Der Anblick ihrer Gruppe, die immer noch – oder schon wieder – dort saß, wo sie zuvor gesessen hatte, erweckte in ihm das starke Bedürfnis, sich vornüber auf den Boden zu werfen und einzuschlafen. Bertrand sprach, Gore-Urquhart hörte zu,

Margaret lachte – bloß, daß sie jetzt eine Hand auf Gore-Urquharts Schulter gelegt hatte –, und Christine hörte wahrscheinlich ebenfalls jemandem zu, bloß, daß sie jetzt ihren Kopf in die Hände stützte. Beesley stand am Tresen und hob mürrisch und verzagt einen volles Half-Pint zum Mund. Dixon ging zu ihm hinüber, um der Langeweile für einen Augenblick zu entkommen, aber Carol drehte sich um und folgte ihm. Erneut wurden Grußfloskeln ausgetauscht.

»Was ist das hier, Alfred?« fragte Dixon. »Eine Sauftour?«

Beesley nickte, ohne mit Trinken aufzuhören. Nachdem er sein Glas abgesetzt, den Mund am Ärmel abgewischt, eine Grimasse gezogen und die Qualität des Bieres mit einem zweisilbigen Wort kommentiert hatte, das in feiner Gesellschaft unüblich ist, sagte er: »Bin da drinnen keinen Schritt weitergekommen. Also bin ich hier rein und an die Bar gegangen.«

»Und hier kommen Sie weiter, Alfred?« fragte Carol.

»Beim zehnten Halben habe ich es fast geschafft«, sagte Beesley.

»Nicht unterzukriegen, was? Das ist die richtige Einstellung. Also, Jim, hier ist offensichtlich der richtige Platz für uns zwei – habe ich recht? Niemand will einen von uns beiden haben. Was ist los? Wo schauen Sie hin?« Zu Dixons leiser Irritation hatten ihre Stimme und ihr Verhalten wieder die pseudo-betrunkene Färbung angenommen.

Beesley lehnte sich vor: »Na los, Jim: Bier oder Bier?«

»Hier sind wir, und hier bleiben wir, bis man uns hinauswirft«, sagte Carol mit gespieltem Trotz.

»Ja, ich nehme eins, danke, aber ich kann nicht bleiben«, sagte Dixon.

»Weil Sie sehen wollen, welche Fortschritte die liebe Margaret macht?«

»Na ja, doch, ich ...«

»Ich dachte, ich hätte Ihnen gesagt, daß Sie Margaret in ihrem eigenen Saft schmoren lassen sollen. Und wie wäre es, wenn Sie einfach Ihre Augen benutzen würden? Sie amüsiert sich besser denn je, danke, Mr. Dixon, und danke, Mrs. Goldsmith. Und auch Ihnen vielen Dank. Das ist die Gelegenheit, Jim. Erinnern Sie sich an Ihre moralische Pflicht? Danke, Alfred; auf Sie, mein Junge.«

»Was is' das für 'ne moralische Pflicht, Carol?«

»Jim weiß es. Habe ich recht, Jim?«

Dixon sah zu der Gruppe in der Ecke hinüber. Margaret hatte ihre Brille abgenommen, ein sicheres Zeichen ihrer Hingabe. Christine kehrte Dixon den Rücken zu und saß so unbeweglich da, als ob man sie mumifiziert hätte. Bertrand sprach immer noch und rauchte eine schwarze Zigarre. Warum tat er das? Eine jähe Dusche des Schreckens spritzte Dixon voll. Gleich darauf wurde ihm klar, wieso: Er hatte einen Plan, und er war drauf und dran, ihn in die Tat umzusetzen. Er keuchte ein bißchen angesichts der Ungeheuerlichkeit seines Vorhabens, dann trank er sein Glas aus und sagte bebend: »Dann also los. Bis später.«

Er ging zu den anderen hinüber und setzte sich in einen leeren Sessel neben Christine, die sich ihm mit einem Lächeln zuwandte – einem ziemlich reumütigen Lächeln, wie ihm schien. »Oh, hallo«, sagte sie. »Ich dachte schon, Sie wären nach Hause gefahren.«

»Noch nicht ganz. Sie sehen aus, als ob Sie hier ein bißchen ausgeschlossen wären.«

»Ja, es ist immer dasselbe mit Bertrand, wenn er erst einmal zu reden anfängt. Aber natürlich ist er eigens hergekommen, um Onkel kennenzulernen.«

»Das läßt sich kaum übersehen.« Genau in diesem Moment erhob sich Bertrand aus seinem Sessel und ging, ohne in Christines Richtung zu schauen, an die Bar, wo Carol und Beesley standen; man konnte noch ein entferntes Begrüßungsbellen hören. Als Dixon Christine kurz ansah, wurde ihm der seltene Anblick eines Menschen zuteil, der ganz davon in Anspruch genommen ist, rot anzulaufen. Eilig sagte er: »Hören Sie zu, Christine. Ich werde jetzt hinausgehen und ein Taxi bestellen. Es dürfte in ungefähr einer Viertelstunde hier sein. Gehen Sie dann hinaus, und ich werde Sie zu den Welchs zurückbegleiten. Es wird keine Spielchen geben, das garantiere ich Ihnen. Direkt zurück zu den Welchs.«

Ihre erste Reaktion sah nach Verärgerung aus. »Warum? Warum sollte ich das tun?«

»Weil Sie die Nase voll haben, und das ist auch kein Wunder. Darum.«

»Das ist nicht der Punkt. Das ist eine alberne Idee. Völlig verrückt.«

»Werden Sie dasein? Ich bestelle das Taxi sowieso.«

»Fragen Sie mich das nicht. Ich möchte das nicht gefragt werden.«

»Aber ich frage Sie. Also was ist? Ich gebe Ihnen zwanzig Minuten.« Er sah ihr in die Augen und legte seine Hand auf ihren Ellbogen. Er mußte den Verstand verloren haben, daß er so mit einer solchen Frau sprach. »Bitte, kommen Sie«, sagte er.

Heftig zog sie ihren Arm zurück. »Lassen Sie das«, sagte sie. Es klang, als ob er ihr mitgeteilt hätte, daß sie am nächsten Tag frühmorgens einen Zahnarzttermin habe.

»Ich werde auf Sie warten«, sagte er mit verhaltener Dringlichkeit. »In der Eingangshalle. In zwanzig Minuten. Nicht vergessen.«

Er drehte sich um und verließ den Schauplatz auf einer Route, die Ausblicke auf Tanzfläche und Kapelle gewährte. Sie würde natürlich nicht kommen, aber zumindest hatte er das Seine getan. Er hatte, mit anderen Worten, einen Weg gefunden, sich nicht nur mehr als sonst, sondern obendrein in aller Öffentlichkeit zu blamieren. Er blieb kurz stehen, um der Kapelle zum Abschied zuzuwinken, aber da er keine Antwort erhielt, machte er sich auf die Suche nach einem Telefon.

13

Dixon legte in der Säulenvorhalle des Gebäudes eine Pause ein, um sich die Zigarette anzuzünden, die er gemäß seinem Plan übermorgen nach dem Frühstück hätte anzünden sollen. Das bestellte Taxi mußte jeden Augenblick eintreffen. Wenn er seine Zigarette zu Ende geraucht hatte und Christine bis dahin immer noch nicht erschienen wäre, würde er den Taxifahrer bitten, ihn zu seiner Bude zu fahren. Er würde sich also, was immer geschehen mochte, demnächst in einem Auto befinden. Das war gut so, denn inzwischen hatte ihn eine umfassende Bewegungsunfähigkeit fast völlig übermannt. Noch zehn Minuten. Er versuchte, nicht darüber nachzudenken.

Die Straße war ungleichmäßig dunkel. Die Tageslichtlampen einer nahegelegenen Einkaufsstraße leuchteten fahl; die Seitenlichter der am Bordstein parkenden Autos brannten; die Fenster des Gebäudes hinter ihm waren von Licht erfüllt. Ein Zug bewegte sich langsam und mit großer Stetigkeit den Abhang hinter dem Bahnhof hinauf. Dixon fühlte sich jetzt etwas weniger erhitzt. Er hörte, wie die Kapelle ein Stück anstimmte, das er kannte und mochte. Wahrscheinlich würde das Stück die ganze Szenerie untermalen und dauerhaft in seinem Gedächtnis verankern. Er fühlte sich romantisch erregt. Aber hatte er überhaupt

Grund dazu? Was tat er hier? Wohin sollte das alles führen? Wohin auch immer es führen würde, es führte mit Sicherheit von dem Kurs ab, dem sein Leben während der vergangenen acht Monate gefolgt war. Dieser Gedanke rechtfertigte seine Erregung und erfüllte ihn mit Selbstgewißheit und Hoffnung. Jede richtige Änderung war etwas Gutes. Stillzustehen und auf der Stelle zu treten, war immer schlecht. Ihm fiel ein Gedicht ein, das ihm einmal jemand gezeigt hatte. Es schloß ungefähr mit den Worten: »Den Mangel annehmend, des Todes Schatten.« So war es recht. Nicht »Mangel erfahren«, das passierte jedem. Die einzig angemessene Antwort auf eine Umgebung übervoll mit Menschen und Dingen, die man für schlecht hielt, bestand darin, neue Möglichkeiten ausfindig zu machen, sie für schlecht zu halten. Prometheus entkam seinem Geier deshalb nicht, weil er sich auf ihn fixiert hatte, nicht umgekehrt.

Abrupt brachte Dixon seinen Kopf zum Vibrieren. Ohne ihn zu neigen, bewegte er den Unterkiefer so weit wie möglich seitwärts. Seine Zigarette war gänzlich aufgeraucht, und nach ungefähr fünfundzwanzig Minuten war nicht nur keine Christine in Sicht, sondern auch kein Taxi. In diesem Moment fuhr ein Auto um die Ecke zur Hauptstraße und hielt an der Ecke zu der Seitenstraße, wo er stand. Es war ein Taxi. Ein Stimme sagte vom Fahrersitz aus: »Barker?«

»Was meinen Sie mit Barker?«

»Taxi für Barker?«

»Was?«

»Taxi auf den Namen Barker?«

»Barker? Oh, Sie meinen bestimmt Barclay, nicht wahr?«

»Ja, das ist er: Barclay.«

»Gut. Wir sind fast fertig. Fahren Sie einfach rückwärts in die Seitenstraße, ja? Ich bin in ein paar Minuten zurück. Vielleicht bringe ich eine Bekannte mit. Lassen Sie sich bloß nicht von jemand anderem anheuern. Ich bin gleich wieder da.«

»Ist in Ordnung, Mr. Barclay.«

Dixon ging rasch zur Säulenvorhalle zurück und sah den erleuchteten Gang hinab. Er ermunterte sich, darüber nachzudenken, ob er zu Christine zurückgehen und noch einmal versuchen sollte, sie zum Mitkommen zu bewegen. Eine Biegung verbarg alles außer den ersten Metern des Korridors vor seinen Blicken. Pünktlich kam, sich in seinen Mantel zwängend, Professor Barclay um die Ecke, gefolgt von seiner Frau. Dixon hatte das dumpfe Gefühl, daß der Professor kürzlich in seiner Gegenwart irgendwie erwähnt worden war. Er schaute zurück: Das Taxi stand mitten auf der Straße und begann gerade, langsam in die Seitenstraße zurückzusetzen, wo es durch einen Büroblock verdeckt sein würde. Als Barclay sich näherte, hatte der Wagen noch mehrere Meter zurückzulegen.

Dixon stellte sich ihm den Weg. »Oh, guten Abend, Professor Barclay«, sagte er in so gemessenem Tonfall, als ob er es mit einem Hypnotisierten zu tun hätte.

»Hallo, Dixon. Haben Sie vielleicht ein Taxi gesehen, das auf mich wartet?«

»Guten Abend, Mrs. Barclay... Nein, leider nicht, Professor.«

»O je«, sagte dieser freundlich. »Dann müssen wir wohl warten.« Während er sprach, hallte ein lauter, blecherner Akkord im Korridor wider, der das Geräusch einer einrastenden Handbremse in der Seitenstraße beinahe übertönte. »Habe ich da gerade ein Auto gehört?« fragte der Professor und hob den Kopf wie ein alter Ackergaul, der beim Grasen gestört wird.

Dixon tat so, als würde er aufmerksam lauschen. »Ich höre nichts«, sagte er bedauernd.

»Ich muß mich wohl geirrt haben.«

»Trotzdem denke ich, Simon, daß ich ein Stück vorgehen sollte. Nur für den Fall, daß er angekommen ist und geparkt hat, ehe Mr. Dixon herauskam.«

»Ja, Liebes, die Möglichkeit besteht natürlich.«

»Das ist nicht möglich, Mrs. Barclay. Ich stehe seit fast einer halben Stunde hier und kann Ihnen versichern, daß kein Taxi angekommen ist.«

»Das ist aber äußerst seltsam«, sagte sie mit einer mahlenden Bewegung des Kiefers. »Mein Mann hat vor mindestens einer halben Stunde das Taxi bestellt, und ›City Cars‹ ist normalerweise sehr pünktlich.«

»Eine halbe Stunde ... Nein, das kann er nicht geschafft haben, ehe ich hier war«, sagte Dixon wie jemand, der eine Berechnung anstellt. »Die Garage von ›City Cars‹ liegt auf der entgegengesetzten Seite der Stadt, hinter dem Busbahnhof.«

»Warten Sie auch auf ein Taxi, Mr. Dixon?« fragte Mrs. Barclay.

»Nein, ich ... ich bin nur hinausgegangen, um ein bißchen frische Luft zu schnappen.«

»Die Zeit dürfte für mehrere Lungen Frischluft gereicht haben«, sagte der Professor lächelnd.

Er war so freundlich, daß Dixon sich beträchtlich schämte, ihm das Taxi weggeschnappt zu haben, doch für einen Rückzieher war es jetzt zu spät. »Ja, das stimmt«, sagte er und versuchte, gelassen zu klingen. »Eigentlich warte ich auf eine Bekannte.«

»Ah ja? Wir können ebensogut ein paar Schritte vorgehen, Simon. Es wird ziemlich frisch hier, wenn man länger steht.«

»Ja, Liebes.«

»Ich komme ein Stück mit Ihnen«, sagte Dixon. Er verließ seinen Posten nur ungern, aber ihn nicht zu verlassen, stellte sich als die schlechteste aller Möglichkeiten dar. Was aber konnte er tun, damit die Barclays ihr Taxi nicht entdeckten?

Als sie nur wenige Meter von der fraglichen Ecke entfernt waren, bog ein Taxi um die nächste Ecke. Dixon wußte sofort, daß es nicht sein Taxi sein konnte, denn alle Fahrzeuge von »City Cars« hatten ein kleines Leuchtschild über der Windschutzscheibe, dieses aber nicht. Trotzdem konnte er nun ein Ablenkungsmanöver inszenieren. Als sie sich direkt an der Ecke befanden, trat Dixon auf die Straße, hob seinen Arm und rief mit dringlicher Stimme: »Taxi! Taxi!«

»Selber Taxi«, rief eine schrille Stimme vom Rücksitz.

»Taxi vergeben, Junge«, schnarrte der Fahrer und beschleunigte, als er an ihm vorbeifuhr.

Er kehrte zurück zu den Barclays, die der Straßenecke den Rücken zukehrten und ihm entgegensahen. »Hat leider nichts genützt«, sagte er. Aber ihm hatte es durchaus genützt, denn nach diesem Intermezzo erschien es nur normal, daß sie zur Säulenvorhalle zurückkehrten. Was würde der nächste Ausflug nach draußen bringen? Regelmäßig um die Ecke biegende Wagen privater Fahrdienste waren mehr, als er zu erhoffen wagte. Er hoffte inbrünstig, daß sein eigenes Taxi – jenes, das er wirklich bestellt hatte

– es sich nicht in den Kopf setzte, doch noch aufzutauchen: Er würde damit wegfahren müssen, und es bliebe dann den Barclays überlassen, das Taxi zu finden, das er ihnen weggeschnappt hatte. Oder würde er sie überreden können, seines zu nehmen?

Sie standen noch einige Minuten in der Säulenvorhalle, doch niemand kam oder ging. Ein weiterer Ausflug zur Ecke dräute, und Dixon blickte verzweifelt den Korridor hinab. Zwei Personen erschienen beinahe gleichzeitig an der Biegung. Die erste Person war nicht Christine, sondern ein betrunkener Mann, der wie besessen mit seinem Feuerzeug klickte. Die zweite Person, andererseits, war sie.

Ihr Auftreten war so normal, daß es Dixon beinahe schockierte. Er wußte nicht, was er erwartet hatte, aber es war nicht dieser Ausdruck des Wiedererkennens auf ihrem Gesicht, dieses zielstrebige Auf-ihn-Zugehen, dieser nüchterne Klang ihrer Schuhe auf Stoff, auf Holz, auf Stein. Sie warf einen Blick über die Reihe parkender Autos und fragte ohne Umschweife: »Haben Sie eins bekommen?«

Dixon wußte, daß die Barclays, oder zumindest Mrs. Barclay, zuhörten. Er zögerte eine Sekunde lang, dann sagte er »Ja« und klopfte auf seine Tasche. »Ich habe es hier drin.«

Er versuchte, sie zum Mitgehen zu bewegen, aber sie blieb im Eingang stehen. Die Lichter des Korridors tauchten ihr Gesicht in Schatten. »Ich meinte ein Taxi.«

»Ein Taxi? Ein Taxi? Für kaum mehr als hundert, hundertfünfzig Meter?« Er stieß ein zittriges Lachen aus. »Sie sind schneller zurück bei Mama, als ich zum Telefonieren brauche. Gute Nacht, Professor, gute Nacht, Mrs. Barclay.

Gut, daß wir nicht weit zu gehen haben, es ist ziemlich frisch. Haben Sie den anderen für mich Auf Wiedersehen gesagt?« Sie waren inzwischen so weit entfernt, daß er hinzufügen konnte: »Gut. Alles in Ordnung. Gut gemacht.« Ganz in der Nähe wurde ein Auto angelassen. Er hörte, wie Mrs. Barclay hinter seinem Rücken etwas zu ihrem Mann sagte.

»Was geht hier vor?« fragte Christine mit unverhüllter Neugier. »Was soll das alles?«

»Wir haben denen das Taxi geklaut, das ist eine der Sachen, die hier vor sich gehen. Es parkt gleich um die Ecke.«

Als ob es auf seinen Namen hören würde und des Wartens müde wäre, verließ das Taxi die Seitenstraße und bog in die Hauptstraße ein. Er lief wild rennend darauf zu und rief laut: »Taxi! Taxi!«

Der Wagen hielt an, und er ging zum Fahrerfenster. Nach einem kurzen Wortwechsel entfernte sich das Taxi und verschwand auf der Hauptstraße. Dixon lief zu Christine zurück, der sich jetzt die Barclays beigesellt hatten.

»Tut mir leid, daß ich es nicht für Sie bekommen konnte«, sagte er zu ihnen. »Er muß in fünf Minuten jemanden am Bahnhof abholen. So etwas Dummes.«

»Aber vielen Dank, daß Sie es versucht haben, Dixon«, sagte Barclay.

»Ja, trotzdem vielen Dank«, sagte seine Frau.

Er nahm Christine beim Arm und führte sie, »Gute Nacht« rufend, in die Seitenstraße. Sie überquerten die Straße.

»Heißt das, daß wir kein Taxi mehr haben? Es war doch unseres, oder?«

»Unseres, nachdem es ihres war. Nein, ich habe dem

Fahrer gesagt, daß er um die Ecke fahren und dreißig Meter weiter an der Straße auf uns warten soll. Wir können den Weg über diese Gasse abkürzen und in ein paar Minuten dort sein.«

»Was hätten Sie getan, wenn er nicht gerade losgefahren wäre? Wir hätten nicht einfach vor den Augen dieser Leute wegfahren können.«

»Ich hatte mir schon ausgerechnet, daß wir etwas Derartiges einfädeln müßten. Entscheidend war, daß das Taxi erst einmal ohne uns wegfährt. Deshalb habe ich so schnell reagiert.«

»Das haben Sie, sehr sogar.«

Schweigend erreichten sie das Taxi, das vor dem erleuchteten Schaufenster eines Bekleidungsgeschäftes parkte. Dixon öffnete eine der hinteren Türen für Christine und sagte dann zu dem Fahrer: »Unser Freund wird nicht kommen. Wir fahren los, sobald Sie bereit sind.«

»Gut, Sir. Gleich bei der Getreidebörse, richtig?«

»Nein, es ist weiter als die Getreidebörse.« Er nannte die Kleinstadt, in der die Welchs lebten.

»Bis dahin schaffe ich es nicht. Tut mir leid, Sir.«

»Ist schon in Ordnung, ich kenne den Weg.«

»Ich auch, aber in der Garage hat man mir die Getreidebörse genannt.«

»Tatsächlich? Nun, dann hat man Ihnen etwas Falsches gesagt. Wir fahren nicht zur Getreidebörse.«

»Hab aber nicht genug Benzin.«

»Batesons Tankstelle am unteren Ende der College Road macht erst um zwölf zu.« Er schielte auf das Armaturenbrett. »Zehn vor. Das schaffen wir mit links.«

»Darf nur an unserer eigenen Tankstelle tanken.«

»Heute nacht nicht. Ich werde es Ihrer Firma schriftlich

erklären. Es ist deren Schuld, wenn sie Ihnen sagen, daß Sie nur bis zur Getreidebörse fahren müssen. Jetzt lassen Sie uns losfahren, wenn Sie nicht acht Meilen vor der Stadt feststellen wollen, daß Ihnen das Benzin für die Rückfahrt fehlt.«

Er stieg neben Christine ein, und das Auto fuhr los.

14

»Das war alles sehr wirkungsvoll«, sagte Christine. »Sie werden allmählich richtig gut in diesen Dingen, was? Erst der Tisch, dann die Sache mit der *Evening Post*, und jetzt das hier.«

»Das war nicht immer so. Ich hoffe übrigens, daß Sie keine allzu großen Einwände gegen die Art haben, wie ich dieses Taxi ergattert habe.«

»Ich bin immerhin eingestiegen, nicht wahr?«

»Ja, ich weiß, aber ich hätte gedacht, daß Ihnen die Methode unmoralisch erscheint.«

»Tut sie auch, oder sie würde es zumindest unter normalen Umständen, aber es war wichtiger für uns als für sie, ein Taxi zu bekommen, oder?«

»Ich bin froh, daß Sie es so aufnehmen.« Er sann einen Moment über ihre Verwendung des Wortes »wichtig« nach. Dann wurde ihm klar, daß ihre rasche Einwilligung in seine piratenhafte Entführung des Barclayschen Taxis ihm nicht ganz recht war. Selbst jetzt fand er noch, daß er ein bißchen zu weit gegangen war, und im Gegensatz zu ihm hatte sie nicht einmal die Entschuldigung, unbedingt ein Taxi bekommen zu wollen. Wie die beiden hübschen Frauen, die er persönlich gekannt hatte, und viele, über die er nur gelesen hatte, hielt sie es für völlig angemessen, daß ein Mann betrog und ein anderer betrogen wurde, sofern es ihrer Bequemlichkeit diente. Sie hätte protestieren sollen, hätte es ablehnen sollen, mit ihm zu fahren, hätte darauf bestehen sollen, zurückzukehren und den Barclays das Taxi zu überlassen, hätte – abgestoßen von seiner Skrupellosigkeit – zu der Tanzgesellschaft zurückkehren sollen. Jawohl, das wäre echter Sportsgeist gewesen, Jungchen, sagte eine Stimme mit schottischem Akzent in seinem Kopf. Er fuhr sich in der Dunkelheit mit der Hand an den Mund, um ein Lachen zu unterdrücken. Ansonsten bereitete ihm die Vorstellung, einen Gesprächsstoff für die gesamte Fahrtzeit zu den Welchs finden zu müssen, zunehmend Sorge. Fest stand lediglich, daß die Entführung Christines ein Schlag in Bertrands Gesicht war, aber es schien mehr als unklug, damit zu beginnen. Warum hatte sie zugestimmt, ihren Freund auf so brüskierende Weise sitzenzulassen? Mehrere Antworten waren denkbar. Vielleicht war das ein passender Beginn. »Haben Sie sich gut losmachen können?« fragte er.

»O ja. Niemand schien große Einwände zu haben.«

»Was haben Sie denn gesagt?«

»Ich habe Onkel Julius die Sache erklärt – er kümmert sich nie um das, was ich tue –, und dann habe ich Bertrand gesagt, daß ich gehe.«

»Wie hat er reagiert?«

»Er sagte: ›Tu das nicht, ich bin gleich bei dir.‹ Dann hat er mit Mrs. Goldsmith und mit Onkel weitergeredet. Da bin ich dann gegangen.«

»Verstehe. Klingt, als wäre alles sehr einfach und schnell gegangen.«

»Ist es auch.«

»Ich bin jedenfalls sehr froh, daß Sie sich entschlossen haben, mit mir zu kommen.«

»Gut. Ich hatte zuerst ein ziemlich schlechtes Gewissen, daß ich alle sitzengelassen habe, aber das hat sich jetzt gelegt.«

»Gut. Was hat Sie schließlich zu Ihrer Entscheidung bewogen?«

Sie schwieg einen Augenblick lang, ehe sie sagte: »Sie wissen ja, daß ich mich da drinnen nicht besonders gut amüsiert habe. Außerdem fing ich an, mich schrecklich müde zu fühlen, und da es nicht danach aussah, als ob Bertrand bald gehen würde, dachte ich, daß ich mit Ihnen gehe.«

Sie sagte das in ihrer besten Dorfschullehrerinnenmanier, eher noch wie eine Sprecherzieherin, und so entgegnete Dixon ebenso steif: »Verstehe.« Im Licht der Straßenlampen sah er, daß sie erwartungsgemäß am äußersten Rand des Sitzes saß. Soviel also dazu.

Plötzlich verfiel sie in ihre andere Manier, diejenige, die er mit ihrem Telefongespräch in Verbindung brachte: »Nein, ich will nicht versuchen, mich herauszureden. Das ist nur ein Teil der Wahrheit. Ich wüßte nicht, warum ich Ihnen nicht etwas mehr erzählen sollte. Ich bin gegangen, weil ich alles gründlich satt hatte.«

»Das ist ein bißchen vage. Was genau hatten Sie satt?«

»Alles. Ich hatte absolut alles satt. Ich wüßte nicht, warum ich Ihnen das nicht erzählen sollte. Ich war in letzter Zeit sehr deprimiert, und heute abend wurde es mir wohl einfach zuviel.«

»Eine Frau wie Sie hat keinen Grund, wegen irgend etwas deprimiert zu sein, Christine«, sagte Dixon herzlich, dann prallte er jäh gegen die Scheibe und stieß sich heftig den Ellbogen an der Tür. Mit einem Ruck kam das Taxi vor einer Reihe von Zapfsäulen zum Stehen. Dahinter befand sich ein unbeleuchtetes Gebäude mit einem kaum erkennbaren Schild, auf das »Autovermietung – Bateson's – Reparaturen« gemalt war. Dixon stieg aus, lief zu einer großen Holztür und fing an, wie wild dagegen zu trommeln. Er fragte sich, ob – oder wie bald – er seiner Aufforderung laute Rufe beigesellen sollte. Während er wartete, ging er in Gedanken einige nützliche Allzweckphrasen schimpfender oder drohender Natur durch, die sich bei Erscheinen eines dienstunwilligen Tankstellenmanns als nützlich erweisen konnten. Eine Minute verstrich, und er fuhr fort, auf die Tür einzuhämmern, während sich der Taxifahrer zu ihm gesellte – schon seine Anwesenheit war ein selbstgerechter, pessimistischer Kommentar. Dixon befand stillschweigend über die Richtlinien für eine angemessene Grimasse: Sie beinhalteten den reichlichen und ungewöhnlichen Einsatz der Lippen und der Zunge, und sie billigten Handbewegungen. Just in diesem Moment ging drinnen schlagartig das Licht an, und die Tür wurde ohne weitere Umstände geöffnet. Ein Mann erschien und erklärte sich willens und bereit, mit Benzin zu dienen. Während der nächsten Minuten dachte Dixon nicht über diesen Mann, sondern über Christine nach. Ehrfurcht ergriff ihn, als er überlegte, daß sie ihn nicht nur nicht zurückzuweisen, sondern ihm sogar zu vertrauen schien. Und wie wunderbar sie doch war, und was für ein Glück er hatte, bei ihr zu sein. Sein Geständnis, die andeutungsweise Offenbarung seiner Gefühle, hatte noch vor kurzem, im Gespräch mit Carol, abwegig gewirkt – nun schien sie völlig normal und gerechtfertigt zu sein. Die nächste halbe Stunde bot die einzige Möglichkeit, die er jemals haben würde, etwas aus diesen Gefühlen zu machen – was auch immer es sein mochte. Dieses eine Mal in seinem Leben, beschloß Dixon, wollte er seinem Glück vertrauen. Was immer in der Vergangenheit an Glücksfällen seines Weges gekommen war, hatte er mit Mißtrauen behandelt und so lange geizig auf Eis gelegt, bis die günstige Gelegenheit gründlich verstrichen war. Es war an der Zeit, damit Schluß zu machen.

Dixon bezahlte den Tankstellenmann, und das Taxi fuhr los. »Wie ich gerade sagte: Sie haben keinen Grund, deprimiert zu sein«, meinte er.

»Ich wüßte nicht, wie Sie das beurteilen könnten«, sagte sie, nun wieder streng.

»Nein, selbstverständlich kann ich das nicht beurteilen, aber ich denke alles in allem, daß Sie sich nicht zu sehr grämen sollten.« Er sagte das mit einer Leichtigkeit, die ihn überraschte. Ihm war klar, daß sie Zeit und Unterstützung brauchen würde, um zu ihrer offeneren Art zurückzufinden. Zugleich dachte er, daß diese Art der Wahrnehmung so ungewöhnlich für ihn sei wie alles andere, das er empfand. »Auf mich wirken Sie wie ein Mensch, der in den meisten Dingen erfolgreich ist.«

»Ich hatte nicht vor, wie eine Märtyrerin zu klingen. Sie haben natürlich recht: Es geht mir gut, und ich habe in allen möglichen Dingen sehr viel Glück gehabt. Aber es gibt ein paar Sachen, die ich schrecklich schwierig finde. Ich finde mich einfach nicht gut zurecht im Leben, wissen Sie.«

Dixon hätte am liebsten laut aufgelacht. Er konnte sich keine Frau ihres Alters vorstellen, auf die diese altehrwürdige Phrase weniger zutreffen würde. Er sagte ihr das.

»Nein, es stimmt wirklich«, beharrte sie. »Ich hatte noch keine Zeit, meinen Weg zu finden.«

»Bitte nehmen Sie es mir nicht übel, wenn ich das sage,

aber ich hätte gedacht, daß es eine Menge Leute gibt, die nur zu bereit sind, Ihnen diesen Weg zu zeigen.«

»Ich weiß. Ich verstehe genau, was Sie meinen, aber sie versuchen es nicht. Sie vermuten wohl, daß ich schon Bescheid weiß.« Sie sprach jetzt voller Lebhaftigkeit.

»Ach, tatsächlich? Woran liegt das Ihrer Meinung nach?«

»Es muß wohl daran liegen, daß ich so gefaßt wirke. Ich wirke, als ob ich alles darüber wüßte, wie man sich benimmt und so weiter. Das ist mir von mehreren Leuten gesagt worden, es muß also stimmen. Aber ich wirke nur so.«

»Es stimmt schon, daß Sie recht weltgewandt wirken, wenn das der richtige Ausdruck ist. Manchmal sogar ein bißchen hochnäsig. Aber es ...«

»Für wie alt halten Sie mich?«

Dixon dachte, daß eine ehrliche Antwort ausnahmsweise angemessen sei. »Ungefähr vierundzwanzig Jahre alt, denke ich.«

»Na bitte«, sagte sie triumphierend. »Genau, wie ich vermutet habe. Ich werde nächsten Monat zwanzig. Am achtzehnten.«

»Ich meinte natürlich nicht, daß Sie nicht sehr jung aussähen, soweit es nur Ihr Gesicht betrifft, ich dachte bloß ...«

»Nein, ich weiß. Aber so alt sehe ich aus, nicht wahr? Es liegt an meinem Aussehen, nicht wahr?«

»Ja, vermutlich. Aber das ist es nicht allein, scheint mir.«

»Entschuldigung, was ist was nicht allein?«

»Ich will sagen, daß es nicht nur Ihre Erscheinung ist, die Sie älter und erfahrener und so weiter wirken läßt. Es liegt oft auch an der Art, wie Sie sich benehmen und wie Sie sprechen. Meinen Sie nicht auch?«

»Es ist schwierig für mich, das zu beurteilen.«

»Natürlich, das leuchtet mir ein. Es ist bloß... Sie scheinen... nie von Ihrem hohen Roß herunterzukommen. Es ist schwierig, das genau zu beschreiben. Aber Sie haben die Angewohnheit, sich manchmal wie eine Gouvernante zu benehmen, obwohl ich zugegebenermaßen nicht viel von Gouvernanten verstehe.«

»Ach, tatsächlich?«

Der Tonfall dieser Frage veranschaulichte genau das, was er meinte. Aus dem Gefühl heraus, daß es nichts ausmache, was er sagte, sagte Dixon: »Sehen Sie, jetzt tun Sie es wieder. Wenn Sie nicht wissen, was Sie tun oder sagen sollen, verfallen Sie wieder in Ihre Steifheit. Und das alles paßt zu Ihrem Gesicht. Das hat Ihnen ursprünglich die Idee eingegeben, sich überhaupt so steif zu gebärden – Ihr Gesicht, meine ich. Und das alles erzeugt den Gesamteffekt einer spröden Selbstsicherheit, und Sie wollen zwar nicht spröde sein, selbstsicher aber schon. Ja... Aber das ist mehr als genug an onkelhaften Lebensweisheiten. Wir kommen vom Thema ab. Wie hängt das alles mit Ihrer Deprimiertheit zusammen? Es gibt immer noch keinen Grund für Sie, deprimiert zu sein.«

Sie zögerte, während Dixon leicht schwitzend seinen Ausbruch von Alter-Hasen-Gewißheit bereute. Dann platzte es aus ihr heraus: »Das hat alles mit Männern zu tun. Ich hatte selten mit Männern Umgang, ehe ich im letzten Jahr meine Stelle in London bekam... Sagen Sie, es macht Ihnen doch nichts aus, daß wir die ganze Zeit über mich sprechen? Das wirkt so selbstbezogen. Finden Sie nicht...«

»Zerbrechen Sie sich darüber nicht den Kopf. Ich will hören, was Sie zu sagen haben.«

»Na gut. Also... Ich hatte noch nicht sehr lange in der

Buchhandlung gearbeitet, als mich ein Mann ansprach und zu einer Party einlud. Ich bin natürlich hingegangen, und es waren viele Künstler da, und ein paar Leute von der BBC. Sie kennen solche Partys?«

»Ich kann sie mir vorstellen.«

»So ... so hat dann alles angefangen. Ich wurde weiter von Männern eingeladen, und natürlich bin ich weiter hingegangen, weil es großen Spaß gemacht hat. Und ich genieße das immer noch sehr. Aber sie haben die ganze Zeit ... versucht, mich zu verführen. Und ich wollte nicht verführt werden, verstehen Sie, und sobald ich sie davon überzeugt hatte, waren sie weg. Das hat mir nicht viel ausgemacht, weil es immer einen anderen zu geben schien, der bereit war ...«

»Darauf wette ich. Fahren Sie fort.«

»Ich fürchte, das klingt schrecklich ...«

»Fahren Sie fort.«

»Wenn Sie wirklich meinen ... Jedenfalls begegnete ich nach einigen Monaten Bertrand, das war im März. Er schien gar nicht wie die anderen zu sein, hauptsächlich deshalb, weil er nicht die ganze Zeit versuchte, mich zu seiner Geliebten zu machen. Und er kann sehr nett sein, obwohl ich nicht annehme, daß Sie ... Es war nur so, daß ich nach einer Weile anfing, ihn ziemlich gern zu haben. Dann wiederum – und das ist der komische Teil – bin ich seiner in anderer Hinsicht ein wenig überdrüssig geworden, während er mir gleichzeitig immer mehr ans Herz wuchs. Bertrand ist eine sehr seltsame Mischung.«

Dixon nannte im Stillen die beiden Substanzen, aus denen Bertrand seiner Meinung nach eine Mischung darstellte. Laut sagte er: »Inwiefern?«

»Er kann in der einen Minute äußerst verständnisvoll

und freundlich sein, und in der nächsten völlig unvernünftig und kindisch. Ich weiß nie, woran ich mit ihm bin oder was er wirklich will. Manchmal denke ich, daß alles davon abhängt, wie er mit seiner Malerei vorankommt. Jedenfalls haben wir angefangen, uns über dies und das zu streiten. Und ich ertrage keinen Streit, vor allem, weil Bertrand mich immer ins Unrecht setzt.«

»Wie meinen Sie das?«

»Er fängt zum Beispiel einen Streit an, wenn er mich dadurch ins Unrecht setzen kann, und er zwingt mich dazu, einen anzufangen, wenn derjenige, der den Streit anfängt, sich dadurch ins Unrecht setzt. Natürlich wird es wegen heute abend einen Streit geben, und natürlich wird er wie immer Recht behalten. Aber er hat unrecht, er ist derjenige, der unrecht hat. Diese ganze Geschichte mit Mrs. Goldsmith – schon gut, ich werde Sie nicht danach fragen, aber ich weiß, daß da etwas im Gang ist. Er wird mir aber nicht sagen, was es ist. Ich glaube zwar nicht, daß viel dahintersteckt, es begeistert ihn bloß, wenn ... Aber er würde mir niemals sagen, was los ist. Er wird so tun, als ob nichts wäre, und mich fragen, ob ich wirklich glaube, daß er irgend etwas hinter meinem Rücken anfangen würde. Und dann muß ich Nein sagen, denn sonst ...«

»Es geht mich zwar nichts an, Christine, aber meiner Meinung nach läuft Freund Bertrand Gefahr, daß Sie ihm den Laufpaß geben.«

»Nein, das kann ich nicht tun, es sei denn ... Das kann ich nicht tun. Ich stecke zu tief drin, um einfach einen Rückzieher zu machen. Es muß so weitergehen, wie es ist. Man muß die Menschen nehmen, wie sie sind.«

Dixon wollte nicht spekulieren, was »es« war und wie

»es« weitergehen würde, also fragte er rasch: »Haben Sie gemeinsame Zukunftspläne?«

»Ich nicht, aber er vielleicht. Ich denke, er will, daß wir heiraten, auch wenn er es niemals wirklich erwähnt hat.«

»Und wie stehen Sie dazu?«

»Ich habe mich noch nicht entschieden.«

Das schien fürs erste alles zu sein. Dixon dachte, daß er mit Ausnahme ihrer Stimme eigentlich keinen Beweis dafür hatte, daß sie neben ihm saß. Wenn er sich nach rechts drehte, sah er nichts als einen finsteren, völlig anonymen Umriß. Sie saß ganz still da. Keine Bewegung erzeugte ein Geräusch ihrer Kleidung oder der Polsterung. Offenbar benutzte sie kein Parfüm, jedenfalls roch er keines, und er war weit davon entfernt, an eine Berührung auch nur denken zu können. Die Schultern und der hutbedeckte Kopf des Taxifahrers, dessen Bewegungen die Richtung ihrer Fahrt bestimmten, zeichneten sich gegen das Leuchten der Lichter im Auto ab. Im Grunde erschien der Fahrer Dixon viel wirklicher als Christine. Er sah aus dem Seitenfenster hinaus, und beim Anblick der dunkel vorüberziehenden Landschaft hob sich seine Laune sofort. Im Gegensatz zu den meisten Dingen, die ihm widerfuhren, war diese Fahrt etwas, worauf er nur ungern verzichtet hätte. Er hatte etwas bekommen, das er gewollt hatte. Welche Kosten in Form zukünftiger Peinlichkeiten daraus auch entstehen mochten – er war bereit, sie zu zahlen. Wie unvollständig doch das arabische Sprichwort ist, das genau diese Strategie propagiert: Zusätzlich zu: »Nimm dir, was du willst, und bezahle dafür«, müßte es heißen: »Das ist besser, als etwas zu nehmen, was du nicht willst, und dafür bezahlen zu müssen.« Ein weiteres Argument, das seine These stützte, besagte, daß etwas Nettes netter sei als etwas

Scheußliches. Christines ungeteilte Gegenwart war etwas sehr Nettes – so nett, daß seine Gefühle damit offenbar ähnlich überfordert waren, wie der Magen eines Völlerers von den Mahlzeiten seines Herrn. Wie wunderschön ihre Stimme war. Um mehr davon zu hören, fragte er: »Wie sind eigentlich Bertrands Bilder?«

»Oh, er hat sie mir nicht gezeigt. Er sagt, er will nicht, daß ich ihn für einen Maler halte, ehe er selbst es tut. Andere Leute haben mir erzählt, daß sie sie für ziemlich gut halten. Das waren aber wohl alles Freunde von ihm.«

Obwohl eine Aureole überwältigenden Unsinns diese Ansicht umkränzte, hielt Dixon die Ansicht selbst doch für durchaus achtenswert, zumindest aber für einigermaßen überraschend. Wie groß mußte die Versuchung sein, Beweise für das eigene Künstlertum zu produzieren, anderen Menschen zu schmeicheln und ihnen gleichzeitig zu zeigen, was für ein probater Bursche man war, indem man um Kritik bat und sich angeblich nach ihr richtete. Vor allem aber mußte es eine ungeheure Versuchung sein, anderen zu verstehen zu geben, wieviel mehr in einem steckte, als der äußere Anschein verriet. Dixon hatte sich manches Mal gewünscht, Gedichte oder etwas Ähnliches zu schreiben, um einen Anspruch auf charakterliche Reife erheben zu können.

Christine fuhr indessen fort: »Es ist schon etwas Besonderes, einen Mann kennenzulernen, der ein ehrgeiziges Ziel verfolgt. Ich meine nicht die Art von Ehrgeiz, die auf ein Rendezvous mit einem Filmstar aus ist, oder dergleichen. Es klingt vielleicht seltsam, wenn ich das sage, aber ich blicke zu Bertrand auf, weil es in seinem Leben einen Mittelpunkt gibt – etwas, das nicht bloß materiell oder selbstbezogen ist. Und aus dieser Perspektive betrachtet, kommt es eigentlich nicht darauf an, wie gut seine Arbeiten sind. Es kommt nicht darauf an, ob das, was er malt, einer einzigen Menschenseele außer ihm selbst Freude bereitet.«

»Aber wenn ein Mann sein Leben mit einer Arbeit verbringt, die nur ihm Freude bereitet, ist das dann nicht genauso selbstbezogen?«

»Na ja, vielleicht in dem Maß, wie jeder von uns selbstbezogen ist. Aber Sie müssen zugeben, daß es Unterschiede gibt.«

»Die gibt es bestimmt. Aber ist es nicht so, daß sein Ehrgeiz Sie ziemlich ausschließt?«

»Was?«

»Ich will sagen: Stellen Sie nicht oft fest, daß er malt, wenn Sie mit ihm ausgehen wollen?«

»Manchmal, aber ich versuche, es nicht schwer zu nehmen.«

»Warum?«

»Und natürlich würde mir nicht im Traum einfallen, ihn das spüren zu lassen. Die Situation ist nicht einfach. Eine Beziehung mit einem Künstler ist etwas ganz anderes als eine Beziehung mit einem normalen Mann.«

Dixon, der für Christine nun einmal empfand, was er offenbar für sie zu empfinden begonnen hatte, konnte diese letzte Bemerkung nicht willkommen sein. Aber auch von objektiver Warte aus betrachtet, fand er sie einfach gräßlich. Wäre sie eine Dialogzeile in einem Film gewesen, hätte er ebenso reagiert wie jetzt, indem er nämlich in der Dunkelheit sein Zitronenlutschergesicht zog. Trotzdem war es auf gewisse Weise erleichternd, ein Schlupfloch pubertärer Gewöhnlichkeit in dieser beeindruckend erwachsenen und kultivierten Fassade ausfindig zu machen.

»Das verstehe ich überhaupt nicht«, sagte er.

»Vielleicht habe ich es nicht gut erklärt, aber ich denke, daß die Arbeit des Künstlers ihn in bezug auf seine Empfindungen und Gefühle und so weiter derart stark beansprucht, daß ihm für andere Menschen nicht mehr viel bleibt, jedenfalls nicht, wenn er als Künstler irgend etwas taugt. Ich denke, daß der Künstler besondere Bedürfnisse hat und daß es die Aufgabe der anderen ist, soviel wie möglich davon zu befriedigen, ohne allzu viele Fragen zu stellen.«

Dixon traute sich selbst nicht genug über den Weg, um zu antworten. Ganz abgesehen von seinen eigenen Überzeugungen in dieser Sache hatten seine Erfahrungen mit Margaret mehr als genügt, ihm die Vorstellung von jemandem zu vergällen, der irgendwelche besonderen Bedürfnisse für was und zu welchem Zeitpunkt auch immer hatte – vielleicht mit Ausnahme solcher, die mit einem Muster von Fußabdrücken auf dem Hintern bereitwillig befriedigt werden konnten. Dann wurde ihm klar, daß Christine wohl unwissentlich ihren Freund zitiert hatte, oder irgendein gräßliches Buch, das dieser ihr ausgeliehen hatte, und daß Bertrands Verlangen, sich auf dieselbe Stufe mit Kindern, Neurotikern und Invaliden zu stellen, indem er seine Bedürfnisse auf diese Weise beschrieb, des Angriffs nicht wert war – zumindest nicht jetzt. Dixon runzelte mißbilligend die Stirn. Bis vor einer Minute hatte Christine in ihrem Handeln und Reden so viel Vernunft an den Tag gelegt, daß man kaum glauben konnte, dieselbe Frau sprechen zu hören, mit deren Hilfe ihn Bertrand beim Kunstwochenende der Welchs in die Falle gelockt hatte. Es war merkwürdig, wie sehr sich Frauen von ihren Männerbekanntschaften beeinflussen ließen, oder auch nur von den Männern, in deren Gesellschaft sie sich befanden.

Schlecht war das nur dann, wenn auch der fragliche Mann schlecht war; gut war es, wenn der Mann gut war. Folglich war es möglich, daß der richtige Mann sie davon abhielte – oder es ihr zumindest erschwerte –, eine herablassende Vornehmtuerin und Kunstschmock-Propagandistin zu sein. Glaubte er, der richtige Mann für diese Aufgabe zu sein? Ha, ha, ha – und ob.

»Jim«, sagte Christine.

Dixons Kopfhaut kribbelte bei dieser ersten Nennung seines Vornamens. »Ja?« fragte er vorsichtig und rutschte ein Stück auf sie zu.

»Es war sehr nett von Ihnen, daß Sie mein Geschwafel über mich heute abend ertragen haben. Und Sie scheinen ein vernünftiger Mensch zu sein. Würde es Ihnen etwas ausmachen, mir einen Rat zu geben?«

»Nein, ganz und gar nicht.«

»Sie müssen sich aber darüber im klaren sein, daß ich Sie nur deshalb frage, weil ich Ihren Rat hören möchte. Das ist der einzige Grund.« Sie legte eine Pause ein, ehe sie hinzufügte: »Haben Sie das verstanden?«

»Ja, natürlich.«

»Es geht um folgendes: Nach allem, was Sie von uns gesehen haben, glauben Sie, daß ich Bertrand heiraten sollte?«

Dixon empfand einen Anflug von Widerwillen, den er sich nicht völlig erklären konnte. »Liegt das nicht ganz bei Ihnen?«

»Natürlich liegt es bei mir. Ich bin diejenige, die ihn heiratet oder nicht heiratet. Ich will wissen, was Sie denken. Ich bitte Sie nicht, mir zu sagen, was ich tun soll. Also, was denken Sie?«

Dies war unverkennbar der richtige Zeitpunkt für eine

Salve gezielten Geschützfeuers in seinem Feldzug gegen Bertrand. Aber Dixon mußte feststellen, daß sich etwas in ihm gegen eine solche Taktik sträubte. Eine wohlbegründete Denunziation des Feindes, gefolgt von einer kurzen Zusammenfassung seines letzten Gespräches mit Carol, hätten in dieser Phase der Auseinandersetzungen gute Aussichten gehabt, den völligen Sieg herbeizuführen, oder dem Feind zumindest schwere Verluste zuzufügen. Trotzdem hatte er das Gefühl, daß er auf diese Weise nicht siegen wollte, und so sagte er nur langsam: »Ich glaube nicht, daß ich Sie und ihn gut genug kenne.«

»Ach, zum Teufel, Mann« – hatte sie sich diesen Duktus bei ihrem schottischen Onkel Julius abgeguckt? fragte sich Dixon –, »Sie sollen keine Doktorarbeit darüber schreiben.« Sie kniff, wie schon Carol, so heftig seinen Arm, daß er aufschrie. Dann sagte sie in vokalem Kursivdruck: »Was ist Ihre Meinung?«

»Na ja, es ist... Ich muß sagen können, was ich denke, verstehen Sie?«

»Ja. Ja, natürlich, darum habe ich Sie doch gebeten, oder? Bitte fahren Sie fort.«

»Also, dann würde ich Nein sagen.«

»Verstehe. Warum nicht?«

»Weil ich Sie mag, und weil ich ihn nicht mag.«

»Ist das alles?«

»Das reicht völlig aus. Es bedeutet, daß jeder von Ihnen zu einer der beiden großen Menschheitskategorien zählt: Menschen, die ich mag, und Menschen, die ich nicht mag.«

»Das klingt für mich ein bißchen dürftig.«

»Also gut, wenn Sie unbedingt Begründungen hören wollen... Aber bedenken Sie bitte, daß es meine Begründungen sind und daß sie deshalb noch nicht die Ihren sein müssen. Bertrand ist ein Langweiler, er ist wie sein Vater: Das einzige, was ihn interessiert, ist er selbst. Bei all den Vorkommnissen, die Sie erwähnten, kann er gar nicht anders, als ihre Wahrnehmung zu ignorieren – er kann einfach nicht anders, verstehen Sie? Es geht nicht darum, daß er an erster Stelle liegt und Sie an zweiter. Er ist der einzige verdammte Läufer im Feld. Was Sie darüber gesagt haben, wie er einen Streit anfängt und Sie ins Unrecht setzt, zeigt doch, daß Sie ihn durchschaut haben. Ich wüßte nicht, warum jemand anders Ihnen das sagen müßte.«

Sie schwieg eine Zeitlang. Als sie dann sprach, tat sie es wieder in ihrer distanzierten Art: »Selbst wenn das wahr wäre, müßte es mich nicht davon abhalten, ihn zu heiraten.«

»Ja, ich weiß, daß Frauen ganz versessen darauf sind, Männer zu heiraten, die sie nicht besonders mögen. Aber ich sage Ihnen nur, warum Sie ihn nicht heiraten sollten, nicht, ob Sie das wollen oder werden oder nicht. Sobald sich die Dinge abgenutzt haben, die sich nun einmal abnutzen, steht Ihnen eine höllische Zeit bevor. Sie können dem Burschen beim besten Willen nicht über den Weg... Er wird immer mit Ihnen streiten wollen. Sie sagen aber, daß Sie Streit nicht mögen. Lieben Sie ihn?«

»Ich halte nicht viel von diesem Ausdruck«, sagte sie, als ob sie einen Lieferanten zurechtweisen müßte.

»Warum nicht?«

»Weil ich nicht weiß, was er bedeutet.«

Er stieß einen leisen Schrei aus. »Bitte sagen Sie das nicht; nein, sagen Sie das nicht. ›Liebe‹ ist ein Wort, das Ihnen in Gesprächen und in der Literatur oft begegnet sein muß. Wollen Sie mir ernsthaft weismachen, daß Sie jedesmal zum Wörterbuch greifen mußten? Natürlich nicht. Ich nehme an, Sie wollten sagen, daß es etwas rein Persönliches – pardon, ich muß den üblichen Jargon richtig treffen –, etwas rein Subjektives ist.«

»Aber das ist es doch, oder nicht?«

»Ja, stimmt schon. Aber Sie tun so, als wäre Liebe das einzige, worauf das zutrifft. Wenn Sie mir sagen können, ob Sie Reineclauden mögen, können Sie mir auch sagen, ob Sie Bertrand lieben – natürlich nur, wenn Sie es mir sagen wollen.«

»Sie vereinfachen das immer noch viel zu sehr. Ich kann wirklich nur sagen, daß ich vor kurzem ziemlich sicher in Bertrand verliebt war, und daß ich mir jetzt etwas weniger sicher bin. Dieses ganze Auf und Ab gibt es mit Reineclauden nicht, darin besteht der Unterschied.«

»Richtig, nicht mit Reineclauden. Aber wie steht's mit Rhabarber, hm? Wie steht's mit Rhabarber? Seit meine Mutter mich nicht mehr zwingt, ihn zu essen, führen Rhabarber und ich eine Beziehung, die bei jeder unserer Begegnungen zwischen Haß und Liebe schwanken kann.«

»Das ist alles sehr schön, Jim. Das Problem mit der Liebe besteht aber darin, daß sie einen in einen Zustand versetzt, in dem man die eigenen Gefühle nicht mehr unvoreingenommen beurteilen kann.«

»Und es wäre etwas Gutes, das zu können, ja?«

»Aber natürlich.«

Er stieß einen weiteren leisen Schrei aus, diesmal deutlich über dem zweigestrichenen C. »Sie müssen noch viel lernen, wenn ich das sagen darf, auch wenn Sie nett sind. Wenn Sie meinen, daß das nötig ist, dann beurteilen Sie Ihre Gefühle in Gottes Namen unvoreingenommen. Aber das hat mit der Entscheidung darüber, ob Sie jemanden lieben, nicht das Geringste zu tun (Herr im Himmel). Das zu entscheiden, ist nicht schwieriger als die Sache mit den Reineclauden. Schwirig ist – und das ist dann auch der richtige Zeitpunkt für diesen Quatsch mit der Unvoreingenommenheit – schwierig ist es, zu entscheiden, was man mit seiner Liebe anfangen will, wenn man jemanden liebt: Ob man genug an dem Menschen hängt, den man liebt, um ihn zu heiraten und so weiter.«

»Aber das ist genau das, was ich gesagt habe, nur mit anderen Worten.«

»Wörter verändern die Dinge, und außerdem ist der Vorgang ein ganz anderer. Leute veranstalten ein unendliches Brimborium darum, ob sie verliebt sind oder nicht. Sie kommen einfach nicht dahinter, und dann treffen sie die dämlichsten Entscheidungen. Das passiert tagaus, tagein. Sie müssen endlich begreifen, daß der Teil mit der Liebe ganz einfach ist. Der schwierige Teil ist der mit dem Dahinterkommen – nicht, was die Liebe angeht, sondern die Konsequenzen, die sich daraus ergeben. Der Unterschied liegt darin, daß Sie Ihren Grips auf die Konsequenzen richten können, anstatt ihn allein auf den Signalklang des Wortes ›Liebe‹ hin auszuknipsen. Sie können die richtigen Entscheidungen treffen, anstatt sich in einer Orgie emotionaler Selbstkatechese der Frage hinzugeben, wie man wissen kann, ob man verliebt ist, was überhaupt Liebe ist, und der ganze Rest. Man fragt sich ja auch nicht, was Reineclauden sind, oder wie man wissen kann, ob man sie mag oder nicht. Habe ich recht?«

Abgesehen von seinen Vorlesungen, so schien es Dixon, war dies die längste Rede, die er seit Jahren gehalten hatte, und sie war bei weitem die eloquenteste, seine Vorlesungen inbegriffen. Wie hatte er das fertiggebracht? Drinks? Nein, er war bedenklich nüchtern. Sexuelle Erregung? Nein, in kursiven Großbuchstaben: Heimsuchungen durch dieses Gefühl ließen ihn zuverlässig verstummen und grundsätzlich versteinern. Wie dann? Es war ein Rätsel, aber er war so zufrieden mit sich selbst, daß ihn dessen Lösung nicht weiter kümmerte. Träge blickte er auf das Band der Straße, das sich vor ihnen erstreckte und unablässig unter den Rädern des Wagens hervorrollte. Hecken, vom Licht der Schweinwerfer zu körniger Fahlheit gebleicht, wischten auf- und abtauchend vorbei. Die Abgeschiedenheit im Innern des Autos wirkte beruhigend und normal.

Eine Bewegung Christines – die erste, die er seit Beginn ihrer Fahrt bemerkte – lenkte seinen Blick in ihre Richtung. Er sah, daß sie sich vorbeugte und aus dem Fenster schaute. Mit leiser Stimme sagte sie: »Und dasselbe trifft natürlich zu, wenn man keine Reineclauden mag.«

»Hä? Ja, ich denke schon.«

Er hörte sie gähnen. »Wissen Sie, wo wir jetzt sind?«

»Ich denke, wir haben etwas mehr als die Hälfte des Weges hinter uns.«

»Ich fühle mich so schrecklich schläfrig. Es ist kläglich, ich will nicht schläfrig sein.«

»Rauchen Sie eine Zigarette, das wird Ihnen guttun.«

»Nein, danke. Sagen Sie, würde es Ihnen etwas ausmachen, wenn ich für ein paar Minuten ein Nickerchen machte? Ich bin sicher, daß ich mich danach nicht mehr so müde fühlen werde.«

»Aber natürlich, auf jeden Fall.«

Während sie sich in ihre Ecke kuschelte, kämpfte Dixon gegen seine Enttäuschung an, daß sie mit dieser Maßnahme seiner Gesellschaft zu entfliehen versuchte. Er hatte geglaubt, gute Fortschritte zu machen. Seine übliche

Taktik, nicht zu viel zu reden, war also doch richtig. In diesem Augenblick legte sie ihren Kopf an seine Schulter, und all seine Sinne erwachten zu schrillem Alarm. »Das macht Ihnen doch nichts aus?« fragte sie. »Die Lehne dieses Sitzes ist hart wie Eisen.«

»Nur zu.« Er zwang sich zum Handeln, ehe er nachdenken konnte, und legte einen Arm um ihre Schulter. Sie bewegte ihren Kopf probeweise an seiner Schulter hin und her, dann machte sie es sich bequem und schlief anscheinend sofort ein.

Dixons Herz begann zu hämmern. Nun besaß er alle gewünschten Beweise für ihre Anwesenheit. Er spürte ihren Atem. Ihre Schläfe an seinem Kiefer und ihre Schulter unter seiner Hand waren warm. Ihr Haar roch frisch frisiert, und er fühlte die Präsenz ihres Körpers. Schade, daß ihr Körper nicht von der Präsenz ihres Geistes gelenkt wurde. Er hatte sie kurz im Verdacht, daß sie dieses Manöver nur deshalb gestartet hatte, um seine Begierde zu wecken – und zwar aus keinem anderen Grund als dem, ihre Eitelkeit zu befriedigen. Dann wies er eine so gewöhnliche und verächtliche Vorstellung von sich: Dazu war sie zu vertrauenswürdig. Sie war einfach müde gewesen, sonst nichts. Das Taxi fuhr in eine Kurve, und er stützte sich mit dem Fuß ab, um ihrer beider Sitzhaltung zu stabilisieren. Wenn er selbst auch nicht schlafen konnte, so konnte er doch dafür sorgen, daß sie weiterschliefe.

Vorsichtig und unter allerlei Verrenkungen holte er seine Streichhölzer und Zigaretten hervor und zündete erst eines der einen, dann eine der anderen an. Er fühlte sich geborgener als jemals zuvor: Hier war er also, völlig imstande, seine Rolle auszufüllen, und je länger er sie spielte, desto besser standen – wie bei den meisten Rollen –

seine Chancen, sie wieder spielen zu können. Man mußte nur tun, was man tun wollte. Das war die einzige Schulung, derer es bedurfte, um mehr von dem zu tun, was man tun wollte. Das nächste Mal, wenn er Michie sah, würde er sich ihm gegenüber weit weniger respektvoll verhalten. Das nächste Mal, wenn er Atkinson sah, würde er mehr mit ihm sprechen. Er würde auch aus diesem Caton etwas Verbindliches über seinen Artikel herausquetschen. Behutsam rückte er ein Stück näher an Christine heran.

Gleich darauf schob der Fahrer die Trennscheibe beiseite und erbat unterwürfig weitere Anweisungen, die Dixon ihm erteilte. Schließlich hielt das Taxi am Ende des Weges, der zum Haus der Welchs führte. Christine erwachte und fragte nach einer kurzen Pause: »Kommen Sie kurz mit? Ich wünschte, Sie würden es, weil ich mir nicht ganz sicher bin, wie ich hineinkommen soll. Ich glaube, das Hausmädchen wohnt auswärts.«

»Natürlich komme ich mit«, sagte Dixon. Er beendete einen kurzen Wortwechsel mit dem Taxifahrer, indem er sich weigerte, die Frage der Bezahlung zu erörtern, ehe das Taxi vor seiner Pension stand. Dann stieg er aus und wandelte durch die Finsternis. Christine hielt sich an seinem Arm fest, als wäre er eine Stange.

15

»Wir sehen besser erst einmal nach, ob ein Fenster offensteht«, sagte Dixon, als sie vor der dunklen Fassade standen. »Wir sollten lieber nicht klingeln, falls die Welchs vor uns zurückgekehrt sind. Ich denke nicht, daß sie sehr spät zurückfahren wollten.«

»Müßten sie nicht wegen des Wagens auf Bertrand warten?«

»Sie könnten ein Taxi genommen haben. Jedenfalls werde ich nicht an dieser Tür klingeln.«

Sie gingen vorsichtig zu dem Vorplatz an der linken Seite des Gebäudes hinüber. In der Dunkelheit trat Dixon gegen etwas Unidentifizierbares, das ihm einen treffsicheren Schlag gegen sein Schienbein verpaßte. Er fluchte leise, und aus Christines Richtung drang ein gedämpftes Lachen, als ob sie die Hand vor den Mund hielte. Tastend identifizierte Dixon, dessen Augen sich allmählich an die Dunkelheit gewöhnten, die Bedrohung als einen Wasserhahn, der von einer zersplitterten und teilweise verstreut herumliegenden Bretterummantelung umgeben war. Es sah ganz danach aus, als ob ein fehlgelenktes Auto sie zertrümmert hätte. Er summte einige Takte aus seiner Welch-Melodie, dann sagte er zu Christine: »Das könnte gehen. Das könnte gehen. Dort scheint die Verandatür zu sein. Die müssen wir unbedingt ausprobieren.«

Er ging auf Zehenspitzen über den knirschenden Kies, und es bestätigte sich, was er fast hellseherisch vorausgesehen hatte: die Tür war nicht einmal verriegelt. Er zögerte, ehe er das Haus betrat. Es war durchaus möglich, daß die beiden Senior-Welchs bereits zu Hause waren, und wie konnte es anders sein, als daß Welch irgendeinem schwachsinnigen Steckenpferd anhing (Yogameditation zum Beispiel, oder der Beobachtung phosphoreszierenden Schimmels), das einen verdunkelten Raum voraussetzte? Erschrocken malte er sich Umfang und Länge des fragenden Welchschen Stirnrunzelns aus, wenn Christine und er verstohlen aus der Dunkelheit träten.

»Ist sie offen?« fragte Christine an seinem Ellbogen. Wenn sie flüsterte, hatte ihre Stimme denselben mädchenhaften Klang, der ihm bereits am Telefon aufgefallen war.

»Ja, es sieht ganz so aus.«

»Warum gehen wir dann nicht hinein?«

»Gut, auf geht's.« Er öffnete langsam die Glastür und betrat den Raum. Hinter den bodenlangen Vorhängen blieb er stehen. Anscheinend waren alle anderen Vorhänge zugezogen, denn der Raum glich einem fest verschlossenen Tank. Langsam, mit ausgestreckten Armen, bewegte er sich vorwärts, bis ihm ein Möbelstück das Pendant des Schlages von eben verpaßte. Es gab einen komischen Moment, als er und Christine auf exakt dieselbe Weise wie zuvor reagierten. Seine Hände tasteten an zwei Wänden entlang, bis sie den Lichtschalter fanden. »Ich mache jetzt das Licht an«, sagte er. »Einverstanden?«

»Ja.«

»Gut.« Er knipste den Schalter an und wandte sich instinktiv ab, als der Raum um sie herum schlagartig hell wurde. Diese Bewegung brachte ihn Christine sehr nahe.

Lächelnd und blinzelnd sahen sie einander an, ihre Gesichter befanden sich ungefähr auf gleicher Höhe. Dann wich das Lächeln in Christines Gesicht einem Ausdruck des Verlangens. Ihre Augen verengten sich, ihr Mund bewegte sich stumm, und es schien, als ob sie ihre Arme höbe. Dixon legte den einen Schritt zurück, der sie voneinander trennte, dann schlang er – zunächst sehr langsam, um ihr alle Zeit zu geben, die sie vielleicht benötigte, um zurückzutreten und sich abzuwenden – seine Arme um sie. Sie atmete ein, und als er schließlich seinen Griff verstärkte, hielt sie den Atem an. Er küßte sie einige Sekunden lang, ohne sie allzu eng umschlossen zu halten. Ihre Lippen waren trocken und eher hart als weich, und sie fühlte sich sehr warm an. Schließlich trat sie zurück. In dem hellen Licht wirkte sie fast irreal – wie der Effekt eines Trickfotografen. Dixon fühlte sich, als ob er einem Bus nachgerannt und im Augenblick des Aufspringens obendrein fast von einem Auto überfahren worden wäre. Alles, was er sagen konnte, war: »Das war sehr schön.« Er sagte es mit einer etwas hölzernen Munterkeit.

»Ja, nicht wahr?«

»Wert, den Ball zu verlassen.«

»Ja.« Sie wandte sich ab. »Sieh mal, wir haben Glück. Ich frage mich, wer daran gedacht hat.«

Ein Tablett mit Tassen, einer Thermosflasche und Keksen stand auf einem runden Tischchen. Dixon, der eine gewisse Neigung zum Zittern und Wanken an den Tag legte, stellte fest, daß seine Lebensgeister sich bei diesem Anblick kraftvoll zurückmeldeten. Nun konnte er mindestens eine weitere Viertelstunde bleiben. »Das ist aber äußerst nett«, sagte er.

Alsbald saßen sie Seite an Seite auf dem Sofa. »Du solltest vielleicht lieber aus meiner Tasse trinken«, sagte Christine. »Wir wollen schließlich nicht, daß jemand von deiner Anwesenheit erfährt.« Sie goß Kaffee ein und trank einen Schluck, dann reichte sie ihm die Tasse.

Für Dixon symbolisierte und krönte diese Intimität den gesamten Abend. Ihm kam eine griechische oder lateinische Redensart in den Sinn, der zufolge nicht einmal Gott in der Lage sei, historische Tatsachen rückgängig zu machen. Ihm gefiel die Vorstellung, daß auch sein Trinken aus Christines Kaffeetasse eine solche unumkehrbare historische Tatsache sein könnte. Als er ihr die Kekse anbot, nahm sie zwei. Das wiederum erinnerte ihn an Margaret, die bei solchen Anlässen niemals etwas aß, als ob sie sich auf billige Art interessant machen wollte. Mit der gleichen Attitüde trank sie ihren Kaffee immer schwarz. Warum? Sie versuchte doch hoffentlich nicht die ganze Zeit, sich wachzuhalten? Es war immerhin angenehm, furchtlos an sie denken zu können. Er nahm sich vor, Gore-Urquhart eine Schachtel mit fünfundzwanzig Balkan-Sobranie zu schicken (Kaiserlich-Russische Mischung), weil er bei dem Ball unwissentlich Margarets Aufmerksamkeit gefesselt und dadurch das Taxi-Strategem überhaupt erst ermöglicht hatte. Dann verabschiedete er sich von solchen Fantastereien, denn er erkannte ihren Ursprung: seinen Wunsch, dem Gedanken zu entkommen, daß er die Sache mit Christine vorantreiben müsse. Wenn er behalten wollte, was er bereits erhalten hatte, mußte er seinen Vorteil nutzen. So mit ihr zusammenzusitzen, erzeugte zwar ein Gefühl häuslicher Geborgenheit, aber sein Herz schlug bang dabei. Und doch empfand er eine unbestimmte Hoffnung: Mochte er für diese Gewässer auch keine Seekarte haben, so lehrte die Erfahrung doch, daß diejenigen ohne Karte oft am weitesten kamen. »Ich habe dich sehr gern«, sagte er.

Wieder einmal eröffnete sich ihm ein kurzer Blick auf ihre reservierte Art, als sie antwortete: »Wie willst du das wissen? Du kennst mich kaum.«

»Ich weiß genug, um mir dessen sicher zu sein, danke sehr.«

»Es ist nett, daß du das sagst, aber das Problem ist, daß es nicht viel mehr zu kennen gibt, als du schon kennst. Ich bin die Art von Mensch, mit der man schnell durch ist.«

»Das glaube ich nicht. Aber selbst, wenn es wahr wäre – mir wäre es egal. Mir reicht das, was ich bis jetzt gesehen habe, um weiterzumachen.«

»Ich warne dich, es wird dir nicht gefallen.«

»Warum nicht?«

»Zunächst mal komme ich nicht gut mit Männern aus.«

»Was für ein schrecklicher Unsinn, Christine. Versuch nicht, mir weiszumachen, was für ein unglückliches Mädchen du bist. Eine Frau wie du kann jeden Mann haben, den sie haben will.«

»Die, die mich wollen, bleiben nicht sehr lange, wie ich dir schon sagte. Und es ist nicht leicht, einen zu finden, den ich will.«

»Nun hör doch damit auf. Es gibt vernünftige Männer zu Dutzenden. Sogar aus unserem Gemeinschaftsraum fallen mir mehrere ein. Jedenfalls ein oder zwei. Wie dem auch sei...«

»Na bitte, du siehst es ja selbst.«

»Laß uns damit aufhören«, sagte Dixon. »Sag mal, wie lange wirst du diesmal hierbleiben?«

»Ein paar Tage. Ich verbringe einen Teil meiner Ferien hier.«

»Großartig. Wann kannst du mit mir ausgehen?«

»Sei nicht so ein Dummkopf, Jim. Wie könnte ich mit dir ausgehen?«

»Das ist doch nicht schwierig, Christine. Du kannst es so darstellen, als ob du mit Onkel Julius ausgehen würdest. So, wie ich ihn einschätze, wird er deine Geschichte bestätigen.«

»Sag jetzt nichts mehr, es hat sowieso keinen Zweck. Wir sind beide gebunden.«

»Darüber können wir uns, wenn nötig, immer noch Sorgen machen, nachdem wir uns ein bißchen näher kennengelernt haben.«

»Ist dir klar, um was du mich bittest? Ich bin in diesem Haus zu Gast. Bertrand hat mich hierher eingeladen, und ich bin seine ... Ich bin an ihn gebunden. Siehst du nicht, wie gemein das wäre?«

»Nein, weil ich Bertrand nicht mag.«

»Das ist völlig ohne Belang.«

»Ist es nicht. Ich sage nicht ›Nach Ihnen, mein Bester‹ zu einem Burschen wie ihm.«

»Und was ist mit Margaret?«

»Damit sprichst du etwas durchaus Richtiges an, Christine, ganz ohne Frage. Aber sie hat keinen wirklichen Anspruch auf mich.«

»Nein? Da scheint sie aber ganz anderer Meinung zu sein.«

Als Dixon zögerte, wurde ihm die völlige Stille ringsum bewußt. Er wandte sich seitwärts, so daß er ihr direkt ins Gesicht sah, und sagte weniger harsch: »Sieh es doch einmal so, Christine: Würdest du gern mit mir ausgehen? Vergiß einen Moment lang Bertrand und Margaret.«

»Du weißt, wie gern ich das tun würde«, sagte sie sofort.

»Warum, glaubst du, habe ich mich von dir von dem Ball weglotsen lassen?«

»Du hast also...« Er sah sie an, und sie sah mit erhobenem Kinn zurück. Ihr Mund war nicht völlig geschlossen. Er legte einen Arm um ihre Schulter und beugte sich zu dem ordentlichen blonden Schopf herab. Diesmal küßten sie sich ernsthafter als zuvor. Dixon hatte das Gefühl, in eine dunkel dampfende Unterwelt hinabgezogen zu werden, wo die Luft so stickig war, daß man kaum atmen konnte, und wo das Blut dünn und träge wurde. Ihr halb an ihn geschmiegter Körper war voller Spannung; eine ihrer Brüste lag schwer auf seinem Brustkorb; er hob die Hand und legte sie auf ihre andere Brust. Sofort ließ ihre Anspannung nach, und obwohl ihr Mund auf dem seinen verharrte, wurde sie passiv. Er begriff und bewegte seine Hand zu ihrer nackten Schulter, dann löste er sich von ihr. Sie lächelte ihn auf eine Weise an, die seinen Kopf noch schwindliger machte als der Kuß.

Als er schwieg, sagte sie: »Also gut, einverstanden. Aber ich finde immer noch, daß es ein schäbiger Trick ist. Was schlägst du vor?«

Dixon fühlte sich wie ein Mann, der bei seiner feierlichen Auszeichnung mit dem Verdienstorden die Nachricht erhält, daß ihn in der Eingangshalle ein sechsstelliger Scheck aus dem Fußballtoto erwartet. »Es gibt in der Stadt ein sehr hübsches Hotel, wo wir zu Abend essen können«, sagte er.

»Nein, ich denke, wir sollten uns lieber nicht am Abend treffen, wenn es dir recht ist.«

»Warum nicht?«

»Es ist einfach besser, jedenfalls vorerst. Wir würden unweigerlich etwas trinken, und ich...«

»Was ist falsch am Trinken?«

»Nichts, aber laß uns vorläufig nichts trinken gehen. Bitte.«

»Na gut. Wie wäre es mit Tee?«

»Ja, ein Treffen zum Tee wäre nett. Wann?«

»Paßt dir Montag?«

»Nein, am Montag kann ich nicht. Bertrand hat ein paar Leute eingeladen, die ich kennenlernen soll. Wie wäre es mit Dienstag?«

»Einverstanden. Ist vier Uhr eine gute Zeit?« Er erklärte ihr, wie man zum Hotel kam. Kaum hatte er den Satz beendet, als sich unverkennbar und mit zunehmender Lautstärke ein Auto näherte. »Mein Gott, sie sind da«, sagte er und verfiel instinktiv wieder in ein Flüstern.

»Was willst du tun?«

»Ich warte, bis sie zur Vordertür hereinkommen und schlüpfe dann durch die Glastür hinaus. Du machst die Tür hinter mir zu.«

»Gut.«

Das Auto fuhr jetzt an der Vorderseite des Hauses vorbei. »Du weißt noch, wo wir uns treffen?« fragte er.

»Keine Angst, ich werde dasein. Um vier Uhr.«

Sie gingen zur Glastür hinüber und standen dort Arm in Arm, während der Automotor nach einem entsetzlichen Aufheulen zum Erliegen kam. Schritte näherten sich.

»Danke für den wunderschönen Abend, Christine.«

»Gute Nacht, Jim.« Sie preßte sich an ihn, und sie küßten sich kurz. Dann riß sie sich mit einem »Warte mal« los und lief zu ihrer Tasche hinüber, die auf einem Sessel lag.

»Was ist denn los?«

Sie kam zurück und streckte ihm eine Pfundnote entgegen. »Für das Taxi.«

»Sei nicht albern, ich ...«

»Jetzt nimm schon, sie können jeden Augenblick hier sein. Es muß dich ein Vermögen kosten.«

»Aber ...«

Sie schob das Geld mit gerunzelter Stirn und gespitzten Lippen in seine äußere Brusttasche und wedelte mit ihrer linken Hand, um ihn zum Schweigen zu bringen. Die Geste erinnerte ihn an eine seiner Tanten, die ihm in seiner Kindheit gern Süßigkeiten oder Äpfel aufgedrängt hatte. »Ich habe vermutlich mehr als du«, sagte sie. Sie scheuchte ihn zum Fenster, das sie genau in dem Moment erreichten, als Welchs Stimme (in ihrem hohen, manischen Zustand) sich ganz in der Nähe vernehmen ließ. »Schnell. Bis Dienstag. Gute Nacht.«

Er huschte hinaus und sah, wie sie einen Luftkuß in die Dunkelheit entsandte, während sie die Verandatür schloß. Dann fiel der Vorhang zurück. Der Himmel war ein wenig aufgeklart, und es war so hell, daß er sich problemlos zurechtfand. Er ging zurück zur Straße und konnte sich nicht erinnern, daß er sich jemals in seinem Leben so müde gefühlt hatte.

16

Lieber Mr. Johns, schrieb Dixon und hielt den Bleistift wie ein Brotmesser umfaßt: *Ich möchte Sie nur kurz sagen, das ich weis, was Sie mit die kleine Marleen Richard anstellen. Die kleine Marleen ist ein anständiges Mädel wo für solche wie Ihnen nichts übrich hat und ich kenne solche wie Ihnen. Sie ist ein anständiges Mädel und ich will nich das Sie sie den Kopf vollstopfen mit jede Menge Kunst und Musik, dafür ist sie viel zu gut und ich werde ihr heiraten, was mehr ist als einer wie Ihnen jemals fertich bringt. Halten Sie Ihnen also bloß fern von sie, Mr. Johns das ist Ihre einzige Wanung. Das hier ist nur ein freundlicher Brief und ich drohe Ihnen nicht, aber machen Sie einfach was ich Sie sage oder ich und ein paar von meine Kumpels von der Arbeit kommen bei Sie vorbei und zwar nicht um Wie geht's zu fragen, darauf könn Sie wetten. Also passen Sie gut auf und bleiben Sie von der kleinen Marleen wech wenn Sie wissen was gut ist für Ihnen. Hoch Achtungsvoll, Joe Higgins.*

Er las den Brief durch und dachte, wie bewundernswert einheitlich doch der Stil und die Orthographie seien. Beide waren in erheblichem Maß von den Arbeiten einiger seiner minderbefähigten Schüler inspiriert worden. Dennoch konnte er schwerlich hoffen, Johns damit nachhaltig zu täuschen, zumal dieser sich bei Marlene Richards, einer Schreibkraft in seinem Büro, schwerlich mehr herausgenommen hatte, als sie quer durch den Raum bleich anzustarren. Aber zumindest würde ihm der Brief einen gehörigen Schrecken einjagen und seinen Mitbewohnern einige Augenblicke des Ergötzens schenken, wenn sein Empfänger ihn – wie es dessen Gewohnheit war – am Frühstückstisch öffnen und zu seinen Cornflakes lesen würde. Dixon schrieb *An: – Mr. Johns* und die Anschrift der Pension auf einen billigen Umschlag, den er nicht eigens für diesen Zweck gekauft hatte. Dann verschloß er den Umschlag und hinterließ, nachdem er seinen Finger auf dem Fußboden schmutzig gemacht hatte, einen dicken Fleck auf der Lasche. Abschließend klebte er eine Briefmarke auf den Umschlag, die er zu Zwecken gesteigerter Authentizität ausgiebig beschleckte. Er würde den Brief auf seinem Weg zum Pub einwerfen, wo er sich einen Mittagsdrink genehmigen wollte. Aber zuvor mußte er noch einige Notizen zu seinem Vortrag über »Merry England« ausarbeiten. Davor mußte er seine finanzielle Lage überprüfen und versuchen, sie irgendwie aus ihrem Zustand völliger Unmöglichkeit in den üblichen Grad der bloß unmittelbar bevorstehenden Katastrophe zurückzuversetzen. Und davor wiederum mußte er einige Minuten lang über das unglaubliche Finale des Sommerballs am vergangenen Abend sowie über Christine nachdenken.

Er stellte fest, daß er außerstande war, zusammenhängend über den vergangenen Abend nachzudenken. Er erinnerte sich kaum noch, was sie einander bei den Welchs gesagt hatten, und er konnte nicht einmal die Erinnerung daran wachrufen, wie es gewesen war, sie zu küssen. Er wußte nur, daß es ihm gefallen hatte. Wenn er an den Dienstagnachmittag dachte, war er jetzt schon so aufgeregt, daß er aufstehen und in seinem Schlafzimmer auf und ab gehen mußte. Seine Hauptaufgabe bestand nun darin, sich völlig davon zu überzeugen, daß sie nicht kommen werde. Dann wäre alles, was vielleicht doch passierte, ein Bonus. Die Schwierigkeit war, daß er sich genau vorstellen konnte, wie sie aussehen würde, wenn sie durch die Hotelhalle auf ihn zukäme. Als nächstes stellte er fest, daß er sich ihr Gesicht mit völliger Klarheit vergegenwärtigen konnte. Gedankenverloren sah er in den Garten hinter der Pension hinaus, der im harten Licht der Sonne strahlend dalag. Ihm wurde klar, daß ihr Gesicht, wenn es nicht seine eher eisige Maske trug, manchmal in einer Art physiognomischer Anspielung an andere Gesichtstypen erinnerte. Einige dieser Gesichter unterschieden sich deutlich von ihrem eigenen. Da war das Dauergrinsen eines Akrobaten oder eines Teilnehmers an einem Apachen-Tanzritual; das blendend sonnige Strahlen irgendeines ehrenwerten Flittchens, das beim Motorbootfahren an der Riviera fotografiert wird; das dümmlich schmollende Starren, das sich theoretisch auf dem Gesicht eines Pin-up-Girls ausfindig machen läßt; das Stirnrunzeln einer dicken und nicht besonders netten jungen Frau. Immerhin waren es ausnahmslos Frauengesichter. Er hustete laut, als ihm einfiel, daß Margarets Züge ihn des öfteren an das Gesicht eines Mannes mit unverständlichem Akzent und Kassengestell erinnert hatten, den er bei der Luftwaffe vom Sehen kannte und niemals etwas anderes hatte tun sehen, als die NAAFI auszukehren und sich die Nase am Ärmel abzuwischen.

Um sich abzulenken, öffnete er den Schrank mit seinen Rauchutensilien. Das waren teils recht kostspielige Zeugnisse der Sparsamkeit. So lange er sich erinnern konnte, hatte er nie so viel rauchen können, wie er eigentlich wollte. Dieses Arsenal unterschiedlichster Gerätschaften hatte er immer dann erweitert, wenn eine neue Methode seinen Weg gekreuzt hatte, die die Befriedigung seiner Rauchbedürfnisse versprach: das Päckchen mit billigem, vertrocknetem Zigarettentabak, die Kirschholzpfeife, das rote Päckchen mit Zigarettenpapier, das Päckchen mit Pfeifenreinigern, die Zigarettenmaschine aus Leder, das vierteilige Pfeifenwerkzeug, das Päckchen mit billigem, zerbröselndem Pfeifentabak, das Päckchen mit Baumwoll-Filterspitzen (neues Verfahren), die Zigarettenmaschine aus Nickel, die Tonpfeife, die Bruyèrepfeife, das blaue Päckchen mit Zigarettenpapier, das Päckchen mit der rauchbaren Kräutermischung (garantiert frei von Nikotin und anderen schädlichen Stoffen. Warum?), die verrostete Dose mit teurem Pfeifentabak, das Päckchen mit Pfeifenfiltern aus Kalk. Dixon entnahm dem Päckchen in seiner Tasche eine Zigarette und zündete sie an.

Auf dem Schrankboden standen leere Bierkrüge. Das war seine einzig sichere Methode des Geldsparens. Es waren neun Bierkrüge, aber zwei gehörten einem Pub, der viel zu weit weg lag. Er hatte sie im Februar gekauft, weil er sie auf dem Rückweg von einem Dinner der Toynbee Society im Bus hatte trinken wollen. Er hatte gehofft, mit ihrer Hilfe die Erinnerung an eine furchtbar peinliche Ansprache auszulöschen, die Margaret bei jenem Dinner gehalten hatte. Aber Margaret hatte während der Rückfahrt neben ihm gesessen und ihm sein Vorhaben aus disziplinarischen Gründen untersagt (in dem Bus hatten viele Studenten gesessen, von denen die meisten Bier aus Krügen tranken). Ihn fröstelte angesichts dieser Erinnerung, und so versuchte er, sie dadurch zu vertreiben, daß er den Pfandwert der sieben restlichen Krüge errechnete. Zwei Pfund sechs insgesamt, viel weniger, als er erwartet hatte. Er beschloß, seine finanzielle Lage lieber doch keiner

Überprüfung zu unterziehen und holte gerade seine »Merry England«-Notizen hervor, als es an der Tür klopfte und Margaret eintrat. Sie trug das grüne Kleid mit dem Paisley-Muster und die Schuhe aus falschem Samt.

»Hallo, Margaret«, sagte er mit einer Herzlichkeit, die, wie ihm sogleich klar wurde, auf Schuldbewußtsein beruhte. Aber warum fühlte er sich schuldig? Sie mit Gore-Urquhart bei dem Ball allein zu lassen, war doch »taktvoll« gewesen, oder nicht?

Sie sah ihn wieder einmal an, als ob sie nicht völlig sicher wäre, wer er sein könnte. Allein diese Miene hatte ihn wiederholt völlig aus der Fassung gebracht. »Oh, hallo«, sagte sie.

»Wie geht es dir?« fragte er unter Beibehaltung seiner halbherzigen Freundlichkeit. »Nimm doch Platz.« Er schob ihr den riesigen, verkrüppelten Sessel hin, dessen Größe und Aussehen dem Raucherzimmer eines Klubs in der Pall Mall alle Ehre gemacht hätten. Der Sessel beanspruchte fast die Hälfte des Raumes, den das Bett freiließ. »Zigarette?« Er holte sein Päckchen hervor, um zu zeigen, daß es ihm ernst mit dem Angebot sei.

Sie sah ihn immer noch an und schüttelte langsam den Kopf – wie ein Arzt, der zu verstehen gibt, daß nicht die geringste Hoffnung bestehe. Ihr Gesicht zeigte einen Stich ins Gelbliche, und ihre Nasenlöcher waren zusammengekniffen. Sie blieb stehen und schwieg.

»Wie geht's denn so?« fragte Dixon und zwang ein Lächeln auf seinen Mund.

Sie schüttelte erneut den Kopf, etwas langsamer diesmal, und setzte sich auf die Armlehne des Sessels, der ein heftiges Quietschen von sich gab. Dixon warf seinen Schlafanzug auf das Bett und setzte sich mit dem Rücken zum Fenster auf einen Stuhl mit geflochtenem Sitz. »Haßt du mich, James?« fragte sie.

Dixon hätte sich am liebsten auf sie gestürzt, sie rücklings in den Sessel gestoßen, ein ohrenbetäubendes, primitives Geräusch direkt vor ihrem Gesicht ausgestoßen und eine Perle in ihre Nase gedrückt. »Wie meinst du das?« fragte er.

Sie brauchte eine Viertelstunde, um zu erklären, wie sie das meinte. Sie sprach schnell und ohne Stocken und rutschte viel auf dem Sessel herum. Dabei zappelte sie mit den Beinen, als ob man ihr mit einem Reflexhammer aufs Knie geschlagen hätte, warf den Kopf zurück, um unsichtbare Haarsträhnen zu bändigen, und beugte und streckte die Daumen. Warum hatte er sie bei dem Ball im Stich gelassen? Oder besser gesagt, da sie und er und alle anderen das Warum kannten, was führte er im Schilde? Oder, wiederum besser gesagt, wie konnte er ihr so etwas antun? Im Austausch für die Auskünfte, die er zu diesen und verwandten Problemen erteilen konnte, ließ sie ihn wissen, daß alle drei Welchs »nach seinem Blut« trachteten und daß Christine sich beim heutigen Frühstück kurz über ihn geäußert habe. Gore-Urquhart wurde nicht erwähnt, abgesehen von einem Seitenhieb auf Dixons »Unhöflichkeit«, die Veranstaltung zu verlassen, ohne sich von ihm zu verabschieden. Dixon wußte aus Erfahrung, daß es bei Margaret ausnahmslos immer ein Fehler war, zum Gegenangriff überzugehen, aber er war viel zu wütend, um sich darum zu scheren. Als er sicher war, daß sie Gore-Urquhart nicht mehr erwähnen werde, sagte er klopfenden Herzens: »Ich verstehe nicht, warum du so einen Aufstand machst. Als ich gegangen bin, sah es ganz danach aus, als ob du gut allein zurechtkämst.«

»Was zum Teufel willst du damit sagen?«

»Du hast dich diesem Gore-Urquhart ja förmlich in die Arme geworfen. Du hattest nicht einmal mehr Zeit, ein einziges Wort mit mir zu wechseln. Falls du bei ihm nicht gelandet sein solltest, lag es jedenfalls nicht daran, daß du es nicht versucht hättest. Eine solche Zurschaustellung habe ich in meinem ganzen Leben noch nicht gesehen...« Er verstummte. Es gelang ihm einfach nicht, genug von der nötigen rechtschaffenen Entrüstung aufzubringen.

Sie starrte ihn mit weit aufgerissenen Augen an. »Du willst doch nicht etwa sagen...?«

»O doch, verdammt noch mal, genau das will ich. Natürlich will ich das.«

»James... du weißt nicht... was du da redest«, sagte sie so langsam und mühselig wie ein Ausländer, der laut aus einem Sprachführer vorliest. »Ich bin wirklich völlig überrascht. Ich... weiß einfach nicht, was ich dazu sagen soll.« Sie fing zu zittern an. »Da spreche ich mit einem Mann, nur für ein paar Minuten, mehr nicht... und nun beschuldigst du mich, daß ich mich an ihn heranmache. Das willst du doch sagen. Ist es das, was du sagen willst?« Ihre Stimme bebte absurd.

»Genau das will ich sagen«, bestätigte Dixon und versuchte, einigermaßen wütend zu wirken. »Mach dir nicht die Mühe, es zu leugnen.« Er schaffte es bloß, ein bißchen gereizt und mürrisch zu klingen.

»Denkst du wirklich, daß ich mich an ihn heranmachen will?«

»Ich muß sagen, daß es sehr danach aussah.«

Sie kam so nah an ihn heran, daß er zusammenzuckte. Dann schaute sie aus dem Fenster. Da er ihr Gesicht nicht sehen konnte, ohne den Hals zu verdrehen, setzte er sich auf die Armlehne des Pall-Mall-Sessels. Sie stand lange bewegungslos da, und er hoffte schon, daß sie ihn völlig vergessen haben könnte. In einigen Augenblicken würde er vielleicht leise hinausschlüpfen und ins Pub gehen können. Dann fing sie an, völlig ruhig zu sprechen. »Ich fürchte, daß du schrecklich vieles nicht verstehst, James. Ich dachte, du würdest mich verstehen, aber jetzt ... Weißt du, wenn du so etwas wie eben sagst, dann macht es mir nichts aus, daß das, äh, unverschämt ist, denn ich weiß, daß du dich deshalb schlecht fühlst. Zumindest hoffe ich das mir zuliebe, und deshalb macht es mir nichts aus, daß ... daß du versuchst, mich so niederträchtig anzugreifen. Was mich so ... so unglücklich macht, ist die schreckliche Kluft, die in solchen Momenten zwischen uns sichtbar wird. Ich sage mir dann: Ach, es führt doch zu nichts, er kennt mich überhaupt nicht, er hat mich niemals richtig gekannt. Das verstehst du doch?«

Dixon schnitt keine Grimasse, da er befürchtete, daß sie das in der spiegelnden Fensterscheibe sehen könne. »Ja«, sagte er.

»Eigentlich möchte ich mir die Details ersparen, James, denn es ist so eine kleine, belanglose, triviale Angelegenheit, aber vielleicht sollte ich doch ein bißchen ausführlicher werden.« Sie seufzte auf. »Kannst du denn gar nicht unterscheiden zwischen ...? Nein, das kannst du offenbar nicht. Ich sage dir nur eines, dieses eine, und du mußt sehen, ob du damit zufrieden bist.« Sie drehte sich um und sah ihn an, dann sagte sie weniger ruhig als zuvor: »Nachdem du gestern abend fort warst, habe ich keinen einzigen Moment mit Gore-Urquhart verbracht. Er war mit Carol Goldsmith zusammen. Ich habe den ganzen restlichen Abend mit Bertrand verbracht. Besten Dank dafür.« Ihre

Stimme wurde höher. »Und du kannst dir denken, was für einen ...«

»Tja, Pech gehabt«, unterbrach Dixon, ehe er genug Zeit zum Nachgeben hatte. Ein gewaltiger Ekel vor der ganzen Prozedur hatte ihn erfaßt – und er betraf nicht nur dieses eine Blatt, sondern das Pokerspiel als solches, dieses Nicht-Strip-Pokerspiel, das er und Margaret miteinander spielten. Er biß sich auf die Lippe und gelobte, diesmal alles einzustecken, was sie auszuteilen hatte. Ihm fiel ein, daß Carol ihm geraten hatte, Margaret keine Rettungsringe zuzuwerfen. Nun denn, er hatte seinen letzten Rettungsring ausgeworfen. Er würde nicht noch mehr Zeit damit vergeuden, sie zu beschwichtigen – weniger, weil seine Beschwichtigungskräfte erschöpft gewesen wären (obwohl sie ziemlich erschöpft waren), als vielmehr, weil er wußte, daß es pure Zeitverschwendung war. »Hör zu, Margaret«, sagte er. »Es liegt mir fern, dich unnötig zu verletzen, das weißt du nur zu gut, was immer du auch sagst. Aber zu deinem eigenen Besten, wie auch zu meinem, mußt du einige Dinge begreifen. Ich weiß, daß es dir in letzter Zeit sehr schlecht ergangen ist, und du weißt auch, daß ich das weiß. Aber es hilft nichts, wenn du weiterhin annimmst, was du in bezug auf mich und unser Verhältnis zueinander anzunehmen scheinst. Es macht die Sache nur noch schlimmer. Was ich sagen will, ist, daß du aufhören mußt, dich in deinen Gefühlen derart abhängig von mir zu machen. Was den Ball angeht, habe ich offenbar falsch gelegen, einverstanden. Aber es macht keinen Unterschied, ob ich recht hatte oder nicht. Ich unterstütze dich, und ich rede mit dir, und ich habe Verständnis für dich, aber ich habe genug davon, dauernd in ein falsches Licht gerückt zu werden. Mach dir bitte ein für allemal klar, daß mir jegliches Interesse, das ich jemals an dir als Frau, als jemand, mit dem man schläft oder ins Bett geht, gehabt haben mag, völlig abhanden gekommen ist. Nein, du kommst gleich an die Reihe. Diesmal wirst du mich ausreden lassen. Wie gesagt, die Phase mit dem Sex ist vorüber, falls sie jemals begonnen hat. Ich gebe niemandem die Schuld dafür – ich will dir nur in bezug auf alles, was das angeht, sagen: Ohne mich! So stehen die Dinge. Und ich kann nicht einmal sagen, daß es mir leid tut, weil man bei etwas, wofür man gar nichts kann, nicht sagen kann, daß es einem leid tut. Und ich kann nichts dafür, und du auch nicht. Das ist alles.«

»Du glaubst doch wohl nicht, daß sie es mit dir treiben wird? Mit einem schäbigen kleinen Provinz-Langweiler wie dir«, platzte es aus Margaret heraus, sobald er zu sprechen aufgehört hatte. »Oder hat sie es schon mit dir getrieben? Vielleicht wollte sie bloß eine ...«

»Hör auf mit diesen Absurditäten, Margaret. Komm endlich von der Bühne herunter, wenigstens für einen Moment.«

Es trat eine Pause ein. Dann kam sie wankend auf ihn zu, legte die Hände auf seine Schultern und schien zusammenzubrechen. Sie fiel auf das Bett, oder sie zog ihn auf das Bett. Ihre Brille fiel herab, aber das beachtete sie nicht. Sie gab ein seltsames Geräusch von sich: ein gleichmäßiges, tiefes Stöhnen, das klang, als käme es aus ihrer Magengrube. Als ob sie sich wieder und wieder übergeben hätte und sich immer noch übergeben müßte. Halb hob er sie, halb half Dixon ihr auf das Bett. Von Zeit zu Zeit stieß sie einen leisen, fast übermütigen kleinen Schrei aus. Heftig preßte sie ihr Gesicht gegen seinen Brustkorb. Dixon wußte nicht, ob sie gerade in Ohnmacht fiel, einen hysterischen Anfall hatte oder einfach zusammenbrach und weinte. Was auch immer es war, er hatte keine Ahnung, wie er damit umgehen sollte. Als sie merkte, daß sie neben ihm auf dem Bett saß, warf sie sich mit dem Gesicht nach vorn auf seine Oberschenkel. Gleich darauf fühlte er Flüssigkeit durch den Stoff seiner Hose dringen. Er versuchte, sie aufzurichten, aber sie war so schwer, daß er sie keinen Zentimeter bewegen konnte. Ihre Schultern bebten stärker, als dies seiner Meinung nach selbst in einem Zustand wie diesem normal sein konnte. Dann stand sie auf, angespannt, aber immer noch zitternd, und stieß eine Reihe hoher, nach innen gerichteter Schreie aus, die sich mit dem tiefen Stöhnen abwechselten. Beides, Schreien und Stöhnen, war ziemlich laut. Das Haar fiel ihr über die Augen, ihre Lippen gaben die Zähne frei, und die Zähne selbst klapperten. Ihr Gesicht war naß von Speichel und Tränen. Als er anfing, sie beim Namen zu rufen, warf sie sich mit Gewalt zurück und seitwärts auf das Bett. Dort lag sie mit ausgestreckten Armen, warf sich hin und her und schrie ein halbes Dutzend Mal sehr laut. Dann fuhr sie damit noch etwas lauter fort und stöhnte bei jedem Ausatmen. Dixon packte sie an den Handgelenken und rief: »Margaret! Margaret!« Sie sah ihn mit weit aufgerissenen Augen an und schlug um sich, um von ihm loszukommen. Zweierlei Schritte näherten sich nun von draußen, der eine die Treppe heraufkommend, der andere hinabgehend. Die Tür öffnete sich, und Bill Atkinson trat ein, gefolgt von Miss Cutler. Dixon sah zu ihnen hoch.

»Hysterischer Anfall, wie?« sagte Atkinson und schlug Margaret mehrmals ins Gesicht – sehr fest, wie es Dixon schien. Er schob ihn beiseite, setzte sich auf das Bett, packte Margaret bei den Schultern und schüttelte sie energisch. »Oben in meinem Schrank steht Whisky. Gehen Sie ihn holen.«

Dixon lief hinaus und die Treppe hoch. Das einzige, was er mit einiger Klarheit fühlte, war eine leichte Überraschtheit darüber, daß die literarische oder filmische Behandlung hysterischer Anfälle sich so nah an dem orientierte, was augenscheinlich die richtige Behandlung war. Er fand den Whisky, doch seine Hand zitterte so stark, daß er fast die Flasche fallen ließ. Er entkorkte sie, nahm einen raschen Schluck und versuchte, nicht zu husten. Als er wieder unten im Zimmer ankam, war es dort sehr viel ruhiger geworden. Miss Cutler, die Atkinson und Margaret beobachtet hatte, warf Dixon einen Blick zu, der nicht mißtrauisch oder vorwurfsvoll war, sondern beruhigend. Sie sagte nichts. So, wie er sich im Moment fühlte, hätte er daraufhin am liebsten losgeheult. Atkinson sah hoch, ohne die Flasche zu nehmen. »Holen Sie ein Glas oder eine Tasse.« Dixon nahm eine Tasse aus dem Schrank, goß etwas Whisky hinein und reichte sie Atkinson. Miss Cutler, wie eh und je voller Ehrfurcht gegenüber Atkinson, stand neben Dixon und beobachtete, wie Margaret der Whisky eingeflößt wurde.

Atkinson hob sie in eine halb sitzende Position. Sie hatte aufgehört zu stöhnen, und zitterte nicht mehr so stark. Ihr Gesicht war von Atkinsons Ohrfeigen gerötet. Als er die Tasse an ihren Mund setzte, klapperte diese ein paarmal gegen ihre Zähne, und ihr Atem wurde hörbar. Mit gespenstischer Vorhersehbarkeit würgte und hustete sie, schluckte etwas Whisky, hustete erneut, schluckte noch ein wenig Whisky. Nach einiger Zeit hörte sie ganz auf zu zittern und sah von einem zum anderen. »Tut mir leid«, sagte sie schwach.

»Ist in Ordnung, Mädelchen«, sagte Atkinson. »Kippe gefällig?«

»Ja, bitte.«

»Los, Jim.«

Miss Cutler lächelte alle an, formte unhörbare Worte mit dem Mund und ging leise hinaus. Dixon steckte Zigaretten für drei an, und Margaret setzte sich aufrecht auf die Bettkante; Atkinson hielt immer noch seinen Arm um sie geschlungen. »Waren Sie es, der mir ins Gesicht geschlagen hat?« fragte sie ihn.

»Richtig, Mädelchen. Hat Ihnen mächtig gutgetan. Wie geht es Ihnen jetzt?«

»Viel besser, danke. Ein bißchen benebelt, aber ansonsten ganz gut.«

»Gut. Versuchen Sie, eine Weile nicht herumzulaufen. Hier, legen Sie die Füße hoch und ruhen Sie sich aus.«

»Es ist wirklich nicht nötig...«

Er hob ihre Füße auf das Bett und zog ihr die Schuhe aus. Dann stand er da und sah auf sie herunter. »Sie bleiben hier mindestens zehn Minuten lang liegen. Ich überlasse Sie jetzt der Pflege von Bruder Jim. Trinken Sie noch etwas Whisky, wenn Sie mit dem hier fertig sind, aber achten Sie darauf, daß Jim keinen kriegt. Ich habe seiner Mutter versprochen, darauf aufzupassen, daß er sich nicht zu Tode säuft.« Er drehte Dixon sein Tartarengesicht zu. »Alles im Griff, mein Freund?«

»Ja. Danke, Bill. Das war sehr nett von Ihnen.«

»Alles im Griff, Mädelchen?«

»Vielen, vielen Dank, Mr. Atkinson. Sie waren wunderbar. Ich kann Ihnen gar nicht genug danken.«

»Ist schon in Ordnung, Mädelchen.« Er nickte ihnen zu und ging hinaus.

»Es tut mir alles so leid, James«, sagte sie, sobald sich die Tür geschlossen hatte.

»Es war meine Schuld.«

»Nein, das sagst du immer. Diesmal werde ich das nicht zulassen. Ich habe einfach nicht verkraftet, was du gesagt hast, das ist alles. Ich habe mir gedacht: Ich ertrage das nicht, ich muß ihn dazu bringen, daß er aufhört, und dann habe ich einfach die Kontrolle über mich verloren. Das war alles. Und es war albern und kindisch, weil du absolut recht hattest mit dem, was du gesagt hast. Es ist viel besser, reinen Tisch zu machen. Ich habe mich wie eine Schwachsinnige benommen.«

»Ich wüßte nicht, warum du dir Vorwürfe machen solltest. Du konntest einfach nicht anders.«

»Nein, aber ich hätte anders können müssen. Setz dich doch, James; du gehst mir auf die Nerven, wenn du so ruhelos herumläufst.«

Dixon zog den Stuhl mit dem Sitz aus Rohrgeflecht neben das Bett. Als er sich gesetzt hatte und Margaret ansah, erinnerte er sich, wie er bei seinem Krankenhausbesuch nach ihrem Selbstmordversuch auf genau dieselbe Weise neben ihr gesessen hatte. Aber damals hatte sie anders ausgesehen, dünner und schwächer, und ihr Haar war in den Nacken zurückgestrichen gewesen. Eigentlich hatte sie weniger erschreckend als jetzt ausgesehen. Der Anblick ihres verschmierten Lippenstiftes, ihrer feuchten Nase und ihres unordentlichen, widerborstigen Haares löste in ihm eine tiefe, ruhige Niedergeschlagenheit aus.

»Es ist besser, wenn ich dich zu den Welchs zurückbegleite«, sagte er.

»Davon will ich nichts hören, Lieber. Du solltest dich so lange wie möglich von dort fernhalten.«

»Ist mir egal. Ich muß ja nicht mit hineingehen. Ich begleite dich nur im Bus.«

»Sei nicht albern, James. Das ist ganz unnötig. Ich bin jetzt völlig wiederhergestellt, oder werde es zumindest sein, wenn ich mir noch etwas von dem Whisky des netten Mr. Atkinson genehmigt habe. Sei ein Engel und schenk mir etwas ein.«

Während er ihrer Aufforderung Folge leistete, war Dixon sehr erleichtert, daß er sie nicht im Bus begleiten mußte. Inzwischen erkannte er immer, was Margaret wirklich wollte, ganz egal, was sie sagte, und es war unverkennbar, daß ihre Zurückweisung seiner Dienste ernst gemeint war. Es war nicht etwa so, daß er keine Sorge für sie empfand. Er war sogar sehr besorgt – so sehr, daß die Last schier unerträglich wurde. Unerträglich war auch die Art, wie seine Sorge sich jetzt untrennbar mit Schuldgefühlen vermischte. Er reichte ihr die Tasse, ohne sie anzusehen. Er sagte nichts – nicht weil er, wie so oft, nicht in der Lage gewesen wäre, zu sagen, was er sagen wollte, sondern weil ihm nichts zu sagen einfiel.

»Ich trinke nur noch das hier aus und rauche meine Zigarette zu Ende, und dann verschwinde ich. Um zwanzig vor geht ein Bus, mit dem ich rechtzeitig zurück sein werde. Würdest du mir einen Aschenbecher bringen, James?«

Er brachte ihr einen kupfernen Aschenbecher mit dem Hochrelief eines alten Kriegsschiffes und der Bildunterschrift »H. M. Torpedobootzerstörer *Ribble*«. Sie schnippte ihre Asche hinein. Dann setzte sie sich aufrecht auf die Bettkante, holte diverse Kosmetika aus ihrer Handtasche hervor und begann, sich das Gesicht zu schminken. Während sie in ihren Taschenspiegel schaute, sagte sie im Plauderton: »Es ist komisch, daß es auf diese Weise endet, nicht wahr? Auf so unwürdige Weise.« Als er immer noch nichts sagte, fuhr sie fort und bewegte gelegentlich ihren Mund hin und her, um Lippenstift aufzutragen. »Aber es war sowieso nie besonders würdevoll, nicht wahr? Ich bin dauernd auf die eine oder andere Art an die Decke gegangen, und du hast ziemlich widerstrebend versucht, mich dazu zu bringen, erwachsen zu werden. Nein, das ist dir gegenüber nicht gerecht.« Sie schmierte Lippenstift auf ihren Mund und sah wieder in den Spiegel. »Du hast alles getan, was ein Mann tun kann, und mehr, als die meisten tun würden, das kannst du mir glauben. Es gibt nichts, weswegen du dir Vorwürfe machen müßtest. Ich weiß wirklich nicht, wie du damit klargekommen bist. Ich fürchte, es war alles nicht sehr amüsant für dich. Es ist gut, daß du dich entschlossen hast, Schluß zu machen.« Sie ließ den Taschenspiegel zuschnappen und steckte ihn in ihre Handtasche.

»Du weißt, daß ich dich gern habe, Margaret«, sagte Dixon. »Aber es würde einfach nicht funktionieren, das ist alles.«

»Ich weiß, James. Mach dir keine Sorgen. Mir wird es gut gehen.«

»Du mußt immer zu mir kommen, wenn etwas schiefläuft. Falls ich etwas dagegen tun kann.«

Sie lächelte leicht über diese Einschränkung. »Natürlich werde ich das tun«, sagte sie, als ob sie ihn beschwichtigen müßte.

Er hob den Kopf und sah sie an. Dort, wo die Rötung unter dem Puder nachließ, waren ihre Wangen immer noch leicht fleckig, aber unter der Brille war die Schwellung rund um ihre Augen kaum noch zu erkennen. Es erschien ihm unvorstellbar, daß sie erst vor kurzem einen hysterischen Anfall gehabt haben sollte. Gleiches galt für den Gedanken, daß er jemals etwas zu ihr hatte sagen können, das wichtig genug war, um bei ihr einen hysterischen Anfall auszulösen. Während er sie beobachtete, drückte sie ihre Zigarette auf der H.M.S. *Ribble* aus, stand auf und strich die Asche von ihrem Kleid. »So weit, so gut«, sagte sie leichthin. »Also dann, auf Wiedersehen, James.«

Dixon lächelte unsicher. Er dachte, wie schade es sei, daß sie nicht besser aussah, daß sie nie die Artikel in den Frauenzeitschriften las, in denen stand, welche Lippenstiftfarbe zu welchem Teint paßt. Zwanzig Prozent mehr von all dem, und sie hätte niemals einem ihrer schockierenden Probleme über den Weg laufen müssen. All die Untugenden und Kränklichkeiten, die sich aus ihrer Einsamkeit ergaben, hätten bis ins hohe Alter schlummern können. »Bist du sicher, daß es dir gutgeht?« fragte er.

»Hör auf, dir Sorgen um mich zu machen. Mit mir ist alles in Ordnung. Jetzt muß ich aber los, sonst verpasse ich den Bus, und dann komme ich zu spät zum Mittagessen, und du weißt ja, wie wichtig Mrs. Neddy die Essenszeiten nimmt. Na dann, ich denke, daß wir uns bald wieder über den Weg laufen werden. Lebwohl.«

»Lebwohl, Margaret. Bis bald.«

Sie ging ohne eine Antwort hinaus.

Dixon drückte seine Zigarette aus. Aus einer schwachen Wut heraus, deren Grund er nicht kannte, malträtierte er die Brücke der *Ribble*. Er versuchte, sich einzureden, daß er nach dem ersten Schock froh sein werde, Margaret gesagt zu haben, was er ihr so lange hatte sagen wollen, aber es gelang ihm nicht, sich davon überzeugen. Er dachte an seine Verabredung übermorgen mit Christine und empfand nicht die geringste Freude. Irgend etwas von dem, was in der letzten halben Stunde vorgefallen war, hatte alles gründlich verdorben, auch wenn er nicht wußte, welcher Teil es gewesen war. An irgendeiner Stelle war ihm der Weg zu Christine verbaut worden. Alles würde auf unvorhersehbare Weise schiefgehen. Es lag nicht daran, daß Margaret sich in die Sache einmischen und alles durcheinanderbringen könnte, indem sie Bertrand und die alten Welchs warnte. Es lag auch nicht daran, daß er gezwungen sein könnte, seine jüngsten Erklärungen gegenüber Margaret zu widerrufen. Es war etwas, das weniger unwahrscheinlich war als ersteres, schwieriger zu bekämpfen als letzteres, und weitaus unbestimmter als beides. Es lag einfach daran, daß alles verdorben zu sein schien.

Gedankenverloren bürstete er sich vor dem kleinen, ungerahmten Spiegel die Haare. Er weigerte sich, direkt über Margarets hysterischen Anfall nachzudenken. Ihm war klar, daß der Anfall schon bald einen Platz unter den drei oder vier Erinnerungen einnehmen würde, die ihn dazu bringen konnten, sich vor Reue, Furcht oder Verlegenheit in seinem Sessel oder Bett buchstäblich zu winden. Er würde vermutlich den gegenwärtigen Spitzenreiter der Rangliste ablösen: seine Erinnerung daran, wie man ihn nach einem Schulkonzert auf die Bühne gedrängt hatte, um das Publikum zum Singen der Nationalhymne zu bewegen. Er konnte seine eigene Stimme in jenem Moment hören, wie sie ausdruckslos und vor Unaufrichtigkeit triefend gesagt hatte: »Und jetzt... Ich möchte, daß Sie alle... freundlicherweise mit mir einstimmen... wenn ich jetzt...« Und dann hatte er den Anfang in einer Tonart gemacht, die exakt eine halbe Oktave über oder unter der richtigen gelegen hatte. Danach hatte er sich durch die ganze Angelegenheit gequält, war, wie alle anderen auch, alle paar

Noten von einer Oktave zur nächsten gesprungen, immer einen halben Takt vor oder hinter den anderen. Beifallsrufe, Applaus und Gelächter hatten ihn begleitet, als er sich mit eingezogenem Kopf und brennendem Gesicht hinter den Vorhang gerettet hatte. Jetzt sah er sein Gesicht im Spiegel an: Humorlos und selbstmitleidig sah es zurück.

Er nahm die Whiskyflasche und ging zur Tür, um Atkinson ein paar Pints im Pub an der Ecke vorzuschlagen. Dann kehrte er um und nahm den Brief an Johns mit. Es schien keinen Grund zu geben, warum er ihn nicht einwerfen sollte.

17

Am nächsten morgen um Viertel nach acht sprang Dixon eilig die Treppe der Pension hinab, nicht so sehr, weil er unbedingt dabeisein wollte, wenn Johns seinen Brief las, als vielmehr, weil er einen langen Vormittag darauf verwenden wollte – oder eher mußte –, seinen Vortrag über »Merry England« auszuarbeiten. Er frühstückte ungern so früh. Den Cornflakes von Miss Cutler, ihren fahlen Spiegeleiern, ihrem strahlendroten Schinkenspeck, ihrem explosiven Toast und ihrem harntreibenden Kaffee war etwas eigen, das sich um neun Uhr – seiner üblichen Frühstückszeit – weit besser ertragen ließ als um Viertel nach acht, da solche Köstlichkeiten in allen Nischen seines Körpers sämtliche noch verbliebenen Überreste von alkoholischem Kopfschmerz, jegliche Relikte früherer Übelkeiten, jegliches Echo von Lärm in seinem Kopf wachzurufen schienen. Auch an diesem Morgen packte ihn der retrospektive Schwindel so grob wie immer am Kragen. Durchaus möglich, daß den drei Pints Bier, die er am Abend zuvor mit Bill Atkinson und Beesley getrunken hatte, auf dem Wege irgendeiner müllverdreckten Seitenstraße durch das Raum-Zeit-Kontinuum eine Flasche englischen Sherrys vorangegangen war. Nicht undenkbar auch, daß ihnen ein halbes Dutzend Frühstückstassen mit Rotwein-Methanol-Fusel gefolgt war. Er beschirmte die Augen mit der Hand und umrundete den Tisch wie jemand, der dem Rauch eines Lagerfeuers auszuweichen versucht. Dann ließ er sich auf seinen Stuhl fallen und ertränkte einen Teller Cornflakes in bläulicher Milch. Er war der einzige Mensch im Raum.

Da er es vermied, über Margaret nachzudenken, und da er aus irgendeinem Grund nicht an Christine denken wollte, wandten sich seine Gedanken dem Vortrag zu. Am frühen Abend des Vortages hatte er versucht, seine Notizen zu einem Manuskript zu verarbeiten. Die erste Seite der Notizen hatte für eine Seite und drei Zeilen Manuskript gereicht. Unter diesen Umständen würde er nach dem jetzigen Stand seiner Notizen elfeinhalb Minuten lang sprechen können. Stoff für weitere achtundvierzigeinhalb Minuten war also offenkundig vonnöten, vielleicht mit einer Minute Abzug für das Vorstellen seiner Person, einer weiteren Minute für Wassertrinken, Husten und Umblättern, und keiner Minute für Applaus und Zugaberufe. Wo konnte er diesen zusätzlichen Stoff finden? Die einzige Antwort auf diese Frage schien zu lauten: Genau, wo? Ah, Moment mal; er konnte Barclay beschwatzen, ein Buch über mittelalterliche Musik für ihn aufzustöbern. Das waren mindestens weitere zwanzig Minuten, mit einer Entschuldigung dafür, »daß ich mich von meinen Neigungen habe forttragen lassen«. Welch würde das absolut fressen. Er pustete ein paar Blasen in die Milch auf seinem Löffel, während er daran dachte, wie viele hassenswerte Tatsachen er würde abschreiben müssen. Doch der Gedanke, wie viel Gutes er für sich bewirken konnte, ohne im geringsten nachdenken zu müssen, heiterte ihn wieder auf. »Manch einer könnte meinen«, murmelte er vor sich hin, »daß der Charakter einer Nation, einer Klasse durch etwas, das den alltäglichen Verrichtungen scheinbar so fern steht wie deren Musik, deren Musikkultur, nur unzureichend beleuchtet werde.« Er beugte sich bedeutsam über den Gewürzständer: »Nichts weniger als das.«

In diesem Augenblick trat Beesley ein und rieb sich die Hände genauso, wie er selbst es getan hatte. »Hallo, Jim«, sagte er. »Post schon da?«

»Nein, noch nicht. Kommt er?«

»Er ist jetzt im Badezimmer fertig. Dürfte nicht mehr lange dauern.«

»Gut. Was ist mit Bill?«

»War schon vor mir auf den Beinen; ich habe ihn über mir herumtrampeln hören. Warten Sie – das müßte er sein.«

Während Beesley Platz nahm und mit seinen Cornflakes begann, schritt Atkinson langsam in den Raum. Wie es oft – und vor allem morgens – der Fall war, deutete sein Verhalten an, daß er die beiden anderen nicht kannte und augenblicklich auch keinerlei Absicht hegte, irgendeine Verbindung zu ihnen aufzunehmen. Heute morgen sah er mehr denn je wie Dschingis Khan aus, der soeben erwägt, seine Hauptleute liquidieren zu lassen. Geringschätzig machte er hinter seinem Stuhl halt, schnalzte mit der Zunge und seufzte so theatralisch wie jemand, den man in einem Geschäft zu lange warten läßt. Seine dunklen, geheimnisvollen Augen schweiften über die Wände und blieben gemächlich an jeder Fotografie haften. Voller Mißbilligung erfaßten sie Miss Cutlers Neffen in der Uniform eines Obergefreiten der Heeresabteilung für Finanzen, die zwei kleinen Töchter von Miss Cutlers Cousine, das Landhaus von Miss Cutlers früherem Arbeitgeber samt Einspänner vor dem Portikus, Miss Cutler selbst in der unverwechselbaren Tracht einer Brautjungfer nach der Mode des Ersten Weltkrieges. Vielleicht war er damit befaßt, die Schimpfkanonaden, die dieser Anblick in ihm auslöste, auf vier winzige Haßausbrüche zu reduzieren – einen für jede Fotografie. Trotzdem schwieg er immer noch, als er sich an den Tisch setzte. Seine großen, behaarten Hände lagen untätig und mit nach oben weisenden Handflächen auf der Tischdecke. Er aß niemals Getreideflocken.

Als Miss Cutler hereinkam und zinnoberroten Schinkenspeck austeilte, konnte man das Eintreffen der Post hören. Beesley nickte Dixon nachdrücklich zu und ging hinaus in die Diele. Als er zurückkam, nickte er erneut, diesmal sogar noch nachdrücklicher. Dixon empfand nichts von der angenehmen Aufgeregtheit, die er erwartet hatte. Selbst als Johns einige Minuten später schweigend mit seinem Brief hereinkam, war er immer noch nahezu unberührt. Woran lag das? Merry England? Ja, und auch andere Dinge, aber das war ohne Belang. Er versuchte, seine Aufmerksamkeit auf den Brief zu konzentrieren, den Johns jetzt öffnete und entfaltete. Beesley hatte mit vollem Mund zu kauen aufgehört. Atkinson wirkte äußerlich desinteressiert und beobachtete Johns unter seinen dicken Wimpern. Der begann zu lesen. Es herrschte völlige Stille.

Vorsichtig legte Johns den Löffel beiseite. Mit seinem Haar stimmte etwas nicht, aber es war schwer zu sagen, was. Seine ansonsten schmalzähnliche Blässe wurde heute morgen zwar durch mehrere entzündete Flecken belebt (zweifellos infolge einer Rasur mit einer Klinge, die für jeden Menschen mit einem normalen Verhältnis zum Geld viel zu stumpf gewesen wäre), war aber ansonsten viel zu ausgeprägt, als daß weiteres Erbleichen als Folge von Gefühlen wie Angst oder Wut möglich gewesen wäre. Kurz darauf hob er den Blick – zwar nicht bis auf Augenhöhe der anderen, aber doch näher daran als sonst. Dixon glaubte kurzfristig sogar, seinem Blick begegnet zu sein. Es war klar, daß der Mann von etwas aufgewühlt wurde. Er wand sich mit einer Art schalkhafter, fast selbstironischer Bewegung. Nachdem er den Brief noch ein paarmal gelesen hatte, stopfte er ihn eilig zurück in den Umschlag, den er in seine Brusttasche steckte. Als er hochsah und bemerkte, daß die anderen ihn immer noch beobachteten, griff er so hastig zum Löffel, daß Milch auf seine marineblaue Strickjacke spritzte. Aus Beesleys Richtung drang ein Prusten.

»Was ist los, Kleiner?« Atkinson formulierte seine Frage an Johns deutlich und sehr langsam. »Schlechte Nachrichten?«

»Nein.«

»Weil ich nämlich nicht möchte, daß Sie schlechte Nachrichten erhalten. Würde mir glatt den Tag verderben. Sie haben bestimmt keine schlechten Nachrichten erhalten?«

»Ganz und gar nicht.«

»Sie haben keine schlechten Nachrichten erhalten?«

»Nein.«

»Oh. Geben Sie mir unbedingt Bescheid, falls es jemals so weit kommen sollte. Vielleicht kann ich Ihnen dann einen guten Rat geben. Meinen Sie nicht?«

Atkinson steckte sich eine Zigarette an. »Sie sind kein großer Redner, wie?« fragte er Johns. »Oder?« fragte er die beiden anderen.

»Nein«, sagten die.

Atkinson nickte und ging. In der Diele hörten sie ihn –

was selten geschah – lachen. Ohne klar erkennbaren Übergang wurde aus dem Lachen ein Hustenanfall, der sich nach und nach über die Treppe nach oben entfernte.

Johns aß jetzt seinen Schinkenspeck. »Das ist nicht komisch«, sagte er ebenso plötzlich wie überraschend. »Das ist überhaupt nicht komisch.«

Dixon sah aus den Augenwinkeln Beesleys vor Entzücken gerötetes Gesicht. »Was denn?« fragte er.

»Sie wissen genau, was ich meine, Dixon. Aber zu diesem Spiel gehören zwei. Sie werden schon sehen.« Die Finger seiner plumpen Hand zitterten, als er sich Kaffee eingoß.

Die Begegnung endete in Schweigen. Johns warf Dixons Krawatte einen letzten feindseligen Blick zu und eilte hinaus. Sein Wirken an den Renten- und Krankenkassenbeiträgen der College-Belegschaft begann um neun Uhr. Als er ging, fiel Dixon auf, daß etwas mit seinem Hinterkopf nicht stimmte.

Beesley beugte sich zu ihm herüber. »Nicht schlecht, Jim, hm?«

»Nicht übel.«

»Ist Ihnen aufgefallen, wieviel er gesprochen hat? Ein richtiger Anfall von Redseligkeit. Genau wie ich immer gesagt habe: Der wird nie etwas sagen, es sei denn, daß er sich irgendwie bedroht fühlt. Ach, das habe ich noch gar nicht erwähnt: Haben Sie gesehen, wie seltsam sein Haar aussah?«

»Jetzt, wo Sie es sagen, denke ich auch, daß etwas damit nicht stimmte.«

Beesley biß in seinen Toast mit Orangenmarmelade. Ingrimmig kauend fuhr er fort: »Er hat sich eine Haarschere gekauft; ich habe sie gestern im Badezimmer gesehen. Schneidet sich die Haare jetzt wohl selbst. Zu scheißgeizig, um einssechzig zu zahlen, daran liegt's. Herr im Himmel.«

Das war also der Grund, weshalb Johns, von hinten betrachtet, ein leicht verrutschtes Toupet zu tragen schien, während sein Kopf, von vorne betrachtet, von einem merkwürdigen Helm gekrönt wurde. Dixon schwieg und dachte, daß Johns endlich etwas getan hatte, das er respektieren konnte.

»Was ist los, Jim? Sie sehen nicht besonders fröhlich aus.«

»Mir geht's gut.«

»Immer noch besorgt wegen des Vortrages? Ach ja, ich habe diesen Text über das vierzehnte Jahrhundert bekommen, den ich Ihnen versprochen hatte. Nicht besonders aufregend, aber es sind ein paar Sachen dabei, die Sie vielleicht verwenden können. Ich lege Ihnen den Text ins Büro.«

Das munterte Dixon ein wenig auf. Wenn er den Mut aufbrachte, lange genug zu warten, konnte er den Rest seines Vortrages vielleicht gänzlich mit den Arbeiten anderer bestreiten. »Danke, Alfred«, sagte er. »Das wäre nett.«

»Gehen Sie heute überhaupt ins College?«

»Ja, ich will mich mit Barclay treffen.«

»Barclay? Ich hätte nicht gedacht, daß Sie mit dem viel zu besprechen haben.«

»Ich möchte ihn zu mittelalterlicher Musik ausfragen.«

»Ah, jetzt verstehe ich. Sie gehen gleich hin, ja?«

»In ein paar Minuten.«

»Prima. Ich komme mit.«

Der Tag war warm, aber bewölkt. Während sie die College Road entlangspazierten, sprach Beesley über die Prüfungsergebnisse an seinem Institut. Der auswärtige Prüfer würde bei seinem Besuch am Ende der Woche über einige kritische Fälle entscheiden, aber in groben Umrissen zeichneten sich die Ergebnisse bereits ab. Da sich die Lage an Dixons Institut ähnlich darstellte, hatten sie ausreichend Gesprächsstoff.

»Das ist etwas, das ich an Fred Karno mag«, sagte Beesley, »auch wenn es, bei Licht besehen, das einzige ist: Er versucht nie, jemanden durch die Prüfung zu bringen, bei dem er das nicht wirklich für angebracht hält. Keine Einser bei uns in diesem Jahr, vier Dreier, und fünfundvierzig Prozent der Studenten des ersten Jahrgangs sind durchgefallen. Genauso muß man es machen. Fred ist der einzige Professor an diesem College, der dem ganzen Druck von außen standhält. Die wollen doch, daß wir die Einser verschleudern, als wären es Lehrerdiplome, und jeden Scheißer, der seinen Namen schreiben kann, durch das Examen bringen. Wie steht Neddy dazu? Oder hatte er noch keine Zeit, einen eigenen Standpunkt einzunehmen?«

»Genauso ist es. Er überläßt das meiste Cecil Goldsmith, was bedeutet, daß jeder durchkommt. Cecil hat ein weiches Herz, müssen Sie wissen.«

»Eine weiche Birne, meinen Sie wohl. Wohin man auch sieht, es ist immer dasselbe. Alle Provinzuniversitäten machen es so, nicht nur wir. London nicht, nehme ich an, und die schottischen Universitäten auch nicht. Aber gehen Sie zu den meisten Unis und versuchen Sie mal, da jemanden rauszuwerfen, weil er zu dämlich ist, sein Examen zu bestehen – es ist leichter, einen Prof zu feuern. Das Problem liegt darin, daß so viele Leute mit Stipendien der Erziehungsbehörde hier sind.«

»Wie meinen Sie das? Die Studenten müssen doch irgendwo ihr Geld herbekommen.«

»Sie wissen schon, wie ich es meine, Jim. Ich kann die Behörde ja sogar verstehen. ›Wir bezahlen für John Smith, damit er hier aufs College geht, und jetzt, nach sieben Jahren, sagen Sie uns, daß er niemals seinen Abschluß schaffen wird. Sie verschleudern unser Geld.‹ Wenn wir eine Aufnahmeprüfung einführen, bei der alle aussortiert werden, die weder lesen noch schreiben können, halbiert sich die Zahl der Neuzugänge, und die Hälfte von uns verliert ihre Stelle. Und dann fordern die anderen: ›Wir wollen zweihundert Lehrer in diesem Jahr, und wir sind fest entschlossen, sie zu bekommen.‹ Einverstanden, wir senken die Quote für das Bestehen des Examens auf zwanzig Prozent und geben euch so viele Leute, wie ihr wollt. Aber kommt in zwei Jahren bitte nicht zu uns und beschwert euch, daß eure Schulen voller Lehrer sind, die die Schulabschlußprüfung selbst nicht bestehen würden, ganz zu schweigen davon, daß sie jemand anderem die dazu nötigen Kenntnisse beibringen könnten. Eine herrliche Situation, nicht wahr?«

Dixon stimmte weitgehend mit Beesley überein, aber er war nicht ausreichend interessiert, es ihm zu sagen. Heute war einer der Tage, an denen er vollkommen überzeugt von seinem bevorstehenden Ausschluß vom akademischen Leben war. Was würde er danach tun? An einer Schule unterrichten? Himmel, nein. Nach London gehen und eine Stelle in einem Büro annehmen? Was für eine Stelle? Wessen Büro? Ach, halt den Mund.

Schweigend betraten sie das Hauptgebäude und den Gemeinschaftsraum und gingen zu ihren Postfächern. Dixon entnahm dem seinen eine Mahnung über seinen jährlichen Mitgliedsbeitrag für den Gemeinschaftsraum und eine Postkarte, die an einen gewissen *Jas Dickson Esq BA* adressiert war und ihn von der Veröffentlichung einer dickleibigen Arbeit über den Textilhandel zur Zeit der Tudors in Kenntnis setzte. Diese entsandte er mit größtmöglichem Tempo in den Papierkorb. Beesley blätterte derweil in der neuen Ausgabe der von ihm abonnierten Zeitschrift für Universitätsangelegenheiten und murmelte vor sich hin. Sonst war niemand im Raum. Ehe er sich selbst dazu überreden konnte, Barclay aufzustöbern, ließ Dixon sich in einen Sessel fallen und gähnte. Er hatte das Gefühl, daß ihm zu Beginn eines solchen Tages eine kleine Verschnaufpause gut tun würde.

Kurz darauf kam Beesley mit der aufgeschlagenen Zeitschrift zu ihm. »Hier ist etwas, das Sie interessieren wird, Jim. ›Neuernennungen. Dr. L. S. Caton an den Lehrstuhl für Geschichte des Handels, Universität von Tucumán, Argentinien.‹ Ist das nicht der Bursche, dem Sie Ihren Artikel geschickt haben?«

»Himmel, zeigen Sie her.«

»Sie setzen sich besser zügig mit ihm in Verbindung, ehe er auf dem Bananenboot flieht. Sieht ganz so aus, als ob sein neues Magazin bald das Zeitliche segnen wird, es sei denn, er glaubt, daß er es von drüben herausgeben kann.«

»O Gott, das sieht ziemlich übel aus.«

»Ich würde ihn an Ihrer Stelle anrufen.«

»O Gott. Ja, das mache ich. Danke, daß Sie mich darauf hingewiesen haben, Alfred. Ich gehe besser Barclay suchen, ehe der auch eine Stelle in Übersee antritt.«

Dixon, der das Opfer vager, aber heftiger Befürchtungen war, eilte hinaus und zur Musikschule hinüber. Zu seinem Erstaunen stellte sich heraus, daß Barclay anwesend, verfügbar, kooperativ und im Besitz genau der Art von Buch war, die Dixon wollte. Daraufhin fühlte er sich etwas beruhigt und ging mit dem Band zur Bibliothek, wo ihm mit fast unheimlicher Promptheit ein Buch über mittelalterliche Trachten und Möbel ausgehändigt wurde. Als er beim Hinausgehen in der Drehtür stand, wurde seine Bewegung von jemandem gebremst, der von draußen versuchte, die Tür in die entgegengesetzte (und, gemäß mehrerer großer und deutlich gestalteter Schilder, falsche) Richtung zu drehen. Es war Welch, der mißtrauisch in seine Richtung starrte und stirnrunzelnd zurücktrat, als Dixon weiter drückte und schließlich auf seiner Seite zum Vorschein kam.

»Guten Morgen, Professor.«

Welch erkannte ihn sofort wieder. »Dixon«, sagte er.

»Ja, Professor?« Erst jetzt fiel Dixon Margarets Bericht ein, demzufolge Welch gemeinsam mit den anderen Mitgliedern seiner Familie »nach seinem Blut« trachtete. Wie würde Welch sein Trachten nach diesem Stoff zum Ausdruck bringen?

»Ich habe mich gerade gefragt... was die Bibliothek angeht«, sagte Welch und wippte auf den Fersen hin und her. Er sah heute morgen sogar noch wilder und zerzauster aus als sonst. Auf seiner Krawatte zeichnete sich ein kleines goldenes Emblem ab, das auf den ersten Blick einem Wappen glich, sich bei näherem Hinsehen aber als erstarrtes Eigelb zu erkennen gab. Erhebliche Rückstände desselben Nahrungsmittels waren um Welchs Mund zu sehen, der jetzt leicht offenstand.

»Ah ja?« fragte Dixon und hoffte, Welch damit zu einem Hinweis zu ermutigen, welcher Aspekt die Bibliothek betreffender Angelegenheiten als Quelle seiner Verwunderung gelten könnte.

»Glauben Sie, daß Sie hingehen könnten?«

Dixon machte sich langsam ernstlich Sorgen. War Welchs sich lange abzeichnender Wahnsinn jetzt schließlich zum Ausbruch gekommen? Oder war dies seine Art, mit bitterem Sarkasmus auf Dixons Abneigung gegen alle Schauplätze akademischer Arbeit anzuspielen? Tief verwirrt, wie er war, warf Dixon einen verstohlenen Blick über die Schulter, um sich zu vergewissern, daß sie tatsächlich nicht mehr als zwei Schritte vom Eingang der Bibliothek entfernt standen. »Ich denke schon«, erschien ihm als die sicherste Antwort.

»Sie sind jetzt gerade nicht mit Arbeit überlastet?«

»Jetzt gerade?« jammerte Dixon. »Ich denke nicht, daß ich ...«

»Ich dachte an Ihren Vortrag am Mittwoch. Ich nehme an, daß er inzwischen größtenteils fertig ist?«

Dixon veränderte die Position der Bücher unter seinem Arm, für den Fall, daß Welch die Titel sehen konnte. »Aber ja«, stieß er hervor. »Professor. Ja.«

»Ich habe nämlich keine Zeit, zur Bibliothek zu gehen«, sagte Welch im Tonfall eines Mannes, der gerade das letzte triviale Hindernis beiseite räumt, das dem völligen Verstehen im Weg steht. »Ich muß nämlich da hinein«, fügte er hinzu und zeigte auf die Bibliothek.

Dixon nickte langsam. »Ach, Sie müssen da hinein«, sagte er.

»Ja. Die Prüfungsantworten haben einige Fragen aufgeworfen, die ich vor der morgigen Besprechung mit dem auswärtigen Prüfer noch abklären möchte. Der Termin paßt Ihnen doch, nehme ich an? Um fünf Uhr in meinem Büro.«

Dixon traf sich mit Christine am nächsten Tag um vier Uhr. Selbst wenn er ein Taxi nähme, würde er nur eine Dreiviertelstunde mit ihr verbringen können. Er hätte Welch am liebsten in die Drehtür geschubst und ihn bis zum Mittagessen darin herumgewirbelt. Er sagte: »Ich werde kommen.«

»Gut. Sie verstehen also, daß ich meine Zeit nicht mit Bibliotheksrecherchen vertrödeln kann.«

»Oh, vollkommen.«

»Es ist nett von Ihnen, daß Sie das für mich übernehmen, Dixon. Was nun die Sachen betrifft, die ich aus der Bibliothek brauche: Hier steht alles drauf.« Nach und nach brachte er ein Bündel Papiere aus seiner Brusttasche zum Vorschein und entfaltete es. »Sie werden sehen, daß sich alles wie von selbst erklärt. Der Verweis auf das jeweilige Buch steht, denke ich, fast immer dabei… genau. Ah, hier sind einige, nun, ohne… im Grunde auf gut Glück. Ich denke nicht, daß viel von Wert dabei ist, falls überhaupt, aber gehen Sie einfach die Themenverzeichnisse durch. Falls keine vorhanden sein sollten, benutzen Sie am besten Ihren eigenen… Ihren eigenen… Die Kapiteltitel können Ihnen dabei vermutlich helfen. Nehmen Sie zum Beispiel den hier. Schauen Sie einfach nach, ob Sie irgend etwas Relevantes dazu finden können. Dem Datum nach zu urteilen, dürfte das kaum der Fall sein. Aber man kann ja nie wissen, nicht wahr?« Er forschte in Dixons Gesicht nach einer Bestätigung.

»Nein, kann man nicht.«

»Nein, kann man nicht. Ich erinnere mich, daß ich einmal wochenlang mit einer Sache nicht weitergekommen bin, wegen eines einzigen fehlenden Faktums. Es sieht nämlich so aus, als ob im Herbst 1663… nein, im Sommer…«

Dixon hatte jetzt halbwegs begriffen, worum es ging. Er war gebeten worden, gewisse Lücken in Welchs Kenntnisstand hinsichtlich der Geschichte bäuerlichen Kunsthandwerks in der Grafschaft aufzufüllen, und die Liste, die Welch mit seiner übertrieben ordentlichen und deutlichen Handschrift geschrieben oder mit lachhafter Akribie getippt hatte, würde ihn, Dixon, in die Lage versetzen, seine Aufgabe ohne übermäßige Verwirrung zu erledigen – freilich nicht ohne einen gewissen Verlust an Zeit und Integrität. Dennoch wagte er nicht, abzulehnen: Es war durchaus möglich, daß Aufgaben wie diese für Welch eine wichtigere Prüfung seiner Fähigkeiten darstellten als seine Verdienste um den Vortrag über »Merry England«. So weit war die Sache also geklärt – was aber sollte das ganze Gerede über die Bibliothek? Als Welchs Schweigen das Ende – oder vielleicht auch nur das Aufgeben – der Anekdote signalisierte, fragte Dixon: »Werde ich alle Informationen hier finden, Sir? Einige dieser Publikationen dürften ziemlich selten sein. Man sollte meinen, das Archiv hätte...«

Welchs Gesicht nahm langsam einen Ausdruck ungläubigen Zornes an. Mit hoher, mißmutiger Stimme sagte er: »Nein, natürlich finden Sie diese Informationen nicht hier, Dixon. Ich weiß gar nicht, wie jemand auf diesen Gedanken kommen kann. Deshalb bitte ich Sie ja, in die Bibliothek zu fahren. Ich weiß mit Bestimmtheit, daß dort neunzig Prozent der benötigten Sachen vorzufinden sind. Ich würde selbst hinfahren, aber wie ich mich zu erklären bemühte, bin ich hier gebunden. Und ich brauche die Informationen heute abend, denn ich werde die Rede morgen abend halten, nachdem Professor Fortescue weg... fort... die Rückreise antritt. Verstehen Sie jetzt?«

Dixon verstand. Welch hatte die ganze Zeit die öffentliche Bibliothek in der Stadt gemeint. Da dies für ihn völlig klar war, hatte er natürlich nicht an die Verwirrung gedacht, die er dadurch stiftete, daß er in zwei Metern Entfernung von einem Gebäude, das in hiesigen Gefilden als »die Bibliothek« bekannt war, über »die Bibliothek« sprach. »Aber natürlich, Professor«, sagte er, »es tut mir leid.« Das Leben hatte ihn von Grund auf gelehrt, genau dann eine Entschuldigung auszusprechen, wenn er eine hätte fordern müssen.

»In Ordnung, Dixon. Aber nun will ich Sie nicht weiter aufhalten. Sicherlich werden Sie gleich anfangen wollen, denn Sie müssen ja bis fünf Uhr fertig werden. Kommen Sie dann am besten in mein Büro und zeigen Sie mir, was Sie gefunden haben. Es ist sehr nett von Ihnen, daß Sie mir Ihre Hilfe anbieten. Ich weiß das sehr zu schätzen.«

Dixon steckte die Papiere zwischen die Seiten von Barclays Buch und wandte sich zum Gehen. Er blieb jedoch jäh stehen und sah zurück, als hinter ihm ein lautes Donnern losbrach. Wie ein Rugby-Stürmer, der sich unter einem Haufen von Gegenspielern hervorkämpft, versuchte Welch angestrengt und mit flatterndem Haar, die Drehtür in die falsche Richtung zu drücken. Dixon stand da und sah zu; er gestattete sich, sein Mandrill-Gesicht zu vollem Einsatz zu bringen. Nach einiger Zeit hatte Welch offenbar seinen Fehler erkannt und begann nun, an der mittlerweile verklemmten Tür zu ziehen, wodurch sich sein Erscheinungsbild dahingehend veränderte, daß er jetzt aussah wie jemand, der beim Seilziehen auf der Verliererseite steht. Mit einem plötzlichen Schnapplaut gab die Tür nach. Welch verlor das Gleichgewicht und prallte mit dem Kopf gegen die hinter ihm befindliche Wandtäfelung. Dixon ging fort und begann, seine Welch-Melodie in einem feierlichen, fast liturgischen Tempo zu pfeifen. Er empfand zutiefst, daß es Dinge wie diese waren, die ihn am Leben erhielten.

18

»Das ist wirklich ausgezeichnet, Dixon«, sagte Welch sieben Stunden später. »Sie haben alle Lücken gefüllt, und das auf eine äußerst... eine äußerst... Wirklich sehr bewundernswert.« Er weidete sich einen Moment lang an Dixons Notizen, dann fügte er plötzlich hinzu: »Was machen Sie jetzt?« Es klang ein wenig mißtrauisch.

Tatsache war, daß Dixon gerade seine Hände hinter den Rücken hielt und mit ihnen allerlei Bewegungen vollführte. »Ich wollte bloß...« stammelte er.

»Ich will nur wissen, ob Sie heute abend schon etwas vorhaben. Ich dachte, Sie könnten vielleicht vorbeikommen und mit uns essen.«

Nachdem er einen Tag lang Welchs Arbeit erledigt hatte, hatte Dixon an diesem Abend vieles vor, insbesondere in Verbindung mit seinem Vortrag. Aber es war klar, daß er es sich nicht leisten konnte, Welchs Einladung auszuschlagen, weshalb er ohne zu zögern sagte: »Aber ja. Vielen Dank, Professor. Das ist sehr nett von Ihnen.«

Welch nickte und schien erfreut. Er sammelte die Papiere ein, um sie in seinen »Beutel« zu stecken. »Die Sache dürfte morgen einen sehr guten Gang nehmen«, sagte er und knipste sein Triebtäterlächeln an.

»Bestimmt. Vor wem halten Sie die Rede?«

»Der Gesellschaft der Altertumsforscher und Historiker.

Es überrascht mich, daß Sie die Plakate nicht gesehen haben.« Er nahm seinen »Beutel« und setzte seinen rehbraunen Fischerhut auf. »Kommen Sie doch gleich mit. Wir fahren in meinem Auto hin.«

»Das ist nett.«

»Das sind wirklich wunderbar begeisterungsfähige Leute«, sagte Welch enthusiastisch, als sie die Treppe hinabgingen. »Ein sehr gutes Publikum für eine Rede. Aufmerksam und ... begeistert, und sie bombardieren einen danach mit Fragen. Es kommen natürlich vor allem Leute aus der Stadt, aber wir haben immer ein paar der besseren Studenten dabei. Den jungen Michie zum Beispiel. Das ist ein guter Junge. Konnten Sie ihn eigentlich für Ihr Sonderthema interessieren?«

Dixon dachte, daß Michie bedenklich in Deckung gegangen sei. Er sagte: »Ja, er scheint sich zur Teilnahme entschlossen zu haben«, und hoffte, daß Welch diesem Zeugnis seiner Fähigkeit, einen so guten Jungen zu »interessieren«, gebührend Beachtung schenkte.

Welch fuhr unbeirrt fort: »Ein sehr guter Junge ist das. Sehr begeisterungsfähig. Kommt immer zu den Altertumskundlern. Ich habe sogar ein paarmal mit ihm geplaudert. Ich denke, daß wir eine ganze Menge gemein haben.«

Dixon bezweifelte, daß Welch und Michie viel gemein hatten, abgesehen vielleicht von einer ähnlichen Einschätzung seiner Fähigkeiten. Aber da er hoffte, daß Welchs Berufsmoral ihn davon abhalten würde, diesen Umstand anzuführen, fragte er mit geheucheltem Interesse: »Inwiefern?«

»Wir teilen zum Beispiel das Interesse an der Tradition Englands, wenn man so sagen kann. Sein Interesse ist eher philosophischer Natur, vermute ich, und meines eher das, was man zusammenfassend als ›kulturell‹ bezeichnen könnte, aber wir haben eine ganze Menge gemein. Übrigens habe ich erst neulich überlegt, wie bemerkenswert es doch ist, daß meine Interessen sich in den vergangenen Jahren mehr und mehr dieser Thematik zugewandt haben, wohingegen die Interessen meiner Frau sich... Also, ich charakterisiere sie immer zuerst als eine Westeuropäerin und erst in zweiter Linie als Engländerin. Mit ihrer kontinentalen Art, die Dinge zu betrachten, nicht wahr, in mancher Hinsicht, könnte man sagen, fast gallisch, die Dinge also, die mir so wichtig sind, die gesellschaftliche und kulturelle Szene Englands, mit gewissen, quasi rückwärtsgewandten Vorlieben, Kunsthandwerk und so weiter, traditionellen Zerstreuungen und dergleichen, also, für sie ist das gewissermaßen ein Aspekt, nicht wahr, nur ein Aspekt – ein sehr interessanter Aspekt, versteht sich, aber nicht mehr als ein Aspekt« – er zögerte, als suche er nach dem passenden Ausdruck –, »gewissermaßen ein Aspekt in der Entwicklung der westeuropäischen Kultur, so könnte man sagen. Man erkennt das ganz deutlich an ihrer Haltung gegenüber dem Sozialstaat, und es ist von großem Vorteil, dieses Problem aus einer, wie man sagen könnte, erweiterten Perspektive zu betrachten. Sie argumentiert nämlich damit, daß die Menschen, wenn man ihnen alle Mühe abnimmt...«

Dixon, der Mrs. Welchs Charakter längst für sich selbst zusammengefaßt hatte, ließ Welch über ihre politischen Ansichten, die Haltung zu »sogenannter Freiheit der Erziehung« weiterreden, über ihr Eintreten für vergeltende Bestrafung, ihre Vorliebe für das, was englische Frauen über das Denken und Fühlen der Pariserinnen geschrieben hatten. Seine eigenen Gedanken und Empfindungen waren die ganze Zeit, während sie ins Auto stiegen und losfuhren, vollauf mit dem Thema Margaret beschäftigt. Er wußte nicht, wie er es fertigbringen sollte, ihr zu begegnen. Diese Vorstellung, die ihn bereits den größten Teil des Tages in der Bibliothek beschäftigt hatte, war nun, da sie in Kürze Wirklichkeit werden sollte, noch drängender geworden. Er würde sich darüber hinaus wohl auf ein Zusammentreffen mit Bertrand und Mrs. Welch einstellen müssen, aber diese Begegnungen erschienen ihm vergleichsweise wenig furchteinflößend. Auch Christine würde dort sein. Im Grunde wollte er auch sie nicht sehen – das hatte nichts mit ihr persönlich zu tun, sondern damit, daß sie ein Teil seiner Befürchtungen hinsichtlich Margarets war. Er mußte etwas tun, um Margaret zu zeigen, daß sie nicht völlig allein war. Er würde, er durfte nicht zulassen, daß sie ihr altes Verhältnis wiederaufnahmen, aber er mußte sie irgendwie von seiner anhaltenden Unterstützung überzeugen. Wie sollte er das anstellen?

Auf der Suche nach einer Ablenkung sah er links zum Fenster hinaus. Sie näherten sich gerade einer Straßenkreuzung, und Welch verlangsamte die Fahrt auf Schritt-Tempo. Auf dem Bürgersteig stand ein großer, fetter Mann, in dem Dixon seinen Friseur erkannte. Er empfand tiefen Respekt vor diesem Menschen, sowohl wegen seiner eindrucksvollen Gestalt, als auch wegen seiner dröhnenden Baßstimme und seines unerschöpflichen Vorrats an Informationen über die königliche Familie. Eben blieben zwei recht hübsche junge Frauen wenige Meter entfernt neben einem Briefkasten stehen. Der Friseur drehte sich um, die Hände hinter dem Rücken verschränkt, und starrte sie an. Ein Ausdruck verstohlener Lüsternheit machte sich unmißverständlich auf seinem Gesicht breit. Dann ging er wie ein galanter Kaufhausabteilungsleiter auf die beiden jungen Frauen zu. Welch beschleunigte jetzt, und ein erheblich aufgewühlter Dixon lenkte seine Aufmerksamkeit hastig auf die andere Straßenseite. Dort war ein Kricketspiel im Gange, und der Werfer nahm gerade Anlauf zum Wurf. Der Schlagmann, auch er ein dicker Mensch, schlug nach dem Ball, verfehlte ihn und wurde heftig in der Magengrube getroffen. Dixon hatte gerade noch genug Zeit, um zu sehen, wie der Mann sich vor Schmerzen krümmte und der Torhüter loslief, dann entzog eine hohe Hecke die Szene seinem Blick.

Er wußte nicht recht, ob diese zwei Vignetten die Schnelligkeit göttlicher Vergeltung illustrieren sollten, oder deren Mangel an Treffsicherheit. Dixon wußte aber genau, daß er sich von irgend etwas überwältigt fühlte, und zwar so sehr, daß er sogar Welch zuhörte. Der sagte gerade »Überaus beeindruckend«, und eine Sekunde lang stand Dixon kurz davor, den Schraubenschlüssel zu nehmen, der in der Tasche am Armaturenbrett steckte, und ihm damit einen Schlag in den Nacken zu verpassen. Er wußte, was für Sachen es waren, die Welch beeindruckend fand.

Die restliche Fahrt verstrich ereignislos. Welchs Fahrkünste schienen sich etwas verbessert zu haben, zumindest war der einzige Tod, dem Dixon ins Auge sah, der Tod durch Langeweile. Sogar diese Gefahr war für einige Minuten gebannt, als Welch diverse Fakten über die jüngste Vergangenheit des effeminierten schreibenden Michel enthüllte, einer Figur, die zwar allzeit in den Kulissen von Dixons Leben harrte, aber anscheinend dazu bestimmt war, niemals dessen Bühne zu betreten. Dieser Michel, ein ebenso unermüdlicher Franzosenverehrer wie seine Mutter, hatte sich in seiner kleinen Londoner Wohnung selbst verköstigt und war kürzlich erkrankt, weil er sich mit scheußlichem ausländischen Essen eigener Zubereitung vollgestopft hatte, insbesondere, wenn Dixon recht verstand, mit Spaghetti und Gerichten, die mit Olivenöl zubereitet worden waren. Dies schien nichts als die gerechte Strafe für jemanden zu sein, der sich hemmungslos so exotischen Surrogaten für Mehlschwitze und englische Bauernbutter verschrieb, zumal er diese zweifellos mit »echtem« schwarzen Kaffee von erheblicher Zähflüssigkeit hinuntergespült hatte. Allem Anschein nach würde Michel in einigen Tagen seine Eltern besuchen, um sich bei englischer Kost zu erholen. Dixon wandte sein Gesicht ab, als er diese Pointe vernahm, und lachte zum Fenster hinaus. Seine schlimmste Empfindung war diesmal ein schwacher Zorn, wenn er daran dachte, daß so eine kleine Laus über eine Wohnung in London verfügte. Warum hatte er selbst keine Eltern, deren Vermögen ihren Verstand so weit überstieg, daß sie ihren Sohn in London stationierten? Allein der Gedanke daran war quälend. Wenn er vergleichbare Möglichkeiten gehabt hätte, würden sich die Dinge für ihn jetzt völlig anders darstellen. Einen Moment lang glaubte er, sich nicht vorstellen zu können, welche Dinge dies seien. Dann bemerkte er, daß er sich das sehr genau vorstellen konnte – und auch sehr genau, wie diese Dinge sich von dem, was er erreicht hatte, unterschieden.

Welch redete weiter. Sein Gesicht war das perfekte Publikum für seine Rede: Es lachte über seine Scherze, dachte über seine Ratlosigkeit oder seine ernsthaften Bemerkungen nach, reagierte mit aufeinandergepreßten Lippen und zusammengekniffenen Augen auf die wichtigeren Themen. Er redete sogar weiter, als er den sandigen

Weg hochfuhr, der zum Vorplatz neben dem Haus führte, die geborstene Bretterummantelung des Wasserhahns streifte, sich einen Weg in die Garageneinfahrt bahnte und mit einem einzigen, furchteinflößenden Hüpfer das Auto wenige Zentimeter vor der Innenwand der Garage zum Stehen brachte. Dann stieg er aus.

Auf der Suche nach einer Möglichkeit, das Auto zu verlassen, verschmähte Dixon den fünfzehn Zentimeter breiten Korridor, der links von ihm zwischen der Tür und der Seitenwand verlief, und rutschte nach einigem mißmutigen Gerangel mit Gangschaltung und Bremshebel über den Fahrersitz zur anderen Tür. Dabei schien jemand an seinem Hosenboden zu zupfen. Als er aus dem Auto kletterte und in die schwindelerregende Hitze der Garage eintauchte, befühlte er seine Kehrseite und mußte feststellen, daß er Zeige- und Mittelfinger ohne Schwierigkeiten in einen Riß im Stoff stecken konnte. Ein Blick auf den Fahrersitz zeigte ihm, daß die Spitze einer kaputten Sprungfeder aus der Polsterung lugte. Langsam folgte er Welch, dieweil sein Herz zu rasen begann und Feuchtigkeit seine Brille beschlug. Er gestattete sich den Anflug einer schrecklichen Grimasse, zwang sein Kinn so weit als möglich herab und versuchte, seine Nase zwischen die Augen zu recken. Als sein Werk beinahe vollendet war, nahm er die Brille ab, um sie trockenzureiben. Seine Sehkraft war gut genug, um auch ohne Hilfe der Brille zu erkennen, daß vier Zeugen seines Tuns wenige Meter entfernt hinter dem langen Fenster aufgereiht standen. Es waren (von links nach rechts) Christine, Bertrand, Mrs. Welch und Margaret. Er brachte seine Nase eilends in ihre normale Position und begann, sich nachdenklich das Kinn zu reiben, in der Hoffnung, daß es so aussähe, als ob ihn müßige Zweifel plagten. Da er außerstande war, eine Gestik oder Mimik zu ersinnen, die alle Mitglieder eines solchen Quartetts gleichermaßen begrüßte, folgte er ohne weitere Umstände Welchs sich entfernender Gestalt um die Ecke des Hauses.

Was sollte er mit seiner Hose anfangen? Was wäre schlimmer: Sie selbst zu flicken (was bedeutete, daß er den passenden Stoff finden oder wahrscheinlich neu kaufen mußte, daß er sie in einem Geschäft nähen lassen mußte, was wiederum bedeutete, daß er sich daran erinnern mußte, jemanden zu fragen, wo es ein solches Geschäft gab, und daran, die Hose dorthin zu bringen, sie abzuholen und für die Ausbesserung zu zahlen), oder Miss Cutler zu fragen, ob sie die Hose flicken könnte? Ginge letzteres am schnellsten? Ja, aber er würde möglicherweise bei der Arbeit zusehen und sich sowohl währenddessen als auch für unabsehbare Zeit danach Miss Cutlers Gerede anhören müssen. Abgesehen von einer Anzugshose, die viel zu dunkel war, um sie bei anderen Anlässen als Vorstellungsgesprächen und Begräbnissen zu tragen, war seine einzige andere Hose so fleckig von Speiseresten und Bier, daß sie selbst dann, wenn man sie auf einer Bühne trüge, um Armut und Verwahrlosung zum Ausdruck zu bringen, lachhaft übertrieben wirken würde. Sollte doch Welch die Ausbesserung übernehmen. Schließlich war sein blödes Auto schuld. Warum hatte er nicht seine eigene abscheuliche Hose an dem stachligen Sitz zerrissen? Würde er vielleicht bald. Oder hatte er vielleicht schon, ohne es zu bemerken.

Nachdem er das strohgedeckte Vordach der Eingangstür passiert hatte, wandte Dixon seine Augen von einem Gemälde ab, das Welch kürzlich gekauft und des öfteren erwähnt hatte, und das nun in der Diele hing. Es handelte sich offenkundig um das Werk eines rüpelhaften Kindergarteninsassen und erinnerte in seiner Maltechnik an die Sorte von Zeichnungen, die man in Herrentoiletten findet, wenngleich sein Motiv – ein buntes Sortiment von Tieren mit tonnenartigen Leibern, die aus einer Arche strömten – weniger reizvoll war. Hoch auf der anderen Seite befand sich ein Regalbord mit einer stattlichen Menge von Krimskrams aus Kupfer und Porzellan, darunter auch Dixons besonderer Liebling: ein Figurenkrug, den er jetzt mit spöttischem Grinsen fixierte. Er haßte diesen Figurenkrug mit seinem oben offenen schwarzen Hut, seinem verschwommen erschrockenen Gesicht, seinen spindelartig aus dem Rumpf wachsenden Extremitäten, er haßte ihn inniger als alle anderen unbelebten Bewohner des Hauses, nicht einmal Welchs Blockflöte ausgenommen. Der Gesichtsausdruck des Kruges zeigte, daß er wußte, was Dixon von ihm hielt, und es niemandem sagen konnte. Dixon legte einen Daumen auf jede Schläfe, wackelte mit den Fingern, rollte mit den Augen und formte mit dem Mund lautlose Buhrufe und Verwünschungen in Richtung der Figur. Nun kam ein weiteres Besitztum der Welchs in Sicht, eine junge, gelblichbraune Katze namens Es. Sie war die einzige Überlebende aus einem Dreierwurf. Die anderen beiden hatte Mrs. Welch auf die Namen Ich und Über-Ich getauft. So gut er es vermochte, verbannte Dixon diesen Gedanken aus seinem Gedächtnis. Er beugte sich herab und kitzelte Eß hinter dem Ohr. Er bewunderte sie dafür, daß sie den beiden alten Welchs niemals erlaubte, sie hochzuheben. »Kratz sie«, flüsterte er: »Pinkel auf ihre Teppiche.« Sie begann laut zu schnurren.

Sobald Dixon zu der Gesellschaft im Salon gestoßen war, steigerte sich das gemächliche Tempo seines Tagesablaufs jäh zur Raserei. Welch rollte auf ihn zu; Christine –

apfelwangiger noch, als er sie in Erinnerung hatte – grinste ihn aus dem Hintergrund an; Mrs. Welch und Bertrand steuerten in seine Richtung; Margaret wandte sich ab. Welch sagte schwungvoll: »Ach, Faulkner.«

Dixon schnippte seine Brille mit der Nase nach oben. »Ja, Professor.«

»Endlich. Dixon.« Er zögerte und fuhr dann mit ungekannter Geläufigkeit fort: »Ich fürchte, es liegt eine kleine Verwechslung vor, Dixon. Ich hatte vergessen, daß wir zugesagt haben, heute abend mit den Goldsmiths ins Theater zu gehen. Wir werden zeitig zu Abend essen müssen, so daß mir gerade noch genug Zeit bleibt, um mich umzuziehen, frischzumachen und uns in die Stadt zu bringen. Es ist genug Platz da, um Sie mitzunehmen, wenn Sie wollen. Es tut mir natürlich leid, aber ich muß mich jetzt wirklich sputen. Sie müssen unbedingt ein anderes Mal vorbeikommen.«

Noch ehe er das Zimmer verlassen hatte, näherte sich Mrs. Welch wie eine Schauspielerin, die präzise auf ihr Stichwort reagiert. Bertrand befand sich an ihrer Seite. Ihr Gesicht war ziemlich gerötet, und sie sagte: »Mr. Dixon, ich habe mich schon gefragt, wann ich Sie einmal wiedersehe. Es gibt da ein, zwei Dinge, die ich gern mit Ihnen erörtern würde. Zunächst hätte ich gern, daß Sie mir, wenn möglich, erklären, was mit dem Laken und den Decken passiert ist, als Sie kürzlich hier bei uns zu Gast waren.« Während Dixon noch versuchte, seinen Mund so weit zu befeuchten, daß er sprechen konnte, fügte sie an: »Ich warte auf eine Antwort, Mr. Dixon.« Die Engländerin in ihr schien augenblicklich deutlich die Oberhand über die Westeuropäerin zu haben.

Dixon bemerkte, daß Christine und Margaret leise miteinander sprechend an das andere Ende des Raumes gegangen waren. »Ich verstehe nicht ganz, was...« murmelte er. »Ich wußte nicht...« Wie hatte er vergessen können, was sie ihm am Telefon anläßlich seiner Beesley-*Evening-Post*-Imitation gesagt hatte? Es war ihm in der Zwischenzeit kein einziges Mal in den Sinn gekommen.

»Verstehe ich recht, daß Sie leugnen, etwas mit der Angelegenheit zu tun zu haben? Wenn ja, dann kommt als Schuldige nur mein Hausmädchen in Frage, ich welchem Fall ich es...«

»Nein«, unterbrach Dixon sie. »Ich leugne es nicht. Bitte, Mrs. Welch, mir tut das alles entsetzlich leid. Ich weiß, ich hätte es Ihnen sagen sollen, aber ich hatte so viel Schaden angerichtet, daß ich Angst davor hatte. Es war albern, ich hatte gehofft, daß Sie es nicht herausfänden, aber ich wußte natürlich, daß Sie es herausfinden würden. Ob Sie mir wohl bitte die Rechnung über alle Kosten schicken, die Ihnen durch das Ersetzen des Lakens entstehen? Und der Decken natürlich auch? Ich muß das unbedingt wiedergutmachen.« Gott sei Dank hatten sie noch nichts von dem Tisch erfahren.

»Natürlich müssen Sie das, Mr. Dixon. Ehe wir uns jedoch darüber unterhalten, möchte ich erfahren, wie der Schaden entstanden ist. Was genau ist bitte passiert?«

»Ich weiß, daß ich mich sehr schlecht benommen habe, Mrs. Welch, aber verlangen Sie bitte keine Erklärung von mir. Ich habe mich entschuldigt und versprochen, den Schaden zu bezahlen. Die Erklärung würde ich gern für mich behalten. Es ist nichts besonders Schlimmes, das kann ich Ihnen versichern.«

»Warum weigern Sie sich dann, es mir zu sagen?«

»Ich weigere mich nicht, ich bitte Sie nur, mir eine große

Peinlichkeit zu ersparen, die Ihnen nicht das Geringste nützen würde.«

Jetzt mischte sich Bertrand ein. Er legte seinen zottigen Kopf zur Seite, näherte sich ihm und sagte: »Das halten wir schon aus, Dixon. Es macht uns nichts aus, Ihre Peinlichkeit auszuhalten. Es wäre eine kleine Wiedergutmachung für Ihr Benehmen.«

Seine Mutter legte die Hand auf seinen Arm. »Nein, Liebling, misch dich nicht ein. Es nützt ja doch nichts. Mr. Dixon ist es gewohnt, daß man so mit ihm spricht, dessen bin ich sicher. Wir können es dabei belassen, es ändert nichts an den Tatsachen und an der Situation. Ich möchte auf das nächste Thema zu sprechen kommen. Ich bin inzwischen recht überzeugt davon, Mr. Dixon, daß Sie derjenige sind, der mich kürzlich anrief und vorgab – im Grunde haben Sie gelogen, als ich Sie fragte –, sowohl mir selbst als auch meinem Sohn gegenüber vorgab, ein Zeitungsreporter zu sein. Das waren doch Sie, nicht wahr? Es ist nämlich sehr viel besser, wenn Sie es zugeben. Ich habe von alldem nichts gegenüber meinem Mann erwähnt, weil ich ihn nicht beunruhigen will, aber ich warne Sie: Wenn ich keine zufriedenstellende Antwort erhalte, werde ich ...«

Wie ein Krimineller, der zu gestehen begonnen hat und keinen Grund mehr sieht, damit nicht fortzufahren, stand Dixon kurz davor, ein Geständnis abzulegen, aber er erinnerte sich noch rechtzeitig, daß er Christine damit belasten würde. (Wieviel hatte Bertrand, wenn überhaupt, aus ihr herausbekommen?) »Damit liegen Sie völlig falsch, Mrs. Welch. Ich weiß gar nicht, wie Sie so etwas annehmen können. Ihr Mann wird Ihnen sagen können, daß ich in diesem Semester kein einziges Mal verreist war.«

»Daß Sie nicht verreist waren? Ich verstehe nicht, wieso das von Bedeutung sein sollte.«

»Einfach deshalb, weil ich nicht gleichzeitig hier und in London sein kann, nicht wahr?«

Sie gebot Bertrand Einhalt und sagte befremdet: »Was hat das damit zu tun?«

»Wie hätte ich von London aus anrufen können, wenn ich die ganze Zeit über hier war? Ich nehme doch an, daß der Anruf aus London kam?«

Bertrand sah seine Mutter fragend an. Sie schüttelte den Kopf und sagte leise, fast ohne den Mund zu bewegen: »Nein, es war ohne Zweifel ein Ortsgespräch. Der Anrufer, wer auch immer es war, hat sofort gesprochen. Bei einem Anruf aus London ist immer erst die Telefonistin am Apparat.«

»Ich habe dir doch gesagt, daß du dich irrst«, sagte Bertrand gereizt. »Ich habe dir gesagt, daß dieser Kerl David West dahintersteckt. Verdammt, Christine war sich sicher, daß er sie angerufen und sich als ein gewisser Atkinson ausgegeben hat. Es war einer seiner Kumpane, der uns anrief, nicht...« Sein Blick fiel auf Dixon, und er verstummte.

Dixon kostete seinen defensiven Triumph aus. Er würde sich gut merken, wie nutzbringend sein vorgebliches Mißverstehen in dieser Situation gewesen war. Und nun war auch klar, daß Betrand nichts aus Christine herausbekommen hatte. »Wäre die Angelegenheit damit erledigt?« fragte er höflich.

Mrs. Welch lief schon wieder rot an. »Ich denke, ich sehe mal nach, wie dein Vater vorankommt, Liebling«, sagte sie. »Es gibt ein paar Sachen, von denen ich möchte, daß er sie...« Sie ließ den Satz in der Schwebe und ging hinaus.

Bertrand trat einen Schritt auf ihn zu. »Wir vergessen die ganze Geschichte«, sagte er großzügig. »Nun sehne ich freilich schon seit geraumer Zeit ein Zusammentreffen mit Ihnen herbei. Seit der Sache mit dem Ball, um genau zu sein. Passen Sie gut auf: Ich habe eine Frage an Sie, und ich sage Ihnen rundheraus, daß ich auf einer ehrlichen Antwort beharre. Welches Spiel haben Sie neulich abend gespielt, als Sie Christine überredeten, sich mit Ihnen von dem Ball davonzustehlen? Wie gesagt: eine ehrliche Antwort.«

Christine, die gerade zusammen mit Margaret an ihnen vorbeikam, mußte alles deutlich gehört haben. Die beiden Frauen wichen seinem Blick aus, als sie gemeinsam aus dem Raum schritten und ihn allein mit Bertrand zurückließen. Sobald die Tür sich hinter ihnen geschlossen hatte, sagte Dixon: »Auf eine so hanebüchene Frage kann ich Ihnen keine Antwort geben, ob ehrlich oder unehrlich. Was denken Sie, was für ein Spiel ich gespielt hätte? Ich habe kein Spiel gespielt, welcher Art auch immer.«

»Sie wissen so gut wie ich, was ich meine. Was hatten Sie vor?«

»Das fragen Sie besser Christine.«

»Wir halten sie aus dieser Sache heraus, wenn es Ihnen recht ist.«

»Warum sollte es mir nicht recht sein?« Nicht einmal der Gedanke daran, wie sehr Mrs. Welchs Rechnung seinen Kontostand dezimieren würde, konnte ihn von einem jähen Frohlocken abhalten. Das Vorbereitungsmanöver, der Kalte Krieg zwischen ihm und Bertrand, war endlich vorbei. Das hier roch nach einer Kartätsche.

»Reißen Sie keine Witze, Dixon. Erzählen Sie mir einfach, was los war, ja? Ansonsten könnte es sein, daß ich meiner Frage gewaltsam Nachdruck verleihen muß.«

»Reißen *Sie* keine Witze. Was wollen Sie wissen?«

Bertrand ballte die Hand zur Faust, doch als Dixon seine Brille abnahm und die Schultern in die Breite reckte, öffnete er sie wieder. »Ich will wissen...« setzte Bertrand an. Dann stockte er.

»Was ich für ein Spiel gespielt habe? Dieses Thema hatten wir schon.«

»Halten Sie den Mund. Was Sie mit Christine vorhatten, das ist es, was ich wissen will.«

»Ich hatte genau das vor, was ich getan habe. Ich hatte vor, diesen Ball mit Christine zu verlassen, sie im Taxi hierher zurückzubringen und anschließend im selben Taxi zu meiner Pension zu fahren. Das ist, was ich getan habe.«

»Und genau das lasse ich mir nicht bieten, haben Sie das verstanden?«

»Dazu ist es zu spät. Sie haben es sich schon bieten lassen.«

»Jetzt passen Sie mal gut auf, Dixon. Ich habe genug von Ihren fröhlichen kleinen Bonmots. Christine ist mein Mädchen, und sie bleibt mein Mädchen. Haben Sie's jetzt kapiert?«

»Wenn Sie meinen, ob ich Ihnen folgen konnte, ja.«

»Großartig. Wenn ich also feststelle, daß Sie mir diesen Streich noch einmal spielen, oder irgendeinen anderen ihrer ach-so-schlauen Streiche, dann breche ich Ihnen das Genick und sorge obendrein dafür, daß Sie entlassen werden. Verstanden?«

»Ja, das habe ich zweifelsfrei verstanden, aber Sie irren sich, wenn Sie glauben, daß ich mir von Ihnen das Genick brechen lassen werde, und wenn Sie glauben, daß man aus einer akademischen Stellung fliegt, weil man die Freundin des Sohnes vom Professor im Taxi nach Hause bringt, dann irren Sie sich sogar noch mehr, falls das überhaupt möglich sein sollte.«

Bertrands Antwort beruhigte Dixon insofern, als sie zeigte, daß dieser von seinem Vater noch nicht in Erfahrung gebracht hatte, wie es um Dixons Ansehen in den Augen der College-Gewaltigen tatsächlich bestellt war. Die Antwort lautete: »Glauben Sie nur nicht, daß Sie damit durchkommen, Dixon. Das haben schon ganz andere vergeblich versucht.«

»Aber jetzt versucht es einer erfolgreich, Welch. Sie müssen akzeptieren, daß es Christines Sache ist, ob sie mich weiter sehen will oder nicht. Wenn Sie glauben, daß Sie unbedingt jemandem drohen müssen, dann gehen Sie doch hin und drohen Sie ihr.«

Bertrand brach plötzlich in ein geradezu falsetthaftes Bellen aus: »Ich habe genug von Ihnen, Sie kleiner Dreckskerl. Ich werde mir das von Ihnen nicht länger bieten lassen, haben Sie das verstanden? Schon die Vorstellung, daß ein lausiger kleiner Banause wie sie daherkommt und sich in meine Angelegenheiten einmischt, ist genug, um... Hauen Sie ab, und zwar für immer, ehe Ihnen etwas Schlimmes widerfährt. Lassen Sie mein Mädchen in Ruhe; Sie verschwenden bloß Ihre Zeit, Sie verschwenden Christines Zeit, Sie verschwenden meine Zeit. Was zum Teufel fällt Ihnen ein, sich derart aufzuspielen? Sie sind groß genug und alt genug und häßlich genug, um es besser zu wissen.«

Das plötzliche Wiedereintreten Christines und Margarets enthob Dixon von der Notwendigkeit einer Antwort. Die Szene löste sich auf: Christine, die Dixon offenbar eine Botschaft zukommen lassen wollte, die dieser nicht verstand, nahm Bertrand beim Arm und führte ihn, der immer noch lautstark protestierte, aus dem Raum; Margaret bot Dixon schweigend eine Zigarette an, die er annahm. Keiner von beiden sprach, als sie sich Seite an Seite auf ein Sofa setzten. Auch danach herrschte eine Zeitlang Stille. Dixon stellte fest, daß er ziemlich stark zitterte. Er sah Margaret an, und eine unerträgliche Bedrückung überkam ihn.

Er wußte nun, was er die ganze Zeit seit dem vorangegangenen Morgen vor sich selbst zu verbergen versucht und durch seinen Streit mit Bertrand zeitweilig vergessen hatte: Er und Christine würden sich morgen nachmittag keinesfalls zum Tee treffen können. Wenn er seinen Tee mit irgendeiner anderen Frau als Miss Cutler einnehmen würde, dann nicht mit Christine, sondern mit Margaret. Ihm fiel eine Figur in einem modernen Roman ein, den Beesley ihm geliehen hatte. Von dieser Figur hieß es, ein Bedauern habe sie wie eine Krankheit durchdrungen, oder so ähnlich. Das Gleichnis paßte: Er fühlte sich sehr krank.

»Es ging um die Sache mit dem Ball, nicht wahr?« fragte Margaret.

»Ja. Er schien darüber ziemlich verärgert zu sein.«

»Das überrascht mich nicht. Warum hat er so geschrien?«

»Er hat mir zu verstehen gegeben, daß ich seinen Rasen nicht betreten soll.«

»In bezug auf sie?«

»Genau.«

»Und wirst du?«

»Hä?«

»Wirst du seinen Rasen nicht betreten?«

»Ja.«

»Warum, James?«

»Deinetwegen.«

Er hatte die Zurschaustellung irgendeiner starken Empfindung erwartet, aber sie sagte bloß: »Ich finde, daß das ziemlich dumm von dir ist«, in einem Ton, der nicht demonstrativ neutral war, sondern einfach nur neutral.

»Warum sagst du das?«

»Ich dachte, wir hätten das alles schon gestern geklärt. Ich verstehe nicht, warum wir mit der ganzen Sache noch einmal von vorn anfangen sollten.«

»So etwas sucht man sich nicht aus. Wir haben vor einiger Zeit noch einmal von vorn angefangen, also können wir es jetzt genausogut tun.«

»Sei nicht albern. Du hättest mit ihr sehr viel mehr Spaß, als du mit mir jemals hattest.«

»Das mag schon sein. Tatsache ist aber, daß ich bei dir bleiben muß.« Er sagte das ohne Bitterkeit, und er empfand auch keine.

Ein Moment der Stille trat ein, ehe sie antwortete: »Mir liegt nichts an dieser Art von Verzicht. Du wirfst sie wegen deiner Skrupel weg. Nur ein Dummkopf handelt so.«

Diesmal verging eine Minute oder mehr, ehe einer der beiden sprach. Dixon hatte das Gefühl, daß seine Rolle in diesem Gespräch – wie überhaupt in seiner gesamten Beziehung zu Margaret – von etwas bestimmt war, das zwar außerhalb seiner selbst lag, aber auch nicht direkt in ihr. Er empfand mehr denn je, daß alles, was er sagte und tat, nicht aus innerer Bereitschaft erwuchs, nicht einmal aus Langeweile, sondern aus einer Art situativen Gespürs. Aber woher kam dieses Gespür, wenn er augenscheinlich keine Bereitschaft dazu empfand? Besorgt stellte er fest, daß sich in seinem Kopf Wörter formten. Und da ihm keine anderen Wörter einfallen wollten, würde er sie schon sehr bald von sich selbst ausgesprochen hören. Er stand auf, weil er dachte, daß er zum Fenster hinübergehen und aus dem, was er dort sähe, irgendwie eine Alternative zu den Worten in seinem Kopf herleiten könnte. Aber noch ehe er das Fenster erreicht hatte, drehte er sich um und sagte: »Es geht nicht um Skrupel. Es geht darum, zu erkennen, was man zu tun hat.«

Sie sagte deutlich: »Das denkst du dir aus, weil ich dir Angst mache.«

Er sah sie zum ersten Mal, seit sie in das Zimmer zurückgekehrt war, genau an. Sie saß mit angezogenen Beinen auf der Couch und hatte die Arme um die Knie geschlungen. Ihr Gesichtsausdruck zeugte von Konzentration: Sie hätte ebensogut eine akademische Fragestellung diskutieren können, an der sie interessiert war und über die sie gut Bescheid wußte. Ihm fiel auf, daß sie deutlich weniger Schminke aufgetragen hatte als sonst. »Nicht nach gestern«, sagte er. Wieder war es so, als habe er nicht bewußt über das, was er sagte, entschieden.

»Ich weiß nicht, was du meinst.«

»Das ist egal. Hör auf, dauernd Einwände zu erheben. Die Dinge liegen denkbar klar.«

»Nicht, soweit es mich betrifft, James. Ich verstehe dich ganz und gar nicht.«

»Doch, das tust du.« Er ging zu ihr zurück und setzte sich wieder neben sie. »Laß uns heute abend ins Kino gehen. Bestimmt kannst du das Theater absagen. Carol macht es nichts aus, das weiß ich.«

»Ich wollte sowieso nicht hingehen.«

»Dann ist ja alles in Ordnung.«

Er nahm ihre Hand, aber sie rührte sich nicht. Es trat eine Pause ein, in der sie jemanden die Treppe zur Diele hinunterpoltern hörten. Margaret sah ihn einen Augenblick lang an, dann drehte sie den Kopf zur Seite. Mit einer Stimme, die irgendwie ausgetrocknet klang, sagte sie: »Na gut, ich komme mit ins Kino.«

»Schön.« Dixon war froh, daß es vorüber war. »Ich gehe Neddy suchen und reserviere einen Sitz für dich im Auto. Er kann auf jeden Fall sechs Leute mitnehmen. Geh du nach oben und mach dich fertig.«

Sie gingen hinaus in die Diele, wo Welch stand, der jetzt einen überraschend extravagant geschnittenen Anzug aus blauer Serge trug und soeben seine Bilder bewunderte. Als Margaret »Es dauert nur einen Moment« sagte und die Treppe hochging, dachte Dixon, daß ihre Unterhaltung, welche Besonderheiten sie ansonsten auch gehabt haben mochte, beiderseits eine Ehrlichkeit widergespiegelt hatte, die in ihrer Beziehung noch nie dagewesen war. Das war doch schon etwas.

Welchs Mund öffnete sich, als Dixon auf ihn zuging, zweifellos in Vorbereitung einer Erklärung, die mit den Worten »Das Entscheidende an der Kunst von Kindern ist natürlich…« beginnen sollte, aber Dixon kam ihm mit der Erklärung zuvor, daß auch Margaret, wenn dies möglich sei, im Auto mitfahren wolle. Nach einer sehr kurzen Heimsuchung durch sein wanderndes Stirnrunzeln nickte Welch und begleitete Dixon zur Vordertür. Er öffnete sie, und sie traten gemeinsam auf die Vordertreppe hinaus. Ein leichter Wind wehte, und die Sonne drang durch ein dünnes Wolkengewebe. Alle Hitze war aus dem Tag gewichen.

»Ich fahre eben das Auto vor«, sagte Welch. »Ich hatte völlig vergessen, daß wir ausgehen, sonst hätte ich es gar nicht erst in die Garage gefahren. Es dauert nur einen Moment.«

Er schritt von dannen, und Dixon hörte, wie jemand hinter ihm auf die Treppe trat. Er drehte sich um und sah, daß Christine auf ihn zukam. Sie trug ein kleines, schwarzes Bolerojäckchen, aber ansonsten war sie genauso gekleidet wie an jenem verschmockten Kunstwochenende, als er sie zum ersten Mal gesehen hatte. Vielleicht waren dies die einzigen normalen Kleidungsstücke, die sie besaß, in welchem Fall er nicht hätte zulassen dürfen, daß sie ihm ein Pfund für das Taxi gab. Sie lächelte ihn an und gesellte sich auf der Treppe zu ihm. »Ich hoffe, es war nicht allzu schlimm mit Bertrand«, sagte sie.

»Bertrand? Ach so ... nein, es ging schon.«

»Ich konnte ihn nach einer Weile beruhigen.«

Er sah sie an: Sie stand mit leicht gespreizten Beinen da und wirkte sehr robust und selbstsicher. Der leichte Wind löste eine Locke aus ihrer Frisur und blies sie halb über den Scheitel ihres blonden Haares. Sie blinzelte ein wenig, als sie in die Sonne blickte, und sah aus, als ob sie kurz davor stünde, etwas Gefährliches, Wichtiges, Einfaches zu unternehmen – etwas, wovon sie wußte, daß schon der Versuch rühmlich sein würde, ob sie nun Erfolg damit hätte oder nicht. Ein Gefühl tiefen Kummers, das zugleich ein Gefühl der Verzweiflung war, überkam Dixon. Er wandte seinen Blick ab und sah über die Felder hinter der nahen Hecke. Eine Reihe von Weiden säumte den Lauf eines Bächleins. Ein Krähenschwarm, mehrere hundert Vögel vielleicht, flog auf das Haus zu, drehte unmittelbar über dem Bach ab und folgte dessen Lauf.

»Was unsere Verabredung zum Tee morgen angeht ...« sagte Dixon und wandte sich halb zu Christine um.

»Ja?« fragte sie und wirkte ein wenig nervös. »Was ist damit?« Während sie sprach, startete Welch das Auto hinter der Ecke des Hauses. Sie fügte hinzu: »Du mußt dir deshalb keine Sorgen machen. Ich werde auf jeden Fall kommen.« Ehe er noch antworten konnte, sah sie über seine Schulter hinweg in die Diele, runzelte die Stirn und schüttelte warnend den Finger.

Bertrand trat auf die Treppe und blickte von einem zum anderen. Er trug eine blaue Baskenmütze, die auf Dixon ungefähr dieselbe Wirkung hatte wie der Fischerhut des alten Welch. Falls diese Kopfbedeckung ein Schutz war, wovor schützte sie dann? Falls sie nicht dem Schutz diente, wozu diente sie dann? Wozu war sie da? Wozu war sie da?

Als ob sie erahnte, was er fragen wollte, sah Christine erst ihn, dann Bertrand stirnrunzelnd an. »Was auch immer ihr voneinander halten mögt«, sagte sie, »reißt euch in Gottes Namen zusammen, alle beide, und benehmt euch in Gegenwart von Mr. und Mrs. Welch. Ich dachte, ihr hättet euch gerade schon ausgetobt.«

»Ich wollte ihm nur sagen, wo er ...«, setzte Bertrand an.

»Nein, du wirst ihm jetzt gar nichts sagen.« Sie wandte sich Dixon zu: »Und du wirst ihm auch nichts sagen. Wenn ihr anfangt, im Auto zu streiten, springe ich raus.«

Sie standen eine Zeitlang in gebührendem Abstand nebeneinander, während Dixons Bedauern sich auf die Tatsache konzentrierte, daß sein Ablassen von Christine das Eintreten eines Waffenstillstands in seinem Bertrand-Feldzug zur Folge hatte. Dann hüpfte Welchs Auto mit dessen Besitzer am Steuer um die Ecke, und alle drei gingen darauf zu. Mrs. Welch kam in Begleitung von Margaret aus dem Haus, schloß die Tür ab und folgte ihnen, ohne Dixon eines Blickes zu würdigen. Ein ziemlich unwürdiges Gerangel um die Sitzplätze folgte. Es endete damit, daß Dixon den mittleren der drei Vordersitze abbekam, mit

Margaret zu seiner Linken. Hinter ihnen saßen Mrs. Welch, Christine und Bertrand. Dixon fand diese Anordnung schön symmetrisch. Laut schnaufend ließ Welch seinen Fuß vom Kupplungspedal schnellen, und das Auto begann seine Fahrt in dem Känguruh-Modus, an den es inzwischen so ziemlich gewöhnt sein mußte.

19

Dixon sah das Telefon an. Es stand auf einem Stück schwarzen Plüschs in der Mitte eines Bambustischchens in Miss Cutlers Wohnzimmer. Er kam sich vor wie ein Alkoholiker, der eine Flasche Gin fixiert: Nur, indem er daraus trinkt, kann er die ersehnte Erleichterung erlangen, aber die Nebenwirkungen sind allen Erfahrungen der letzten Zeit zufolge verheerend. Er mußte jetzt unbedingt die Verabredung mit Christine absagen, denn ihm blieben nur noch sechs Stunden Zeit bis zu dem Termin. Dabei mußte er die Möglichkeit einkalkulieren, daß Mrs. Welch an den Apparat gehen würde – eine Aussicht, die ihn unter anderen Umständen unfehlbar abgeschreckt hätte. Aber er hatte beschlossen, lieber dieses Wagnis einzugehen, als die Verabredung einzuhalten und Christine ins Gesicht sagen zu müssen, daß ihr kleines Abenteuer zu Ende sei. Der Gedanke, daß dieses Treffen ihr letztes sein sollte, war ihm unerträglich. Er setzte sich neben das Telefon, nannte der Vermittlung die Nummer und vernahm binnen weniger Sekunden die Stimme von Mrs. Welch. Das brachte ihn zwar nicht aus der Fassung, doch setzte er, ehe er irgend etwas sagte, sein Indischer-Artillerist-Gesicht auf, um seinem Ärger Luft zu machen. Verbrachte Mrs. Welch all ihre Zeit im Sitzen, hatte sie vielleicht in Reichweite des Telefons ein Bett aufgestellt, nur für den Fall, daß er anriefe?

»Wir versuchen, Sie zu verbinden«, flötete er wie geplant. »Hallo, wer spricht da?«

Mrs. Welch nannte ihre Nummer.

»London, bitte sprechen Sie«, fuhr er fort, »die Verbindung steht.« Dann preßte er die Zähne aufeinander, öffnete den Mund seitlich, so weit er konnte, und sagte in einem knurrenden, überkultivierten Baßton: »Halloho, halloho?« Er schloß ein wieherndes »London, die Verbindung steht« an, und sagte dann wieder mit der Baßstimme: »Halloho, wohnt oin Froilein Källehenn boi Ihnen, bätte?« Er erzeugte mit dem Mund ein Rauschen, das, wie er annahm, eine schlechte Verbindung nachahmte.

»Wer spricht da, bitte?«

Wie in tiefer Trauer wiegte Dixon sich hin und her, um seinen Mund abwechselnd näher an den Hörer zu bringen und wieder zu entfernen. »Halloho, hallloho. Forteskyaw här.«

»Tut mir leid, ich habe nicht ganz verstanden ...«

»Forteskyaw ... Forteskyaw ...«

»Wer spricht da? Es klingt wie ...«

»Halloho ... Sänd Sei ös, Froilein Källehenn?«

»Sind Sie das, Mr. ...?«

»Forteskyaw«, schrie Dixon verzweifelt. Er hielt die Hand als Dämpfer vor den Mund, und versuchte, ein Husten zu unterdrücken.

»Mr. Dixon, Sie sind es, nicht wahr? Was versuchen Sie zu ...«

»Halloho ...«

»Bitte hören Sie mit diesem ... diesem lächerlichen ...«

»Drei Minuten abgelaufen«, wieherte er sabbernd. »Bitte beenden Sie das Gespräch, die Zeit ist abgelaufen.« Er fügte ein letztes, kehlenzerraspelndes »Halloho« hinzu, hielt das Telefon auf volle Armeslänge von sich und verfiel in Schweigen. Dies war nichts anderes als ein ungeordneter Rückzug.

»Falls Sie noch dasein sollten, Mr. Dixon«, sagte Mrs. Welch nach kurzem Schweigen mit einer Stimme, die durch die wenigen zwischen ihnen liegenden Meilen Telefonleitung zu ätzender Schärfe zerraspelt worden war, »dann möchte ich Ihnen sagen, daß ich, falls Sie noch ein einziges Mal versuchen sollten, sich in meine oder meines Sohnes Angelegenheiten einzumischen, meinen Mann bitten muß, sich unter disziplinarischen Gesichtspunkten mit der Sache zu befassen, und auch mit dieser anderen Sache mit der...«

Dixon legte auf. »Bettwäsche«, sagte er. Zitternd griff er nach seinen Zigaretten; in den letzten Tagen hatte er alle Versuche, sie zu rationieren, aufgegeben. Nun mußte er seine Verabredung einhalten, denn ein Telegramm wäre zu schroff. Und Mrs. Welch würde sich vermutlich ohnehin so postieren, daß sie es abfangen konnte. Als er seine Zigarette anzündete, brach das Telefon fünfzig Zentimeter von seinem Kopf entfernt in lautstarkes Klingeln aus. Er erschrak zu Tode und fing zu husten an, dann nahm er den Hörer ab. Wer konnte das sein? Höchstwahrscheinlich ein Oboist, der Johns sprechen wollte, oder vielleicht ein Klarinettist. Er sagte: »Hallo.«

Eine Stimme, die ihm zu seiner Erleichterung vollkommen unbekannt war, sagte: »Könnte ich wohl bitte mit Mr. Dixon sprechen?«

»Am Apparat.«

»Ach, Mr. Dixon, ich bin so froh, Sie zu erreichen. Die Universität hat mir die Nummer gegeben. Mein Name ist Catchpole. Ich nehme an, daß Sie durch Margaret Peel von mir gehört haben.«

Dixon verhärtete sich. »Ja«, sagte er ausdruckslos. Er hatte nicht vermutet, daß Catchpoles Stimme so klingen würde. Sie war leise, höflich und schüchtern.

»Ich rufe an, weil ich dachte, daß Sie mir vielleicht Neues über Margaret berichten könnten. Ich war vor kurzem verreist, und es ist mir seit meiner Rückkehr nicht gelungen, etwas über sie in Erfahrung zu bringen. Wissen Sie, wie es ihr zur Zeit geht?«

»Warum rufen Sie nicht bei ihr an und fragen sie selbst? Oder vielleicht haben Sie es versucht, und sie wollte nicht mit Ihnen sprechen? Das kann ich gut verstehen.« Dixon zitterte wieder.

»Mir scheint da ein Mißverständnis vorzuliegen, darüber wie ...«

»Ich habe ihre Anschrift, aber ich wüßte nicht, warum ich sie ausgerechnet Ihnen geben sollte.«

»Mr. Dixon, ich verstehe nicht, warum Sie diesen Ton anschlagen. Alles was ich wissen will, ist, wie es Margaret geht. Daran kann doch nichts Anstößiges sein.«

»Ich warne Sie. Wenn Sie glauben, daß Sie bei ihr noch einmal landen können, verschwenden Sie Ihre Zeit. Haben Sie mich verstanden?«

»Ich weiß nicht, was Sie damit sagen wollen. Sind Sie sicher, daß Sie mich nicht mit jemandem verwechseln?«

»Ihr Name ist Catchpole, richtig?«

»Ja. Bitte ...«

»Nun, dann weiß ich sehr genau, wer Sie sind. Und alles über Sie.«

»Bitte hören Sie mich an, Mr. Dixon.« Die Stimme am anderen Ende der Leitung zitterte leicht. »Ich will bloß wissen, ob mit Margaret alles in Ordnung ist. Wollen Sie mir nicht einmal das sagen?«

Auf diesen Appell hin beruhigte sich Dixon. »Einverstanden, ich sage es Ihnen. Sie ist körperlich in recht guter Verfassung. In geistiger Hinsicht geht es ihr so gut, wie man es unter den gegebenen Umständen erwarten kann.«

»Vielen Dank. Ich bin froh, das zu hören. Macht es Ihnen etwas aus, wenn ich Ihnen noch eine weitere Frage stelle?«

»Um was geht es?«

»Warum waren Sie eben so wütend, als ich Sie nach ihr gefragt habe?«

»Das ist doch ziemlich offensichtlich.«

»Nicht für mich, fürchte ich. Mir scheint, daß wir ziemlich aneinander vorbeireden. Ich wüßte nicht den geringsten Grund, weshalb Sie wütend auf mich sein sollten. Jedenfalls keinen wirklich existierenden Grund.«

Das klang bemerkenswert aufrichtig. »Den wüßte ich sehr wohl«, sagte Dixon. Er war außerstande, seine Verblüffung zu unterdrücken.

»Es ist offensichtlich, daß hier irgendein Mißverständnis vorliegt. Ich würde mich gern einmal mit Ihnen treffen und versuchen, die Dinge richtigzustellen. Am Telefon geht so etwas nicht gut. Was meinen Sie?«

Dixon zögerte. »Einverstanden. Was schlagen Sie vor?«

Sie einigten sich auf ein Treffen am übernächsten Tag, Donnerstag, in einem Pub am unteren Ende der College Road, auf einen Drink vor dem Mittagessen. Nachdem Catchpole aufgelegt hatte, saß Dixon eine Zeitlang rauchend da. Die Sache war beunruhigend, aber das war das meiste dessen, was ihm in letzter Zeit widerfahren war, und obendrein in weitaus höherem Maß. Er würde jedenfalls hingehen und sehen, was los war. Margaret würde er natürlich kein Wort davon sagen. Mit einem Seufzer schlug er in dem kleinen Terminkalender für das Jahr 1943 nach, in dem er sich Telefonnummern notierte. Dann zog er das Telefon zu sich heran und nannte eine Nummer in London. Kurz darauf sagte er: »Ist Dr. Caton da, bitte?«

Es gab eine kurze Pause, ehe eine volltönende, selbstbewußte Stimme aus dem Hörer drang: »Hier Caton.«

Dixon nannte seinen Namen und den Namen seines Colleges.

Aus irgendeinem Grund schwanden Kraft und Selbstbewußtsein schlagartig aus der Stimme des Mannes am anderen Ende der Leitung. »Was wünschen Sie?« fragte die Stimme gereizt.

»Ich habe von Ihrer Berufung gelesen, Dr. Caton – darf ich Ihnen übrigens gratulieren? – und mich gefragt, was mit dem Artikel von mir geschehen soll, den Sie freundlicherweise für Ihre Zeitschrift angenommen haben. Können Sie mir sagen, wann er erscheinen wird?«

»Ah ja. Nun, Mr. Dickerson, es ist alles sehr schwierig in letzter Zeit, wenn Sie verstehen.« Die Stimme klang nun wieder selbstbewußt, ganz so, als ob sie eine Sprechübung hersagte, von der sie wußte, daß sie wisse, wie sie ginge. »Wie Sie sich denken können, warten ziemlich viele Sachen auf ihr Erscheinen. Sie dürfen nicht erwarten, daß Ihr Artikel – der mir sehr gefallen hat, wenn ich das sagen darf – binnen fünf Minuten publiziert werden kann.«

»Dafür habe ich Verständnis, Dr. Caton. Mir ist völlig klar, daß es eine lange Warteschlange geben muß. Ich habe mich bloß gefragt, ob Sie mir irgendeinen vorläufigen Termin nennen könnten, sonst nichts.«

»Ich wünschte, Sie wüßten, wie schwierig sich die Dinge hier darstellen, Mr. Dickerson. Eine Publikation wie die unsere druckfertig zu machen, ist etwas, das nur ein außergewöhnlich befähigter Setzer bewältigen kann. Haben Sie schon einmal darüber nachgedacht, welch mühselige Arbeit es ist, auch nur eine halbe Seite Fußnoten zu setzen?«

»Nein, aber mir leuchtet völlig ein, daß das ein sehr kompliziertes Unterfangen sein muß. Ich wollte eigentlich auch nur wissen, ob Sie eine ungefähre Vorstellung davon haben, wann Sie den Artikel herausbringen können.«

»Was das angeht, Mr. Dickerson, so stellen sich die Dinge keineswegs so einfach dar, wie sie in Ihren Augen erscheinen mögen. Sie kennen vermutlich Hardy vom Trinity. Ich habe eine Sache von ihm seit Wochen beim Drucker liegen, und zwei- oder dreimal am Tag, wenn nicht sogar öfter, werde ich von denen angerufen und mit Rückfragen traktiert. Natürlich muß ich die Leute oft nur an ihn selbst verweisen, etwa, wenn es um ein ausländisches Dokument oder dergleichen geht. Ich weiß, daß Menschen in Ihrer Situation oft annehmen, die Arbeit eines Herausgebers bestünde aus nichts als Biertrinken und Kegeln. Aber glauben Sie mir, die Wahrheit ist weit davon entfernt.«

»Ich bin sicher, daß all das überaus anstrengend ist, Dr. Caton, und würde mir natürlich nicht im Traum einfallen lassen, Sie auf eine eindeutige Aussage festlegen zu wollen. Aber es ist recht wichtig für mich, zumindest ungefähr einschätzen zu können, wann Sie meinen Artikel veröffentlichen können.«

»Ich kann Ihnen nicht einfach versprechen, daß Ihr Artikel nächste Woche herauskommt«, sagte die Stimme so gereizt, als ob Dixon genau darauf bestanden hätte, »so schwierig, wie sich die Lage derzeit darstellt. Das müssen Sie doch verstehen. Ihnen scheint gar nicht klar zu sein, welches Ausmaß an Vorausplanung jede einzelne Ausgabe erfordert, insbesondere eine erste Ausgabe. Es ist nicht so, daß man einen Zeitplan wie bei der Eisenbahn aufstellt, ja? Ja?« Die letzten Worte hatte er ebenso laut wie argwöhnisch gesprochen.

Dixon fragte sich, ob ihm, ohne daß er es bemerkt hatte, ein Fluch entschlüpft sei. In der Leitung war nun ein hohles, metallisches Klopfen zu hören, als ob jemand in einer Kathedrale galvanisiertes Eisen hämmerte. Mit erhobener Stimme sagte er: »Ich bin sicher, daß es nicht einfach ist, und ich habe mich völlig mit der Wartezeit abgefunden. Aber um ganz offen zu sein, Mr. Caton, würde ich meine Stellung hier am Institut gern dringend verbessern, und wenn ich Sie nur zitieren könnte, wenn Sie mir ein ...«

»Es tut mir leid, von Ihren Schwierigkeiten zu hören, Mr. Dickinson, aber ich fürchte, daß sich die Dinge hier zu schwierig gestalten, als daß ich mich mit Ihren Schwierigkeiten ernsthaft befassen könnte. Wie Sie wissen, gibt es viele Leute in Ihrer Situation, und ich wüßte nicht, was ich tun sollte, wenn sie alle anfingen, mir auf diese Weise Versprechungen abzuverlangen.«

»Aber Dr. Caton, ich habe Sie doch nicht um ein Versprechen gebeten. Alles, was ich will, ist eine ungefähre Schätzung, und selbst die vageste Schätzung würde mir helfen ... ›In der zweiten Hälfte des nächsten Jahres‹, zum Beispiel. Sie würden sich zu nichts verpflichten, nicht im geringsten, wenn Sie mir bloß eine ungefähre Schätzung gäben.« Es trat eine Pause ein, die Dixon als Ruhe vor dem Sturm deutete. »Habe ich Ihre Erlaubnis, ›in der zweiten Hälfte des nächsten Jahres‹ zu sagen, wenn ich gefragt werde?«

Obwohl Dixon mindestens zehn Sekunden lang wartete, erhielt er außer dem metallischen Klopfen, das an

Lautstärke und Schnelligkeit zugenommen hatte, keine Antwort.

»Die Dinge sind sehr schwierig, die Dinge sind sehr schwierig, die Dinge sind sehr schwierig«, schnatterte er ins Telefon, dann erwähnte er einige schwierige Dinge, die ihm angemessene Aufgaben für Dr. Caton zu sein schienen. Während er noch Variationen dieses Themas erdachte, murmelte er weiter vor sich hin und wackelte wie eine Marionette mit Kopf und Schultern. Welch hatte einen Konkurrenten auf dem Gebiet der Ausflüchte, Abteilung Verbaltechniken, bekommen. In der physischen Abteilung desselben Gebiets hatte dieser Mensch Welch von Anfang an übertrumpft: Die Ausreise nach Südamerika war der traditionelle Höhepunkt jeder Ausfluchtskarriere. Oben in seinem Zimmer füllte Dixon die Lungen bis zum Bersten und stöhnte mindestens eine halbe Minute lang, ohne Luft zu holen, vor sich hin. Er holte die Notizen für seinen Vortrag heraus und fuhr damit fort, sie zu einem Manuskript zu verarbeiten.

Fünf Stunden später hatte er etwas zustande gebracht, das seiner Schätzung zufolge ein dreiviertelstündiger Vortrag sein mußte. Zu diesem Zeitpunkt schien es ihm, als gäbe es kein weiteres Faktum im Universum, in seinem oder jemand anderes Gehirn oder einfach irgendwo herumliegend, das sich auf irgendeine erdenkliche Weise in den Rahmen seiner Thematik pressen ließe. Und selbst so hatte er sich für den größten Teil seiner fünfundvierzig Minuten auf der Schneide jenes Messer fortbewegt, welches das Möglicherweise-gerade-noch-Themenrelevante vom unbezweifelbar, unerbittlich Irrelevanten trennte. Jene fünfzehn Minuten, die er benötigte, um das Ganze auf die neunundfünfzig Minuten aufzustocken, die er sich zum

Ziel gesetzt hatte, hätten wohl aus einer ziemlich weitschweifigen Schlußfolgerung bestanden, und so etwas wollte er nicht schreiben. Irgend etwas in der Art von »Danken wir also abschließend Gott für das zwanzigste Jahrhundert« hätte zwar ihn zufriedengestellt, aber nicht Welch. Dann griff er wieder zum Bleistift, stieß ein fröhliches Lachen aus und schrieb: »Dieser Überblick wäre in seiner Kürze sinnlos, wenn er bloß – er strich das »bloß« durch – »eine historische Bestandsaufnahme bliebe. Wir, die wir in einem Zeitalter vorgefertigter Belustigungen leben, können hier etwas Wertvolles lernen. Man fragt sich, wie einer der Männer, eine der Frauen, die zu porträtieren ich versucht habe, auf so typisch moderne Phänomene wie Kino, Radio und Fernsehen reagieren würden. Was würde ein Mensch, der daran gewöhnt war (gewesen war? gewesen sein dürfte? ist?), seine eigene Musik zu machen (muß an dieser Stelle Welch anschauen), von einer Gesellschaft halten, in der jemand wie er als komischer Kauz belächelt wird, wo es, wenn man selber, selbst, ein Instrument spielt, anstatt andere dafür zu bezahlen, zur Folge hat, daß man mit dem gefürchteten Titel eines ›Spinners‹ bedacht wird, wo ...«

Er hörte auf zu schreiben, rannte hinaus ins Badezimmer und begann sich in rasender Eile zu waschen. Er hatte es genau richtig hinausgezögert: Mit etwas Glück würde er genug Zeit haben, sich fertigzumachen und zu seiner Tee-Verabredung ins Hotel zu stürzen, aber nicht genug Zeit, um über sein Treffen mit Christine nachzudenken. Trotzdem überkam ihn, bei aller energischen Entschlossenheit seiner Bewegungen, ein Gefühl der Beklommenheit.

Er erreichte das Hotel mit zwei Minuten Verspätung. Als er auf die Hotelhalle zusteuerte, wo der Tee serviert wurde, sah er, daß Christine bereits dort saß und auf ihn wartete. Eine Anwandlung von Furcht (oder welche Empfindung auch immer es sein mochte) trat gegen sein Zwerchfell. Er hatte sich ein paar Minuten Aufschub erhofft, etwas Zeit, um irgendeinen Gesprächsstoff zu ersinnen. Bei Margaret wären ihm diese Minuten – und einige weitere – sicher gewesen.

Sie lächelte ihn an, als er sich ihr näherte: »Hallo, Jim.«

Er empfand eine starke körperliche Nervosität. »Hallo«, sagte er halb hustend, und widerstand mühsam der Versuchung, nachzusehen, ob sein Schlips gerade saß, die Klappen seiner Jackettaschen nicht nach innen gesteckt waren und sein Hosenstall zugeknöpft war. Vorsichtig nahm er ihr gegenüber Platz. Sie trug heute eine Jacke aus demselben Stoff, aus dem auch ihr pflaumenfarbener Rock gemacht war, und die Jacke schien ebenso wie ihre weiße Bluse frisch gebügelt zu sein. Sie sah so entwaffnend hübsch aus, daß Dixon ganz schwindlig wurde, als er sich bemühte, etwas zu ersinnen, das er sagen konnte – etwas anderes als das, was zu sagen er hergekommen war.

»Wie geht es dir?« fragte sie.

»Ganz gut, danke. Ich habe gearbeitet. Du hast dich ohne größere Umstände losmachen können, hoffe ich?«

»Ohne größere Umstände? Ich weiß nicht.«

»Oh, das tut mir leid. Was ist passiert?«

»Ich glaube, daß Bertrand ziemlich mißtrauisch war. Ich habe ihm gesagt, daß ich in der Stadt ein paar Sachen erledigen wolle. Ich habe nichts Bestimmtes erwähnt, weil ich dachte, das könnte ein bißchen so aussehen, als ob...«

»Natürlich. Und wie hat er es aufgenommen?«

»Nicht besonders gut. Er kam immer wieder auf das Thema zurück, sagte, ich sei meine eigene Herrin, könne tun, was ich wolle, und solle mich in keiner Weise gebunden fühlen. Ich bin mir ziemlich gemein vorgekommen.«

»Das kann ich gut verstehen.«

Sie beugte sich vor und legte ihre Ellbogen auf den niedrigen runden Tisch zwischen ihnen. »Weißt du, Jim, einerseits denke ich, daß es ziemlich schlecht von mir war, herzukommen, um dich zu treffen und so weiter. Aber ich hatte gesagt, daß ich kommen würde, also mußte ich kommen. Und natürlich wollte ich es immer noch, genauso sehr, wie ich es wollte, als du mich gefragt hast. Aber ich habe über die ganze Sache nachgedacht, und ich habe mich entschlossen ... Meinst du nicht, wir sollten erst unseren Tee trinken und dann darüber sprechen?«

»Nein, sag es mir jetzt, was immer du mir sagen willst.«

»Also gut. Es ist so, Jim: Ich denke, daß ich mich damals ein wenig von den Umständen mitreißen ließ. Als du mich gebeten hast, heute herzukommen, meine ich. Ich hätte wahrscheinlich nicht zugesagt, wenn ich genug Zeit gehabt hätte, zu überlegen, was das bedeutet. Ich hätte trotzdem immer noch genauso gern kommen wollen. Es tut mir leid, daß ich so unverblümt darauf zu sprechen komme, wir hatten ja kaum Zeit, uns Hallo zu sagen, aber du verstehst sicherlich, worauf ich hinauswill.«

Dixon kam gar nicht in den Sinn, wie sehr ihre Haltung seine Aufgabe erleichterte. Mit ausdrucksloser Stimme sagte er: »Du meinst, daß wir uns nicht mehr sehen sollten?«

»Ich wüßte wirklich nicht, wie das gehen sollte. Du etwa? Ich wünschte, ich hätte mir das alles bis nachher aufgespart, aber es hat mich zu sehr beschäftigt. Du hängst hier ziemlich fest, nicht wahr? Oder kommst du öfter mal nach London?«

»Nein, da komme ich fast nie hin.«

»Dann könnten wir uns also nur dann sehen, wenn Bertrand mich einlädt, seine Eltern zu besuchen – so wie jetzt. Aber ich würde mich nicht wohl fühlen, wenn ich mich dauernd davonstehlen müßte, um dich zu treffen. Und sowieso...« Sie hielt inne und machte eine Geste, die Dixon veranlaßte, sich umzudrehen.

Ein junger Kellner hatte sich ihnen mit durch den Teppich gedämpften Schritten genähert. Nun stand er in ihrer Nähe, trat von einem Fuß auf den anderen und atmete durch den Mund. Dixon glaubte, noch nie eine menschliche Gestalt gesehen zu haben, die ohne Zuhilfenahme von Sprache, Gestik oder Grimassen so viel Dreistigkeit ausstrahlte. In dem Bemühen um sorgenfreie Anmut schwenkte dieser Mensch ein Silbertablett hin und her und sah dabei an Dixon vorbei auf Christine. Als Dixon »Zweimal Tee, bitte« sagte, lächelte der Kellner sie leicht an, wie in erhabenem, aber aufrichtigem Mitgefühl, dann machte er kehrt und ließ das Tablett von seiner Kniescheibe abprallen, während er sich entfernte.

»Entschuldige, was wolltest du sagen?« fragte Dixon.

»Ich bin einfach an Bertrand gebunden, das ist alles. Es geht nicht so sehr darum, daß ich ihm verpflichtet wäre. Ich will mich bloß nicht töricht benehmen. Nicht, daß ich denke, es wäre etwas Törichtes, mich mit dir zu treffen. Ach herrje, offenbar bin ich außerstande, mich auch nur halbwegs auf vernünftige Weise auszudrücken.« Allmählich verfiel sie immer öfter in ihre »dignante« Ausdrucksweise und Körperhaltung. »Ich fürchte, daß mir nichts anderes bleibt, als dich um Verständnis zu bitten. Ich weiß, daß das eine Floskel ist, und ich habe auch nicht das Gefühl, selbst besonders viel zu verstehen. Ich habe also keine

Ahnung, wie ich das von dir erwarten könnte – aber so ist es nun einmal.«

»Es stimmt also nicht mehr, daß du Bertrand ziemlich satt hast?«

»Doch, das trifft alles immer noch zu. Ich versuche jetzt bloß, neben seinen schlechten Seiten auch die guten zu sehen. Die schlechten Seiten sind immer noch genauso unangenehm wie damals, als wir im Taxi darüber sprachen. Aber ich muß mir Mühe geben. Ich darf nicht einfach Schluß machen, bloß weil mir danach zumute ist. Ich kann nicht erwarten, daß andere sich immer so benehmen, wie ich es mir wünsche. Es läßt sich nicht vermeiden, daß es in einer Beziehung von der Art, wie ich sie mit Bertrand führe, ein gewisses Maß an Auf und Ab gibt. Es ist nutzlos, deshalb in Rage zu geraten – ich muß es akzeptieren, auch wenn ich es nicht akzeptieren will. Das Problem ist, daß ich dabei leichtfertig mit deinen Gefühlen umgehe.«

»Darüber mach dir keine Sorgen«, sagte Dixon. »Du mußt tun, was du für das Beste hältst.«

»Was immer ich tue, es ist nicht befriedigend«, sagte sie. »Ich finde, daß ich mich die ganze Zeit über sehr dumm benommen habe.« Sie war nun vollends in ihre altbekannte Pose zurückverfallen, aber Dixon nahm es kaum wahr. »Du sollst nicht denken, daß ich leichtfertig war, als ich zuließ, daß du mich küßtest, und als ich zugesagt habe, heute hierherzukommen und so weiter. Ich habe alles genauso gemeint, sonst hätte ich es nicht gesagt. Ich möchte nicht, daß du denkst, ich hätte das nur aus Spaß gemacht oder sei inzwischen zu dem Schluß gekommen, daß ich dich nicht ausreichend mögen würde. So ist es nicht, und das solltest du nicht denken.«

»Schon gut, Christine. Du kannst diesen Teil vergessen. Oh... na also.«

Der Kellner tauchte mit einem vollen Tablett neben Dixon auf. Halb senkte er es, halb ließ er es – bis auf zwei Zentimeter über der Tischoberfläche – fallen. Dann legte er es mit einer widerwärtig übertriebenen Zurschaustellung von Sorgfalt geräuschlos ab und richtete sich auf. Diesmal lächelte er Dixon an. Dann hielt er inne, wie um seine Nicht-Absicht zu betonen, den Tisch mit den Dingen auf dem Tablett zu decken, ehe er sich mit einem falschen Hinken wieder in Bewegung setzte.

Christine hantierte jetzt mit dem Geschirr und goß Tee ein. Als sie ihm seine Tasse reichte, sagte sie: »Es tut mir leid, Jim. So sollte es nicht klingen. Magst du ein Sandwich?«

»Nein danke, ich möchte nichts essen.«

Sie nickte und begann mit allen Anzeichen gesunden Appetits zu essen. Dixon fand dieses konventionelle Fehlen von konventioneller Einfühlsamkeit bemerkenswert: Fast zum ersten Mal in seinem Leben benahm eine Frau sich so, wie es angeblich typisch für Frauen war. »Schließlich«, sagte sie, »hast du auch deine Verpflichtungen gegenüber Margaret, nicht wahr?«

Er seufzte einigermaßen verzagt: Obwohl der schlimmste Teil der Begegnung theoretisch vorüber war – ohne bislang die betäubende Wirkung entfaltet zu haben, von der er wußte, daß sie bald eintreten würde –, war er immer noch nervös. »Ja«, antwortete er, »das war es, was ich dir heute nachmittag sagen wollte, nur, daß du mir zuvorgekommen bist. Ich bin hier, um dir zu sagen, daß wir uns meiner Meinung nach nicht mehr sehen sollten, wegen meiner Verbindung zu Margaret.«

»Verstehe.« Sie nahm ein zweites Sandwich in Angriff.

»Um ehrlich zu sein, in den letzten Tagen hat sich alles ziemlich zugespitzt. Insbesondere seit dem Ball.«

Sie sah ihn kurz an. »Ihr hattet deshalb Streit, nicht wahr?«

»Ja, ich denke, daß man es so ausdrücken kann. Eigentlich sogar mehr als Streit.«

»Na bitte, da haben wir es. Und ich bin es, die all diesen Ärger verursacht hat, indem ich mich mit dir davongestohlen habe.«

»Sei nicht albern, Christine«, sagte Dixon gereizt. »Du tust so, als ob du diejenige wärst, die alles ausgelöst hätte. Wenn jemand für all diesen Ärger verantwortlich ist, wie du es nennst, dann ich. Nicht, daß ich glaube, mir allzuviel vorwerfen zu müssen, so wenig wie du. Es ist einfach eins zum anderen gekommen. Diese ganze Selbstzerknirschung finde ich ein bißchen gezwungen.«

»Tut mir leid; ich muß mich schlecht ausgedrückt haben. Meines Wissens habe ich nichts erzwungen.«

»Nein, ich glaube nicht, daß du das auch nur einen Moment lang getan hast. Ich wollte nicht aufgebracht klingen. Die Sache mit Margaret hat mich ziemlich fertiggemacht.«

»Wie schlimm war es denn? Was hat sie zu dir gesagt?«

»Ach, alles mögliche. Es gibt nicht vieles, das sie nicht gesagt hätte.«

»So, wie du das sagst, klingt es ziemlich fürchterlich. Was genau ist passiert?«

Dixon seufzte erneut und nahm einen Schluck Tee. »Es ist alles so ... kompliziert. Ich möchte dich nicht damit langweilen.«

»Du langweilst mich nicht damit. Ich höre gern zu,

wenn du es mir erzählen magst. Schließlich bist du an der Reihe.«

Das Grinsen, das diese Bemerkung begleitete, brachte Dixon völlig aus der Fassung. Fand sie das wirklich lustig? »Richtig«, sagte er schwerfällig. »Also, es ist so, daß vieles aus unserer Vergangenheit zusammengekommen ist und sich mit dieser Geschichte vermischt hat. Sie ist wirklich eine liebenswerte Frau, und ich mag sie sehr, zumindest würde ich das, wenn sie mich ließe. Aber ich bin in diese Verbindung mit ihr hineingeraten, ohne es wirklich zu wollen, obwohl das natürlich lächerlich klingt. Als ich ihr im letzten Oktober zum ersten Mal begegnet bin, war sie mit einem Burschen namens Catchpole zusammen...« Er gab einen komprimierten, aber nur leicht modifizierten Bericht seiner früheren Beziehung zu Margaret, der mit ihrem Kinobesuch am vorangegangenen Abend endete. Dann reichte er Christine – die alles gegessen hatte, was der Kellner gebracht hatte – eine Zigarette, nahm selbst eine und sagte: »Das heißt, es geht jetzt mehr oder weniger weiter wie zuvor, auch wenn ich nur ungern erklären würde, was ›es‹ ist, das mehr oder weniger weitergeht, und ›weiter‹ ist auch ein bißchen vage. Ich glaube übrigens nicht, daß ihr völlig klar ist, wie interessiert ich an dir war, und ich glaube auch nicht, daß sie mir dankbar wäre, wenn ich es ihr sagen würde.«

Christine wich seinem Blick aus und paffte dilettantisch ihre Zigarette. Desinteressiert fragte sie: »Wie hat sie auf dich gewirkt, als du sie gestern verlassen hast?«

»Genauso wie schon den ganzen Abend – völlig ruhig und anscheinend vernünftig. Mir ist klar, daß das ziemlich beleidigend klingt. So meine ich es auch gar nicht, ich meine, daß sie... Na ja, sie war nicht so erregbar, es gab nicht diese nervöse Anspannung, die sie normalerweise verbreitet.«

»Glaubst du, daß sie weiter so sein wird – jetzt, wo sie das Gefühl hat, daß die Dinge weitgehend geklärt sind?«

»Ich muß zugeben, daß ich das zu hoffen beginne...«

Als er jetzt von seiner Hoffnung sprach, klang es lächerlich naiv. »Ach, ich weiß nicht. Es macht sowieso keinen großen Unterschied.«

»Du klingst ziemlich mitgenommen wegen der ganzen Sache.«

»Ja? Na ja, es war bestimmt nicht leicht.«

»Nein, und es wird kein bißchen leichter werden, oder?« Dixon verstimmte diese Frage, und er schwieg. Sie schnippte Asche auf einen Unterteller und fuhr fort: »Ich nehme an, daß du es mir gegenüber nicht aussprechen willst, aber ich denke, daß es dir selbst klar sein dürfte: Ich wüßte nicht, wie einer von euch beiden mit dem anderen glücklich werden könnte.«

Dixon versuchte, seinen Mißmut zu unterdrücken. »Nein, vermutlich nicht, aber daran läßt sich nichts ändern. Es ist einfach so, daß wir nicht voneinander loskommen.«

»Was wirst du also tun? Wirst du dich etwa mit ihr verloben?«

Es war dieselbe Neugier, die sie einige Wochen zuvor hinsichtlich seiner Trinkgewohnheiten an den Tag gelegt hatte. »Ich weiß es nicht«, sagte er kühl und versuchte, nicht daran zu denken, wie es wäre, mit Margaret verlobt zu sein. »Es besteht natürlich die Möglichkeit, wenn alles so weitergeht wie bisher.«

Sie schien seinen unfreundlichen Ton nicht bemerkt zu haben, veränderte ihre Sitzposition, sah sich im Raum um und sagte schulmeisterlich: »Es sieht ganz danach aus, als ob wir beide in festen Händen wären. Und das ist auch gut so.«

Diese gebieterisch vorgetragene Geistlosigkeit ging eine Reaktion mit Dixons Grundstimmung eines gereizten Bedauerns ein und brachte ihn dazu, schneller zu reden. »Ja, wir haben wirklich keine große Wahl, wenn man es genauer betrachtet. Du hältst an deiner kleinen Affäre mit Bertrand fest, weil du glaubst, daß das aufs Ganze gesehen und trotz der damit verbundenen Gefahren sicherer ist, als das Risiko mit mir einzugehen. Du weißt, was der Haken bei ihm ist, aber du weißt nicht, welcher Haken es bei mir sein könnte. Und ich bleibe bei Margaret, weil ich nicht den Mumm habe, mich von ihr zu lösen und sie für sich selbst sorgen zu lassen. Also tue ich das, anstatt das zu tun, was ich will, weil ich nämlich Angst davor habe. Wir leiden einfach an einer kleinlichen, peinlichen Vorsicht. Man kann noch nicht einmal sagen, daß wir uns für die Nummer eins entschieden hätten.« Er sah sie mit leiser Verachtung an und stellte gekränkt fest, daß sich in ihrem Blick die gleiche Empfindung widerspiegelte. »Das ist alles, und das Schlimmste daran ist, daß ich genauso weitermachen werde wie zuvor. Es zeigt bloß, wie wenig es hilft, den eigenen Standpunkt zu kennen.« Aus irgendeinem Grund gab ihm diese letzte Bemerkung den Gedanken ein, daß bereits wenige Worte aus seinem Mund Christines Verbindung mit Bertrand auflösen könnten – er müßte ihr nur erzählen, was Carol ihm erzählt hatte. Aber das wußte sie vermutlich sowieso schon; vielleicht war sie Bertrand so sehr ergeben, daß sie sogar aus einem solchen Grund nicht mit ihm brechen würde und ihn lieber halb als gar nicht hätte. Und was sollte sie von ihm denken, wenn er damit zu diesem Zeitpunkt herausrückte? Nein, am besten vergaß er diesen Gedanken. Es schien, als gäbe es niemals die richtige Gelegenheit für diese Enthüllung, gegenüber wem auch immer. Das war schrecklich ungerecht, wenn man bedachte, wie loyal er geschwiegen hatte und wie lange er schon auf den rechten Moment wartete.

Christine hatte ihren Kopf über die Untertasse gesenkt – wie wohlfrisiert ihr Haar war! – auf der sie ihren Zigarettenstummel ausdrückte. »Ich finde, du machst einen ziemlichen Wirbel, viel mehr als nötig, meinst du nicht? Zwischen uns hat sich schließlich nichts von Bedeutung abgespielt.« Sie hielt ihr Gesicht noch immer gesenkt.

»Einverstanden, aber das ist keine Art, zu beurteilen ...«

Sie sah ihm jetzt in die Augen. Sie war rot geworden, und das brachte ihn zum Schweigen. »Ich finde es lächerlich, so zu sprechen, wie du gesprochen hast«, sagte sie mit einer schwachen Cockney-Melodie in ihrer Stimme, die er schon vorher unterschwellig registriert hatte. »Du nimmst offenbar an, daß du damit etwas beweist. Natürlich ist es das, was wir tun; aber du erweckst den Anschein, als ob das alles wäre, was wir tun. Glaubst du nicht daran, daß Menschen etwas tun, weil sie es tun wollen, und zwar deshalb, weil sie das tun wollen, was am besten ist? Ich weiß nicht, was hilfreich daran sein sollte, diesen Versuch, das Richtige zu tun, als Verzagtheit und fehlenden Mumm zu bezeichnen. Das zu tun, was man für richtig hält, ist manchmal schrecklich, aber das heißt nicht, daß es der Mühe nicht wert wäre. Etwas in dem, was du sagtest, läßt mich vermuten, daß ich deiner Meinung nach mit Bertrand schlafe. Du kannst nicht viel über Frauen wissen, wenn du das glaubst. Kein Wunder, daß es dir schlecht geht, wenn du so denkst. Du gehörst zu jener Sorte von Mann, die niemals glücklich sein wird, egal, was sie tut. Ich denke, ich sollte jetzt besser gehen, Jim. Es hat keinen Zweck, wenn ...«

»Nein, geh nicht«, sagte Jim erregt. Das passierte alles viel zu schnell für ihn. »Sei nicht wütend. Bleib noch ein wenig.«

»Ich bin nicht wütend. Ich habe das alles bloß satt.«

»Ich auch.«

»Vier Schilling«, sagte der Kellner neben Dixon. Es war das erste Mal, daß er seine Stimme vernehmen ließ, und ihr Klang legte den Schluß nahe, daß eine halbverzehrte Süßigkeit in seinem Rachen klebte.

Dixon durchsuchte seine Taschen und gab ihm zwei Half-Crowns. Er war froh über die Unterbrechung, da sie ihm Zeit gab, sein emotionales Gleichgewicht zumindest teilweise zurückzuerlangen. Als sie wieder allein waren, sagte er: »Werden wir uns jemals wiedersehen?«

»Zumindest einmal noch. Ich komme zu deinem Vortrag und vorher zu dem Empfang beim Direktor.«

»O Gott, Christine, du willst da doch nicht etwa hingehen. Du wirst dich zu Tode langweilen. Wieso hast du dich darauf eingelassen?«

»Onkel Julius wurde vom Direktor eingeladen und hat anscheinend in einem Moment der Schwäche zugesagt. Jetzt besteht er darauf, daß ich mitkomme und ihm Gesellschaft leiste.«

»Ziemlich merkwürdig.«

»Er sagte, daß er sich darauf freue, dich wiederzusehen.«

»Warum zum Teufel hat er das gesagt? Ich habe kaum mehr als zwei Worte mit dem Mann gewechselt.«

»Das ist es, was er gesagt hat. Frag mich nicht, was er damit gemeint hat.«

»Dann werde ich dich zumindest aus der Entfernung sehen. Das ist eigentlich etwas Gutes.«

Christine sagte mit plötzlich veränderter Stimme: »Nein, das ist eigentlich gar nichts Gutes. Wie könnte es das sein? Das alles wird ja so ungemein vergnüglich, nicht wahr? Dazustehen und wie ein braves, kleines Mädchen mit Bertrand und Onkel Julius und all den anderen zu plaudern. O ja, ich werde mich sehr amüsieren, besten Dank. Es ist alles so... es ist unerträglich.« Sie stand auf, und dasselbe tat Dixon, dem nichts mehr zu sagen einfiel. »Jetzt reicht es aber wirklich. Diesmal gehe ich. Danke für den Tee.«

»Gib mir deine Adresse, Christine.«

Sie sah ihn abschätzig an. »Das halte ich für keine gute Idee. Was in aller Welt hätte das für einen Sinn?«

»Ich hätte das Gefühl, daß wir uns nicht zum letzten Mal gesehen haben.«

»Es ist wenig sinnvoll, das zu fühlen, oder?« Rasch ging sie an ihm vorbei und verließ den Raum, ohne sich umzusehen.

Dixon setzte sich wieder hin und rauchte eine Zigarette zu seiner fast kalten, halbvollen Tasse Tee. Er hätte es nicht für möglich gehalten, daß ein Mann, der genau das tut, was er sich vorgenommen hat, von so heftigen Gefühlen des Versagens und der völligen Nutzlosigkeit heimgesucht werden könnte. Einen Moment lang überlegte er, daß es jetzt weitaus besser um seine Lebensgeister bestellt wäre, wenn Christine wie Margaret aussähe und Margaret wie Christine. Aber das hieß, über etwas Nichtexistentes zu spekulieren: Mit Christines Gesicht und Körper hätte Margaret niemals zu Margaret werden können. Mit einiger Folgerichtigkeit konnte man lediglich sagen, daß Christine Glück hatte, so gut auszusehen. Glück war es, was man immer brauchte: Mit nichts als ein wenig Glück hätte sein Leben auf ein kurzfristig angrenzendes Gleis wechseln können – ein Gleis, das sofort danach in weitem Bogen von seinem abgewichen war. Er zuckte zusammen und sprang hoch: Die Besprechung mit dem externen Prüfer mußte jeden Moment beginnen. Er versuchte zu ignorieren, daß auch Margaret daran teilnehmen würde, und ging hinaus – dann kehrte er zurück und ging auf den Kellner zu, der an einer Wand lehnte. »Kann ich bitte mein Wechselgeld bekommen?«

»Wechselgeld?«

»Richtig, Wechselgeld. Kann ich es bitte bekommen?«

»Sie haben mir fünf Schilling gegeben.«

»Richtig. Die Rechnung betrug vier Schilling. Ich will einen Schilling zurück.«

»War das nicht mein Trinkgeld?«

»Das mag es gewesen sein, ist es jetzt aber nicht mehr. Geben Sie ihn mir.«

»Den ganzen Schilling?«

»Richtig, den ganzen. Geben Sie ihn mir.«

Der Kellner machte keine Anstalten, Geld hervorzuholen. Mit seiner halberstickten Stimme sagte er: »Die meisten Leute geben mir Trinkgeld.«

»Die meisten Leute hätten Ihnen jetzt schon einen Tritt in den Arsch verpaßt. Wenn Sie mir mein Wechselgeld nicht in den nächsten fünf Sekunden geben, werde ich Ihren Vorgesetzten rufen lassen.«

Vier Sekunden später war Dixon auf dem Weg aus dem Hotel und ins Sonnenlicht. Der Schilling befand sich in seiner Tasche.

20

»Worin besteht letztlich die praktische Bedeutung all dessen? Vermag etwas den von mir geschilderten Prozeß aufzuhalten oder zumindest aufzuschieben? Ich sage Ihnen, daß jeder von uns, die wir heute abend hier versammelt sind, etwas dagegen tun kann. Jeder von uns kann sich entschließen, Tag für Tag der Anwendung vorgefertigter Standards zu widerstehen, gegen häßliche Möbel und häßliches Geschirr zu protestieren, sich gegen Scheinarchitektur zu wenden, sich dem Aufstellen von Lautsprechern zu widersetzen, die an immer mehr öffentlichen Plätzen seichte Unterhaltungsprogramme verbreiten, sich gegen die Klatschpresse, gegen die Scheinkultur der Bestseller und der Kinoorgeln auszusprechen, sich für die natürliche, integrative Kultur der dörflichen Gemeinschaft auszusprechen. Auf diese Weise sprechen wir uns – wie gering der Erfolg im einzelnen Fall auch sein mag – für unsere heimatliche Tradition aus, für unser gemeinsames Erbe, kurzum: für das, was wir einst besaßen und vielleicht eines Tages wieder besitzen werden – ein fröhliches England.«

Mit einem langen, blubbernden Rülpser erhob sich Dixon von dem Stuhl, auf dem er beim Schreiben dieser Zeilen gesessen hatte, und vollführte im ganzen Zimmer seinen Affentanz: Einen Arm bog er unter den Ellbogen, so daß er sich mit den Fingern in der Achselhöhle kratzen konnte, den anderen beugte er aufwärts, so daß die Innenseite des Unterarms über seinem Kopf lag. Dann wackelte er mit gebeugten Knien und gekrümmtem Rücken zu seinem Bett, auf dem er mehrere Minuten lang auf und ab hüpfte und vor sich hin schnatterte. Einem Klopfen an der Tür folgte derart schnell ein eintretender Bertrand, daß er gerade noch Zeit hatte, mit dem Schnattern aufzuhören und seinen Körper aufzurichten.

Bertrand, der seine blaue Baskenmütze trug, sah ihn an. »Was tun Sie da oben?«

»Es gefällt mir hier, danke der Nachfrage. Irgendwelche Einwände?«

»Kommen Sie herunter und lassen Sie den Quatsch. Ich habe Ihnen einige Dinge zu sagen, und Sie hören mir besser gut zu.« Er schien von einer kontrollierten Wut erfaßt zu sein und atmete heftig, was freilich ebensogut darauf zurückzuführen sein konnte, daß er zwei Treppen hochgestiegen war.

Dixon sprang schwungvoll auf den Boden; auch er schnaufte ein wenig. »Was wollen Sie mir sagen?«

»Nur dies: Das letzte Mal, als wir uns trafen, sagte ich Ihnen, daß Sie sich von Christine fernhalten sollten. Jetzt mußte ich herausfinden, daß Sie sich nicht danach gerichtet haben. Zunächst einmal: Was haben Sie dazu zu sagen?«

»Was meinen Sie damit, daß ich mich nicht von ihr ferngehalten hätte?«

»Kommen Sie mir nicht so, Dixon. Ich weiß alles über Ihre heimliche Verabredung zu einem verstohlenen Täßchen Tee gestern nachmittag. Ich bin Ihnen längst auf die Schliche gekommen.«

»Sie hat Ihnen davon erzählt, nicht wahr?«

Bertrand preßte die Lippen hinter seinem Bart zusammen, der aussah, als könne er eine Behandlung mit dem Kamm gebrauchen. »Nein. Nein, natürlich nicht«, sagte er aufgebracht. »Wenn Sie Christine auch nur im Geringsten kennen würden, dann wüßten Sie, daß sie so etwas niemals tun würde. Sie ist nicht so wie Sie. Wenn Sie es wirklich wissen wollen – und ich hoffe sehr, daß Sie Ihren Spaß daran haben werden –: Es war einer ihrer sogenannten Kumpane in diesem Haus, der meiner Mutter davon berichtet hat. Viel Vergnügen bei dem Gedanken daran. Jeder haßt Sie, Dixon, und ich kann bei Gott verstehen, warum. Jedenfalls, und um zur Sache zu kommen, hätte ich gern eine Erklärung für Ihr Verhalten.«

»O je«, sagte Dixon lächelnd. »Ich fürchte, das ist kein geringes Begehr. Mein Verhalten zu erklären – da verlangen Sie mir aber einiges ab. Ich wüßte niemanden, der dieser Aufgabe ganz gewachsen wäre.« Aufmerksam beobachtete er Bertrand, während er gleichzeitig die Nachricht dieser letzten Niedertracht Johns' – denn wer sonst sollte es gewesen sein? – zur späteren Überlegung und Einleitung erforderlicher Schritte seinem Gedächtnis überantwortete.

»Lassen Sie das«, sagte Bertrand und lief rot an. »Ich habe Sie unmißverständlich gewarnt, daß Sie Christine in Ruhe lassen sollen. Wenn ich so etwas sage, dann erwarte ich, daß der Betreffende vernünftig genug ist, mir Folge zu leisten. Warum haben Sie sich nicht daran gehalten? Hm?«

Bertrands Wut und sein Besuch waren ein Beispiel schöner Überflüssigkeit angesichts der Tatsache, daß Dixon sein Interesse an Christine bereits aus anderen Gründen aufgegeben und damit auch seinen Bertrand-Feldzug abgebrochen hatte. Aber er wäre ein Narr gewesen, wenn er das nicht eine Weile für sich behalten und sich an seiner überlegenen Position erfreut hätte. »Ich wollte nicht«, sagte er.

Während der nun folgenden Pause schien Bertrand zweimal kurz davor zu stehen, ein langes, zusammenhangloses Bellen auszustoßen. Seine absonderlichen Augen sahen aus wie poliertes Glas. Dann sagte er mit leiserer Stimme als zuvor: »Hören Sie zu, Dixon, Ihnen scheint nicht ganz klar zu sein, worauf Sie sich da eingelassen haben. Ich will Ihnen die Sache erklären.« Er setzte sich auf die Armlehne des Pall-Mall-Sessels und nahm seine Baskenmütze ab. Sie bildete einen ziemlich seltsamen Kontrast zu dem dunklen Anzug, dem weißen Kragen und der Krawatte mit dem Rankenmuster, die er trug. Dixon setzte sich auf sein Bett, das leise unter ihm winselte.

»Mein Verhältnis zu Christine«, sagte Bertrand und spielte an seinem Bart herum, »ist ernster Natur, das steht außer Frage. Wir kennen uns seit geraumer Zeit, und es geht uns beiden um mehr als ein kleines Techtelmechtel, wenn Sie verstehen, was ich meine. Ich will zwar in der nächsten Zeit noch nicht heiraten, aber es ist definitiv möglich, daß Christine und ich in, sagen wir, einigen Jahren heiraten werden. Ich will damit zum Ausdruck bringen, daß dies ganz klar eine dauerhafte Beziehung ist. Christine ist aber sehr jung, jünger sogar, als man aufgrund ihres Alters vermuten könnte. Sie ist es nicht gewohnt, daß man sie bei Tanzveranstaltungen entführt und heimlich zum Tee in Hotels einlädt. Unter den gegebenen Umständen ist es nur normal, daß sie sich dadurch geschmeichelt fühlt und eine Zeitlang die damit verbundene Aufregung genießt. Aber nur eine Zeitlang, Dixon. Schon sehr bald wird sie anfangen, deshalb ein schlechtes Gewissen zu haben und sich zu wünschen, daß Sie ihr niemals begegnet wären. Und das ist der Punkt, an dem die Sache problematisch wird. So, wie sie nun einmal veranlagt ist, wird sie sich schlecht fühlen, wenn sie Sie loswerden will, und auch, weil sie hinter meinem Rücken gehandelt hat – sie weiß noch nicht, daß ich Bescheid weiß. All das möchte ich vermeiden, aus dem sehr angemessenen Grund, daß es mir nicht im geringsten nützen würde. Es hat mich ziemlich viel Mühe gekostet, sie auf den rechten Weg zu bringen, und ich möchte nicht wieder von vorn beginnen müssen. Alles, was ich Ihnen sagen will, ist: Lassen Sie die Finger von ihr. Sie stiften mit Ihrem Verhalten nichts als Unheil. Sie tun sich damit nichts Gutes, und Sie werden Christine verletzen und mir Unannehmlichkeiten bereiten. Sie wird noch einige Tage hierbleiben, und es wäre töricht, allen Beteiligten die Zeit zu verderben. Ist das nachvollziehbar?«

Dixon hatte sich eine Zigarette angezündet, um die Wirkung zu verbergen, die Bertrands Bericht über Christines Motive auf ihn hatte: Er war eindringlicher ausgefallen, als er es Bertrand zugetraut hätte. »Ja, in gewissem Umfang ist das nachvollziehbar«, sagte er so beiläufig wie möglich. »Bis auf den Teil, wo es darum geht, daß Sie Christine auf den rechten Weg bringen, was nichts anderes als Ihrem Wunschdenken entsprungenes Gewäsch ist. Aber das tut nichts zur Sache; für Sie ist offenbar alles glasklar. Für mich allerdings überhaupt nicht. Sie bemerken offenbar gar nicht, daß all das nur dann zutrifft, wenn auch Ihre anfänglich geäußerten Annahmen zutreffen.«

»Ich sage Ihnen, daß sie mit Gewißheit zutreffen, guter Mann«, entgegnete Bertrand laut. »Genau das ist es, was ich Ihnen sage.«

»Ja, das habe ich bemerkt. Aber erwarten Sie nicht, daß

ich Ihre Annahmen teile. Jetzt ist die Reihe an mir, etwas zu sagen. Der ernsthafte, langfristige Aspekt dieser Angelegenheit hat nichts mit Ihnen und Christine zu tun. O nein, er hat etwas mit mir und Christine zu tun. Es ist nämlich nicht so, daß ich sie unnötigerweise von Ihnen ablenke würde. Sie sind derjenige, der sie unnötigerweise von mir ablenkt – jedenfalls im Moment. Lange wird das nicht mehr dauern. Leuchtet Ihnen das ein?«

Bertrand erhob sich und baute sich breitbeinig vor Dixon auf. Er sprach mit ruhiger Stimme, aber seine Zähne knirschten. »Machen Sie sich mit Ihrem sogenannten Verstand eines endgültig klar: Wenn ich etwas sehe, das ich haben will, dann nehme ich es mir. Ich lasse nicht zu, daß Leute Ihres Schlages mir im Weg stehen. Das ist es, was Sie nicht in Betracht gezogen haben. Ich besitze Christine, weil das mein Recht ist. Begreifen Sie das? Wenn ich etwas haben will, dann ist es mir egal, was ich tun muß, um es zu bekommen. Das ist das einzige Gesetz, dem ich folge – der einzige Weg auf dieser Welt, etwas zu bekommen. Das Problem mit Ihnen ist, Dixon, daß Sie einfach nicht in meiner Gewichtsklasse spielen. Wenn Sie kämpfen wollen, suchen Sie sich jemanden von Ihrer Größe aus, dann haben Sie vielleicht eine Chance. Mit mir haben Sie nicht die geringste Hoffnung.«

Dixon tat einen Schritt auf ihn zu. »Sie sind ein bißchen zu alt für solche Drohungen«, stieß er hervor. »Man wird Ihnen nicht ewig den Vortritt lassen. Sie halten sich für eine Art Halbgott, weil Sie groß sind und Farbe auf Leinwand klecksen können. Das wäre nicht so schlimm, wenn Sie wirklich ein Halbgott wären. Aber Sie sind keiner – Sie sind ein Schwindler und ein Snob und ein Rüpel und ein Dummkopf. Sie halten sich für sensibel, aber Sie sind es nicht. Ihre Sensibilität beschränkt sich auf das, was man Ihnen antut. Empfindlich und eitel, ja, aber nicht sensibel.« Er machte eine Pause, aber Bertrand starrte ihn bloß an und machte keine Anstalten, ihn zu unterbrechen. Dixon fuhr fort: »Sie bilden sich ein, ein großartiger Liebhaber zu sein, aber das stimmt auch nicht. Sie fürchten sich so sehr vor mir, der Ihren eigenen Angaben zufolge doch nichts als eine Laus ist, daß Sie hier hereinmarschieren wie ein gewalttätiger Ehemann, um mir zu sagen, daß ich mich von Ihrem Terrain fernhalten soll. Und Sie sind so verlogen, daß Sie mir allen Ernstes erzählen, wie wichtig Christine für Sie sei, ohne auch nur daran zu denken, daß Sie die ganze Zeit etwas mit der Frau eines anderen haben. Es ist nicht nur das, was mich stört – es ist die Tatsache, daß Sie niemals darüber nachzudenken scheinen, wie unaufrichtig ...«

»Was zum Teufel reden Sie da?« Bertrand atmete pfeifend durch die Nase aus und ballte seine Fäuste.

»Ihren Part am alten Rein-raus-Spiel mit Carol Goldsmith. Darüber rede ich.«

»Ich habe keine Ahnung, was Sie da...«

»O nein, mein Lieber, versuchen Sie nicht, es zu leugnen. Warum sollten Sie sich überhaupt daran stören? Das ist bestimmt nur eine der Sachen, die Sie sich herausnehmen, weil sie Ihr Recht sind, stimmt's?«

»Wenn Sie diese Geschichte jemals Christine auftischen, breche ich Ihnen das Genick auf so viele verschiedene ...«

»Ist schon in Ordnung. Ich gehöre nicht zu der Sorte von Menschen, die so etwas tun«, sagte Dixon mit einem Grinsen. »Ich bin nicht wie Sie. Ich kann Ihnen Christine auch so ausspannen, Sie Byronscher Schürzenjäger.«

»Also gut, Sie haben es nicht anders gewollt«, bellte

Bertrand aufgebracht. »Ich habe Sie gewarnt.« Er baute sich direkt vor Dixon auf und sah auf ihn herab. »Na los, stehen Sie Ihren Mann, Sie schmutziger kleiner Kneipenhocker, Sie häßlicher, eingebildeter Scheißkerl.«

»Was wollen wir machen – tanzen?«

»Sie werden Ihr Tänzchen bekommen. Ich werde Sie schon noch zum Tanzen bringen, nur keine Sorge. Stehen Sie auf, wenn Sie nicht zu feige dazu sind. Wenn Sie glauben, daß ich mir das von Ihnen bieten lasse, haben Sie sich geirrt. Zufällig gehöre ich nicht zu dieser Sorte, Sie Liverpooler.«

»Ich bin kein Liverpooler, Sie Idiot«, schrie Dixon auf. Dies war die schlimmste aller Beleidigungen. Er nahm seine Brille ab und steckte sie in seine obere Jackentasche.

Sie standen einander auf dem geblümten Teppich gegenüber, mit gespreizten Beinen und angewinkelten Ellbogen, und wirkten so unsicher, als ob sie sich zu einem Ritual anschickten, dessen Regeln keiner von ihnen kannte. »Ihnen werd' ich's zeigen«, röhrte Bertrand und holte zu einer Geraden in Dixons Gesicht aus. Dixon wich seitlich aus, aber sein Fuß rutschte weg, und ehe er das Gleichgewicht wiedererlangen konnte, landete Bertrands Faust mit erheblicher Wucht auf seinem rechten oberen Wangenknochen. Leicht erschüttert, aber unbeirrt hielt Dixon die Stellung und schlug Bertrand, der nach seinem Treffer immer noch aus dem Gleichgewicht war, mit voller Kraft auf das größere und verschlungenere seiner beiden Ohren. Bertrand ging mit viel Radau zu Boden und stieß im Fallen eine auf dem Kaminsims stehende Porzellanfigurine um. Sie zerschellte geräuschvoll auf den Kaminfliesen, was die nun einsetzende Stille noch unterstrich. Dixon trat einen Schritt vor und rieb sich die Knöchel: Sie waren durch die

Wucht des Aufpralls leicht verletzt worden. Nach einigen Sekunden regte sich Bertrand auf dem Boden, unternahm aber keinen Versuch, aufzustehen. Dixon hatte diese Runde klar gewonnen, und darüber hinaus, so schien es zu diesem Zeitpunkt, den ganzen Kampf gegen Bertrand. Er setzte seine Brille auf und fühlte sich gut. Bertrand begegnete seinem Blick mit einem Ausdruck peinlich berührten Wiedererkennens. Der verfluchte alte Totempfahl mit Hundeschnauze und Demutsgesicht in einem abgewrackten Reservat, dachte Dixon. »Du verfluchter alter Totempfahl mit Hundeschnauze und Demutsgesicht in einem abgewrackten Reservat«, sagte er.

Wie um dieser Terminologie diskret Beifall zu spenden, ertönte ein leises Klopfen an der Tür. »Herein«, sagte Dixon mit reflexhafter Promptheit.

Michie trat ein. »Guten Tag, Mr. Dixon«, sagte er. Dann fügte er ein höfliches »Guten Tag« in Richtung des immer noch am Boden liegenden Bertrand hinzu, der sich auf diesen Ansporn hin mühsam aufrappelte. »Es scheint, als wäre ich zu einem unpassenden Zeitpunkt gekommen.«

»Nicht im geringsten«, sagte Dixon geschmeidig. »Mr. Welch bricht gerade auf.«

Bertrand schüttelte seinen Kopf, nicht um zu widersprechen, sondern offenbar, wie Dixon interessiert bemerkte, um zu Bewußtsein zu kommen. Wie ein guter Gastgeber geleitete er den Aufbrechenden zur Tür. Bertrand ging schweigend hinaus.

»Auf Wiedersehen«, sagte Dixon, ehe er sich zu Michie umdrehte. »Und wie kann ich Ihnen helfen, Mr. Michie?«

Michies Gesichtsausdruck war so schwer zu deuten wie immer, aber doch neu für Dixon. »Ich komme wegen des Sonderthemas«, sagte er.

»Ah ja. Nehmen Sie doch Platz.«

»Nein, vielen Dank; ich muß gleich weiter. Ich bin nur kurz vorbeigekommen, um Ihnen zu sagen, daß ich mich mit Miss O'Shaugnessy, Miss McCorquodale und Miss ap Rhys Williams recht intensiv über die Angelegenheit ausgetauscht habe und daß wir alle zu einem endgültigen Entschluß gekommen sind.«

»Gut. Welche Entscheidung haben Sie getroffen?«

»Ich muß Ihnen leider mitteilen, daß alle drei Damen der Meinung sind, die Sache sei zu schwierig für sie. Miss McCorquodale hat sich für Mr. Goldsmiths Dokumenten-Vorlesung entschieden, und Miss O'Shaugnessy und Miss ap Rhys Williams werden zur Vorlesung des Professors gehen.«

Diese Ankündigung schmerzte Dixon: Er hätte es gern gesehen, wenn die drei hübschen jungen Frauen ihre Einwände überwunden und sein Thema gewählt hätten, weil er so nett und attraktiv war. »Nun, das ist bedauerlich. Wie steht es mit Ihnen, Mr. Michie?«

»Ich bin zu dem Entschluß gekommen, daß mich Ihr Thema beträchtlich interessiert, so daß ich mich gern offiziell dafür anmelden möchte, wenn das möglich ist.«

»Verstehe. Dann würden also nur Sie kommen.«

»Ja. Nur ich.«

Eine Pause trat ein, während welcher Dixon sich am Kinn kratzte. »Nun ja, ich denke, daß wir Spaß an der Sache haben werden.«

»Das denke ich auch. Dann also vielen Dank. Es tut mir leid, daß ich so hereingeplatzt bin.«

»Das macht gar nichts. Sie waren mir eine große Hilfe. Wir sehen uns im nächsten Trimester, Mr. Michie.«

»Ich werde natürlich zu Ihrem Vortrag heute abend kommen.«

»Warum um Himmelswillen wollen Sie das tun?«

»Selbstverständlich interessiert mich das Thema. Ich denke, daß das auch auf etliche Kommilitonen zutrifft.«

»Oh. Was wollen Sie damit sagen?«

»Alle, denen gegenüber ich es erwähnt habe, sagten, daß sie kommen wollen. Ich denke, Sie werden ein volles Haus haben.«

»Das ist wirklich beruhigend. Jedenfalls hoffe ich, daß es Ihnen gefallen wird.«

»Dessen bin ich mir ziemlich sicher. Nochmals danke. Viel Glück für heute abend.«

»Ich werde es brauchen. Tschüß.«

Nachdem Michie gegangen war, vermerkte Dixon nicht ohne Selbstzufriedenheit, daß er ihn kein einziges Mal »Sir« genannt hatte. Aber wie entsetzlich das nächste Trimester werden würde! Andererseits hatte er mit zunehmender Bestimmtheit das Gefühl, daß es, soweit es ihn betraf, kein nächstes Trimester geben würde. Zumindest kein universitäres.

Er betastete wieder sein Kinn. Er rasierte sich besser, ehe er irgend etwas anderes in Angriff nahm. Dann konnte er hinaufgehen und nachsehen, ob Atkinson da war. Seine Gesellschaft – und vielleicht ein paar Schlucke seines Whiskys – waren genau das, was Dixon brauchte, ehe der Abend anbrach.

21

»Ich hoffe, daß es nicht zu sehr schmerzt, Dixon«, sagte der Direktor.

Unwillkürlich fuhr sich Dixon mit der Hand an sein blauverfärbtes Auge. »Aber nein, Sir«, entgegnete er munter. »Ich bin eigentlich überrascht, daß man überhaupt etwas sieht. Es war ein ziemlich leichter Stoß; nicht einmal die Haut ist eingerissen.«

»An der Ecke des Waschbeckens, sagten Sie?« fragte eine andere Stimme.

»So ist es, Mr. Gore-Urquhart. Eines dieser dummen Mißgeschicke, wie sie einem manchmal passieren. Ich habe den Rasierer fallen lassen, mich danach gebückt, und – knall! – schon bin ich durch den Raum getorkelt wie ein angeschlagener Schwergewichtler.«

Gore-Urquhart nickte bedächtig. »Sehr bedauerlich«, sagte er. Unter seinen dichten Augenbrauen musterte er Dixon von oben bis unten und spitzte mehrmals die Lippen. »Wenn man mich gefragt hätte«, fuhr er fort, »dann hätte ich gesagt, daß er in einen Kampf verwickelt wurde, nicht wahr, Direktor?«

Der Direktor, ein kleiner, beleibter Mann mit rosig glänzender Glatze, brach in sein charakteristisches Gelächter aus. Es erinnerte an das entsetzlich heitere Dröhnen, das man so oft in Filmen über Mordfälle auf Schlössern hört, und es war berüchtigt dafür, in den ersten Wochen nach dem Amtsantritt des Direktors kurz nach Kriegsende den gesamten Gemeinschaftsraum zum Verstummen gebracht zu haben. Inzwischen drehte niemand mehr auch nur den Kopf, und einzig Gore-Urquhart wirkte ein wenig besorgt.

Das vierte Mitglied des Quartetts ließ sich vernehmen. »Ich hoffe, daß die Verletzung Sie nicht stören wird, wenn Sie aus Ihrem ... aus Ihrem ... lesen«, sagte er.

»Aber nein, Professor«, sagte Dixon. »Ich garantiere Ihnen, daß ich das Manuskript mit verbundenen Augen lesen könnte, so oft bin ich es durchgegangen.«

Welch nickte. »Das ist eine gute Vorbereitung«, sagte er. »Ich erinnere mich noch gut an meine ersten Vorlesungen. Damals war ich so töricht, die Dinge einfach aufzuschreiben und mir nicht die Mühe zu machen ...«

»Haben Sie uns etwas Neues zu sagen, Dixon?« fragte der Direktor.

»Neu, Sir? Nun, bei dieser Art von ...«

»Was ich sagen will, ist, daß dieses Thema recht ausgiebig behandelt wurde, nicht wahr? Ich weiß nicht, ob es möglich ist, heute noch einen neuen Zugang dazu zu finden, aber ich persönlich hätte angenommen ...«

Welch schaltete sich ein: »Sir, es ist schwerlich eine Frage des ...«

Es folgte ein bemerkenswertes Duett, in dessen Verlauf sowohl der Direktor als auch Welch ohne Unterbrechung weiterredeten. Dabei hob der eine die Höhe, der andere die Lautstärke seiner Stimme an, wodurch der Gesamteindruck eines ambitionierten Gedichtvortrages entstand. Dixon und Gore-Urquhart starrten sich an, während der Rest des Raumes – die beiden Wettkämpfer ausgenommen – nach und nach in Schweigen verfiel. Schließlich setzte sich der Direktor durch, und Welch verstummte so abrupt wie ein Orchester, das einen Solisten bis zu seiner Kadenz begleitet hat.«... wert, in jeder Generation neu formuliert zu werden oder nicht«, beschloß der Direktor seine Rede.

Nun erschien eine Ablenkung in Gestalt des Pförtners Maconochie mit einem Tablett voller Sherrygläser. Dixon zwang seine Hand, so lange an seiner Seite zu verharren, bis die drei älteren Herren ihre Gläser genommen hatten, dann gestattete er ihr, das vollste der verbliebenen Gläser an seine Lippen zu führen. Der leitende Verwaltungsbeamte, der bei solchen Anlässen die Zufuhr von Alkoholika kontrollierte, war berüchtigt dafür, den Nachschub bereits nach den ersten Runden komplett zu unterbinden, mit Ausnahme des Direktors und seiner jeweiligen Gesprächspartner. Dixon wußte, daß er nicht hoffen konnte, sehr viel länger in dieser Gruppe zu verweilen, und er war entschlossen, das Beste daraus zu machen. Ihm war auf unbestimmte Weise leicht übel, aber er leerte unverdrossen das halbe Glas auf einen Zug. Wärmend rann der Sherry seine Kehle hinab und schloß sich den drei vorausgegangenen Sherrys und dem halben Dutzend Whiskys an, die er bei Bill Atkinson getrunken hatte. In gewisser Weise, aber nur in gewisser Weise, fing er an, sich über den Vortrag keine Sorgen mehr zu machen. Er sollte in zwanzig Minuten beginnen, um sechs Uhr dreißig.

Er sah sich in dem überfüllten Gemeinschaftsraum um, in dem sich mit Ausnahme seiner Eltern alle Menschen aufzuhalten schienen, die er kannte oder jemals gekannt hatte. Mrs. Welch sprach ein paar Schritte entfernt mit Johns, für dessen normalerweise unzulässige Gegenwart in diesem Raum sie auf irgendeine Weise indirekt verantwortlich sein mußte. Dahinter standen Bertrand und Christine, die sich nicht allzuviel zu sagen hatten. Direkt am Fenster war Barclay, der Musikprofessor, in ein ernstes Gespräch mit dem Englischprofessor vertieft. Zweifellos drang er darauf, bei der Versammlung des College-Rates am Ende der folgenden Woche für Dixons Absetzung zu stimmen. In der entgegengesetzten Richtung lachten die Goldsmiths über etwas, das Beesley ihnen erzählt hatte. Andernorts standen Gestalten, die Dixon kaum wiedererkannte: Wirtschaftswissenschaftler, Mediziner, Mathematiker, Philosophen, Dozenten für indogermanische und vergleichende Philologie, Dozenten, *docteurs*, *doctricen*. Er empfand das Bedürfnis, die Runde zu machen und jede einzelne Person davon in Kenntnis zu setzen, daß er es vorzöge, wenn sie ginge. Es waren etliche Menschen da, die er noch nie zuvor gesehen hatte und die alles mögliche sein konnten: von emeritierten Professoren der Ägyptologie bis hin zu Innenausstattern, die darauf warteten, das Aufmaß für die neuen Teppiche zu nehmen. Eine große Gruppe setzte sich aus lokalen Berühmtheiten zusammen: einigen Ratsherren mit ihren Frauen, einem eleganten Geistlichen, einem zum Ritter geschlagenen Arzt – allesamt Mitglieder des College-Rates. Am Rande der Gruppe bemerkte Dixon mit Schrecken den ortsansässigen Komponisten, den er bei Welchs Kunstschmockwochenende gesehen hatte. Beunruhigt, aber ergebnislos, sah er sich nach dem Amateurgeiger um.

Kurz darauf ging der Direktor zu den Lokalmatadoren hinüber und richtete eine Bemerkung an den eleganten Geistlichen, die von allen mit Gelächter begrüßt wurde – ausgenommen dem zum Ritter geschlagenen Arzt, der kalt von einem Gesicht zum nächsten blickte. Fast gleichzeitig wurde Welch durch ein Zeichen seiner Frau weggelotst, so daß Dixon allein mit Gore-Urquhart zurückblieb, der nun fragte: »Wie lange mischen Sie hier schon mit, Dixon?«

»Neun Monate sind es jetzt. Letzten Herbst bin ich eingestellt worden.«

»Ich habe den Eindruck, daß Sie hier nicht allzu glücklich sind. Stimmt das?«

»Ja, ich denke, damit haben Sie alles in allem recht.«

»Wo liegt die Schwierigkeit? Bei Ihnen oder bei den anderen?«

»Bei beiden, denke ich. Sie stehlen mir die Zeit und ich stehle sie ihnen.«

»Aha, verstehe. Es ist Zeitverschwendung, Geschichte zu lehren, ja?«

Dixon kam zu dem Schluß, daß es egal sei, was er diesem Mann sagte. »Nein. Gut und vernünftig unterrichtet, kann Geschichte verdammt nützlich sein. Aber in der Praxis stellen sich die Dinge anders dar. Vieles kommt dazwischen. Ich habe keine Ahnung, wer daran schuld ist. Schlechter Unterricht vor allem. Nicht schlechte Studenten, will ich damit sagen.«

Gore-Urquhart nickte und warf ihm einen raschen Blick zu. »Der Vortrag heute abend, wessen Idee war es, daß Sie den halten sollen?«

»Professor Welchs. Ich konnte natürlich nicht gut ablehnen. Wenn alles gut geht, wird er mein Ansehen hier verbessern.«

»Sie sind ehrgeizig?«

»Nein. Ich habe nichts auf die Beine gestellt, seit ich den Posten hier bekommen habe. Dieser Vortrag könnte mich vor dem Rausschmiß bewahren.«

»Hier, Jungchen«, sagte Gore-Urquhart und schnappte sich zwei Gläser Sherry von Maconochies Tablett, als dieser auf die Gruppe zuging, zu der jetzt der Direktor gehörte. Dixon dachte, daß er vielleicht nichts mehr trinken sollte – er fing bereits an, sich ein bißchen großartig zu fühlen –, aber er nahm das Glas, das ihm entgegengehalten wurde und trank. »Warum sind Sie heute abend hergekommen?« fragte er.

»Ich bin Ihrem Direktor in letzter Zeit so oft aus dem Weg gegangen, daß ich mich dazu verpflichtet fühlte.«

»Wissen Sie, ich verstehe nicht, warum Sie diese Mühe auf sich nehmen. Sie sind doch nicht abhängig von unserem Direktor. Sie halsen sich bloß eine Menge Langeweile auf.«

Gore-Urquhart sah ihn erneut an. Dixon hatte einen Moment lang Schwierigkeiten, das leichte Drehen in seinem Kopf loszuwerden, das durch das unscharfe Gesicht seines Gegenübers verursacht wurde. »Ich halse mir jeden Tag mehrere Stunden Langeweile auf, Dixon. Ein paar mehr brechen mir nicht das Genick.«

»Warum tun Sie sich das an?«

»Ich will Leute dazu bringen, das zu tun, was sie meiner Meinung nach tun sollten. Dazu kann ich sie aber nur dann bringen, wenn ich zulasse, daß sie mich vorher langweilen. Dann, wenn Sie sich gerade daran erfreuen, daß sie mich mit ihrem Gefasel völlig benebelt haben, zahle ich's ihnen heim und bringe sie dazu, das zu tun, was ich ihnen zugedacht habe.«

»Ich wünschte, das könnte ich auch«, sagte Dixon neidisch. »Wenn ich ganz benebelt von Gefasel bin – und das ist meistens der Fall –, dann bringen die anderen mich immer dazu, das zu tun, was sie wollen.« Diese Einsicht, im Verein mit den geistigen Getränken, die er zu sich genommen hatte, durchbrach eine weitere Trennwand in seinem

Kopf. Eifrig fuhr er fort: »Ich bin der Langeweile-Detektor. Ich bin ein sehr fein justiertes Instrument. Wenn ich nur eines Millionärs habhaft werden könnte, ich wäre einen Sack Geld für ihn wert. Er könnte mich zu Dinners und Cocktailpartys und in Nachtklubs vorschicken, nur fünf Minuten lang, und dann könnte er, einfach indem er mich ansähe, den Langeweile-Koeffizienten jeder Versammlung ablesen. Wie ein Kanarienvogel in einem Bergwerk, dieselbe Idee. Dann wüßte er, ob es sich lohnt, selbst hineinzugehen. Er könnte mich mitten unter die Rotarier schicken und zu den Theaterleuten und den Golfern und den Kunstschmockern, die lieber über Kontoauszüge sprechen als über Bücher und musikalische...« Er hielt inne, als er bemerkte, daß Gore-Urquhart sein großes, glattes Gesicht zur Seite geneigt und ihm zugewandt hatte. »Entschuldigung«, murmelte er, »ich hatte ganz vergessen...«

Gore-Urquhart musterte ihn von oben bis unten. Dann bedeckte er mit der Hand ein Auge, fuhr mit einem Finger an der Seite seines Gesichts herab und lächelte leise. Es war kein Lächeln, das normale Belustigung ausdrückte, aber es war auch nicht unfreundlich. »Wie ich sehe, sind Sie ein Leidensgenosse«, sagte er. Dann änderte sich sein Verhalten. »Was für eine Schule haben Sie besucht, wenn ich fragen darf?«

»Örtliches Gymnasium.«

Gore-Urquhart nickte. Der elegante Geistliche und einer der Ratsherren kamen jetzt mit vollen Gläsern in den Händen herüber und zogen ihn fort zu der Gruppe, die den Direktor umringte. Dixon mußte unwillkürlich bewundern, wie sie – ohne etwas Bestimmtes zu tun – mühelos signalisiert hatten, daß man von ihm nicht erwartete, sie zu begleiten. Während er ihnen desinteressiert nachblickte, sah er, daß Gore-Urquhart ein Stück hinter seinen Begleitern zurückblieb und zu den Goldsmiths hinübersah. Cecil und Beesley waren in ein Gespräch vertieft und bemerkten nicht, wie Carol den Blick Gore-Urquharts erwiderte. Ein fast unmerklicher und ziemlich unverständlicher Blick wurde zwischen den beiden ausgetauscht. Das verwirrte Dixon zwar, und in gewisser Weise beunruhigte es ihn auch, aber er beschloß, falls überhaupt, zu einem späteren Zeitpunkt darüber nachzudenken. Er leerte sein Glas und ging auf Christine und Bertrand zu. »Hallo, ihr beiden«, rief er launig. »Wo habt ihr euch denn versteckt?«

Christine schoß Bertrand einen Blick zu, der diesen veranlaßte, nicht zu sagen, was auch immer er hatte sagen wollen. Sie selbst sagte: »Ich hatte ja keine Ahnung, daß dies eine so große Sache werden würde. Die halbe Lokalprominenz der Stadt muß hier sein.«

»Ich hätte gern, daß wir jetzt zu deinem Onkel hinübergehen, Christine«, sagte Bertrand. »Du erinnerst dich, daß es ein paar Dinge gibt, die ich gern mit ihm besprechen möchte.«

»Gleich, Bertrand, wir haben noch viel Zeit«, sagte Christine »dignant«.

»Nein, nein, wir haben nicht mehr viel Zeit; die Sache soll in zehn Minuten beginnen, und das ist nicht viel Zeit für das, was ich mit ihm besprechen möchte.«

Dixon war aufgefallen, daß Bertrand immer »Nein, nein« statt »Nein« sagte, ein preiswertes verbales Äquivalent für gleichzeitiges Senken und Heben der Augenbrauen. Er wünschte sich, das auch zu können. Hinter Bertrands Kopf sah er, wie sich Carol von Cecil und Mar-

garet losmachte – er bemerkte Margaret zum ersten Mal – und auf ihn zusteuerte. Mit einem Zitat aus einem Film, den er einmal gesehen hatte, sagte er zu Christine: »Tu besser, was er sagt, sonst schlägt er dir die Zähne ein.«
»Ziehen Sie Leine, Dixon.«
»Bertrand, wie kannst du nur so unhöflich sein.«
»Wie ich so unhöflich sein kann? Das ist gut. Wie ich so unhöflich sein kann. Was ist mit ihm? Wofür zum Teufel hält er sich? Sagt dir einfach …«
Christine war rot geworden. »Hast du vergessen, was ich dir gesagt habe, ehe wir herkamen?«
»Hör zu, Christine, ich bin nicht hergekommen, um mit diesem … diesem Kerl zu sprechen, und auch nicht über ihn. Ich bin einzig und allein hergekommen, um deinen Onkel abzupassen, und jetzt ist die Gelegenheit …«
»Ach hallo, lieber Bertie«, sagte Carol hinter ihm. »Ich brauche dich gerade mal. Kommst du bitte?«
Bertrand war überrascht zusammengefahren und hatte sich gleichzeitig halb umgedreht. »Hallo, Carol. Aber ich wollte gerade …«
»Es dauert nur eine Minute«, sagte Carol und nahm ihn beim Arm. »Ich bringe ihn in gutem Zustand zurück«, warf sie Christine über die Schulter zu.
»Nun denn … hallo, Christine«, sagte Dixon.
»Hallo.«
»Das ist also wirklich das letzte Mal?«
»Ja, genau.«
Er war zugleich verdrossen und von Selbstmitleid erfüllt. »Es scheint dir weniger auszumachen als mir.«
Sie sah ihn einen Moment lang an, dann drehte sie den Kopf so abrupt zur Seite, als ob er ihr eine Fotografie in einem Buch über forensische Medizin gezeigt hätte. »Ich

bin mit dem Nachdenken über diese Sache fertig«, sagte sie. »Damit ist jetzt Schluß. Und du hörst besser auch damit auf, wenn du bei Verstand bist.«

»Ich kann gar nicht anders, als darüber nachzudenken«, sagte er. »Nachdenken ist etwas, das man nicht beeinflussen kann. Ich kann gar nicht anders, als damit weiterzumachen.«

»Was ist mit deinem Auge passiert?«

»Bertrand und ich hatten heute nachmittag eine Prügelei.«

»Eine Prügelei? Er hat mir nichts davon erzählt. Weswegen habt ihr euch geprügelt? Eine Prügelei?«

»Er sagte, ich solle mich von dir fernhalten, und ich sagte Nein. Also haben wir zu kämpfen begonnen.«

»Aber wir sind übereingekommen... Du hast doch nicht deine Meinung geändert, daß wir...«

»Nein. Ich wollte mir von ihm nur nicht vorschreiben lassen, was ich zu tun habe, das ist alles.«

»Also nein, eine Prügelei.« Sie schien ein Lachen zu unterdrücken. »Nach deinem Aussehen zu urteilen, mußt du verloren haben.«

Das gefiel ihm nicht, und er erinnerte sich an ihre Neigung, während des Tees im Hotel zu grinsen. »Überhaupt nicht. Sieh dir Bertrands Ohr an, ehe du entscheidest, wer gewonnen und wer verloren hat.«

»Welches?«

»Das rechte. Aber man sieht wahrscheinlich nicht viel. Die Verletzungen sind größtenteils innerlich, nehme ich an.«

»Hast du ihn niedergeschlagen?«

»O ja, er ist geradewegs zu Boden gegangen. Und eine Weile liegengeblieben ist er auch.«

»Mein Gott.« Sie starrte ihn an, und ihre vollen, trockenen Lippen waren leicht geöffnet. Ein plötzliches, hilfloses Verlangen überkam Dixon und ließ ihn sich so schwerfällig und unbeweglich fühlen, als ob Welch auf ihn einredete. Er hatte das Gefühl, nie mehr so deutlich an ihre erste Begegnung erinnert worden zu sein, wie in den letzten Minuten. Wütend starrte er sie an.

Während sie noch schwiegen, tauchte Bertrand plötzlich mit schnellem Schlurfen hinter der Frau eines Ratsherrn auf, etwa so, wie ein linkshändiger Werfer hinter dem Schiedsrichter ins Blickfeld des Schlagmanns kommt. Sein Gesicht war rot angelaufen, und er war offensichtlich fast außer sich vor Wut, entweder in Reinform oder in Verbindung mit irgendeiner anderen Emotion. Carol folgte ihm mit neugierigem Blick.

»Jetzt reicht es«, sagte Bertrand, und seine Stimme war ein ersticktes Bellen. »Genau das habe ich die ganze Zeit vermutet.« Er packte Christine am Arm und zog sie gewaltsam fort. Ehe er ging, sagte er noch zu Dixon: »Gut, Bürschchen. Das ist Ihr Ende. Sie suchen sich besser schon mal eine andere Stelle. Und das meine ich so, wie ich es sage.« Christine warf Dixon einen kurzen, erschrockenen Blick über die Schulter zu, während sie praktisch im Schlepptau zu der Gruppe geschleift wurde, bei der ihr Onkel stand. Auch Carol sah Dixon an – es war ein versonnener Blick. Dann folgte sie den beiden anderen. Ein lautes, irres Lachen ertönte aus der Richtung des Direktors.

Dixon erlitt die Rückkehr des Übelkeitsgefühls, das ihn kurz zuvor schon einmal befallen hatte. Dann wurden all seine Überlegungen von Panik hinweggefegt. Bertrand mußte es ernst sein mit dem, was er gesagt hatte. Was auch immer in Welchs Schädel vor sich gehen mochte, die Fakten, die sein Sohn enthüllen würde, würden bestimmt erheblichen Einfluß auf ihn haben – und wenn nicht, war da immer noch der Beitrag, den seine Frau beisteuern konnte, vorausgesetzt, daß sie den nicht schon aus eigenem Antrieb beigesteuert hatte. Dixon erkannte nun, daß er sich in seiner Annahme, der Bertrand-Feldzug sei beendet und gewonnen, gründlich geirrt hatte: Der letzte Schuß war noch nicht abgegeben worden, und er stand unbewaffnet auf freier Flur. Nun war das, wovor er sich ganz am Anfang gewarnt hatte, wirklich eingetreten: Er hatte sich hinreißen lassen, und die Kampfeslust hatte ihn aller Bedachtsamkeit und Vorsicht beraubt. Er war hilflos – hilflos vor allem, diesen bärtigen Gammler davon abzuhalten, selbstbewußt, besitzergreifend, siegreich da drüben zu stehen und seine Hand auf Christines Arm zu legen. Sie stand neben ihrem Freund in einer unbehaglichen, unbequemen, sogar plumpen Haltung, aber wenn es nach Dixon gegangen wäre, hätte es keine schönere Art des Dastehens für eine Frau geben können.

»Wirfst wohl deine letzten Blicke, James?«

Margaret tauchte plötzlich in seinem toten Winkel auf, und Dixon fühlte sich wie ein Mann, der gegen einen Polizisten kämpft und einen weiteren auf einem Pferd heranreiten sieht. Er war wie betäubt. »Was?« fragte er.

»Sieh sie dir noch einmal gut an. Eine weitere Gelegenheit wird es nicht geben.«

»Nein, ich nehme nicht an, daß ich...«

»Außer natürlich, du hast vor, ständig nach London zu flitzen, um mit ihr in Verbindung zu bleiben.«

Dixon starrte ihr ins Gesicht. Er war aufrichtig überrascht; überrascht auch darüber, daß Margaret ihn zu diesem Zeitpunkt noch durch irgend etwas überraschen konnte. »Was willst du damit sagen?« fragte er matt.

»Du mußt mir nichts vorspielen. Man braucht nicht viel Phantasie, um zu sehen, was du gerade denkst.« Ihre Nasenspitze wackelte wie immer leicht, während sie sprach. Sie stand mit gespreizten Beinen und verschränkten Armen da, so wie Dixon sie oft gesehen hatte, wenn sie in diesem Raum oder in einem der kleinen Unterrichtsräume im Obergeschoß mit anderen geplaudert hatte. Sie wirkte nicht im mindesten bedrückt oder aufgeregt oder unpäßlich oder verärgert.

Dixon seufzte matt, ehe er die Art von Protesten und Entschuldigungen anstimmte, die ihm durch die für solche Anlässe üblichen Konventionen zugestanden wurden. Noch während er sprach, dachte er, mit welcher Leichtigkeit und durch welch geschickte Taschenspielerei er des einen moralischen Vorteils beraubt worden war, den er Margaret gegenüber zuletzt gehabt hatte: seiner von niemandem beeinflußten Entscheidung, Christine nicht mehr sehen zu wollen. Es war wirklich Pech, daß er nach allem, worauf er aus freien Stücken verzichtet hatte, nun Vorwürfe für seine Sehnsucht einstecken mußte. Seine Stimmung war auf einem derartigen Tiefpunkt angelangt, daß er sich am liebsten hingelegt und geschnauft hätte wie ein Hund: arbeitslos, Christine-los, und nun auch noch Verlierer auf ganzer Linie im Margaret-Spiel.

Ihr Gespräch wurde, ohne daß sie zu einem Schluß gekommen wären, durch die Gruppe um den Direktor beendet, die sich in Bewegung setzte und auf die Tür zusteuerte. Gore-Urquhart war allem Anschein nach ganz von einem Gespräch mit Bertrand und Christine in Anspruch genommen. Welch rief: »Fertig, Dixon?« Mit Mrs. Welch an seiner Seite erinnerte er mehr denn je an einen alten Boxer, der mit einer ehemaligen Küchenmagd verheiratet ist und sich gelegentlich eine kleine Wilddieberei gönnt.

»Wir sehen uns im Saal, Professor«, rief Dixon zurück. Dann warf er Margaret ein Wort des Abschieds zu und eilte hinaus zu den Personaltoiletten. Schweres Lampenfieber hatte ihn jetzt erfaßt; seine Hände waren kalt und feucht, seine Beine fühlten sich wie schlaffe Gummiröhren an, die mit feinem Sand gefüllt waren, und er hatte Probleme, seinen Atem zu kontrollieren. Während er die Toilette benutzte, schnitt er zunächst seine Evelyn-Waugh-Grimasse, dann eine, die wilder war als alle in seinem Repertoire: Er packte seine Zunge mit den Zähnen, blies die Backen zu kleinen, halbkugelförmigen Ballons auf und zwang seine Oberlippe nach unten, so daß sie einen idiotischen Schmollmund bildete; das Kinn streckte er vor, als wäre es ein Schaufelblatt. Währenddessen riß er wechselweise die Augen auf oder zwang sie zu einem Schielen. Als er sich umdrehte, stand Gore-Urquhart vor ihm. Er ließ die Grimasse zusammensacken und sagte: »Oh, hallo.«

»Hallo, Dixon«, sagte Gore-Urquhart und ging an ihm vorbei.

Dixon ging zum Waschbecken und begutachtete im Spiegel sein Auge. Es leuchtete um einige Schattierungen lebhafter, als er es in Erinnerung hatte. Unter den gegebenen Umständen erschien jeder Versuch, Kleidung oder Frisur elegant wirken zu lassen, abwegig. Er nahm den geklauten Luftwaffenordner vom Regal, in dem sich sein Vortragsskript befand, und wollte eben gehen, als Gore-Urquhart rief: »Warten Sie einen Moment, Dixon.«

Dixon hielt inne und drehte sich um. Gore-Urquhart kam auf ihn zu, blieb vor ihm stehen und sah ihn so eindringlich an, als plane er, gleich nach dem Vortrag eine komische Skizze von ihm in Angriff zu nehmen, vielleicht mit Kohle oder als Tintenaquarell. Nach einer Weile sagte er: »Kann es sein, daß Sie ein bißchen nervös sind, Jungchen?«

»Sehr nervös.«

Gore-Urquhart nickte und brachte einen schmalen, aber umfänglichen Flachmann aus seiner schlechtsitzenden Kleidung zum Vorschein. »Nehmen Sie einen Schluck.«

»Danke.« Dixon entschied, daß es egal sei, ob er hustete und nahm einen kräftigen Zug. Bei der Flüssigkeit handelte es sich offenkundig um guten schottischen Whisky – offenkundiger, als dies jemals bei einem anderen Getränk, das er zu sich genommen hatte, der Fall gewesen war. Er hustete heftig.

»Das ist ein guter Tropfen. Nehmen Sie noch einen Schluck.«

»Danke«, sagte Dixon wie zuvor schon. Dann gab er den Flachmann zurück, keuchend und sich den Mund mit dem Ärmel abwischend. »Ich bin Ihnen dafür sehr dankbar.«

»Der wird Ihnen richtig gut tun. Ist aus meinem Sherry-Faß. Wir gehen jetzt besser, wenn wir die anderen nicht warten lassen wollen.«

Letzte Nachzügler verließen immer noch den Gemeinschaftsraum und gingen die Treppe hinauf. Am oberen Ende der Treppe wartete eine kleine Gruppe, bestehend aus den Goldsmiths, Bertrand, Christine, Welch, Beesley und den anderen Dozenten des Historischen Instituts.

»Wir können ebensogut als erste gehen, Sir«, sagte Bertrand.

Sie gingen in den Saal, der beängstigend voll war. Die

erste Reihe der Galerie war lückenlos mit Studenten besetzt. Allerlei Gesprächsfetzen flogen laut hin und her.

»Na, dann zeig's ihnen mal, Jim«, sagte Carol.

»Alles Gute, alter Junge«, sagte Cecil.

»Viel Glück, Jim«, sagte Beesley. Alle begaben sich zu ihren Sitzplätzen.

»Dann also los, Jungchen«, sagte Gore-Urquhart mit gedämpfter Stimme. »Machen Sie sich keine Sorgen; zum Teufel mit dem ganzen Kram.« Er drückte Dixons Arm und zog sich zurück.

Als er Welch auf die Bühne folgte, hörte Dixon hinter sich das Füßeschlurfen der Leute, die ihre Plätze aufsuchten. Der Direktor und der fettere der beiden Ratsherren waren schon da. Dixon merkte, daß er sich ziemlich betrunken fühlte.

22

Welch stieß sein einleitendes, dem Bellen seines Sohnes verwandtes Dröhnen aus, mit dem er zu Beginn seiner Vorlesungen immer für Stille sorgte. Dixon hatte gehört, wie Studenten es nachahmten. Nach und nach trat Stille ein. »Wir sind heute abend hier«, informierte Welch das Publikum, »um einen Vortrag zu hören.«

Während er sprach, pendelte sein Körper hin und her, dessen obere Hälfte von der Leselampe über dem Rednerpult beleuchtet wurde. Um nicht hören zu müssen, was gesagt wurde, sah Dixon sich verstohlen im Saal um. Dieser war auf jeden Fall sehr gut gefüllt; einige der hinteren Reihen waren schwächer besetzt, aber alle vorderen Reihen waren proppenvoll, hauptsächlich mit Mitgliedern des Lehrkörpers und deren Familien sowie mit Ortsansässigen von unterschiedlichen Wichtigkeitsgraden. Die Galerie war, soweit Dixon das erkennen konnte, ebenfalls voll besetzt; an der rückwärtigen Wand standen einige Leute. Als sein Blick auf die nähergelegenen Sitzplätze fiel, erkannte Dixon den dünneren der beiden Ratsherren, den ortsansässigen Komponisten und den eleganten Geistlichen. Der adlige Arzt war vermutlich nur zum Sherry gekommen. Ehe er sich weiter umsehen konnte, gab sich Dixons vages, wiederkehrendes Übelkeitsgefühl als Ohnmachtsanwandlung zu erkennen. Eine Hitzewelle breitete sich von seinem unteren Rücken her aus und schien sich dann auf seiner Kopfhaut niederlassen zu wollen. Fast hätte er unwillkürlich aufgestöhnt, aber er zwang sich dazu, sich gut zu fühlen. Es ist nur die Nervosität, redete er sich zu. Und natürlich das Trinken.

Als Welch »...Mr. Dixon« sagte und sich hinsetzte, stand Dixon auf. Seine Knie fingen heftig an zu zittern, wie auf einer Karikatur von Lampenfieber. Donnernder Applaus setzte ein – offenbar hauptsächlich auf der Galerie. Dixon hörte schwer beschuhte Füße trampeln. Nicht ohne Schwierigkeiten nahm er seine Position am Rednerpult ein, ließ die Augen über den ersten Satz schweifen und hob den Kopf. Der Applaus klang etwas ab, gerade genug, um vereinzelte Lacher hörbar werden zu lassen, dann schwoll er erneut an und war bald lauter als zuvor, vor allem hinsichtlich des Füßetrampelns: Der auf der Galerie sitzende Teil des Publikums hatte einen ersten klaren Blick auf Dixons Veilchen erhascht.

Verschiedene Köpfe in der ersten Reihe drehten sich um, und der Direktor starrte verärgert in Richtung der Störung. In seinem allgemeinen Unbehagen produzierte Dixon – der nachher nie verstand, was ihn dazu bewogen hatte – eine exzellente Imitation von Welchs einleitendem Dröhnen. Der Tumult wurde lauter und überstieg den Punkt, an dem er noch als legitimer Applaus durchgehen konnte. Langsam erhob sich der Direktor. Der Tumult legte sich, wenn es auch nicht völlig still wurde. Nach einer Pause nickte der Direktor Dixon zu und nahm wieder Platz.

Das Blut rauschte in Dixons Ohren, als ob er gleich niesen müßte. Wie konnte er bloß vor all diesen Menschen stehen und zu sprechen versuchen? Welche weiteren Tierlaute würden aus seiner Kehle aufsteigen, wenn er es tun würde? Er glättete die Kanten seines Manuskripts und fing an.

Nachdem er ungefähr ein halbes Dutzend Sätze gesprochen hatte, merkte Dixon, das irgend etwas immer noch nicht stimmte: Das Gemurmel auf der Galerie war wieder etwas lauter geworden. Dann dämmerte ihm, was falsch war: Er hatte Welchs Diktion angenommen. In dem Bemühen, sein Manuskript spontan klingen zu lassen, hatte er hier ein »natürlich«, dort ein »nicht wahr« eingeflochten, an anderer Stelle ein »wie man sagen könnte«. Nichts erinnerte so sehr an Welch wie solche Sachen. Außerdem hatte er in dem teilweise unbewußten Versuch, das Ganze richtig – d. h. für Welch annehmbar – klingen zu lassen, eine Anzahl von Welchs Lieblingsfloskeln in den Text eingebaut: »Integration des sozialen Bewußtseins«, »Identifikation von Arbeit mit Handwerk« und so weiter. Und nun, da diese Erkenntnis in seinem angestrengt arbeitenden Gehirn aufgeblitzt war, begann er bei einzelnen Formulierungen zu stolpern und zu zögern und Wörter zu wiederholen. Einmal verlor er sogar den Anschluß, so daß eine Pause von vollen zehn Sekunden eintrat. Das anschwellende Gemurmel auf der Galerie bewies, daß man solche Effekte dort sehr wohl zu schätzen wußte. Schwitzend und errötend kämpfte er sich ein Stück weiter voran. Er hörte, wie Welchs Intonation seine Stimme fest umklammert hielt, und war doch außerstande, sie abzuschütteln. Ein Gefühl der Betrunkenheit breitete sich plötzlich in seinem Kopf aus und setzte ihn über das Eintreffen der Vorhut von Gore-Urquharts Whisky in Kenntnis (oder war es nur der letzte Sherry?). Und wie heiß es war. Er hörte zu sprechen auf, bereitete seinen Mund auf einen

Tonfall vor, der demjenigen Welchs hoffentlich so unähnlich wie möglich war und setzte erneut an. Vorerst schien alles so zu sein, wie es sein sollte.

Er begann, während des Sprechens die ersten Reihen zu überblicken. Er sah Gore-Urquhart, der neben Bertrand saß, welcher wiederum neben seiner Mutter saß. Christine saß auf der entgegengesetzten Seite ihres Onkels, neben ihr Carol, dann Cecil, dann Beesley. Margaret saß auf der anderen Seite neben Mrs. Welch, aber ihre Brillengläser reflektierten das Licht, so daß er nicht erkennen konnte, ob sie ihn anschaute. Er bemerkte, daß Christine Carol etwas zuflüsterte und ein wenig aufgeregt wirkte. Um sich davon nicht irritieren zu lassen, richtete er seinen Blick auf die mittleren Reihen und versuchte, Bill Atkinson auszumachen. Ja, dort saß er, am Mittelgang in einer der mittleren Parkettreihen. Atkinson hatte nicht nur darauf bestanden, zu dem Vortrag zu kommen, sondern auch seine Absicht verkündet, eine Ohnmacht vorzutäuschen, falls Dixon den Eindruck haben sollte, daß die Dinge ihm entglitten und er sich an beiden Ohren gleichzeitig kratzte. »Ich werde ganz ausgezeichnet in Ohnmacht fallen«, hatte Atkinson auf seine barsche Art gesagt. »Ich werde die Leute auf jeden Fall erstklassig ablenken. Machen Sie sich keine Sorgen.« Als Dixon sich jetzt daran erinnerte, mußte er gegen ein aufsteigendes Lachen ankämpfen. Im selben Augenblick zog eine Störung vor der Bühne seine Aufmerksamkeit auf sich: Christine und Carol schoben sich mit der klaren Absicht, den Saal zu verlassen, an Cecil und Beesley vorbei. Bertrand beugte sich vor und flüsterte ihnen deutlich hörbar etwas zu. Gore-Urquhart hatte sich halb erhoben und wirkte besorgt. Dixon hörte erneut auf, zu sprechen; dann, als die beiden Frauen den Mittelgang erreicht hatten und auf die Tür zugingen, fuhr er in seinem Vortrag fort – aber er hätte damit besser noch gewartet, denn sein undeutliches, stockendes Gemurmel ließ auf erhebliche Betrunkenheit schließen. Als er nervös von einem Bein aufs andere trat, stolperte er halb über den Fuß des Rednerpults und schwankte bedenklich nach vorn. Wieder erhob sich auf der Galerie Stimmengesumm. Dixon erhaschte einen Blick auf den dünneren Ratsherrn und hatte den Eindruck, daß dieser seiner Frau einen mißbilligenden Blick zuwarf. Er hörte zu sprechen auf.

Kaum hatte er seine Fassung zurückgewonnen, da stellte er fest, daß er schon wieder den Anschluß verloren hatte. Er biß sich auf die Lippen und nahm sich fest vor, nicht noch einmal von der Spur abzukommen. Dann räusperte er sich, fand seinen Anschluß wieder und fuhr mit abgehackter Stimme zu sprechen fort, wobei er alle Konsonanten betonte und seine Stimme kaum an den Satzenden senkte. Zumindest, dachte er, war nun jedes Wort zu verstehen. Als er fortfuhr, dämmerte ihm zum zweiten Mal, daß etwas ganz und gar nicht stimmte. Das war, kurz bevor ihm klar wurde, daß er nun den Direktor imitierte.

Er blickte hoch: Auf der Galerie war anscheinend einiges los; etwas Schweres polterte dort zu Boden. Maconochie, der bislang neben dem Eingang gestanden hatte, setzte sich in Bewegung – wahrscheinlich um hochzugehen und die Ordnung wiederherzustellen. Unten im Saal wurden jetzt Stimmen laut; der elegante Geistliche grollte etwas mit gedämpfter Stimme; Dixon sah, wie Beesley sich in seinem Sitz wand. »Was ist los mit Ihnen, Dixon?« zischte Welch.

»Tut mir leid, Sir... bißchen nervös... gleich alles in Ordnung...«

Es war ein schwüler Abend, und Dixon war unerträglich heiß. Mit zitternder Hand schenkte er sich ein Glas Wasser aus der vor ihm stehenden Karaffe ein und trank hektisch. Ein lauter, aber undeutlicher Zwischenruf kam von der Galerie. Dixon hatte das Gefühl, jeden Moment in Tränen ausbrechen zu müssen. Sollte er eine Ohnmacht vortäuschen? Leicht genug wäre es. Nein, alle würden annehmen, daß er betrunken sei. Er unternahm eine letzte Anstrengung, sich zusammenzureißen, und setzte nach einer jetzt fast halbminütigen Pause erneut an, aber nicht in seiner üblichen Tonlage. Er schien vergessen zu haben, wie man normal sprach. Diesmal hatte er einen übertrieben nordenglischen Akzent gewählt, von dem er annahm, daß er am wenigsten beleidigend wirkte oder jemandes Stimme ähnelte. Nach der ersten Gelächtersalve von der Galerie beruhigte sich die Lage wieder (vielleicht unter Maconochies Einfluß), und für einige Minuten ging alles reibungslos vonstatten. Er näherte sich jetzt der Mitte seiner Rede.

Während er las, geriet allmählich zum dritten Mal etwas aus dem Lot, aber anders als zuvor hatte es diesmal nichts mit dem, was er sagte oder wie er es sagte, zu tun. Diesmal hatte es etwas mit dem zu tun, was im Innern seines Kopfes vor sich ging. Ein Gefühl nicht so sehr der Betrunkenheit als enormer Deprimiertheit und Erschöpfung nahm dort fast greifbare Gestalt an. Während er einen Satz sprach, war ihm, als packe die Traurigkeit beim Gedanken an Christine seine Zunge an der Wurzel und verdamme ihn zu elegischer Stille. Während er einen weiteren Satz sprach, versuchten sich zornige Entsetzensschreie einen Weg zu seinem Kehlkopf zu bahnen und öffentlich kundzutun, was er von der Situation mit Margaret hielt.

Während er den nächsten Satz sprach, drohten Angst und Zorn seinen Mund, seine Zunge und seine Lippen in die passende Position für eine hysterische Verunglimpfung Bertrands, Mrs. Welchs, des Direktors, des Verwaltungsleiters, des College-Rates und des Colleges zu zerren. Er verlor allmählich das Gefühl dafür, daß ihm ein Publikum gegenübersaß; die einzige Zuschauerin, die ihm wichtig gewesen war, hatte den Saal verlassen und würde aller Wahrscheinlichkeit nach nicht mehr zurückkehren. Nun denn, wenn dies sein letzter öffentlicher Auftritt sein sollte, dann würde er dafür sorgen, daß ihn so schnell keiner vergäße. Er würde einigen Anwesenden, wie wenige es auch sein mochten, etwas Gutes tun, so wenig es auch sein mochte. Keine weiteren Imitationen, die flößten ihm zuviel Furcht ein, aber er konnte – natürlich auf sehr subtile Weise – durch seine Intonation andeuten, was er von seinem Thema und dem Wert seiner Aussagen hielt.

Allmählich – aber nicht so allmählich, wie einige Teile seines Gehirns annahmen – verlieh er seiner Stimme eine sarkastische, verletzende Bitterkeit. Niemand außerhalb einer Klapsmühle, so versuchte er anzudeuten, könne auch nur einen einzigen Satz dieses spekulativen, belanglosen, illusionären, langweiligen Unsinns ernst nehmen. Binnen ziemlich kurzer Zeit schaffte er es, wie ein besonders fanatischer Nazisoldat zu klingen, der eine Bücherverbrennung überwacht und dem Pöbel Ausschnitte aus einem Pamphlet vorliest, das ein pazifistischer, jüdischer, gebildeter Kommunist geschrieben hat. Ein teils amüsiertes, teils entrüstetes Gemurmel erhob sich um ihn herum, aber er ignorierte es und fuhr zu lesen fort. Fast ohne es zu wissen, nahm er einen unbestimmbaren ausländischen Akzent an und las mit schwirrendem Kopf immer schneller. Wie im Traum hörte er, daß Welch neben ihm erst unruhig wurde, dann flüsterte, dann redete. Er fing an, seine Abhandlung mit erstickten, höhnischen Schnaubern zu akzentuieren. Er las weiter, stieß die Silben wie Flüche hervor, ließ falsche Betonungen, Auslassungen, komische Versprecher unkorrigiert im Raum stehen, wirbelte die Seiten seines Manuskripts herum wie ein Partiturenleser, der einem Satz in *presto* folgt, schraubte seine Stimme höher und höher. Schließlich sah er sich dem letzten Absatz gegenüber, hielt inne und blickte sein Publikum an.

Die Lokalmatadoren zu seinen Füßen glotzten ihn in starrem Erstaunen und stummem Protest an. Aus der Gruppe seiner Kollegen starrten ihn die älteren mit ähnlichem Ausdruck an, die jüngeren sahen überhaupt nicht hoch. Der einzige Mensch im gesamten Saal, der überhaupt Geräusche von sich gab, war Gore-Urquhart, und die Geräusche, die er produzierte, ergaben ein lautes, dudelsackartiges Gelächter. Rufe, Pfiffe und Applaus kamen von der Galerie. Dixon hob um Ruhe bittend seine Hand, aber der Lärm ließ nicht nach. Es war zuviel – er fühlte sich schon wieder einer Ohnmacht nahe und legte die Hände auf seine Ohren. Durch all den Lärm drang ein noch lauterer Lärm, etwas zwischen einem Stöhnen und einem Brüllen. In der Mitte des Saales brach Bill Atkinson – nicht fähig oder nicht willens, auf diese Entfernung zwischen dem Kratzen und dem Bedecken der Ohren zu unterscheiden – im Mittelgang der Länge nach zusammen. Der Direktor sprang auf, öffnete und schloß den Mund, doch ohne jede beruhigende Wirkung. Er beugte sich zur Seite und besprach sich eindringlich mit dem Ratsherrn neben ihm. Die Leute in der Nähe Atkinsons versuchten vergebens, ihn hochzuheben. Welch rief Dixons Namen. Zwanzig oder dreißig Studenten strömten herein und umringten den am Boden liegenden Atkinson. Sie riefen einander Richtungsanweisungen und Ratschläge zu, hoben ihn hoch und trugen ihn zur Tür hinaus. Dixon stellte sich vor das Rednerpult, und der Tumult legte sich. »Das reicht, Dixon«, sagte der Direktor laut und gab Welch ein Zeichen, aber es war zu spät.

»Worin besteht letztlich die praktische Nutzanwendung all dessen?« fragte Dixon mit seiner normalen Stimme. Er fühlte sich von einem Schwindelgefühl erfaßt und hörte sich sprechen, ohne auch nur ein einziges Wort bewußt zu formen. »Hören Sie mir zu, und ich werde es Ihnen sagen. Das Entscheidende an ›Merry England‹ ist, daß es so ziemlich die unfröhlichste Periode unserer Geschichte war. Nur Menschen, die ihr Geschirr selbst töpfern, die organisch wirtschaften, Blockflöte spielen und Esperanto ...« Er machte eine Pause und schwankte; die Hitze, die Drinks, die Nervosität, die Schuldgefühle forderten nun endlich vereint ihren Tribut. Sein Kopf schien gleichzeitig anzuschwellen und leichter zu werden; sein Körper fühlte sich an, als würde er zu den ihn konstituierenden Körnchen zermahlen; seine Ohren brausten und sein Sehvermögen wurde oben, unten, links und rechts durch eine rauchig-schmierige Finsternis beeinträchtigt. Stühle scharrten neben ihm; eine Hand packte seine Schulter und brachte ihn zum Stolpern. Mit Welchs Arm um die Schultern sank er auf die Knie und hörte mit halbem Ohr, wie die Stimme des Direktors den Tumult übertönte: »... durch eine plötzliche Unpäßlichkeit von der Beendigung seines Vortrages abgehalten. Ich bin sicher, Sie alle haben ...«

Jetzt ist es getan, konnte er gerade noch denken. Und sogar, ohne ihnen zu sagen ... Er sog Luft in die Lungen: Wenn er sie wieder ausstoßen konnte, wäre alles in Ordnung. Aber er konnte es nicht, und alles verblaßte zu einem gewaltigen Brüllen wortloser Stimmen.

23

»Mehr war es also nicht«, sagte Beesley am nächsten Morgen. »Völlig nachvollziehbar. Aber es war sein Whisky, der Ihnen so richtig den Rest gegeben hat, oder?«

»Ja, ich denke schon. Ohne den Whisky wäre ich klargekommen. Aber das kann ich Welch wohl kaum erzählen.«

»Nein, Jim, natürlich nicht. Aber Sie können die Nervosität und die Hitze und all das anführen. Immerhin sind Sie ohnmächtig geworden.«

»Die werden mir trotzdem niemals verzeihen, daß ich einen öffentlichen Vortragsabend ruiniert habe. Und Nervosität würde mich auch nicht dazu bringen, Neddy und den Direktor zu imitieren.«

Sie gingen durch das College-Tor. Drei Studenten, die dort herumtrödelten, verfielen in Schweigen, als Dixon vorüberging, und stießen sich gegenseitig an. Beesley sagte: »Ich weiß nicht. Sie könnten es immerhin versuchen. Sie haben nichts zu verlieren.«

»Stimmt schon, Alfred. Ach, egal. Ich bin sowieso geliefert. Da ist ja auch noch die Sache mit Christine. Welch wird inzwischen im Bilde sein.«

»Sie dürfen nicht alles so schwarz sehen. Ich glaube nicht, daß Welch überhaupt zur Kenntnis nimmt, was ihm Bertram, oder wie auch immer sein dämlicher Name lauten mag, erzählt. Was Sie mit der Freundin seines Sohnes anstellen, hat schließlich nichts mit ihm zu tun.«

»Ja, aber es geht dabei auch um Margaret. Bestimmt sieht es für ihn so aus, als ob ich sie im Stich gelassen hätte. Was ich natürlich getan habe, ganz egal, von welcher Seite man die Sache betrachtet.«

Beesley schaute ihn an, ohne zu antworten. Dann, als sie auf den Gemeinschaftsraum zugingen, sagte er: »Lassen Sie sich davon nicht runterziehen, Jim. Wir sehen uns zum Kaffee?«

»Ja«, sagte Dixon geistesabwesend. Ihm drehte sich der Magen um, als er Welchs Handschrift auf einer Nachricht in seinem Postfach erkannte. Während er las, ging er nach draußen und die Treppe hinauf. Welch fühlte sich verpflichtet, ihn inoffiziell wissen zu lassen, daß er sich beim Treffen des College-Rates in der kommenden Woche außerstande sehen werde, Dixons Verbleiben im Lehrkörper zu empfehlen. Er legte Dixon – ebenfalls inoffiziell – nahe, all seine Angelegenheiten im Ort zu regeln und sobald als möglich die Gegend zu verlassen. Er werde entsprechend seiner Möglichkeiten die erforderlichen Zeugnisse für eventuelle Bewerbungen Dixons auf eine neue Stelle beisteuern, vorausgesetzt, diese liege außerhalb der Stadt. Er selbst bedaure, daß Dixon gehen müsse, denn ihm habe die gemeinsame Arbeit Spaß gemacht. Es gab ein Postskriptum, in dem er Dixon mitteilte, er müsse sich keine Sorgen »über die Sache mit der Bettwäsche« machen; was ihn betreffe, so betrachte er »die Angelegenheit als abgeschlossen«. Das war immerhin anständig von ihm. Dixon verspürte leichte Gewissensbisse, daß er Welch mit dem Vortrag enttäuscht hatte, und weniger leichte, weil er so viel Zeit und Energie darauf verwandt hatte, ihn zu hassen.

Er ging in das Büro, das er sich mit Cecil Goldsmith teilte, und stellte sich ans Fenster. Die Schwüle der letzten Tage war ohne Gewitter abgeklungen, und der Himmel versprach für die nächsten Stunden nichts als Sonnenschein. Am Physiklabor wurde umgebaut: Ein Lastwagen war bis an die Mauer gefahren, Backsteine und Zement wurden abgeladen, ein Hämmern war zu hören. Es war ein leichtes für ihn, eine Stelle als Lehrer bekommen: Sein früherer Schuldirektor hatte ihm gesagt, daß die Stelle eines leitenden Geschichtslehrers an seiner alten Schule bis zum September vakant sei. Er mußte ihm nur schreiben und sagen, daß er nicht für die akademische Lehre geschaffen sei. Aber heute würde er ihm nicht schreiben; heute nicht.

Was würde er heute tun? Er schlenderte vom Fenster zu Goldsmiths Tisch und griff nach einem dicken, kostspieligen Magazin: die Zeitschrift irgendeiner italienischen Gesellschaft für Geschichte. Etwas auf dem Titelblatt erregte seine Aufmerksamkeit, und er schlug die entsprechende Seite auf. Er konnte zwar kein Italienisch, aber der Name über dem Artikel, L. S. Caton, bereitete ihm keinerlei Schwierigkeiten. Dasselbe galt für die allgemeine Zielrichtung des Textes, der sich mit Techniken des Schiffsbaus im Westeuropa des ausgehenden fünfzehnten Jahrhunderts und ihrem Einfluß auf dieses und jenes befaßte. Es konnte kein Zweifel daran bestehen, daß dieser Artikel entweder eine kaum kaschierte Paraphrase oder eine Übersetzung seines eigenen Artikels war. Da ihm keine passende Grimasse dazu einfiel, holte er tief Luft, um zu fluchen. Statt dessen gackerte er hysterisch los. So also kamen die Leute zu Lehrstühlen, ja? Jedenfalls zu Lehrstühlen dieser Art. Sei's drum, das konnte ihm jetzt auch egal sein. Aber was für ein gerissener alter... Das erinnerte ihn an etwas. Zu den Dingen, die er heute erledigen mußte, zählte auch ein Besuch bei Johns, inklusive einer Schimpftirade oder vielleicht sogar einer Tracht Prügel für dessen jüngsten Verrat. Er ging hinaus und die Treppe hinab.

Es war einfach gewesen, das Verbrechen zu rekonstruieren: Nachdem er Rücksprache mit Beesley und Atkinson gehalten hatte, war Dixon zu dem Schluß gekommen, daß Johns die beiden belauscht hatte, als sie sich über seine Verabredung mit Christine unterhielten. Daraufhin hatte er offenbar die erste sich bietende Gelegenheit ergriffen, seine Freundin und Gönnerin ins Bild zu setzen. So hätte es sein können, so mußte es folglich sein. Ohnehin hatte Bertrand ziemlich klar zu verstehen gegeben, daß Johns der Informant sei, wie auch immer er zu seinen Kenntnissen gelangt war. Als wär's ein Neonschild, flammte Haß in ihm auf, als er an Johns' Bürotür klopfte und eintrat.

Niemand war da. Dixon ging zum Schreibtisch, auf dem allerlei Versicherungspolicen herumlagen. Er überlegte einen Moment: Hatte er etwas getan, womit er Johns' doppelten Verrat verdient hätte? Die Verschönerungen im Gesicht des Komponisten auf Johns' Zeitschrift? Ein harmloser Scherz. Der Brief von Joe Higgins? Ein leicht zu durchschauender Schabernack. Dixon nickte sich bestätigend zu, schnappte eine Handvoll Versicherungspolicen, stopfte sie in die Tasche und ging hinaus.

Einige Augenblicke später schlich er vorsichtig in den Heizungskeller. Niemand schien dort zu sein. Kohlenstaub knackte unter seinen Füßen, als er nach einem Heizkessel Ausschau hielt, der in Betrieb war. Zumindest einer mußte das Wasser für die Toilettenräume erhitzen. Da war er schon und qualmte eifrig vor sich hin. Dixon hob ein Instrument auf, das auf dem Boden vor dem Kessel lag, und schob dessen Deckel zur Seite. Die Policen verbrannten rasch und rückstandslos; niemand würde je eine Spur von ihnen finden. Er legte den Deckel zurück und lief die Treppe hoch. Keiner sah ihn aus dem Keller kommen.

Was sollte er jetzt tun? Ihm wurde klar, daß er völlig ziellos ins College gegangen war, hauptsächlich, um noch eine Weile in Beesleys Gesellschaft zu bleiben. Aber nachdem sie ihn vor die Tür gesetzt hatten, wollte er nicht bis zum Kaffee warten, zumal die Gefahr bestand, daß er Welch oder dem Direktor über den Weg lief. Eigentlich gab es keinen Grund, weshalb er je wieder herkommen sollte, es sei denn, um seine persönlichen Sachen abzuholen. Richtig, das war die nächste Aufgabe, und da er sowieso nur einige Nachschlagewerke und ein paar Vorlesungsnotizen im College aufbewahrte, konnte er sie im Handumdrehen erledigen. Er ging zurück in sein Büro und begann, seine wenigen Habseligkeiten zusammenzupacken. Wenn er demnächst zu Hause arbeiten würde, so überlegte er, sähe er Margaret zwar seltener, aber nicht selten genug, da sein Heimatort und ihrer nur fünfzehn Meilen voneinander entfernt lagen. Die Erfahrung hatte ihn bereits gelehrt, daß Margaret es annehmbar – oder jedenfalls nicht ausreichend unannehmbar – fand, diese Strecke während der Ferien mindestens einmal wöchentlich zurückzulegen, um einen gemeinsamen Abend mit ihm zu verbringen. Und drei Monate Ferien standen unmittelbar bevor.

Als er das College verlassen wollte, näherte sich ihm ein Mann, der ihm entfernt bekannt vorkam, ohne daß er ihn wirklich erkannt hätte. Der Mann sagte: »Das war ein sehr guter Vortrag, den Sie gestern abend gehalten haben.«

»Michie«, sagte Dixon. »Sie haben sich den Schnurrbart abrasiert.«

»Richtig. Eileen O'Shaugnessy meinte, daß sie ihn nicht mehr sehen könne, also habe ich ihm heute morgen Lebewohl gesagt.«

»Ein guter Ratschlag, Michie. Und eine deutliche Verbesserung.«

»Danke. Ich hoffe, daß Sie sich von Ihrem Schwächeanfall, oder was es war, wieder vollständig erholt haben.«

»O ja, danke. Keine bleibenden Verletzungen.«

»Gut. Uns allen hat Ihr Vortrag sehr gefallen.«

»Es freut mich, das zu hören.«

»Hat eingeschlagen wie eine Bombe.«

»Ich weiß.«

»Schade, daß Sie es nicht geschafft haben, ihn zu Ende zu bringen.«

»Ja.«

»Trotzdem hat sich der Hauptgedanke mitgeteilt.« Michie legte eine Pause ein, während eine Gruppe Fremder – verirrte Besucher der Offenen Woche des Colleges – vorüberging. Er fuhr fort: »Nun ja ... ich hoffe, es macht Ihnen nichts aus, wenn ich Sie das frage ... aber einige von uns haben sich gefragt, ob Sie nicht ein wenig ... Sie wissen schon ...«

»Betrunken waren? Ja, ich denke, das war ich.«

»Hat Ärger gegeben deshalb, nehme ich an? Oder war noch keine Zeit dazu?«

»O doch, es war genügend Zeit.«

»Schlimmen Ärger?«

»Wie es so ist in diesen Dingen. Man hat mich rausgeworfen.«

»Was?« Michie wirkte teilnahmsvoll, aber weder überrascht noch entrüstet. »Das ist aber schnell gegangen. Es tut mir wirklich leid. Nur wegen des Vortrages?«

»Nein. Es gab vorher schon ein paar kleinere Schwierigkeiten mit dem Institut. Aber das wissen Sie vermutlich.«

Michie schwieg einen Moment lang. Dann sagte er: »Einige von uns werden Sie vermissen.«

»Das freut mich. Ich werde einige von Ihnen vermissen.«

»Da ich morgen nach Hause fahre, sage ich Ihnen jetzt schon Lebewohl. Ich habe doch bestanden? Jetzt können Sie es mir ja sagen. Sonst erfahre ich es erst nächste Woche.«

»Aber ja, Ihre ganze Gruppe hat bestanden. Drew ist allerdings durchgefallen. Sind Sie mit ihm befreundet?«

»Nein, Gottseidank. Sehr befriedigend. Nun denn, auf Wiedersehen. Dann werde ich im nächsten Jahr wohl Neddys Sonderthema belegen müssen.«

»Sieht ganz so aus.« Dixon klemmte seine Effekten unter den linken Arm und schüttelte ihm die Hand. »Dann also alles Gute.«

»Ihnen auch.«

Dixon ging zur College Road hinab und vergaß, einen letzten Blick auf das College zu werfen – als es ihm einfiel, war es schon zu spät dazu. Er fühlte sich fast sorgenfrei, was ihm in Anbetracht der Umstände ziemlich beeindruckend erscheinen wollte. Nachmittags würde er nach Hause fahren – er wäre sowieso in ein paar Tagen gefahren –, und nächste Woche würde er dann wiederkommen, um seine letzten verbliebenen Sachen mitzunehmen und sich mit Margaret zu treffen. Sich mit Margaret treffen. »Ooooeeeyaaa«, rief er halblaut, als er daran dachte, »Waaaeeeoooghgh.« Weil ihr Heimatort so nah bei seinem lag, kam es ihm vor, als würde er gar nicht weggehen, sondern nur kurz zur Seite ausweichen. Das war eigentlich das Schlimmste an der ganzen Sache.

Ihm fiel ein, daß er heute mit Catchpole zum Mittagessen verabredet war. Was konnte der Bursche wollen? Es hatte keinen Sinn, sich darüber den Kopf zu zerbrechen. Wichtiger war die Frage, wie er die Zeit bis dahin totschlagen konnte. Zurück in seiner Pension, machte er sich ein Augenbad. Das Veilchen begann ein wenig zu verblassen, doch die neue Farbe versprach genauso entstellend zu werden wie das ursprüngliche Blau, allerdings deutlich weniger gesund. Eine Konversation mit Miss Cutler über Mahlzeiten und Wäsche schloß sich an. Dann rasierte er sich und nahm ein Bad. Während er noch in der Wanne lag, hörte er das Telefon klingeln. Kurz darauf klopfte Miss Cutler an die Tür.

»Sind Sie da drin, Mr. Dixon?«

»Ja. Was gibt es, Miss Cutler?«

»Ein Herr ist für Sie am Telefon.«

»Wer ist es?«

»Ich habe den Namen leider nicht verstanden.«

»Heißt er Catchpole?«

»Wie bitte? Nein, ich glaube nicht. Der Name war irgendwie länger.«

»Gut, Miss Cutler. Würden Sie ihn nach seiner Nummer fragen und sagen, daß ich in etwa zehn Minuten zurückrufe?«

»Wird gemacht, Mr. Dixon.«

Dixon trocknete sich ab und überlegte, wer das sein könne. Bertrand mit weiteren Drohungen? Er hoffte es. Johns, der das Schicksal seiner Versicherungspolicen intuitiv erfaßt hatte? Ausgeschlossen war das nicht. Der Direktor, der ihn zu einem außerordentlichen Treffen des College-Rates vorlud? Nein, nein, das war es nicht.

Während er sich anzog, dachte er, wie angenehm es doch sei, nichts zu tun zu haben. Es hatte durchaus Vorteile, kein Dozent mehr zu sein. Vor allem hatte es den Vorteil, daß man auch keine Vorlesungen mehr halten mußte. Um den Abbruch seiner Verbindungen zur akademischen Welt zum Ausdruck zu bringen, zog er einen alten Polo-Pullover an, dazu die Hose, die er sich an Welchs Autositz zerrissen hatte – Miss Cutler hatte sie fachmännisch geflickt. Neben dem Telefon lag eine Bleistiftnotiz in ihrer mädchenhaften Handschrift. Zwar war ihr der Name auch diesmal nicht begreiflich gewesen, doch hatte sie immerhin die Nummer verstanden. Ziemlich überrascht stellte Dixon fest, daß jemand aus einem wenige Meilen entfernten Dorf angerufen hatte, in der Richtung, die Welchs Haus entgegengesetzt lag. Soweit er wußte, kannte er dort niemanden. Eine Frauenstimme meldete sich.

»Hallo«, sagte er. Im stillen dachte er, daß er allmählich eine Doktorarbeit über die Nutzanwendung des Telefons im nichtberuflichen Leben schreiben könnte.

Die Frauenstimme nannte ihre Nummer.

»Gibt es bei Ihnen einen Mann?« fragte er leicht irritiert.

»Einen Mann? Wer bitte spricht da?« Die Stimme klang abweisend.

»Mein Name ist Dixon.«

»Ach ja, Mr. Dixon, natürlich. Einen Moment, bitte.«

Nach einer kurzen Pause sagte ein Mann, dessen Mund sich zu nah am Hörer befand: »Hallo. Sind Sie's, Dixon?«

»Ja, am Apparat. Wer spricht da?«

»Gore-Urquhart hier. Hat man Sie rausgeworfen?«

»Was?«

»Ich fragte: Hat man Sie rausgeworfen?«

»Ja.«

»Gut. Dann muß ich keinen Vertrauensbruch begehen,

um es Ihnen mitzuteilen. Wie sehen Ihre weiteren Pläne aus, Dixon?«

»Ich habe daran gedacht, Lehrer zu werden.«

»Haben Sie sich schon entschieden?«

»Nein, eigentlich nicht.«

»Gut. Ich habe eine Stelle für Sie. Fünfhundert im Jahr. Sie müssen sofort anfangen, am Montag. Sie müssen dazu in London leben. Akzeptieren Sie?«

Dixon stellte fest, daß er nicht nur atmen, sondern sogar sprechen konnte. »Was ist das für eine Stelle?«

»Es geht um Privatsekretärsarbeiten. Viel Briefwechsel ist nicht dabei, das meiste davon erledigt eine junge Frau. Es geht hauptsächlich darum, Leute zu treffen oder ihnen zu sagen, daß ich sie nicht treffen kann. Wir besprechen die Einzelheiten am Montagmorgen. Um zehn Uhr in meinem Haus in London. Schreiben Sie sich die Adresse auf.« Er nannte die Anschrift und fragte: »Alles in Ordnung soweit?«

»Ja, danke. Mir geht es gut. Ich habe mich hingelegt, nachdem ich ...«

»Ich habe mich nicht nach Ihrer Gesundheit erkundigt, Mann. Haben Sie alle Einzelheiten? Kommen Sie am Montag?«

»Ja, natürlich. Und vielen Dank, Mr. ...«

»Gut. Dann sehen wir uns also ...«

»Nur einen Moment, Mr. Gore-Urquhart. Soll ich mit Bertrand Welch zusammenarbeiten?«

»Was bringt Sie denn auf diese Idee?«

»Nichts. Ich habe bloß mitbekommen, daß er hinter einer Stelle bei Ihnen her war.«

»Das ist die Stelle, die Sie jetzt bekommen. Ich wußte gleich, als ich ihn zum ersten Mal sah, daß der junge Welch nichts taugt. Genau wie seine Bilder. Es ist sehr bedauerlich, daß er es geschafft hat, meine Nichte herumzukriegen, sehr bedauerlich. Hat leider keinen Zweck, ihr das zu sagen. Eigensinnig wie ein Maultier. Schlimmer als ihre Mutter. Wie dem auch sei, Dixon, ich denke, daß Sie diese Arbeit ordentlich machen werden. Nicht, daß Sie die nötigen Qualifikationen für diese oder irgendeine andere Arbeit hätten, aber es gibt viele, die diese Qualifikationen haben. Sie haben keine der üblichen Disqualifikationen, und das ist viel seltener. Noch irgendwelche Fragen?«

»Nein, das ist alles. Danke, ich...«

»Zehn Uhr am Montag.« Er legte auf.

Dixon erhob sich langsam von dem Bambustischchen. Mit welchem Geräusch konnte er seinem Anfall ehrfürchtiger Ausgelassenheit Ausdruck verleihen? Er holte tief Luft für ein Glücksknurren, doch ein einzelner hastiger Schlag der Uhr auf dem Kaminsims rief ihn in die Realität zurück. Es war halb eins, und er war mit Catchpole zu einem Gespräch über Margaret verabredet. Sollte er hingehen? Wenn er erst in London lebte, wäre das Margaret-Problem weniger wichtig – oder weniger drängend – als bisher. Seine Neugier siegte.

Als er das Haus verließ, ergötzte er sich an Gore-Urquharts Zusammenfassung der künstlerischen Meriten Bertrands. Er hatte gewußt, daß er sich in dieser Hinsicht nicht irren konnte. Sein Gang verlor jedoch an Beschwingtheit, als ihm klar wurde, daß Bertrand, so wenig er auch über Arbeit und Talent verfügen mochte, immer noch über Christine verfügte.

24

Catchpole war schon da, als Dixon ankam. Er stellte sich als großer, dünner Mann Anfang zwanzig heraus und sah aus wie ein Intellektueller, der als Bankangestellter durchzugehen versucht. Er holte Dixon einen Drink, entschuldigte sich dafür, ihm die Zeit zu stehlen, und sagte nach weiterem einleitenden Geplänkel: »Ich denke, es ist am besten, wenn ich Ihnen die Tatsachen auftische. Sind Sie einverstanden?«

»Ja, in Ordnung. Aber welche Garantie habe ich, daß Sie die Wahrheit sagen?«

»Keine, versteht sich. Außer daß Sie, wenn Sie Margaret kennen, nicht umhin kommen werden, die Plausibilität meiner Erläuterungen anzuerkennen. Würde es Ihnen übrigens etwas ausmachen, vorher mit ein paar Worten zu erläutern, was Sie neulich am Telefon über Margarets Gesundheitszustand gesagt haben?«

Dixon kam seiner Bitte nach und schaffte es, durchblicken zu lassen, wie es zwischen ihm und Margaret stand. Catchpole hörte mit schweigend auf den Tisch gerichtetem Blick zu, runzelte leicht die Stirn und spielte mit einigen abgebrannten Streichhölzern. Sein Haar war lang und unordentlich. Zum Schluß sagte er: »Vielen Dank. Das erklärt einiges. Ich erzähle Ihnen jetzt meinen Teil der Geschichte. Zunächst einmal waren Margaret und ich im

Gegensatz zu dem, was sie Ihnen erzählt hat, niemals ein Paar, weder im emotionalen noch im, sagen wir, technischen Sinn. Das ist neu für Sie, nicht wahr?«

»Ja«, sagte Dixon. Seltsamerweise fühlte er sich ein wenig verängstigt, fast, als ob Catchpole einen Streit mit ihm anfangen wollte.

»Das hatte ich schon vermutet. Ich habe sie bei einer politischen Veranstaltung kennengelernt. Als nächstes bin ich – fast ohne zu wissen, warum – mit ihr ausgegangen, ins Theater, zu Konzerten, das ganze Programm. Bald schon wurde mir klar, daß sie einer dieser Menschen ist – normalerweise sind es Frauen –, die emotionale Spannungen nähren. Wir fingen an, uns über Nichtigkeiten zu streiten, und das meine ich im Wortsinn. Ich war natürlich viel zu sehr auf der Hut, um eine sexuelle Beziehung mit ihr anzufangen, aber bald begann sie sich zu benehmen, als ob ich genau das getan hätte. Sie beschuldigte mich ständig, sie zu verletzen, zu ignorieren und zu versuchen, sie vor anderen Frauen zu demütigen. Haben Sie ähnliche Erfahrungen mit ihr gemacht?«

»Ja«, sagte Dixon. »Fahren Sie fort.«

»Wie ich sehe, haben Sie und ich mehr gemein, als wir zunächst dachten. Nach einem besonders sinnlosen Streit über eine Bemerkung, die ich gemacht hatte, als ich Margaret meiner Schwester vorstellte, hatte ich genug. Ich sagte ihr das, und es kam zu einer ungemein verstörenden Szene.« Catchpole strich sein Haar mit den Fingern zurück und setzte sich zurecht. »Ich hatte einen freien Nachmittag, und ich erinnere mich, daß wir einkaufen waren, als sie anfing, mich mitten auf der Straße anzuschreien. Es war wirklich grauenhaft. Ich hatte das Gefühl, die Situation keinen Augenblick länger ertragen zu können. Um sie zu beruhigen, erklärte ich mich schließlich bereit, sie am Abend gegen zehn Uhr zu besuchen. Als die Zeit gekommen war, konnte ich mich aber nicht aufraffen, hinzugehen. Einige Tage später, als ich von ihrem... Selbstmordversuch hörte, wurde mir klar, daß das genau an dem Abend passiert sein mußte, als ich sie besuchen sollte. Ich war ziemlich schockiert, als ich merkte, daß ich die Sache hätte verhindern können, wenn ich mich überwunden hätte, hinzugehen.«

»Warten Sie mal«, sagte Dixon mit trockenem Mund. »Sie hat mich ebenfalls gebeten, an diesem Abend bei ihr vorbeizukommen. Später hat sie mir erzählt, daß Sie gekommen seien und ihr gesagt hätten...«

Catchpole unterbrach ihn: »Sind Sie sich dessen völlig sicher? Sind Sie sicher, daß es dieser Abend war?«

»Ganz sicher. Ich erinnere mich klar und deutlich. Es ist sogar so, daß wir gerade die Schlaftabletten gekauft hatten, als sie mich bat, sie zu besuchen – diejenigen, die sie dann am Abend genommen haben muß. So habe ich es im Gedächtnis behalten. Nanu, was ist denn?«

»Sie hat Schlaftabletten gekauft, während sie mit Ihnen zusammen war?«

»Ja, genau.«

»Wann war das?«

»Daß sie die Tabletten gekauft hat? So um die Mittagszeit, denke ich. Warum?«

Catchpole sagte langsam: »Aber sie hat eine Flasche mit Pillen gekauft, als wir am Nachmittag zusammen waren.«

Sie sahen sich schweigend an. »Vermutlich hat sie ein Rezept gefälscht«, sagte Dixon schließlich.

»Wir sollten also beide dasein und sehen, wozu wir sie getrieben hatten«, sagte Catchpole bitter. »Ich wußte, daß sie neurotisch ist, aber daß sie so neurotisch ist, wußte ich nicht.«

»Sie hat Glück gehabt, daß der Bursche im Zimmer unter ihr hochging, um sich wegen des Radios zu beschweren.«

»Dieses Risiko wäre sie nicht eingegangen. Nein, all das bestätigt nur, was ich die ganze Zeit vermutet habe: Margaret hatte weder damals noch zu irgendeinem anderen Zeitpunkt die Absicht, Selbstmord zu begehen. Sie muß einige Pillen vor unserer erwarteten Ankunft genommen haben – natürlich nicht genug, um sich umzubringen –, und dann darauf gewartet haben, daß wir händeringend hereinstürzen, uns um sie kümmern und uns Vorwürfe machen. Ich denke, daran kann nicht der leiseste Zweifel bestehen. Sie war nie auch nur entfernt in Gefahr, zu sterben.«

»Aber dafür gibt es keine Beweise«, sagte Dixon. »Das vermuten Sie nur.«

»Meinen Sie nicht, daß ich recht habe? Bei allem, was Sie über sie wissen?«

»Ich weiß offen gestanden nicht, was ich denken soll.«

»Aber verstehen Sie denn nicht…? Erscheint Ihnen das alles nicht völlig logisch? Es ist die einzige Erklärung, die wirklich paßt. Versuchen Sie, sich zu erinnern: Hat sie angedeutet, wie viele Pillen sie genommen hat oder wie hoch die tödliche Dosis ist? Irgend etwas in dieser Art?«

»Nein, ich glaube nicht. Ich erinnere mich nur noch, daß sie sagte, sie habe die leere Flasche die ganze Zeit festgehalten, während sie…«

»Die leere Flasche! Es gab zwei Flaschen. Das reicht. Jetzt bin ich überzeugt. Ich hatte recht.«

»Ich hole uns noch etwas zu trinken«, sagte Dixon. Er

empfand das Bedürfnis, sich einen Moment lang von Catchpole entfernen zu müssen, aber während er an der Bar stand, stellte er fest, daß er nicht richtig nachdenken konnte. Alles, was er konnte, war, vergeblich zu versuchen, seine Gedanken zu ordnen. Er hatte sich noch nicht von der normalen, elementaren Überraschung erholt, daß ein Fremder einen Menschen, den er sehr gut kannte, ebenfalls sehr gut kannte. Die eine Intimität, so schien es ihm, sollte eigentlich alle anderen ausschließen. Und was Catchpoles Theorie betraf... er konnte nicht an sie glauben. Konnte er an sie glauben? Es schien nicht die Art von Theorie zu sein, die davon abhing, daß man sie glaubte.

Als Dixon mit den Getränken zurückkehrte, sagte Catchpole: »Ich hoffe nicht, daß Sie immer noch unschlüssig sind.« Er wackelte triumphierend auf seinem Stuhl hin und her. »Die leere Flasche! Aber es gab zwei Flaschen, und sie hat nur eine davon benutzt. Woher ich das weiß? Können Sie sich vorstellen, daß sie es versäumt hätte, Ihnen zu sagen, daß sie zwei benutzt hatte, wenn es zwei gewesen wären? Nein, sie hat vergessen, zu lügen. Sie dachte, es sei egal. Sie konnte nicht vorhersehen, daß ich mich mit Ihnen in Verbindung setzen würde. Ich kann es ihr nicht einmal verübeln: Selbst der beste Ränkeschmied kann nicht an alles denken. Sie wird sich natürlich vergewissert haben, daß sie mit der einen Flasche nicht wirklich in Gefahr war. Vielleicht hätten zwei Flaschen sie auch nicht umgebracht, aber sie wollte kein Risiko eingehen.« Er griff nach seinem Drink und kippte ihn zur Hälfte hinunter. »Ich bin Ihnen sehr dankbar, daß Sie hergekommen sind. Jetzt habe ich mich völlig von ihr befreit. Keine Sorgen mehr über ihren Zustand, Gottseidank. Das ist eine Menge wert.« Er sah Dixon unter seinen langen Haaren an, die ihm über die Augenbrauen fielen. »Und auch Sie haben sich jetzt hoffentlich von ihr befreit.«

»Sie haben niemals mit ihr über eine Heirat gesprochen, nicht wahr?«

»Nein, so dumm war ich nicht. Ich nehme an, daß sie Ihnen etwas anderes erzählt hat?«

»Ja. Und Sie sind damals auch nicht mit einem Mädchen nach Wales durchgebrannt?«

»Leider nein. Ich bin zwar nach Wales gegangen, aber für meine Firma. Die stattet ihre Repräsentanten nicht mit Mädchen zum Durchbrennen aus, so bedauerlich das ist.« Er leerte sein Glas und stand auf. Als er sprach, hatte seine Stimme einen besänftigenden Klang: »Ich hoffe, daß ich Ihren Verdacht gegen mich aus der Welt schaffen konnte. Ich bin sehr froh, Sie getroffen zu haben, und ich möchte Ihnen für das, was Sie getan haben, danken.« Er beugte sich zu Dixon herunter und senkte seine Stimme noch weiter: »Versuchen Sie nicht, ihr noch zu helfen; es ist zu gefährlich für Sie. Ich weiß, wovon ich spreche. Außerdem braucht sie wirklich keine Hilfe. Viel Glück für Sie. Auf Wiedersehen.«

Sie gaben einander die Hand, und Catchpole stürmte mit wehender Krawatte davon. Dixon trank sein Glas aus. Einige Minuten später verließ er das Lokal und schlenderte durch das mittägliche Gedränge zurück in seine Pension. Alle Tatsachen schienen zu passen, aber Margaret war zu fest in seinem Leben und in seinen Gefühlen verankert, als daß eine bloße Aufzählung von Tatsachen sie daraus hätte entfernen können. In Ermangelung eines anderen kathartischen Mittels als der soeben erfahrenen Tatsachen sah er voraus, daß er diese bald schon völlig unglaubwürdig finden würde.

Miss Cutler servierte ihren Gästen auf Wunsch um ein Uhr Mittagessen. Er wollte sich diesen Umstand zunutze machen und um kurz nach zwei einen Zug in seinen Heimatort nehmen. Als er das Eßzimmer betrat, saß dort Bill Atkinson und las die neue Ausgabe der von ihm abonnierten Ringkampf-Zeitschrift. Atkinson sah hoch und richtete, wie es manchmal geschah, das Wort an Dixon. »Hatte gerade Ihre Mieze an der Strippe«, sagte er.

»O Gott. Was wollte sie?«

»Sagen Sie nicht ›O Gott‹!« Er runzelte drohend die Stirn. »Ich meine nicht diejenige, die mir den Rest gibt, die, die immer ihren Schnuller ausspuckt. Ich meine die andere, von der Sie sagen, daß sie zu dem bärtigen Sportsmann gehört.«

»Christine?«

»Ja, Christine«, sagte Atkinson und brachte es fertig, den Namen wie ein Schimpfwort klingen zu lassen.

»Was wollte sie, Bill? Es könnte wichtig sein.«

Atkinson wandte sich der Titelseite seines Magazins zu, das zwei ineinander verschlungene Laokoons zeigte. Indem er »Einen Moment« sagte, brachte er zum Ausdruck, daß die Unterhaltung noch nicht beendet sei. Nachdem er ausgiebig eine von ihm verfaßte Randnotiz studiert hatte, ergänzte er barsch: »Ich habe nicht alles verstanden, aber die Hauptsache ist, daß ihr Zug um ein Uhr fünfzig fährt.«

»Was? Heute? Ich habe gehört, daß sie erst in einigen Tagen abfährt.«

»Ich kann nichts für das, was Sie gehört haben; ich sage Ihnen, was ich gehört habe. Sie meinte, sie habe Neuigkeiten für Sie, die sie am guten alten Telefon nicht erzählen könne, und falls Sie sie wiedersehen wollten, könnten Sie ihr um ein Uhr fünfzig am Zug auf Wiedersehen sagen. Es liege ganz bei Ihnen, hat sie gesagt. Sie schien ziemlich auf die Idee fixiert zu sein, daß es ganz bei Ihnen liegt, aber fragen Sie mich nicht, was sie damit meinte, denn sie hat es mir nicht verraten. Sie sagte, sie würde es ›verstehen‹, wenn Sie nicht kämen. Auch hier sollten Sie mich nicht um eine Übersetzung bitten.« Er fügte noch hinzu, daß der fragliche Zug nicht vom städtischen Hauptbahnhof abfuhr, sondern von einem kleineren Bahnhof in der Nähe von Welch. Einige Züge, die ihre Fahrt nicht in der Stadt begannen, machten auf ihrer Fahrt nach London dort Halt.

»Dann sollte ich mich lieber sputen«, sagte Dixon, der im Kopf bereits nachrechnete.

»Besser wär's. Ich sage der alten Schachtel, daß Sie kein Mittagessen wollen. Na los, laufen Sie zum Bus.« Atkinson vertiefte sich wieder in seine Zeitschrift.

Dixon rannte hinaus auf die Straße. Es kam ihm vor, als beeilte er sich schon sein ganzes Leben lang. Warum nahm sie nicht den Zug, der vom Hauptbahnhof abfuhr? Er wußte, daß es eine ausgezeichnete Verbindung um zwanzig nach drei gab. Welche Neuigkeit hatte sie für ihn? Auf jeden Fall hatte er einige für sie – zwei große, um genau zu sein. Bedeutete ihre unerwartete Abreise, daß sie wieder Krach mit Bertrand gehabt hatte? Zwischen zehn nach eins und Viertel nach eins hielt normalerweise ein Bus an der College Road. Das war jetzt. Der nächste würde ungefähr um fünf nach halb zwei kommen. Hoffnungslos. Er lief schneller. Nein, sie würde nicht einfach wegen eines Streits abfahren. Er wäre jede Wette eingegangen, daß sie nicht der Typ war, der auf diese Weise Rache für diese Art von Vorfall nahm. Ach zum Teufel, ihre Neuigkeit bestand vermutlich darin, daß »Onkel Julius« ihm eine Stelle anbieten würde. Sie hatte wohl nicht damit gerechnet, daß er es so schnell erführe. Aber hätte sie ihn gebeten, den ganzen Weg zurückzulegen, um ihm das zu sagen? Oder war alles nur eine Ausrede dafür, ihn wiederzusehen? Doch warum sollte sie das wollen?

Unvermittelt lief er auf die Straße, denn er hatte ein Taxi gesehen, das wenige Meter entfernt in einer Seitenstraße darauf wartete, sich in den Verkehrsstrom einzuordnen. Dixon drängte sich durch die fahrenden Autos und rief »Taxi, Taxi!« Genau das, was er jetzt brauchte. Binnen kurzem schaffte er es bis zum gegenüberliegenden Bürgersteig, aber da bog das Taxi bereits in die Hauptstraße ein und begann, sich mit zunehmender Geschwindigkeit von ihm zu entfernen. »Taxi, Taxi!« Er hatte den Wagen fast erreicht, als der Kopf einer Frau im Rückfenster auftauchte und ihn mißbilligend aus dem vermeintlich leeren Fahrgastabteil anstarrte. Es war die Frau des Direktors, auf deren Kopf ein barettartiger Hut thronte. Dieses Taxi war offenkundig kein Taxi, sondern das Privatauto des Direktors. Befand sich der Direktor ebenfalls darin? Dixon sprang durch eine offene Pforte in einen Vorgarten und kniete eine Zeitlang hinter einer Hecke nieder. War es wirklich so wichtig für ihn, Christine am Bahnhof zu treffen? Konnte er nicht später über »Onkel Julius« mit ihr in Kontakt treten? Hatte er immer noch den Zettel mit ihrer Telefonnummer?

Er fuhr herum, als jemand gegen eine Glasscheibe klopfte: Eine alte Dame und ein großer Papagei warfen ihm durch ein Fenster im Erdgeschoß wütende Blicke zu. Er verneigte sich tief. Dann fiel ihm sein Bus ein, und er rannte hinaus auf den Bürgersteig. In einigen hundert Metern Entfernung näherte sich langsam ein Bus über den

Hügel aus der Stadt. Er war zu weit weg, als daß Dixon die Anzeige der Zielstation hätte lesen können, zumal seine Brille von all den Anstrengungen völlig beschlagen war. Aber es mußte der richtige Bus sein, und er mußte ihn erwischen. Er spürte – sofern er gegenwärtig überhaupt etwas spüren konnte –, daß irgend etwas schrecklich schiefgehen würde, wenn er es nicht schaffte, rechtzeitig zum Bahnhof zu kommen. Etwas, das er haben wollte, würde ihm dann ewig verwehrt bleiben. Er fing an, noch schneller zu rennen, so daß die Leute ihm aus dem Weg sprangen und ihn mit mißbilligender Verwunderung ansahen. Der Bus mußte warten, um in die College Road einzubiegen, und kam mitten im Verkehr zum Stehen. Dixon sah jetzt, daß es sein Bus war. Er lief stetig auf die Ecke zur College Road zu, aber der Bus setzte sich wieder in Bewegung und erreichte sie vor ihm. Als er ihn das nächste Mal sah, hielt er rund fünfzig Meter entfernt auf der College Road, um jemanden einsteigen zu lassen.

Dixon startete einen fieberhaften Sprint, der seine Lungen zum Glühen brachte, während ihn der Schaffner von der Plattform aus ungerührt beobachtete. Als er die halbe Strecke zurückgelegt hatte, läutete dieser Funktionsträger die Glocke. Daraufhin legte der Fahrer den Gang ein, und die Räder begannen zu rollen. Dixon stellte fest, daß er ein noch besserer Läufer war, als er gedacht hatte, aber nachdem sich die Lücke zwischen Mann und Bus zunächst auf ungefähr fünf Meter verringert hatte, vergrößerte sie sich schnell wieder. Dixon hörte auf zu rennen und bedachte den Schaffner, der ihn immer noch ohne jegliche Gefühlsregung beobachtete, mit der bekanntesten aller obszönen Gesten. Sofort läutete der Schaffner die Glocke, und der Bus hielt an. Dixon zögerte einen Augenblick, dann trabte er zum Bus und erklomm ein wenig schüchtern die Plattform. Er wich dem Blick des Schaffners aus, der jetzt ein anerkennendes »Guter Sprint, Mann« von sich gab und die Glocke zum dritten Mal läutete.

Dixon fragte keuchend, wann der Bus am Bahnhof ankommen werde, der zugleich die Endstation der Linie war. Er erhielt eine höfliche, aber ausweichende Antwort, ließ eine Zeitlang die Blicke der umsitzenden Mitfahrer auf sich niederprasseln und erklomm dann mühsam das Oberdeck. Dort arbeitete er sich taumelnd zur ersten Reihe vor und ließ sich auf den Sitz plumpsen. Nicht einmal für ein Stöhnen hatte er genug Puste. Er schluckte die zähe, brennende Masse hinunter, die seinen Mund und seine Kehle füllte, keuchte heftig und holte zitternd seine Zigaretten und Streichhölzer hervor. Nachdem er den Witz auf der Streichholzschachtel mehrmals durchgelesen und belacht hatte, steckte er sich eine Zigarette an; zu mehr war er im Moment nicht imstande. Er sah aus dem Fenster. Angesichts der vor ihm liegenden Straße und der ringsum im Sonnenschein erstrahlenden Landschaft fühlte er sich plötzlich von einer Hochstimmung erfaßt. Durch die Reihen grün geschindelter Doppelhausvillen schimmerte bereits das offene Feld, und hinter manchen Bäumen sah er Wasser glitzern.

Christine hatte gesagt, sie würde es »verstehen«, wenn er nicht käme, um sie zu verabschieden. Was sollte das heißen? Hieß es, daß sie es »verstehen« würde, wenn er wegen seiner Beziehung zu Margaret nicht käme? Oder hatte die Aussage einen vage abweisenden Unterton und deutete an, daß sie es »verstehen« würde, wenn ihm das, was zwischen ihnen vorgefallen war, nun als romantischer Fehler erschiene, mit oder ohne Margaret? Er durfte nicht zulassen, daß Christine ihm heute entwischte, sonst würde er sie vielleicht nie mehr wiedersehen. Nie mehr – was für eine unerfreuliche Wortfolge. Sein Gesichtsausdruck änderte sich und schien plötzlich nur noch aus Nase und Brille zu bestehen: Der Bus näherte sich einem Lastwagen, der langsam einen umfänglichen Anhänger hinter sich herzog. Ein Schild riet zur Vorsicht und teilte mit, wie lang der Anhänger sei. Ein kleineres Schild führte in elliptischer Form weitere Gründe für Vorsicht an: *Druckluftbremsen*. Lastwagen, Anhänger und Bus bewegten sich nun mit stetigen zwölf Meilen in der Stunde voran, und zwar durch eine Gegend, die sich als anhaltende Abfolge von Kurven entpuppte. Nur mit Mühe konnte Dixon seinen Blick von der Rückseite des Anhängers lösen. Um sich moralisch zu stärken, dachte er an das, was Catchpole ihm über Margaret gesagt hatte.

Ihm wurde klar, daß er seine Entscheidung bereits in dem Moment getroffen hatte, als er sich entschloß, zum Bahnhof zu fahren. Zum ersten Mal fühlte er wirklich, wie nutzlos es war, jemanden retten zu wollen, der im Grunde nicht gerettet werden wollte. Natürlich konnte er es weiterhin versuchen, aber das hieße nur, daß er seinem Mitleid und seiner Sentimentalität nachgeben und letztlich etwas Falsches und sogar Inhumanes tun würde. Margaret hatte wirklich Pech gehabt, und vermutlich lag das, wie er schon früher überlegt hatte, an ihrem Mangel an sexueller Attraktivität. Sicherlich resultierte Christines normalerer, sprich: weniger schwergängiger Charakter zumindest teilweise daraus, daß sie mit ihrem Gesicht und ihrer Figur Glück gehabt hatte. Aber das war auch schon alles. Etwas dem Glück zuzuschreiben, hieß nicht, daß man es als nicht-existent oder komplett unvernünftig abtat. Christine war immer noch netter und hübscher als Margaret, und alle Schlüsse, die man aus diesem Umstand ziehen konnte, durften gern gezogen werden: Nette Dinge sind nun einmal unerschöpflich netter als scheußliche. Glück war es auch gewesen, das ihn von dem klebrigen Heftpflaster seines Mitleids befreit hatte: Wenn Catchpole nicht so gehandelt hätte, wie er gehandelt hatte, dann wäre er, Dixon, so fest wie eh und je darin verfangen. Nun benötigte er dringend eine weitere Portion Glück. Sollte er sie bekommen, konnte es durchaus sein, daß er sich doch noch für jemanden als nützlich erwiese.

Der Schaffner kam und verhandelte mit Dixon über den Fahrschein. Dann sagte er: »Eins dreiundvierzig sollen wir am Bahnhof ankommen. Ich habe nachgesehen.«

»Oh. Denken Sie, daß wir pünktlich sein werden?«

»Kann ich nicht sagen, tut mir leid. Nicht, wenn wir weiter hinter diesem Luftwaffenvehikel herzockeln, denke ich. Müssen Sie zu einem Zug?«

»Ich möchte jemanden am Einsfünfziger verabschieden.«

»An Ihrer Stelle würde ich nicht drauf zählen.« Er stand noch eine Weile herum – zweifellos, um Dixons blaues Auge zu betrachten.

»Danke«, sagte Dixon in einem Ton, der »Wegtreten« signalisierte.

Sie erreichten nun einen langen, geraden Straßenabschnitt mit einer leichten Senke in der Mitte, so daß jeder Meter freier Straßenoberfläche deutlich sichtbar war. Weiter vorn streckte jemand eine abgemagerte braune Hand aus dem Führerhaus des Lastwagens und führte schlenkrige Winkbewegungen aus. Der Busfahrer ignorierte diese Einladung und kam statt dessen an einer Haltestelle vor einer

Reihe reetgedeckter Cottages zum Stehen. Die perspektivisch verkürzten Leibesmassen zweier alter, schwarzgekleideter Damen warteten, bis auch die geringste Bewegung aus dem Bus gewichen war, dann klammerten sie sich aneinander und tatterten, nach allen Seiten spähend, in Richtung der Plattform. Gleich darauf hörte Dixon, wie sie dem Schaffner Unverständlichkeiten zuschrien, dann schien alle Aktivität zu erlahmen. Mindestens fünf Sekunden verstrichen. Dixon harrte geduldig auf seinem Posten aus, ehe er seinen Kopf verrenkte, um nach irgend etwas Ausschau zu halten, das einen Anteil an dieser Zäsur ihrer Fahrt haben könnte. Er konnte nichts entdecken. War der Fahrer als Opfer einer Ohnmacht in seinem Sitz zusammengesackt? Hatte ihn der Einfall zu einem Gedicht ereilt? Die allgemeine Erstarrung hielt noch eine Weile an, dann wurde das Bild schläfrig-ländlicher Ruhe durch das ziemlich jähe Erscheinen einer dritten Frau in einem fliederfarbenen Kostüm durchbrochen, die aus einem der Cottages trat. Nachdem sie scharf in Richtung des Busses gespäht und diesen ohne erkennbare Schwierigkeiten identifiziert hatte, näherte sie sich mit dem gebückten Schlurfen eines Rekruten auf dem Weg zum Zahltisch. Dieser Eindruck wurde noch durch ihren Hut verstärkt, der an die Schirmmütze eines Wachpostens erinnerte, sofern nämlich diese Schirmmütze erst platt gefahren und danach kirschrot gefärbt worden war. Es war sogar denkbar, daß die alte Hexe – ein metallisches Geräusch drang aus Dixons Rachen, als er das selbstgefällige Lächeln sah, mit dem sie sich zum Abpassen des Busses gratulierte – ihre prospektive Kopfbedeckung tatsächlich nach einem Militärmanöver auf der Straße vor ihrem häßlichen kleinen Haus gefunden hatte: das Vermächtnis eines possenreißenden Flegels aus einem Transportzug, von dessen Kopf es unter die Stiefel und Räder eines ganzen Bataillons gefallen war.

Der Bus fuhr langsam und vorsichtig auf die Straße zurück, und der Abstand zu dem Lastwagen begann sich zu verringern. Dixon hatte das Gefühl, sein ganzes Sein sei nunmehr auf das Vorankommen des Busses gerichtet: Weder konnte er sich weiter mit Christine befassen – oder dem, was sie sagen würde, falls er rechtzeitig ankäme –, noch konnte er darüber nachdenken, was er tun würde, falls er nicht rechtzeitig ankäme. Er saß einfach auf dem verstaubten Polster, schwitzte vor Hitze und Sorge still vor sich hin – Gottseidank hatte er nichts getrunken –, brach angesichts der Eskapaden des Busses gelegentlich in ein verstörendes Lachen aus und reckte seinen Kopf bei jedem überholenden Auto, jeder Kurve, jeder übertriebenen Vorsichtigkeit des Fahrers in die entsprechende Richtung.

Der Bus hing jetzt wieder hinter dem Anhänger fest, der sein Tempo noch weiter drosselte. Ehe Dixon laut losschreien oder spekulieren konnte, was als nächstes passieren werde, war der Lastwagen samt Anhänger auf einen Rastplatz abgebogen, und der Bus fuhr allein weiter. Jetzt, so dachte er mit wiedererwachender Hoffnung, bot sich dem Fahrer die Gelegenheit, etwas von der verlorenen Zeit aufzuholen. Dieser teilte seine Einschätzung offenbar nicht. Dixon, der sich eine weitere Zigarette ansteckte, drückte mit dem Streichholz so heftig gegen die Reibfläche, als ob sie das Auge des Busfahrers wäre. Er hatte keine Ahnung, wie spät es war, schätzte aber, daß sie inzwischen etwa fünf der acht Meilen zu ihrem Ziel zurückgelegt hatten. In diesem Moment fuhr der Bus um eine Ecke und verlangsamte abrupt seine Fahrt, dann blieb er stehen. Lärmend und ächzend zog ein Traktor etwas über die Straße, das wie die

Zweige aus dem Bett eines Riesen aussah und teils mit Erde verbacken, teils mit Grassträhnen durchwachsen war. Dixon glaubte allen Ernstes, nach unten laufen und die Führer beider Fahrzeuge erstechen zu müssen. Was würde als nächstes kommen? Was würde als nächstes kommen? Was würde wirklich als nächstes kommen: ein maskierter Raubüberfall, eine Kollision, ein Hochwasser, ein geplatzter Reifen, ein Gewitter mit umstürzenden Bäumen und Meteoriten, eine Umleitung, ein kommunistischer Tiefliegerangriff, Schafe? Oder würde eine Hornisse den Fahrer stechen? Wenn es nach ihn ginge, würde er letzteres wählen. Hustenden Getriebes schlich der Bus voran, dieweil alle paar Meter Trauben alter Männer darauf warteten, sich zittrigen Ganges an Bord zu begeben.

Als sie sich der Stadt näherten und der Verkehr etwas dichter wurde, gesellte sich zu der hypertrophen Vorsicht des Fahrers eine psychopathische Hingabe an die Interessen anderer Verkehrsteilnehmer: Alles zwischen einem Umzugstransporter und einem Kinderfahrrad halbierte seine Geschwindigkeit auf vier Meilen in der Stunde und ließ seine Hand, so vermutete Dixon, in einen Zeitlupenveitstanz von Signalbewegungen und Vorwärts-Winkern ausbrechen. Fahrschüler übten in seiner Spur das Rückwärtsfahren; schwatzende Grüppchen von Müßiggängern trennten sich in aller Ruhe vor seiner zögerlichen Kühlerhaube; Kleinkinder tapsten los, um Spielzeug unter seinen kaum noch rollenden Rädern zu bergen. Dixons Kopf drehte sich in vergeblicher Suche nach einer Uhr wie rasend hin und her; die Einwohner dieser tiefsten mentalen, moralischen und physischen Provinz widmeten, wie sie es seit Jahren getan hatten, ihre wenigen wachen Momente der Ausübung von Verstößen gegen die Keuschheit und waren zu arm und auch zu geizig... Als Dixon das Bahnhofsgebäude in dreißig Metern Entfernung auftauchen sah, wurde er schmerzhaft in die Realität zurückgeholt und polterte über den Gang zur Treppe. Noch ehe der Bus die Bahnhofshaltestelle erreicht hatte, sprang er hinunter, hinaus und über die Straße hinein in die Eingangshalle. Die Uhr über dem Fahrkartenschalter zeigte ein Uhr siebenundvierzig. Sogleich rückte der Minutenzeiger vor. Dixon hastete zur Absperrung und sah sich einem Mann mit starren Gesichtszügen gegenüber.

»Welcher Bahnsteig nach London, bitte?«

Der Mann musterte ihn prüfend, als versuchte er, seine Eignung als Adressat eines besonders anzüglichen Witzes einzuschätzen. »Bißchen früh dran, wie?«

»Hä?«

»Der nächste Zug nach London geht um acht Uhr siebzehn.«

»Acht Uhr siebzehn?«

»Kein Speisewagen.«

»Was ist mit dem Einsfünfziger?«

»Gibt's nicht. Sie haben ihn nicht zufällig mit dem Einsvierziger verwechselt?«

Dixon schluckte. »So muß es wohl gewesen sein. Danke.«

»Tut mir leid, Meister.«

Dixon nickte mechanisch und wandte sich ab. Bill Atkinson mußte ein Fehler unterlaufen sein, als er Christines Nachricht notiert hatte. Aber solche Fehler waren nicht Atkinsons Art. Vielleicht war es Christine, die einen Fehler gemacht hatte. Im Grunde war es gleichgültig. Er ging langsam zum Ausgang und blickte, im Schatten stehend, auf den sonnenbeschienenen Vorplatz hinaus. Ihm blieb immer noch seine Stelle bei Gore-Urquhart. Und es konnte nicht allzu schwierig sein, später mit Christine Kontakt aufzunehmen. Er hatte bloß das Gefühl, daß es dann zu spät sein würde. Zumindest war er ihr begegnet und hatte ein paarmal mit ihr gesprochen. Dem Himmel sei Dank.

Während er den Bahnhofsvorplatz überblickte und sich fragte, was er als nächstes tun sollte, fiel sein Blick auf ein Auto mit beschädigtem Kotflügel, das unsicher einen Postlieferwagen umrundete. Etwas an dem Auto erregte Dixons Aufmerksamkeit. Dröhnend wie eine Planierraupe fuhr es im Schneckentempo auf ihn zu. Dem Dröhnen wurde durch ein furchteinflößendes Knirschen der Gangschaltung der Garaus bereitet, und das Auto blieb schlagartig stehen. Eine ziemlich große, blonde junge Frau, die über ihrem weinfarbenen Kostüm einen Regenmantel trug, stieg aus und eilte mit einem großen Koffer in der Hand auf die Stelle zu, wo Dixon stand.

Dixon versteckte sich hinter einer Säule, so gut er das unter dem Einfluß dessen, was eine Läsion seines Zwerchfells sein mußte, noch vermochte. Wie hatte er, ausgerechnet er, die Bedeutung von Welchs Fahrstil unterschätzen können?

25

Ein weiterer Tobsuchtsanfall des Motors zeigte an, daß Welch draußen immer noch am Steuer saß. Gut – vielleicht hatte er Anweisung, unverzüglich zurückzufahren. Dixon fühlte oder dachte nichts, was über die gegenwärtige Situation hinausging. Er hörte, wie sich Christines Schritte näherten, und versuchte, sich in die Säule hineinzudrücken. Ihre Füße gingen einige Schritte auf den Dielen der Eingangshalle, dann tauchte sie ein oder zwei Meter entfernt von ihm auf, wandte den Kopf um und sah ihn sofort. Sie strahlte ihn an, und ihr Lächeln schien nichts als Zuneigung auszudrücken. »Du hast meine Nachricht also bekommen«, sagte sie. Sie sah wahnsinnig attraktiv aus.

»Komm schnell her, Christine.« Er zog sie in den Schutz der Säule. »Nur für einen Moment.«

Sie sah sich um und starrte ihn an. »Aber wir müssen zum Bahnsteig laufen. Mein Zug fährt jede Minute.«

»Dein Zug ist weg. Du mußt auf den nächsten warten. Mindestens auf den nächsten.«

»Nach der Uhr dort habe ich noch eine Minute Zeit. Ich sollte...«

»Nein, er ist weg, glaub's mir. Er ist um ein Uhr vierzig abgefahren.«

»Das kann nicht sein.«

»Es kann sein, und es ist so. Ich habe den Mann an der Absperrung gefragt.«

»Aber Mr. Welch sagte, er würde um ein Uhr fünfzig fahren.«

»So, hat er das? Das erklärt natürlich alles. Er hat sich geirrt.«

»Bist du dir sicher? Warum verstecken wir uns? Verstecken wir uns?«

Dixon ignorierte sie und beugte sich vor, um an ihr vorbeizuschauen. Er bemerkte gar nicht, daß seine Hand auf ihrem Arm lag. Welchs Wagen stand jetzt mit der Längsseite zur Hauptausfahrt des Vorplatzes. »Tun wir. Wir geben dem alten Trottel Zeit, sich aus dem Staub zu machen, dann gehen wir etwas trinken.« Er würde mit einem achtfachen Whisky beginnen. »Du hast bestimmt schon zu Mittag gegessen?«

»Ja, aber ich habe fast nichts hinunterbekommen.«

»Das sieht dir gar nicht ähnlich. Ich habe noch nichts zu Mittag gegessen, also gehen wir zusammen etwas essen. Ich kenne ein Hotel hier in der Nähe. In den alten Zeiten bin ich da immer mit Margaret hingegangen.«

Sie brachten Christines Koffer zur Gepäckaufbewahrung und gingen auf den Vorplatz hinaus. »Gut, daß Welch nicht darauf bestanden hat, dich zum Zug zu bringen«, sagte Dixon.

»Ja ... Eigentlich war ich es, die darauf bestanden hat.«

»Ich kann es dir kaum verübeln.« Dixons körperliches Unbehagen wuchs stetig, wenn er an Christines »Neuigkeit« dachte, deren Enthüllung sich jetzt näherte. Er wollte sich dazu bringen, an eine schlechte Nachricht zu glauben, damit wenigstens die Aussicht bestünde, daß sie gut sei. Sein Kopf und ein unzugänglicher Teil seines Rückens juckten.

»Ich wollte so schnell wie möglich von der ganzen Mischpoke weg. Ich konnte sie keinen Augenblick länger aushalten – keinen einzigen. Gestern abend ist noch einer von denen angekommen.«

»Noch einer?«

»Ja, Mitchell oder so ähnlich heißt der.«

»Ah, ich verstehe. Du meinst Michel.«

»Ja? Ich bin zum ersten Zug gefahren, den ich kriegen konnte.«

»Was ist das für eine Neuigkeit, die du mir erzählen willst?« Er versuchte gewaltsam, seine Stimmung auf einen Tiefpunkt zu zwingen und nichts als unerwartbare und garstige Garstigkeiten zu erwarten.

Sie sah ihn an, und wieder fiel ihm auf, daß das Weiß ihrer Augen in einem sehr hellen Blauton schimmerte. »Ich habe mit Bertrand Schluß gemacht.« Sie sagte das, als ob sie mit einem Haushaltsreiniger unzufrieden gewesen wäre.

»Warum? Endgültig?«

»Ja. Willst du hören, wie es war?«

»Mach schon.«

»Du erinnerst dich, daß ich gestern mit Carol Goldsmith mitten in deinem Vortrag gegangen bin?«

Dixon verstand, und er hielt den Atem an. »Ich weiß. Sie hat dir etwas gesagt, nicht wahr? Ich weiß, was sie dir gesagt hat.«

Sie blieben unwillkürlich stehen. Dixon streckte einer alten Frau, die sie anstarrte, die Zunge heraus. Christine sagte: »Du hast von der Sache mit ihr und Bertrand die ganze Zeit gewußt, oder? Ich wußte es.« Sie sah aus, als ob sie gleich loslachen wollte.

»Ja. Was hat sie dazu gebracht, es dir zu sagen?«

»Warum hast du es mir nicht gesagt?«

»Ich konnte nicht; ich hätte mir damit geschadet. Was hat Carol dazu gebracht, es dir zu sagen?«

»Sie haßte ihn dafür, daß er so tat, als ob er einen Anspruch auf sie hätte. Es ist mir egal, was er getan hat, ehe er mit mir auszugehen anfing, aber es war falsch von ihm, daß er uns beide bei der Stange halten wollte, Carol und mich. An dem Abend, als wir alle ins Theater gegangen sind, hat er sie gebeten, früher mit ihm aufzubrechen. Er war sich völlig sicher, daß sie sich darauf einlassen würde. Sie sagte, anfangs habe sie mich gehaßt. Aber dann hat sie gesehen, wie er mich behandelt hat, bei diesem Sherryempfang zum Beispiel. Da ist ihr klargeworden, daß er der Schuldige war, nicht ich.«

Sie stand mit leicht gekrümmten Schultern da und sprach schnell und verlegen. Hinter ihrem Rücken befand sich ein Schaufenster mit Büstenhaltern, Strumpfbandhaltern und Korsetts, und die herabgelassene Markise beschattete ihr Gesicht. Fast verstohlen sah sie ihn an, vielleicht um festzustellen, ob seine Neugier jetzt befriedigt wäre.

»Ganz schön nobel von ihr. Bertrand wird sie von nun an keines Blickes mehr würdigen.«

»Ach, das will sie auch gar nicht. Wenn ich sie recht verstanden habe ...«

»Ja?«

»Ich hatte den Eindruck, daß bei ihr jetzt jemand anderer im Hintergrund ist. Ich weiß nicht, wer.«

Dixon war sich ziemlich sicher, daß er es wußte. Damit war auch der letzte Faden entwirrt. Er nahm Christine beim Arm und zog sie mit sich. »Das reicht«, sagte er.

»Ich habe noch gar nicht erzählt, was er ihr gesagt hat, als ...«

»Später.« Ein glückliches Grinsen machte sich auf seinem Gesicht breit. »Hier ist etwas, das du vielleicht gerne hörst«, sagte er: »Ich werde nichts mehr mit Margaret zu tun haben. Es ist etwas passiert – mach dir vorerst keine Gedanken, was –, das dazu führt, daß ich mich nicht mehr mit ihr abplagen muß.«

»Was? Willst du damit sagen, daß du ganz ...?«

»Ich erzähle es dir später, versprochen. Laß uns jetzt nicht darüber nachdenken.«

»Einverstanden. Aber es stimmt, oder?«

»Natürlich, vollkommen.«

»Also, wenn das so ist ...«

»Genau. Sag mal: Was hast du heute nachmittag vor?«

»Ich muß wohl nach London zurückfahren, oder?«

»Macht es dir etwas aus, wenn ich mitkomme?«

»Was hat das alles zu bedeuten?« Sie zerrte an seinem Arm, bis er sie ansah. »Was geht hier vor? Da ist noch etwas anderes, oder? Was ist es?«

»Ich muß mir eine Wohnung suchen.«

»Warum? Ich dachte, du würdest in diesem Landstrich leben?«

»Hat Onkel Julius dir nichts von meiner neuen Stelle gesagt?«

»Du liebe Güte, Jim, erzähl die Sache ordentlich. Spann mich nicht auf die Folter.«

Während er ihr alles erklärte, sagte er sich im Stillen die Namen auf: Bayswater, Knightsbridge, Notting Hill Gate, Pimlico, Belgrave Square, Wapping, Chelsea. Nein, nicht Chelsea.

»Ich wußte, daß er noch etwas in petto hatte«, sagte Christine. »Aber ich wußte nicht, daß es das sein würde. Ich hoffe, daß ihr euch gut versteht. Besser konnte es gar nicht kommen, oder? Du hast doch bestimmt keine Schwierigkeiten, deine Stelle an der Uni aufzugeben?«

»Nein, bestimmt nicht.«

»Was für eine Stelle ist es eigentlich? Die er dir angeboten hat?«

»Die, von der Bertrand glaubte, daß er sie bekäme.«

Christine fing lauthals zu lachen an, während sie gleichzeitig errötete. Auch Dixon mußte lachen. Wie schade es war, daß alle seine Grimassen Wut oder Abscheu ausdrückten, dachte er. Hier war ein Ereignis, das wirklich eine Grimasse verdiente, aber er hatte keine, mit der er es feiern konnte. Ersatzweise machte er sein Sex-im-alten-Rom-Gesicht. Dann bemerkte er etwas und verlangsamte seinen Schritt. Er stieß Christine an. »Was ist los?« fragte sie.

»Siehst du das Auto da vorn?« Es war Welchs Auto, das etwas näher an einem Bordstein als am anderen geparkt war und vor einem Café stand, das mit grünen Leinenvorhängen ausgestattet war und von Kupfertöpfen auf den Fensterbänken verschönt wurde. »Was macht es hier?«

»Er holt Bertrand und die anderen ab, nehme ich an. Bertrand sagte, er würde nach allem, was ich zu ihm gesagt habe, nicht unter demselben Dach mit mir zu Mittag essen. Beeil dich, Jim, ehe sie herauskommen.«

Als sie genau auf gleicher Höhe mit dem Schaufenster waren, öffnete sich die Tür. Eine Gruppe von Welchs strömte heraus und blockierte den Bürgersteig. Einer von ihnen war unverkennbar der effeminierte schreibende Michel, der nun endlich, kurz ehe der Vorhang fiel, die Bühne betrat. Er war ein großer, bläßlicher Mann mit langem, bläßlichem Haar, das unter einer bläßlichen Kordmütze hervorlugte. Als sie die Annäherung von Passanten spürte, geriet die Gruppe – natürlich mit Ausnahme von

Welch – automatisch in Bewegung, um Platz zu machen. Dixon drückte ermutigend Christines Arm und ging weiter. »Entschuldigung«, sagte er mit der klangvollen Stimme eines komischen Butlers.

Mrs. Welch machte ein Gesicht, als ob sie sich gleich übergeben müßte; Dixon nickte nachsichtig in ihre Richtung. (Er erinnerte sich an eine Stelle in einem Buch, der zufolge Erfolg den Menschen bescheiden, tolerant und freundlich macht.) Sie waren fast vorbeigegangen, als er sah, daß nicht nur Welch und Bertrand anwesend waren, sondern auch Welchs Anglerhut und Bertrands Baskenmütze. Die Baskenmütze befand sich jedoch auf Welchs Kopf, der Anglerhut hingegen auf Bertrands Haupt. In dieser Verkleidung, starr und mit hervorquellenden Augen dastehend, sahen sie wie die Wachsfiguren von André Gide und Lytton Strachey aus, von Lehrlingshand modelliert. Dixon holte tief Luft, um über die beiden zu lästern, doch sie quoll in Form eines brüllenden Gelächters wieder aus ihm heraus. Er strauchelte und sein Körper sackte zusammen, als ob man ihn erstochen hätte. Christine zog ihn am Arm, doch er blieb mitten in der Gruppe stehen und krümmte sich langsam wie ein Mann mit Seitenstichen. Seine Brille beschlug und sein Mund blieb wie im Leichenkrampf halboffen stehen. »Sie sind...« sagte er. »Er ist...«

Die Welchs traten den Rückzug an und stiegen in ihr Auto. Stöhnend erlaubte Dixon Christine, ihn fortzuziehen, die Straße entlang. Welchs Anlasser wieherte und schepperte hinter ihnen. Während sie weitergingen, wurde das Geräusch leiser und leiser, bis es schließlich von den anderen Geräuschen der Stadt und von ihren eigenen Stimmen vollständig übertönt wurde.

Philip Larkin · Jill

PHILIP LARKIN

Jill

ROMAN

AUS DEM ENGLISCHEN
VON
STEFFEN JACOBS

MIT EINER EINLEITUNG
VON
PHILIP LARKIN

HAFFMANS VERLAG
BEI ZWEITAUSENDEINS

Die Originalausgabe »Jill« erschien im Oktober 1946 in der Fortune Press.
Die vorliegende erste deutsche Übersetzung folgt der vom Dichter revidierten
und mit einer Einleitung versehenen Neuedition, erschienen im März 1964
bei Faber & Faber in London.

Deutsche Erstausgabe.
1. Auflage, Frühjahr 2010

Copyright © 2009 Verlage Haffmans & Tolkemitt,
Alexanderstraße 7, D-10178 Berlin
www.haffmans-tolkemitt.de.

Alle Rechte vorbehalten, insbesondere das Recht der mechanischen,
elektronischen oder fotografischen Vervielfältigung, der Einspeicherung
und Verarbeitung in elektronischen Systemen,
des Nachdrucks in Zeitschriften oder Zeitungen, des öffentlichen Vortrags,
der Verfilmung oder Dramatisierung, der Übertragung
durch Rundfunk, Fernsehen oder Video, auch einzelner Text- und Bildteile.

Der gewerbliche Weiterverkauf oder gewerbliche Verleih von Büchern,
CDs, CD-ROMs, DVDs, Videos oder anderen Sachen
aus der Produktion der Verlage Haffmans & Tolkemitt
bedürfen in jedem Fall der schriftlichen Genehmigung
durch die Geschäftsleitung der Verlage Haffmans & Tolkemitt,
Berlin.

Umschlagphoto aus der Hulton Deutsch Collection Limited,
nach der englischen Neuausgabe von 1964.
Produktion und Gestaltung von Urs Jakob,
Werkstatt im Grünen Winkel, CH-8400 Winterthur.
Satz: Fotosatz Reinhard Amann, Aichstetten.
Druck & Bindung: Ebner & Spiegel, Ulm.
Printed in Germany.

Dieses Buch gibt es nur bei Zweitausendeins im Versand,
Postfach, D-60381 Frankfurt am Main,
Telefon 069-420 8000, Fax 069-415 003.
Internet www.Zweitausendeins.de. E-Mail: info@Zweitausendeins.de.
Oder in den Zweitausendeins-Läden in Aachen, Augsburg, Bamberg,
2x Berlin, in Bochum, Bonn, Braunschweig, Bremen, Darmstadt,
Dortmund, Dresden, Duisburg, Düsseldorf, Erfurt, Essen, Frankfurt am Main,
Freiburg, Gelsenkirchen, Göttingen, Gütersloh, 2x in Hamburg, in Hannover,
Karlsruhe, Kiel, Koblenz, 2x in Köln, Leipzig, Ludwigsburg, Mannheim,
Marburg, Mönchengladbach, München, Münster, Neustadt an der Weinstraße,
Nürnberg, Oldenburg, Osnabrück, Speyer, Stuttgart, Trier, Tübingen,
Ulm, Wuppertal-Barmen und Würzburg.

In der Schweiz über buch 2000, Postfach 89, CH-8910 Affoltern a. A.

ISBN 978-3-942048-11-8

Inhalt

Einleitung

7

JILL

25

Rede zu Philip Larkins
60. Geburtstag
Von Kingsley Amis

373

Nachruf auf Philip Larkin
Von Martin Amis

387

Einleitung

I

Ein amerikanischer Kritiker* äußerte kürzlich die Ansicht, *Jill* sei der erste typische englische Nachkriegsroman mit dem entfremdeten Helden der Arbeiterklasse. Wenn das stimmt (und es klingt wie der kundige Kommentar eines Trendforschers), dann könnte die Neuveröffentlichung von hinreichend historischem Interesse sein. In dem Fall fühle ich mich zur Mitteilung verpflichtet, daß dies nicht in meiner Absicht lag. Im Jahr 1940 wollten wir die sozialen Unterschiede abbauen, nicht vergrößern. Der Hintergrund meines Helden ist zwar ein wesentlicher Bestandteil der Geschichte, aber nicht ihr Gegenstand.

Tatsächlich war das Oxford jenes Herbstes in hohem Maß frei von solch traditionellen Standesunterschieden. Der Krieg (amerikanische Leser mögen einer Erinnerung bedürfen) stand damals in seinem zweiten Jahr. Die Einberufung der Zwanzigjährigen und darüber hatte begonnen, aber jeder wußte, daß über kurz oder lang die Neunzehn- und Achtzehnjährigen an die Reihe kommen würden. In der Zwischenzeit konnten sich Studenten, denen der Kriegsdienst drohte, auf höchstens drei oder vier Trimester einrichten. Wenn sie danach Offiziere werden wollten, exerzierten sie einmal wöchentlich einen hal-

---

* James Gindin, *Postwar British Fiction* (Cambridge University Press, 1962).

ben Tag lang bei den nicht-uniformierten Ausbildungskorps für Offiziere (später bekamen sie Uniformen und exerzierten wöchentlich anderthalb Tage).

Das Leben am College war karg. Die Strukturen der Vorkriegszeit hatten sich aufgelöst, in einigen Fällen für immer. Jeder zahlte die gleichen Studiengebühren (in unserem Fall 12 Schillinge am Tag) und aß die gleichen Mahlzeiten. Aufgrund der Bestimmungen des Landwirtschaftsministeriums konnte die Stadt kaum luxuriöses Essen und Trinken bieten, und Collegefeierlichkeiten, wie etwa Gedenkgalas, waren für die Dauer des Krieges ausgesetzt worden. Aufgrund der Benzinrationierungen konnte niemand Auto fahren. Aufgrund der Kleidungsrationierungen war es schwierig, sich elegant zu kleiden. Die Kohlenbehältnisse vor unseren Räumen waren immer noch mit Kohle gefüllt, aber die Benzinrationierung sollte dem bald ein Ende bereiten. Es war uns zur Gewohnheit geworden, nach dem Frühstück, sobald wir unsere Bücher in der Bodley bestellt hatten, in die Stadt zu gehen und um Kuchen oder Zigaretten anzustehen.

Da in jedem Trimester neue Leute kamen, gab es kaum noch wirkliche Studienanfänger, und die Altersabstufungen verschwammen. Typen des traditionellen Repertoires, wie der Ästhet und der Universitätssportler, wurden unnachgiebig zurückgestutzt. Die jüngeren Dozenten waren größtenteils zum Kriegsdienst eingezogen worden, und ihre älteren Kollegen waren zu beschäftigt oder zu weltentrückt, um Kontakt mit uns aufzunehmen – tatsächlich waren Studenten eines Colleges oft demselben Tutor zugeordnet, ohne ihn jemals in privatem Umfeld zu treffen. Vielleicht am schwierigsten vermittelbar ist die beinahe vollständige Abwesenheit aller Zukunftssorgen. Niemand mußte eine der sonst so drängenden Entscheidungen zwischen Lehramt oder Staatsamt, Industrie oder Amerika, Verlagswesen oder Journalismus treffen – infolgedessen gab es so gut wie keinen Karrierismus. Um die nationalen Angelegenheiten stand es so schlecht, und ein siegreicher Friede war so unverkennbar in so weiter Ferne, daß jede Mühe, die man auf seine Nachkriegsaussichten verwandte, nur als lachhafte Zeitverschwendung betrachtet werden konnte.

Dies war nicht das Oxford eines Michael Fane und seiner erlesenen Einbände, oder das eines Charles Ryder und seiner Bachstelzeneier. Dennoch hatte es eine unverwechselbare Ausstrahlung. Der Mangel an *douceur* wurde durch einen Mangel an *bêtises* ausgeglichen, sei es von Collegezeremonien oder studentischen Extravaganzen (ich erinnere mich immer noch an den Schock, während eines Nachkriegsbesuchs in Oxford einen Studenten in himmelblauem Anzug und mit schulterlangen Haaren zu sehen und zu erkennen, daß all dies nun erneut begann), und ich denke, daß unsere Einschätzungen infolgedessen realistischer waren. In einem Alter, da Selbstgefälligkeit normal gewesen wäre, hatten uns die Ereignisse unbarmherzig zurechtgestutzt.

II

Ich teilte meine Räume mit Noel Hughes, mit dem ich zuvor zwei respektlose Jahre in der reformierten sechsten Klasse verbracht hatte, doch mein Tutoriumsgenosse war ein großer, fahlgesichtiger Fremder mit einem satten Bristol-Akzent, dessen grotesk schrilles Lachen stets bereitstand, einen seiner Ausbrüche zu begrüßen. Norman hatte wenig Verwendung für Selbst- oder irgendeine andere Form von Disziplin, und es war nicht unüblich, ihn nach der Rückkehr von der Neun-Uhr-Vorlesung immer noch in seinem Morgenmantel anzutreffen. Nachdem er das Frühstück um gut neunzig Minuten verpaßt hatte, zupfte er deprimiert an einem trockenen Brotlaib herum und trank Tee ohne Milch. Zu erfahren, wo ich gewesen war (vielleicht Blunden über biographisches Schreiben), hob nicht eben seine Stimmung: »Der Scheißkerl ist reine Zeitverschwendung... ich bin besser als dieser Scheißkerl.« Wenn sein Blick dann auf seine leere Tasse fiel, schüttete er den Teesatz nachlässig in den Kamin, was das Feuer noch mehr entmutigte, ehe er wieder zur Teekanne griff. »Ein Gentleman«, deklamierte er würdevoll, »trinkt niemals den Bodensatz seines Weines.«

Norman machte sich unverzüglich daran, meinen Charakter und meine Manieren zu verderben. Jede Handlung oder sogar Äußerung, die Achtung für Eigenschaften wie Pünktlichkeit, Besonnenheit, Sparsamkeit oder Respekt andeutete, löste ein knurrendes Brüllen wie das des Metro-Goldwyn-Mayer-Löwen aus, verbunden mit der Anschuldigung des *bourgeoisisme*. Demonstrative Höflichkeit hatte einen himmlischen Chor im Falsett zur Folge, demonstratives Einfühlungsvermögen die Empfehlung, »ein Gedicht darüber« zu schreiben. Für einige Wochen setzte ich mich mit vorhersehbaren Argumenten zur Wehr: Nun gut, angenommen, es *wäre* Heuchelei, so wäre Heuchelei doch notwendig – was würde denn passieren, wenn *jeder*... Danach gab ich es auf. Norman behandelte jedermann auf diese Weise, doch tat das seiner Beliebtheit keinen Abbruch. Tatsächlich waren seine komischsten Veralberungen ihm selbst vorbehalten. Wie der Rest von uns (außer vielleicht Noel) war er sich seiner Abneigungen sicherer als seiner Vorlieben, aber während wir anderen einen Anpassungsprozeß durchlebten, lehnte Norman seine neue Umgebung vollständig ab. Zunächst stärkte dies seinen Einfluß auf uns, doch mit fortschreitender Zeit isolierte es ihn eher. Erst als er nach Kriegsende mit der Einheit eines Freundes in Polen war, schien er zu tun, was er wollte.

Wir erfanden bald »den Yorkshire-Stipendiaten«, eine Figur, die viele unserer Vorurteile verkörperte, und unterhielten uns in seinem flachen, raffgierigen Ton auf dem Weg zu oder von unserem Tutor Gavin Bone. »Sie kriegen die beste Ausbildung im Lande, Junge.« »Jawohl, aber Sie müssen Ihren Mantel passend zu Ihrer Kleidung schneidern lassen.« »Hab' Sonntag Tee mit'm Dekan getrunken – hab' durchblicken lassen, daß ich sein Buch gelesen hab'.« »Versäumen Sie nie die Gelegenheit, einen guten Eindruck zu machen.« »Über welches Stück haben Sie geschrieben?« »›King Lear‹. Ich, also ich, habe ›King Lear‹ GESPIELT. »Jawohl.« »Jawohl.« Diese Komödie bescherte Norman vermutlich mehr emotionale Entlastung als mir, denn er hatte die Grammar School des späten R. W. Moore in Bristol durchlaufen, aber ich war hinreichend bekannt mit dem geistigen Klima des Stipendienjahres, um den Fortgang des Spieles zu genießen. Ich kann mir nicht vorstellen, was Gavin Bone von uns hielt. Seine Gesundheit war bereits angeschlagen (er starb 1942), und er behandelte uns wie zwei Dorftrottel, die gefährlich werden konnten, wenn man sie zu sehr forderte. Das höchste akademische Kompliment, das ich als untergraduierter Student erhielt, lautete: »Mr. Larkin kann etwas verstehen, wenn man es ihm erklärt.«

Während der ersten beiden Trimester gehörten die meisten unserer Freunde nicht zum College; Norman hatte eine Clique im Queen's, während ich mit Leuten aus Coventry in Verbindung geblieben war oder mich mit Frank Dixon vom Magdalen und Dick Kidner vom Christ Church an Jazz-Abenden ergötzte. Zu Beginn des Trinity-Trimesters jedoch begrüßte Norman, der gerade gelangweilt den Aushang im Pförtnerhaus betrachtete, die dortige Erwähnung eines Neuankömmlings namens Amis.

»Ich habe ihn in Cambridge bei einem Stipendium getroffen ... ein verdammt guter Mann.«

»Wie ist er so?«

»Er schießt mit Pistolen.«

Ich verstand dies erst später am Nachmittag, als wir den staubigen ersten Innenhof durchquerten und ein blonder junger Mann aus Treppenhaus drei herauskam und auf der untersten Stufe innehielt. Sofort zielte Norman mit der rechten Hand wie mit einer Pistole auf ihn und gab ein kurzes, hustendes Bellen von sich, das einen Schuß darstellen sollte – einen Schuß nicht wie in der Realität, sondern wie auf einer ausgeleierten Tonspur im Kintopp am Samstagnachmittag.

Die Reaktion des jungen Mannes kam ohne Zögern. Er umklammerte seine Brust, grimassierend wie unter Todesqualen, warf einen Arm hoch in Richtung des Torbogens und begann langsam zusammenzusacken, während seine Finger sich im Mauerwerk verkrallten. Als er kurz davor war, auf der aufgehäuften Wäsche zusammenzubrechen (die Wäschereien in Oxford bedienten sich zu jener Zeit eines Systems, das von James Agate als zweiwöchentliches Einsammeln und dreiwöchentliches Ausliefern beschrieben worden ist, so daß normalerweise überall Bündel verstreut lagen, die sich im Durchgangsverkehr nach drinnen oder draußen befanden), richtete er sich auf und trabte zu uns herüber. »Ich habe daran gearbeitet«, sagte er, sobald wir einander vorgestellt worden waren. »Hören Sie zu. So klingt es, wenn man in eine Schlucht schießt.«

Wir hörten zu.

»Und so, wenn man in eine Schlucht schießt und die Kugel von einem Felsen abprallt.«

Wieder hörten wir zu. Normans zustimmendes Gelächter schrillte ungehemmt; ich stand schweigend da. Zum ersten Mal hatte ich das Gefühl, mich in Gegenwart eines Talents zu befinden, das größer war als das meine.

Niemand, der Kingsley in jener Zeit gekannt hat, würde bestreiten, daß ihn sein geniales Talent für einfallsreiche Nachahmungen über uns alle erhob. Es war nicht die Art von »Imitationen«, wie sie die »Variety Hour« auf BBC bot (obwohl er eine sehr lustige Imitation jenes Mannes im Programm hatte, der ein Auto imitierte, das durch eine Schafherde fuhr); lieber benutzte er sein Talent als den schnellsten Weg, einen davon zu überzeugen, daß etwas schrecklich oder langweilig oder absurd war – der örtliche Gewerkschaftsgenosse (»Undies isder Punkt ... undas isder Punkt«), der irische Tenor (»Dö Sohonne so-ho-hoonk«), der kommandierende Universitätsoberfeldwebel (»Los doch, sehnse selbst«), ein russischer Radiosprecher, der auf Englisch einen Lagebericht von der Ostfront verlas (»zwölf Feldmörser«) und dessen Stimme einer langsamen Verzerrung bis hin zur völligen Unverständlichkeit erlag, der wiederum eine plötzliche Rückkehr zur Klarheit folgte (»aberbera mumf mumf General von Paulus«). Mit der Zeit erweiterte sich sein Repertoire. Ein Brief aus der

Nachkriegszeit endete mit den Worten: »Erinnere mich daran, dir ›Cäsar und Kleopatra‹ vorzuspielen.« Filme waren immer exzellente Vorlagen: der Gangsterfilm (mit vielen Schießereien), hier insbesondere eine Version, die vollständig mit Figuren aus der Englischfakultät der Universität besetzt war; der Arbeitslosen-Film (er war überwiegend stumm); der U-Boot-Film (auf deutsch: »Wir haben sie!«) und einer, in dem Humphrey Bogart mit einer Fackel durch einen Keller leuchtete. Einen Tag nach Kriegsende schlenderten Kingsley, Graham Parkes und Nick Russel zum *The Lamb and Flag*, als ein Motorradfahrer, der unverkennbar dasselbe Ziel hatte, seine Maschine neben ihnen an den Randstein stützte. Als er ein Stück weit über den Bürgersteig in Richtung des Torbogens gegangen war, machte Kingsley (ich nehme an, in Ermangelung eines besseren Zeitvertreibs) sein Motorrad-will-nicht-Anspringen-Geräusch. Der Mann blieb auf der Stelle stehen und musterte eingehend seine Maschine. Dann ging er zurück und kniete neben ihr nieder. Einige Minuten später betrat er mit bedrückter Miene den Pub. Kingsleys Meisterstück, das so kräftezehrend war, daß ich es ihn nur zweimal vortragen hörte, drehte sich um drei Subalternoffiziere, einen Fahrer aus Glasgow und einen Jeep, der irgendwo in Deutschland stehengeblieben war und sich weigerte, wieder anzuspringen. Beidemal konnte ich mich vor Gelächter kaum halten.

Von dieser Zeit an gingen anscheinend all meine Freunde auf das College, und eine Fotografie, die im darauffolgenden Sommer auf einem sonnigen Rasen aufgenommen wurde, erinnert mich daran, wie sehr unser täglicher Umgang von Kingsleys Pantomimen geprägt war. Im Vordergrund hockt Kingsley selbst, das Gesicht zu einer scheußlichen Maske verzerrt, einen unsichtbaren Dolch in der Hand: »Japanischer Soldat« lautet meine Anmerkung dazu, aber ich habe vergessen, warum. Edward du Cann zieht mit seinen Zähnen den Sicherungssplint aus einer unsichtbaren Handgranate (»Im Rücken des Feindes«, einer von Kingsleys russischen Dokumentarfilmen); Norman und David Williams geben die Nummer »Der erste Tag« zum besten*, Wally Widdowson nimmt eine seltsam steife Daumen-im-Gürtel-Haltung ein (»russischer Offizier« – war dies eine Rolle aus »Im Rücken des Feindes«?) und David West (»rumänischer Offizier«) versucht, eine zeitgenössische Redensart zu verkörpern, die besagt, daß jeder rumänische Soldat den Lippenstift eines rumänischen Offiziers in seinem Tornister trägt. Die anderen sind mit dem ewigen Bandenkrieg beschäftigt.

Das soll nicht heißen, Kingsley habe uns beherrscht. Im Grunde erlitt er in gewissem Grad das vertraute Schicksal jedes Humoristen, nämlich von niemandem mehr ernst genommen zu werden. Kingsleys »ernste Seite« war politisch. In jenen Tagen der »Hilfe für Rußland«-Woche, als Hammer und Sichel in Carfax Seite an Seite mit dem Union Jack wehten, wurde er Redakteur des Mitteilungsblatts, das der universitäre Labour-Klub herausgab, und in dieser Funktion druckte er eines meiner Gedichte. (Ein zweites, sehr viel weniger unklar-mehrdeutiges wurde vom Ausschuß als »morbide und ungesund« angeprangert.) Wenn er streitbarer Stimmung war, konnte er (mit Absicht) sehr aufreizend sein, insbesondere für jene, die glaubten, daß alle Parteipolitik bis zum Kriegsende ruhen solle.

---

* Nicht Kingsleys Erfindung, aber lesen Sie in seiner Erzählung *Der 2003er Bordeaux* in *Sämtliche Werke des Austrinkers* (Putnam, 1958) nach.

Manchmal war er an ein und demselben Abend die Zielscheibe fröhlichen Gelächters und heftiger Beschimpfungen. Ich teilte seine Überzeugungen in dem Maß, daß ich den Gemeinschaftsraum des Klubs auf der Haupteinkaufsstraße ein- oder zweimal nach der Sperrstunde auf einen Kaffee besuchte.

Über Jazz gab es zwischen uns keine Meinungsverschiedenheiten. Jim Sutton und ich hatten daheim eine kleine Schallplattensammlung aufgebaut und sie mit nach Oxford gebracht (er war am Slade, dann exilierte er ins Ashmolean), so daß wir nicht auf unsere Lieblingsmusik verzichten mußten. Damals konnte man nur wenig live gespielten Jazz in Oxford hören, ehe sich dann im Jahr 1941 der Oxford University Rhythm Club etablierte und öffentliche Jam Sessions anbot, aber auf Frank Dixons Rat hatte ich einige rare Ausnahmen im Acott's und im Russell's (damals noch getrennte Geschäfte) ausfindig gemacht, und in einem unserer Räume lief üblicherweise immer ein Grammophon. Kingsleys Begeisterung flammte sofort auf. Ich vermute, daß wir mehr als hundert Platten jener frühen analytischen Leidenschaft widmeten, die normalerweise etablierteren Künsten vorbehalten ist. »Es ist das inständige Flehen jener zweiten Phrase...« »Was er in Wirklichkeit singt, ist *igitt-schnieke-fies*...« »Russell geht gleich auf Wallers ersten Takt drauf...« »Ist es nicht großartig, wie die Trompete...« »Ist es nicht großartig, wie Russell...« Russell, Charles Ellsworth »Pee Wee« (geb. 1906), herausragender Klarinetten- und Saxophonspieler, war, *mutatis mutandis*, unser Swinburne und Byron. Wir kauften jede Platte, auf der er spielte und derer wir habhaft werden konnten, und träumten – buchstäblich – von ähnlichen Veröffentlichungen bei der amerikanischen Plattenfirma Commodore. Jemand, der kurz zuvor zur Handelsmarine eingezogen worden war, hatte sich angeblich in New York bis zum Musikgeschäft von Commodore durchgeschlagen, wo der »Inhaber« ihn »einem der Jungs, die bei diesen Platten beteiligt waren« vorgestellt hatte – und am Verkaufstresen lehnte tatsächlich... Viel später gab Kingsley zu, daß er Russell einmal einen Fanbrief geschickt hatte. Ich sagte, daß ich lustigerweise an Eddie Condon geschrieben hatte. Wir sahen uns nicht ohne Vorsicht an. »Hast du eine Antwort erhalten?« »Nein – du?« »Nein.«

*

Am Ende jedes Trimesters ging jemand fort. Manchmal war es falscher Alarm: Edward du Cann entschwand im Dezember 1942, fröhlich vom Rücksitz eines Taxis winkend, aber im nächsten Trimester war er wieder da, verschluckte prompt eine Sicherheitsnadel und wurde schleunigst ins Krankenhaus gebracht. Aber weitaus öfter war es ein Abschied für immer. Norman wurde zur Artillerie eingezogen und fand sich ironischerweise in jener Art von Regiment wieder, wo man nach dem Abendessen in der Messe mit Revolvern herumschoß. Kingsley wurde zu den Meldetruppen eingezogen, wo ihm binnen einer Stunde ein Major eine Rüge erteilte, weil seine Hände in den Taschen steckten. Es blieben zahlreiche Freunde, aber Altersgenossen wurden rar. Ich verlor den Kontakt zu den Studienanfängern, unter denen sich dem Vernehmen nach »ein Mann namens Wain« befand. Jahre später erzählte mir John, daß unsere Bekanntschaft sich zu dieser Zeit auf einen kurzen, bitteren Wortwechsel über Albert Ammons *Boogie Woogie Stomp* und die Lyrik George

Crabbes beim Mittagessen beschränkt habe. Wenn dem so war, dann hatten wir eine großartige Möglichkeit vertan.

Trotzdem war ich fast schon im letzten Trimester, ehe ich Bruce Montgomery traf. In gewisser Hinsicht war dies überraschend: Unter der Handvoll untergraduierter Studenten, die Geisteswissenschaften belegt hatten, stellten sich Freundschaften normalerweise von selbst ein. In anderer Hinsicht war es das nicht: Das Ambiente aus modernen Sprachen, Schauspielhaus, klassischer Musik und dem Randolph Hotel, in dem sich Bruce bewegte, stand in scharfem Gegensatz zu meinem eigenen. Natürlich hatte ich ihn hie und da gesehen, aber mir war gar nicht in den Sinn gekommen, daß er ein Untergraduierter sein könne, nicht auf dieselbe Weise, wie ich es war. Angetan mit einem Spazierstock und dem Abzeichen eines Luftangriffsaufsehers, spazierte er distanziert in einem strikt abgesteckten Dreieck hin und her, das aus dem Pförtnerhaus des Colleges (der Briefe wegen), der Bar des Randolph und seiner Unterkunft am Wellington Square bestand. In seinem ersten Studienjahr war Alan Ross sein Tutoriumspartner gewesen: Sie hatten beobachtet, daß ihr Tutor als erstes eine kleine Uhr auf seinem Schreibtisch aufzog, und eines Morgens nutzten sie sein Zuspätkommen, um sie für ihn aufzuziehen. Der Tutor war ein resoluter Mann, und wenn ich es recht verstanden habe, war das Ergebnis katastrophal. Aber seitdem war Alan längst bei der Marine, und Bruce war, wie ich selbst, so etwas wie ein Überlebender. Das machte mich ihm gegenüber nicht weniger schüchtern. Wie »Mr. Austen« besaß er einen Konzertflügel; er hatte ein Buch mit dem Titel »Die Romantik und die Weltkrise« geschrieben und ein Bild gemalt, das an der

Wand seines Wohnzimmers hing, und er war ein ausgebildeter Pianist, Organist und sogar Komponist. Während seiner Osterferien in jenem Jahr hatte er zehn Tage lang geschrieben, mit seiner kalligraphischen Schreibfeder und dem silbernen Federhalter, und zwar eine Detektivgeschichte mit dem Titel *Der Fall der vergoldeten Fliege*. Sie wurde im Folgejahr unter dem Namen »Edmund Crispin« veröffentlicht und markierte den Beginn einer seiner verschiedenen erfolgreichen Karrieren.

Neben seinem eindrucksvollen Äußeren hatte Bruce jedoch auch einen unvermuteten Hang zu Frivolitäten, und bald verbrachten wir den größten Teil unserer Zeit miteinander und schwankten vor Lachen auf unseren Barhockern. Gewiß, ich konnte nur wenig mit Wyndham Lewis anfangen, der damals Bruces' Lieblingsschriftsteller war, und meine Bewunderung für *Belshazzar's Feast* war immer eingeschränkt, aber ich war mehr als bereit für John Dickson Carr, Mencken und *Pitié Pour les Femmes*. Im Gegenzug spielte ich ihm Platten von Billie Holiday vor und überredete ihn, den Kreis seiner Trinkstätten auszuweiten. Eines Abends betrat der Aufsichtsbeamte eines dieser Lokale, und ich wurde von den Kontrolleuren an einem Seiteneingang erwischt. Bruce hingegen betrat einfach einen küchenartigen Raum, entschuldigte sich bei einer Person, die dort gerade bügelte und wartete, bis die Luft rein war. »Wann wirst du jemals lernen«, wies er mich später zurecht, »nicht aus eigenem Antrieb zu handeln?«

Ich frage mich manchmal, ob Bruce für mich nicht einen eigenartigen kreativen Ansporn bildete. Während der folgenden drei Jahre standen wir recht regelmäßig in Verbindung, und ich schrieb so stetig wie niemals zuvor oder seitdem. Selbst im letzten Trimester, als es nur noch eine Frage weniger Wochen war, bis die Abschlußprüfungen begannen, fing ich eine unklassifizierbare Erzählung mit dem Titel *Wirbel im Mädcheninternat Willow Gables* an, die Bruce und Diana Gollancz jeden Abend im »The Lord Napier« lasen. Sein energischer intellektueller Epikureismus war vielleicht genau der Katalysator, den ich brauchte.

III

Jill begann ich in ebendiesem Herbst zu schreiben, als ich einundzwanzig Jahre alt war. Ich brauchte ein Jahr, um die Erzählung abzuschließen. Als sie im Jahr 1946 veröffentlicht wurde, rief sie keinerlei öffentliches Echo hervor. Kingsley, der damals wieder nach Oxford zurückgekehrt war, schrieb mir, um zu sagen, daß sie ihm sehr gefallen habe, und fügte hinzu, daß ihn der Einband an *Meldepraxis: Telegrafie und Telefon* erinnere, oder möglicherweise an *Ciceronis Orationes*. Später berichtete er, ein Exemplar in einem Laden an der Coventry Street gesehen zu haben, zwischen *Nackt und schamlos* und *Yvonne auf hohen Hacken*.

Als ich die Erzählung im Jahr 1963 noch einmal durchsah, habe ich eine Anzahl geringfügiger Streichungen vorgenommen, aber nichts hinzugefügt oder – mit Ausnahme eines Wortes hie und da und einiger leichter Obszönitäten, gegen die der ursprüngliche Verleger Einspruch erhoben hatte – neu geschrieben. Sie wird, wie ich hoffe, immer noch mit der Nachsicht rechnen dürfen, die Juvenilia entgegengebracht wird.

1963   P. L.

Handlungsort und -zeit dieser Erzählung – das Michaelis-Trimester an der Universität Oxford des Jahres 1940 – entsprechen mehr oder weniger der Realität, doch die handelnden Figuren sind frei erfunden.

Da der Text trotz seiner Länge im Wesentlichen eine schlichte Kurzgeschichte geblieben ist, wurde auf die ursprünglichen Kapiteleinteilungen verzichtet. Übrig blieb eine Erzählung mit Atempausen.

1963 P. L.

Jill

FÜR
JAMES BALLARD SUTTON

John Kemp saß in der Ecke eines leeren Abteils in einem Zug, der soeben das letzte Stück seines Weges nach Oxford zurücklegte. Es war fast vier Uhr nachmittags an einem Dienstag Mitte Oktober, und die Luft war so neblig und feucht wie vor jeder herbstlichen Dämmerung. Dichte Wolken bedeckten den Himmel. Nachdem der Zug die Gasometer, die Güterwaggons und die rußgeschwärzten Brücken von Banbury hinter sich gelassen hatte, sah John auf leere Felder hinaus. Sein Blick fiel auf vorbeieilende Baumgruppen, deren abgestorbene Blätter alle eine eigene Färbung aufwiesen, von blassestem Ocker bis hin zu leichtem Violett, so daß jeder Baum sich wie im Frühjahr von allen anderen unterschied. Die Hecken waren immer noch grün, aber die Blätter der sie durchziehenden Windengewächse hatten ein kränkliches Gelb angenommen und wirkten aus der Entfernung wie verspätete Blüten. Kleine Seitenarme von Flüssen wanden sich durch die Wiesen, gesäumt von Weiden, die ihre Blätter über die Wasseroberfläche verstreut hatten. Menschenleere Fußgängerbrücken überspannten diese Gewässer.

Alles sah kalt und verlassen aus. Die Fenster des Abteils hatten eine bläuliche Farbe, und auf dem Glas konnte man die Schlieren von den Lederlappen der Putzkolonne erkennen. Er wandte seine Aufmerksamkeit dem Abteil zu. Es war ein Wagen dritter Klasse, und die purpurroten Sitze rochen nach Staub, Ruß und Tabakrauch, doch die

Luft war warm. Abbildungen von Schloß Dartmouth und Portmadoc blickten ihn von der gegenüberliegenden Wand an. Er war ein zierlicher junger Mann, achtzehn Jahre alt, mit einem blassen Gesicht und weichen, hellen Haaren, die er nach Kindermanier von links nach rechts gebürstet trug. Er lehnte sich in seinen Sitz zurück, streckte die Beine aus und steckte beide Hände tief in die Taschen seines billigen blauen Mantels, dessen Revers sich wölbte und um dessen Knöpfe tiefe Knitterfalten verliefen. Sein Gesicht war schmal und ein wenig angespannt, der Ausdruck um seinen Mund grenzte an Verkniffenheit, und ein leichtes Runzeln lag auf seiner Stirn. Seiner ganzen Erscheinung fehlte jeglicher Überschwang. Einzig sein seidiges Haar, weich wie Distelsame, verlieh ihm eine gewisse Schönheit.

Er war bereits den ganzen Tag lang unterwegs gewesen, und nun wurde er hungrig, weil er nicht richtig zu Mittag gegessen hatte. Als er am Morgen daheim in Lancashire aufgebrochen war, hatten in seinen Taschen zwei Sandwichpakete gesteckt, die seine Mutter am Abend davor zubereitet hatte. Das Eiersandwich war in weißes Papier eingewickelt gewesen, das Schinkensandwich in braunes; beide Pakete waren fest, aber nicht zu stark mit Bindfaden verschnürt. Doch um Viertel vor eins hatte er in einem vollbesetzten Abteil gesessen und gewußt, daß er erst fünfzig Minuten später umsteigen würde. Da er sich genierte, allein vor Fremden zu essen, beobachtete er ungeduldig seine Mitreisenden, ob sie nicht etwas Eßbares hervorholten. Es hatte nicht den Anschein. Ein Mann zwängte sich durch das Abteil, um im Speisewagen zu Mittag zu essen, aber die anderen – zwei ältere Damen, ein hübsches Mädchen und ein alter Geistlicher, der gelegentlich Anmerkungen in dem Buch machte, das er las – saßen allesamt ruhig da. John war in seinem ganzen Leben kaum verreist, und soweit er wußte, galt es als unschicklich, in einem öffentlichen Abteil zu essen. Er versuchte zu lesen, aber um ein Uhr war er so verzweifelt, daß er sich auf die Toilette davonstahl. Dort schloß er sich ein und schlang soviel als möglich von seinen belegten Broten herunter, bis ein zorniges Rütteln an der Tür ihn dazu veranlaßte, den Rest seiner Mahlzeit durch den Ventilator im Fenster zu stopfen, geräuschvoll die unbenutzte Toilette abzuziehen und an seinen Sitzplatz zurückzukehren. Seine Rückkehr hätte ebensogut ein zuvor vereinbartes Zeichen sein können: Die kleinere und dickere der beiden Damen sagte munter »Na dann!« und brachte eine lederne Einkaufstasche zum Vorschein, aus der sie Servietten, Sandwichpakete, kleine Obstpasteten und eine Thermosflasche hervorholte, worauf die beiden Damen ihr kleines Picknick zu verzehren begannen. Unterdessen wickelte das hübsche Mädchen einige grob aussehende Käsebrötchen aus Silberpapier aus, und selbst der alte Geistliche stopfte ein Taschentuch in seinen Kragen und mümmelte auf Keksen herum. John wagte kaum, zu atmen. Er spürte, wie die alten Damen Blicke wechselten, saß unglückselig da, blätterte die Seiten von »Ein Sommernachtstraum« um und wartete auf das Unvermeidliche: ein selbstloses Essensangebot. Und tatsächlich, fünf Minuten später spürte er, wie ihn jemand leicht anstieß. Er blickte auf und sah die kleinere und dickere der beiden Damen, die sich zu ihm herüberbeugte und ihm ein Freßpaket in einer Serviette entgegenhielt. Sie hatte ein rosiges Gesicht, und ein breites Lächeln entblößte ihre falschen Zähne.

»Hättest du gern ein Sandwich, mein Junge?«

Das Rattern des Zuges übertönte einige ihrer Worte, aber ihre Gesten waren deutlich genug.

»Äh ... nein danke ... das ist sehr nett von Ihnen ... *nein*, vielen Dank ... ich ...«

Er konnte schwerlich erklären, daß er sein eigenes Mittagessen gerade aus dem Toilettenfenster geworfen hatte. Sie hielt ihm weiter den Beutel entgegen und schwenkte ihn resolut hin und her:

»Greif nur zu, mein Junge ... in Hülle und Fülle ... hast doch bestimmt Hunger.«

Unter ihrem beigen Reisemantel trug sie eine cremefarbene Bluse, an deren Kragen eine Brosche aus Stahl befestigt war. Als John weiterhin Zeichen machte und Worte von sich gab, die besagten, daß das zwar sehr nett von ihr sei, er aber wirklich nicht wolle, zog sie das Sandwich zurück und ließ ihre Handtasche aufschnappen.

»Du fühlst dich doch nicht etwa krank, oder?« Eine feiste Hand wühlte in der Tasche zwischen Briefen, Schlüsseln, einem mit Lavendelwasser getränkten Taschentuch und einer Tablettenflasche. »Ich habe etwas Riechsalz dabei, falls du Kopfschmerzen hast ... leg dich hin ...«

Aber da hatte er bereits das Sandwich angenommen, denn alles war besser, als mit Kölnisch Wasser betupft oder an ein geöffnetes Fenster gesetzt zu werden. Das hübsche Mädchen starrte ihn amüsiert an, während es seine Fingerspitzen ableckte, und selbst der Geistliche, der mit seinem silbernen Taschenmesser gerade einen Winterapfel zerteilte, hielt inne und musterte ihn vergnügt. Schließlich mußte er nicht nur drei Sandwiches von den beiden Damen annehmen, sondern auch noch ein Stück Kuchen von dem Mädchen und ein Viertel vom Apfel des Geistlichen. Während er kaute, hielt er seine Augen auf den schmutzigen Boden gerichtet und fühlte sich zutiefst gedemütigt.

Jetzt also, vier Stunden später, war er hungrig, aber dem Ziel seiner Reise so nah, daß seine Unruhe ihn jeden Essenswunsch vergessen ließ. Und der Zug schien seine Geschwindigkeit noch zu beschleunigen. Ganz als wisse er, daß sein Ziel nicht mehr fern sei, ratterte er nach einem regelmäßigen Rhythmus von beschleunigten Schlägen dahin. John blickte aus dem Fenster. Er sah einen Mann mit einem Gewehr, der soeben auf ein Feld hinaustrat, und zwei Pferde an einem Gatter. Gleich darauf wurden die Eisenbahnschienen von einem Kanal gesäumt, und erste Häuserreihen tauchten auf. Er erhob sich und blickte über Schrebergärten, Gemüsebeete und laubbedeckte Kohlehaufen hinweg auf die herannahende Stadt. Rote Backsteinmauern strahlten eine dumpfige Wärme ab, die er bei anderer Gelegenheit vielleicht zustimmend wahrgenommen hätte, doch dazu war er jetzt zu nervös. Der Zug klapperte über eiserne Brücken, vorbei an Gärten mit Kohlköpfen und an einer Fabrik, deren riesigen, aufgemalten Schriftzug er gar nicht erst zu lesen versuchte. Rauch vernebelte die Luft, und der Zug holperte über eine Weiche nach der anderen. Ein Stellwerk. Ihre Geschwindigkeit schien noch zuzunehmen, als sie sich dem Bahnhof in einer weitgestreckten Kurve näherten. Sie fuhren zwischen Güterwagen hindurch, und John erkannte einen Waggon aus der Nähe seines Heimatortes. Dann das vorspringende Dach eines Bahnsteigs, hohle Rufe, Gesichter, die zum Stillstand kamen, während er seinen schweren Koffer von der Ablage herunterzerrte, zitternder Halt und das Zischen entweichenden Dampfes.

»Oxford«, schrie ein Gepäckträger, »Oxford«. Er lief

den gesamten Bahnsteig entlang, da alle Namensschilder wegen des Krieges entfernt worden waren. John stieg aus.

Er beeilte sich nicht, durch die Fahrkartensperre zu gelangen, und als er den Bahnhof verließ, waren alle Taxis schon vergeben. Er stand auf dem Gehsteig, ohne die kleine Verzögerung im geringsten zu bedauern. Es war das erste Mal, daß er in seiner neuen Universität Logis nahm, und er war so furchterfüllt, daß er auch jetzt noch jede sich bietende Gelegenheit ergriffen hätte, umzukehren und in sein früheres Leben zu entfliehen. Auch die Tatsache, daß er jahrelang auf diesen Augenblick hingearbeitet hatte, änderte daran nichts. Und wenn er schon nicht nach Hause zurücklaufen konnte, dann trödelte er doch nur zu gern ein wenig herum und näherte sich ganz allmählich dem College, in dem er eingeschrieben war.

    Während dieses letzten Zögerns sah er hinunter auf die Stadt. Beiläufig nahm er wahr, daß hinter ihm ein junger Mann mit einem Gepäckträger über eine verlorengegangene Golfschlägertasche stritt. Was er sah, wirkte nicht sonderlich bemerkenswert. Es gab Plakatwände mit Werbung für Bohnen und für die Frauenabteilung der Britischen Armee, es gab Menschen, die in einen roten Bus drängten, und es gab einen lizensierten Alkoholausschank aus glasiertem Backstein. Ein Ponywagen knarrte die Straße entlang, und der Kutscher hielt die Zügel schlaff in der Hand – eine gebeugte Gestalt in der frühen Abenddämmerung. John sah sich nach Colleges und anderen alten Gebäuden um, aber er konnte nur ein oder zwei Turmspitzen in der Ferne ausmachen. Außerdem sah er eine Frau, die bei einem Gemüsehändler fünfzig Meter entfernt Rosenkohl einkaufte. Sein Koffer stand neben ihm auf dem Randstein.

Weil er alles, was er besaß, in diesen Koffer hineingestopft hatte, war sie so schwer geworden, daß er ein Taxi nehmen mußte, etwas, das er noch nie zuvor getan hatte. Einzig sein Geschirr war in einer kleinen Kiste vorausgeschickt worden; alles andere hatte er in dem Koffer verstaut, der wie ein kleiner Schrankkoffer mit Griff aussah. Er war so schwer, daß er ihn keine zwanzig Meter weit tragen konnte.

Angespannt wartete er. Der Fahrer des ersten zurückkehrenden Taxis grinste breit und schaltete den Motor aus, als John ihm die Adresse des Colleges gab.

»Tut mir leid, Sir. Werd' jetzt zu Abend essen.«

»Oh.«

Er ging zurück zum Randstein. Der zweite Fahrer war diensteifriger und setzte John nach einer kurzen, verschwommenen Fahrt für zwei Schillinge an der Eingangspforte seines Colleges ab. John gab ihm einen Halfcrown. Aus Angst, der Mann werde ihm einen Sixpence Wechselgeld herausgeben wollen, trat er rasch durch das große Portal. Er hörte, wie das Taxi davonfuhr.

Hier drinnen war der Verkehrslärm schon etwas schwächer. Er erkannte den quadratischen Innenhof wieder (denn er war schon einmal dagewesen) und sah sich um.

Ich muß den Pförtner fragen, wo mein Zimmer ist, instruierte er sich selbst und versuchte, seine aufsteigende Unruhe zu unterdrücken: Das ist das allererste.

Also ließ er seine Tasche stehen und wandte sich der Unterkunft des Pförtners zu. Hier lag Post für die Studenten aus, und einige zerfetzte Eisenbahnfahrpläne und

Telefonbücher hingen zur allgemeinen Benutzung an der Wand. John erinnerte sich des Pförtners als eines ungestümen kleinen Mannes mit gelblichbraunem Schnauzbart und einer Regimentskrawatte, und nun sah er ihn auch: Er lehnte an der Innentür und unterhielt sich mit zwei jungen Männern. Er war besser gekleidet als John.

»Sagen Sie *mir* das nicht. Sagen Sie's nicht *mir*. Genau das habe ich das ganze letzte Trimester über kommen sehen.«

»Jedenfalls wird niemand versuchen, so etwas zu tun«, sagte einer der jungen Männer matt. »Das heißt, keiner, der noch alle Sinne beisammen hat.«

»Ich sag' Ihnen, woran's liegt«, hob der Pförtner mit noch größerer Verärgerung an, aber er hielt inne, als er John bemerkte. »Bitte, Sir?«

John schluckte, und die beiden Männer drehten sich nach ihm um.

»Äh... ich bin gerade angekommen... äh... könnten Sie... äh... mein Zimmer...«

»Was, Sir?« fuhr ihn der kleine Mann an und legte den Kopf schief. »Was haben Sie gesagt?« John fehlten die Worte. »Studienanfänger, richtig?«

»Ja...«

»Name?«

»Äh... Kemp... äh...«

»Kent?«

Der Pförtner nahm eine Liste zur Hand und fuhr mit dem Daumennagel daran entlang. Die zwei jungen Männer blickten John weiterhin mit großer Gleichgültigkeit an. Es schien Stunden zu dauern, ehe der Pförtner verkündete:

»*Kemp!* Sie sind Kemp? Ja, Raum zwei, Treppenhaus

vierzehn. Zusammen mit Mr. Warner. Das sind Sie, Sir«, wiederholte er, da John sich nicht bewegte. »Vierzehn, zwo.«

»Äh ... wo?«

»Gründerhof – zweiter Torbogen links. Treppenhaus vierzehn liegt rechts. Sie können's nicht verfehlen.«

Dankesfloskeln murmelnd, trat John den Rückzug an.

Wer war Mr. Warner?

Unterschwellig hatte er etwas Ähnliches schon befürchtet, doch andere Dinge hatten ihn mehr in Schrecken versetzt.

Er hatte gehofft, daß er, sobald er erst einmal seine Räumlichkeiten ausfindig gemacht hätte, immer über eine Zuflucht verfügen würde, einen Ort, an den er sich zurückziehen, wo er sich verstecken konnte. Das war augenscheinlich nicht der Fall.

Wer war Mr. Warner? Vielleicht war er still und fleißig.

Die Neuigkeit brachte ihn so sehr aus der Fassung, daß er ganz vergaß, den Pförtner nach dem Eintreffen seiner Geschirrkiste zu befragen. Statt dessen wuchtete er seinen Koffer hoch und machte sich auf den Weg in die genannte Richtung. Der quadratische Innenhof war mit Kies bestreut und auf allen Seiten von Zimmern umgeben, deren Fenster dunkel und hohl wirkten. Torbögen, die mit steinernen Wappen und Ornamenten verziert waren, führten in andere Bereiche des Colleges. Einige Tauben flatterten von hohen Simsen herab, die in dem üppigen, purpurroten Efeu fast verschwanden. John, der unter der Last seines Koffers schnaufte, durchquerte einen Torbogen mit einer Gedenktafel für den letzten Krieg und fand sich im Geviert eines Kreuzganges wieder, in dessen Mitte, von einem eisernen Geländer umgeben, die Statue des Collegegründers stand. Weil seine Schritte in den steinernen Gängen laut widerhallten, ging er auf Zehenspitzen. Er ahnte nicht, daß der Klang hallender Schritte ihm schon nach wenigen Tagen völlig vertraut sein würde. In diesem innersten der Innenhöfe war die Stille fast vollkommen und wurde nur vom entfernten Klang eines Grammophons durchbrochen. Er fragte sich, wer wohl der Gründer sei, aber vor allem fragte er sich, wer Mr. Warner sei. Vielleicht war er ein mittelloser Student wie er selbst.

Auf der rechten Seite des Innenhofes gab es drei Treppenhäuser, und das letzte trug die Nummer vierzehn – die Ziffern waren neu aufgemalt worden. Neu aufgemalt waren auch die Namen der Bewohner in den Listen, die am Fuß jeder Treppe aushingen. Er las sie mit einiger Besorgnis: Stephenson, Hackett und Cromwell, der Ehrenwerte S. A. A. Ransom.

Als nächstes kam Nummer vierzehn: Kemp und Warner.

Was ihn ängstigte, war weniger der Anblick der Tür (das Zimmer mit der Nummer zwei befand sich im Erdgeschoß), als vielmehr die Tatsache, daß Gelächter und das Klirren von Teetassen daraus hervordrangen. Dort waren Menschen! Er lauschte zunächst an einer anderen Tür, dann an einer weiteren, aber es konnte kein Zweifel daran bestehen, daß die Geräusche aus seinem eigenen Zimmer kamen. Vorsichtig stellte er seinen Koffer ab und rüstete sich zu einem heimlichen Rückzug – denn er hätte ebensowenig stören wie an einer fremden Haustür klingeln wollen –, als die Tür plötzlich geöffnet wurde und ein junger Mann mit einem Teekessel in der Hand heraustrat.

John wich zurück. »Äh ... ich ...«

»Hallo, wollen Sie zu mir?«

Der junge Mann war größer und kräftiger als John. Er

trug sein dunkles, trockenes Haar aus der Stirn zurückgebürstet, und sein kantiger Kiefer war voller Bartstoppeln. Seine Nase war dick, und seine Schultern waren breit. John fühlte, wie Mißtrauen in ihm aufkam. Der andere war mit einem dunkelgrauen Straßenanzug und einem dunkelblauen Hemd bekleidet, und an seiner rechten Hand trug er einen quadratischen Goldring. Seine Haltung wirkte irgendwie aufgeblasen; er hielt sich fast schon übertrieben gerade.

»Äh...« John machte eine verkrampfte, ausdruckslose Geste. »Das hier ist, ich glaube, das hier ist... ich heiße Kemp.«

»Ach, Sie sind Kemp. Wie geht's Ihnen? Ich bin Warner – Chris Warner.«

Sie gaben sich die Hand.

»Wir trinken gerade Tee. Da drinnen sind ziemlich viele Leute. Ich fürchte, ich habe mich ein wenig Ihrer Räumlichkeiten bemächtigt.« Er begann, den Teekessel aus dem Wasserhahn zu füllen. »Sie kommen aus ›Der Stadt‹?«

»Aus Huddlesford«, sagte John, der nicht wußte, daß mit »Die Stadt« London gemeint war.

»Ah ja. Gute Reise?«

»Ja...«

Ihm war schmerzlich bewußt, daß die Unterhaltung im Zimmer aufgehört hatte und die unsichtbare Teegesellschaft dem Gespräch draußen zuhörte.

»Dann kommen Sie doch herein und trinken Sie etwas Tee mit uns, falls noch welcher übrig ist.« John folgte ihm ins Zimmer. »Freunde, meine bessere Hälfte ist eingetroffen. Mr. Kemp, darf ich vorstellen: Elizabeth Dowling, Eddy Makepeace, Patrick Dowling und Hugh Stanning-Smith.«

Er lächelte blind von Gesicht zu Gesicht. Sie blickten ihn an und lächelten zurück.

Der Raum war groß und geräumig, und er befand sich in schrecklicher Unordnung. Das Teegeschirr war auf dem Kaminvorleger aufgestellt worden, und schmutzige Tassen und Teller lagen über den ganzen Boden verstreut. Der Tisch war mit Verpackungspapier und Krümeln eines halben Brotlaibes übersät. Auch ein Glas Marmelade stand dort, außerdem lagen ein Bücherstapel und allerlei Krimskrams da. Das alles schien einem Schrankkoffer entnommen worden zu sein, der geöffnet unter dem Fenster stand. Im Kamin brannte ein munteres Feuer. Der Raum war größer als jeder Raum in seinem Elternhaus.

Als erstes schaute er Elizabeth Dowling an, denn erstens war sie eine Frau, und zweitens war ihr Name der einzige, den er sich gemerkt hatte. Sie hatte kräftige Schultern und ein ebenmäßiges Gesicht und saß in einer Ecke des Sofas. Ihr Gesicht war sorgfältig gepudert, ihr Mund rot geschminkt und ihr goldblondes Haar auf einer Seite des Kopfes so energisch hochgebürstet, daß es ein steifes, helmartiges Ornament bildete. Ihre rechte Hand, in der sie eine brennende Zigarette hielt, lag ruhig da. Sie trug ein kariertes Tweedkostüm.

Als nächstes fiel sein Blick auf Eddy Makepeace, der eine gelbe Krawatte mit einem Hufeisenmuster trug. Er hatte ein jungenhaftes, pickliges Gesicht, das ebensoviel Selbstvertrauen wie Dummheit ausstrahlte, und seine Augen standen hervor.

Patrick Dowling lümmelte lässig herum und starrte mit unangenehmer Offenheit zurück; eine entfernte Ähnlichkeit mit Elizabeth deutete darauf hin, daß die beiden miteinander verwandt waren. Hugh Stanning-Smith hatte eine schwache Stimme und blasse Finger.

»Chris, du bist unmöglich«, sagte Elizabeth anklagend. »Ihn bis zum Rand zu füllen ... Es dauert Stunden, bis das Wasser kocht. Wirklich *Stunden*. Und ich könnte *sterben* für eine zweite Tasse.«

John starrte sie an. Nie zuvor hatte er dieses selbstironische südenglische Girren gehört, und ihn überkam das Gefühl, sich im Ausland zu befinden. »Ich denke...« murmelte er und suchte nach einer Entschuldigung, den Raum zu verlassen: »Ich denke...«

»Hier, nehmen Sie ein Stück Kuchen.« Christopher klatschte ein Stück Kuchen auf einen Teller, den er ihm entgegenhielt. »Nun legen Sie doch Ihre Sachen ab und setzen sich hin«, fügte er verbindlich hinzu. »Pat, steh' auf und biete dem Mann deinen Platz an.«

»Das ist nicht nötig«, sagte John eilig, obwohl er sich gern hingesetzt hätte. »Ich habe schon den ganzen Tag lang gesessen.«

»*Genau* wie Pat«, girrte Elizabeth. »Aber der ist *faul*.«

»Und er wird auch noch die ganze Nacht lang sitzen bleiben.« Unvermittelt brach Patrick in brüllendes Gelächter aus und stopfte sich Kuchen in den Mund. Da niemand Anstalten machte, aufzustehen, zog John seinen Mantel aus und lehnte sich an die Wand.

»Hat Ihre Fahrt lange gedauert?« Elizabeth sah zu ihm hoch und sprach jedes Wort so betont deutlich aus, als ob sie mit einem Ausländer redete. Als er zu ihr hinunterblickte, stellte er fest, daß ihre Lippen in Wahrheit viel dünner waren, als der Lippenstift vermuten ließ.

»Aus Huddlesford.«

»Ah ja. Ganz schön weit weg.«

Da John weiter nichts sagte, wandte sich das Gespräch wieder von ihm ab und anderen Themen zu. »Was wolltest du gerade von Julian erzählen, Chris?« erkundigte sich Eddy und rutschte nervös auf seinem Stuhl herum. »Hast du gesagt, daß er sich freiwillig gemeldet hat?«

»Richtig. Bei der Fernmeldetruppe.«

»Ah ja, verstehe. Ich dachte mir schon, daß da etwas dran sei.«

»Darauf kannst du wetten.«

»Ist es denn gefährlich bei der Fernmeldetruppe?« fragte Elizabeth. Sie schnippte mit intellektueller Attitüde Asche auf ihre Untertasse. »Ist es das, was du sagen willst?«

»Wohl kaum, wenn schon Julian...«

»Ist das der Mensch, den wir in ›Der Stadt‹ getroffen haben, Chris?« Elizabeth wandte sich Christopher Warner zu, der nach mehr oder weniger beendeter Mahlzeit nachlässig die Teller zusammenstellte. Er nickte. »Im ›Cinderella‹, nach dem Theater? Mir schien er nicht sehr klug zu sein.«

»Was Lizzie meint«, sagte Patrick sarkastisch, »ist, daß er...«

»*Halt* den Mund!« Elizabeth tat, als wolle sie mit einem Kissen nach ihm werfen und machte einen Schmollmund. »Du bist wirklich ein Schwein.« Eine Sekunde lang begegneten ihre Augen denen von John. Sie senkte den Blick und sah in ihren Schoß. Ansonsten war die Atmosphäre im Zimmer fast dieselbe wie vor seinem Eintritt.

Er hatte seinen Kuchen aufgegessen, und da er nicht wagte, um mehr zu bitten, richtete er seine Aufmerksamkeit auf das Zimmer. Es war groß und gut geschnitten, doch die Details waren schäbig. Die Fenster blickten an einer Seite auf den Gründerhof hinaus (er konnte die Statue des Gründers sehen) und an der anderen Seite, wie er später erfuhr, auf den Garten des Rektors. Lange Vorhänge reichten bis hinab auf den Boden. Die Wände waren holzgetäfelt und in einem Cremeton gestrichen. Seitlich des Kamins befanden sich zwei Einbauregale, die weitere Möblierung setzte sich aus einem Tisch, einem Schreibtisch, zwei Sesseln und einem Sofa zusammen.

Überall lagen Christophers Sachen verstreut. Neben Büchern und Kleidungsstücken hatte er seinem Schrankkoffer allerlei weitere Gegenstände entnommen und großzügig im ganzen Zimmer verteilt: eine Flasche Haaröl, einen Squashschläger, mehrere Illustrierte. Einige Bilder lehnten an den Wänden. Ein weiterer, teilweise geleerter Koffer stand mit losen Riemen hinter Eddys Stuhl.

Doch trotz des großen Feuers und des bequemen Mobiliars war dies kein behagliches Zimmer. John malte sich aus, wie er mit einem Essayband gemütlich vor der Feuerstelle sitzen würde, während draußen der Schnee fiel. Doch in Wahrheit waren die Fenster groß und zugig, und der Raum wurde niemals richtig warm.

Die anderen fünf lümmelten um das Feuer herum, während John hinter ihnen an der Wand lehnte. Sobald seine Aufmerksamkeit zu ihnen zurückkehrte, stellte er fest, daß sie ihn entgegen seiner Vermutung nicht etwa vergessen hatten. Als seine Augen aufgeschreckt von einem Gesicht zum nächsten huschten, sahen sie rasch beiseite. Der, den sie Eddy nannten, grinste ihn sogar dummdreist an. John lief rot an, denn während es ihm nur natürlich erschien, daß sie ihn ignorierten, konnte er kaum glauben, daß sie in Wahrheit mit Fingern auf ihn zeigten und sich über ihn lustig machten. Doch genau danach sah es aus.

»Mach schon, Teekessel!« sagte Elizabeth unwillig. Er blickte sie mißtrauisch an, doch sie senkte bloß ihre Augenlider, schlug die Beine übereinander und glättete ihren Rock. War er nur das Opfer einer Einbildung? Ihrer aller Gesichter zeigten einen Ausdruck des Unbehagens. Christopher Warner – John hatte angefangen, sich besonders aufmerksam mit ihm zu befassen, da er wußte, daß sie bereits miteinander verbunden waren – saß auf der Kante des Kamingittersitzes, blickte scheinbar unbekümmert auf den Teppich und warf gelegentliche Seitenblicke auf Eddy. Die Lücke in der Unterhaltung wurde mit jeder Sekunde größer. Was stimmte hier nicht?

Vorsichtig und mit einem ersten zaghaften Empfinden unwilliger Einsicht, das den frühen Anzeichen einer Seekrankheit glich, inspizierte er sich selbst. Er stellte fest, daß sein Hosenschlitz zugeknöpft war, und er fand auch sonst nichts Ungewöhnliches an seiner Erscheinung. Daraufhin errötete er noch mehr und versuchte nun, sehr aufrecht und militärisch dazustehen. Dann dachte er, daß dies albern sei und versuchte, eine lässige Haltung einzunehmen, indem er die Beine kreuzte und aus dem Fenster blickte. Eddy Makepeace gab ein scharfes, gekünsteltes Räuspern von sich, und Elizabeth entnahm ihrer Handtasche ein Taschentuch und putzte sich – mit großer Vorsicht, um ihr Makeup nicht zu beeinträchtigen – die Nase. Christopher hielt ein silbernes Zigarettenetui in die Runde und fragte mit einem angespannten Lächeln:

»Glimmstengel?«

Aber er wurde durch das Blubbern des überkochenden Wassers unterbrochen. Eilig nahm er den Kessel vom heißen Feuer, wobei er ein Taschentuch benutzte, um sich nicht an dem heißen Griff zu verbrennen. Alle reckten und streckten sich und griffen nach ihren Tassen. »Das hat wirklich eine *Ewigkeit* gedauert«, rief Elizabeth in dem Versuch, die entstandene Pause zu überspielen. Mit affektierter Kindlichkeit hielt sie Christopher ihre Tasse entgegen: »Mir, Chris, *mir*. Mach schnell.«

»Besucher zuerst«, sagte Christopher Warner und füllte eine Tasse für John. »Nehmen Sie Zucker?« Er hielt inne und wechselte seinen Griff um die Teekanne. »Jesus, das verdammte Ding ist heiß.«

»Oh... äh... danke«. John, der immer noch feuerrot angelaufen war, suchte krampfhaft nach einer angemessenen Entgegnung. »Wissen Sie... äh... ziemlich lustige Sache das. Ich glaube, wir haben beide dieselbe Sorte Teegeschirr mitgebracht...«

Er wurde jäh von einem derart ausgelassenen Gelächter unterbrochen, daß er zusammenzuckte und angstvoll um sich sah. Alle waren über die Maßen belustigt. Elizabeth schnappte sich erneut ihr kleines Taschentuch, führte es an die Augen und schüttelte es voller Heiterkeit. Eddy Makepeace stieß kurze, bellende Lachlaute aus, die durch ihre Künstlichkeit irritierten; Hugh Stanning-Smith kicherte auf wohlerzogene Weise, und Patrick Dowling musterte John mit einem spöttischen Blick von der Seite.

»Was... was stimmt nicht?« rief er aus und verhielt sich vor Schreck ausnahmsweise ganz natürlich.

Noch mehr Gelächter. Seine Verblüffung verursachte einen zweiten, primitiveren Ausbruch, wie wenn ein Komiker sich, nachdem er eine lustige Geschichte erzählt hat, auf seinen Hut setzt.

»Oh, Gott«, schnaufte Christopher Warner schließlich, nahm das Taschentuch, mit dem er den Teekessel gehalten hatte, und trocknete sich damit die Augen. »Oh, je! Mein lieber Mann, das hier *ist* Ihr Steinzeug... Oh, du meine Güte!« Sein Gesicht verzog sich zu einem weiteren Lachkrampf, und sein ganzer Brustkorb bebte unter dem neuerlichen Anfall. »Oh, Gott, ich verschütte noch was...« Er setzte die Teekanne ab, und etwas Tee schwappte aus der Tülle auf die Tischdecke. »Tja, Sie müssen schon entschuldigen. Ich habe kein Geschirr. Wir haben leider Ihre Kiste aufgebrochen und Ihre Sachen eingeweiht. Ich hoffe wirklich, es macht Ihnen nichts aus...«

John begriff sofort. Wie jeder Studienanfänger hatte er vom Quästor eine Liste der Haushaltsgegenstände erhalten, mit denen er bei seinem Eintreffen in der Universität versehen sein sollte. Dazu gehörten unter anderem zwei Laken, ein Teegeschirr, ein Wasserkessel und ein Gewürzständer. Vor drei Wochen hatte seine Mutter darauf bestanden, einen ganzen Nachmittag auf den Einkauf dieser Sachen zu verwenden. Es war ein anrührender kleiner Einkaufsbummel geworden, und er hatte bald gemerkt, daß ihr der Ausflug viel mehr bedeutete als ihm. Nachher hatten sie in einem Kino Tee getrunken und Kuchen gegessen.

Die meisten Sachen, die sie gekauft hatten, waren jetzt schmutzig und lagen im ganzen Zimmer verstreut; John wunderte sich im nachhinein, daß er sie so lange nicht erkannt hatte. Die Geschirrkiste (jetzt erkannte er sie) stand hinter Christophers Schrankkoffer und war so ungeschickt aufgebrochen worden, daß es unmöglich war, sie ein weiteres Mal zu benutzen, falls er das vorgehabt hätte. Dies waren also seine Tassen und Teller, sein Kaffeesieb (randvoll mit Teeblättern) und sein ehemals glänzender, nun vom Feuer geschwärzter Wasserkessel. Sein Brotmesser, seine Zuckerschale.

»Herrje, ich dachte, er würde es nie bemerken«, gurgelte Eddy Makepeace und trocknete sich die hervorstehenden Augen. »Wirklich *verdammt* lustig.«

Elizabeth Dowling brach erneut in schallendes Gelächter aus. »Und diese *köstliche* Art...« Sie schluckte, um ihr Lachen zu ersticken. »Er hat das Thema so *höflich* zur Sprache gebracht... O je, o je!«

John trank in kleinen Schlucken seinen Tee, der heiß war und ihm den Mund verbrannte. Ihm war schmerzlich bewußt, daß man sich in der dritten Person auf ihn bezog, doch das entsprach seiner Stimmung nur allzu gut. Während sie sich vor Lachen kaum halten konnten, wäre er am liebsten davongeschlichen und hätte sich versteckt.

»Tja, ich denke mal, es macht Ihnen nichts aus, alter Junge, oder?« fragte Christopher Warner verbindlich.

»Oh, nein... nein...«

»Zum Teufel, daran gibt es nichts, das einem etwas ausmachen könnte«, sagte Patrick Dowling mit spöttischem Grinsen. »Es war nur so verdammt lustig. Er muß gedacht haben, daß er Erscheinungen hat.«

»Kannst du dich denn *gar nicht* benehmen, Christopher? Du bist schrecklich. Ich habe *Tage* bei ›Harrod's‹ verbracht, ehe ich mich für Muster und Farben und Formen und all das entschieden hatte. Wenn irgend jemand es *wagt*, sie zu zerbrechen, ooh, ich werde... ich werde...«

Christopher lachte laut auf, trat ans Feuer, um es zu schüren, und stand dann breitbeinig auf dem Kaminvorleger.

»Nun ja, ich habe immerhin Gläser mitgebracht, also können wir Gleiches mit Gleichem vergelten.«

»Das will ich hoffen, Chris«, warf Eddy Makepeace vielsagend ein.

»Nein wirklich, diese Liste, die sie einem da zusenden,

darüber lachen ja die Hühner. Frühstücksgeschirr und Teeservice... glauben die, daß das Geld auf der Straße liegt? Das Zeug wird doch sowieso nur geklaut oder zerdeppert. Jedenfalls hab ich bloß ein paar Bierkrüge und Sherrygläser von zu Hause mitgebracht, und Gott stehe dem Bastard bei, der irgendwas davon kaputtmacht. Na, ich vermute mal, Kemp wird meine Gläser noch früh genug benutzen.«

John murmelte etwas Unverständliches. Es war ihm viel zu peinlich, im Mittelpunkt der Aufmerksamkeit zu stehen und hören zu müssen, wie das Wort »Bastard« in Gegenwart eines Mädchens fiel, als daß er sich über die Gefühle, die in ihm tobten, hätte Rechenschaft ablegen können. Als er es später tat, sah er sich einem Tumult aus Zorn, bitterer Demütigung und Selbstmitleid gegenüber. Während die Unterhaltung dahinplätscherte und sich schließlich wieder anderen Dingen zuwandte, stellte er fest, daß er auf das Kaffeesieb starrte, das als Teesieb benutzt worden war, und daß er dabei ein so tiefes Bedauern empfand, als ob das Sieb und er in derselben Weise gelitten hätten. Sein Impuls, fortzulaufen, wurde einzig dadurch zunichte gemacht, daß er nirgendwohin laufen konnte. Dies war jetzt sein Zuhause.

»Was läuft im Kintopp?« erkundigte sich Eddy Makepeace lautstark und schnippte Asche in seine Tasse. John starrte mit wachsendem Mißfallen auf seine Glupschaugen und das picklige Gesicht. Er hatte das Gefühl, an einen Ort geraten zu sein, wo es absolut niemand seinesgleichen gab. Er setzte seine Tasse ab und hüllte sich weiterhin in Schweigen.

Kaum wagte er zu hoffen, daß die Besucher jemals aufbrechen würden, aber um kurz vor sechs standen endlich alle auf und gingen. Christopher begleitete sie zum Portal.

Die Abenddämmerung hatte bereits eingesetzt, und John hörte, wie ihr Lachen draußen im Kreuzgang widerhallte. Sobald er allein war, setzte er sich inmitten des schmutzigen Geschirrs deprimiert auf das Sofa und hatte das Gefühl, weinen zu müssen, wenn er noch länger allein bliebe. Doch dieses Gefühl verwandelte sich sogleich in Furcht, als er Christopher Warner zurückkommen hörte. Schon die Vorstellung, mit einem Fremden zusammenzuleben, erschreckte ihn. Würden sie sich dasselbe Schlafzimmer teilen müssen? Er hatte so etwas noch nie zuvor getan, und er war zutiefst schüchtern. Außerdem empfand er bislang nichts als Abneigung gegen Christopher Warner.

»Na dann«, sagte Christopher energisch und schlug die Tür zu. »Die Unordnung hier geht größtenteils auf mein Konto, denke ich… Werfen Sie doch bitte mal ein paar Kohlen aufs Feuer.«

John gehorchte. Christopher Warner trug Arme voller Wäsche ins Schlafzimmer und schenkte ihm kaum noch Beachtung. John öffnete seinen lachhaften Halb-Schrankkoffer und kniete ungelenk daneben nieder.

»Ich habe das hintere Bett genommen – ich gehe davon aus, daß Sie damit einverstanden sind?« fragte Christopher, als sie in der Tür zusammentrafen. Das hintere Bett stand weiter von der Tür entfernt, und es war der kleinen Lampe am nächsten.

»Aber ja.«

John legte seine drei Hemden in die Ecke einer Schublade. Er hörte, wie Christopher Einwickelpapier zusammenknüllte und sah sich in dem kleinen Schlafzimmer um. Zwei Betten, ein Waschtisch und ein großer Kleiderschrank standen darin. Auf der Marmorplatte des Waschtischs hatte Christopher sein Rasierzeug aufgestellt, und

John musterte es aufmerksam. Was war eine »Rasierlotion«, was war »Talkumpuder«?

»Schön, daß Sie einige meiner Freunde kennengelernt haben«, sagte Christopher während des Aufräumens. Er nahm eine gerahmte Fotografie und suchte die Wände nach Nägeln ab. »In ›Der Stadt‹ sind wir ziemlich oft zusammen... Elizabeth ist übrigens Patricks Schwester. Dieser Hugh ist ein Kumpel von Patrick. Mit Eddy war ich zusammen auf der Schule. Lamprey, wissen Sie.«

»Oh, ja.«

»Eine gute Schule. Eine verdammt gute Schule.« Christopher hängte das erste Bild auf, trat einen Schritt zurück und wischte sich die Hände an der Hose ab. »So ist es genau richtig. Eine Radierung, wissen Sie.«

John hatte noch nie zuvor von einer Schule in Lamprey gehört, aber er betrachtete die Radierung voller Respekt. Christopher hängte unterdessen drei weitere Bilder auf. Zwei davon zeigten Mannschaften aus Lamprey, zu denen auch Christopher gehörte.

»So sieht es doch gleich ein bißchen mehr nach Zuhause aus. Nichts für ungut, aber Sie selbst haben vermutlich nichts dabei, oder?«

»Nein, nein, es ist völlig in Ordnung so.«

»Ich hatte schon befürchtet, sie wären einer von den Kerlen, die überall diese miserablen modernen Schmiereien aufhängen. Ist schon eine öde Sache, wenn man alles teilen muß, nicht wahr?«

John hätte diese Äußerung für ungeheuer unhöflich gehalten, wenn er selbst sie gemacht hätte. Aus dem Mund von Christopher Warner, der gerade nach einem Feuerzeug für die Zigarette zwischen seinen Lippen suchte, klang sie irgendwie anders.

»Himmel, niemand wird je einen Dozenten dabei ertappen, daß er sein Zimmer mit einem anderen teilt. Wenn's jemals soweit kommt, dann gibt's Krieg.« Eine Rauchwolke verhüllte kurz sein Gesicht, ehe sie sich auflöste. »Nicht, daß ich's ihnen verübeln könnte.«
»Was werden Sie studieren?«
»Ich werde wohl Englisch belegen.«
»Ja ... ich auch.«
»Ach, dann sind wir deshalb zusammen.« Er sah sich noch einmal im Zimmer um. »Ich denke, die schlimmste Unordnung ist jetzt beseitigt.«

Es wurde dunkel, und das Wohnzimmer füllte sich mit Schatten. Christopher legte einen Zeitschriftenstapel nachlässig auf dem Bücherregal ab. Nah und fern schlugen Glocken die halbe Stunde, und ihr Klang schwebte weich durch die vielen Torbögen und Steinornamente. John senkte den Kopf und dachte an Wörter wie »Angelus« und »Refektorium«.

Dann klopfte es an der Tür.

»Herein.«

Ein dünner, zerbrechlich wirkender Mann mit einer Schürze trat ein und blieb neben der Tür stehen.

»Guten Abend, Gentlemen. Ich bin Ihr Bediensteter.«

»Ah ja – machen Sie doch bitte das Licht an. Genau. Ich bin Warner. Das ist Kemp.«

John zog schüchtern den Kopf ein.

»Ich bringe die Verdunkelung an, Sir. Falls es Ihnen nichts ausmacht, können Sie mir dabei zusehen ... Sie werden das selbst erledigen wollen, wenn die Tage kürzer werden.«

Sie schauten zu, wie er Sperrholzplatten vor den Schlafzimmerfenstern anbrachte und die Läden im Wohnzimmer schloß. Dann sammelte er auf einem Tablett schnell und methodisch die benutzten Teesachen ein. »Sie wissen, daß ich dazu berechtigt bin, Ihre Kleiderschutzhüllen mitzunehmen?« fragte er aufblickend. »Für die Reinigung...«

»Aber ja, natürlich. Sie würden uns sonst nicht viel nützen!«

»Nein, das würden sie bestimmt nicht, Sir.« Der Bedienstete packte das Brot und den Zucker zusammen. »Ich nehme an, Sie würden meine Arbeit nicht so gern machen wollen wie Ihre, nicht wahr? Nein, ich nehme nicht an, daß Sie das wollen.« Er lachte eine Weile so still vor sich hin, als ob ihn die Brust schmerzen würde. »Wie Sie wissen, Gentlemen, gibt es um sieben Uhr Abendessen in der Mensa. Haben Sie Ihre Roben dabei?«

»Ja...«

»Nein, habe ich nicht...« John sah die beiden anderen erschrocken an. Unter der Anspannung der letzten Stunde hatte er ganz vergessen, daß jeder, der in der Mensa speiste, einer einschüchternden Regel zufolge eine Robe tragen mußte, die seinem akademischen Rang entsprach.

»Sie haben keine, Sir? Sie sind doch Student? Ich besorge Ihnen eine. Es dauert nur ein paar Augenblicke, wenn Sie so lange warten wollen.« Und damit nahm er das Tablett und ging hinaus, wobei er die Tür leise hinter sich schloß. John war erleichtert, sowohl des Versprechens wegen, als auch angesichts der Tatsache, daß Christopher dagewesen war und das Gespräch mit dem Mann geführt hatte. Er hatte der ungewohnten Erfahrung, mit einem Bediensteten sprechen zu müssen, nicht eben freudig entgegengesehen.

»Meine habe ich beim Pförtner für einen halben Dollar bekommen«, bemerkte Christopher und griff sich das schwarze Stück Tuch. Er gähnte. »Ich gehe in den studentischen Gemeinschaftsraum. Ich habe gehört, daß man dort Sherry bekommen soll.«

*

Dann gab es Abendessen in dem großen Speisesaal, wo Reihen schwarzgekleideter Studenten an weiß eingedeckten Tischen standen, während ein lateinisches Tischgebet verlesen wurde. Im Verlauf der Mahlzeit hob John kaum je den Kopf, aber er war sich des oberflächlichen Geplappers ringsum ebenso bewußt, wie er sich der Bediensteten, die Teller und Tabletts voller Bierkrüge trugen, und des großen, goldgerahmten Ölgemäldes, das hoch oben an der Wandtäfelung hing, bewußt war. Er beendete die drei Gänge sehr schnell, wartete dann, bis jemand den Saal verließ und ging anschließend selbst hinaus.

Christopher Warner saß gemeinsam mit Patrick Dowling am Tisch derjenigen Studenten, die für ihre Verköstigung selbst aufkamen. Als John hinausging, tranken sie gerade Bier. Er kehrte also in ein leeres Zimmer zurück, wo er endlich mit sich allein sein konnte. Im Schein des elektrischen Lichts machten die cremefarbenen Wände einen unfreundlichen Eindruck auf ihn. Nachdem er seine Robe ausgezogen hatte, saß er zunächst auf dem Sofa und stand dann jäh auf. Mit der Unruhe einer Katze, die sich in einem neuen Zuhause wiederfindet, sah er sich um. Eine düstere Melancholie breitete sich in ihm aus, eine große Einsamkeit. Sie hatte ihre Ursache in der Gewißheit, daß es für ihn keinen freundlicheren und vertrauteren Ort als dieses deprimierende Zimmer gab; vor allem aber hatte sie ihre Ursache darin, daß dieses Zimmer nicht allein seines war, so daß er sich darin nicht gegen all die Fremdheit ringsum wappnen konnte. Jederzeit konnten Christopher Warner oder Patrick hereinkommen und Kaffee in seiner Kaffeekanne zubereiten oder einen seiner Teller bei einem Balanciertrick zerbrechen. Er hatte gehofft, daß er wenigstens ein eigenes Zimmer haben würde, mit einem Kaminfeuer und geschlossenen Vorhängen. Ein Zimmer, in dem er seine Bücher ordentlich aufstellen, eine Schublade mit seinen Notizen und Essays (in schwarzer Tinte mit roten Korrekturen, zusammengehalten von Messingklammern) füllen und ungestört vom Herbst in den Winter hineinleben konnte. Das war offensichtlich nicht der Fall.

Niemand würde vermuten, daß hier zwei Menschen wohnen, dachte er, während er sich im Zimmer umsah. Christopher hatte seine lederne Schreibmappe auf dem Schreibtisch abgelegt, einen schicken steinernen Aschenbecher auf das Kaminsims gestellt und ein paar Seidenkissen auf dem Sofa drapiert. Seine wollgefütterten Hausschuhe standen neben dem Kohleneimer; John hatte seine eigenen unter das Bett gestellt, weil sie stark abgetragen waren. Seltsam, wie würdevoll die Kleidungsstücke anderer Menschen alterten, wie der Gebrauch sie anscheinend noch verschönte; seine eigenen wurden nur unansehnlich und fadenscheinig. Er sah sich im Raum nach Anzeichen seiner Anwesenheit um, aber er fand nur sehr wenige. Im Schlafzimmer verhielt es sich kaum anders. Wenigstens hatte er ein eigenes Bett, auf dem sein ordentlich gefalteter Schlafanzug lag. Aber es war Christophers scharlachroter Morgenmantel, der als erstes ins Auge fiel, es waren seine Handtücher, und im Kleiderschrank waren es seine bunten Halstücher und Hemden.

Aus Neugier untersuchte er Christopher Warners Sachen und bemühte sich, aus ihnen Rückschlüsse auf seinen Charakter zu ziehen. Wer war er? Er war reich, und er kam aus London. An seinem Kamm hingen ein paar Haare, und seine Haarbürsten steckten in einem Etui aus Leder. John ließ den Verschluß auf- und zuschnappen. Die Taschen seiner Jackets, die hinter einem Vorhang hingen, waren leer, aber in die Kleidungsstücke war das Etikett eines Londoner Schneiders genäht, und John befühlte voller Interesse den Stoff und die Lederknöpfe. Christophers Schubladen waren nicht sehr aufschlußreich: neben Hemden und leichter Unterwäsche befand sich darin ein Durcheinander aus Socken, Seidenkrawatten und Hemdkragen, außerdem ein Satz Kragen- und Manschettenknöpfe sowie ein Stapel weißleinener Taschentücher. Dann waren da noch einige ungeöffnete Packungen mit Rasierklingen und vier Kontrazeptiva. John hätte nicht verstörter sein können, wenn er einen geladenen Revolver gefunden hätte.

Er ging ins Wohnzimmer und musterte das Bücherregal, in dem Christopher allerlei Sachen unordentlich aufgetürmt hatte, darunter auch einige Bücher. Dazu zählten eine Shakespeare-Gesamtausgabe, »The Shropshire Lad« und ein »Sammelband des Humors«, ferner ein Buch von Siegfried Sassoon und ein oder zwei Detektivromane. Auf der Innenseite der Umschläge stand »Christopher R. W. Warner« in einer dicht gedrängten, abfallenden Handschrift, die nicht ohne eigenen Ausdruck war. Oben auf dem Bücherstapel lagen ein Squashschläger in einer Hülle und fünf oder sechs Notizbücher mit dem Stempel »Lamprey College« in fetten gotischen Lettern. John öffnete eines dieser Notizbücher, und sein Blick fiel auf die folgenden Worte:

Folglich sehen wir, daß in der Erfindung der Shylock-Figur Shakespeares ursprüngliche Absicht abgeändert wurde und er anstelle eines komischen Geldleihers eine Gestalt von tragischer Bedeutung schuf.

Als ihm klar wurde, daß er selbst ganz ähnliche Gedanken niedergeschrieben hatte, empfand John einen seltsamen Nervenkitzel, der aus einem Gefühl teils der Rivalität, teils der Geistesverwandtschaft erwuchs, vermischt mit einer Prise Enttäuschung darüber, daß etwas, worauf er bislang so stolz gewesen war, das Gemeingut jedes beliebigen Fremden sein sollte.

Hinter den Büchern fand er ein Kartenspiel, eine Zeitung und ein Paar Galoschen.

Er kam zu dem Schluß, daß die Briefmappe ihm wohl mehr zu erzählen haben werde, und so trat er an den Schreibtisch und schaltete die Leselampe ein. Aber abgesehen von leeren Notizzetteln, Umschlägen und unbeschriebenen Postkarten enthielt sie nur einen einzigen Brief sowie die Fotografie eines Mädchens in einem weißen Kleid, auf deren weißem Rand »Für Christopher in Liebe« stand. Überrascht starrte er sie an. Der Brief endete mit den Worten »alles Liebe für Dich, mein Schatz« und trug keine Unterschrift. Nachdem er ihn gelesen hatte, kam John zu dem Schluß, daß er von Mrs. Warner stammen mußte, Christophers Mutter. Er war auf den neunten Oktober datiert, und als Absenderadresse wurde ein Haus in Derbyshire genannt, wo sie sich offensichtlich mit Freunden zum Golfspielen aufhielt und dem Regen zusah. Elspeth hatte es endlich in den Königlichen Marinedienst der Frauen geschafft. John fiel die markante, wohlgeformte Handschrift auf. Er legte den Brief zurück und ging zu einem kleinen, dreieckigen Regal in der Zimmerecke, wo Christopher ein Doppelfoto seiner Eltern aufgestellt hatte. Hier zeigte ihr Foto eine Frau vom dunklen Typus, die auf kecke Art attraktiv war und keineswegs so alt wirkte, wie sie eigentlich sein mußte. Sie hatte die gleiche breite Kieferpartie wie Christopher und einen freundlichen Blick, der ganz dem Stil ihres Briefes entsprach. Dieser Brief war im Tonfall so beiläufig gehalten, als wäre Christopher ihr gleichgestellt, ein persönlicher Freund oder vielleicht ein Freund der Familie, und er klang ganz anders als die Art von Briefen, die John von seinen eigenen Eltern bekam. Obwohl er natürlich kaum Briefe von ihnen erhalten hatte, da er niemals zuvor von zu Hause fort gewesen war, nicht einmal für kurze Zeit.

Schließlich gab er seine Suche auf. Er wußte nicht recht, wonach er gesucht hatte, aber er wußte, daß seiner Suche kein Erfolg beschieden gewesen war. Christopher Warner erschien ihm genau so fremd und bedrohlich wie zuvor. John hatte nach Anzeichen von Geistesverwandtschaft Ausschau gehalten, doch er hatte keine gefunden. Auch nach einem Zeichen von Schwäche hatte er gesucht – einem Tagebuch oder einigen rührseligen Briefen –, die ihn für den Vorfall mit seinem Teegeschirr entschädigen würden. Im Grunde wäre jede Schwäche bereits ein Zeichen von Geistesverwandtschaft gewesen. Nun hielt er inne und stand verloren in dem großen Zimmer. Er sah sein Gesicht in dem großen Spiegel über dem Kamin und dahinter die Fotografien von Mr. und Mrs. Warner in ihrem Doppelrahmen. Das erinnerte ihn daran, daß er seinen eigenen Eltern seit seiner Ankunft noch nicht geschrieben hatte. Also setzte er sich an den Schreibtisch, um diese Aufgabe zu erledigen. Er war froh, etwas zu tun zu haben.

Liebe Mama, lieber Papa,

ich bin hier kurz nach vier Uhr angekommen. Im Moment sitze ich in meinem Zimmer, das ich mit einem Mann namens Warner teile. Es ist ziemlich groß und befindet sich im Gründerhof. Auch mein Teegeschirr ist wohlbehalten eingetroffen und wurde bereits benutzt. Bis jetzt ist noch nichts passiert, da das Trimester offiziell nicht vor Sonntag anfängt.

Ich hoffe, es geht Euch gut.
Euer Euch liebender Sohn,
John

Als nachträglichen Einfall fügte er hinzu:

Die Sandwiches waren sehr gut.

Dann adressierte er den Umschlag:

Mr. und Mrs. J. Kemp,
48, King Edward Street,
Huddlesford,
Lancashire.

Er frankierte den Umschlag mit einer blauen Briefmarke. Das Zimmer war völlig still, abgesehen von dem leisen Geräusch der Flammen, die an den Kohlen leckten. Als er sich hinsetzte und zu lesen versuchte, klingelte die Stille in seinen Ohren und ließ ihn angespannt auf das leiseste Geräusch lauschen. Er bildete sich sogar ein, das elektrische Licht hören zu können. Die Zeit schlich unerträglich langsam dahin, und jede Minute erschien ihm viermal so lang wie sonst. Er wußte nicht recht, ob er sich wünschte, daß Christopher Warner zurückkäme oder daß er wegbliebe. Zwar wollte er ihn nicht unbedingt wiedersehen, aber wenn er käme, mochte das immerhin für ein gewisses kameradschaftliches Empfinden sprechen, dafür, daß er die am Nachmittag zugefügten Verletzungen wiedergutmachen wollte. Schließlich warf John »Ein Sommernachtstraum« beiseite, öffnete die Tür und horchte in die Nacht hinaus. Vorsichtig stieg er die Treppe hinab, die zu dem Kreuzgang im Innenhof führte. Als er aus der steinernen Einfriedung hochsah, blickte er in einen Himmel voll unzähliger zitternder Sterne. Aus der schwachen Klangkulisse stachen einzelne Geräusche hervor: betrunkenes Gejohle in einer fernen Straße; etwas, das durchaus ein Revolverschuß hätte sein können; das ausgelassene Gekreisch einer Jazzplatte irgendwo im College. In der Nähe war alles still: Ein schwacher Windhauch strich über den Rasen und um die Steinpfeiler, und aus dem Garten des Rektors tönte das unablässige Rascheln der Bäume im Wind. Er fragte sich, ob jemals eine Zeit käme, in der all dies ihn beruhigen und erfreuen würde.

Völlig außerstande, seine Situation noch länger zu ertragen, ging er um halb zehn zu Bett. Da der Tag ihn ermüdet hatte, schlief er trotz der fremdartig riechenden Bettwäsche schneller ein, als er befürchtet hatte, aber gegen Mitternacht wurde er von einem gewaltigen Getöse im Nebenraum jäh aus dem Schlaf gerissen. Zunächst dachte er angstvoll, eine Verbrecherbande sei gekommen, um ihn zu piesacken und zu drangsalieren, und fuhr zitternd im Bett hoch. Aber als gleich darauf die Tür aufgestoßen wurde, war es Christopher, der hereintorkelte und das Licht anschaltete. Sein dunkles Haar war zerzaust, sein Gesicht zeigte einen wilden Ausdruck, und er schenkte

John nicht die geringste Beachtung. Als erstes benutzte er geräuschvoll den Nachttopf, wobei er so schwer atmete, als ob er gerade ein Rennen gelaufen wäre, dann zog er seine Krawatte, sein Jackett und den Rest seiner Kleidung aus. Nachdem er seinen Schlafanzug angezogen hatte, beugte er sich über den Abfalleimer und erbrach sich dreimal ausgiebig. Schließlich kletterte er in sein Bett. Nach einigem Herumdrehen und Murmeln stieß er einen lauten Rülpser aus – es klang, als würde ein Segel bersten –, dann versank er allmählich in Schlaf.

Was auch immer John erwartet haben mochte – das hatte er nicht erwartet, und so lag er für einige Minuten zitternd vor Angst und Schrecken in dem schwachen Licht, bis ihm klar wurde, daß er die Lampe ausschalten mußte. Mit unendlicher Vorsicht glitt er aus dem Bett und vermied es dabei ängstlich, den Eimer oder gar Christopher Warner selbst anzusehen. Er betätigte den Lichtschalter, und der Raum versank in jäher Schwärze, wodurch Christophers Atmen und Schnarchen beängstigend laut klang.

Wie elend John sich auch immer fühlen mochte, als er dort in der Dunkelheit lag und wieder einzuschlafen versuchte, so wurde dieses Gefühl doch völlig von Furcht überdeckt. Sein Herz raste vor Angst, daß Christopher wieder aufstehen und auf ihn zutorkeln könne, und als er endlich doch einschlief, träumte er von Verfolgern und brutalen Angriffen. Jedesmal, wenn die Collegeuhr die volle Stunde schlug, bewegte er sich unruhig hin und her.

Als sie der Bedienstete am nächsten Morgen um halb acht weckte, hatte John schon fast zwei Stunden lang wach gelegen und dem Quietschen der Laufrollen und dem Hin und Her des Teppichkehrers gelauscht, während der Mann nebenan im Wohnzimmer saubermachte. Davor hatte er nichts als das ferne Krähen eines Hahnes gehört und beobachtet, wie das Licht in den Ecken der Fensterverdunkelung allmählich heller wurde. In Gedanken war er alle Ereignisse des vorigen Tages noch einmal durchgegangen und hatte festgestellt, daß sie ihm im Vergleich zu all seinen übrigen Erinnerungen erschreckend lebhaft vor Augen standen. Der ganze Rest seines Lebens schien nur noch ein flüchtiger Gedanke zu sein, der nichts mehr galt.

Der Umriß seiner Kleider auf dem Stuhl deprimierte ihn, und die Geräusche, die aus dem Bett des schnarchenden, schwer atmenden Christopher herüberdrangen, ängstigten ihn. Er wollte dieses neue Leben nicht weiterführen. Schon jetzt fürchtete er sich vor dem, was als nächstes kommen würde: Er fürchtete sich vor dem formellen Aufruf, er fürchtete sich vor dem Frühstück. Er fürchtete sich vor allem, das vor ihm lag, und wog es gegen die Geringfügigkeit dessen ab, was ihm bereits widerfahren war. Wieviel angenehmer es doch wäre, einfach umzukehren. Doch selbst jetzt erschien ihm die Vergangenheit uninteressant und verschwommen. Bislang war ihm als einzige konkrete Erinnerung ein Nachmittag vor einigen Monaten in den Sinn gekommen, als seine Mutter zum Arzt gegangen war und ihm ein Ei hingelegt hatte, das er sich zum Abendessen kochen sollte. Er hatte das Ei auf den Küchentisch gelegt und sich nach einem Kochtopf umgeschaut, und ehe er es verhindern konnte, war das Ei über die Tischkante gerollt und auf dem Steinboden zerbrochen.

Als jedoch der Bedienstete die Abdeckplatten von den Fenstern genommen hatte, als John aufgestanden war, sich mit kaltem Wasser gewaschen und sich angekleidet hatte, da schwand seine Furcht ein wenig und er sah skeptisch zu dem Bett hinüber, in dem Christopher Warner schlief. Christopher war noch nicht aufgewacht und lag mit offenem Mund, wirrem Haar und dunklem Bartschatten da. Als John so in seiner Nähe stand, war ein schaler Biergeruch unverkennbar. Christophers Aussehen hatte sich so stark verändert, daß John geneigt war, ihre Bekanntschaft vom vergangenen Tag für ein Trugbild zu halten und diesen Mann als einen völlig Fremden zu betrachten. Sollte er ihn wecken? Er zögerte beklommen und hörte in seinem Kopf die scharfe Stimme von Christopher Warner, der sich unwirsch erkundigte: »Warum zum Teufel haben Sie mich nicht zum Frühstück geweckt?«

»Warner«, sagte er nervös.

Keine Antwort.

»Äh ... Warner«, wiederholte er und berührte zögerlich dessen Schulter. »Aufwachen!«

Im Bett gab es eine langsame Bewegung: Christopher grunzte; sein Mund schloß sich, seine Augen öffneten sich, und er versuchte angestrengt, seine Hände so weit hochzubekommen, daß er sich damit die Augen reiben konnte.

»Hä? ... brrr ... ah. Wie spät ist es?«

»Ich ... ich weiß nicht. Es muß fast Frühstückszeit sein.«

Christopher starrte auf die Uhr, die er immer noch am Handgelenk trug, und nach kurzem Überlegen zog er sie auf, als ob er Zeit für eine Antwort gewinnen wolle.

»Danke. Ich werde nicht zum Frühstück aufstehen.«

»Oh ... äh ... tut mir leid ...«

»Schon in Ordnung«, sagte Christopher begütigend und drehte sich mit dem Gesicht zur Wand, während John sich zurückzog und ob seiner eigenen Dummheit errötete.

John verzehrte sein Frühstück inmitten einer Ansammlung verlegener Studienanfänger. Er sprach mit niemandem, doch aus irgendeinem Grund konnte er seinen Blick nicht von Patrick Dowling abwenden, der zwar auch ein Stipendiat war, aber dennoch am Tisch derjenigen Studenten saß, die für ihre Verköstigung selbst aufkamen. Er trug einen schicken, urbanen Straßenanzug, und als er zufällig Johns Blick auffing, erwiderte er dessen verhaltenes Lächeln nicht.

Nach dem Frühstück reichte John sein Bezugsscheinbuch in der Quästur ein und studierte so lange das Mitteilungsbrett, bis er sich selbst aufgeführt fand. Dann kehrte er in sein Zimmer zurück. Christopher lag jetzt wach im Bett und rief:

»Sind Sie's, Kemp? Wie spät ist es?«

»Äh... so gegen neun.«

»Meine Armbanduhr ist stehengeblieben. Ob Sie mir wohl ein Glas Wasser bringen könnten?«

»Ja, natürlich...«

John füllte einen Zahnputzbecher. »Danke«, sagte Christopher. Seine Stirn legte sich in angestrengte Falten, als er trank. »Ah, schon besser. Hab ich letzte Nacht gereihert?«

»Äh... ich bitte um...«

»Habe ich gereihert? Mich übergeben?«

»Ja, Sie... waren...«

»Dachte ich mir schon.« Christopher gab ihm das leere Glas zurück und lag einen Augenblick lang still da. »Wir sind so um halb zehn in einen Pub gegangen, wissen Sie, und ich habe einige Pints getrunken. Und sobald ich den ersten Schluck intus hatte, hab' ich zu Eddy gesagt: ›Eddy‹, hab ich gesagt, ›dieses Bier ist Pisse.‹ Und er hat zugestimmt. Und ich hab' gesagt: ›Wenn mich irgendwas zum Reihern bringt, dann ist es so ein Pißbier.‹ Ich frage mich, wie's ihm jetzt wohl geht.« Er spitzte gottergeben die Lippen, ehe er gähnte. »Was sagten Sie, wie spät es ist?«

»Gegen neun ...«

»Gütiger Himmel!«

Das Bett knarrte, als er sich aufsetzte. Seine Füße suchten automatisch nach den Hausschuhen, während er sich mit einer Hand am Kopf kratzte. John beruhigte Christophers Sanftmut, und er ging zurück in den Nebenraum. Ein munteres Feuer brannte im Kamin, und einige Sonnenstrahlen fielen auf den abgetretenen Teppich.

»Wir ... äh ... wir müssen heute morgen zu unserem Tutor.«

»Was?«

»Ich ... es gibt einen Aushang ... wir müssen zu unserem Tutor ...«

»Oh, Hölle und Verdammnis! Wann?«

John dachte, er habe »Wo?« gefragt und antwortete:

»In seinem Zimmer, um elf Uhr.«

»Ich bin um elf mit einigen Leuten verabredet.«

Als Christopher aus dem Schlafzimmer kam, trug er seinen scharlachroten Morgenmantel und rauchte eine Zigarette. Er ging zum Feuer und hockte sich davor nieder.

»Was für eine verdammte Zumutung. Wissen Sie, wo er wohnt?«

»Nein ... irgendwo im College ...«

»Herr im Himmel, das hoffe ich doch. Ich will ihm nicht durch die ganze Stadt nachrennen müssen.«

»Wir sind bloß zwei Studienanfänger in Englisch«, sagte John, strich sich mit einer vagen Geste über das Haar und sah auf das Kamingitter hinab. Christopher beachtete ihn nicht weiter und setzte sich auf das Sofa, wo er seine Zigarette zu Ende rauchte. Dann steckte er sich die nächste an und verließ mit seinem Rasierzeug und einem Badehandtuch das Zimmer. Als er die Tür zuschlug, grölte er lauthals ein Theaterliedchen:

> *See 'im in ... the 'Ouse of Commons ...*
> *Passin' laws ... ter put down crime ...*

Das Echo hallte im Kreuzgang wider, bis andere Geräusche es übertönten.

John war über Christophers freundliches Benehmen erleichtert, und als sein Blick auf den Brief fiel, den er am Vorabend geschrieben hatte, ging er hinaus, um ihn auf die Post zu geben. Wo mochte wohl der nächste Briefkasten sein? Er wußte nicht, daß es in der Pförtnerloge einen gab, aber er war froh über den Gang in die Stadt und betrachtete neugierig die Geschäfte ringsum, die breiten, weißen Bürgersteige und die auf Hochglanz polierten Türklopfer der Bürgerhäuser. Selbst die neuen Luftschutzräume aus rotem Backstein machten in der Sonne einen ansprechenden Eindruck, und sie erschienen ihm ebenso reizvoll wie die alten Gebäude mit ihren hohen Fenstern und Türmen. Plötzlich empfand er deutlich, daß es ihm in Oxford gefallen würde. Seine Depression war wie weggeblasen und er pfiff sich selbst ein paar Noten vor, während er sich seinen Weg durch die Stadt bahnte. Hie und da bemerkte er Buchhandlungen, vor deren Schaufenstern er zögerlich stehenblieb.

Gegen elf Uhr kehrte seine Beklommenheit zurück, und als sie das mit Teppichboden ausgelegte Zimmer des Tutors betraten, wagte er kaum, die Augen zu heben. Christopher ließ ein paar Bemerkungen über das Wetter und die Räumlichkeiten fallen, während sie Platz nahmen, und John sah sich nervös um. Sein Blick fiel auf ein großes, illustriertes Buch der Heraldik, das der Tutor bei ihrem Eintreten beiseite gelegt hatte. Er war ein großer, ausgemergelter Mann, der sich sehr langsam bewegte und zu zurückhaltend war, um klare Anweisungen zu geben. Nach einer ganzen Reihe von Andeutungen brachte er das Gespräch schließlich auf den Bereich der Literatur, und ehe John Gelegenheit hatte, ängstlich zu werden, sprachen sie bereits über die Trimesterarbeit. Christopher saß mit einem ernsten Stirnrunzeln da, und seine knappen Antworten zeigten zu Johns Überraschung, daß er kaum etwas wußte. Dennoch schien sein Selbstbewußtsein mit jedem Eingeständnis seiner Unwissenheit noch zu wachsen. Sein ganzes Benehmen signalisierte, daß der Tutor ein persönlicher Freund sei, der darauf bestand, ein langweiliges Gespräch über Literatur zu führen. John verbarg sorgsam seinen Stolz, wenn er sagen konnte: Ja, er habe dieses oder jenes gelesen.

Der Tutor schlug ein kleines Notizbuch auf, aber in diesem Augenblick klingelte das Telefon auf seinem Schreibtisch, und er ging mit einer erschöpften Bewegung an den Apparat. Also sah John sich im Zimmer um. Es war ganz in Rosa und Grau gehalten und wirkte mit seinen Bücherschränken aus heller Eiche fast wie ein Salon. Der Bronzekopf eines Knaben stand an einem Platz, wo das Sonnenlicht ihn vermutlich oft beleuchtete, und wirklich hatte John noch nie in seinem Leben außerhalb einer öffentlichen Bibliothek so viele Bücher gesehen. Die Vorstellung, daß ein einziger Mann all diese Bücher besaß, ließ ihn den Tutor mit erneuertem Interesse betrachten, und wieder ahnte er die Möglichkeit einer völlig anderen Lebensweise. Wie anders dieser Mann die Dinge wahrnehmen mußte!

»Ja«, sagte der Tutor ins Telefon. »Ja, ja.« Er legte den Hörer auf die Gabel und kehrte zu ihnen zurück. »Leider ist es mir im Augenblick nicht möglich, Einzelgespräche mit Ihnen zu führen. Einer meiner Kollegen hat im letzten Trimester« – ein schwaches, höfliches Lächeln huschte über sein Gesicht – »eine ganz andere Art von Stelle angetreten, und eine gewisse Anzahl seiner Schüler ist mir zugefallen ... ja.«

Er gab ihnen eine Liste mit Büchern, die sie lesen sollten, sowie das Thema für einen Essay, und dann gingen sie. Christopher eilte zum Kaffeetrinken davon und machte unterwegs nur kurz bei der Pförtnerloge halt, um dort seine Robe zu deponieren.

John blieb allein zurück und versank in innerer Leere. Nach dem Mittagessen spazierte er durch die Gärten – ein Rest ihrer sommerlichen Schönheit ließ sich noch immer erahnen – und kehrte anschließend in sein Zimmer zurück, um eine Weile über das Thema des Essays nachzudenken. Schließlich zog er seinen Mantel an und machte einen Spaziergang in die Stadt. Gab es bis zum Freitag nächster Woche sonst gar nichts zu tun? Was sollte er mit all der Zeit anfangen? Es erschien ihm falsch, so viele Stunden des Tages zu vergeuden. Was konnte er als nächstes anfangen – sofort mit der Arbeit beginnen? Was tat der Rest der Universität? Er sah um sich und erblickte Dutzende von Studenten, die in die Cafés und Buchhandlungen strömten, neue Collegetücher trugen und sich aufgeregt unterhielten. Um ihnen auszuweichen, ging er die High Street entlang bis zum Fluß und blieb auf der breiten Brücke stehen. Von dort aus betrachtete er die Bäume am Flußufer und das Wasser, das rasch an den Steinmauern vorbeiströmte. Weiter entfernt tauchte ein Schwan seinen Hals tief in die Entengrütze. John stand am Brückengeländer, sah den in der Strömung dahintreibenden Blättern hinterher und verlor sich in der friedvollen Szenerie.

Aber am späten Nachmittag war er seiner eigenen Gesellschaft überdrüssig geworden, und als er ins College zurückkehrte, war es ihm ausgesprochen angenehm, Christopher Warner zu Hause vorzufinden. Er hatte bereits begonnen, Christopher zu bewundern, so daß der Schock des vorangegangenen Tages sich schnell verflüchtigte, und selbst jetzt war es ihm weitaus lieber, ihn zu sehen, als ihn nicht zu sehen. Christopher war schon wieder angetrunken. Eine geöffnete Bierflasche stand auf dem Kaminsims, und er saß hemdsärmelig da und bastelte an einer Musiktruhe herum, die während Johns Abwesenheit eingetroffen war. Patrick Dowling hatte sich in seinem Sessel zurückgelehnt und beobachtete ihn. Er führte eben eine Flasche zum Mund, und seine Augen bewegten sich träge, als John eintrat.

»Na also, wollen doch mal sehen, ob das blöde Ding... Zum Teufel, wo ist der...« Ohne Vorwarnung drehte Christopher den Lautstärkeregler bis zum Anschlag auf, und der Raum wurde von einem überdimensionalen, ohrenbetäubenden Klavierstück erfüllt. Er drehte leiser. »So ist es besser. Ja, so ist es gut. Läuft es jetzt weiter? Nein! Pat, das blöde Ding steckt schon wieder fest.« Statt sich die Mühe zu geben, den Deckel zu öffnen, versetzte er dem Schrank einen kräftigen Fußtritt, woraufhin die Nadel freikam. Diesmal jedoch rebellierte der Mechanismus, und die Schallplatte hörte auf, sich zu drehen. Christopher stieß schreckliche Verwünschungen aus und setzte die Flasche an den Mund.

»Du bist ein Idiot, Chris«, sagte Patrick mit schwerer Zunge. »Warum schlägst du das Ding kaputt? Du hast es noch keine zwei Stunden.« Er warf einen schwerfälligen Blick auf John: »Hallo, Kemp oder Hemp oder wie Sie heißen.«

»Hallo«, sagte John schüchtern.

Christopher Warner drehte sich zu ihm um.

»Nun sehen Sie sich diese verfluchte Musiktruhe an, Kemp. Sie ist seit gerade mal drei Uhr hier und will verdammt noch mal nicht spielen ... Ich habe getan, was ich konnte. Ich weiß nicht, was damit nicht stimmt. Was zum Teufel glauben die, wofür ich dreißig Schillinge bezahlt habe?«

»Äh ... das ist billig, oder?«

»Er hat sie nicht gekauft, Sie Idiot«, warf Patrick beleidigend ein. »Das ist der Preis, für den man sie ein Trimester lang mieten kann. Sind Sie noch ganz bei Trost?«

John wurde durch das Eintreten eines weiteren jungen Mannes vor einer Antwort bewahrt. Hierbei handelte es sich um einen bebrillten Studenten im zweiten Studienjahr, der ein Bündel Papiere trug. »Entschuldigen Sie mein Eindringen, Gentlemen«, sagte er mit volltönender Stimme und hüstelte. »Ich habe die Ehre, die Studentenunion zu vertreten. Ist jemand hier, der sich für diese Körperschaft interessiert? Wenn ja, so habe ich eine Broschüre ...«

»Ach, nee ...« Christopher, der gerade seine Krawatte ablegen wollte, hielt inne. »Sie sind einer von den Leuten, die hereinkommen und irgendwelchen Papierkram herumliegen lassen, stimmt's?«

»Wenn Sie es so primitiv ausdrücken wollen, Sir. Das Abonnement beträgt dreißig Schillinge im Trimester und berechtigt Sie zur kostenfreien Nutzung der Unionsräumlichkeiten, einschließlich der Lese- und Schreibzimmer, der Billardtische sowie der Bibliothek und der Bar... letztere, so scheint mir, dürfte von besonderem Interesse für Sie sein, Sir...«

»Jetzt hören Sie mir mal gut zu, alter Junge...« Christopher hatte die Enden seiner Krawatte fallenlassen und trat vor den Besucher: »Ich sehe vielleicht ein bißchen einfältig aus, aber falls ich jemals dreißig Schillinge für das Vorrecht zahlen sollte, ein Getränk zu mir zu nehmen, dann wissen Sie, daß das Ende nah ist. Auf Wiedersehen.«

»Wie auch immer«, sagte der junge Mann und trat einen Schritt zurück. »Ich werde Ihnen etwas von dem dalassen, was Sie Papierkram zu nennen belieben, damit Sie es in Ihrer zweifellos ausgedehnten Freizeit studieren können.« Er hielt seinen Blick während des Sprechens fest auf John geheftet, als erhoffe er von ihm Unterstützung, aber John beobachtete bloß grinsend Christopher und mußte sich beherrschen, um nicht in lautes Lachen auszubrechen. »Guten Tag, Gentlemen. Ich überlasse Sie Ihrem Bacchanal.«

Christopher antwortete mit einem derben Rülpser in Richtung der sich schließenden Tür. »Was war denn das für ein Einfaltspinsel?« erkundigte er sich lautstark. »Ich hab allmählich wirklich die Nase voll von dieser Bande.« Er krempelte die Hemdsärmel hoch und ließ seine Krawattenenden lose herabbaumeln. »Wo ist das Bier, Patrick? Wir haben doch bestimmt noch nicht alles ausgetrunken?«

»Eines ist noch übrig«, sagte Patrick und hielt eine Flasche hoch, die er unter seinem Stuhl verwahrt hatte. Christopher öffnete den Verschluß und trank. Seine fröhliche Unverschämtheit war ansteckend: Am liebsten hätte John angesichts der Art und Weise, wie er mit dem Unionsmann umgesprungen war, freudig aufgelacht. Wäre er allein gewesen, hätte er sich wohl sehr schnell von dreißig Schillingen getrennt. Außerdem war er freudig erregt, daß er von Christopher nichts zu befürchten hatte, da er nun – so glaubte er jedenfalls – zu dessen Freundeskreis gehörte. Er malte sich aus, daß Christopher sein Beschützer sein könne – ein großer Hund, bissig gegenüber Fremden. Merkwürdig, daß die Angelegenheit mit dem Teegeschirr in seinem Gedächtnis bereits verblaßte und sich allmählich wie eine jener Harmlosigkeiten ausnahm, die Christopher aus purer Gedankenlosigkeit unterliefen. Er hatte noch nie einen Menschen gesehen, der so frei von jeder Besorgnis war.

Die Aufmerksamkeit, mit der er Christopher beobachtete, bewahrte ihn vor einigen Handlungen, deren Unnötigkeit ihm sofort einleuchtete, sobald Christopher dagegen Einwände erhob. So hatte er zum Beispiel am ersten Sonntag des Trimesters wirklich seine Robe vom Haken hinter der Tür genommen, als Christopher, der auf dem Sofa lag, sich zu ihm umdrehte und fragte:

»Was ist los?«

»Predigt für die Studienanfänger ... wollen Sie nicht ...?«

»Ich wußte nicht, daß eine gehalten wird.«

»Der Rektor sagt, daß er auf die Teilnahme aller Studienanfänger hofft.«

»Der zuversichtliche Typ«, kommentierte Christopher und wandte sich wieder seiner Zeitschrift zu.

»Meinen Sie nicht, daß alle hingehen werden?«

»Aber ich nicht«.

Also legte John seine Robe wieder beiseite und schrieb ein paar Briefe: einen nach Hause an seine Eltern und einen an seine Schwester, die als Grundschullehrerin in Manchester arbeitete. Später, nachdem er sich eines der vom Tutor genannten Bücher aus der Collegebibliothek besorgt hatte, setzte er sich hin, las und machte Notizen. Christopher gähnte. Er las und rauchte Zigaretten bis zwölf Uhr, dann stand er auf und machte sich zum Gehen fertig. Als er seinen langen, heidefarbenen Mantel anzog, bemerkte er:

»Hübsche Aktenmappe, die Sie da haben. Ich sollte mir wohl auch mal was in dieser Art anschaffen.«

»Gefällt sie Ihnen?« fragte John überrascht und sah von der Aktenmappe hoch.

»Sehr hübsch.«

»Ich glaube, es gibt noch eine im Geschäft. Soll ich ...?«

»Um Himmels willen, nein. Machen Sie sich keine Mühe. Kennen Sie sich mit dem Zeug aus? Kann ich es mir anschauen, wenn Sie fertig sind?«

»Ja, natürlich.«

Doch als John am nächsten Tag mit einer identischen Aktenmappe desselben Schreibwarenhändlers zurückkehrte, hatte Christopher – zumindest seinem Stirnrunzeln nach zu urteilen, als er sie anstarrte – die Sache völlig vergessen.

»Ich? Ich habe das gesagt?«

»Aber ja.« John fühlte, wie er sehr rot anlief. »Ich dachte, Sie hätten gesagt, daß ...«

»Ich kann mich wirklich nicht daran erinnern.« Christopher sah John fast mißtrauisch an, als ob John ihn in irgendeiner Weise zu täuschen versuche. »Und außerdem habe ich gerade kein Kleingeld da. Ich bezahle sie heute abend.«

John empfand ein plötzliches Frösteln, wie wenn eine Tür aufgegangen wäre und den Blick auf die Einsamkeit freigegeben hätte, die ihn immer noch erwartete. Einen Augenblick lang empfand er, welche unendliche Ödnis ihn umschließen würde, wenn Christopher nicht sein Freund wäre; einen Augenblick lang schien es, als würde Christopher Warner keinen Pfifferling um ihn geben. Aber am selben Abend hörte er am Studententisch, wie Christopher als »dieser Krawallmacher Warner« bezeichnet wurde, was ihn in gewisser Weise entschädigte. Während er aß, konnte er Christopher am Tisch der selbstzahlenden Studenten rufen und schwatzen hören.

In der Tat galt Christopher am Ende der ersten Woche als der draufgängerischste Studienanfänger, und die Leute verhielten sich ihm gegenüber entsprechend. John konnte nicht anders, als seine ungezwungene Art im Umgang mit den Dienstboten zu bewundern: Mit dem Pförtner sprach er über Rennen und Alkohol, während er mit Jack, dem Collegebediensteten, ausgedehnte Gespräche über das Frühaufstehen führte, und das alles mit einer geschmeidigen Beiläufigkeit, die John höchst amüsant fand.

»Guten Morgen, Jack.«

»Guten Abend, Sir. Endlich aufgestanden, Sir.«

»Wie war das, Jack?«

»Ich sagte grad, endlich aufgestanden, Sir. Wurde auch Zeit.«

»Man dankt.« Christopher stand im Schlafanzug vor dem Feuer und rauchte mit zufriedener Miene seine Zigarette, während Jack im Schlafzimmer herumlärmte, den Boden wischte und die Betten machte. Dann rief er:

»Jack, machen Sie meines zuerst. Es war ein anstrengender Tag, ich möchte schlafen gehen.«

»Ja, das glaub' ich gerne. Is' heute ziemlich kühl gewesen. Zu kalt für Ihnen, Sir.«

»Zu kalt, ja?«

»Oh, viel zu kalt, Sir. Sie welken schon dahin, wenn ich Ihnen bloß ansehe.«

»Sie jagen mir Angst ein, Jack.«

»Ah ...« Jack tauchte nun mit seinem Mopp und einem Eimer ekligen Wischwassers in der Tür auf und hielt kurz inne, um dann verhalten ins Zimmer zu wispern:

»Sie sollten hin und wieder versuchen, zur selben Zeit wie ich aufzustehen, Sir. Fünf Uhr. Dann können Sie über Kälte reden. Die haut einen wirklich von die Socken.«

Woraufhin Christopher sich vor Lachen ausschütten wollte und Jack eine Zigarette anbot, die dieser stets annahm und hinter das Ohr steckte, dort, wo seine Haare bereits grau zu werden begannen. John hatte sagen hören, daß seine Lungen schlecht seien.

»Einwandfrei, dieser Jack«, kommentierte Christopher, nachdem er die Tür hinter sich geschlossen hatte.

Auch wenn er Christopher für seinen Freund hielt, vergingen Johns Tage alle auf dieselbe geistlose Art. Er lebte das ihm unvertraute Hotelleben eines untergraduierten Studenten, und vor allem hatte er niemanden, mit dem er sich bei den Mahlzeiten unterhalten konnte, da sowohl Christopher als auch Patrick am Tisch der Nichtstipendiaten saßen. Diese Lücke schloß ein anderer Student namens Whitbread, der eines Tages beim Abendessen bemerkte:

»Lärmende Bande da hinten.«

»Äh ... Wie bitte?«

»Lärmende Bande da hinten – die üblichen Taugenichtse, schätze ich mal.«

»Warner ist mein Zimmergenosse«, sagte John leise lachend.

»Wirklich? Da haben Sie aber Pech gehabt. Können Sie den Dekan nicht um ein anderes Zimmer bitten?«

»Ach, er ist schon in Ordnung, wenn man ihn näher kennenlernt«, sagte John leichthin und griff nach einem Stück Brot. »Wirklich nicht übel.«

»Ein Bursche wie der ist für niemanden gut, weder für sich noch für andere«, verkündete Whitbread. Er hatte einen blassen Stoppelkopf, der an eine Haselmaus erinnerte, und er trug eine Metallbrille mit dicken Gläsern. Er sprach mit einem monotonen Yorkshire-Akzent, der John zu der irrigen Annahme veranlaßt hatte, daß er über Sinn für Humor verfüge. An seiner Kleidung sah John, daß er nicht wohlhabend sein konnte, und er erinnerte sich an eine Formulierung aus einem Brief seiner Mutter (er befand sich immer noch in seiner Tasche), in dem sie die Hoffnung äußerte, er habe einige Freunde »von seiner Stellung« gefunden. Mit jähem Mißmut wurde ihm bewußt, daß sie Leute wie Whitbread meinte. »Natürlich nimmt das College eine bestimmte Anzahl von Burschen wie ihn auf, um weiter auf vornehm zu machen«, fuhr letzterer fort und kratzte mit seinem Löffel die Reste der Vanillesoße vom Teller, »aber uns brauchen sie, damit Butter bei die Fische kommt.«

Whitbread schien Gefallen an John gefunden zu haben, denn als die Mahlzeit beendet war, lud er ihn auf einen Kaffee in sein Zimmer ein. Sie überquerten gemeinsam den stockdunklen Innenhof. Whitbread leuchtete mit einer Fahrradlampe den Weg. Dann stiegen sie zu einer kleinen Mansarde hinauf, wo im Kamin ein schwaches Feuer glomm. An einer Seite des Zimmers befand sich eine Dachschräge, der Spiegel war voller blinder Flecke, und durch die angelehnte Schlafzimmertür konnte John einen sorgfältig gefalteten, blauweißen Schlafanzug auf dem Bett liegen sehen. Whitbread ging ins Schlafzimmer, um den Teekessel aus seinem Wasserkrug zu füllen, und während das Wasser nebenan auf dem Gaskocher heiß wurde, saßen sie am Feuer und unterhielten sich.

»Nicht sehr anschlußfreudig, die anderen Studenten, nicht wahr?« fragte der breitbeinig dasitzende Whitbread. »Dauert ein bißchen, bis man sie kennengelernt hat. Natürlich muß man seine Freunde sorgfältig auswählen. Bringt nichts, mit Millionären herumzuziehen.«

»Ich habe mir Warner ja nicht ausgesucht«, sagte John und errötete leicht.

»Nein, nein, ich hab's nicht persönlich gemeint«, beteuerte Whitbread und sah ihn durch seine Metallbrille aufrichtig an. »Natürlich haben Sie ihn sich nicht ausgesucht. Und ich kann sogar etwas Gutes in ihm erkennen. Aber wenn Sie einen Rat von mir wollen, dann sollten Sie ihm deutlich zeigen, wo er steht. Geht ja nicht an, daß er Ihnen die Arbeit vermasselt.«

»Können Sie hier gut arbeiten?«

»Aber ja.« Whitbread wirkte überrascht. Sie hörten den Kessel draußen überkochen, und als Whitbread hinausging, um den Kaffee zuzubereiten, bemerkte John überrascht, wie stämmig seine Schultern und Arme waren. »Am ersten Tag bin ich kaum zum Arbeiten gekommen, weil ich mich erst ein wenig einleben mußte. Aber jetzt ist es fast schon zur Routine geworden – ist gar nichts weiter dabei.« Er bereitete den Kaffee zu, indem er kochendes Wasser in zwei Tassen mit Kaffeepulver goß und anschließend schnell umrührte. »Jede Wette, daß Sie nicht einer von diesen Burschen sein wollen, die mit dem Faulenzen anfangen, sobald sie ihr Stipendium gekriegt haben. Na, und das ist schon die halbe Miete.« Er brachte eine Beutel mit Keksen zum Vorschein. »Die habe ich von zu Hause bekommen. Na los, nehmen Sie ruhig zwei.«

Sie saßen schlürfend und kauend da und unterhielten sich über ihre Stipendien. Whitbread war ein Jahr mehr als John zugesprochen worden, da seine Grammar School von einer großzügigeren Stiftung finanziert wurde. »Wenn ich wollte, könnte ich sogar ein bißchen Geld übrigbehalten«, sagte er mit einem koboldhaften Grinsen. »Nichts leichter als das.«

»Warum wollen Sie nicht?«

»Ach, es gibt keinen Grund, zu knausern. Abgesehen davon möchte ich nicht als jemand dastehen, der knapp bei Kasse ist. Die Dozenten respektieren es, wenn man aus weniger begüterten Verhältnissen kommt, aber sie mögen es nicht, wenn man geizig ist. Man muß seine Fahne nach dem Wind hängen.«

»Ja, natürlich.«

John lag ausgestreckt im Lehnsessel, eine zarte Gestalt mit einer Kaffeetasse in der Hand, und sah sich erneut in dem Zimmer um. Es gab keine Bilder, aber über dem Schreibtisch hing ein Kalender. Auf dem Schreibtisch selbst lag ein klassischer Text, außerdem ein Wörterbuch und einige Notizzettel. Die Bände im Bücherschrank waren ausnahmslos Klassiker, darunter ein paar billige Volksausgaben beliebter Werke sowie fünf großformatige Fachbücher, die das Wappen des Colleges trugen und aus der Bibliothek entliehen waren. Ein Faltblatt mit dem aktuellen Programm der Universitätspredigten stand auf dem Kaminsims. Whitbread leerte rasch seine Tasse und kochte neuen Kaffee. Während er noch damit beschäftigt war, klopfte es an der Tür und ein anderer Student namens Jackson steckte den Kopf herein.

»Oh, entschuldigen Sie. Ich wußte nicht, daß Sie Besuch haben... Sind Sie mit den Anmerkungen zum Tacitus durch?«

»Kommen Sie herein und trinken Sie einen Kaffee mit uns.« Whitbread lächelte breit und nahm eine frische Tasse aus dem Schrank. »Ja, ich bin fast durch.«

»Nein danke, wenn Sie entschuldigen wollen... ich arbeite gerade... kann wirklich keine Pause machen...«

»Nun kommen Sie schon, nur fünf Minuten. Kemp bleibt nicht lange. Ich selbst fange um halb neun an.«

Also kam Jackson mit seinem seltsamen, steifen Kragen herein und setzte sich, und nun nippten alle drei an ihrem schwachen Kaffee und unterhielten sich über das College. John war überrascht, wieviel Whitbread wußte, nicht nur über die Vergangenheit des Colleges, sondern auch über die anderen Studenten, die Dozenten und die gegenwärtigen Verhältnisse. Er wußte zum Beispiel, daß Christopher auf Lamprey College gewesen war, und er kannte den exakten Rang, den Lamprey unter den Privatschulen einnahm (er war weniger hoch, als John sich vorgestellt hatte). Er wußte, daß der Weinkeller des Senior Common Room besser bestückt war als der des Junior Common Room; er kannte die Vergehen der Leute, die in früheren Jahrgängen vom College geflogen waren; ihm war bekannt, wohin die antiken Wandleuchter geschickt worden waren, für den Fall, daß Oxford einem Luftangriff ausgesetzt sein sollte. John war beeindruckt, aber er war auch ein wenig unangenehm berührt: Whitbreads Eifer war peinlich – es war, als würde man einem Mann zusehen, der seinen Teller mit einem Stück Brot abwischt.

Sie brachen auf, als es halb neun schlug. Jackson ging mit den Tacitus-Anmerkungen zurück in sein Zimmer, und Whitbread schaltete das Deckenlicht aus, so daß der Raum mit Ausnahme eines Lichtkreises rund um die Schreibtischlampe in Dunkelheit versank. John sah zu, wie er seinen Füllfederhalter aufschraubte und sich umständlich auf seinem Stuhl zurechtsetzte, wie jemand, der sich für eine Prüfungsarbeit bereitmacht.

»Danke für den Kaffee«, sagte er und fügte neugierig hinzu: »Wie lange werden Sie arbeiten?«

»Ach, nicht lange. Vielleicht bis elf.«

John tappte die finstere Stiege hinab, sah Licht unter den anderen Türen hervorschimmern und hörte die Musik aus den Radioapparaten, die bis neun Uhr benutzt werden durften. Als er durch den Kreuzgang zu seinem eigenen Zimmer zurückging, fühlte er sich zutiefst niedergedrückt durch den flüchtigen Blick, den er auf Whitbreads arbeitsreiches, festgefügtes Leben geworfen hatte; zugleich war er von widerwilliger Bewunderung erfüllt. Er erinnerte sich an die Zeit, als er selbst diszipliniert gelernt hatte, und er war wütend auf sich selbst, weil er zu kraftlos war, um damit fortzufahren. Er erinnerte sich auch daran, wie stolz seine Eltern gewesen waren, als sie sahen, wie hart er arbeitete und für seine Arbeit belohnt wurde. Zum ersten Mal seit seiner Ankunft im College standen ihm sein Elternhaus und seine Kindheit lebhaft vor Augen: Fast glaubte er, das Klickern der Eisenbahnwaggons auf den Rangiergleisen hinter dem Haus zu hören, oder das Geräusch der elektrischen Schulklingeln, die gleichzeitig in allen Klassenzimmern seines Gymnasiums läuteten.

Als er die Stufen von Treppenhaus Nummer vierzehn

hochstieg, beschloß er, den ganzen Abend bis zum Schlafengehen unablässig zu arbeiten.

Aber er fand Christopher und Patrick in seinem Zimmer vor, und auch Eddy war vorbeigekommen und hatte einen Schulkameraden aus Old Lamprey namens Tony mitgebracht, und obwohl Eddy und Tony ihre Regenmäntel anbehalten hatten, war klar, daß sie den ganzen Abend über bleiben würden. Es war Christophers Schuld: Er hing schief in seinem Sessel und lehnte es träge ab, irgendwohin etwas trinken zu gehen. Er habe kein Geld, sagte er, und es liefe nichts im Kintopp. Gut gelaunt wedelte er mit einer brennenden Zigarette vor den anderen herum: »Ihr seid Menschen von der rastlosen, nervösen Sorte«, predigte er. »Beruhige dich, Eddy. Unterdrücke dein Gelüst, auf Achse zu sein. Laßt uns zur Abwechslung einen ruhigen Abend daheim verbringen. Patrick, geh in die Mensa und hol uns Bier. Ihr seid unsere Gäste.«

»Ich werde alles auf deinen Namen anschreiben lassen«, sagte Patrick im Hinausgehen.

»Patrick ist ein so knauseriges Schwein, wie es je eines gab«, sagte Eddy und ließ den Gürtel seines Regenmantels aufschnappen. »Hast du genug Zigaretten da?«

Christopher lehnte sich zurück, um eine Schreibtischschublade zu öffnen und eine nagelneue Kiste mit zweihundert Stück herauszuholen. »Stimmt, er ist verflucht knauserig. Aber er ist in Ordnung.« Er erbrach das Siegel der Kiste und hielt sie ihm geöffnet entgegen: »Willst du eine?«

»Wo ist er her?« fragte Tony und nahm sich eine.

»Oh, von keiner besonderen Schule. Wißt ihr, was ich neulich herausgefunden habe? Daß er Katholik ist. Er muß sonntags früh in die Messe gehen und das Frühstück ausfallen lassen.«

»Ich will verdammt sein, wenn ich jemals so etwas mache.«

»Wohl wahr. Aber wenigstens bekommt man dort etwas zu essen.«

Während der Scherz sich in leisen, beipflichtenden Lachern ausbreitete, zogen Eddy und Tony ihre Stühle näher an das Feuer heran, streckten ihre Beine aus und pafften Zigarettenrauch in langen, zufriedenen Zügen. Patrick kehrte mit einem großen Weidenkorb voller Flaschen zurück, den er auf dem Kaminvorleger abstellte. John, der das Gefühl hatte, seine Anwesenheit im Raum rechtfertigen zu müssen, nahm einige Humpen aus dem Schrank – darunter einen für sich selbst – und verteilte sie in der Runde.

»Oh, danke, mein Alter«, sagte Christopher. »Sag mal, Pat, hast du das wirklich alles auf meinen Namen anschreiben lassen?«

»Warum gehst du nicht hin und siehst selbst nach?« schlug Patrick grinsend vor. »Hast du schon wieder überzogen?«

»Dieses Zeug ist verdammt teuer«, nörgelte Christopher und zog eine Flasche Stout aus dem Korb. »Wir brauchen einen Flaschenöffner. Ist einer in der Schublade, John?«

Es gibt zahlreiche Passagen in der Musik, wo sich das ganze Orchester nach allerlei Gemurmel und Gedudel rund um ein nebensächliches Thema plötzlich vereint und zu einer aufsteigenden Phrase ansetzt, die in strahlendes Dur mündet, in einen glanzvollen Siegesmarsch. Jeder dieser Augenblicke hätte exakt Johns Empfinden wiedergegeben, als er sich über die Schublade beugte und sich immer wieder sagte, daß Christopher ihn bei seinem Vornamen genannt hatte. Als er sich umdrehte, konnte er kaum ein Lächeln unterdrücken. Beinahe das beste an der Sache war seine unwillkürliche Erinnerung an Whitbreads Worte: »Aber wenn Sie meinen Rat annehmen wollen, dann sollten Sie ihm deutlich zeigen, wo er steht.«

»Danke.« Christopher nahm beiläufig den Flaschenöffner in Empfang. »Na, dann mal her mit den Gläsern.«

»Helles Bier für mich«, sagte Eddy.

»Die vier da sind ›College Old‹«, sagte Patrick und deutete mit dem Stiel seiner Pfeife auf die fraglichen Flaschen. »Ich habe Bill um was Besonderes gebeten. Die trinke ich.«

»In Ordnung«, sagte Christopher und schenkte ein.

Tony – sein Nachname war Braithwaite – gehörte zu jener Sorte von Menschen, die außer Rand und Band geraten, sobald sie an irgendeinem alkoholischen Getränk nippen. Den Glashumpen in beiden Händen haltend, lachte er, bis sein hübscher, gewellter Haarschopf unkontrollierbar wackelte und seine breiten Schultern zuckten. »Und weißt du noch, wie Potty Hurst dieses weiße Kaninchen mitgebracht hat, und wie das Vieh einfach mitten auf dem Boden saß und zu verängstigt war, um sich vom Fleck zu rühren?«

»Himmel, ja. Ich hatte Potty Hurst völlig vergessen.«

»Und Baxter dachte, es sei ein weißes Blatt Papier und hat sich gebückt, um es aufzuheben. Das Vieh ist fast zehn Meter weit gesprungen, und der alte Baxter hat einen solchen Schrecken bekommen, daß er sich den Kopf am Schreibtisch gestoßen hat.«

Das Gespräch drehte sich weiterhin um Lamprey College, und Patrick (der einzige außer John, der kein Lampreyaner war) saß da und stopfte mit einem sardonischen Lächeln seine Pfeife. Routiniert drückte er die herabhängenden Tabakfäden in den Pfeifenkopf und rollte den Tabaksbeutel sorgfältig zusammen. »Ich erinnere mich, daß wir jemandem bei uns mal eine ziemlich derbe Abreibung verpaßt haben. Dummerweise fällt mir beim besten Willen nicht mehr ein, wie oder warum die Sache angefangen hat. Ich weiß nur, daß eine miese kleine Ratte von einem Vorsteher mit dem gesamten Schlafsaal auf Kriegsfuß stand – es hatte etwas mit einem Pokerspiel zu tun, glaube ich.«

Die anderen hörten aufmerksam zu, ohne ihn anzuschauen.

»Wie dem auch sei, einige von uns, vier oder fünf, haben eines Abends nach dem Lichterlöschen in seinem Zimmer vorbeigeschaut – die Vorsteher hatten bei uns eigene Zimmer – und ihm den Busch abrasiert.«

Eddy gackerte los. »Meine Fresse«, sagte er. Patrick grinste sie an.

»Wir haben so getan, als ob wir ihn kastrieren wollten, wißt ihr. Herrje, ich habe noch nie einen so bleichen Menschen gesehen. Wirklich so weiß wie Papier, so weiß wie diese verdammte Wand hier. Und er konnte auch nicht das kleinste bißchen dagegen tun. Das ist nicht gerade das, was man sich ...«

»Ha, ha, ha.« Tony lachte schallend. »Mein Gott, nein.«

»Natürlich war auch unser alter Chris der richtige Mann für Nachtarbeit«, sagte Eddy und rieb sich mit dem Finger ein Auge. »Jeden Abend nach dem Lichterlöschen hörte man Christophers Bett knarren. ›Wohin gehst du, Chris?‹ ›Ach, ich gehe nur ein bißchen spazieren.‹ Einige Stunden später: ›Bist du's, Chris?‹ ›Klar doch.‹ ›Was gab's heute nacht?‹ ›Ach, so dies und das.‹ ›Spaß gehabt?‹ ›Gut bis mittelmäßig, danke.‹ Gut bis mittelmäßig. Ha, ha, ha! Er war schon ein echter Draufgänger, unser Chris.«

Christopher saß da und lächelte leise, wie jemand, der gelobt wird. »Tja, die gute alte Zeit«, murmelte er. »Tolle Sache das.«

Im Kamin brach das glühende Gebilde aus Kohlen zusammen. Patrick legte weitere Briketts und zwei Holzscheite nach, klopfte seine Pfeife aus und steckte sie wieder an. Genüßlich in ihren Sesseln ausgestreckt, setzten die vier ihre Unterhaltung so beiläufig fort, als würden sie über dieses Thema nur in Ermangelung eines besseren sprechen. Ihre Geschichten waren auf lustvolle und spielerische Weise grausam, und John stellte fest, daß sie eine sehr starke körperliche Wirkung auf ihn ausübten. Er hockte auf seinem harten Stuhl, ballte die Hände auf den Knien und lauschte entsetzt all den schockierenden Erlebnissen. Das Leben, das sie schilderten, erschien ihm unsäglich primitiv. Er versuchte, sich auszumalen, daß er selbst ein solches Leben führte, aber zum Glück senkte sich Finsternis über seine Vorstellungskraft, ehe ihm die völlige Absurdität seiner Idee bewußt wurde. Verblüfft bemerkte er hie und da einen Unterton von Bedauern, sogar von Nostalgie in ihren Stimmen, als sie ihre seltsamen Sitten und Gebräuche miteinander verglichen. Wann immer eine Pause im Gespräch entstand, seufzten sie auf und starrten traurig ins Feuer, wie Exilanten, die fernab ihrer Heimat zusammenkamen. Und allmählich konnte John ihre Trauer ganz gut verstehen. Er glaubte jetzt zu wissen, was sie verloren hatten. Für ihn war alles, was sie schilderten, wild und extravagant, ein beeindruckendes und rücksichtsloses Leben im Vergleich zu seinem eigenen. Ihm schien, als hätten sie in ihrer Schulzeit mehr erlebt, als er selbst jemals erleben würde. Nachdem man sie schlecht behandelt hatte, hatten sie ihrerseits ein Leben als Unterdrücker geführt. Sie waren Menschen, deren wildeste Begierden sofort befriedigt wurden – und das war doch gewiß der Gipfel allen Strebens. Er begann, seine Vorstellung mit kleinen Zusätzen auszuschmücken, bis die ganze Sache so unrealistisch wirkte wie ein altes Schlachtgemälde, und doch hatte er nicht die geringste Ahnung von der Falschheit seiner Vorstellungen. Mit neugierigem Respekt betrachtete er die anderen. Der picklige Eddy; Christopher, so dunkel und unrasiert wie ein Boxer; der egozentrische, stets lächelnde Patrick, und sogar Tony Braithwaite – sie alle bekamen in seinen Augen etwas Pittoreskes, als wären sie Veteranen einer bedeutenden historischen Schlacht.

Später am Abend, als das Bier fast alle war, brach zwischen Eddy und Christopher ein Streit über Geld aus. Christopher bestand darauf, daß Eddy ihm fünfzehn Schillinge schulde. Er widersprach Eddys Leugnen mit boshaftem Lächeln, lehnte sich in seinen Sessel zurück und trat Eddy bei jeder Widerrede gegen das Schienbein.

»Laß das«, sagte Eddy.

»Gib mir die fünfzehn Eier.«

»Ich hab' gesagt, du sollst das lassen, du ...«

Plötzlich beugte sich Eddy vor und ergriff Christophers Knöchel, sprang auf und zog ihn vom Stuhl. Mit einem dumpfen Knall landete Christopher auf dem Boden. Die anderen sprangen beunruhigt auf. Eddy schaffte es unter Aufwendung all seiner Kräfte, Christophers Fuß hoch in der Luft zu halten. Er grinste zu ihm hinunter.

»Da hast du's, du Idiot ...«

Aber mit einem plötzlichen Ruck und einer geschickten Drehung bekam Christopher Eddys Beine zu fassen. Die beiden rollten über den Teppich und stießen eine halbvolle Flasche um. Ihr Schnaufen und Fluchen erfüllten den

Raum, als sie mit unverhohlener Mordlust aufeinander einprügelten. Beide waren ziemlich betrunken. John stand nervös hinter seinem Stuhl, und Patrick hatte die Hände in die Taschen gesteckt und lehnte am Kamin.

Christopher war viel stärker, und in kürzester Zeit hatte er Eddy im Schwitzkasten und drückte dessen Kopf nach unten. Eddy war völlig wehrlos, und sein Hals und seine Ohren nahmen allmählich eine purpurrote Färbung an. Mit einem jähen Triumphgeheul verlagerte Christopher sein ganzes Gewicht auf den aufschreienden Eddy. Tony ttat einen Schritt vor und hob die Hand, aber binnen weniger Sekunden hatte sich die ganze unglaubliche Szene in Nichts aufgelöst. Eddy kauerte auf dem Kaminvorleger, befestigte die hufeisenförmige Krawattennadel wieder an seiner Krawatte und sagte: »Gott, Chris, du bist ein Schwein.« Christopher stand vor dem Spiegel und kämmte sich. John hob drei Pence und einen Drehbleistift auf, die während des Kampfes hinuntergefallen waren. Als er sie auf den Tisch legte, fiel sein Blick auf seinen eigenen, unbenutzten Glashumpen: Christopher hatte nicht bemerkt, daß er sich einen genommen hatte, und hatte ihm folglich kein Bier angeboten.

John bedauerte immer, daß sie nicht mehr Zeit miteinander verbrachten. Nach ihrem ersten Tutorium hatte er schüchtern einen gemeinsamen Spaziergang durch die Gärten vorgeschlagen, aber Christopher hatte nur gesagt, daß er mit anderen Leuten verabredet sei, und ihn dann stehenlassen. Und dennoch war es dieses Bedauern, an das er als erstes denken mußte, als ihr Tutor ihm am nächsten Tag eine Mitteilung mit der Bitte zukommen ließ, freundlicherweise bei ihm vorbeizuschauen.

»Treten Sie ein, Mr. Kemp.« Der Tutor lächelte freundlich und behielt einen Finger in dem Buch, das er gerade las. »Setzen Sie sich. Ich wollte Sie fragen, ob Sie es vorzögen, wenn ich Sie künftig allein betreute.«

»Allein?«

»Allein anstatt zusammen mit Mr. Warner.«

»Wie ... aber ... nein, ich denke nicht, Sir.« Er war völlig überrumpelt und sprach, ohne nachzudenken.

»Sind Sie sicher? Sie haben nicht das Gefühl, daß die gegenwärtige Konstellation Sie in irgendeiner Weise behindert?«

»Aber nein, Sir.«

Der Tutor fuhr sich kurz mit der Hand über die Augen und rieb sich die Stirn. Seine lange Gestalt steckte in einem groben, grünen Tweedanzug.

»Nun gut, wie Sie wünschen. Es würde keinerlei Mühe bereiten.« Er wartete einige Sekunden, aber John sagte nichts und hielt seine Augen starr auf das glänzend polierte Kaminbesteck neben der Feuerstelle gerichtet. »Nun gut, das ist alles, was ich sagen wollte.«

John verließ das Zimmer und ging durch den Kreuzgang zurück. Die Schatten der Pfeiler fielen über seinen Weg, und seine lange schwarze Robe bauschte sich hinter ihm. Er traf Christopher, als dieser eben gemächlich die Stufen von Treppenhaus vierzehn hinabstieg, und erzählte ihm beflissen, was der Tutor gesagt hatte.

»Ich hoffe, Sie haben das nicht zugelassen.«

»Aber nein, das habe ich nicht.«

»Gut gemacht. Der glaubt vermutlich, daß er einzeln mehr Arbeit aus uns herauspressen kann.«

»Ich bin froh, daß Sie meine Antwort richtig finden.«

Christopher nickte kurz und spazierte, die Hände in

den Taschen, hoch erhobenen Hauptes davon. John sah ihm nach und ging dann in ihr gemeinsames Zimmer. Er zitterte ein wenig, als er seine Robe hinter der Tür aufhängte, teils wegen der Nervosität, die jeder Kontakt mit Autoritäten bei ihm auslöste, teils aus Freude darüber, daß er Christopher einen Dienst erwiesen hatte. Wenn all diese leer vorüberziehenden Tage überhaupt einen Sinn hatten, dann den, Christopher zu erfreuen und seine Gunst zu gewinnen. Wann immer Christopher den Raum betrat, fühlte John sich unwillkürlich aufgeheitert und zum Lachen bereit. Er erwartete gar nicht, an den Gesprächen der anderen teilnehmen zu dürfen; es erschien ihm schon als großes Privileg, einfach zuzuhören, während sie mit geöffneten Hemdkragen dastanden und beiläufig miteinander besprachen, wohin sie an diesem Abend gehen sollten. Ihre Gegenwart bereitete ihm ein starkes sinnliches Vergnügen, wie der Geruch von feiner Wäsche oder von Leder. An dem Abend vor ihrem zweiten Tutorium, als sie sich genau zwei Wochen lang kannten, griff Christopher nach Johns Notizen und schmierte eine lieblose Kopie zusammen, die er am nächsten Morgen abgeben wollte. Mit einer Zigarette im Mund saß er im Schein der Schreibtischlampe da, und sein Stift huschte über das Papier. Als er fertig war, schob er die Blätter mit einem Stoßseufzer beiseite.

»So, das wäre glücklicherweise erledigt. Sehr anständig von Ihnen, daß Sie mir Ihre Unterlagen zur Verfügung gestellt haben.« Er sah auf seine Armbanduhr und gähnte teilnahmslos. »Wollen wir etwas trinken gehen?«

John legte seinen Stift vorsichtig auf dem Notizbuch ab.

»Äh ... nun ja ... wo denn?«

»Ach, irgendwo.« Christopher stand auf und nahm seinen Schal vom Schrank. Er zwinkerte John auf eine Weise zu, die nahelegte, daß ihm eben erst klargeworden war, mit wem er sprach. »Aber es muß natürlich nicht sein, falls Sie gerade arbeiten.«

»Aber natürlich... ja, natürlich!« John stieß seinen Stuhl zurück und sprang auf. Eilig zwängte er sich in seinen Mantel und behielt Christopher die ganze Zeit über im Auge, so, als ob dieser sich plötzlich in Luft auflösen oder seine Einladung zurücknehmen könnte. Christopher schlenderte zum Spiegel und strich sich mit der Hand von hinten nach vorn durch das Haar. Dann erregte die kleine Uhr auf dem Kaminsims seine Aufmerksamkeit, und er drehte ein paar Mal am Aufziehmechanismus.

»Fertig!« sagte John, neben der Tür stehend. Sein Gesichtsausdruck erinnerte ein wenig an ein Kind, das in den Zirkus mitgenommen wird. Als sie gemeinsam durch den Kreuzgang und den ersten Innenhof gingen, bedauerte er, daß es zu dunkel war, um gesehen zu werden. Ein Lichtstrahl drang aus den Räumlichkeiten des Rektors, aber sogleich zog ein Dienstmädchen einen schweren Plüschvorhang vor das Fenster, und dann gab es überhaupt kein Licht mehr. Christopher schaute kurz in der Pförtnerloge vorbei, wo eine Postkarte für ihn abgegeben worden war: Es war eine Einladung, auf Probe bei einem Fußballspiel mitzumachen. Er steckte sie in die Tasche.

»Wollen wir ins ›Bull‹ gehen?« fragte er. »Eddy könnte dort sein.«

John wollte Eddy nicht sehen, aber er überließ Christopher gern die Wahl des Lokals, also wandten sie sich vor dem Portal nach links. Die Glocken schlugen halb sieben, und aus der Stadtmitte drang das klagende Hupen des Autoverkehrs. An einem nahegelegenen Taxistand klingelte pausenlos das Telefon. Die Nachtluft war kühl. Ein

Flugzeug mit roten und grünen Kontrollampen flog diagonal über den Himmel.

Als sie in eine kleine Gasse einbogen, fragte sich John, wie es im »Bull« wohl sein mochte. Das Lokal spielte eine wichtige Rolle in den Anekdoten, die er gehört hatte, und er hatte es sich immer als eine winzige Lasterhöhle vorgestellt. Er war deshalb überrascht, als sie eine hell erleuchtete Bar betraten. Verchromtes Dekor und ein Spiegel hinter der Theke reflektierten das Licht, und im Kamin glomm ein gewaltiges Koksfeuer. Der Raum war leer bis auf den Zeitung lesenden Wirt und einen zittrigen alten Mann, der in einer Ecke vor einem unberührten Bier saß.

»'n Abend, Christopher«, sagte der Wirt und faltete seine Zeitung zusammen.

»Guten Abend, Charles. Zwei Bitter hätten wir gern.«

John nahm sein Bier so lässig in Empfang, daß er es um ein Haar verschüttet hätte. Es wäre natürlich ganz falsch gewesen, Christopher wissen zu lassen, daß er noch niemals zuvor Alkohol getrunken hatte. Diese Auskunft würde er sich so lange aufheben, bis sie zu einer Anekdote herangereift wäre. Er malte sich aus, wie er später einmal sagen würde: »Weißt du noch, wie wir damals im ›Bull‹ waren, alter Knabe? In unserem ersten Trimester? Wußtest du, daß das wirklich und ehrlich das erste Mal war, wo ich 'ne Kneipe von innen gesehen habe ...?« (»Erzähl' keinen Stuß, alter Junge!«) »Wenn ich's doch sage! Ist so sicher wie das gottverdammte Amen in der Kirche, mein Bester. Hier, nach dir, mit den besten – hoppla! Nicht gleich auf ex ...« Seine Stimme wäre volltönend und rauchig.

Laut sagte er: »Danke.«

»Noch nichts los, Charley?«

»Noch nicht, Sir.« Charley legte seine Handflächen

flach auf den Tresen und beobachtete, wie Christopher eine neue Zigarette am Stummel der alten anzündete.

»Das macht die Verdunkelungsvorschrift. Daran wird's liegen.«

Christopher nickte ernst.

»Daran liegt's, das sag' ich Ihnen. Hab' gerade was in der Zeitung drüber gelesen« – er machte eine Bewegung, als ob er die Zeitung auffalten wollte, begnügte sich dann aber damit, mehrmals damit auf die Theke zu klopfen –, »da steht, daß der Deutsche den britischen Pub nicht umbringen kann. Grrrr. Er bringt ihn um. Genau das macht er! Herrje, sonst haben wir um diese Zeit die Bude voll – Geschäftsleute, Bürovolk…«

John hörte ungeduldig zu, aber da Christopher interessiert und amüsiert wirkte, versuchte er ebenfalls interessiert und amüsiert zu wirken.

»Sie hätten also nichts dagegen, wenn die Lichter wieder angingen.«

Charley brach in ein kurzes Lachen aus und trank; auch John trank. Igitt, was für ein widerlicher Geschmack. Der alte Mann in der Ecke verzog seinen Mund zu einem Grinsen und sprach mühsam:

»Schätze, du wirst den Laden dichtmachen müssen… un'… un' selba alles aussaufen!«

Man verstand kaum, was er sagte.

»Also das«, sagte Christopher lachend, »das nenne ich einen unfairen Vorteil ausnutzen.«

Auch Charley grinste und wischte mit einem stinkigen Lappen über den Tresen. Ehe ihm eine passende Antwort einfiel, traten weitere Männer ein, und das Gespräch endete. John und Christopher nahmen weitere Schlucke aus ihren Gläsern, und John versuchte zu entscheiden, ob er es wirklich nicht mochte oder ob er es bloß unangenehm fand. Dann durchforstete er sein Gehirn krampfhaft nach einem Gesprächsstoff. Er hatte das Gefühl, daß er ein Netz von Worten über Christopher auswerfen müsse, damit dieser nicht einer neuen unvorhersehbaren Laune folgte und entfloh – vielleicht, um Eddy oder Patrick ausfindig zu machen. »Kommen ... äh ... kommen die Disziplinarbeamten der Universität jemals hierher?« erkundigte er sich mit einem nervösen Lachen. »Haben Sie die hier schon mal gesehen?«

»Ich habe die noch nie irgendwo gesehen«, entgegnete Christopher mit einem schwachen Anflug von Interesse. »Sie kümmern sich nicht sonderlich um die kleinen Lokale.«

»Ist das hier denn ein kleines Lokal?«

»Ziemlich, aber Sie sehen ja, daß es noch früh ist. Sie verlassen erst nach dem Abendessen in der Mensa die Universität.«

Wenn Christopher Rauch ausstieß, war das wie wolkiger Atem – wie kam das?

Plötzlich bemerkte er, daß Christopher sein Bier ausgetrunken hatte. Er leerte sein eigenes und bestellte zwei weitere. In der Ecke hatten einige Männer das Licht über der Dartscheibe angeschaltet und zu spielen begonnen. Sein blasses Gesicht, in das eine blonde Locke fiel, sah ihn aufgeregt aus dem Spiegel an, und er fragte sich, wann er betrunken sein werde.

»Ich nehme an, Sie haben es geschafft, auf der Schule eine ganze Menge zu trinken«, sagte er.

Wie erwartet, wirkte Christopher sofort interessiert. »Ich weiß nicht, ob es eine ganze Menge war«, setzte er an und hob sein volles Glas. »Das war nicht so einfach. Aber es gab Mittel und Wege, wissen Sie... Ich erinnere mich, wie wir einmal...«

Aber ehe er weitererzählen konnte, ging die Tür auf und Eddy Makepeace erschien in Begleitung eines anderen jungen Mannes. Beide trugen Regenmäntel, und nachdem sie eine Sekunde lang ins Licht geblinzelt hatten, steuerten sie geradewegs auf Christopher zu.

»Da bist du ja, du entflohener Bastard«, begrüßte ihn Eddy und hustete geräuschvoll. »Draußen ist Nebel. Los doch, komm' mit zum ›King's‹. Rate mal, wer dort ist.«

»Wer?«

»Brian Kenderdine.«

»Nein!«

»Tatsache. Bleibt die Nacht über. Ist in Narvik gewesen. Er hat sich nach dir erkundigt – wir haben bei euch vorbeigeschaut, aber du warst nicht da. Ich habe gesagt, daß ich hier nach dir suche, und Brian und die anderen sind zusammen ins ›King's‹ gegangen.«

Eddy hielt inne, leckte sich die Lippen und nahm einen Schluck von Christophers Bier. John, der vergeblich versuchte, sein enttäuschtes Herz zu beschwichtigen, sah, daß Christopher bereits seinen Schal festzog und lebhafter als während des ganzen Abends wirkte.

»Es ist gut, Brian wiederzusehen. Ist er besoffen? Er ist schon immer gern besoffen aus dem Zug gestiegen, um gleich den richtigen Eindruck zu machen.«

»Er ist in den Hafen der Ehe eingelaufen«, sagte der junge Mann in einem unangenehm abgehackten Londoner Tonfall.

»Ist er nicht, wird er aber bald. Er was übrigens in einem Marinekrankenhaus – er ist sieht viel dünner aus.«

»Was stimmt nicht mit seinen Mandarinen?« fragte

Christopher grinsend und knöpfte die Jacke über dem Schal zu. »Hier, trink' mein Bier aus, Eddy, du blödes Schwein.«

»Ich wollte nur herausfinden, ob das Bitter hier noch immer dieselbe alte Bullenpisse ist. Ich weiß wirklich nicht, warum du kein Dunkel trinkst.«

»Herrje«, sagte Christopher genervt, »dann laß es halt stehen. Oh, verdammt, ich habe kein richtiges Geld dabei. Kannst du mir was auslegen, Eddy?« Seine Hand durchsuchte flüchtig seine Taschen. »Ein Pfund reicht.«

»Nichts reicht«, sagte der andere junge Mann. Eddy öffnete seinen Geldbeutel, und ein Zeitungsausschnitt über ein Pferd, das seinem Vater gehörte, flatterte zu Boden. Schweigend hob John ihn auf. »Tut mir leid, Chris. Ich hab nur noch fünfzehn Schillinge, bis meine nächste Anweisung kommt. Leier es Pat aus den Rippen.«

»Ich schulde Pat schon zwei Piepen«, murrte Christopher. »Sie haben nicht vielleicht ein Pfund zur Hand, John, alter Junge?«

»Aber ja, natürlich.«

John tastete in seiner Tasche. Ziemlich verspätet sagte Christopher:

»John Kemp – Dick Dowdall.«

John lächelte unbehaglich, und als er Christopher die Banknote reichte, versuchte er das Darlehen mit einem freundlichen Blick zu besiegeln, aber Christopher sah bloß auf den Geldschein.

»Das ist wirklich erstklassig von Ihnen, mein Lieber. Sie bekommen es ganz bestimmt morgen zurück. Also dann, laßt uns aufbrechen.«

Sie drängelten sich durch die Bar, riefen dem Wirt einen Abschiedsgruß zu und ließen das halbvolle Glas auf dem

Tresen stehen. Ein Soldat grunzte und machte eine sarkastische Bemerkung gegenüber seinem Kameraden. John hörte Eddys hohes Lachen draußen in der Gasse – warum lachte er?

Er nippte widerstrebend an seinem Bier und ging das Gespräch in Gedanken stirnrunzelnd durch. Wie mit einem kleinen Hammer prüfte und beklopfte er jedes Wort. Vielleicht war es für den Anfang gar nicht so schlecht gewesen. Er sann über diese Frage nach, bis ein Blick auf die Uhr über dem Tresen ihn aus seinen Gedanken riß. Hastig brach er auf, um rechtzeitig zum Abendessen zurück zu sein.

Während des Abendessens dachte er ununterbrochen an die Pfundnote: Es war die zweite von fünf Pfundnoten, die für das ganze Trimester reichen mußten, und er hatte die kommenden zwei Wochen mit ihr auskommen wollen. Nun aber machte er sich wohl oder übel Sorgen. Es war, als ob er auf ein Rennpferd gesetzt hätte. Er redete sich gut zu, daß Christopher das Geld schon aus bloßer Höflichkeit zurückzahlen werde, aber selbst damit konnte er sich keinen Seelenfrieden verschaffen. Er vermied es, in der Nähe von Whitbread zu sitzen.

Um sich zu trösten, bestellte er noch ein halbes Bitter, und als er in sein Quartier zurückkehrte, fühlte er sich zu benommen, um sich auf die Arbeit zu konzentrieren, die er eigentlich hatte erledigen wollen. Zwar zog er seinen Stapel mit Notizen hervor und schraubte den Füllfederhalter auf, aber seine Gedanken schweiften schnell ab. Der Bedienstete hatte im Kamin ein gewaltiges Feuer entfacht, das gerade seine größte Wärme entwickelte; die Hitze erregte und betäubte ihn. Er blätterte ein paar Seiten um und fragte sich, wo Christopher jetzt wohl sein mochte. Einige der Notizen hatte er gestern geschrieben, andere waren mehrere Jahre alt. Er versuchte, sich an den Zeitraum ihrer Niederschrift zu erinnern, aber es wollte ihm nicht gelingen.

Er hatte sich das genaue Datum nicht gemerkt, zu dem Mr. Joseph Crouch am Gymnasium von Huddlesford als Englischlehrer eingestellt worden war, und er wußte damals noch nichts über ihn. Joseph Crouch war ein junger Mann mit einem hervorragenden Londoner Universitätsabschluß. Seine Fähigkeiten waren derart bemerkenswert, daß er binnen weniger Monate die Zuständigkeit für den Englischunterricht aller oberen Klassen innehatte und der zweite Englischlehrer nur noch mehr oder weniger philosophisch die Schultern zucken konnte. Mr. Crouch war darüber sehr erfreut. Er fand eine bequeme Wohnung am Rande des Stadtparks und ließ für einen nicht unbeträchtlichen Betrag all seine Bücher und Bücherregale aus seiner bisherigen Wohnung in Watford herbeischaffen. Es waren Hunderte von Bänden. Zwar befanden sich keine teuren Ausgaben darunter, aber von jedem wichtigen literarischen Werk in englischer Sprache war ein Exemplar vorhanden. Hinzu kamen etliche literaturkritische Arbeiten, und auf allen Vorsatzblättern stand in unleserlicher Handschrift »Joseph Crouch«, hingekritzelt mit einem weichen Bleistift. Abschnitte, die seine Zustimmung gefunden hatten, waren mit einem geraden Bleistiftstrich markiert; solche, die ihm mißfielen, kennzeichnete eine Wellenlinie. Ausnahmslos alle Bücher trugen Spuren, die darauf hindeuteten, daß sie einer intensiven und kundigen Lektüre unterzogen worden waren.

Er brachte auch einen Koffer voller Aufzeichnungen

aus seiner Studienzeit mit, die allein schon seinen akademischen Erfolg erklärten. Sie behandelten auf die eine oder andere Weise jedes Buch, das er gelesen hatte, sei es mit einer Inhaltswiedergabe, einer These oder mit Angaben zu Stil und Geschichte des Buches. Sie waren mit schwarzer Tinte einseitig auf dünnem Papier geschrieben, und die Überschriften waren rot unterstrichen. In einigen Fällen hatte Mr. Crouch Ausschnitte mit ergänzenden Informationen in die Aufzeichnungen eingeklebt, und alle waren durchweg mit Verweisen in grüner Farbe gespickt. Messingklammern hielten die säuberlich numerierten Seiten zusammen (jede Ziffer war von einem kleinen Kreis umgeben), und die Handschrift auf der ersten Seite unterschied sich nicht im geringsten von der Handschrift auf der letzten Seite. Sie füllten eine ganze Schublade seines Schreibtisches.

Mr. Crouch war kein gutaussehender Mann. Er war ziemlich klein und von blaßgelber Hautfarbe. Er hatte struppige Haare und Gesichtszüge, die entfernt an einen Mongolen erinnerten. Wenn er lächelte, tat sich in seiner Gesichtsmitte eine bösartige Falte auf, und obwohl er jung war, erinnerte sein Gang an das Schlurfen eines alten Mannes. Er trug eine Brille mit dicken Gläsern. Sein Unterricht war insofern ungewöhnlich, als er mit wohlbemessener Stimme vollständige, etwas förmliche Sätze von sich gab. Die Jungen, die den umgangssprachlichen und bisweilen zusammenhanglosen Stil der anderen Lehrer gewohnt waren, fanden es schwer, ihm zu folgen, und es kursierte der Spruch: »Joe is' öd.« Das machte ihn weniger beliebt, als wenn das Urteil gelautet hätte, daß er »ein echtes Schwein« sei.

Nichtsdestotrotz hatte er sehr viel Freude an sich selbst.

Das Gymnasium von Huddlesford war groß und nahm einen ziemlich hohen Rang ein, und er betrachtete seine Stellung dort lediglich als ein Sprungbrett für Besseres. Ihm gefiel seine Wohnung, und nach dem Abendessen saß er oft friedlich in seinem Sessel am Feuer, korrigierte Arbeiten, las kluge Bücher und Zeitschriften, oder übersetzte (zu seinem eigenen Vergnügen) aus fremden Sprachen Gedichte, die ihm gefielen. In den Arbeitspausen saß er da, blickte träumerisch auf den Gasofen und malte sich aus, welchen Luxus er sich nach einer Gehaltserhöhung gönnen würde – Dinge, die ihm sein Geiz bislang versagt hatte: teure Kleidung, Zigarren, neue Bücher. Überraschenderweise hatte sein Wesen auch eine sinnliche Seite, die sich nach Müßiggang und Freiheit sehnte. Und weil er alles, wofür er gearbeitet hatte, bislang auch erreicht hatte, sah er seiner Zukunft mit freudiger Erwartung entgegen, fast schon mit Genugtuung. Er fühlte sich wie ein Mann, der den ersten Gang einer Mahlzeit beendet und ihn ausgezeichnet gefunden hat, und der nun einen starken Appetit auf das entwickelt, was noch folgen soll.

Seine einzige Unzufriedenheit lag gegenwärtig darin, daß ihn seine Arbeit nicht ausreichend forderte. Er fand es erniedrigend, mit Jungen umzugehen, die seinem Fach nicht das geringste Verständnis entgegenbrachten. Erniedrigend war es, wenn die Erörterung eines Aufsatzes auf die Erörterung der Handschrift, in der er abgefaßt war, seiner Kürze oder gar seines Nichtvorhandenseins hinauslief. Allzu oft wurde ihm schmerzlich bewußt, daß seine Arbeit als Lehrer an einem Punkt endete, wo seine Arbeit als Hochschulabsolvent nicht einmal begonnen hatte, und daß das Maß an Anerkennung, mit dem er sich begnügen mußte, die gröbste Mißachtung kaum übertraf.

»Das ist eine alte Geschichte«, sagte der Naturkundelehrer der Unterstufe, ein freundlicher, desillusionierter junger Mann, an dem Crouch Gefallen gefunden hatte. »Ich wüßte nicht, was man dagegen tun könnte. Wenn Sie lieber Fortgeschrittene unterrichten möchten, warum haben Sie sich dann nicht für eine Universitätsstelle beworben?«

»Genau! Warum eigentlich nicht?« Mr. Crouch war nicht gewillt, sich in ein Gespräch über seine Privatangelegenheiten verwickeln lassen.

»Mit der Zeit verliert sich das. Ich zum Beispiel hätte nicht gerade einen Abschluß in Cambridge benötigt, um Vierzehnjährigen den Unterschied zwischen Ohm und Watt zu erklären.«

»Nein«, sagte Mr. Crouch. Grüppchen von Jungs sausten auf ihren Fahrrädern vorbei (die beiden befanden sich auf dem Heimweg von der Schule) und versuchten, auf der richtigen Straßenseite zu fahren und vorübergehend ihre Stimmen zu senken.

»Immerhin sind Sie hier der leitende Mann Ihres Fachs – Sie können Leute auf die Universität vorbereiten, wenn Sie wollen. Ich darf mich nur an minderer Unterstufenintelligenz vergreifen.«

Mr. Crouch hob die Augenbrauen.

»Ja. Das wäre eine gute Idee.«

»Gibt es dieses Jahr irgend jemanden in der sechsten, der sich auf Englisch spezialisieren möchte?«

»Nur dieses abstoßende Geschöpf namens Jarrett. Ich fürchte, es ist völlig nutzlos, ihn in Erwägung zu ziehen. Dennoch ist die Sache es wert, daß man sie im Gedächtnis behält.«

Mr. Crouch nickte ein nachdenkliches Lebwohl und bog in die Straße ein, die zu seiner Pension führte.

Erfreut stellte er fest, daß seine Hauswirtin ihm zum Abendessen ein Ei gekocht hatte und daß es frischen Kirschkuchen gab. Nicht ehe sein Hunger gestillt war und er sich eine Zigarette angezündet hatte, überdachte er den neuen Einfall, aber dann erschien er ihm zunehmend reizvoll. Wenn er doch nur einen begabten Jungen in der fünften Klasse aufspüren würde, wenn er ihn ermutigen und seine Begabung fördern könnte, wenn er ihm gegenüber die Rolle eines Privatlehrers einnehmen, ihm seine verstaubten kleinen Texte und akribischen Notizen ausleihen könnte, wenn er durch kluge Anregung und Anleitung seiner Lektüre die Gesamtheit der Literatur in den geistigen Horizont dieses Jungen bringen könnte... Wie leid er die zensierten Ausgaben von »Macbeth« und »The Golden Treasury« war. Wie sehr er sich danach sehnte, wieder einmal in höhere Sphären aufzusteigen, über Marlowe und die nordische Literatur zu sprechen, weitreichende Vergleiche zu ziehen und unwiderlegbare Behauptungen aufzustellen.

Er nahm die leere Eierschale, die er mit seinem Löffel gründlich von ihrem Inhalt befreit hatte, und blickte sie feierlich an. Was sollte er tun? Sollte er seiner Neigung nachgeben? Grinsend saß er da und verstärkte den Druck von Daumen und Zeigefinger, bis die Schale mit einem plötzlichen Knacken zerbarst.

Es war ein unglücklicher Umstand, daß seine Wahl zunächst auf einen begabten Fünftkläßler fiel, dessen Verhalten ebenso schwierig war wie sein literarischer Stil gewagt und beeindruckend. »William Wordsworth«, las Mr. Crouch, »wich entsetzt zurück, als Häupter, die in Londoner Salons gelächelt hatten, in das blutverklumpte

Pariser Sägemehl rollten.« Unbeeindruckt erkundigte er sich nach den Zukunftsabsichten des Jungen und erhielt nichts als nebulöse und leicht unverschämte Antworten. Der Junge wurde dann, nachdem er sein Abschlußzeugnis entgegengenommen und die Schule verlassen hatte, Reporter bei der Lokalzeitung. Am letzten Tag des Schuljahres gelang es ihm, das Ende einer Toilettenpapierrolle mit einer Stecknadel an Mr. Crouchs Robe zu befestigen, und Mr. Crouch schlurfte einen ganzen Schulkorridor entlang, ehe er es bemerkte.

Es bedurfte der gesamten Sommerferien, ehe er sich mit seiner ursprünglichen Idee wieder ausgesöhnt hatte. Während dieser Zeit war er in seinen Heimatort zurückgekehrt, hatte viel Zeit mit alten Collegefreunden in London und anderswo verbracht und zwei Wochen lang in einem Cottage im Lake District Urlaub gemacht, wo er ironischerweise nichts als William Wordsworth las. Jedermann hatte ihn zu seiner schnellen Beförderung beglückwünscht, und ein oder zwei Personen hatten sich ausdrücklich für seine Idee ausgesprochen, fortgeschrittenen Studenten Privatunterricht zu geben. Als das Herbstsemester in seinem Gymnasium begonnen hatte, entschloß er sich zu einem zweiten Versuch.

Und so sammelte er während des Unterrichts die Aufsätze der neuen Abschlußklasse ein und nahm sie abends mit nach Hause. Sobald seine Hauswirtin das Essen abgeräumt hatte, legte er den Stapel mit Heften auf den Tisch, öffnete eine Schachtel Zigaretten und setzte sich. Das Thema des Aufsatzes lautete »Das Übernatürliche in *Macbeth*«. Er beabsichtigte, alle Aufsätze durchzulesen und zu benoten, ohne nach den Namen auf den Heften zu schauen. Er würde den ansprechendsten Aufsatz auswählen und feststellen, wer ihn geschrieben hatte. Die Vorstellung, als Richter zu agieren, erfüllte ihn mit einem kindlichen Vergnügen.

Er saß den ganzen Abend lang da. Das Licht der Schirmlampe fiel auf sein strähniges, dünnes Haar, und der kleine Aschenbecher an seinem Ellbogen füllte sich mit Zigarettenstummeln. Manchmal schrieb er fein säuberlich eine kritische Anmerkung an den Rand; manchmal grinste er oder hob die Augenbrauen. Die Aufgabe war nicht übermäßig interessant, denn dreißig Jungen mit denselben Informationsquellen und demselben Kenntnisstand schreiben sehr ähnliche Aufsätze. Vier Aufsätze zeigten einen recht hohen Grad an Befähigung, und er legte diese vier beiseite, um sich ihnen später zu widmen. Der Rest wurde mit drei bis dreizehn Punkten (von zwanzig möglichen) und einer Vielzahl wohlabgewogener Schmähungen bedacht.

Ein Satz in einem der vier übriggebliebenen Aufsätze ließ ihn stutzen. Er lautete: »Macbeth empfindet keine Reue, denn er empfindet nicht, daß er etwas Unrechtes getan hat. Das Böse wird von den Hexen verkörpert, und er ist nicht so schlecht, wie sie es sind.«

Er wandte seine Aufmerksamkeit diesem Aufsatz zu und las ihn ein weiteres Mal langsam durch. Zum Schluß mußte er zugeben, daß dies der beste von allen war – wenn auch nicht auf herausragende Weise. Es war kein brillanter Aufsatz, aber das war auch nicht zu erwarten gewesen. Er war nicht wirklich originell, aber auch das war nicht zu erwarten gewesen. Seine größte Tugend bestand in seiner ungewöhnlichen Kompetenz. Der Junge kannte das Stück und konnte entsprechend sicher daraus zitieren; er kannte die Einleitung und konnte sie sicher wiedergeben. Sein Stil war nicht übermäßig unreif, und seine Handschrift war ordentlich. Und der Satz, der seine Aufmerksamkeit erregt hatte, wirkte wie ein eingebildeter Lichtstrahl am Himmel kurz vor Einbruch der Morgendämmerung: Vielleicht entsprang er bloß der Phantasie, aber vielleicht war auch die Sonne nah.

Mit plötzlicher Entschlossenheit schlug er das Heft zu und las den Namen auf dem Umschlag.

J. Kemp.

Kemp?

Einen Augenblick lang runzelte er die Stirn und war um eine Antwort verlegen. Ein blasser Junge in der Ecke? Kemp?

Vorübergehend erfaßte ihn Ärger, aber der verschwand schnell, als ihm klar wurde, was für ein Glücksfall es war, daß er den Jungen nicht kannte. Ihm kamen einige Jungen in den Sinn, die eine große Enttäuschung gewesen wären.

Er stand da, die Hände in den Taschen, und betrachtete geistesabwesend den Kaminvorleger. Kemp. Ein blasser Junge in der Ecke, mit hübschem Haar. Sprach nie, bevor man ihn fragte – manchmal selbst dann nicht. Er zog sein Benotungsbuch hervor, und als er es öffnete, stellte er fest, daß er Kemp in den drei Wochen seit Schulbeginn drei ziemlich gute Noten gegeben hatte. Das überraschte ihn. Er wurde allmählich neugierig auf den Jungen und begann, sich auf den Ausgang seiner privaten Nachforschungen zu freuen.

»Was ich über Kemp weiß?« wiederholte der Fremdsprachenlehrer am nächsten Tag. »Schüchtern.«

»Ist das alles?«

»Er schneidet meist ziemlich gut ab. Warum?«

»Ich bin nur neugierig«, sagte Mr. Crouch freundlich und ging davon.

»Ein stiller Bursche – macht keinen Ärger, überhaupt keinen Ärger«, sagte der Geschichtslehrer, der von seinen Schülern nichts anderes verlangte, als daß sie keinen Ärger machten.

»Halten Sie ihn für intelligent?«

»Oh, ziemlich – ja, ziemlich. Liefert sehr gute Arbeiten ab. Man bemerkt ihn bloß kaum.« Er beendete den Satz mit einem nervösen Lächeln.

»Ich habe ihn bemerkt«, sagte Mr. Crouch.

»Kemp?« dröhnte der Mathematiklehrer, eine gewaltige, mit einem Riesenzinken ausgestattete Karikatur von einem Mann. Er war seit fast dreißig Jahren an der Schule, und sein Anzug war ständig mit Kreide bedeckt. »Aber ja. Ein intelligenter Alleskönner. Zieht das Wissen an, wie ein Magnet Eisenspäne anzieht. Sein Vater ist Polizist, glaube ich – oder war es. Ich weiß, daß die Familie in sehr bescheidenen Verhältnissen lebt.«

Mr. Crouch dankte ihm höflich und schlurfte in Richtung seines Klassenzimmers davon.

Es war die letzte Unterrichtsstunde des Tages, als er vor die fragliche Klasse trat, und das Licht brannte bereits. Auf der Straße, die in einiger Entfernung am Schulgebäude vorbeiführte, pflügten Autos und Lastwagen durch den Regen. Mr. Crouch gab seinen Schülern eine Grammatikanalyse auf, und dann rief er sie der Reihe nach auf und händigte ihnen ihre Aufsätze aus. Viele bekamen sie bloß mit einem Wort des Lobes oder des Tadels wieder; andere Aufsätze hielt er für eine Weile zurück, während er eine bestimmte Frage erörterte, die sie aufgeworfen hatten, oder die Lösung für ein Problem aufzeigte, das sie fehlerhaft behandelt hatten. Ganz bewußt ließ er eine halbe Stunde verstreichen. Schließlich jedoch verschränkte er seine Hände auf dem Tisch, musterte die Reihen gebeugter Köpfe vor sich und sagte mit strenger Stimme:

»Kemp!«

Es gab eine Bewegung im hinteren Teil des Raumes, und der Junge erhob sich zwischen den Tischen.

»Mir gefällt dieser Aufsatz, Kemp«, begann Mr. Crouch, ohne das Heft zu öffnen. »Er zeugt von Anteilnahme, Überlegtheit und gesundem Menschenverstand.« Er machte eine Pause. »Sie arbeiten ziemlich hart, nicht wahr?«

»Ich weiß nicht, Sir.«

Mr. Crouch musterte ihn abschätzend. Er war dünn und blaß und schlecht gekleidet; er blickte nervös auf, um dann wieder den Blick zu senken; seine Hände hielt er hinter dem Rücken verschränkt. Es war schwierig, sich einen Ausdruck von Glück auf diesem Gesicht vorzustellen. Einzig sein seidenes Haar, hell wie ein Distelsame, bot einen erfreulichen Anblick.

»So wurde es mir berichtet.« Mr. Crouch begann, mit seinem silbernen Drehbleistift herumzuspielen und ließ die Halteklammer mit dem Daumennagel zurückschnappen. »Wie sehen Ihre Zukunftspläne aus?«

»Wenn ich die Schule verlasse, Sir?«

»Werden Sie sie denn verlassen? In diesem Jahr, meine ich?«

»Ich denke schon, Sir, ja.«

»Was werden Sie dann tun?«

»Weiß nicht, Sir.«

»Haben Sie gar keine Idee?«

»Ich werde wohl in irgendein Büro gehen.«

Mr. Crouch grinste.

»Haben Sie jemals überlegt, die sechste Klasse zu besuchen und ein Universitätsstipendium in Anspruch zu nehmen?«

Kemp starrte ihn einen Augenblick lang aus verängstigten blauen Augen an.

»Nein, Sir.«

»Ich wüßte nicht, warum Sie nicht darüber nachdenken sollten. Sie sind doch mit einem Stipendium hier, oder? Das wäre nur der nächste Schritt. Nach allem, was man hört, werden Sie ein ziemlich gutes Abschlußzeugnis bekommen, und wenn Sie mit einem Stipendium für die sechste Klasse zwei weitere Jahre bleiben, werden Sie ein ziemlich gutes Zeugnis für eine weiterführende Schule bekommen. Dann können Sie ein Jahr darauf verwenden, Stipendien für eine Universität zu beantragen – Oxford, Cambridge, London, was immer Sie möchten.«

Er machte eine Pause, aber der Junge blieb still.

»Wenn Sie zur Universität gehen, werden Sie einen guten Abschluß machen – und viele Menschen kennenlernen, die Ihnen von Nutzen sein können. Dann können Sie anfangen, über eine Stelle in irgendeinem Büro nachzudenken.« Er hielt den silbernen Bleistift zwischen den Spitzen seiner Zeigefinger. »Wie gefällt Ihnen diese Vorstellung?«

Der Junge blickte erneut zu Boden, und sein Mund schloß sich. Er wirkte verwirrt.

»Nun?«

»Weiß nicht, Sir.«

Mr. Crouch mißfiel die Reaktionslosigkeit des Jungen keineswegs: Sie ließ seinen Einfall nur um so faszinierender erscheinen. Wie ein Bildhauer würde er dieser Passivität eine Form geben.

»Ich denke, daß Sie sich mit sehr zufriedenstellenden Ergebnissen auf Englisch spezialisieren könnten. Wenn wir jetzt anfingen, miteinander zu arbeiten, dann könnte ich Sie als Ihr Privatlehrer über einen Zeitraum von, sagen wir, drei Jahren leicht auf Universitätsniveau bringen. Meiner Meinung nach wird es für Sie auf ein Universitätsstipendium hinauslaufen. Vielleicht erscheint Ihnen das im Moment eine Nummer zu groß«, fügte Mr. Crouch maliziös hinzu, als er den erschreckten Ausdruck des Jungen bemerkte. »Aber ich kann Ihnen versichern, daß die Aufgabe nicht so übermächtig ist, wie sie aussieht.«

Der Junge hob nervös eine Hand an den Mund. Seine Handgelenke waren rot, und seine Nägel waren abgekaut.

»Wie würde Ihr Vater auf diese Idee reagieren?«

»Ich weiß nicht, Sir.«

»Werden Sie ihn fragen? Ich erwarte übrigens keinerlei Schwierigkeiten bei der finanziellen Regelung. Der Schulbeirat wird Ihnen ohne weiteres ein Stipendium bewilligen. Ich denke, es besteht keine Veranlassung für Sie, gleich jetzt in irgendein Büro zu gehen.«

Der Junge errötete.

»Denken Sie also darüber nach, und erwähnen Sie es Ihrem Vater gegenüber. Ich würde gern mit ihm darüber sprechen, wenn er mich bei Gelegenheit empfangen könnte. Wollen Sie das tun?«

»Ja, Sir.«

»Dann ist es gut.« Er setzte hinzu: »Hier, nehmen Sie Ihr Heft.«

Er beobachtete, wie der Junge an seinen Platz zurückkehrte, sich hinsetzte und sein Gesicht hinter den Händen verbarg. Das schwache Summen im Klassenzimmer, während die Fleißigen arbeiteten und die Faulenzer faulenzten, kam ihm plötzlich wieder zu Bewußtsein, und er schlug mit der flachen Hand scharf auf den Tisch.

Alle blickten auf.

»Im Augenblick wird zuviel geschwatzt«, bemerkte er gelassen. »Jeder, den ich beim Reden erwische, kann sich auf große Unannehmlichkeiten gefaßt machen. Bleaney, treten Sie vor.«

Die Erörterung der Aufsätze nahm ihren Fortgang.

Mr. Crouch ergötzte sich an seinem Besuch bei den Kemps einige Abende später. Den Hut in der Hand, betrat er mit gespielter Bescheidenheit das Wohnzimmer, wo eigens für diesen Anlaß (wie er vermutete) ein Feuer angezündet worden war. Das Haus war klein, aber nicht allzu ärmlich. Es gab einen Tisch mit gerahmten Fotografien, einen Farn, und an den Wänden hingen einige sepiafarbene Reproduktionen scheußlicher Bilder in schweren Rahmen. Mr. Crouch stand vor dem Feuer. Er fühlte sich wie ein Diplomat, der dem Herrscher eines Barbarenvolks einen Besuch abstattet und ihn davon überzeugen soll, einer Eisenbahnstrecke durch sein Gebiet zuzustimmen.

Gleich darauf trat Joe Kemp ein. Er hatte seine Jacke angezogen und strich sich mit einer riesigen Hand über das pomadisierte Haar. Er war Polizist im Ruhestand und besserte seine Pension durch Gelegenheitsarbeiten als Zimmermann auf. Auf seinem gewaltigen Körper saß ein kleiner Kopf mit flach anliegenden Ohren. Sein Gesicht wirkte auf sympathische Weise eigenwillig, und er trug eine lächerliche goldgerahmte Brille, die ihm manchmal ein verwirrtes Aussehen verlieh. Mr. Crouch streckte die Hand aus:

»Guten Abend, Mr. Kemp. Mein Name ist Crouch.«

»Wie geht's denn so?«

Sie gaben sich die Hand.

»Setzen Sie sich doch.«

»Danke... Ich nehme an, Ihr Sohn hat Ihnen von meiner Empfehlung berichtet. Ich wüßte gern, was Sie davon halten, Mr. Kemp.«

Joe Kemp strich sich erneut mit der Hand durchs Haar. Er behielt sie gleich dort, um sich verwirrt am Kopf zu kratzen.

»Tja, keine leichte Sache das. Ich schätze, das Ganze ist eine Nummer zu groß.«

»Ich denke durchaus, daß John dazu in der Lage ist, Mr. Kemp. Andernfalls hätte ich es nicht empfohlen.«

»Tja, der Bursche is' kein Dummkopf...«

»Und die Vorteile einer Hochschulausbildung sind wirklich beträchtlich. Die Hochschule ist nicht einfach eine Fabrik, die Lehrer produziert. Sie ist ein Sprungbrett für alle höheren Berufe – die höhere Anwaltschaft, den Staatsdienst, das Parlament...«

»Dann haben Sie, scheint's, die falsche Abfahrt genommen«, sagte John Kemp mit einem gewieften Blick.

»Ich habe mich ganz bewußt dafür entschieden, Lehrer zu werden. Genau deshalb, weil ich Jungen wie Ihrem Sohn helfen will – nämlich diejenige Stellung zu erreichen, die ihnen aufgrund ihrer Intelligenz zusteht.«

Mr. Kemp erhob ein paar halbherzige Einwände, aber es war offensichtlich, daß der Plan seine Vorstellungskraft stimuliert hatte, und daß nur der starre Vorsatz, »sich nicht zu irgendwas breitschlagen zu lassen«, ihn davon abhielt, Mr. Crouch sofort zuzustimmen.

»Ich glaube auch nicht, daß es Schwierigkeiten mit der finanziellen Seite geben wird, Mr. Kemp... Der Schulbeirat...«

»Ach nee, das is' nicht so wichtig. Ich will das Richtige für John tun...«

»Ja, natürlich.«

»Also, was ich meine, Mr. Crouch«, sagte Joe Kemp und sah den Lehrer würdevoll an: »Ich weiß von ein paar Kerlen, die ihre Jungs so schnell wie es ging von der Schule genommen haben. Ich kann denen keinen Vorwurf machen, hab' bloß mehr Glück gehabt wie die. Unter uns gesagt, es war viel schwieriger, das Mädel unterzubringen. Sie ist jetzt Lehrerin in Manchester, wissen Sie. Sie sprechen hier nich' mit 'nem Mann, wo rückständige Ideen hat, Mr. Crouch, nich' wie 'n paar andere, wo ich Ihnen nennen könnte. Wie gesagt, wenn ich kann, will ich für den Jungen das Beste tun. Aber...«

»Ja, Mr. Kemp?«

»Meinen Sie nich', daß Sie 'n bißchen zu weit vorgreifen und sich 'n bißchen zuviel vorgenommen haben? Sie sagen also, er kriegt 'n gutes Abschlußzeugnis, ja? Mal angenommen, das stimmt. Aber wenn sich dann herausstellt, daß er sich nicht so gut schlägt, wie Sie sich das vorgestellt haben?«

»Das ist keine Frage des Zufalls, Mr. Kemp. Ich sehe an seiner Arbeit, daß er ein gutes Abschlußzeugnis erhalten wird. Und wenn das geschieht, dann wird er auch ein gutes Höheres Abschlußzeugnis erhalten. Sein Intellekt wird sich mit der Zeit weiterentwickeln.«

»Na, ich lasse ihn das am besten mal für sich selbst entscheiden«, sagte Joe Kemp. Er öffnete schwungvoll die Tür und rief nach seinem Sohn. »Schließlich ist es sein eigenes Leben, und wenn er es so haben will, dann werde ich ihm nicht im Weg stehen. Na, komm schon rein, John, mein Junge. Ich habe mich hier mit deinem Lehrer unterhalten.

Was hat es denn nun damit auf sich? Willste nach Cambridge gehen, oder nach Oxford?«

Der Junge blickte eine Weile von einem zum anderen, mit einer fast schon schmerzhaft anzusehenden Schüchternheit. Mr. Crouch ließ seinen Blick auf Johns Gesicht ruhen, lächelte aufmunternd und drehte seinen Hut in den Händen.

»Wenn ... wenn du glaubst, daß ich das könnte«, sagte er widerstrebend.

»Na ja, das liegt an dir, Junge.« Joe Kemp lachte leise in sich hinein und legte einen Arm um die Schultern seines Sohnes. »Aber 'n Probeschuß willste bestimmt abgeben, was?«

»Wenn du glaubst, daß ich ... gut genug bin.«

»Keine Frage. Stimmt's, Mr. Crouch? Keine Frage!«

Seit diesem Abend betrachtete sich Mr. Crouch als John Kemps besonderer Vormund. Aber natürlich war er viel zu klug, um in dieser Rolle in irgendeiner Weise in Erscheinung zu treten, ehe die Abschlußprüfungen vorüber waren. John Kemp erhielt bei seinen Prüfungen sieben lobende Erwähnungen und setzte den Schulleiter von seiner Absicht in Kenntnis, auch die sechste Klasse zu absolvieren.

Kurz vor dem Ende der Sommerferien lud Mr. Crouch ihn auf einen Tee in seine Wohnung ein und plauderte freundlich über einige allgemeine Angelegenheiten mit ihm: Was er in den Ferien unternommen hatte, was er gelesen hatte und so weiter. Er bemerkte, daß der Junge ihn pausenlos vorsichtig musterte, und das entzückte ihn so sehr, als käme ihm die Aufgabe zu, ein scheues Tier zu zähmen. Durch allerlei beiläufige Fragen brachte er Ausmaß und Richtung der literarischen Interessen Johns in Erfahrung und sprach einige Empfehlungen für dessen künftige Lektüre aus. Bald schon hatte er vier seiner eigenen Bücher beiseitegelegt, die er John mitgab.

»Und wann immer Sie etwas lesen, fertigen Sie Aufzeichnungen dazu an.« Er hatte seine Brille abgenommen, um sie zu putzen, und sein Gesicht wirkte kurzsichtig und einfältig. »Etwa in dieser Weise.« Er ging zu seinem Schreibtisch, setzte die Brille wieder auf und entnahm einer Schublade einen Stoß Aufzeichnungen. Die hielt er ihm hin, und der Junge beeilte sich, sie entgegenzunehmen. »Das ist eine unverzichtbare Angewohnheit. Sie ersehen daraus die Qualität eines Buches und die Stellen, auf die Sie achtgeben müssen; Ihre Notizen bilden die Überschriften Ihrer Lektüreabschnitte...«

Ein tiefes Gefühl des Stolzes kam in ihm auf, als er sah, wie der Junge gesenkten Kopfes in den Aufzeichnungen blätterte. Das Gefühl, seine Kenntnisse weiterzugeben, erfüllte ihn mit Rührung und ließ ihm sein Tun als edel und uneigennützig erscheinen. Er begann, im Raum herumzugehen. »Sie dürfen nicht vergessen, daß alles, was Sie von jetzt an lesen werden, Ihnen nicht nur eine Woche oder ein Jahr lang von Nutzen sein wird, sondern für die gesamte Zeit bis zu Ihrer letzten Prüfung. Und natürlich können Sie nicht erwarten, daß Sie sich an alles, was Sie gelesen haben, erinnern werden. Also müssen Sie sich Notizen machen. Sie müssen es darauf anlegen, die Bücher, die Sie lesen, im Miniaturformat zu reproduzieren.« Er blieb vor dem Fenster stehen und sah hinaus auf den Park. »Als ich diese Aufzeichnungen angefertigt habe«, fuhr er fort, »konnte ich mir nicht einmal ein Viertel der Bücher kaufen, die ich las. Und selbst wenn ich eine Ausgabe jedes

Buches hätte besitzen können, hätte ich nicht alle vor jeder Prüfung lesen können. Also bot es sich an, detaillierte Anmerkungen zu machen und jedes Buch so auszuschlachten, daß ich zu gegebener Zeit meine Aufzeichnungen aufschlagen konnte und alle unentbehrlichen Fakten auf einer einzigen Seite zur Hand hatte.«

Der Junge blickte die Aufzeichnungen voller Bewunderung an.

»Vielleicht möchten Sie sich einige meiner Unterlagen ausleihen, um eine Vorstellung davon zu bekommen, wie so etwas aussehen sollte?«

»O ja, Sir, vielen Dank.«

»Aber schreiben Sie sie nicht einfach ab. Aufzeichnungen aus zweiter Hand haben noch nie jemandem genützt.«

Obwohl John mit Beginn des neuen Schuljahres auch andere Fächer belegen mußte, war Mr. Crouch äußerst zufrieden mit seinen Fortschritten. Er war sich der Fähigkeiten des Jungen nicht in vollem Ausmaß bewußt gewesen. Johns Intellekt war unermüdlich. Er konnte schnell lesen und sich das Gelesene gut einprägen. Er konnte ohne Schwierigkeiten Analogien zwischen verschiedenen Bereichen erkennen und mühelos alle Hinweise aufnehmen, die Mr. Crouch ihm gab. Anfangs hatte der Lehrer oft beiläufig gesagt: »Sie sollten mal einen Blick auf dies oder jenes werfen«, oder: »Es ist wirklich schade, daß wir keine Zeit haben, etwas von Soundso zu lesen.« Doch bei ihrer nächsten Begegnung sagte Kemp dann auf seine schüchterne Weise unweigerlich: »Oh... äh... ich habe mir die Sachen, die Sie erwähnt haben, mal angeschaut, Sir.« Schnell war ihm klargeworden, daß er sorgfältig auf seine Worte achten mußte. Es war, als würde man eine leistungsstarke, aber empfindliche Maschine bedienen. Als John sein erstes

Jahr in der sechsten Klasse beendete, hatte er alle wichtigen englischen Schriftsteller im Schnelldurchgang absolviert und soeben damit begonnen, Literaturtheorie, philosophische und gesellschaftliche Hintergründe sowie die Grundlagen der Philologie zu erkunden. Sein Wissen hatte ein bemerkenswertes Ausmaß erreicht, und er war selten um ein passendes Zitat oder um einen Textverweis verlegen.

Einige Monate später saß Mr. Crouch in seinem Pensionszimmer und las die Zeitung. »Piloten und Besatzung des Flugzeuges, das an dem erfolgreichen Angriff auf die deutschen Marinestützpunkte in Wilhelmshaven und in Brunsbüttel an der Einfahrt zum Kieler Kanal beteiligt waren, sind in guter Verfassung zu ihren Stützpunkten zurückgekehrt«, hieß es darin. »Sie sind stolz darauf, daß man sie für den ersten Schlag gegen die deutsche Kriegsmaschinerie ausgewählt hat.«

Als er umblätterte, um die Nachrichten aus anderen Weltgegenden zu lesen, hörte er, wie seine Hauswirtin jemanden zur Vordertür einließ, und binnen weniger Minuten wurde John hereingeführt. Er trug einen blauen Mantel, und da er seine Schulmütze nicht aufgesetzt hatte, sah Mr. Crouch ihn einen Augenblick lang als einen ganz gewöhnlichen Sechzehnjährigen, der ebenso gut seinen Lebensunterhalt in einem Ladengeschäft oder als Angestellter in einem beliebigen Büro verdienen mochte.

»Hallo, Kemp, treten Sie doch ein. Ich bin froh, daß Sie vorbeischauen. Es ist jetzt eine Situation eingetreten, die wir noch gar nicht bedacht haben.«

»Nein, Sir.«

»Genau. Ich bin mir noch nicht ganz im klaren darüber,

wie sich diese Situation auswirken wird.« Mr. Crouch faltete die Zeitung zusammen, setzte einen langen Holzspan am Gasfeuer in Brand und zündete damit seine Zigarette an. »Sie sind sechzehn Jahre alt, nicht wahr?«

»Nein, Sir. Siebzehn seit letztem Monat.«

»Und die Jahrgänge ab zwanzig werden eingezogen.« Er stand wieder da und blickte auf den Park hinaus, wo Arbeiter damit beschäftigt waren, einen unterirdischen Luftschutzraum auszuheben. Die Alleebäume standen in der vollen Pracht ihres herbstlichen Verfalls da. »Wissen Sie«, sagte er langsam, »ich glaube beinahe, daß es besser wäre, wenn Sie schon in *diesem* Jahr versuchen würden, das Stipendium zu bekommen. Nach Weihnachten.«

»Aber...«

Auch ohne hinzusehen, nahm Mr. Crouch die Verwirrung wahr, die sich auf den Zügen des Jungen malte. Sie verstimmte ihn ein wenig: Er war zu sehr mit der Ungewißheit seiner eigenen Zukunft beschäftigt, als daß er große Aufmerksamkeit für die Zukunft anderer erübrigen konnte.

»Warum denn nicht?«

»Aber, Sir... das schaffe ich doch bestimmt nicht, Sir.«

»Sie dürfen nicht so pessimistisch sein.« Der Lehrer drehte sich mit einem fast schon feindseligen Lächeln zu ihm um; ein Sonnenstrahl an der Wand neben seinem Kopf verschwand. »Wer nicht wagt, der nicht gewinnt.«

»Aber, Sir, bestimmt...«

»Mein lieber Junge, die Umstände haben sich geändert. Niemand weiß, was geschehen wird. Es kann gut sein, daß Oxford und Cambridge in fünf Jahren nur noch Ruinen sind.« Mr. Crouch machte eine vielsagende Geste. »Wenn Sie nächsten Herbst hingingen, hätten Sie fast drei Jahre

Zeit, sofern man Ihnen eine Zurückstellung gewährt... Natürlich ist ungewiß, welche Haltung die Behörde einnehmen wird.«

Der Junge ging gesenkten Blickes zum Tisch. Er ergriff eine Franse vom Rand der Tischdecke und zog und zwirbelte geistesabwesend daran. Augenscheinlich bedeuteten Mr. Crouchs Empfehlungen einen großen Schock für ihn, und er zog sie nur widerstrebend in Betracht. Mr. Crouch beobachtete ihn voller Ungeduld. Der Ausbruch des Krieges hatte – das war ihm nun klar geworden – eine Empfindung verstärkt, die bereits seit geraumer Zeit in ihm keimte: eine zunehmende Gleichgültigkeit gegenüber Kemp und dessen Werdegang, verbunden mit dem Wunsch, die ganze Sache so schnell als möglich hinter sich zu bringen. Schon die Vorstellung, dem Jungen für zwei weitere Jahre Privatunterricht zu erteilen, erschien ihm nun völlig inakzeptabel, und nur die Überzeugung, daß ihre Wege binnen weniger Monate – oder vielleicht sogar binnen weniger Wochen – durch größere Ereignisse unwiderruflich in andere Richtungen gelenkt werden würden, hielt ihn davon ab, sich noch kürzer angebunden zu zeigen. Hinzu kam, daß er während der Sommerferien dem Zustand des Verliebtseins so nahe gekommen war, wie sein Temperament dies zuließ. Die Trennung von der fraglichen jungen Dame machte ihn jedoch nicht etwa traurig, sondern so reizbar wie ein Kind, das in Zorn gerät, weil man ihm eine Bonbonschachtel weggenommen hat.

Nicht zuletzt hatte er das Gefühl, hintergangen worden zu sein. Auch wenn Kemp fleißig und intelligent war, auch wenn er Anregungen schnell aufnahm und ein ausgezeichnetes Gedächtnis besaß, das sich alles Neue rasch einverleibte, war es eine Qual, ihn zu unterrichten. Sein Charakter war fast völlig negativ ausgerichtet. Wenn er in der Zeit ihrer Bekanntschaft auch nur einen einzigen spontanen Einfall geäußert hätte, dann hätte Mr. Crouch sich vielleicht entlohnt gefühlt. Aber die zögerliche Schwerfälligkeit, von der er anfangs noch angenommen hatte, daß sie nachlassen werde, sobald sich der Horizont des Jungen erweitert und seine Kenntnisse vertieft hatten, währte Monat um Monat fort, bis Mr. Crouch sich eingestehen mußte, daß sie angeboren war und niemals verschwinden würde. Ohne Anleitung kam Kemp keinen einzigen Schritt voran. All die Lyrik, all die bedeutende Literatur, mit der er sich beschäftigte, schienen keinerlei persönliche Bedeutung für ihn zu haben. Zunächst freute sich Mr. Crouch darüber (Jarrett war unerträglich langweilig gewesen, wenn es um die Romantiker ging), aber bald empfand er diese Stumpfheit als eine bleierne Bürde. Es bereitete ihm einfach kein Vergnügen, einen derart auf Tatsachen fixierten Verstand zu unterrichten, wie aufnahmefähig dieser auch sein mochte, wenn es darum ging, Standpunkte einzunehmen und zu vertreten, die ein weniger reifer Verstand vielleicht noch nicht erfaßt hätte.

»Tatsache ist doch«, dachte Mr. Crouch enttäuscht, »daß er mit genauso wenig Mühe und mit vermutlich größerem Nutzen für die Gesellschaft ein sehr fähiger Ingenieur werden könnte.«

Laut sagte er:

»Auf jeden Fall wird es eine interessante Erfahrung für Sie werden.«

»Aber ein öffentlich ausgeschriebenes Stipendium, Sir... bestimmt wird niemand in meinem Alter...«

»Nicht unter normalen Umständen, nein. Aber die derzeitigen Umstände sind nicht normal, das leuchtet Ihnen sicherlich ein. Ich denke, daß Sie gute Erfolgsaussichten haben.«

Er befragte John zu seinen Fortschritten während der Ferien und beschloß, am nächsten Tag den Schulleiter aufzusuchen.

Der Schulleiter konnte ihm keine ungeteilte Aufmerksamkeit schenken, da er von allerhand Problemen heimgesucht wurde, die der Ausbruch des Krieges mit sich gebracht hatte. Wegen der Luftangriffe mußten die unzähligen Schulfenster verdunkelt werden, und unter den Eltern sollte eine Abstimmung über die Notwendigkeit von Evakuierungen durchgeführt werden. »Nein, dem stimme ich nicht zu«, warf er Mr. Crouch über die Schulter zu, während er den Korridor entlangeilte. »Mein Ratschlag an alle lautet, so viele Stipendien als möglich auf die normale Weise zu erlangen und dann zur Armee zu gehen. Oxford kann warten. Das macht es schon lange.«

Mr. Crouch schlurfte demütig hinterdrein.

»Das ist richtig, Sir, aber ich glaube, daß er über die nötigen Fähigkeiten verfügt... es geht bloß um die Frage, ob er sich in diesem oder im nächsten Jahr bewerben soll. Mir scheint, daß es in seinem eigenen Interesse ratsam wäre, zumindest einen Versuch zu unternehmen... und auf jeden Fall wird es eine interessante Erfahrung für ihn werden.«

»Was will er denn selbst? Was sagt er dazu?«

»Oh, er begeistert sich sehr dafür, Sir.«

»Nun, wenn er es wirklich will, dann kann er es ja versuchen. Ich rate ihm nicht dazu, aber wenn er möchte, dann kann er es versuchen.« Der Schulleiter holte einen Zollstock hervor und maß ein Fenster aus. »Geben Sir mir Bescheid, sobald Sie mit den Vorbereitungen beginnen möchten. Dreißig mal vierzehneinhalb.«

John verunsicherte der Gleichmut, mit dem Mr. und Mrs. Kemp die Neuigkeit aufnahmen, daß er nicht erst im Frühjahr nächsten Jahres, sondern bereits im kommenden Frühjahr, also in kaum mehr als sechs Monaten, die Stipendiatenprüfung ablegen würde.

»Nächsten März?« fragte Joe Kemp beim Abendessen. »Das nenne ich aber einen Schweinsgalopp.«

»Du wirst zwar noch nicht achtzehn sein, aber wir werden sowieso unsere Pläne ändern müssen.« Mrs. Kemp setzte die Teekanne ab. »Nimm dir 'n Tee, John.«

»Ja, aber es ist nicht nur eine Frage des Datums – ich werde nicht genug gelernt haben. Kein Mensch legt vor dem dritten Jahr die Prüfung für ein öffentlich ausgeschriebenes Stipendium ab...«

»Keiner außer den Gescheitesten«, grinste Joe und klappte seine Butterstulle mit Dosenfisch zusammen.

»Du verstehst das nicht, Papa!« Johns Nervosität ging allmählich in Mißmut über. »Es ist eine blöde Idee... ich weiß gar nicht, was Crouch sich dabei denkt.«

»Aber ein Versuch kann nicht schaden«, sagte der Vater mit vollem Mund.

»Aber es ergibt keinen *Sinn*!... Ich kann kein Stipendium beantragen, ohne vorher wenigstens die Höhere Abschlußprüfung abgelegt zu haben. Niemand hat das jemals getan.«

»Man weiß nie, was man kann, ehe man es versucht hat.« Mrs. Kemp stellte die Schüssel mit dem Fisch schräg: »Hier, John, nimm etwas von dem Saft.«

Er hielt ihr verstimmt den Teller hin: »Ach, du verstehst das nicht. Das ist doch dämlich. Ich werde sowieso durchfallen, was nützt da ein Versuch? Das ist so sicher wie das Amen in der Kirche.«

»Aber keiner wird deshalb einen Deut schlechter von dir denken«, sagte Joe Kemp unbeeindruckt: »Und 'ne gute Übung isses auch.«

Der Junge verfiel in Schweigen. Später, nach den Sechsuhrnachrichten, klagte er dem Vater, der es sich in seinem Sessel bequem gemacht hatte, ein weiteres Mal sein Leid. Joe Kemp sagte zwar nur Dinge, von denen er sich eine beruhigende Wirkung auf den Jungen erhoffte, beschloß aber insgeheim, ein Wörtchen mit Mr. Crouch zu reden. Später am Abend schaute er bei ihm vorbei. Mr. Crouch packte gerade seinen Koffer, da er am folgenden Tag zurück nach Watford fahren würde. Der Schulleiter hatte alle Lehrer sofort bei Ausbruch des Krieges zu einer dringenden Kollegiumsbesprechung zusammengerufen.

Er war zwar nicht übermäßig erfreut, Joe Kemp zu sehen, aber er bat ihn herein, und sie saßen gemeinsam am Feuer, den halbgepackten Koffer auf dem Tisch. Nachdem er drei Minuten lang zugehört hatte, begann Mr. Crouch wissend zu nicken. Er wollte Joe Kemps Monolog beenden, und so gab er ihm zu verstehen, daß er längst wisse, was es da noch zu sagen gäbe. »Ja«, sagte er. »Ja ... ja ... Wenn ich es recht verstehe, Mr. Kemp, so befürchten Sie, daß John sich in einem Jahr auf dieses Stipendium und das Abschlußzeugnis für die Höhere Schule bewerben und bei beiden Gelegenheiten durchfallen wird. Ich glaube nicht, daß diese Gefahr besteht. Selbst wenn er das Stipendium nicht erhielte, blieben ihm noch vier Monate Zeit, um sich auf das Höhere Abschlußzeugnis vorzubereiten, und er würde der zweiten Prüfung mit um so größerer Erfahrung und um so größerem Selbstvertrauen entgegensehen, da er die erste bereits absolviert hätte. Aber abgesehen davon denke ich, daß er sehr gute Aussichten hat, beide Prüfungen erfolgreich zu bestehen. Nächstes Jahr wäre das eine Gewißheit; in diesem Jahr besteht immerhin eine hohe Wahrscheinlichkeit. Ich rate Ihnen nicht, Unmögliches zu versuchen, Mr. Kemp. John ist überdurchschnittlich intelligent. Im Grunde ist er der intelligenteste Schüler, den ich jemals unterrichtet habe. Ich streite gar nicht ab, daß ich lieber noch ein weiteres Jahr warten würde, aber die Umstände haben sich geändert, und so müssen auch wir unsere Pläne ändern. Die Verantwortlichen werden dies anerkennen und alle nötige Nachsicht walten lassen. Ich verstehe Ihre Zweifel zwar, aber sie sind völlig unbegründet. Mein Wort darauf.«

»Mein Wort darauf«, sagte Joe Kemp am selben Abend zu John, der niedergeschlagen am Feuer saß und außerstande war, sich auf das Buch in seiner Hand zu konzentrieren. »Mr. Crouch weiß, was er tut. Du brauchst dir keine Sorgen zu machen. Du schätzt deine Fähigkeiten einfach nicht hoch genug ein, Junge. Weißt gar nicht, was du alles stemmen kannst. Wirst dich schon tapfer schlagen, da mach dir mal keine Sorgen.«

»Unser John war schon immer ein ganz Bescheidener«, warf Mrs. Kemp ein, die eine neue Ferse an einen alten Socken strickte. »Hab' ich recht?«

Der Junge seufzte. Er ahnte, daß sein Vater mit Mr. Crouch gesprochen hatte, und fühlte sich zu erschöpft, um gegen diese Allianz anzukämpfen. Er strich sich das Haar aus der Stirn und wandte seine Aufmerksamkeit wieder dem Buch zu. Jeder Widerstand schien zwecklos zu sein.

Nicht einmal Mr. Crouch hatte die Tatkraft vorhergesehen, mit der John sich während des Herbstes und Winters in seine Arbeit stürzte. Es war eine bewegte Zeit, in der die Unterrichtsstunden chaotisch verliefen und ständig von tatsächlichen oder eingebildeten Luftangriffswarnungen unterbrochen wurden. So blieb Johns Tatkraft ein oder zwei Wochen lang unbemerkt, bis Mr. Crouch den hohen Verbrauch an Notizbüchern, die Vielzahl der Bücher, die John aus der Schulbibliothek entlieh, und die Blässe seines Gesichts bemerkte. John hatte zwar schon immer viel gearbeitet, aber auf eine unangestrengte Art und im Rahmen seiner Fähigkeiten. Nun schien die Gefahr zu bestehen, daß er sich völlig veraugabte. Mr. Crouch fiel im Unterricht auf, daß sich bei seinen Fragen an die Klasse schlagartig Panik in Johns Gesicht malte, als ob dessen Gehirn krampfhaft nach einer Antwort suche und befürchte, diese nicht zu kennen und bei einer Wissenslücke erwischt zu werden. Also verzichtete Mr. Crouch darauf, ihm Fragen zu stellen.

Zu Hause wurde John wie ein Invalide behandelt. Das Wohnzimmer war für ihn zum Lernen reserviert. Wenn er arbeitete, schwieg das Radio, und Besucher wurden gebeten, mit gesenkter Stimme zu sprechen. Seine Mutter bereitete Gerichte zu, die sie für besonders »kräftigend« hielt, und tischte ihm gewaltige Portionen auf. Das alles ging ihm bald auf die Nerven, doch seine Anfälle von Gereiztheit wurden mit der Begründung entschuldigt, daß er »müde vom Arbeiten« sei. Es schien unmöglich, irgendetwas auf normale Weise zu tun: Wenn er seiner Mutter anbot, eine Besorgung für sie zu machen, sah er, wie sie zögerte, weil sie befürchtete, ihn von seinen Büchern abzulenken; wenn sie ihn andererseits beiläufig bat, etwas aus dem Gemischtwarenladen an der Ecke zu holen, kam es ihm so vor, als wolle sie ihm zu Bewegung und frischer Luft verhelfen. Die Nachbarn waren natürlich alle im Bilde.

Keiner grüßte jemals mit irgendeiner anderen Floskel als: »Na, hart am Arbeiten?«

Mr. Crouch wußte, daß John zu viel arbeitete, aber er unternahm nichts, um ihn davon abzuhalten. Es war eine allzu wunderbare Abwechslung, ihn einmal unabhängig und ohne jede Anleitung lernen zu sehen. Mr. Crouch mußte an ein mechanisches Aufziehmännchen denken, das er mühevoll zusammengesetzt hatte und das nun auf einmal zum Leben erwacht war. Dieser plötzliche Luxus rief eine Art ungerührter Grausamkeit in ihm wach: Er wollte sehen, zu welchen Leistungen der Junge sich selbst anspornen konnte. Seiner Verantwortung wurde er damit in keiner Weise gerecht.

Als er eines Tages nach dem Abendessen bequem zurückgelehnt in seinem Sessel saß – die schweren Vorhänge waren zugezogen und der Rauch seiner Zigarette umspielte im Lampenschein die Ornamente am Kaminsims –, da ließ er die vergangenen zwei Jahre nicht ohne Verwunderung vor seinem inneren Auge Revue passieren. Es erschien ihm mittlerweile wenig wahrscheinlich, daß er Huddlesford jemals verlassen würde, zumindest nicht aus eigenem Antrieb. Der Krieg hatte eine eigenartige Wandlung in ihm hervorgerufen: Er unterzog sich nicht länger der Mühe, anspruchsvolle Bücher zu lesen oder die wöchentlichen Rezensionsblätter zu abonnieren; das Buch, das mit dem Rücken nach oben auf dem Teppich neben seinem Sessel lag, war ein bangloser Unterhaltungsroman. Er rauchte jetzt täglich viele Zigaretten, und sein Hauptinteresse galt dem Briefwechsel mit der jungen Frau, die er heiraten wollte.

»Die ganze Geschichte ist sonderbar, sehr sonderbar«, murmelte er vor sich hin und dachte an den Nachmittag, als er John Kemp zum ersten Mal einige seiner Aufzeichnungen ausgeliehen hatte. »Was um Himmels Willen hat mich dazu gebracht... Nein, ich weiß es nicht mehr. Eine sehr seltsame Episode.« Er erhob sich schwerfällig, verstreute dabei etwas Asche und sah stirnrunzelnd auf seine Weste hinab. Muß öfter den blauen Anzug tragen. Dann zog er seinen Mantel an, setzte den Hut auf, griff nach einer Taschenlampe und begab sich auf den Weg zur nahegelegenen Gastwirtschaft, wo er sich mit dem Naturkundelehrer der Unterstufe verabredet hatte.

»Ihr Protegé ist also tatsächlich fort?« Mr. Crouch und der Naturkundelehrer der Unterstufe standen eines Nachmittags im März auf dem Sportplatz herum. Grade fanden die Wettrennen in der Entscheidungsrunde der Unterstufe statt. »Seit wann? Donnerstag?«

»Ja, Donnerstag.« Mr. Crouch zog ein Markierungsfähnchen aus dem Boden und steckte es wieder zurück. »Es heißt, daß er heute zurückkommt. Mit leeren Händen, fürchte ich.«

»Ich dachte, Sie hielten ihn für besonders begabt?«

»O ja, auf gewisse Weise schon. Er ist zweifellos ein unglaublich fleißiger Schüler. Wußten Sie, daß er seit dem Weihnachtsfeiertag jeden Morgen um sieben Uhr zum Lernen aufgestanden ist?«

Der Naturkundelehrer der Unterstufe hob die Augenbrauen.

»Dieses Pensum hat er bis zum Donnerstag beibehalten; sein Vater sagte es mir. Die Eltern waren zunächst sehr stolz auf ihn, aber zum Schluß waren sie wohl ein wenig besorgt.«

»Die Eltern glauben, daß er zuviel gearbeitet hat?«

»Sie waren besorgt um ihn, ja, aber in gewisser Weise waren sie sogar ein wenig besorgt *durch* ihn. Seine Arbeitswut war unheimlich. ›Das is' nich' mehr menschlich‹, hat der alte Kemp zu mir gesagt. ›Er spricht und ißt kaum noch, oder sonstwas.‹«

»Nun, dann sollte er doch ein ziemlich gutes Ergebnis erzielen.«

»Ich weiß nicht recht. Offen gestanden glaube ich, daß Oxford ihn für ein weiteres Jahr nach Hause schicken wird, damit er erst einmal erwachsen wird.«

»Glauben Sie denn, daß das gut wäre?«

»Kann schon sein, aber ich möchte ihn nicht noch ein weiteres Jahr unterrichten. Erinnern Sie sich an Jarrett?«

»Der Jugendliche, der immer Shelleys ›Adonais‹ zitiert hat?«

»Genau der. Wie ich höre, ist er jetzt bei der Armee. Kemp ist fast sein genaues Gegenteil. Man hat das Gefühl, daß es für ihn völlig belanglos ist, ob er ein Gedicht liest oder eine Zahlenreihe addiert. Alles was er kann, ist, auf seine mechanische, unmenschliche Weise zu arbeiten, zu arbeiten, zu arbeiten. Er macht sich bloß selbst fertig.«

»Sonderbar.«

»Sehr sonderbar. Er ist ein merkwürdiger Mensch – eines jener Rätsel, die zu lösen sich nicht lohnt.«

»Das ist ziemlich unmißverständlich formuliert«, sagte der Naturkundelehrer der Unterstufe und suchte in seiner Tasche nach einer Zigarette. »Oh, das Weitspringen ist beendet. Nehmen Sie Ihr Ende des Bandes.«

Mr. Crouch tat, wie ihm geheißen. Insgeheim fragte er sich, ob die unmißverständliche Formulierung tatsächlich der Wahrheit entsprach.

Als er um fünf vor halb fünf aus dem Schultor schlurfte, wurde er bereits von John erwartet, der sich dort linkisch postiert hatte. Er trug seinen blauen Mantel, und sein Haar wehte im Wind.

»Sir...«

»Oh, hallo, Kemp. Dann sind Sie also zurück. Wie ist es gelaufen?«

»Na ja... ziemlich mittelmäßig. Ich habe ein paar Fehler gemacht.«

»Haben Sie Ihre Arbeiten zurückbekommen?«

»Nein, die wurden dabehalten.«

»Ach ja? Erzählen Sie mir doch davon.«

Sie gingen die Allee entlang und besprachen, was es zu besprechen gab. »Und die Prüfung?« Mr. Crouch drückte seinen Hut, an dem der Wind zerrte, fester auf den Kopf. »Wonach wurde gefragt? Haben Sie bei irgend etwas gelogen?«

John ließ bereits der Gedanke erröten.

»Ich habe gesagt, daß ich die Schülerzeitung herausgeben hätte.« Er schluckte und sah zur Seite.

»Oh, das geht schon in Ordnung. Niemand wird sich die Mühe machen, das zu überprüfen«, sagte Mr. Crouch. Sie erreichten soeben seine Eingangstür. »Ich würde mir an Ihrer Stelle keine Sorgen machen. Alles in allem scheinen Sie sich wacker geschlagen zu haben. Jedenfalls wirken Sie auf mich nicht allzu deprimiert.« Und das allein ist schon ein schlechtes Zeichen, dachte er. Als er das Gesicht des Jungen im hellen Licht des Nachmittags musterte, erkannte er darin Falten der Anspannung, die vor sechs Monaten noch nicht dort gewesen waren. Er bemerkte, daß John Kemp ihm nervös die Hand entgegenstreckte.

»Vielen Dank, Sir. Für alles, was Sie getan haben.«

Am Ende der darauffolgenden Woche erhielt John die Nachricht, daß ihm ein Stipendium in Höhe von hundert Pfund jährlich bewilligt worden war.

Am nächsten Morgen bekam John Christopher kaum zu Gesicht. Dieser stand erst kurz vor zwölf Uhr auf und machte sich nach einer kalten Dusche auf den Weg ins »Bull and Butcher«, wo er Fleischpastete mit Bier verzehrte und mit Patrick Dart spielte. John verbrachte einen eintönigen Vormittag mit sturer, anstrengender Arbeit, während draußen pausenlos der Regen fiel. Nach dem Mittagessen ging er in die Bodleian und las dort ein Buch, und als er um fünf Uhr zurückkehrte, waren Christopher, Eddy und Patrick gerade beim Tee. Christopher, der am frühen Morgen noch aschfahl gewesen war, hatte nun zwar seine normale Gesichtsfarbe wiedererlangt, war aber so unrasiert wie ein Soldat nach einer mehrtägigen Schlacht. Sie unterhielten sich über den gemeinsam verbrachten letzten Abend.

»Es war wirklich idiotisch von dir, diese Glastür kaputtzumachen.«

»Ich kann mich überhaupt nicht mehr daran erinnern.« Eddy wirkte selbstgefällig. »Kein bißchen.«

John goß sich eine Tasse starken Tees ein und stellte fest, daß die Milch alle war. Seine Stimmung hatte einen Tiefpunkt erreicht, sobald ihm klar geworden war, daß Christopher gar nicht daran dachte, das geborgte Pfund zurückzuzahlen. Vergebens versuchte er, sich davon zu überzeugen, daß diese Gleichgültigkeit bereits ein Zeichen enger Freundschaft sei: Freunde mahnten untereinander keine kleinen Darlehen an. Und doch glaubte er Whitbread mit seiner flachen Stimme sagen zu hören: »Ich wäre froh um dieses Pfund, wenn Sie es mir gegeben hätten, Warner.« Diese Vorstellung deprimierte ihn, und er hegte sogar den Verdacht, daß es sich um eine unverhohlene persönliche Beleidigung handelte.

Am Samstagmorgen ließ er schließlich alle Hoffnung fahren und hob ein weiteres Pfund von seinem Postamtkonto ab. Es handelte sich um jenes Pfund, das eigentlich für die zwei Wochen vom zehnten bis zum vierundzwanzigsten November hätte reichen sollen. Um so schmerzlicher war ihm bewußt, daß jetzt erst der sechsundzwanzigste Oktober war. Als er zum Mittagessen ins College zurückkehrte, wollte sich trotz der munter belebten Straßen nicht der übliche Enthusiasmus bei ihm einstellen; statt dessen ergriff ein unüberwindliches Gefühl der Isolation von ihm Besitz. Ihm war klar geworden, daß alle Kommilitonen, die ihr Studium zur gleichen Zeit wie er begonnen hatten, inzwischen eigene Wege eingeschlagen und feste Lebensgewohnheiten angenommen hatten. Sie hatten den Rahmen abgesteckt, in dem ihre Universitätskarriere verlaufen würde. John hatte das nicht getan; sein engster Freund war Christopher. Und die Geldangelegenheit hatte ein klaffendes Loch der Ungewißheit in seine Gedanken gerissen. Da war nichts mehr, worauf er bauen konnte.

Schweigend saß er inmitten des üblichen Geplappers beim Mittagessen. Er hörte, wie Whitbread weiter unten am Tisch über Teerkohleprodukte disputierte, und starrte unschlüssig auf das Käsebrot, das die Mahlzeit beschloß. Draußen hatte leichter Regen eingesetzt, und alle, die bei den Wettkämpfen mitmachen wollten, legten, auf ihren Bänken sitzend, den Kopf in den Nacken und blickten ungehalten zum Himmel. Der Kapitän der Fußballmannschaft kam herein und besprach sich mit Christopher, der währenddessen weiteraß. Einzelne Grüppchen von Studenten brachen gemächlich in Richtung Kino auf.

Nach dem Mittagessen saß John mit auf den Knien abgestützten Ellbogen auf dem Sofa. Ihm fiel ein, daß die Bibliotheken bis Montagmorgen geschlossen sein würden. Lange starrte er auf das Teppichstück zwischen seinen Füßen, und als er plötzlich aufblickte, um nach der Uhr zu sehen, war sein Gesicht völlig ausdruckslos. Draußen lief jemand auf Gummisohlen vorbei, und rufende Stimmen hallten durch den Kreuzgang. In der Ferne schlug es zwei Uhr.

Einige Sekunden lang fühlte er sich unglaublich ruhig.

Dann polterte jemand die Treppenstufen herauf, und Christopher Warner platzte zur Tür herein. Er hatte eine ganz eigene Art, gleichzeitig gegen die Tür zu treten und den Türknauf zu drehen. Christopher trug Sportkleidung aus Flanell – einen Pullover und einen Blazer –, und seine Frisur war zerzaust.

»Es geht um folgendes.« Er zog ein zerknittertes Telegramm aus der Tasche und entfaltete es eilig. »Haben Sie heute schon etwas vor? Heute nachmittag, meine ich?«

Jeden anderen hätte John hinzuhalten versucht.

»Nein...«

»Dieses Telegramm ist von meiner Mutter. Hier steht: ›Hole mich um 3:45 am Bahnhof zum Tee ab.‹ Leider habe ich keine Zeit. Es findet ein Spiel statt, das ich nicht einmal dann schwänzen würde, wenn ich es könnte. Ungeschickt von ihr, sich so spät zu melden; das Telegramm wurde erst um zehn Uhr zugestellt. Könnten Sie an meiner Stelle hingehen?«

»Hingehen? Für Sie?...«

»Genau. Führen Sie sie irgendwohin zum Tee aus. Ich komme bald nach.«

John wand sich auf dem Sofa, und nach der ersten Verwirrung machte sich auf seinem Gesicht ein Ausdruck der Besorgnis breit.

»Ich... Aber ich kenne Ihre Mutter gar nicht...«

»Ach, zum Teufel, Sie wissen doch, wie sie aussieht. Sie kennen ihre Fotografie.« Er machte eine vage Handbewegung in Richtung des Doppelrahmens auf dem kleinen Regal. »Groß und dunkelhaarig. Erklären Sie ihr einfach die Situation, richten Sie ihr mein Bedauern aus und führen Sie sie irgendwohin – das ›Green Leaf‹ reicht völlig aus.«

»Aber...«

»Ich habe Eddy angerufen«, erklärte Christopher geduldig, »aber der Nichtsnutz ist nicht im College... Elizabeth und Patrick sind nach Banbury gefahren, um einen Cousin zu besuchen. Sie sind der einzige Mensch, den ich um diesen Gefallen bitten kann.«

Diese Vorstellung entzückte John so sehr, daß er gerade noch herausbrachte:

»Ja, aber... was soll ich mit ihr unternehmen?«

»Ich habe es Ihnen doch erklärt«, sagte Christopher mit wachsender Ungeduld. »Gehen Sie einfach in das ›Green Leaf‹. Ich komme um halb fünf nach.« Und damit ging er hinaus, froh, die Angelegenheit in seinem Sinn geregelt zu haben. Mit seinem charakteristischen Doppelknall schlug er die Tür hinter sich zu.

Eine Stunde später zeigte John sein Bahnsteigbillett vor und durchquerte, unsicher um sich schauend, die Bahnhofsvorhalle. Natürlich war er zu früh dran. Sein Haar hatte er mit Wasser an den Kopf geklatscht, seine Schuhe mit der Tischdecke poliert, und in die Brusttasche seines Mantels hatte er in dem zweifelhaften Versuch, elegant auszusehen, ein weißes Taschentuch gesteckt. Die Besorgnis über seinen Auftrag war der festen Entschlossenheit gewichen, Christophers Vertrauen zu rechtfertigen. Er glaubte, daß Christopher ihm ein großes Kompliment gemacht habe, als er ihn für die geeignete Person zur Begleitung seiner Mutter hielt.

Was für ein Mensch wird sie sein? fragte er sich und bemerkte nicht, daß er sich nur zwei Wochen zuvor dieselbe Frage bezüglich Christopher gestellt hatte. Christopher hatte niemals direkt über seine Mutter gesprochen, aber hin und wieder hatte er eine Anekdote erzählt, in der sie wie eine entfernte Bekannte figurierte. Er bediente sich in solchen Fällen eines sachlichen Tonfalls, der keinerlei engere Verbindung zwischen ihnen erkennen ließ. Glaubte man seinen Erzählungen, dann spielte sie sehr gern Bridge und Golf, und das war (wie John sich erinnerte) auch schon alles, worin Christopher sie übertreffen konnte. Außerdem gab es da eine Auseinandersetzung mit dem Gemeinderat, bei der es darum ging, daß die Wasserhauptleitung bis an ihr Haus geführt wurde. Dann fiel ihm noch ein, daß sie einen Sportwagen fuhr. Wie sollte er einen solchen Menschen empfangen?

Insgeheim hoffte er, daß sie nicht kommen werde.

Er sah sich zwischen Taubenkörben, Postsäcken und Fahrrädern mit Etiketten an den Lenkstangen um, und er suchte in seinem Gedächtnis nach einer Erinnerung an den Bahnhof seiner Ankunft vor zwei Wochen. Wie lange das bereits zurückzuliegen schien. Alles, was seitdem geschehen war, hatte in ihm den gleichen verwirrenden Eindruck hinterlassen, alle Erinnerungen schienen von derselben Wichtigkeit zu sein: die Bronzeplastik im Zimmer des Tutors, Elizabeth' Stimme, Christophers unablässige Raucherei, Eddys Kleidung.

Mit jäh gesteigerter Aufmerksamkeit beobachtete er, wie die Lokomotive laut zischend am Bahnsteig einfuhr, und als die wenigen Wartenden nach vorn drängten, trat er hinter einen leeren Süßigkeitenautomaten. Die lange Reihe der Abteilwagen rollte ein. Türen wurden geöffnet, und Gepäckträger reichten Päckchen aus dem Wagen des Zugbegleiters. John beobachtete, wie die Reisenden zur Absperrung gingen, und er überprüfte alle aussteigenden Frauen auf die ihm bekannten Merkmale. Als er sie schließlich sah, verspürte er ein schwaches Gefühl der Freude, das sich rasch verstärkte. Sie ging in einigem Abstand hinter der Menge her und sah sich erwartungsvoll um. Er erkannte sie weniger anhand der Fotografie, als aufgrund ihrer Ähnlichkeit mit Christopher: beide hatten die gleiche breite Stirn und Kieferpartie. Ihr dunkles Haar, das im Nacken zusammengebunden war, zeigte keine Spur von Grau.

Wie Christopher trug sie Tweed, dazu einen Filzhut, Schuhe mit niedrigen Absätzen und an ihrem linken Kragenaufschlag einen künstlichen Zweig mit Beeren und Blättern. All das deutete auf ein reiferes Alter hin. Trotzdem sah sie viel zu jung aus, um Mrs. Warner zu sein; der leichte Schwung, mit dem sie ihren kleinen, grünen Koffer trug, vermittelte Beweglichkeit und Jugendlichkeit. John starrte sie an, doch als sie mit den Augen den Bahnsteig absuchte, ruhte ihr Blick einen Augenblick lang interesselos auf ihm, ehe er weiterschweifte. Endlich faßte er sich ein Herz und trat vor. Dabei wurde ihm schmerzlich bewußt, daß er viel zu nervös war, um die Begrüßung aufzusagen, die er sich zurechtgelegt hatte.

»Äh...«

»Ja?«

»Äh... ich... Entschuldigen Sie, aber sind Sie Chr... Sind Sie Mrs. Warner?«

»Ja. Kann Christopher nicht kommen? Sind Sie ein Freund von ihm?«

»Nein. Ich... ja. Er... er hat mich gebeten, Sie abzuholen. Er... er spielt bei einem...«

»Ah, ich verstehe. Wann hat er mein Telegramm erhalten?«

»Am Mittag. Er konnte seine Verabredung nicht mehr absagen... Wenn Sie... Er wird Sie zum Tee treffen im... im ›Green Leaf‹.«

Er stieß das alles mit hochrotem Gesicht hervor.

»Wo? Ich kenne das Lokal nicht.«

»Auf der High Street. Ich zeige es Ihnen... er hat mich gebeten, es Ihnen zu zeigen.«

»Ich verstehe.« Sie setzten sich in Richtung Ausgang in Bewegung. »Was genau macht er? Spielt er Rugby?«

Sie gingen hinaus und traten gemeinsam auf die Straße. Mrs. Warner zog ihre Handschuhe glatt. »Das also ist Oxford«, bemerkte sie und sah sich um. Der Himmel war gleichmäßig bedeckt, ohne eine Spur von Regen oder Sonne. »Wer sind Sie eigentlich?«

John errötete erneut, als ihm klar wurde, daß er sich zuerst hätte vorstellen müssen.

»Ich bin Kemp... äh... John Kemp. Ich bin Christophers Stubengenosse.«

»Tatsächlich? Davon hat er nie etwas erzählt. Seltsam, nicht wahr?«

»Oh... ja...«

Und tatsächlich, als er darüber nachdachte, erinnerte er sich seines eigenen ersten Briefes nach Hause und mußte ihr innerlich beipflichten.

»Wohin gehen wir? Ist es noch weit? Sollen wir ein Taxi nehmen?«

»Ich glaube nicht... ich meine...« Die Sinnlichkeit ihrer Ausstrahlung brachte ihn völlig aus der Fassung. »Christopher sagte, daß er um halb fünf nachkommt. Wenn wir zu Fuß gehen...«

»... treffen wir gerade zur rechten Zeit ein, ja?« Unbeschwert führte sie seinen Satz zu Ende. »Dann lassen Sie uns zu Fuß gehen.«

Nun, da der schlimmste Teil der Begegnung vorüber war, öffnete sich sein Herz, und er erkannte, daß sie zu den wenigen Menschen gehörte, die ihn anhand der spärlichen abgehackten Phrasen und Gesten, die ihm seine Nervosität gestattete, verstanden. Während sie in Richtung Innenstadt gingen, bewunderte er heimlich ihren Gang, ihre Brüste, ihre jugendliche Ausstrahlung. Er hielt sich aufrecht und hoffte, sich damit ihrer Gesellschaft würdig zu erweisen. Insgeheim wünschte er sich, daß die Passanten ihn für ihren Sohn hielten.

Sie stellte ihm einige Fragen über sein Zusammenleben mit Christopher und ließ dabei erkennen, daß dieser ihr nicht das Geringste erzählt hatte – nicht einmal so belanglose Dinge wie die Zahl ihrer Räume oder ihren typischen Tagesablauf. John bemühte sich um möglichst amüsante Antworten, aber sie lächelte nur schwach und sah sich aufmerksam auf der Straße um. Sie befanden sich im alten vorindustriellen Teil der Stadt, wo Kanalschiffer, Heuverkäufer, Kohlen- und Kornhändler ihre Niederlassungen unterhielten. Einige Nachzügler aus der Menge der Samstagsausflügler liefen in ihren besten Kleidern durch die Straßen, schoben Kinderwagen vor sich her oder blieben stehen, um in die Ausstellungsräume eines Geschäftes für Gebrauchtmöbel zu starren. Papierfetzen trieben durch den Rinnstein.

John fiel seine eigene Mutter ein, doch er verbannte sie verärgert aus seinen Gedanken. Während er neben Mrs. Warner einherging, empfand er denselben Stolz, den er im Beisein von Christopher empfand. Die Ähnlichkeit der beiden fiel sofort ins Auge: Sie wiesen nicht nur dieselben äußerlichen Merkmale auf, sondern sie teilten auch das, was man das Aroma der Persönlichkeit nennen konnte. Etwas Forsches und Sorgloses war ihnen zu eigen. Was blieb ihm anderes übrig, als sie zu bewundern? Sie schienen ein Leben ohne innere Zweifel zu führen.

»Ich vermute, daß Sie sich noch nicht ganz eingelebt haben«, sagte sie. »Sie kommen aus dem Norden, nicht wahr?«

»Ja, aus Huddlesford.«

»Leider besteht in unserer Familie ein schreckliches Vorurteil gegenüber Leuten aus dem Norden. Mein Mann ist daran schuld. Ich glaube, er wurde mal von einem solchen Menschen bei einem Geschäft übervorteilt!«

Sie brach in ein übermütiges Gelächter aus, hatte sich aber sofort wieder im Griff. »Genau weiß ich es aber nicht. Ich bin noch nie nördlich von Crewe gewesen.«

»Das ist lustig – ich bin nämlich noch nie südlich von Crewe gewesen«, sagte John eifrig und sah sie erwartungsvoll an.

»Und was halten Sie von uns, nun, nachdem Sie die Grenze überquert haben?«

»Ich weiß nicht recht.« Er wirkte ratlos, und in seiner Stimme klang der Dialekt von Lancashire an, als er nach einer ernsthaften Entgegnung suchte. »Die Menschen... Ich weiß nicht, sie wirken so selbstsicher...«

»Finden Sie?« Ihre Stimme klang amüsiert. »Vielleicht sind nur ihre Zungen geschmeidiger.« Ihr freundliches Lächeln verwirrte ihn, und er überwand mühsam den Impuls, ihre Hand zu ergreifen.

Das »Green Leaf« war ein völlig überfülltes Teelokal. Etliche Menschen aßen bedächtig oder warteten geduldig darauf, bedient zu werden. John wußte nicht, was er tun sollte. Er ahnte, daß es an ihm war, auf irgendeine Weise für einen freien Tisch zu sorgen. Als sie zuvor durch die Stadtmitte gegangen waren, hatte er mehr oder weniger die Rolle eines Führers übernommen, hatte auf ihm bekannte Gebäude hingewiesen und erklärt, daß »Carfax« eine Verballhornung von *carrefour* sei. Dabei hatte er sich vorgestellt, daß sie seine eigene Mutter sei. Sie hatte freundlich zugehört und gelegentlich Fragen gestellt.

Das Lokal bestand aus einem langgestreckten Raum, der in gleichmäßige Nischen mit jeweils vier Sitzen unterteilt war, und jede einzelne dieser Nischen war besetzt. Mrs. Warner sah sich mit einem komischen Ausdruck der Hilflosigkeit um, den John bereits von Christopher kannte; er wußte daher, daß dieser Ausdruck mit Hilflosigkeit nicht das Geringste zu tun hatte. Ihm war unbehaglich, als sie dort für alle deutlich sichtbar standen, und so schlug er vor, daß sie zwei soeben freigewordene Plätze einnehmen sollten.

»Aber wir brauchen drei Plätze, nicht wahr?« Mrs. Warner drehte sich zu ihm um und sah ihn an. Dann blickte sie an ihm vorbei zur Tür. »Hallo, da ist ja Christopher. Ja, er hat offenkundig an einem Spiel teilgenommen. So ein Schmutzfink.«

Nach kurzem Innehalten kam Christopher auf sie zu. Sein Haar war zerzaust und seine Kleidung – Pullover, Sportjacke und Flanellhose – ungepflegt. John fühlte, daß seine eigene Bedeutung rapide schwand.

»Hallo, Mutter.«

»Nun, mein Sohn, wie siehst du denn aus?«

»Ich wollte keine Zeit mit dem Umkleiden verschwenden. Wollen wir uns nicht setzen?«

Wie auf ein Stichwort standen vier Studenten auf und hinterließen einen freien Tisch. Einer von ihnen schwenkte seine schwarze Zigarettenspitze und nickte Christopher im Vorbeigehen zu. Als Mrs. Warner zu dem freigewordenen Tisch voranging, dachte John beklommen, daß er sich nun verabschieden sollte, da sein Anteil an diesem Nachmittag beendet war und sie vielleicht Persönliches zu besprechen hatten. »Ich denke ...« murmelte er, als sie ihre Sitzplätze erreichten, »äh ... ich denke, vielleicht ...«

Sie beachteten ihn nicht, woraufhin ihn der Mut verließ und er neben Christopher und gegenüber von Mrs. Warner Platz nahm. Als Mrs. Warner ihre Tasche und ihre Handschuhe auf dem Nebensitz ablegte, sah er deutlich, daß sie mittleren Alters war und man noch gut erkennen konnte, wie sie als junge Frau ausgesehen haben mußte: Ihr dunkler, kräftiger Typ und ihre robuste Statur hatten ihre Attraktivität länger bewahrt, als dies bei einer fragileren Schönheit der Fall gewesen wäre. Noch einmal sah er erst sie, dann Christopher an, und beider Ähnlichkeit stach so stark ins Auge, daß ein dritter Beteiligter – Vater und Ehemann – gar nicht vorzukommen schien.

Christopher fragte: »Wann fährt dein Zug?«

»Herr im Himmel, was für eine Frage.« Lachend sah sie John an und bezog ihn in die Komik der Situation mit ein. »Du holst mich nicht einmal ab, und deine erste Frage ist, wann ich wieder abreise? Um halb sieben, wenn du es unbedingt wissen willst.« Sie fügte hinzu: »Was möchtet ihr essen?«, als eine der weiblichen Bedienungen in einem bedruckten Kittel an den Tisch kam. »Was gibt es bei Ihnen, bitte?«

»Gebuttertes Weißbrot, Kuchen, Scones, Sandwiches, Teegebäck...«

Sie betonte das letzte Wort, als ob das Teegebäck besonders empfehlenswert sei. Mrs. Warner hörte kritisch zu.

»Teegebäck klingt gut«, sagte sie. »Alles klingt gut. Wir nehmen alles. Womit sind die Sandwiches belegt?«

»Mit Fisch, Kopfsalat, Tomate...«

»Dann bitte Tomate und Kopfsalat. Und Scones, gebuttertes Brot und Marmelade für alle drei.«

»Sehr wohl, gnädige Frau.«

»Und der Tee? Mögen Sie chinesischen Tee, John?«

»O ja«, sagte John, der noch nie chinesischen Tee getrunken hatte.

»Dann also chinesischen Tee – und natürlich Kuchen.« Die Bedienung ging, und Mrs. Warner wandte sich ihnen wieder zu. »Das erinnert mich daran, wie wir früher mit dem Auto nach Lamprey gefahren sind und Christopher und seine Freunde zum Tee eingeladen haben. John, lesen Sie nicht auch immer über den unstillbaren Appetit von Schuljungen? Ich habe damals die üppigsten Festessen bestellt, aber wissen Sie was? Kaum einer hat je etwas davon gegessen. Ich mußte die Jungs zum Obstsalat überreden, und was die Sahnestückchen betrifft... Warum haben die

Burschen nichts gegessen, Christopher? Hatten sie keinen Hunger?«

»Ach, sie waren bloß schüchtern. Ich glaube, du hast ihnen Furcht eingeflößt.«

»Furcht eingeflößt? Ach was!« Sie stieß ein kleines, schnaubendes Lachen aus, das unmittelbar an John gerichtet war. Ihre Erzählung hatte zur Folge, daß John nun Christopher als kleinen Jungen wahrnahm. Mit seinem zerzausten Haar und seinem halb kecken, halb schuldbewußten Gesichtsausdruck sah er tatsächlich genauso aus. John gefiel die Vorstellung, daß er und Christopher Brüder seien, die noch immer zur Schule gingen, und die nun von ihrer Mutter besucht und zum Tee eingeladen wurden.

Bei ihrer Bestellung hatte sie alles appetitlich klingen lassen, und als die bestellten Sachen eintrafen, wußte sie der Szene durch die Art, in der sie den Tee einschenkte und das Essen auf dem Tisch anordnete, zusätzliche Delikatesse zu verleihen. Die silberne Teekanne faßte sie mit einem kleinen Taschentuch an, und die silbernen Abdeckungen auf dem Teegebäck lüpfte sie mit einer so triumphalen Geste, als ob es eine besondere Köstlichkeit zu enthüllen gälte. Das Gebäck war knusprig und an den zerbröckelnden Spitzen ein wenig angebrannt.

»Bitte, bedient euch. Ich trinke immer zuerst meinen Tee.«

Sie nahm kleine Schlucke von ihrem Tee, den sie ohne Milch oder Zucker trank.

»Ich habe völlig vergessen, wann du beim Derby gewesen bist«, sagte Christopher mit vollem Mund. »Haben die Leylands dich dazu eingeladen?«

»Ja, natürlich. Erinnerst du dich nicht mehr daran, daß wir sie letzten Sommer bei uns hatten?«

»Ich erinnere mich, daß ich versucht habe, diesem Mädchen das Golfspielen beizubringen – Elspeth hieß es, glaube ich.« Christopher knurrte theatralisch und hieb erneut in seinen Kuchen. »War sie dort?«

»Wie sich herausstellte, war sie gerade im Aufbruch. Sie ist jetzt bei den weiblichen Truppen. Wir haben am Sonntag eine Runde miteinander gespielt.«

»Ist sie besser geworden?«

»Ach, es wäre doch ungerecht, jemanden zu beurteilen, der seit einer Ewigkeit nicht mehr gespielt hat. Jetzt aber zu meinem Teegebäck.« Zu Johns Verblüffung nahm sie den Kuchen in die Hand und biß herzhaft hinein. Dabei machte sie eine kleine, verlegene Geste der Entschuldigung, die sie in seinen Augen nur noch liebenswerter erscheinen ließ.

Nach dieser Mahlzeit wäre John vermutlich zu dem Schluß gelangt, daß Christophers frühere Schulfreunde zu beschäftigt gewesen waren, Mrs. Warner beim Essen zuzusehen, um selbst etwas zu sich zu nehmen. Aber er war seinerseits viel zu beschäftigt, um einen Gedanken an solche Fragen zu verschwenden.

Er aß, aber er sprach nicht. Es war nicht Angst, die ihn so stumm dasitzen ließ. Vielmehr war er auf eine ganz natürliche Weise still, wie wenn er einer Schauspielerin auf der Bühne zugesehen hätte. Es war eine reine Freude, selbst die kleinste ihrer Bewegungen zu beobachten. Man konnte meinen, sie habe irgendwann einmal Benimmunterricht genommen, so aufrecht saß sie da. Ihre durchgestreckten Schultern betonten ihre natürliche Autorität, und sie dirigierte die Mahlzeit voll freundlicher Aufmerksamkeit. Hin und wieder sagte oder tat sie etwas, wodurch das

Bild der Perfektion in tausend Stücke zersprang (etwa, als sie in den Teekuchen biß), doch gleich darauf setzte sie es erneut und um so strahlender zusammen.

Christopher nahm kaum an der Unterhaltung teil. Er aß gierig und streckte allenfalls, stumm um Tee bittend, seine Tasse aus. Die füllte sie dann und fügte Milch und Zucker mit einer Selbstverständlichkeit hinzu, als befände sie sich in ihrem eigenen Heim. Einmal unterbrach sie sich, um sanft zu niesen. Gelegentlich unternahm sie halbherzige Versuche der Konversation. Dann richtete sie förmliche Zwischenfragen an John, wie: »Müssen Sie als Stipendiat härter arbeiten als andere?« oder »Darf ich Ihnen eine Zigarette anbieten?«

Hypnotisiert entnahm er dem perlenbesetzten Etui eine Zigarette.

»Ganz was Neues«, kommentierte Christopher und streckte sein Feuerzeug aus.

»Ach, Sie rauchen sonst nicht? Was für einen guten Einfluß Sie auf Christopher haben werden«, sagte Mrs. Warner lächelnd. »Ich weiß mit Sicherheit, daß er zuviel raucht.« Sie musterte die beiden jungen Männer, als ob ihr der Anblick insgeheim großes Vergnügen bereiten würde. John, der sie aufmerksam beobachtet hatte, nahm an, daß sie es befremdlich fand, einen erwachsenen Sohn zu haben; der Gedanke schien für sie noch ungewohnt zu sein.

»Laß doch bitte die Rechnung kommen, Liebling.«

Sie erhob sich, strich die Krümel von ihrem Rock und ging zur Damentoilette. Christopher wich Johns Blick aus und hielt angestrengt nach einer Kellnerin Ausschau. In Johns Kopf setzte ein Triumphmarsch ein. Er vermutete, daß Christopher nun, da nichts als Gemeinsamkeit zwischen ihnen bestand, nur mit Widerstreben seinen neuen

Status in Johns Wahrnehmung akzeptierte. Es war, als ob sie einen Rechtsstreit bei einer höheren Instanz vorgelegt hätten und die Entscheidung zu seinen Gunsten ausgefallen sei.

»Wissen Sie, Chris, ich finde Ihre Mutter schrecklich nett«, sagte er voller Begeisterung.

»Können wir bitte die Rechnung bekommen?« sagte Christopher.

*

Er sah sie vor ihrer Abfahrt nicht wieder. Am Samstagabend ging Christopher mit dem Geld, das sie ihm dagelassen hatte, auf Sauftour. »Was denn, Sie sind zum Frühstück schon wieder zurück, Sir?« rief Jack mit sanfter Ironie aus. »Sie müssen sich in der Zeit geirrt haben, Sir. Es ist Viertel nach sieben, nicht Viertel nach elf.«

»Ein sicheres Anzeichen von Unheil, Jack. Der Raum ist unbewohnbar.«

Und das war er in der Tat, bis Jack ihn saubergemacht hatte, was Christopher ihm mit fünf Schillingen entgalt. Johns Hochstimmung konnten solche Mißlichkeiten nicht trüben. Am Montagmorgen nach dem Aufstehen nahm er ein heißes Bad, beim Frühstück bestellte er eine zweite Tasse Kaffee (das hatte er noch nie zuvor getan), und danach ging er im Garten spazieren. Es war ein strahlend schöner Morgen. Abgestorbene Blätter und Pflanzenstengel bedeckten den Boden, doch das Gras glänzte so frisch wie im Juni, und die großen Ulmen warfen ihre Schatten über die Rasenfläche. John sog die Luft ein: Ein charakteristischer, an Asche erinnernder Herbstgeruch schwang darin mit, trotz all der hell glitzernden Lichtflächen ringsum. Hin und wieder zwitscherte ein Vogel, und es war kaum zu glauben, daß der Garten inmitten der Stadt lag.

Um einem Gärtner aus dem Weg zu gehen, begab sich John wieder nach drinnen. Er überlegte eine Zeitlang hin und her, ob er die Vorlesung um zehn Uhr besuchen solle oder nicht. Beinahe hätte er sie darüber verpaßt, so wie Christopher, der noch immer in dem abgedunkelten Schlafzimmer lag. Aber da er nun schon einmal aufgestanden war, und da er doch nicht wie Christopher war, zog er seine Studentenrobe an, verließ das College und ging durch die belebten Straßen. Er nahm sich vor, für die Dauer der Vorlesung die Rolle von Mr. Crouch zu spielen, der in regelmäßigen Abständen bedächtig nickte und zwecks späteren Kopierens und Ausarbeitens einige Notizen von mikroskopischer Größe anfertigte. Dann fiel ihm ein, daß um elf Uhr die Pubs öffneten, so daß er die Rolle von Christopher spielen konnte, der trinkend in einer Kneipe stand. Er würde sich eine Schachtel Zigaretten kaufen und genüßlich rauchen und trinken. Bemerkenswert, wie sehr die Luft nach Asche roch: der Duft eines erloschenen Sommers.

Der Vorlesungssaal war voll von jungen Frauen in kurzen Kleidern, die unförmige Handtaschen und dicke Stapel zerknitterter Notizen bei sich trugen. Sie rochen unfehlbar nach Gesichtspuder, auch ein wenig nach Eintopf, und alle trugen sie Wollkleidung. Er vergaß sie ebenso rasch, wie er die Anwesenheit des Dozenten vergaß, sobald er an Mrs. Warner dachte. Schwelgerisch rief er sich ihre aufrechte Körperhaltung ins Gedächtnis und die Präzision, mit der sie Tassen und Untertassen handhabte. Dann wieder bewunderte er in Gedanken die selbstbewußte Eigenständigkeit, mit der sie ohne Hut ging und ihr schönes dunkles Haar offen zeigte, wodurch sie ebenso hübsch wie erwachsen wirkte. Sie hatte etwas an sich, das ihm noch nie zuvor begegnet war, etwas, das ihn zugleich beglückte und erregte, etwas, das ihn nach einem Wiedersehen verlangen ließ und den Wunsch in ihm weckte, dort zu leben, wo auch sie lebte. Sie wirkte wie ein belebendes Reizklima auf ihn.

Nach der Vorlesung ging er in einen Pub. Sein Hochgefühl steigerte sich noch, als sich die Sonne dem Zenit näherte. Fast überraschte ihn seine eigene Überschwenglichkeit.

»Ein Bitter und zwanzig Zigaretten, bitte.«

»Das sind alle, die wir haben.«

»Das reicht völlig«, sagte John. Er nahm eine Schachtel Streichhölzer aus einem Ständer auf dem Tresen und spendete einen Sixpence für die Blinden. Vor dem Kamin lag, in ganzer Länge ausgestreckt, ein geschleckter Kater. Fast hätte man ihn für tot halten können, aber etwas an seiner Schnauze und in seinen Augen ließ ungezähmte Wildheit erahnen.

»Er mag das Feuer.«

»Tatsächlich! Da ist er nicht der einzige.«

Da das Lokal bis auf John leer war, fuhr die Frau mit Stricken fort. Er lehnte sich in den Schatten zurück und blies Rauch in das Sonnenlicht, aber wie sehr er sich auch anstrengte, gelang ihm das doch nicht so gut wie Christopher. Indem er den Geschmack des Bieres gegen den Geschmack des Tabaks ausspielte, brachte er es fertig, beides ziemlich angenehm zu finden. Der Kater gähnte, kam langsam auf die Beine und streckte sich ausgiebig. John streichelte ihn mit dem Fuß, und das Tier entfernte sich langsam.

»Ihm ist heute wohl nicht nach Gesellschaft.«

»Ach, wir halten ihn nur wegen der Mäuse. Ich selbst mag keine Katzen. Wir halten ihn nur wegen der Mäuse.«

»Heißt das, Sie haben Mäuse hier?«

»Massenhaft, ja. Das hier sind alte Häuser.«

Der Kater ließ sich auf der anderen Seite des Feuers außerhalb von Johns Reichweite nieder.

»Er ist ein guter Mäusefänger – sitzt zwei, drei Stunden lang vor einem Loch.« Die Frau glättete ihre Strickarbeit. »Man kriegt ihn gar nicht mehr weg. O ja, das hier sind alte Häuser.«

John sah wieder den Kater an, trank sein Bier aus und ging hinaus ins Tageslicht. Tauben flatterten von den Steinfassaden herab auf den Gehsteig, stolzierten linkisch umher und behielten ihn mißtrauisch im Auge, aber er beachtete sie nicht weiter. Ein Windstoß ließ eine über und über mit Efeu bewachsene Mauer in der Sonne tanzen und brachte die weiße Unterseite der Blätter zum Vorschein. Auf ganz ähnliche Weise bebten und verzehrten sich tausend Rastlosigkeiten in seinem Innern. Angesichts des blauweißen Himmels, der blitzenden Windschutzscheiben vorbeifahrender Autos und der neuen, quadratischen Luftschutzgebäude aus geweißeltem Backstein fühlte er sich von einer Tatkraft erfüllt, die seiner Sehnsucht beinahe gleichkam. Er fragte sich, ob er zum College zurückkehren und Christopher vorschlagen solle, daß sie gemeinsam etwas trinken gingen.

Der plötzliche Anblick seines Spiegelbildes im Schaufenster eines Hutgeschäftes deprimierte ihn: Er schämte sich seines abgetragenen Anzugs. Dieser Anzug war ein Schandfleck an ihm, er drückte nicht im geringsten seine Hochstimmung aus, er ließ ihn verhärmt und unterernährt aussehen. Wie großartig es doch wäre, wenn er zu einem Schneider gehen und ein Dutzend neuer Anzüge in Auftrag geben könnte – Tweedanzüge mit Uhrentaschen und Lederknöpfen. Ihn ergriff das heftige Verlangen, Geld auszugeben, und er überlegte, was er kaufen könne. Etwas, das er tragen würde, um seine gute Laune zu zeigen, eine wirklich schicke Krawatte zum Beispiel. Nein, eine Schleife. Er lächelte und schritt rascher durch die Menschenmenge.

Das Geschäft des Herrenausstatters war hoch und still wie eine Kathedrale, und wenn nicht gleich ein Verkäufer auf ihn zugekommen wäre, hätte er auf dem Absatz umgedreht und wäre wieder hinausgegangen. Der Mann hatte die Ausstrahlung eines Rechtsanwaltes.

»Ich hätte gern eine Schleife.«

»Eine Schleife.«

Vor Johns innerem Auge tauchte sofort eine Schleife auf, die in einem hellen Kreis am unteren Ende eines Lichtkegels lag – sehr klein und sehr deutlich. Der Mann schritt hinter den Verkaufstresen und breitete schnell und gewissenhaft den Inhalt mehrerer Schubladen mit Schleifen aus, wobei er an John vorbei in eine entfernte Ecke des Geschäftes zu blicken schien.

John ahmte das Verhalten eines reichen jungen Mannes (Christopher) nach, der in einem Geschäft eine Schleife auswählt. Er zog eine hervor und ließ sie enttäuscht wieder fallen. Er durchblätterte einen Stapel mit dem Daumen wie die Seiten eines Buches, ehe er sich dem Inhalt der nächsten Schublade zuwandte. Ein oder zwei Schleifen zog er in die engere Wahl. Diese zwirbelte er, als wolle er sich ihr Aussehen in gebundenem Zustand vorstellen. Dann ging er mit ihnen zur Tür, um ihre Farbe im Tageslicht zu begutachten. Das alles bereitete ihm großes Vergnügen, aber er achtete doch darauf, daß er die Zeit des Verkäufers nicht vergeudete. Schließlich wählte er eine hübsche, normale Schleife aus, blau mit weißen Flecken, für die er drei Schillinge und einen Sixpence zahlte. Der Mann steckte sie in einen kleinen Umschlag, leckte dessen Klappe an und verschloß ihn.

Kaum war John draußen, da ging er schon in eine öffentliche Toilette, um die Schleife umzubinden.

Als er wieder herauskam, war er nervös und kam sich wie eine wandelnde Schleife vor. Wenn der gesamte Verkehr auf einen Schlag zum Erliegen gekommen wäre, hätte er es vermutlich kaum bemerkt. Er ging mit kleinen, unsicheren Schritten auf dem sonnenbeschienenen Gehsteig, wich den Blicken der Passanten aus und hielt die Hände zusammengekrampft in den Taschen. So sehr war er mit sich selbst beschäftigt, daß er Elizabeth Dowling erst bemerkte, als sie sich ihm bereits näherte. Sie gingen diagonal in etwa dieselbe Richtung, und Elizabeth trug zusätzlich zu ihrer Handtasche ein kleines Notizbuch, als ob sie in einer der Bibliotheken arbeiten wollte. Ihr eleganter, weit ausgestellter Rock und die Blumen an ihrer Jacke schienen dazu allerdings nicht recht zu passen.

»Hallo, John. Ach, du meine Güte! Was... was... was...«

Sie stotterte in gespieltem Erstaunen, hielt ihren goldenen Haarschopf schief und blieb stehen, so daß er ebenfalls stehenbleiben mußte. Er murmelte etwas Begrüßungsartiges.

»Das ist aber wirklich eine *entzückende* Schleife«, rief sie aus. »Aber warum haben Sie sie nicht richtig *gebunden*, mein Lieber? Meine Güte, das sieht *ruinös* aus.«

»Oh... ähm... stimmt etwas nicht?« Verunsichert griff er mit den Händen nach der Schleife. Auf der Toilette hatte sie tatsächlich ein bißchen seltsam ausgesehen. »Was stimmt daran nicht?«

»Na ja, es ist alles...« Sie preßte die Lippen zusammen und verkniff sich das Lachen. »Hier, halten Sie mal.« Sie reichte ihm ihr Buch und ihre Handtasche und öffnete die Schleife. Dann, indem sie ein Ende in jede Hand nahm, band sie im Handumdrehen eine neue Schleife. Immer noch hielt sie die Lippen fest verschlossen. Die Szene bot einen ungewöhnlichen Anblick, und er sah keine Möglichkeit, dies zu verhindern. Einige Passanten schauten sie so neugierig an, daß er scharlachrot anlief, aber Elizabeth schien das wenig zu kümmern, und so traute er sich nicht, etwas zu sagen.

»Na bitte, das ist ordentlicher.« Sie beendete ihr Werk und trat einen Schritt zurück. »Sie schnürt Ihnen doch nicht die Luft ab?«

»Nein... nein, vielen Dank...«

Sie nahm ihr Buch und ihre Tasche entgegen und begleitete ihn ein Stück des Weges. Wenngleich sie sich seit dem Nachmittag seiner Ankunft nicht mehr begegnet waren, behandelte sie ihn so vertraut, als ob sie seit Jahren miteinander befreundet wären.

»Jetzt sehen Sie viel schicker aus«, sagte sie, und die Sonne verstärkte den Farbkontrast zwischen ihren Lippen und ihren Zähnen. Dann verabschiedete sie sich. Sie lief die Steintreppe zu einer Bibliothek hinauf und ließ ihn in der Haltung eines Touristen zurück. Er blickte ihren hellen Waden nach, die im Dämmerlicht des Innenraumes allmählich verschwanden.

Den Nachmittag verbrachte er schlafend auf dem Sofa, während die Schleife sein Kinn kitzelte. Beim Abendessen im Speisesaal grinste ihn Whitbread freundlich an.

»Meine Güte, da hat sich aber jemand was geleistet.«

Whitbread hielt sein Besteck, als wären es Zimmermannswerkzeuge. Er schob sich gerade eine ganze Kartoffel in den Mund. John aß rasch, um vor ihm fertig zu sein und sich aus dem Staub machen zu können. Ein Bediensteter brachte einen Teller mit Dörrpflaumen und Senf, und Whitbread packte den Mann am Jackenärmel und verlangte nach einer zweiten Portion Blumenkohl.

»Wollen Sie zum Kaffee hochkommen?«

John lächelte bedauernd.

»Leider gehe ich heute abend aus.«

Also mußte er ausgehen, da Whitbread andernfalls Licht in seinem Zimmer gesehen hätte oder – schlimmer noch – vorbeigekommen wäre. Er zog seinen Mantel an, bewunderte sich im Spiegel und ging dann ohne festes Ziel hinaus in die Dunkelheit. Eine Reihe von Armeelastwagen mit Stoffverdeck donnerte im Achtsekundentakt vorüber. Außer diesem Konvoi und den gelegentlich vorbeifahrenden Bussen war die Straße leer. Männer und Frauen standen schweigend vor verschlossenen Bankentrées oder sammelten sich in Grüppchen, die plötzlich in Gelächter ausbrachen und einen Schritt zurückwichen, ehe sie sich neu formierten. John ging auf der Straße, um ihnen auszuweichen.

Er erreichte den ruhigeren Stadtteil am Fluß, wo die Büros der Schiffahrtsgesellschaften ihren Sitz hatten. Hier gab es Geschäfte, die Tonpfeifen und Angelruten verkauften, und hier wandelte sich seine Hochstimmung, die zuvor bereits einer warmen Zufriedenheit gewichen war, vollends zu Hilflosigkeit. Es dauerte einige Minuten, bis ihm klar wurde, was er wollte und nicht bekommen konnte. Abwechselnd beschwor er die Bilder von Mrs. Warner und von Christopher herauf, doch erst, als er die beiden ungeduldig aus seinen Gedanken entlassen hatte, erinnerte er sich an Elizabeth und ihre Freundlichkeit. Ihr sanftes Hantieren unter seinem Kinn hatte ihn in beträchtliche Aufregung versetzt. Wann würde sich sein Wunsch nach einem Wiedersehen erfüllen?

Christopher war besser dran: Er konnte sie sehen, konnte sie berühren und vielleicht sogar küssen, wann immer er das wollte. John beugte sich über die steinerne Brüstung der Brücke. Er hörte, wie das Wasser unten gluckste, und er hörte das Rauschen der Bäume entlang des Ufers. Sein ganzes Denken war von Elizabeth erfüllt. Nicht allein von Elizabeth, sondern von allem, was sie bedeutete: ein unstetes, kribbelndes Gefühl, das keinen erkennbaren Grund hatte, schattenhafte Wünsche und noch schattenhaftere Träume von deren Erfüllung. Als er nach unten blickte, hörte er zwar das Wasser, doch konnte er es nicht sehen. Sein Überschwang war mit dem Tageslicht entschwunden und hatte einer üblen Verstimmung Platz gemacht, die in einem einzigen Gedanken gipfelte: Wo mochte sie jetzt sein? Aller Wahrscheinlichkeit nach war sie mit Christopher zusammen.

Er fragte sich, wo die beiden sich aufhielten.

Ungefähr eine Viertelstunde später richtete er sich schwerfällig auf und machte sich auf den Rückweg. Da geschah es, daß er völlig zufällig auf Christopher traf. John überquerte gerade eine winzige Seitenstraße – im Grunde war es nicht mehr als eine Gasse –, als das Trappeln von Füßen und das Gemurmel betrunkenen Gelächters daraus ertönten. Dann lief jemand heftig und schmerzhaft in ihn hinein, so daß er seitlich gegen einen Laternenpfahl taumelte.

»Ach Gott«, sagte eine Stimme. »'tschuldigen Sie.«

»Scheiß auf die Aufsichtsbeamten!« kreischte eine andere Stimme. Sie gehörte zu Eddy. John rief:

»Christopher?«

»Herrgott, wer da?«

»John.«

»John? Ach, Kemp. Wirklich, John, alter Junge, die haben uns eben fast erwischt. Um ein Haar.« Christopher, der nach Alkohol roch, packte ihn fest am Arm. »Kommen Sie mit, was trinken. He, Eddy, wo sind denn alle hin?«

»Hä? Weiß der Himmel.«

»Na los, kommen Sie mit, was trinken, alter Junge. Keine Ausreden. Was liegt am nächsten, Eddy? Das ›Fox‹?«

In diesem Moment trappelte ein anderes Fußpaar die Gasse entlang, und Patrick Dowlings Stimme ertönte aus der Dunkelheit.

»Bist du das, Chris? Ihr seid wirklich zwei Schweine. Diese Disziplinarbeamten haben uns erwischt.«

»Nein! So ein Pech aber auch. Das *tut* mir aber leid. Ich dachte, wir wären alle ...«

»Überall waren die. Zehn Schillinge haben wir bezahlt. Für nichts. Ein richtiger Mist ist das.«

»Ist Eddy bei euch?« machte sich Hugh Stanning-Smith bemerkbar. »Wir haben den Hundesohn schreien hören.«

Eddy lehnte singend an einem Laternenpfahl.

»Los jetzt, Männer«, ließ sich Christopher mit einigem Nachdruck vernehmen. »Wir verschwenden kostbare Zechzeit. Was haltet ihr vom ›Fox‹?«

»Ach was, vergiß es.« Patrick Dowlings Stimme klang unangenehm nüchtern. »Gib's dran, Christopher. Sie haben uns heute schon einmal erwischt, auch wenn *du* nicht dabei warst. Für mich ist der Abend gelaufen.«

Das Geräusch heftigen Erbrechens drang aus der Gasse.

»Eddy, du Trunkenbold, unternimm was! Dein Cambridgemann kehrt gerade sein Inneres nach außen.«

»Hä?« Eddy stolperte zur Einmündung der Gasse und redete dem Erbrechenden gut zu. »Laß es raus, alter Junge. So ist es gut. Herrgott, nicht über mich, du Idiot.«

»Nun sei nicht so ein Miesmacher, Pat, komm schon.« Christopher startete eine zweite Attacke. »Nur ein paar Whiskys als Absacker im ›Fox‹. Na komm schon, Mann. Die Kontrollettis liegen jetzt doch längst im Bett.«

John hörte interessiert zu und fragte sich, welche Ausrede Patrick sich einfallen lassen werde, um nachzugeben. Gebannt verfolgte er, wie Christopher das ganze Gewicht seiner Persönlichkeit gegen einen anderen einsetzte. »Du weißt doch, der Blitz schlägt nie zweimal an derselben Stelle ein! Und das ›Fox‹ ist gleich um die Ecke.«

»Ja, und die Kontrollettis auch.« John konnte sich gut vorstellen, wie Patrick seinen Mund unter der langen Nase mißbilligend verzog.

»Na gut, du feiger Hund. John, Sie kommen doch mit, alter Junge? Da siehst du es, Patrick. Ein Mann, der vorher kaum jemals in einem Pub war, hat mehr Schneid als du. Kommst du, Hugh?«

»Es ist gleich Sperrstunde. Mir reicht's für heute abend.«

John traute seinen Ohren kaum. Ihre Absagen klangen so klar und beiläufig, als ob die Angelegenheit völlig bedeutungslos sei und keineswegs eine Probe auf ihre Loyalität. Diese Unabhängigkeit erregte ihn fast ebenso sehr wie die Vorstellung, daß er nun von der sechsten Position in der Gruppe an die vierte Position aufgerückt war – oder sogar an die dritte, denn den Cambridgemann konnte man schwerlich mitrechnen.

»Na gut.« Anscheinend hatte Christopher die Geduld verloren. »Komm jetzt, Eddy. Kann der Mann laufen?«

»Klar«, ließ sich eine heisere Stimme vernehmen.

»Diese Schweine hier machen einen Rückzieher. Es ist gleich über die Straße. Kommen Sie mit, John.«

Eddy stapfte singend hinter ihm her, und John, der lautlos den Refrain eines Liedes vor sich hin summte, schloß sich ihnen an. Binnen weniger Augenblicke war sein Glücksgefühl zurückgekehrt. Christophers Komplimente und die Tatsache, daß er keineswegs mit Elizabeth zusammengewesen war, katapultierten seine Stimmung in schwindelerregende Höhen. Vielleicht lag der beste Teil des Tages noch vor ihm.

Mühsam bahnten sie sich einen Weg durch die Menschenmenge im berstend vollen, lärmerfüllten und hell erleuchteten »Fox and Grapes«. Aus einem Nebenraum drangen Fetzen von Gesang mit Klavierbegleitung. Arbeiter sahen ihnen bei ihrem Eintritt abweisend entgegen, aber da es fast zehn Uhr war, wandte sich ihre Aufmerksamkeit bald anderen Dingen zu. John betrachtete seine Begleiter im hellen Licht des Lokals. Christopher sah genauso bleich und entschlossen aus wie bei seinen spätabendlichen Heimkünften, aber Eddys Mund stand offen, und sein pickeliges Gesicht wirkte erhitzt und erregt. Der Cambridgemann war ein stämmiger Fußballspieler mit hellem Haar. Er trug einen Militärregenmantel, der am unteren Rand mit Erbrochenem bespritzt war. Sein Gesicht war sehr fahl und seine Augen wirkten teilnahmslos.

»Ich hole die Getränke«, sagte John rasch. »Was wollen Sie trinken?«

Er kehrte mit vier winzigen Gläsern vom Tresen zurück, in denen jeweils zwei Fingerbreit einer goldenen Flüssigkeit leuchtete. Der Tresen war so umlagert gewesen, daß er sich mühsam wie ein Entdecker durch dichtes Unterholz seinen Weg hatte bahnen müssen. Die anderen standen schweigend beisammen und richteten ihre Aufmerksamkeit mal hierhin, mal dorthin in dem Geplapper und Gelächter ringsum.

»Da kommt der Stoff«, sagte Christopher und streckte gierig die Hand aus. John verteilte vorsichtig die Getränke, deren Preis ihn fast ebenso sehr aufgewühlt hatte wie die Aussicht, eines davon zu sich zu nehmen.

»Für mich nicht, danke«, flüsterte der junge Cambridgemann.

»Ach was, zum Teufel, der wird Sie aufwärmen«, sagte Christopher und drängte dem Mann ein Glas auf. »Reißen Sie sich zusammen.«

John betrachtete vorsichtig sein Glas. Whisky? Würde der ihn betrunken machen, würde er herumtorkeln und rosa Elefanten sehen? Würde er krank nach Hause wanken oder sich gar übergeben müssen? Wenn er sich vor Christopher übergeben mußte, würde er vor Scham sterben.

»Auf den guten alten Whisky!« rief Eddy und leerte sein Glas in einem Zug. John fand das anziehend: Es wirkte angenehm unbesonnen und auf kühne Weise schutzlos. John selbst nahm nur einen kleinen Schluck. Herr im Himmel! Tränen schossen ihm in die Augen, und er mußte heftig würgen. Es fühlte sich nicht an, als ob er etwas heruntergeschluckt hätte, sondern eher so, als ob die Flüssigkeit von seiner Kehle aufgesogen worden wäre, etwa, wie verschüttetes Wasser von Sand aufgesogen wird. Es brannte so sehr, daß er ausdruckslos geradeaus starrte und sich auf den Gesang konzentrierte, der aus dem Nebenraum herüberdrang.

»Ich mag Whisky«, sagte Christopher und grinste John argwöhnisch an, ganz als ob er dessen Gedanken lesen könnte. »Man merkt richtig, wie er einem schadet.« Seine gute Laune war zurückgekehrt. »Meine Güte, seht euch den Mann hier an«, fügte er hinzu. Unversehens griff er zu und zog kräftig an der Schleife, die John für einige Momente ganz vergessen hatte. Als er Johns Gesichtsausdruck sah, brach er in ein nicht unschmeichelhaftes Gelächter aus. »Ich habe mich schon gefragt, warum er so anders wirkt als sonst. Dachte, ich wäre hackedicht. Ganz schön schick, was?«

Eddy sah erst John, dann Christopher an. »Nett«, sagte er.

John platzte beinahe vor Stolz. Die Geräusche des Pubs hämmerten in seinen Ohren. »Sie haben sie geöffnet. Verdammt, Chris, Sie sind ein Schwein.« Er begann, glücklich loszulachen, als er die herabbaumelnden Enden der Schleife mit den Händen ertastete. »Sie Schwein. Jetzt kriege ich die Schleife wahrscheinlich nie mehr zu.« Langsam ergriff das Lachen von seinem ganzen Körper Besitz. Seine Muskeln zogen sich zusammen, und er mußte sich vornüberbeugen und mit einer Hand auf den Knien abstützen. »Ich ... ich weiß nicht, wie das geht.«

»Sie wissen es nicht?« Auch Christopher lachte heftig los. »Dann müssen Sie sie jetzt immer so tragen – o weio

weio wei.« Er brach in ein unkontrolliertes Lachen aus. »O mein Gott. Weio weio wei.«

Eddy stieß ihn in die Rippen. »Mensch, halt doch den Mund. Was ist denn los, hä?« Er schob sein Gesicht nahe an Christopher heran. »Du willst dich prügeln«, stellte er fest.

»Halt den Mund, Eddy. Es geht um diesen Trottel John. Er kann seine Schleife nicht wieder binden, nachdem ich sie gelöst habe ... o weio weio wei ...« Es hatte ihn schon wieder gepackt. John, von stillem Lachen geschüttelt, nickte in stummer Zustimmung, während Eddy mit verwirrtem Gesichtsausdruck vom einen zum anderen glotzte. Er fuhr sich mit der Zunge über die Lippen und rülpste. Endlich sagte er:

»Und wie – he, hören Sie mir zu – *wie* haben Sie es dann beim ersten Mal geschafft?«

Christopher hörte auf zu lachen. »Hä?«

Aber Johns Lachen wurde nur noch wilder und vergnügter, als er an das Geheimnis dachte, das er in seinem Herzen bewahrte. Er kämpfte sich zum Tresen durch und holte vier weitere Whiskys, die er wie Geschenke an die anderen verteilte. Dies war seine Sternstunde. Er empfand große Macht über die anderen. Wenn er sich auch nicht für den Besten von ihnen hielt, so war er doch der einzige, der ihre gemeinsame Bedeutung erkannt hatte. Christopher und Eddy packten ihn jeder an einem Arm.

»Also, Sie Bastard, wer hat die Schleife zum ersten Mal gebunden?«

John stellte seinen Whisky auf einem Beistelltisch ab, zu geschwächt, um weiterzulachen. »Elizabeth«, sagte er leise.

»Wer?«

»Elizabeth. Sie wissen schon.«

»Was zum Teufel soll das heißen, Elizabeth?« fragte Christopher. Er zog seine schwarzen Augenbrauen so heftig zusammen, daß sie sich in der Mitte trafen. »Was zum Teufel reden Sie da?«

John nahm seinen Whisky und leerte ihn in einem Zug. Dann postierte er sich breitbeinig vor den anderen. »Reiner Zufall«, sagte er, und erzählte, was am Vormittag passiert war. Mittendrin wurde er von einem Heiterkeitsanfall beinahe erstickt und begann haltlos zu kichern. Als er die Geschichte beendet hatte, lachte auch Christopher, der die ganze Zeit über mit seinem quadratischen Ring gegen das Whiskyglas geklopft hatte. Sie lachten nicht über dasselbe, aber darauf kam es nicht an. Die gute Laune war wiederhergestellt. Der Cambridgemann sagte, er fühle sich jetzt viel besser, und wo sie wohl etwas zu essen bekämen. Eddy pfiff vor sich hin. Der Wirt rief die Sperrstunde aus, und seine Frau kam hinter dem Tresen hervor, um die Gläser einzusammeln. Als sie an Eddy vorbei mußte, schob sie ihn wie ein Möbelstück zur Seite, aber er bemerkte es nicht einmal. John jedoch stand lächelnd da und hörte den Gesprächen zu. Die losen Enden seiner Schleife baumelten albern herab.

Am nächsten Morgen fühlte sich John nicht ganz so glücklich, wie er es sich vorgestellt hatte. Als er am Abend zuvor die Bettdecke über sich gezogen hatte, da hatte er noch angenommen, daß er nie wieder deprimiert sein würde und war voller Vorfreude auf die verbleibenden fünf Trimesterwochen eingeschlafen. Doch als Jack sie am Morgen weckte, setzte er sich mit gemischten Gefühlen auf. Ein schaler Geschmack erfüllte seinen Mund, und als er versuchsweise mit den Augen zwinkerte, fühlten seine Augäpfel sich ermüdet an. Eigentlich fühlte sein ganzer Körper sich ermüdet an. Die Fensterscheibe war naß und verschwommen vom Regen, der seit dem Morgengrauen fiel.

Aber es sollte noch schlimmer kommen. Nachdem er sich zum Aufstehen gezwungen und den Vormittag in kühlen Vorlesungssälen verbracht hatte, stellte er fest, daß er von den scheinbar trügerischen Sorgen der vergangenen Tage keineswegs befreit war. So saß er nach dem Mittagessen am Schreibtisch und versuchte, sich zum Arbeiten zu zwingen, wurde aber ständig von allerlei Gedanken abgelenkt. Abwechselnd dachte er, daß einer seiner Schuhe nicht ganz wasserdicht sei, oder daß das Feuer nicht richtig brenne, oder daß er weit mehr Geld ausgegeben habe, als ratsam sei. Er kritzelte eine kleine Aufstellung seiner Ausgaben auf einen Zettel. Nachdem er die Kosten einer Fahrkarte für seine Heimfahrt sowie das Trinkgeld für Jack abgezogen hatte, stellte er bestürzt fest, daß ihm nur noch ungefähr fünf Schillinge pro Woche verblieben. Einigermaßen verzweifelt brach er sein Unterfangen ab.

Er fragte sich, wann Christopher das Pfund zurückzahlen würde, das er ihm schuldete. Er brachte nicht den Mut auf, ihn darum zu bitten.

Seine Schleife hatte er nicht mehr umgebunden. Am Morgen hatte er sie nachdenklich angeschaut und schließlich in die Schublade gelegt. Er war selbst überrascht, daß ihr Anblick ihn nicht recht erfreute; statt dessen empfand er sogar leichte Scham. Jetzt war es drei Uhr nachmittags, und ein Nachgeschmack des Collegemittagessens, das aus Würstchen, Kartoffelbrei und Kohl bestanden hatte, hielt sich hartnäckig in seinem Mund. Draußen fiel weiterhin der starke Regen, der während des ganzen Tages keine Sekunde lang nachgelassen hatte. Vor ihm lag ein geöffnetes Buch, und er hielt seinen Füllfederhalter schreibbereit über die leere Seite eines Heftes gesenkt. Zum wiederholten Mal ließ er die Augen über die bedruckte Seite gleiten und versuchte, die wichtigsten Punkte zu erfassen und aufzuschreiben. Er blinzelte, schüttelte den Kopf und ging die Seite erneut durch, aber auch das funktionierte nicht. Noch einmal setzte er am oberen Rand der Seite an, las schwerfällig Wort für Wort, doch binnen weniger Sekunden war ihm die Bedeutung des Gelesenen entglitten. Er war offenbar wieder an demselben Punkt wie in der Woche zuvor angelangt, als sein Gehirn sich schlichtweg geweigert hatte, neues Wissen aufzunehmen. Nicht einmal Zeitungen hatte er richtig lesen können, da sie nichts als nagende Angst in ihm hervorriefen. Wurde er vielleicht verrückt – oder schwachsinnig?

Aber es war albern, sich Sorgen zu machen. Christopher arbeitete überhaupt nicht. John stand auf und ging zum Bücherregal, wo unter einigen Zeitungen und Zeitschriften die Aktenmappe lag, die er Christopher geschenkt hatte. Er zog sie hervor und öffnete sie. Sie war leer, und der Preis stand noch mit Bleistift auf das leere erste Blatt gekritzelt. Mit einem Seufzer schob er die Mappe zurück an ihren Platz. Christopher war fortgegangen, um Kuchen zum Tee zu kaufen. John fiel ein, daß Elizabeth kommen werde, und dann fiel ihm auch Christophers Weisung ein, das Feuer in Gang zu halten. Also eilte er zum Kamin hinüber. Das Feuer glomm nur noch schwach, und John verbrachte einige Minuten mit dem Versuch, es mit einer Zeitung in Gang zu bringen, aber die Feuerstelle war zu breit, als daß sie mit einigen Seiten Kriegszeitungspapiers zu beheizen gewesen wäre. John brachte nichts als ein kurzes Auflodern zustande und mußte das brennende Zeitungspapier rasch mit dem Schürhaken in den Rost stopfen. Während es noch brannte, war das eigentliche Feuer fast völlig erloschen.

Das Niederknien bereitete ihm leichte Kopfschmerzen.

Aber Elizabeth würde in Kürze eintreffen, und so erlag John der Versuchung, sich zu fragen, wie sie wohl aussehen und was sie sagen werde. Was mochte sie hinter ihren eckigen, stark geschminkten Gesichtszügen wirklich denken? Ob er sie dazu bringen konnte, ihn zu mögen? Er blickte in den Spiegel, nahm seinen Kamm aus der Brusttasche und frisierte sein Haar auf verschiedene Arten. Er versuchte zu entscheiden, welche Art am besten zu ihm paßte, gelangte jedoch zu dem betrüblichen Schluß, daß keine ihm nennenswert besser stand. Daraufhin setzte er sich wieder an den Schreibtisch und erinnerte sich der Worte von Mr. Crouch: »Machen Sie es sich zur Gewohnheit, alles mit Ausnahme der vor Ihnen liegenden Seite zu vergessen. Sitzen Sie einen Augenblick lang da und konzentrieren Sie sich. Stellen Sie sich vor, Sie würden mit einem eiskalten Schwamm über Ihren Verstand wischen, und alles bliebe völlig rein und frei zurück. Vergessen Sie gestern, vergessen Sie morgen, vergessen Sie, wer Sie sind und was Sie als nächstes tun werden. Dann fangen Sie an.« Er runzelte die Stirn. Es war ihm schon immer ziemlich schwergefallen, diesen Ratschlag zu befolgen, und nun schien es ein Ding der Unmöglichkeit zu sein. Weder konnte er gestern vergessen, noch das, was er als nächstes tun würde. Draußen fiel der Regen mit leisem Rauschen auf tote Äste und Blätter.

Er schreckte auf, als aus Richtung der Tür ein leises Klopfen ertönte und Elizabeth den Kopf hereinsteckte.

»O je, bin ich zu *früh* dran?«

»Ach, äh, kommen Sie doch herein, Elizabeth.«

Er legte seinen Füller auf das Schreibheft, das sich von selbst schloß, und stand auf, um sie zu begrüßen, ganz als wäre sie sein Gast.

»Ich will nicht stören... Sind Sie sicher, daß es Ihnen nichts ausmacht?«

»Nein, kommen Sie nur herein. Lassen Sie mich... äh – darf ich Ihnen den Mantel abnehmen? Er ist sicherlich naß geworden.«

Sie ließ den Mantel in seine Hände gleiten, und er brachte ihn ins Schlafzimmer, wo er ihn mit aufwallender Kühnheit auf seinem eigenen Bett ausbreitete. In der Zwischenzeit hatte sich Elizabeth erst im Spiegel betrachtet und dann auf dem Sofa Platz genommen. Sie trug ein weiches braunes Kleid, dazu eine Goldkette, außerdem braune Schuhe und glänzende Strümpfe. Die dunklen Farben brachten die vielfältigen Schattierungen ihres dunkelblonden Haares voll zur Geltung. Fasziniert stellte John sich vor, wie sie ihr Haar bürstete und es seitlich hochtoupierte, bis es aus eigenem Antrieb hochstand wie steifgeschlagener Eischnee.

Er fand seine Zigaretten, und sie nahm eine.

»Leider sind sie gestern abend ein wenig zerdrückt worden.«

»Du meine Güte, waren Sie etwa auch dabei? Patrick ist sehr verärgert wegen letzter Nacht.« Sie senkte ihre Lider in Richtung der Flamme. »Anscheinend hat man ihm eine Geldstrafe von zehn Schillingen aufgebrummt, und es war Eddys Schuld, weil er wie ein *Verrückter* herumgebrüllt hat.«

»Ja, kann sein. Da war ich noch nicht dabei.«

»Ich bin überrascht, daß Sie überhaupt dabei waren.«

Sie warf ihm einen vielsagenden Blick zu und stieß Rauch aus. »Ich dachte, Sie wären ein *nüchterner* Mensch.«

»Haben Sie das gedacht?« Er lächelte und trat nervös an das Feuer. »Tut mir leid, daß das Feuer so ...«

»Und diese *reizende* Schleife tragen Sie auch nicht. Ich finde, daß Sie das sollten. Wo ist sie?«

»Ich kann sie nicht binden.«

»Sie sind verrückt, wissen Sie das? Kaufen einfach eine Schleife, ohne sie binden zu können. Bringen Sie sie her, ich zeige es Ihnen.«

»Herbringen ...?«

»Ja. Ich zeige es Ihnen.« Sie richtete sich auf und streckte fordernd die Hand mit der Zigarette aus. Er sah ihr ins Gesicht und glaubte darin einen zugleich belustigten und herausfordernden Ausdruck zu erkennen.

»In Ordnung.« Er ging, um die Schleife aus dem Schlafzimmer zu holen. Elizabeth strich unterdessen etwas Asche von ihrem Rock und sang leise ein Lied vor sich hin. »Hier ist sie.«

»Gut. Nehmen Sie jetzt Ihre Krawatte ab.« Sie drehte die Schleife hin und her und hielt sie etwas entfernt, um sie einer kritischen Begutachtung zu unterziehen; in ihrem Gesicht wurde dabei ein leichter Ansatz zu einem Doppelkinn sichtbar. Im Kontrast zu ihren rosafarbenen Fingernägeln strahlte das Blau der Seide besonders intensiv. John fummelte unbeholfen an seinem Kragen herum. Zu spät fiel ihm ein, daß es einer von denen war, die seine Mutter umgenäht hatte, weil sie auf einer Seite bereits stark abgetragen waren. Sie näherte sich ihm mit der Schleife in der Hand.

»Also dann. Zunächst einmal muß das rechte Ende länger sein als das linke.« Sie machte eine Bewegung, als wolle sie die Arme um seinen Hals schlingen, legte dabei die Schleife um den Kragen und brachte die Enden mit einem Ruck auf die richtige Länge. »So ist es richtig. Ab jetzt ist es so, als ob man Schürsenkel bindet – und das tun Sie jeden Tag...«

Er verlagerte ein wenig sein Gewicht. Sie war ihm jetzt sehr nahe. Er roch ihre parfümierte Wärme und den Zigarettenrauch in ihrem Atem, als sie weitersprach.

»Als erstes ein normaler Knoten – können Sie sehen, was ich mache?«

Sie legte ihre Hände auf seine Schultern und drehte ihn um, bis er ihre Hände im Spiegel sehen konnte. Der Anblick ihres geschminkten Gesichts rief ein seltsames Gefühl in ihm hervor; ihre klare Stimme hätte genausogut aus einem bunten Lautsprecher in einem Kindergarten ertönen können.

»Jetzt die Schleife. Falten... kreuzen... dieses Ende doppelt legen...«

Als sie so nah beieinander standen, schien ihr Körper größer zu sein als seiner. Er hätte gern seine Hände erhoben, die verlegen an ihm herabbaumelten, hätte sie auf ihre Hüften gelegt und Elizabeth an sich gezogen. Eine auflodernde hypothetische Lust machte es immer wahrscheinlicher, daß er genau das tun würde. Er fragte sich, was ihn davon abhielte, und da es nichts zu geben schien, winkelte er bereits die Ellbogen an, als er plötzlich ihren Gesichtsausdruck bemerkte. Binnen einer Sekunde wurde ihm klar, daß es genau dies war, was sie von ihm erwartete, daß sie jeden Moment damit rechnete. Er ließ die Hände fallen. Ein überwältigendes Gefühl der Peinlichkeit kribbelte und zitterte in ihm fort, als er sich eingestand, daß seine vermeintlich geheimsten Empfindungen von geradezu zynischer Gewöhnlichkeit waren. Das schockierte ihn zutiefst. Wie ein gestelltes Tier drehte er in einer instinktiven Bewegung des Unbehagens den Kopf zur Seite.

»Halten Sie still«, sagte sie. »Sehen Sie, nun ist sie fertig.« Zögernd gestikulierte sie rückwärts in Richtung des Spiegels: »Schauen Sie sich an.«

Er sah aus wie ein Hund, der für einen Wettbewerb herausgeputzt worden war.

»Sehr hübsch«, sagte er und ließ sich seine Verwirrung nicht anmerken. »Ich muß Sie engagieren, damit Sie das immer tun.«

Sie warf ihm einen amüsierten Blick zu und setzte sich wieder.

»Es ist einfach.«

Die Stille wurde nur vom Geräusch des Regens durchbrochen, doch dann näherten sich Schritte, und es ertönte ein Pfeifen, das John augenblicklich als Christophers Pfeifen erkannte. In einer jähen Aufwallung von Schuldbewußtsein stopfte er seine Krawatte in die Tasche. Elizabeth griff nach ihrer Zigarette und hob die Augenbrauen.

»Chris, nicht wahr?«

John nickte voller Sorge, daß Christopher seine Schleife bemerken könne und die richtigen Schlußfolgerungen aus der Tatsache ziehen würde, daß er sie trug. Ihm war in der vergangenen Nacht nicht entgangen, daß solche Dinge durchaus einen plötzlichen Gewaltausbruch bei Christopher auslösen konnten. Aber seine Sorge war unbegründet, denn sobald die Tür aufging, wurde Christopher von einem empörten Girren empfangen: Elizabeth warf ihm vor, sie zu vernachlässigen, weil er bei ihrem Eintreffen nicht dagewesen war. Christopher stand grinsend da, trat von einem Fuß auf den anderen, schüttelte das Regenwasser von seiner braunen Kreissäge und entledigte sich mit einem steifen, raschelnden Geräusch seines Regenmantels. Ein Streit brach aus, dem John amüsiert lauschte.

»Und *wenn* ich herkomme, obwohl es *regnet*«, deklamierte Elizabeth mit dramatisch zitterndem Timbre, »dann bist du, du *Ekel,* NICHT DA.«

»Ich habe Kuchen gekauft«, antwortete Christopher ungerührt und öffnete die Tür des Geschirrschrankes, »damit du dich vollstopfen kannst.«

»Von meinem Geld«, warf John heiter ein. Dann wurde ihm klar, wie unhöflich er gewesen war, und sein Gesicht lief scharlachrot an. Elizabeth sah ihn eine Sekunde lang an und senkte dann den Blick. Nach einer kurzen Pause sprach Christopher weiter und deckte den Tisch mit Johns Tassen und Tellern für zwei Personen. John faßte das ganz richtig als ein an ihn gerichtetes Zeichen auf, den Raum zu verlassen. Er schlurfte eine Weile hierhin und dorthin, putzte sich die Nase und steckte sein Taschentuch zurück in die Brusttasche, wo, wie er bemerkt hatte, auch Christopher sein Taschentuch gelegentlich aufbewahrte. Dann nahm er seinen Mantel von dem Haken hinter der Tür. Elizabeth war zu ihrem ursprünglichen Thema zurückgekehrt: der ungerechtfertigten Vernachlässigung durch Christopher.

»Ich habe den *ganzen Tag* gearbeitet, von kurzen Pausen zum Kaffee und Mittagessen abgesehen – ich wette, das ist mehr, als *du* von dir behaupten kannst.« Christopher gab ein abschätziges Geräusch von sich. »Ich bin wirklich erschöpft. Wenn du wüßtest, was für ein Unmensch mein Tutor sein kann...«

»Ach, hör schon auf.« Mit einem Teller in der Hand stand er grinsend vor ihr. Plötzlich schnellte seine Hand vor, und er griff ihr spielerisch ins Haar. »Du hast die ganze Zeit damit verbracht, dich aufzudonnern...«

»*Wirst* du dich wohl benehmen!« rief sie aus und wich mit einem kleinen amüsierten Aufschrei zurück. Sie hielten inne und lächelten sich an.

»Ich muß jetzt gehen«, murmelte John und knöpfte, ohne sie anzusehen, seinen Mantel zu. »Ich... äh... spät dran...« Er wußte nicht recht, warum die kleine, kindische Kabbelei eine so starke Wirkung auf ihn ausübte, aber sie hatte seine Phantasie zweifellos erhitzt. Es erschien ihm nun offensichtlich, daß er nicht hätte versuchen sollen, Elizabeth zu küssen. Einen Augenblick zuvor war er auf sich selbst wütend gewesen, doch nun war er zufrieden damit, die beiden zusammen zu wissen. Als er sie ansah, kam er sich wie ein Kellner in einem teuren Restaurant vor. Ihre Freundlichkeit ihm gegenüber war das Äquivalent des Trinkgeldes, das sie einem Kellner geben würden.

»Also, auf Wiedersehen.«

»Auf Wiedersehen.«

»Auf Wiedersehen, John.«

Er ging hinaus, erfüllt von einer seltsamen, traurigen Zufriedenheit, wie wenn er sich plötzlich in eine andere Person verwandelt hätte. Dabei schlug er die Tür so ungeschickt zu, daß sie nicht ins Schloß fiel. Als er zurückging, um sie zu schließen, hörte er, wie Elizabeth sagte:

»Du hast ihn gut dressiert.«

Christopher lachte und sagte: »Ja.«

»Ein kleiner Gentleman. Und ist das immer noch sein Geschirr? Du bist wirklich schrecklich.«

»Das da ist seine Butter.«

Er hörte, wie Elizabeth sich vor Lachen schier ausschütten wollte.

»Also nein, wirklich... Das ist zu komisch! Er *muß* ein unglaublicher Weichling sein.«

»Mutter sagt, daß er wie ausgestopft wirkt.«

»Ausgestopft! Das *trifft* es auf den Kopf!«

Ich darf hier nicht stehen und lauschen, dachte John instinktiv. Christopher wird herauskommen, um meinen Teekessel zu füllen, und dann wäre es ihm peinlich. Auch wagte er nicht, noch mehr zu hören.

Durch den Regen war die Luft stark abgekühlt. Alle äußeren Steinplatten des Kreuzganges waren naß geworden, die Grasflächen waren durchweicht und die Steinornamente und Wasserspeier feucht. In einigen Fenstern rund um den Innenhof brannte Licht.

Sein Gesicht war weiß, als er zum Pförtnerhaus ging. Ihm war zumute, als wäre er unter dem Schlag eines Boxers zu Boden gegangen, der ganz genau wußte, wo man ihn am besten treffen konnte.

Ein Brief von seiner Schwester Edith, der Lehrerin in Manchester, war mit der Nachmittagspost eingetroffen. Er nahm ihn mit und öffnete ihn, als er auf die Straße hinaustrat.

Zwanzig Schritte später hatte er immer noch nicht zu lesen begonnen und zwang sich, seine Aufmerksamkeit auf den Brief zu lenken. Luftschutzübungen mit den Kindern, Evakuierungen, Fetzen örtlicher Neuigkeiten. Der alte Mr. Reading war im Krankenhaus. »Sicherlich hast Du Dich inzwischen gut eingelebt«, schrieb sie, »und bist mächtig stolz auf Dich.«

Nachdem sie ihm gezeigt hatten, für wie jämmerlich sie ihn hielten, kam er sich selbst noch fünfzigmal jämmerlicher vor. Die vergangenen drei Wochen, die bisher verschwommen und unscharf gewirkt hatten, stellten sich ihm plötzlich als das dar, was sie tatsächlich gewesen waren: ein ausgedehnter Tagtraum, in dessen Verlauf er zu einer absurden Figur geworden war.

Er ging weiter, den Brief in der Hand. Die Collegekrankenschwester ging an ihm vorüber und fragte sich, ob er wohl schlechte Neuigkeiten erhalten haben mochte, doch er nahm sie nicht wahr. Der Verkehr und die Leute auf der Straße verblaßten, als er weiterging. Eine Soldatenkolonne marschierte, einen Schlager pfeifend, auf der anderen Straßenseite vorbei, ohne ihn zu beachten. Vor einem Lebensmittelgeschäft stand ein Lieferwagen, aus dem Schinkenspeck entladen wurde, und er mußte warten, bis eine riesige, in Sackleinen gehüllte Schweinehälfte hineingetragen worden war.

Er schob den zerknitterten Brief achtlos zurück in den Umschlag und stopfte ihn in die Tasche, ohne die letzte Seite gelesen zu haben.

Aber ja, natürlich benutze ich sein Geschirr. Er traut sich nicht, es mir zu verbieten.

Chris, du bist fürchterlich.

Es ist seine Butter, die du da ißt. Trag sie ruhig dick auf.

Oh, Chris!

Mutter hat ihn für einen ängstlichen kleinen Stoffhasen gehalten.

Er muß ein ziemlich jämmerlicher Kauz sein.

Er erinnerte sich tatsächlich genau so an die Unterhaltung. Das Original war verblaßt, und immer neue Varianten der verschiedenen Äußerungen tauchten auf und überlagerten einander, als er sie im Kopf wiederholte. Der Regen schlug ihm ins Gesicht. Eine Zeitlang war es, als sei er völlig in seine Einzelteile zerfallen – Einzelteile aus Scham, Selbstekel, Wut und verwandten Empfindungen.

Er hatte die Situation noch nicht ausreichend erfaßt, um eine klare Haltung dazu einzunehmen. Alles, was er wußte, war, daß seine Gefühle mit Füßen getreten worden waren, ganz so, als ob sie auf dem Gehsteig gelegen hätten.

Das alles war sehr verwirrend. Seltsame Begebenheiten fielen ihm, eine nach der anderen, wieder ein: Christopher, der ihn »John« nannte; Mrs. Warner, die ihn mit ihrem unbeschwerten Lächeln bedachte; Elizabeth, die seine Schleife neu band. Als er an die Schleife dachte und sein Spiegelbild in einem Schaufenster sah, erfaßte ihn jäher Zorn. Dann kehrte die Verwirrung zurück. Was hatten sie ihm in Wirklichkeit mitteilen wollen? Wann immer er sich eine Episode vornahm und kritisch begutachtete, erblickte er auf der Rückseite nichts als Hohn und Spott. Er fragte sich, wie er nur so dämlich hatte sein können, daß er niemals zuvor etwas bemerkt hatte. Immer wieder kam ihm wie ein unheilverkündender Gongschlag der Zwischenfall mit Christopher und der Pfundnote in den Sinn.

Die Uhren der Stadt schlugen viermal. Er war seit zehn Minuten unterwegs, der Nachmittag neigte sich dem Ende zu, und Regen fegte durch die Straßen. Sein Haar troff vor Nässe, und er stellte fest, daß einer seiner Schuhe noch immer undicht war. Die Menschen ringsum waren mit Einkäufen beschäftigt und drängten unter ihren Regenschirmen kreuz und quer über den Gehsteig. Ein Zeitungsverkäufer, der im Eingangsbereich einer Bank Schutz vor dem Regen gesucht hatte, machte guten Umsatz – schnell sammelten sich die Pennies. Seine mit Kreide beschriebene Werbetafel verkündete Neuigkeiten aus Albanien. John sah sich benommen um, überlegte, wo er Tee trinken könne, und bemerkte, daß das »Green Leaf« nur wenige

Schritte entfernt lag. Erst als er schon vor der Tür stand, fiel ihm ein, wann er das letzte Mal hier gewesen war, doch dann öffnete er mit ausdrucksloser Miene die Tür und trat ein. Die erste Phase der reinen Verwirrung war vorüber. Was jetzt von ihm Besitz ergriffen hatte, war eine zitternde Wut auf sich selbst und alle anderen. Er stürzte sich mit der ganzen hysterischen Entschlossenheit eines Mannes, der aus schierem Zorn eine qualvolle Welt erkundet, in das aufgeheizte Innere des Lokals. Das Café war zu zwei Dritteln voll. Die Sitzplätze von neulich waren besetzt, aber John ergatterte einen Platz in der benachbarten Nische und schob verdrossen das benutzte Geschirr auf dem Tisch beiseite.

Eine Kellnerin kam und nahm seine Bestellung entgegen. Es war eine andere Frau als am Samstag. Er orderte dasselbe Teegedeck, das sie neulich bestellt hatten.

Dann musterte er die beleuchteten Nischen. Nach und nach trat ein Gefühl der Einsamkeit an die Stelle seiner bisherigen Wut – einer Einsamkeit, gegen die jede andere Empfindung, die er durchlitt, machtlos war. Mit keinem seiner Gefühle konnte er irgend jemanden erreichen.

Die Kellnerin kam mit dem Teegedeck, und er begann freudlos zu essen. Er war überrascht, wie sehr der Geschmack der einzelnen Sachen mit seiner Erinnerung an den vergangenen Samstag übereinstimmte. Die Tomatensandwiches waren feucht, und durch die dünnen gebutterten Brotscheiben schimmerte das Rot der Tomaten. Er rührte seinen Tee um und trank.

Was sollte er tun, nun, da er wußte, was sie von ihm hielten? Wie sollte er sein Verhalten ihnen gegenüber ändern? Wie sollte er sie behandeln?

All seine Gedankengänge brachen jäh ab, und er mußte

von vorne beginnen. Er hob das beste Gebäckstück von der Platte und zerteilte es in zwei Hälften. Dann fiel ihm ein, daß er die Angewohnheit, sein Essen zu zerteilen, von Christopher übernommen hatte. Zu Hause hatte er immer gleich hineingebissen.

Wie sollte er Christopher jetzt gegenübertreten? Als er sich die Situation ausmalte, fielen die letzten Überreste seiner Illusionen in sich zusammen wie die zuletzt verbliebene Wand eines Abrißhauses. Er war nun ganz auf sich selbst gestellt. Sein Versuch, am Leben dieser Menschen teilzuhaben, war gescheitert, und zwar umfassend und schmachvoll. Die Tür hatte sich geöffnet, und er stand wieder allein da – doppelt allein, ganz, wie er es befürchtet hatte. Von nun an würde jeder Tag ein Stückwerk zusammenhangloser Tätigkeiten sein. Ohne Ziel, ohne Kontinuität.

Er verstand immer noch nicht, wie das alles hatte geschehen können. Wie hatte er so begriffsstutzig sein können – oder waren sie so arglistig gewesen? Was war zwischen sie getreten, das seine Sicht auf sie verfälscht hatte? Ihn traf jedenfalls keine Schuld. Er steckte sich die vierte Zigarette an und rauchte langsam. Der Raum füllte und leerte sich, während John klein und mit blassem Gesicht an seinem Tisch saß. Schließlich kam die Kellnerin und kritzelte die Rechnung auf einen Zettel, den sie gefaltet unter seinen Teller schob. Von dort zog er sie hervor und öffnete sie: drei Schillinge, ein Penny. Er holte sein Kleingeld aus der Tasche und starrte entsetzt darauf: ein Schilling siebeneinhalb. Das war all sein Geld. Die Frau kam zurück und erwartete, daß er die Rechnung beglich.

»Ich... äh... es tut mir leid... ich bin gekommen, ohne... Ich habe bloß einen Schilling und sieben Pennies«, stieß er schreckensstarr hervor und breitete das Geld auf seiner Handfläche aus. In seiner Verwirrung wäre er nicht überrascht gewesen, wenn sie die Polizei gerufen hätte. »Ich bin hergekommen, ohne ... es tut mir schrecklich leid ...«

Sie sah ihn mißtrauisch an.

»Sind Sie Student?«

»Oh ... ja ... ja ...«

Er nannte sein College.

»Dann schreiben Sie einfach Ihren Namen und Ihre Anschrift auf die Rückseite der Rechnung. Sie können morgen bezahlen.« Sie starrte ihn an. »Sie waren schon früher hier, nicht wahr?«

»O ja ... einmal ...«

Mit zitternder Hand schrieb er »John Kemp« auf die Rechnung. Zusammenhanglos fiel ihm ein, daß die Bestellungen nicht völlig identisch waren, da er vergessen hatte, chinesischen Tee zu bestellen.

»Und die Adresse.« Mit einem Blick auf seine abgetragene Kleidung fügte sie hinzu:

»Passen Sie nächstes Mal besser auf.«

Es war ihm zuwider, ins College zurückzukehren, aber der Abend brach an, die Glocken schlugen sechs Uhr, und Arbeiter auf ihrem Heimweg radelten mit schwachen Lichtern die nassen Straßen entlang. Aus der Ferne drangen die Schreie von Gassenjungen, die mit Stöcken und Steinen auf Roßkastanien zielten, und überall entlang der Straße leuchteten Lichter in Fenstern auf, welche gleich darauf sorgsam verdunkelt wurden. Als er durch das Portal trat, seufzte er auf: Es war erniedrigend, wie ein Bumerang zu Orten und Personen zurückkehren zu müssen, die er mehr als alles andere zu meiden wünschte.

Aber ihm fehlte die Kraft, den Vorfall als Tragödie zu inszenieren. Als er langsam den ersten Innenhof überquerte, konnte er gar nicht anders, als den Frieden zu verspüren, der sich sofort innerhalb der Collegemauern einstellte, und als seine Finger den Brief seiner Schwester ertasteten, holte er ihn hervor und steckte ihn ordentlich in den Umschlag zurück. Anscheinend kam seine Welt, die zeitweilig starr vor Schreck gewesen war, erneut in Bewegung.

Aber er hatte nicht mit der Wut gerechnet, die in ihm aufloderte, sobald er das Zimmer betrat. Christopher lag ausgestreckt auf dem Sofa und blätterte in einer Zeitschrift. Einen Augenblick lang war John blind vor Zorn: Die Worte, die er ungewollt belauscht hatte, erfüllten in schmerzlicher Detailliertheit sein Gedächtnis, und für kurze Zeit dachte er wirklich, daß er einen Streit mit Christopher beginnen werde, daß er ihn, sobald er seiner Stimme Herr wäre, auffordern werde, sich ein anderes Zimmer zu suchen. Dann aber zog er seinen Mantel aus und hängte ihn auf. Elizabeth war gegangen, und der Bedienstete hatte das Teegeschirr abgeräumt.

»Ausgegangen?« Christopher hatte vergessen, daß John den Raum nicht aus eigenem Abtrieb verlassen hatte.

John vermochte kaum zu sprechen.

»Nein.«

Er ging am Sofa vorbei zum Kamin und blickte aus den Augenwinkeln auf Christopher, der seine kräftigen Beine bequem von sich streckte. Zwar rauchte er im Moment nicht, aber das Kamingitter war mit Zigarettenstummeln übersät. Schweigend blätterte er eine Seite um. Das elektrische Licht brannte. John legte den Brief seiner Schwester auf das Kaminsims.

»Für mich?« fragte Christopher träge.

John sah ihn aufmerksam an. »Nein«, sagte er, »von meiner Schwester.« Er räusperte sich.

»Schwester?« Christopher schlug die Zeitschrift zu und warf sie auf den Tisch. »Ich wußte nicht, daß Sie eine haben. Ist sie älter als Sie?« Christopher gähnte, so daß John seine Zähne sah.

»Nein«, antwortete er rasch. »Jill ist erst fünfzehn.«

»Schwestern sind eine richtige Pest.« Christopher verschränkte die Hände hinter dem Kopf und lehnte sich zurück. »Ich habe selber zwei. Aber die sind älter als ich. Wohnt sie noch zu Hause?«

»Nein, sie geht auf ein Internat.«

Etwas in Johns Stimme brachte Christopher dazu, aufzublicken. Zu seiner Überraschung erwiderte John seinen Blick. Ausdruckslos musterten sie einander. John nahm das halbbeschriebene Notizblatt vom Nachmittag und faltete es säuberlich in zwei Hälften, dann zerriß er es entlang dem Falz.

»Zum Glück bekomme ich meine nicht oft zu sehen«, sagte Christopher. »Letzten Sommer allerdings ist etwas Seltsames passiert. Kennen Sie eigentlich London?«

»Nein.«

»Nun, es geschah eines Nachts in der Bar eines ziemlich renommierten Hotels an der Regent Street. Ich war mit Pat und Elizabeth dort. Ich glaube, es gab gerade einen Luftangriff, aber niemand achtete sonderlich darauf, weil alle schon ziemlich viel getrunken hatten. Da bemerkte ich eine junge Frau, die mit einigen polnischen Offizieren in der Nähe stand und mich unverhohlen anstarrte. Ich fand das ein bißchen seltsam und dachte zuerst, daß ich es mir vielleicht nur einbilden würde, aber nein, sie schaute mich so direkt an, als ob sie jeden Moment herüberkommen und mich ansprechen wollte. Ich hielt das für eine besonders subtile Form des Flirtens.« John zerriß die beiden Hälften in Viertel. »Aber sie sagte immer noch nichts, und so vergaß ich sie. Als wir aber gerade rausgingen, kam sie plötzlich mit so einem schwachen Lächeln auf mich zu und sagte: ›Du *bist* doch Christopher, oder?‹ Und da war es meine Schwester Constance. Ich hatte sie... ach, mindestens zwei Jahre lang hatte ich sie nicht gesehen.« Er brach auf eine seltsame, peinlich berührte Art ab.

John stieß ein kurzes Lachen aus. »Die Leute haben uns immer Jack und Jill genannt.«

Christopher machte ein Kotzgeräusch. »Sind Sie einander denn so ähnlich?«

»Unsere Haare ähneln sich, aber das ist eigentlich alles.« Aus den Vierteln wurden Achtel. »Sie wird einmal eine schöne Frau sein. Ich vermute, sie ist es jetzt schon – und auch klug, vermutlich klüger als ich.«

»Das ist doch öde.«

»Ich weiß nicht. Wir können gut miteinander reden und gemeinsam etwas unternehmen. Letzte Weihnachten zum Beispiel sind wir nach London gefahren, und diesen Sommer hatten wir ein Cottage in Wales gemietet.«

»Was haben Sie in London gemacht?«

»Na ja, die Sehenswürdigkeiten angesehen. Westminster Abbey und so. Jill wollte sich das Britische Museum anschauen.«

»So weit habe ich es noch nie geschafft.«

»Allein hätte ich es mir wohl auch nicht angeschaut, aber Jill wollte es sehen.«

»Sind Sie im Theater gewesen?«

»Ich weiß nicht mehr... Dazu hatten wir nicht genug

Geld. Aber wir haben ein Shakespeare-Stück gesehen – *Was ihr wollt*«.

»Ich erinnere mich nicht, daß das aufgeführt worden wäre«, sagte Christopher stirnrunzelnd. »Wo lief es – in welchem Theater?«

»Oh, das kann ich Ihnen nicht sagen. Jill hat irgendwo das Programmheft.«

»Ich erinnere mich wirklich nicht, daß das aufgeführt worden wäre«, sagte Christopher nachdenklich. John hielt jetzt ein winziges Papierpäckchen in der Hand, das sich nicht weiter zerreißen ließ, so daß er es mit einer achtlosen Bewegung in Richtung des Kamins warf, wo es wie Konfetti vor einer Kirchentür herumflatterte.

»Ja«, fuhr er in demselben selbstbewußten Tonfall fort, den er zuvor angeschlagen hatte. »Wenn ich sage, daß sie klug ist, dann meine ich damit natürlich nicht, daß sie *immer* klug ist. Sie mag zum Beispiel Lyrik und solche Sachen. Und sie ist, so komisch das klingt, sehr sensibel. Ihre beste Freundin in der Schule hieß Patsy – Patsy Hammond. Sie steckten wirklich dauernd zusammen. Als Jill dann vor einem Jahr nach den Ferien wie üblich in ihr Internat zurückkehrte, stellte sich heraus, daß Patsy mit ihrer Familie nach Amerika gegangen war und nicht wiederkommen würde. Jill war schrecklich betroffen und hat uns wochenlang kaum geschrieben. Und als sie drei Monate später in den Ferien nach Hause kam, hat sie eine bestimmte Sorte von Frühstücksflocken nicht angerührt, bloß weil sie aus Amerika kommt. Sie hatte die Sorte immer gemocht, aber von diesem Tag an hat sie die nicht mehr angerührt – bis heute.«

»Nur weil sie aus Amerika kommt?«

»Ich weiß, daß das komisch klingt. Aber sie hat alles Amerikanische völlig abgelehnt – Filme, Bücher, Lieder.

Für eine Weile jedenfalls. Allmählich ist sie darüber hinweggekommen. Aber dieses Frühstückszeug hat den Anfang gemacht.«

Christopher holte seine Zigaretten hervor. »Was hatten Sie gesagt, wo sie zur Schule geht?«

»In Derbyshire.« Er nahm eine an. »Willow Gables heißt die Schule. Sie ist nicht sehr groß.«

Christopher stand auf und streckte sich unbehaglich, dann setzte er sich auf den ledergepolsterten Sitz am Kamingitter. Er ließ den Kopf hängen und steckte die Hände in die Taschen.

»Meine Schwestern waren an einer Schule in der Nähe von Beckenham. Es ist merkwürdig, daß Sie mit Ihrer Schwester gut auskommen – bei mir war das nie so.«

»Da sind natürlich die Ferien.« John lehnte sich am Kaminsims an und starrte auf Christophers gesenkten Kopf herab. »Und sie ist sowieso erst seit zwei Jahren dort. Deshalb hatte sie auch nur diese eine Freundin – Patsy Hammond, die nach Amerika gegangen ist.«

Christopher nickte. Er schien seinen eigenen Gedanken nachzuhängen. »Aber man verliert die Verbindung zu seinem Zuhause, wenn man früh auf ein Internat kommt«, sagte er. »Das ist etwas Gutes. Man lernt Unabhängigkeit und den Umgang mit Menschen. Man lernt, für sich selbst einzustehen.«

John nickte und beobachtete ihn. All das hatte er Christopher schon früher sagen hören.

»Aber manchmal bereue ich es, wissen Sie ... Man verliert irgendwie die Verbindung. Und das läßt sich nie mehr nachholen. Und wir sind eine ganz schön ausgelassene Familie ...«

Er legte seine Zigarette in einem Aschenbecher ab und

ließ sie weiterbrennen, während er ins Feuer starrte. John vermerkte mit zunehmender Verwunderung, daß etwas von dem, was er gesagt hatte, Christopher neidisch gemacht hatte – vielleicht nur für diesen Augenblick, aber darum nicht weniger neidisch. Seine Stimme ließ Verstörung erkennen, und als John ihn jetzt beobachtete, griff er sogar langsam in die Tasche, in der er sein Kleingeld bei sich trug, und sagte:

»Ich schulde Ihnen ein Pfund, oder?«

»Ja«, sagte John mit fragendem Unterton.

»Ich zahle Ihnen gleich mal ein Drittel.« Er grinste und drehte die Münzen hin und her, ehe er zwei Halfcrowns, einen Schilling, einen Sixpence und sechs Pennies auswählte. »Hier, genügt das fürs erste?«

»Danke.« John sah auf das Geld und versuchte, es zu zählen. »Dreizehn stehen noch aus, nicht wahr?«

»Seien Sie dankbar für das, was Sie haben«, sagte Christopher, gähnte gewaltig und stopfte das restliche Geld in die Tasche zurück. »Oh, verflixt, das habe ich ganz vergessen. Was ist mit dieser Seminararbeit? Ich denke, ich gehe heute abend ins Kintopp.«

»Meine liegt auf dem Schreibtisch.«

»Das ist wirklich äußerst anständig von Ihnen, mein Bester. Vielen Dank auch. Hatte es komplett vergessen.«

Er setzte sich an den Schreibtisch, breitete die Blätter aus und knipste die Leselampe an. John war froh, nicht weiter beachtet zu werden, denn seine Lüge und deren Wirkung hatten ihn in Erstaunen versetzt. Und sie hatte ihn nicht weniger berührt als Christopher. Er war aufgeregt und von kleinen, lyrischen Gedanken erfüllt, die an das zaghafte Gemurmel eines Orchesters vor einer Opernouvertüre erinnerten. Ihn überraschte weniger, daß er gelogen hatte, als vielmehr, daß ihm das Lügen so leicht gefallen war. Fast konnte man meinen, daß die Lüge lange vorbereitet gewesen sei, ehe es ihm eingefallen war, sie auszusprechen. Dieses Rätsel ließ ihn eine Zeitlang verstummen. Er wunderte sich, daß Lügen lange Zeit vor dem Eintreffen der Situation, die sie ans Tageslicht lockte, in einer dunklen Ecke des Verstandes ausgeheckt werden konnten. Wie lange hatten sie dort schon gelegen?

Und was an ihnen war es, das zeitweilig sein Netz selbst über Christopher ausgeworfen hatte? Er zitterte immer noch von der körperlichen Anstrengung des Lügens, aber schon jetzt erkannte er, daß das unabsichtlich belauschte Gespräch vom Nachmittag seine lähmende Unmittelbarkeit verloren hatte. Alles schien sich verändert zu haben. Es war, als ob seine Zunge unwissentlich eine Zauberformel geformt hätte und er nun beobachten könne, wie die Welt vor seinen Augen eine andere würde.

Christopher kam erst gegen elf Uhr aus dem Kino zurück, aber er fand John bei seiner Rückkehr immer noch wach vor. Er lag ohne ein Buch ausgestreckt in einem der Sessel. Christopher hatte einen Bärenhunger, holte sich einen halben Laib Brot aus dem Vorratsschrank, säbelte eine Riesenscheibe ab und schmierte dick Marmelade darauf. Kauend näherte er sich John und setzte sich auf das Sofa, um seine Schuhe aufzuschnüren.

»Wenn ich Sie dabei beobachte«, sagte John amüsiert, »erinnert mich das an die Ferien, die ich mit Jill zusammen in Wales verbracht habe. Mädchen sind seltsam, finden Sie nicht? Daheim ist sie die letzte, die sich mit Hausarbeit abgibt. Man kann sie kaum dazu bringen, auch nur einen einzigen Handschlag zu tun. Aber wenn man sie allein in irgendein Cottage bringt, verwandelt sie sich plötzlich in die perfekte Hausfrau. Wie oft mußte ich eine Tischdecke oder eine Zeitung ausbreiten, wenn ich Brot schneiden wollte. Mädchen scheinen diese Dinge instinktiv aufzunehmen, so wie es Enten zum Wasser zieht. Kaum waren wir da, erkundete sie alle Vorräte, um herauszufinden, was wir hatten – und vor allem, was wir nicht hatten.« Er hustete und sprach in selbstbewußtem Ton weiter. »Es war hübsch da unten. Wenn wir abends den Abwasch gemacht und die Lampen angezündet hatten (es gab natürlich keinen elektrischen Strom), setzten wir uns hin und lasen gemeinsam. Zuerst haben wir versucht, Shakespeare mit verteilten Rollen zu lesen, aber Jill sagte, daß sie das zu sehr an die Schule erinnere, also hörten wir wieder damit auf. Wir haben diese komische walisische Kohle verfeuert, die auch die Bergarbeiter benutzen – sie brennt ohne Flamme, wissen Sie, und sie glimmt die ganze Nacht. Wir saßen da und lasen, bis es ziemlich spät war.«

»Aber sicher doch«, sagte Christopher desinteressiert, warf seine Schuhe in Richtung Tür und stand auf. Der Film hatte seine Augen ermüdet, und all die durchzechten Nächte hatten seine Bereitschaft, ohne einen triftigen Grund aufzubleiben, nicht gesteigert.

John blieb noch eine Weile wach. Er stellte Christophers Schuhe zusammen mit seinen eigenen ordentlich neben die Tür, wo der Bedienstete sie am nächsten Morgen putzen würde, und er hängte Christophers Halstuch auf. Draußen hatte es zu regnen aufgehört. Dann ging er zu Bett, lag schlaflos im Dunkel und lauschte mißmutig auf Christophers schweren Atem, der fast ein Schnarchen war. Es beengte ihn, eine andere Person so nah zu wissen. Von nebenan drang der Klang eines Klaviers; ein reicher junger Mann wohnte dort, der zu allen Tageszeiten spielte. John hörte zu. Er fühlte sich durch die langgezogenen Melodieverläufe selbst sanft und empfindsam in die Länge gezogen, so als wäre er eine feingesponnene Saite. Es war eine langsame Musik voll trauriger Schlüssigkeit.

Jill kam ihm in den Sinn, so wie sie es von nun an (obwohl er das noch nicht wußte) immer tun würde, wenn seine Gefühle sanft erregt waren. Er stellte sich vor, daß sie es war, die Klavier spielte, und daß sie beide in einem großen Haus mit Garten wohnten. Abends saß er auf dem Rasen, der Rasen lag im Schatten, und die Sonne stand so tief am Himmel, daß sie nur noch das Dachbodenfenster erreichte. Die Farben der Blumen und der gestreiften Liegestühle, die immer noch draußen standen, waren unbestimmbar geworden. Ein Stapel gesprungener roter Blumentöpfe stand neben dem Gewächshaus. Der Klang des Klaviers drang aus einem großen Zimmer im Erdgeschoß, dessen Fenster weit offen standen, und er ging auf sie zu und fühlte die Luft so deutlich, als ob er auf dem lichten Grund eines Meeres ginge. Er sah sie in weißen Kleidern am Klavier sitzen. Sie hielt den Kopf leicht über die Noten gebeugt, und ihre Schultern bewegten sich während des Spielens. Ihr helles Haar wurde von einem Band gehalten; ihre Arme und ihr ganzer Körper waren so schlank, daß die Knochen leicht hervortraten.

Eine Zeitlang war er es zufrieden, nur zuzuschauen und zu lauschen. Aber nach einer Weile zog sie die Vorhänge zu, und er ging hinein ins Haus.

Gleich nach dem Frühstück am nächsten Tag zog John den Brief seiner Schwester aus dem Umschlag und verbrannte ihn.

Morgens im Bett hatte er den Einfall gehabt, einen Brief von Jill offen liegen zu lassen. Christopher würde ihn heimlich lesen, und er, John, konnte seinen Einfluß auf ihn (falls er denn wirklich existierte) noch vergrößern. Aber zuerst mußte der Brief geschrieben werden, und so setzte er sich an den Schreibtisch. Draußen schlug der Regen an das Fenster, und da der Himmel dunkel und unruhig war, schrieb er bei Lampenlicht.

Seltsamerweise empfand er keine Unschlüssigkeit über das, was er zu schreiben hatte. Zwar fertigte er mehrere Entwürfe an, aber das lag allein daran, daß es ihm Schwierigkeiten bereitete, die Handschrift seiner Schwester anhand der Adresse auf dem Umschlag nachzuahmen. Ihre Schrift war genauso gedrängt wie seine eigene, wenn auch mit einem leichten Anflug von Grobschlächtigkeit, und sie ließ wahrscheinlich auf Unreife schließen. Er saß mit verschränkten Füßen da und arbeitete so konzentriert wie ein Kupferstecher oder Fälscher. Sein Haar schimmerte im elektrischen Licht. Nebenan lag Christopher untätig im Bett.

Als er seine Arbeit beendet hatte, wischte er sich die Hände an der Hose ab und grinste.

Willow-Gables-Schule
Bei Mallerton
Derbyshire

Lieber John,
Du hast gesagt, daß Du mir schreiben würdest, aber natürlich hast Du es nicht getan, das tust Du ja nie. Nun schreibe ich statt dessen an Dich, also denke daran, zu antworten.
Wie geht es Dir so? Erzähle mir bitte alles über Dein College

und die Zimmer, in denen Du wohnst, über Deine Arbeit (vergiß unsere Wette nicht) und wer Dein Tutor ist – kennst Du ihn, und wie ist er so? Ich kann es kaum erwarten, ALLES zu erfahren. Laß also keine Einzelheiten aus, denn Maisie Fenton hat einen Bruder in Cambridge und gibt unerträglich mit ihm an. Aber Du kennst Maisie Fenton natürlich nicht (Glück gehabt!).

Ich habe eigentlich keine Neuigkeiten für Dich; hier ist alles so wie immer – muß ich noch mehr sagen? Ich bin seit zwei Wochen die Klassenbeste in Englisch (tätärätää!) und habe vor, das für den Rest des Halbjahres zu bleiben, und zwar aus Gründen, die GEHEIM sind.

Wann fangen Deine Ferien an? Eher als unsere, nehme ich an – zur Abwechslung!

Alles Liebe
Jill

P.S. – Wir werden eine ganz unglaubliche Konzertsache in Manchester veranstalten; ich werde Dich rechtzeitig informieren, wenn mögl. Ich kann dem Schulbriefkasten wirklich nicht mehr trauen, seit die Sache im letzten Halbjahr passiert ist ...
P.P.S. – Es regnet. Kein Hockey!

Er war gerade mit dem Abschreiben des letzten Entwurfes fertig geworden, als er hörte, wie Christopher aufstand. Nachlässig steckte er den Brief in den Originalumschlag, legte ihn auf das Kaminsims und spazierte nach draußen. Da es regnete, steuerte er den studentischen Gemeinschaftsraum an, wo er sich in einen großen Ledersessel setzte und seine zerdrückte Zigarettenschachtel hervorholte. Während er rauchte, las er einen Zeitungsartikel über die versprochene Hilfe für Griechenland. Draußen, im Garten der Fellows, bogen sich die inzwischen fast völlig entblätterten Bäume unter der Wucht des Windes. Ein anderer Student kniete auf dem Fenstersitz und schaute hinaus; er hatte feinziselierte Züge und schwarzes Haar. Während er aus dem hohen Fenster blickte, ließ er einen Ring vom Finger gleiten und steckte ihn auf einen anderen. John fragte sich vage, wer dies sein mochte. Der junge Mann hatte ein ansprechendes Gesicht.

John warf die Zeitung beiseite und griff nach einer Zeitschrift. Das Feuer wärmte seine ausgestreckten Beine, doch war er sich der Zufriedenheit, die er empfand, kaum bewußt. Auf einmal schien es, als müsse er nichts mehr tun. Sicher war allein die Tatsache, daß dieser Tag in einen ähnlich inhaltsleeren Tag münden würde, mit nichts als dem weichen Prasseln des Regens auf altem Gemäuer. Der Schein des Feuers fiel auf Messingaschenbecher und dunkle Paneele. Er fand nun, daß es sehr töricht von ihm gewesen sei, soviel über Christopher Warner nachzudenken. Seine Sehnsucht, Bedienstete genauso selbstbewußt herumzukommandieren wie Christopher, ließ ebenso nach wie sein Wunsch, reich zu sein, einen starken Bartwuchs zu haben und im Badezimmer anzügliche Lieder zu singen. Das waren zwar alles nette Sachen, aber ihren Glanz als Ideale hatten sie verloren. Er gähnte.

Dort, wo der Briefumschlag auf dem Kaminsims lag, hatte er winzige Bleistiftmarkierungen angebracht, und als er in das Zimmer zurückkehrte, stellte er fest, daß Christopher fort war und der Brief ordentlich hinter der Uhr steckte. Einen Moment lag hielt er den Atem an, aber dann fiel ihm ein, daß der Bedienstete morgens manchmal zum Staubwischen ins Zimmer kam und daß Christopher den Brief ganz gewiß nicht so ordentlich weggelegt hätte.

Er nahm ihn vom Kaminsims, und nach kurzem Nachdenken legte er ihn schräg auf den Tisch. Dort blieb er für den Rest des Tages liegen. Zur Teezeit veränderte John seine Lage ein wenig, aber Christopher blieb den ganzen Abend fort, und John ging ziemlich früh zu Bett, denn er fühlte sich so schläfrig wie selten. Zwar war er abends immer müde gewesen, aber nicht auf diese angenehm benommene Weise.

Er hörte nichts über die Geschichte von Christopher und Semples Schrank, bis Whitbread ihn am nächsten Tag beim Mittagessen zu einem gemeinsamen Kaffee mit einigen anderen Stipendiaten einlud. Sie waren ein seltsames Grüppchen, aber John fühlte sich in ihrer Gesellschaft wohl und genoß seinen Ruf als der Mann, der seine Räumlichkeiten mit Warner teilen mußte. Sie trafen sich in Whitbreads Dachstube, zogen das Sofa und einige Stühle mit unbequemen Lehnen vor und überließen Whitbread den Lehnsessel am Feuer. Keiner von ihnen hätte jemals den besten Sessel im Raum für sich beansprucht, keiner hätte sich, ohne zu fragen, etwas zu essen genommen oder eine Einladung akzeptiert, die er nicht mit einer Gegeneinladung zu erwidern beabsichtigte. All ihre Handlungen waren durch das skrupulöse Einhalten gesellschaftlicher Konventionen bestimmt, und dort oben, in dem kleinen, schmuddeligen Zimmer, in dem Whitbread Tassen, Untertassen und Milch austeilte, versammelten sie sich wie die Mitglieder einer verfolgten exotischen Sekte. Da gab es keinen Luxus, keine Verschwendung, keine Freigiebigkeit, und auch wenn John die Freundschaft dieser Menschen nur wenig schätzte, war er unter ihnen vermutlich mehr beheimatet als irgendwo sonst. Er achtete sorgsam darauf, niemanden seine Geringschätzung spüren zu lassen, denn er wußte sehr wohl, daß sie es mehr als alles andere von ganzem Herzen verabscheuten, wenn »jemand aus ihrer eigenen Klasse« versuchte, »sich über Seinesgleichen zu erheben«.

»Genaugenommen ist das ein krimineller Angriff. Jedenfalls in juristischer Hinsicht.«

»Der Dekan sollte etwas unternehmen.«

»Ich sag's jedem, der es hören will«, ließ Whitbread sich vernehmen und stellte einen Teller mit Gebäckstücken, die er für den Tee am Vortag gekauft hatte, auf den Tisch. »Das ist gemeines Rowdytum, sonst gar nichts.«

»Was denn?«

»Haben Sie nichts davon gehört? Warner und Semple. Sie wollen doch nicht etwa sagen, daß Ihnen nichts davon zu Ohren gekommen ist? Ich hätte doch angenommen ...«

»Ich hätte doch angenommen, Sie wären der erste, der davon hört«, ergänzte Jackson lachend. »Vermutlich ist Warner wegen der Sache ziemlich stolz auf sich.«

»Ich habe Chris heute kaum gesehen«, sagte John unbefangen. »Was hat er getan?«

»Kennen Sie Semple? Der Bursche, der herumläuft und Mitglieder für die Oxford Union zu werben versucht. Nun, er wohnt neben Dowling – Sie kennen den Mann ...«

»Ja, und?«

»Letzte Nacht kamen also Warner und Dowling ein bißchen beschwipst nach Hause. Sie hatten einen über den Durst getrunken ...«

»Eher fünf oder sechs«, warf ein anderer Stipendiat grinsend ein.

»...und Semple ist plötzlich von einem gewaltigen

Rumms erwacht. Er steht also auf, und trifft auf Warner und Dowling, die gerade anfangen, sein Wohnzimmer zu zerlegen. Das ganze Geschirr zerschmissen und so weiter. Und als er sie fragt, was sie da tun, schlägt Warner ihn nieder. Einfach so.«

»Haben Sie denn nicht Semples Auge gesehen?« fragte Jackson.

»Das klingt ein bißchen...«

»Ein bißchen! Ich würd' ja gerne mal wissen, was er da zu tun glaubt. Das ist übles Rowdytum, sonst gar nichts. Kerle wie der meinen, daß ihnen die Welt gehört.«

Es herrschte eine Atmosphäre zögerlicher Zustimmung unter den Anwesenden. Die Zurückhaltung rührte von der uneingestandenen Furcht her, daß John das Gehörte weitererzählen könne. Aber John hatte nicht vor, das zu tun. Er musterte die Teeblätter am Boden seiner Tasse (»Kaffee« wurde bei Whitbread dem Mehrheitsvotum zufolge sehr oft zu Tee), ließ sich von der Anekdote erregen und genoß den Kontrast zwischen den zwei Welten, in denen er lebte. Was immer man über Christopher Warner denken mochte – ignorieren konnte man ihn nicht. Dieses gelegentliche Aufblühen von Gewalt ließ sich nicht einfach übergehen, als ob nichts geschehen wäre. Am selben Tag nach dem Abendessen wurde ihm die Ehre zuteil, Christopher und Patrick (hauptsächlich Christopher) dabei zuhören zu dürfen, wie sie Eddy dieselbe Geschichte erzählten. Christopher hatte mit Portwein gefüllte Sherrygläser in die Runde gereicht. Nun stand er auf dem Kaminvorleger und fuchtelte mit seiner Zigarette herum.

»Also, es hat alles damit angefangen, daß wir zurückgegangen sind, nachdem wir uns von dir verabschiedet hatten, Eddy. Wir sind dann zu Patrick hochgegangen, weil

Patrick meinte, er habe noch etwas Brot da. Nicht daß trockenes Brot die richtige Mahlzeit für einen Mann wäre, der seit dem Mittagessen nichts zu sich genommen hat, aber ich hatte mich damit abgefunden« – Christopher legte einigen Nachdruck in seine Worte –, »ich hatte mich damit abgefunden und wollte nicht auf dieser Sache herumreiten, solange nur das Brot in Aussicht stand. Also setzte ich mich hin, und unser Pat hier brachte einen ziemlich verschimmelt aussehenden Brotkanten zum Vorschein und schnitt ihn in zwei Hälften. In die eine Hälfte biß er hinein, die andere legte er auf einen Teller, den er mir reichte. Nun bitte ich zu bedenken, daß ich einen gewaltigen Kohldampf hatte. Ich war nicht in der Stimmung, wegen Kleinigkeiten herumzuzanken. Ich war, so könnte man vielleicht sagen, in einer nicht gerade wählerischen Stimmung. Aber ich öffnete eben meinen Mund, als ich auf dem Brot etwas bemerkte, das wie Mäusescheiße aussah. ›Sag mal, Pat‹, fragte ich, ›bewahrst du dein Brot eigentlich in einer Dose auf?‹ ›Nein‹, sagte er mit vollem Mund. ›Na, dann sieh dir das hier mal an! Bietet man so etwas seinen Gästen an?‹ Ich war gekränkt. Ich konnte diese Sache nicht einfach auf die leichte Schulter nehmen. Ich halte mich selbst nicht für einen pingeligen Menschen«, sagte Christopher großspurig, »aber es gibt gewisse Regeln, gewisse Gesetze der Gastfreundschaft, auf denen ich bis zu meinem letzten Atemzug beharren werde. Und eine dieser Regeln lautet, daß niemand seinem Gast ein Brot mit Mäusescheiße anbieten soll.«

»Mein lieber Chris, wie hätte ich denn wissen sollen…«

»Ach was, genug davon«, fuhr Christopher fort und wischte den Einwurf mit einer Handbewegung beiseite. »Ich wurde durch den Anblick Pats, der seinen Mundvoll

Brot in das Feuer spuckte, mehr als entschädigt. Aber der Kernpunkt der Angelegenheit stand mir klar vor Augen. Ich war immer noch hungrig. Ich hatte seit dem Mittagessen nichts zu mir genommen, und selbst da nur ein paar Pasteten im ›Bull‹. Und offenbar war diese verdammte Mäuseschiße das einzig Eßbare weit und breit! Die Aussichten waren düster. Und dennoch verlor ich nicht den Mut. Es braucht mehr als eine Maus, um einen Warner fertigzumachen. Ich stand auf und ging in den Flur, wo ich, wenn ich das beiläufig anmerken darf, meine Blase entleerte. Dann klopfte ich an eine Tür. Jemand sagte: ›Herein‹, also trat ich ein. Ein kleiner Kümmerling saß da und arbeitete. ›Haben Sie‹, so fragte ich höflich, ›etwas Butterbrot, Toast oder Kuchen da?‹ Er lief so rot an wie ein Truthahn und sagte ›Nein‹. Ich verbeugte mich würdevoll und zog mich zurück. Dann tastete ich mich zur nächsten Tür vor. Als ich sie öffnete, sah ich einen stockdunklen Raum vor mir, was mich zu der Schlußfolgerung veranlaßte, daß der Bewohner entweder schlief oder ausgegangen war. Also knipste ich das Licht an und machte mich daran, seinen Schrank zu erforschen. Und nun kommt der seltsamste Teil der ganzen Geschichte«, sagte Christopher dramatisch. »Ich ging also zu diesem Schrank. Ich zog auf schlichte, einfühlsame Weise an der Tür, und das ganze verdammte Ding fiel vornüber und hätte mich um Haaresbreite auf immer zum Krüppel gemacht!«

»Ha, ha, ha«, grölte Eddy sabbernd.

»Nun, da kam dann natürlich eins zum andern. Ich bezweifle, daß irgend jemand einen derart großen Schrank umreißen kann, ohne einen Höllenlärm zu veranstalten, und wie sich herausstellte, war unser Mann nicht ausgegangen, sondern lag im Bett. Nun aber stand er ziemlich schnell auf und betrat das Wohnzimmer. Ich sollte vielleicht hinzufügen, daß er einen wirklich scheußlichen blau-weißen Pyjama trug, aber ich entschloß mich, darum kein Aufhebens zu machen. ›Was zum Teufel tun Sie hier?‹ verlangte er zu wissen. Nun muß ich zugeben«, sagte Christopher und bohrte mit seiner Zigarette ein Loch in die Luft, »daß er aus seiner Sicht nicht völlig unrecht hatte. Zu sehen, daß ein völlig Fremder mitten in der Nacht den eigenen Schrank umgeworfen hat, kann möglicherweise ein wenig schwierig sein, also sah ich über seinen ungehobelten Ton hinweg. ›Tut mir leid, mein Bester‹, sagte ich. ›Es ist nämlich so, daß ich mich frage, ob Sie vielleicht etwas Toast oder Brot und Butter oder Kuchen zur Hand haben, da ich noch nichts zu Abend gegessen habe…‹ Und weiter bin ich nicht gekommen. Es war unglaublich. Irgend etwas an dem, was ich gesagt hatte – oder vielleicht auch die Art, wie ich es gesagt hatte, obwohl ich wohlgemerkt so höflich wie nur irgend möglich gewesen war – brachte ihn in Rage. Es war sonnenklar, daß er irgendeinen Groll hegte. Er brach in eine wahre Schimpftirade aus. ›Raus hier!‹ rief er« – hier machte Christopher eine theatralische Geste – »›Raus hier! Ich habe Sie und Ihre lärmenden Saufkumpane satt. Wie können Sie es wagen, mein Zimmer zu betreten und alles kaputtzumachen, was Ihnen unter die Finger kommt?‹ Und so weiter und so fort. Und das, obwohl ich ihm angeboten hatte, für alle angeschlagenen oder zerbrochenen Tassen aufzukommen.

Aber nach einer Weile – er ließ nämlich nicht locker, sondern kam allmählich so richtig in Fahrt –, nach einer Weile also fühlte ich mich ein wenig gekränkt. Er legte einfach keine guten Manieren an den Tag, wißt ihr. Er benutzte zwar keine Schimpfwörter, aber er war schlicht unhöflich. Mir gefiel sein Ton nicht. Ich sagte ihm das. Ich sagte: ›Mir gefällt Ihr Ton nicht.‹ Er sagte, ich könne ihn mal. Nun, das wollte ich nicht hinnehmen«, sagte Christopher, als wäre dies die vernünftigste Sache der Welt. »Schließlich kann man sich nicht alles gefallen lassen, und diese Angelegenheit schien mir längst kein Scherz mehr zu sein. Also gab ich ihm eine Ohrfeige, und wie es der Zufall wollte, erwischte ich ausgerechnet den Rand seiner Brille, die daraufhin durch die Luft segelte« – Christopher deutete den Bogen an – »und in der Ecke des Zimmers landete. Und da ging er auf mich los wie ein Tiger. Wie ein verdammter Tiger. Wir tänzelten zur Eröffnung umeinander wie zwei Boxer« – Christopher machte einige übertriebene Boxbewegungen auf dem Kaminvorleger – »dann schlug ich ihm aufs Auge. Und er ging zu Boden.«

»Und blieb liegen«, beendete Patrick die Erzählung.

Christopher leerte sein Glas Portwein, während Eddy sich mit einem quietschbunten Seidentaschentuch die Augen trocknete. »O herrje«, gurgelte er. »Verdammt gut, Chris! Verdammt gut.« Ihm gefiel die Geschichte sogar so gut, daß er, als sich Semple beim Dekan beschwerte und Christopher mit drei Pfund für den Schaden aufkommen mußte, Semple zusammen mit einigen Freunden auflauerte und ihn mit Krocketreifen über dem Hals und an den Fuß- und Handgelenken auf dem Rasen des Colleges »kreuzigte«. Das verursachte einen großen Aufruhr, da sich Semple die ganze Nacht auf dem Rasen wand und eine Bronchitis bekam. Aber sowohl Christopher als auch Patrick hatten sich an jenem Abend nachweislich nicht im College aufgehalten und konnten folglich nicht mit der Angelegenheit in Verbindung gebracht werden. Semple fuhr zu seinen Eltern nach Hause und erlangte bei richtiger Pflege vermutlich alsbald seine Gesundheit wieder.

John sonnte sich in all dieser Gewalt, als wäre sie ein heißes Klima. Er war erregt und bewunderte Christopher, jedoch ohne ihn zu beneiden. Die Woche verging ohne besondere Vorkommnisse, und als Christopher sich am Abend vor dem wöchentlichen Tutorium gereizt nach dem Essay erkundigte, mußte John erschrocken zugeben, daß er damit noch nicht einmal begonnen hatte. In einer ungläubigen Geste zog Christopher die Hand aus der Tasche.

»Nicht einmal angefangen?«

»Nein, leider habe ich wirklich ... Es ist schon in Ordnung, ich kann morgen den ganzen Tag ...«

»Dann tun Sie das verdammt noch mal auch.«

Christopher kam näher, bis sein Gesicht sich im unmittelbaren Lichtkreis der Lampe befand. Seinem Gesichtsausdruck zufolge hätte John ebensogut versucht haben können, ihn um Geld zu betrügen.

»Na los, spielen Sie mit«, sagte er drohend. »Was werde ich tun?«

John tippte sich mit einem Bleistift gegen die Wange. Er lächelte und hatte den Ernst der Lage noch immer nicht begriffen.

»Sie könnten selbst irgend etwas zusammenschreiben ...«

»Hören Sie mir genau zu, Kemp.« Christophers Stimme war jetzt rauh. »Es ist nicht in Ordnung, wenn Sie sich nicht an die Abmachung halten. Seien Sie kein mieser Typ.«

Seine breiten Schultern füllten den Lichtkreis aus, und in John, der wie ein Taucher die Wasseroberfläche durchbrach, wurde erneut die alte Furcht wach. Er nahm Christophers Gesicht nun so wahr, wie es wohl auch Semple wahrgenommen hatte, und er sah, wie es sich anspannte, kurz ehe der Schlag fiel. Schnell sagte er:

»In Ordnung, geben Sie mir etwas Zeit. Wie war das Thema? Ich werde bis zehn Uhr fertig sein. Wenn ich den ganzen Abend arbeite, kann ich bis zehn Uhr fertig sein.«

»Zehn? Das ist verdammt spät«, sagte Christopher, aber er zog sich zurück.

Es dauerte einige Zeit, bis John diesen Zwischenfall im rechten Licht betrachten konnte. Da hatte er den Essay bereits geschrieben, und Christopher, der zu faul gewesen war, ihn abzuschreiben, hatte das Tutorium geschwänzt. John fiel die Unterhaltung zwischen Christopher und Elizabeth wieder ein, die er unfreiwillig belauscht hatte. Er war wütend auf sich selbst, und er war wütend auf Christopher. An die Stelle von Gleichgültigkeit trat nun Verbitterung. Tränen brannten in seinen Augen, doch die einzige Möglichkeit, Rache zu nehmen, war Jill, und er bezweifelte, daß dieser Trick noch einmal verfangen würde. Der Brief hatte mehrere Tage lang im Zimmer gelegen, aber obwohl John ihn regelmäßig überprüft hatte, hatte er nie den leisesten Hinweis darauf gefunden, daß Christopher sich daran zu schaffen gemacht haben könnte. Am Freitagabend – Christopher stand vor dem Kamin und wechselte zum Abendessen sein Hemd – sagte John demonstrativ: »Ich werde Jills Brief wohl irgendwann beantworten müssen.« Dann begann er zu schreiben. Er schrieb: »Liebe Jill«, nagte an seinem Bleistift und errötete peinlich berührt. Mit schmerzhafter Deutlichkeit nahm er die kleinen Geräusche wahr, die Christopher hinter ihm beim Umziehen machte.

Liebe Jill,
danke für Deinen Brief.
Du fragst nach Einzelheiten – ich wünschte, Du könntest hier sein und alles mit eigenen Augen sehen. Ich kann Dir wirklich unmöglich alles über Oxford erzählen, und es wäre viel schöner für Dich, wenn Du alles selbst sehen könntest.

Wieder hielt er inne. Christopher war ins Schlafzimmer gegangen, um eine Krawatte umzubinden.

Ich habe mich selbst immer noch nicht daran gewöhnt, daß ich wirklich und tatsächlich hier bin. Jedesmal, wenn ich meine schwarze Robe anziehe, empfinde ich einen undefinierbaren »Schauder« darüber, ein lebensgroßes Mitglied der Universität von Oxford zu sein.

Irgend etwas stimmte daran nicht. Er begann einen neuen Absatz.

Hier arbeitet niemand – wir leben alle wie die Fürsten. Natürlich denke ich oft daran, wie Du Deine vier »liebsten« Fächer lernst (er strich dieses Wort durch und ersetzte es durch »büffelst«), *während ich hier faul herumsitze und mich vielleicht zu einigen Stunden Arbeit zwischen Aufstehen und Schlafengehen herbeilasse. Was wir alle tun? Wir sind kleine Könige in unserem eigenen Reich. Es ist so angenehm, einfach dazusein, die Luft zu atmen, die Architektur zu bewundern, unter den Bäumen herumzugehen und zu sehen, wie sich der Himmel in den Pfützen spiegelt. Man könnte ganze Vormittage damit verbringen, eine einzige Straße entlangzugehen – die High Street zum Beispiel (wir nennen sie hier »die High«). Sie verläuft von der Stadtmitte aus....*

Er brach ab und begann einen neuen Absatz.

Da gibt es zuerst die Tabakwarenhändler mit ihren wappenverzierten Tabakkrügen und exotischen Zigarettenmarken, mit Pfeifen und kleinen Holzschalen, in denen spezielle Mischungen aufgehäuft sind. Dann sind da die Musikaliengeschäfte, wo es Reihen schalldichter Kabinen gibt, in denen man sich stundenlang aufhalten und die ungewöhnlichsten Schallplatten abspielen darf. Dann die Schaufenster der Maßschneider – oh, was für Maßschneider! – voller seidener Morgenmäntel mit Drachenmustern, Samtwesten mit Messingknöpfen, geblümter Krawatten, flauschiger Handschuhe. Dort kann man ohne weiteres zwanzig Minuten lang damit verbringen, zum Beispiel aus einer Vielzahl von Schleifen diejenige auszuwählen, die einem gefällt. Dann die Buchhandlungen, die alte Drucke verkaufen, die man bei sich zu Hause aufhängen kann, und natürlich alle Arten von alten und neuen Büchern, die alten ehrwürdig, die neuen frisch und...

Aber vor allem steht dort, wenn man zum Fluß hinuntergeht, ein strahlendes Gebäude neben dem anderen. All Souls, St. Mary's Church, University College, die Prüfungsschulen, Queen's, bis man ganz unten zum Magdalen College kommt, dem letzten und schönsten...

Er riß dieses zweite Blatt ab und drehte es um.

Als Student hat man eine gewisse Stellung und gewisse Privilegien, aber auch gewisse Verpflichtungen gegenüber den weniger begabten Mitgliedern der Gemeinschaft. Der arme Christopher zum Beispiel, mit dem ich meine Räume teile, ist auf mitleiderregende Weise von mir abhängig, wenn es um unseren wöchentlichen Essay geht. Ich weiß nicht, wie Du Deine Essays schreibst, aber bei mir ist es so, daß ich sie meistens vorab im Kopf konzipiere, und zwar fast wortwörtlich. Gestern hatte ich nach dem Abendessen immer noch keine Anstalten gemacht, den Stift auf das Papier zu setzen, so daß er unruhig zu werden begann. »Hören Sie mal, was ist denn nun mit diesem Essay?« »Ja, ja, in etwa einer Stunde, ich habe den Schluß noch nicht ganz durchdacht.« »Nun machen Sie schon. Verdammter Schluß, ich brauche etwas Handfestes.« »Mein lieber Christopher, das werden Sie bis zehn Uhr bekommen.« »Zehn Uhr! Aber bis dahin bin ich betrunken!« Ich wies ihn darauf hin, daß dies seine eigene Angelegenheit sei, nicht die meine. Um es kurz zu machen: Ich zog einen Schlußstrich unter den letzten Absatz just in dem Moment, als Tom Tower dröhnend die zehnte Stunde verkündete. Kurz darauf torkelte Christopher herein, angeduselt wie immer, und hickste: »Wo's der Essay?« Ich schob ihm den Text hin, und während ich vorgab, in meinem Montaigne weiterzulesen, beobachtete ich insgeheim, wie er Zeile für Zeile mühsam buchstabierte. Als er am Ende der ersten Seite angekommen war, zog er seinen Füllfederhalter heraus und schlief ein. Ich las noch eine halbe Stunde lang weiter, dann »gab ich's dran« und ließ ihn schlafend wie ein Kind am Tisch zurück. Folglich mußte er das Tutorium heute morgen »schwänzen« und hat soeben eine sehr sarkastische Nachricht von unserem Tutor erhalten...

Als John das Ende der Seite erreicht hatte, blickte er sich um: zu seiner Überraschung war das Zimmer leer. Die Uhrzeiger standen auf fünf vor halb acht; Christopher hatte seine Robe genommen und war zum Abendessen gegangen. John öffnete leicht den Mund, als die Panik, eine Mahlzeit zu verpassen, ihn überkommen wollte. Er beruhigte sich wieder und sah sich noch einmal an, was er geschrieben hatte. Nachdem er einen Rechtschreibfehler korrigiert hatte, fügte er am unteren Rand der Seite rasch hinzu:

Alles Liebe,
John.

Dann nahm er einen Umschlag aus der Schublade und adressierte ihn:

Miss Jill –

Sein Stift stockte bei dem Wort »Kemp«. Ihm gefiel diese Vorstellung nicht. Ihm wurde klar, daß er sie nicht auf diese Weise mit sich selbst in Verbindung bringen wollte. Wie sollte er sie nennen? Nach einem Augenblick des Nachdenkens beendete er die Anrede:

Miss Jill Bradley.

Bradley war ein hübscher Name, von Grund auf englisch; er roch förmlich nach Sattelleder und Pferdeställen.

Miss Jill Bradley,
Willow-Gables-Schule,
Nr. Mallerton,
Derbyshire.

Als die Lasche festgesteckt und die Briefmarke aufgeklebt war, ging er ohne Hut, Mantel und Schal nach draußen, um den Brief einzuwerfen. Die Nacht war stockfinster. Ein kräftiger, warmer Wind fegte durch die Straßen, fuhr durch sein seidiges Haar und zerrte an dem Brief in seiner Hand. Zitternd ließ er ihn in einen Briefkasten fallen und lehnte sich kurz gegen eine Wand. Alles in ihm jubelte auf angesichts der Vorstellung, auf diese Weise mit dem Nichts zu sprechen. Er malte sich aus, wie der Umschlag durch ganz England wandern würde, wie sich mit Bleistift gekritzelte Anmerkungen auf seiner Vorder- und Rückseite ansammeln würden, bis er – in einem Jahr vielleicht oder noch später – in einer staubigen Ecke irgendeines Büros für fehlgeleitete Sendungen zur Ruhe käme. Wie viele Jahre würde er dort liegen? Vermutlich so lange, bis auch der letzte Mensch ihn vergessen hatte.

Er mußte unbedingt weitere Briefe schreiben, Dutzende. Dutzende Briefe an Miss Jill Bradley sollten das Postsystem durchlaufen.

Als er wieder im College ankam, hatte er völlig vergessen, daß er nicht zu Abend gegessen hatte. Er setzte sich hin und fing einen neuen Brief an Jill an. Dieser handelte von der Angelegenheit mit seiner Porzellankiste, und er schrieb (nicht ganz der Wahrheit entsprechend):

Ich kann nicht behaupten, daß es mir irgendwelche Schwierigkeiten bereitet hätte, hier Freunde zu finden. Schon am Nachmittag meiner Ankunft fand ich eine kümmerliche Teeparty in meinen Räumen vor.

(Es waren »seine« Räume geworden; er teilte sie jetzt mit niemandem mehr.)

Chris Warner war dabei, und die beiden Dowlings (das Mädchen ist auf billige Art attraktiv), ein entsetzlicher Dummkopf namens Eddy und ein stiller, unscheinbarer Mensch namens

Hugh Stanning-Smith, und sie alle fragten sich, was sie mit dem angebrochenen Abend anfangen sollten. Sie hatten keine große Lust, auszugehen, weil es schon spät war, und sie wußten nicht recht, was sie tun sollten, denn im College gab es nichts als Brot und Milch und Tee und so weiter – und sie hatten überhaupt kein Geschirr. Also konnte ich die Spendierhosen anziehen und meine neuen Sachen auspacken, und alle waren zufrieden und bekamen etwas zu essen. Seitdem bin ich relativ beliebt! Immerhin veranstaltet nicht jeder Studienanfänger gleich an seinem ersten Tag im College eine Teeparty.

Aber an dieser Stelle ließ ihn sein Kopf überraschend im Stich, und es wollten ihm keine weiteren Ereignisse einfallen. Behutsam legte er das Blatt beiseite, dann streckte er sich auf dem Sofa aus. Wie schläfrig und zufrieden er sich fühlte. Die Wärme des Feuers, die Stille der Nacht und das Fehlen jeglicher Sorgen in seinem Leben vereinten sich, ihn in den Schlaf zu wiegen. Er rauchte die letzte Zigarette aus dem Päckchen, das er an jenem sonnigen Montagmorgen vor etwas mehr als einer Woche gekauft hatte, dann schlief er auf der Stelle ein.

Der nächste Morgen war windig und sonnig. Nach dem Frühstück ging er in die Stadt, um einen großen Schreibblock und ein Päckchen Umschläge zu kaufen. Die junge Verkäuferin gab ihm zu wenig Wechselgeld heraus, aber er bemerkte es nicht.

Die kommenden Novembertage verbrachte er meist schreibend in seinem Zimmer, entweder ausgestreckt auf dem Sofa oder aufrecht sitzend am Schreibtisch vor dem Fenster. Er schrieb langsam, aber mühelos und füllte zahlreiche Blätter auf beiden Seiten. Gelegentlich faltete er drei oder vier dieser Blätter zusammen und brachte sie zum Briefkasten. Oft vergaß er die Mahlzeiten und ging nicht in den Speisesaal, später wurde er dann hungrig und kaufte Brot in der Collegeküche. Dann eilte er zurück in sein Zimmer, aß das Brot und fing einen neuen Brief an. Er schrieb ohne festen Plan, sprang intuitiv von einem Thema zum nächsten, beschrieb, stellte Verbindungen her, log und fälschte, und doch teilte er im großen und ganzen jedes Detail seiner ersten vier Wochen an der Universität mit. Es überraschte ihn, wie wenig er von alldem vergessen hatte. »Ich war zu aufgeregt, um während der Reise zu essen«, berichtete er Jill, »und wenn man dann endlich ankommt, begnügt man sich damit, im Hintergrund zu bleiben und die bunte Menschenmenge zu beobachten, die um die Taxis kämpft – alle sind so ganz anders als die Menschen, die man bislang gesehen hat.« Das einzige wichtige Ereignis, das er unerwähnt ließ, war der Besuch von Mrs. Warner. Aber in einem weiteren Brief schrieb er: »Die Geschäftsleute sind schrecklich anständig, wenn es um Geschäfte mit der Universität geht. Wenn man beispielsweise nicht genug Kleingeld bei sich hat, um sein Essen zu bezahlen, muß man bloß die Rechnung unterschreiben und sie bei anderer Gelegenheit begleichen. Ich habe das schon oft getan.«

Natürlich hatte er sein Treiben vor Christopher verborgen gehalten, was sich wegen dessen gewohnter Gleichgültigkeit nicht sonderlich schwierig gestaltete. Daß Christopher ursprünglich die Triebfeder der ganzen Sache gewesen war, hatte John längst vergessen.

Zwischendurch ging er in der Stadt spazieren. Es waren spontane Ausflüge, die sich meist auf wenige Straßenzüge beschränkten. Er hatte sich an all die imposanten Gebäude gewöhnt und beachtete sie nicht mehr. An manchen Nachmittagen führte ihn sein Weg hinunter zum Treidelpfad am Fluß. Dort beobachtete er die Spiegelung des unruhigen Himmels und die Kräuselung des Windes auf dem Wasser. Er sah zu, wie Schwäne eilig einer trainierenden Rudermannschaft auswichen und wie das graue Wasser sich in kleinen Wellen am Ufer brach. Er trug seinen blauen Mantel und war auch sonst genauso wie bei seiner Ankunft zu Trimesterbeginn gekleidet, aber sein Gesichtsausdruck hatte sich verändert: Hatte er zuvor angespannt und argwöhnisch dreingeschaut, so wirkte er jetzt erleichtert und ein wenig gelangweilt. Er sah viel jünger aus.

Schließlich begann er einen Brief, den er nicht beendete. »Neulich abend«, hatte er geschrieben,

> *... traten wir aus dem »Bull« in die Dunkelheit, als Eddy einen seiner langweiligen Anfälle von Draufgängertum hatte, bei denen er dauernd darauf drängt, daß man ihn zu irgend etwas herausfordert. Schließlich sagte ich: »In Ordnung, Eddy, gehen Sie da drüben in die Studentenunion und schlagen Sie die erste Glastür entzwei, die Sie sehen.« »In Ordnung«, sagte er und entschwand geradewegs durch das Portal. Keiner von uns wäre auf die Idee gekommen, daß er tatsächlich so verrückt sein würde, aber gerade, als wir uns gegenseitig versicherten, daß er am Ende mit eingeklemmtem Schwanz herauskommen würde, hörten wir ein wahrhaft furchteinflößendes Geräusch. Es war splitterndes Glas. (Die Union, wie Du vermutlich weißt, ist ein vergammelter gotischer Bau voller verwester Geistlicher.) »Meine Güte«, stößt Christopher hervor und gibt Fersengeld; Patrick und Hugh folgen ihm auf dem Fuß. Ich blieb zurück, um die Sache voll auszukosten. Eddy stürmt also heraus: »Nichts wie weg, um Himmelswillen«, keuchte er. »Sind Sie gesehen worden?« fragte ich ihn. »Nein – aber sie werden alle herauskommen –« Ehe wir*

uns auch nur von der Stelle rühren konnten, kam schon ein halbes Dutzend junger Männer in Abendanzügen herausgeschossen und rannte auf uns zu. »Da entlang!« rief ich und zeigte mit meinem Spazierstock in die finstere Straße, wo die Schritte des flüchtigen Trios nachhallten, und los ging's mit Drohgeschrei. Eddy hat sich krankgelacht und erklärt, ich hätte ihm das Leben gerettet.

Aber oft frage ich mich, warum ich nicht häufiger zu Hause bleibe und am Kaminfeuer lese – übrigens fassen die Kohleneimer hier fast fünfzig Kilo, und oft leeren wir pro Tag einen ganzen Eimer. Nicht wie die Kohle der Minenarbeiter! Erinnerst Du Dich, wie sie zu so einer Art glühender Masse herabgebrannt ist – und erinnerst Du Dich daran, wie ein Stück Papier, wenn Du es über den langen Glasschirm der Lampe gehalten hast, in Flammen aufging? Und wie Dein Haar eines Abends fast Feuer gefangen hat? Ich wünsche mir oft...

An dieser Stelle brach er leicht fröstelnd ab, nahm ein Stück trockenen Brots und kaute darauf herum. Nach einigen Minuten fügte er hinzu:

... daß wir immer noch dort wären und Du in dem Korbstuhl sitzen würdest...

und dann stockte er erneut. Er erhob sich, ging im Zimmer umher, stand müßig da und drehte Brotkrumen zu Kügelchen, die er in Richtung der Fotografie von Mrs. Warner schnippte. Dann schürte er das Feuer. Solche plötzlichen Pausen waren nichts Ungewöhnliches, aber diesmal hatte er das Gefühl, vor einer unüberwindlichen Hürde zu stehen, die er wahrscheinlich nicht umgehen konnte. Etwa zwanzig Minuten lang kritzelte er Gesichter an den Rand des Briefes, dann legte er die Blätter beiseite, ging hinaus in den dunklen Garten und wanderte über die große, stockdunkle Rasenfläche.

Am nächsten Tag versuchte er es erneut. Er nahm dazu sogar ein neues Blatt, brachte aber nichts als ein paar knappe Erinnerungen an ihre Ferien in Wales zustande. Ihr Gesicht glühte in seiner Vorstellung sanft auf, ganz als ob er über ein altes Porträt gewischt hätte, auf dem eine dicke Staubschicht lag. Verblüfft lehnte er sich in seinem Stuhl zurück. Es war fast, als hätte er noch nie zuvor an sie gedacht, als hätte er bislang aus einer öffentlichen Telefonzelle mit ihr gesprochen: Er hatte ununterbrochen geredet, und nun hatte er hochgeblickt und gesehen, wie sie im Nachbarabteil den Hörer ans Ohr hielt und ihm durch die Glasscheibe hindurch zulächelte.

»Du –« setzte er an, dann brach er wieder ab. Diese Verbindung war zerschnitten.

Plötzlich war *sie* es, die wichtig und interessant geworden war und der zu schreiben er sich sehnte. Abgesehen von ihr schien sein Leben staubig und langweilig zu sein. Mit jeder halben Stunde, die er an sie dachte, nahm ihr Bild in seiner Phantasie klarere Konturen an: Sie war fünfzehn Jahre alt und zierlich, ihr langes, feines, honigfarbenes Haar wurde von einem Band zusammengehalten und fiel ihr über die Schultern, und sie trug ein weißes Kleid. Ihr Gesicht war nicht wie das von Elizabeth, grob trotz all seiner Schminke, sondern ernsthaft, feinziseliert und schön, wenn es ruhte. Und sie hatte hohe Wangenknochen. Wenn sie lachte, traten diese am deutlichsten hervor; ihr Gesicht nahm dann einen fast wilden Ausdruck an.

Sie war eine Halluzination der Unschuld. Er malte sich aus, daß sie nur mit einfachen, unkomplizierten Dingen beschäftigt sei, Schulprüfungen und Freundschaften zum Beispiel, und während er dies dachte, zeichnete sich ihr Bild mit jeder Minute deutlicher ab, wie wenn er es schon die ganze Zeit im Speicher seiner Vorstellung gelagert hätte, staubbedeckt und bereit für diesen Moment. Er verbrachte jetzt Stunden damit, ganze Seiten nicht mit Sätzen, sondern mit ihrer Adresse und ihrem Namen zu füllen, die er in allen möglichen Varianten und in unterschiedlichen Handschriften (von denen einige ihre eigene darstellen sollten) wiederholte, ergänzt um zögerliche Versuche, ihr Gesicht zu zeichnen. Aber dieses letzte Unterfangen gab er rasch wieder auf, denn jede Linie, die er zog, verwischte nur ihr Bild in seiner Vorstellung, und dann mußte er aufhören und warten, bis es sich erneut formte.

Unter diesen Umständen war es ihm völlig unmöglich, ihr weiter zu schreiben, und so steckte er die unbeendeten Briefe in einen Umschlag, den er verbrannte. Doch auch danach war er nicht zufrieden. Er fing an, in der dritten Person zu beschreiben, wie sie abends Klavier spielte. Dann zerriß er alles wieder. Zum Schluß schrieb er nieder, was er Christopher einst über Jill erzählt hatte, und so enstand Seite für Seite, mit zahlreichen Korrekturen, eine fortlaufende Erzählung. Linkisch und unbeholfen begann er, Jills Leben zu beschreiben und ihr eine eigene Identität außerhalb seines eigenen Lebens zu geben. Immerhin fiel ihm das leichter, als mit dem Schreiben der Briefe fortzufahren. Er stellte fest, daß seine Erfindung mehr Früchte abwarf, als er anfangs gehofft hatte.

Als er seine Arbeit beendet hatte, war daraus eine Art Kurzgeschichte geworden. Er hatte einfach drauflos geschrieben, ohne jede Vorstellung von einem möglichen Resultat, ohne jede Kenntnis vom Schreiben; aber an dem Abend, als er die Geschichte beendet hatte, setzte er sich nach dem Abendessen hin und schrieb alles noch einmal ab, tauschte hier und da ein Wort gegen ein anderes aus und korrigierte die Rechtschreibfehler.

I

Jill (so begann die Erzählung) sprang nicht sogleich aus dem eingefahrenen Zug, um sich zu den Sperren vorzudrängen, und es mißfiel ihr auch, daß die anderen Mädchen das taten. Alle hatten das gleiche an wie sie – schwarze Hüte mit kastanienbraunen und blauweißen Bändern –, und auch das mißfiel ihr. Nachdem sie ihren Hut zurechtgerückt hatte (das Abteilfenster diente ihr dabei als Spiegel), trat sie bedächtig zur Schiebetür und zog daran.

Himmel! Sie ließ sich nicht öffnen!

Jill kämpfte und zerrte, sie wurde ganz rot im Gesicht und befürchtete, der Himmel weiß wohin weiterfahren zu müssen.

Ein hemdsärmeliger Gepäckträger mit buschigem Schnauzbart rettete sie schließlich. Mit einem schier übermenschlichen Ruck riß er die Tür auf und sagte:

»Bittschön, Frollein!«

Jill mochte es nicht, wenn man sie »Frollein« nannte, und sie haßte nicht nur den Gepäckträger, sondern die ganze Fahrt zurück in die Schule. Sie zog ihre blauen Wollhandschuhe an und reichte dem Fahrkartenkontrolleur ihren Fahrschein. Nur ein Mädchen, dem während der Fahrt übel geworden war, war noch später als sie aus dem Zug gestiegen. Folglich war der Schulbus, der wie ein geduldiges Lasttier vor dem Bahnhof wartete, längst voll, als sie ihn erreichte, oder doch beinahe voll. Er sollte sie das letzte Stück ihres Weges nach Willow Gables bringen. Weihnachten lag erst wenige Tage zurück; es war ein kalter Januartag, und die zweite Hälfte des Schuljahres stand bevor.

Zögernd blieb sie stehen. Miss Keen rief ihr aus dem Bus zu:

»Komm her, Jill. Es ist noch Platz genug.«

Müde bestieg sie den Bus, der unter der Last all der Koffer, die man auf seinem Dach ablud, wankte. Sie setzte sich zwischen Maisie Fenton und Joy Roberts. Sie mochte Maisie weniger als Joy: ein dunkelhaariges Mädchen, das sie an einen Spaniel erinnerte.

»Hallo, Jill.«

»Hallo, Jill.«

»Hallo.«

»Nette Weihnachten gehabt?«

»Ach, ganz annehmbar, danke.«

»Wir hatten ein wundervolles Fest«, sagte Maisie Fenton eifrig. »Nichts als essen und spielen und schlafen. Mami hat sich ganz wundervolle Sachen ausgedacht, damit alles ein bißchen anders ist als sonst.«

Sie erzählte, daß Kadetten einer Privatschule in der Nähe ihres Elternhauses ihr Lager aufgeschlagen hatten. Ihr Vater habe den zuständigen Lehrer gekannt, und einige Jungen seien zur Familienfeier am zweiten Weihnachtstag zu Besuch gekommen.

Jill hatte weniger schöne Weihnachtstage verlebt als Maisie, aber das wollte sie nicht zugeben. Sie haßte und beneidete Maisie, und sie haßte sich selbst dafür, daß sie sie beneidete.

Und jetzt setzte der Busfahrer den Motor ruckend und röhrend in Gang. Miss Keen bestieg wieder den Bus, und obwohl sie sich dabei den Kopf stieß, rief sie freundlich:

»Alle da?«

Der Bus trat unter dem freudigen Kreischen der Mädchen seine Fahrt an: »Endlich geht es los!«

Aus dem Fenster sah Jill entlang der Landstraße nichts als vereiste Felder, ein Gewirr von Bewässerungsgräben und einzelne Flecken Schnee. Sie ging auf das Internat, seit sie vierzehn war, und sie konnte es immer noch nicht leiden. Sie kamen an Scheunen vorüber, auf denen halbzerfetzte Plakate von Viehauktionen klebten, an einem Wegweiser, der nur in eine einzige Richtung wies, an einem Pflug, der hinter einer Hecke stand.

Sie hörte Miss Keen, die voller Nachsicht mit den neben ihr sitzenden Mädchen sprach:

»Was hast du denn so gemacht, Phyllis …?«

»Wie außerordentlich fürchterlich.«

Aus irgendeinem Grund ärgerte sie das, und ebenso ärgerte sie der traditionelle Hurraruf, als der Bus durch das Schultor fuhr. Jills Stimmung sank auf einen Tiefpunkt – diese Routine war ihr so vertraut wie einem alten Sträfling die Fahrt ins Gefängnis.

Am Ende der Auffahrt stand die Schule, und davor stand ein Springbrunnen aus Stein, der ganz und gar mit Blättern verstopft war.

II

»Hast du Patsy Hammond gesehen?«

»Nein.«

Jill schaute ernst drein, denn allmählich begann sie sich Sorgen zu machen. Fast eine Stunde war vergangen, und sie konnte ihre beste Freundin Patsy Hammond einfach nicht finden. Niemand hatte sie gesehen.

Im Grunde war Patsy ihre einzige Freundin. Beide waren ungefähr gleich alt, und beide waren erst in der vierten Klasse nach Willow Gables gekommen, was ziemlich spät für den Eintritt in ein Internat war. Patsy war kleiner als Jill. Sie hatte ein blasses, trauriges Gesicht, dunkle Haare und ausdrucksstarke Hände, und sie konnte Jill ganz fürchterlich zum Lachen bringen. Patsy konnte fast jeden nachmachen. Gemeinsam hatten sie sich gegen den Rest der Welt verschworen.

Und nun war Patsy nicht aufzufinden. Jill hatte im Schlafsaal nachgeschaut, im Klassenzimmer und im Aufenthaltsraum – aber niemand wußte, wo Patsy war. Anscheinend war sie noch nicht angekommen, und das war seltsam, weil sie sonst immer vor Jill dagewesen war. Jill war gespannt und voller Vorfreude, aber auch ein wenig besorgt. Vielleicht war Patsy krank geworden.

»Hast du Patsy Hammond gesehen?«

Joan Carter hatte sie nicht gesehen.

Als sie einsam durch die Gänge streifte, traf sie auf Pat Reynolds, die Aufsichtsschülerin der fünften Klasse.

»Hallo, Jill. Nette Ferien gehabt?«

»Prima. Danke, Pat... Du hast wohl nicht Patsy gesehen, oder?«

»Patsy Hammond? Kommt sie denn wieder?«

»Was?«

»Nun, die Hausmutter meint anscheinend, daß sie nicht wiederkommt.« Es sah Pat ähnlich, »Hausmutter« statt »Rummy« zu sagen. »Ich weiß es nicht genau.«

Ihr blieben noch zehn Minuten, ehe die Glocke zum Abendessen rief, und Jill stürzte zum Zimmer der Hausmutter. Dort saß Rummy inmitten der Mädchen, die sie alle mochten, an ihrem Tisch. Sie hatte ein fröhliches rotes Gesicht und trug eine goldgerahmte Brille. Ihr Tisch war mit Briefen und Urkunden übersät.

»Hallo, Jill. Hast du ein schönes Weihnachtsfest verbracht?«

»O ja, danke. Sagen Sie, Hausmutter...«

»Hm-hm?«

Sie war nervös, weil zwölf andere Mädchen im Raum zuhörten.

»Kommt... kommt Patsy Hammond in diesem Schuljahr wieder?«

»Aber nein. Ihr Vater ist nach Amerika gegangen, und die gesamte Familie begleitet ihn. Patsy wird in Amerika zur Schule gehen. Hat sie dir das nicht gesagt?«

»Nein...«

Das kleine Gasfeuer winselte leise vor sich hin.

»Wirklich nicht? Ich dachte, ihr zwei wärt dicke Freundinnen.«

»Na ja, ich wußte, daß sie vielleicht gehen würde... ich war mir nicht sicher.« Jill riß sich zusammen und versuchte zu lügen. »Ich wußte, daß die Möglichkeit bestand...«

Als sie den Raum verließ, glaubte sie ein schwaches Kichern zu hören, und eines der Mädchen flüsterte: »*Sic transit* eine schöne Freundschaft.« Jill hörte es und lief purpurrot an. Dieser Satz war ein Vorbote des spöttischen

Vergnügens, mit dem ihre Trennung von Patsy aufgenommen wurde. Die Ausschließlichkeit ihrer Freundschaft war vielen ein Dorn im Auge gewesen.

Blindlings lief sie den Gang entlang und begann zu weinen. Dadurch kam sie ins Stolpern, und so blieb sie stehen, gab vor, ihre Schnürsenkel zu binden, und versuchte, ihres Schluchzens Herrin zu werden. Dann ertönte die Glocke, und der Gang füllte sich mit trappelnden, plappernden Mädchen. Jill wurde von allen Seiten angerempelt und gestoßen, und ein Mädchen warf sie fast um.

»Erzähl ich dir später.«
»Setz dich neben mich.«
»Nicht *rennen* in den Gängen. *Gehen*!«

Als alle vorbeigelaufen waren, stand sie auf und folgte den anderen in den Speisesaal, wo gerade das Abendessen aufgetischt wurde. Ihre erster Ausbruch war vorüber, und er ließ sie mit der Ruhe verzweifelter Traurigkeit zurück.

III

Sie fühlte sich hintergangen, und das machte bereits die Hälfte ihres Elends aus. Hinzu kam der länger währende Schmerz darüber, Patsy verloren zu haben. Beide Mädchen gingen nicht gern zur Schule. Sie waren nicht der Mädchentyp, der gern im Unterricht saß und darauf wartete, aufgerufen zu werden. Jill führte an der Schule ein völlig defensives Dasein. Nur, wenn sie mit Patsy zusammen war, kam sie aus sich heraus und war wieder sie selbst. Nun war Patsy fort, und Jill blieb mutterseelenallein zurück.

Wie hatte sie sich nur auf diese Weise davonstehlen können?

Ihre Klassenkameradinnen gaben, wenn sie überhaupt Notiz von ihr nahmen, amüsierte Kommentare ab, denn sie hielten Jill für hochnäsig. Wenn sie sich im Unterricht mit einem dummen Fehler blamierte, kam nachher niemand zu ihr, um sie zu trösten. Niemand saß bei den Mahlzeiten neben ihr und lästerte über das Essen, niemand wartete im Gang auf sie. Und es half auch nichts, daß sie versuchte, sich einsam und großartig zu fühlen; die Einsamkeit machte sie bloß unglücklich.

Sogar die Lehrerinnen wurden auf sie aufmerksam:

»Das Bradley-Mädchen bläst auch nur Trübsal.«

In ihrer Einsamkeit begann sie, nach jemandem Ausschau halten, der auch einsam war. So kam es, daß sie zum ersten Mal auf Minerva Strachey aufmerksam wurde, ein Mädchen aus der sechsten Klasse. Minerva Strachey war Aufsichtsschülerin, und alle hielten sie für ausgesprochen klug. Sie hatte sogar ein kleines Arbeitszimmer für sich allein. Das war ungewöhnlich, denn meist teilten sich zwei oder drei Mädchen ein Arbeitszimmer. Jill war sie nie zuvor aufgefallen, bis die Schulleiterin eines Morgens verkündete, daß Minerva Strachey ein Universitätsstipendium erhalten und traditionsgemäß um einen halben Tag schulfrei für alle Schülerinnen gebeten habe. Alles applaudierte, begeistert von der Neuigkeit und froh, auf diese Weise das Morgengebet hinauszuzögern. Viele drehten sich offenen Mundes nach Minerva um. Das tat Jill nicht.

Erst später fand sie heraus, wer Minerva war. Eine andere Sechstklässlerin rief vor dem Schwarzen Brett:

»Gratulation, Minerva!«

»Danke«, sagte eine dunkle Stimme, und als Jill sich

neugierig umdrehte, sah sie ein dunkelhaariges, schlankes Mädchen mit Büchern unter dem Arm in Richtung der Arbeitszimmer davongehen. Das Mädchen, das zuerst gesprochen hatte, wartete, bis Minerva außer Hörweite war, dann bemerkte es gegenüber einer Freundin:

»*Toujours* der einsame Wolf.«

In plötzlicher Erregung ging Jill ihr ein paar Schritte nach, doch dann blieb sie stehen: Es wäre nicht richtig von ihr gewesen, auf Minerva zuzugehen. Aber nun, da ihr Interesse einmal geweckt war, behielt sie Minerva weiter im Blick.

Jill bemerkte, daß Minerva fast nie am Unterricht teilnahm, sondern die meiste Zeit allein in der Bibliothek arbeitete. Wie klug sie sein mußte! Wenn sie einmal nicht arbeitete, unternahm sie einsame Spaziergänge oder saß lesend in ihrem Zimmer. Richtige Freundinnen schien sie nicht zu haben.

Sie war nicht hübsch, aber Jill entschied, ihr Gesicht »interessant« zu finden. Es war oval und blaß, mit sehr dunklen, blauen Augen. Ihr Gesichtsausdruck war ernst, ohne im mindesten »pampig« zu wirken. Jill fiel auf, daß Minerva trotz ihrer Einsamkeit niemals »Trübsal blies«. Sie ging einfach ihrer eigenen Wege, still und liebenswürdig, ohne an irgend jemanden Ansprüche zu stellen. Jill merkte plötzlich, daß sie selbst auch gern so wäre.

»Minerva anzuschauen«, sagte sie hochtrabend zu sich selbst, »ist, als läse man eine Seite im Werk eines Stoikers.«

Eines Tages ließ Minerva eines ihrer Notizbücher in der Bibliothek liegen. Jill fand es und las es begierig. Sie übte Minervas Unterschrift so lange, bis sie sie perfekt beherrschte, und sie las alle Essays und Notizen über Literatur, die Minerva angefertigt hatte.

Folglich sehen wir, daß in der Erfindung der Shylock-Figur Shakespeares ursprüngliche Absicht abgeändert wurde und er anstelle eines komischen Geldleihers eine Gestalt von tragischer Bedeutung schuf.

Tagelang versuchte Jill den Mut aufzubringen, sich von dem Notizbuch zu trennen und es Minerva zurückzugeben. Schließlich händigte sie es der Englischlehrerin aus, die ihrerseits versprach, es Minerva zu geben. Insgeheim glaubte sie, daß Jill zu faul dazu sei.

Jill konnte Minervas Handschrift nun ebenso nachahmen wie ihre Körperhaltung und die Art, in der sie die Hände faltete. Aber das alles war nutzlos, denn Minervas entrückte Gelassenheit entzog sich ihrem Zugriff. Wenn sie es im Unterricht nicht schaffte, einen Satz richtig zu analysieren, brannten ihre Wangen, und sie haßte sich selbst ebenso abgrundtief wie die Lehrerin.

So blieb ihr nichts anderes, als Minerva nach Schulschluß zu beobachten und manchmal, nach Einbruch der Dämmerung, vom Sportplatz aus hochzuschauen und das Licht in ihrem Zimmer brennen zu sehen.

IV

Sie maß jedermann, sich selbst eingeschlossen, nach den Maßstäben, die Minerva gesetzt hatte, und sie kam bald zu dem Schluß, daß nach diesen Maßstäben alle zu wünschen übrigließen. Die Mädchen ihres Jahrgangs erschienen ihr grell und grob, und all ihren guten Vorsätzen zum Trotz konnte sie nicht anders, als sich mit ihnen herumzuzanken. Sie schaffte es einfach nicht, sie nach Art Minervas zu ignorieren. Vor allem ein fülliges und fröhliches Mädchen namens Rosalie Marston konnte sie überhaupt nicht leiden. Rosalie stand im Mittelpunkt einer losen Clique, die den dritten Stand der fünften Klasse bildete.

Es gab keinen Grund, Rosalie nicht zu mögen: Sie war gutmütig und auf oberflächliche Art freundlich – seicht, aber gutherzig. Sie hatte fülliges Haar, ausgezeichnete weiße Zähne, die eine Spur zu weit auseinander standen, und allzeit Tintenflecke an ihren Fingern. Es schien, als könne sie keinen Füller auch nur berühren, ohne sich mit Tinte zu beschmieren.

Zu ihren Freundinnen zählten mehrere gehässige Mädchen, die sie entweder aus purer Dämlichkeit oder aus Gleichgültigkeit nicht abwies.

Jill hatte sich in ihrer Phantasie schon oft mit Rosalie gezankt, aber sie hätte niemals gedacht, daß daraus je Wirklichkeit werden könnte. Und doch kam es genau so, und zwar auf ganz unvorhersehbare Weise. Alles fing mit Minervas halbem schulfreien Tag an: Jill hatte sich geschworen, an diesem halben Tag einen einsamen Spaziergang über die Felder zu machen und dabei an Minerva zu denken. Aber eines Morgens verkündete die Schulleiterin, daß die ganze Schule dem Hockeyspiel gegen die Schule von St. Brides – es war das wichtigste der Spielzeit – beiwohnen solle.

»Aber wir bekommen *immer* einen halben Tag frei, um uns das anzuschauen!« rief Jill aus. Es war glatter Betrug.

Zu ihrer Verwunderung und Empörung mußte sie feststellen, daß niemand ihre Ansicht teilte: Alle freuten sich auf das Spiel. Die Gutgläubigkeit ihrer Mitschülerinnen versetzte sie in Wut, und in der Pause stand sie schmollend im Waschraum. Rosalie und ihre Freundinnen waren auch dort.

»Holla, Mädels«, sagte Rosalie, die sich gerade mit nassen Händen das Gesicht wusch, »keine Schule heute nachmittag. Mal was anderes als den ganzen Tag Sportunterricht.«

»Schau einem geschenkten Gaul niemals *au bouche*«, riet Molly Vine und band ihr Haar zusammen. »Man sollte dankbar sein, wenn man bei einem Spiel zusehen darf, statt zum Abspecken herumgejagt zu werden.«

»Stimmt genau. Es lebe die olle Badger. Ha!« Rosalie tastete mit zugekniffenen Augen nach ihrem Handtuch. Irgend etwas an diesem maulwurfsartigen Herumgetaste brachte Jill auf die Palme. Gereizt fuhr sie Rosalie an:

»Es ist Betrug. Wir bekommen *immer* frei, um das Spiel von St. Brides zu sehen.«

»Dann möchte ich gern so oft wie möglich betrogen werden«, sagte Margaret Wolsey.

»Aber wir haben gar nicht richtig schulfrei bekommen. Man wird uns genau wie immer zum Sportplatz marschieren lassen, damit wir dem Spiel zusehen können...«

»Willst du es denn nicht anschauen?«

»Was *willst* du denn?«

Jill wurde rot.

»Darum geht es nicht. Wenn man uns einen halben Tag schulfrei gibt, dann sollten wir damit machen können, was wir wollen. Deshalb heißt es *schulfrei*.«

»Ach, komm schon.« Rosalie hatte ihr Handtuch gefunden und trocknete sich die Wangen ab, bis sie glänzten. »Unterstützen wir unsere gute alte Schule. Komm mit und feuere sie an!«

Dieses plumpe Ablenkungsmanöver machte Jill nur noch wütender.

»Aber *begreifst* du denn nicht? Das ist nur eine hinterhältige Art, uns den halben Tag schulfrei vorzuenthalten. Wir...«

»Aber wir *haben* einen halben Tag schulfrei...«

»Haben wir *nicht*. Wie kann man nur so schwer von Begriff sein. Du bist so schwer von Begriff wie ein Stück Holz. Sie hat euch wie kleine Kinder an der Nase herumgeführt. Was ist daran gut...«

»Ach, nun nörgle nicht herum. Immerhin haben wir einen halben Tag frei bekommen, um uns ein Spiel anzuschauen, oder etwa nicht? Schau es dir an und halt den Mund.«

»Halt selber den Mund. Ich nörgle nicht herum.«

»Doch, das tust du. Das sind doch Haarspaltereien. Hast du denn nicht einmal den Anstand, unsere Schulmannschaft zu unterstützen?«

»Ach, die verdammte Schule. Davon rede ich doch gar nicht. Wenn du zu blöd bist, um zu sehen, daß die olle Badger dich betrogen hat...«

»Mist. Mist. Halt den Mund und hör auf mit der Wortklauberei.«

»Ich weiß wirklich nicht, worüber du dir den Kopf zerbrichst«, sagte Rosalie friedfertig und legte das Handtuch an seinen Platz zurück. Bebend vor Entrüstung fuhr Jill sie an.

»Dann mußt du *verdammt* dumm sein!« sagte sie und ging hinaus.

Während des gesamten Mittagessens war sie fuchsteufelswild. Sie würde sich dieses Spiel *nicht* anschauen. Sie warf Minerva heimliche Blicke zu, um sich in ihrem Entschluß zu bestärken, und als das Mittagessen vorüber war, trödelte sie bis zum Spielbeginn in der Eingangshalle herum. Dann schlüpfte sie in die Bibliothek. Sie war fest entschlossen, den ganzen Nachmittag über dort zu bleiben. Hinauszugehen wäre zu riskant gewesen, und immerhin war es möglich, daß Minerva selbst in die Bibliothek käme.

Trotz ihrer Entschlossenheit war sie ein wenig nervös, also suchte sie sich einen Sitzplatz, der von der Tür aus nicht einsehbar war. Allen Mädchen unterhalb der sechsten Klasse war es verboten, die Bibliothek außerhalb bestimmter, fester Zeiten zu betreten, und so saß Jill nervös mit einem aufgeschlagenen Exemplar von »Bleak House« auf dem Schoß da und lauschte, ob jemand käme. Aus der Ferne drangen die schwachen Hurrarufe und das bedauernde Aufstöhnen des Publikums.

Gegen drei Uhr hörte sie Schritte, die sich näherten, und hielt den Atem an. Die fragliche Person blieb kurz vor der Tür stehen und trat dann ein. Jill saß wie versteinert da. Dann ging die andere Person die Regale entlang und kam schließlich in Sichtweite – es war Miss Keen.

»Meine Güte, Jill! Was machst du hier? Bist du krank?«

»Nein, Miss Keen.«

»Warum bist du dann nicht draußen auf dem Sportplatz? Geh sofort dorthin!«

Jill atmete schwer. »Aber...«

»Ja?«

»Ich dachte, ich könnte an einem halben Tag schulfrei tun, was ich will.«

Für Jill hatte das nicht besonders unhöflich geklungen, aber Miss Keen wurde wütend.

»Was willst du damit sagen? Sei nicht unverschämt. Wie kannst du es wagen, hier herumzulungern? Geh sofort hinaus auf den Sportplatz!«

»Wenn dies ein halber Tag schulfrei ist, kann ich tun, was ich möchte.«

»Nein, ganz bestimmt nicht. Du bist nur entschuldigt, um das Spiel gegen St. Brides anzuschauen.«

»Aber ich bin entschuldigt, weil Minerva Strachey...«

»Willst du wohl sofort aufhören, herumzuzanken und mir zu widersprechen! Es ist empörend, daß du in der Schule herumlungerst, statt die Schulmannschaft anzufeuern.«

»Ich kann drinnen bleiben, wenn ich das will.«

»Ich glaube, du kommst jetzt besser mit zur Schulleiterin.«

Jills Herz tat einen fürchterlichen Ruck.

»Ich weiß nicht, warum...«

»Vielleicht kann die Schulleiterin dich davon überzeugen, daß sie ihre Anweisungen gern befolgt sieht.«

Mit ängstlicher Miene folgte sie Miss Keen in das Büro der Schulleiterin. Dort hieß man sie warten, denn auch Miss Badger wohnte dem Wettkampf auf dem Sportplatz bei. Miss Keen ging fort, um sie zu suchen, und Jill saß unglücklich auf einem harten Stuhl und sah der Sekretärin der Schulleiterin beim Maschineschreiben zu. Von Zeit zu Zeit nahm die Sekretärin einen Schluck Tee aus einer Tasse, die neben ihr stand. Jill war nie zuvor in dem Büro gewesen, was ihre Nervosität noch steigerte. Sie hatte nicht die leiseste Idee, was sie sagen würde.

Etwa zehn Minuten später traf die Schulleiterin ein. Vor der Tür begegnete sie dem Dienstmädchen, das eben die Nachmittagspost brachte.

»Die Briefe und ein Telegramm, gnädige Frau.«

»Danke«, sagte Miss Badger und betrat zielstrebig den Raum. Ohne Jill auch nur die geringste Beachtung zu schenken, ging sie mit den Briefen in der Hand in ihr Arbeitszimmer. Sie war eine hochgewachsene Frau mit einem kräftigen, schlichten Gesicht, das beinahe bäuerisch wirkte, hatte noch ihren Regenmantel an und trug einen Schal. Die Sekretärin folgte ihr und schloß die Tür hinter sich. Jill blieb allein zurück und starrte unglücklich auf die Teppichfransen. Zwei oder drei Minuten lang saß sie so da, ehe die Sekretärin zurückkehrte.

»Die Direktorin will dich jetzt sehen.«

Mit zitternden Knien trat Jill durch die halbgeöffnete Tür, die sie hinter sich schloß. Miss Badger stand vor einem Marmorkamin, in dem ein Feuer brannte, und hielt ein Telegramm in der Hand.

»Komm herein, Jill. Leider habe ich schlechte Nachrichten für dich. Dein Vater ist sehr krank, und deine Mutter schlägt vor, daß du sofort nach Hause fährst.«

v

Sechs Tage später fuhr Jill mit dem Zug zurück in die Schule. In der Zwischenzeit war ihr Vater gestorben und sie hatte an der Beerdigung teilgenommen. Diese Szene wollte ihr nicht aus dem Kopf gehen: Pausenlos war der Wind über den nassen Friedhof gefegt, hatte mit Regen um sich geworfen und die Frauen gezwungen, ihre schwarzen Hüte und Röcke festzuhalten. Es war schrecklich gewesen, mit anschauen zu müssen, wie der Sarg im Grab verschwand. Jill war zu verängstigt gewesen, um zu weinen.

Erst als der Zug langsam in Mallerton einfuhr, fiel ihr

der Streit mit Miss Keen wieder ein, aber er schien nun schon so weit zurückzuliegen, daß er nicht weiter der Rede wert war. Sie wußte, daß niemand den Vorfall erwähnen würde, aber sie versuchte trotzdem, nicht daran zu denken, weil sie ihn mit dem Tod ihres Vaters in Verbindung brachte. Jedesmal, wenn sie daran dachte, war sie traurig und voller Angst – traurig, weil sie vieles nicht getan hatte, das sie für ihren Vater hätte tun sollen, und voller Angst, weil sie vorher nie mit dem Tod in Berührung gekommen war. Auch sie mußte sterben, auch ihre Mutter und alle anderen, die sie kannte.

Der Abend war bereits angebrochen, als sie in Mallerton aus dem Zug stieg. Ein Träger kam ihr mit einer Lampe über den Bahnsteig entgegen, um ihren Fahrschein in Empfang zu nehmen. Benommen händigte sie ihn aus.

Und dort, in dem winzigen Fahrkartenbüro, stand ein Mädchen – Minerva Strachey – unter einer Lampe, die Hände in den Taschen vergraben.

»Bist du Jill Bradley? Miss Badger hat mich gebeten, dich abzuholen. Draußen wartet ein Taxi.«

Jill starrte sie an und versuchte einen Moment lang, die Kluft von sechs Tagen zu überbrücken. Nur verschwommen erinnerte sie sich an alles, was vorher geschehen war.

»Oh«, sagte sie. »Ich verstehe.«

Beide schlüpften auf den breiten Ledderrücksitz des Taxis. Durch die offene Glasabtrennung sagte Minerva:

»Zur Schule, bitte.«

»Wir müssen langsam fahren, Fräulein. Kommt Nebel auf.«

»In Ordnung.«

Das Taxi kroch über die Haupteinkaufsstraße von Mallerton, an der Getreidebörse vorbei. Wegen des dichten

Nebels drückte der Fahrer regelmäßig auf die Hupe – eine alte Hupe in Form eines Horns. Jill fragte sich, was Minerva sagen würde.

»Wie war die Reise?«

»Gut, vielen Dank.«

»Ich hab Schokolade dabei, falls du hungrig bist.«

»Nein, vielen Dank.«

»Nimm nur. Es ist genug da. Ich bin nicht scharf drauf.«

Jill setzte ihren Hut ab und nahm die Schokolade an. Es war eine Sorte, die sie mochte. Ihre Verwirrung und die Überraschung über dieses unvorhergesehene Treffen wichen allmählich der Anmut und Ruhe, die Minerva ausstrahlte.

Unvermittelt sagte Minerva:

»Wie ich höre, hast du schlechte Nachrichten erhalten. Das tut mir sehr leid. Wenn es etwas gibt, womit ich dir helfen kann, werde ich das sehr gern tun.«

Ihre Stimme war so weich und klar, daß es Jill gar nicht in den Sinn kam, zu weinen.

»Danke. Nein, es gibt jetzt nichts, was du tun könntest.«

»Es tut mir sehr leid«, sagte Minerva noch einmal.

»Das kam alles völlig unerwartet. Er hatte Grippe... und daraus wurde eine Lungenentzündung... und er hatte offenbar überhaupt keine Widerstandskraft. Er war überarbeitet.«

»Das ist sehr traurig, wirklich sehr traurig.«

Plötzlich brach Jill in Tränen aus. Sie senkte das Gesicht und blickte in ihren Schoß. Minerva reagierte nicht darauf, doch nach einer Weile sagte sie:

»Du mußt sehr unglücklich sein. Es tut mir leid, daß ich dich auf das Thema angesprochen habe. Aber du wirst dich daran gewöhnen müssen, weißt du.«

»Ach, daran liegt es nicht. Du verstehst das nicht. Ich weiß, daß jeder einmal sterben muß. Es ist der Gedanke, daß man sein Leben an so fürchterlichen Orten wie der Schule vergeuden muß...«

»Ach, du magst die Schule nicht?«

»Nein!«

»Hast du keine Freundinnen?«

»Nein.«

»Keine einzige?«

»Keine richtige.« Jill hörte auf zu weinen und sah Minerva unglücklich an. »Was soll ich bloß tun?«

»Ich weiß es nicht. Schotte dich nicht ab, würde ich sagen. Es wird bestimmt besser werden.«

»Alle halten mich für hochnäsig.«

»Alle halten *mich* für hochnäsig.«

»Aber nein, das tun sie nicht – und das bist du auch nicht! Nein, du bist anders!« rief Jill impulsiv aus. »Und bei dir ist es sowieso egal – du bist den anderen so weit voraus, daß du auch ohne sie weiterkommst. Aber ich kann das nicht, so sehr ich es auch versucht habe. Ich habe dich beobachtet, und ich habe versucht...«

Minerva hob die Augenbrauen.

»Was für eine seltsame Aussage«, bemerkte sie kühl.

Sofort schluckte Jill ihre Gefühle herunter und verkniff sich alle weiteren Bekenntnisse, die ihr schon auf der Zunge gelegen hatten. Sie begriff, daß Minerva sie sanft zurechtgewiesen hatte, und sie schämte sich für sich selbst. Minerva hatte zu erkennen gegeben, daß sie ihre Distanziertheit, selbst wenn diese der Gegenstand von Bewunderung war, respektiert wissen wollte, und daß sie ihre Einsamkeit um ihrer selbst willen schätzte und sie nicht bei der ersten sich bietenden Gelegenheit aufgab. Während der restlichen

Fahrt saß Jill schweigend da. Minerva bot ihr noch einmal Schokolade an, die sie annahm.

Die Torpfeiler tauchten im Nebel auf, und sie setzten ihre Hüte auf. »Ich hoffe, daß für dich alles wieder gut wird«, sagte Minerva und lächelte Jill freundlich zu. »Du gibst mir Bescheid, wenn ich etwas für dich tun kann, nicht wahr?« Das Taxi hielt an. »Und sag Miss Badger, daß du angekommen bist – ich muß noch den Fahrer bezahlen.«

Jill stieg aus dem Taxi, froh, ihre verkrampften Beine strecken zu können. Sie nahm ihren kleinen Koffer, ging die Treppe zur Vordertür hoch und trat ein. Minerva wandte sich, das Geld in der Hand, dem Fahrer zu. Als sie sah, daß Jill vor der Tür kurz innehielt, lächelte sie und winkte ihr zu. Jill fiel ein, daß ihr Vater tot war.

Aber als er die Geschichte am nächsten Tag durchlas, war er enttäuscht, wie wenig sie dem entsprach, was ihm vorgeschwebt hatte. Sie schien nichts von der ihm bekannten Jill zu enthalten; im Grunde verwischte sie ihr Bild mehr, als daß sie es präzisierte, und da er glaubte, daß es Intimität sei, die fehle, suchte er alle Schreibwarengeschäfte der Stadt nach einem Taschenkalender für das laufende (und fast schon abgelaufene) Jahr ab. Er fand einen und begann, ihn für Jill zu führen, indem er Tag um Tag neue Einträge ersann. Die Mühelosigkeit, mit der er diese Einträge schrieb, überraschte ihn nun nicht mehr.

DIENSTAG. Herrje, ein entsetzlicher Tag. Entsetzlich und abscheulich! Jetzt, wo der Reiz des Neuen nachläßt (und zur Zeit läßt er verdammt schnell nach), fange ich wieder an, alles so sehr wie immer zu hassen. Erst mal waren heute morgen alle meine Haarspangen verschwunden (na, und WER hat sie wohl genommen?), und bei all dem Gesuche und Versuchen-eine-Spange-zu-finden hatte ich keine Zeit, vor dem Morgengebet mein Gesangbuch zu holen – und natürlich hatte die Badger beschlossen, sie heute zu inspizieren, weil sie nämlich meinte, sie hätte in letzter Zeit zu viele Mädchen gesehen, die sich ein Gesangbuch teilen. Sie glaubt wohl, daß ich *gerne* ein Gesangbuch mit Molly teile. Jedenfalls lief es darauf hinaus, daß ich jetzt dreimal »Eternal Father Strong to Save« abschreiben muß. Dann hat die Jennings mich in Latein drangenommen, genau an der Stelle, wo ich nicht mehr aufgepaßt habe, weil ich Jackie zuhören wollte, die von ihrer Schwester (der Schauspielerin) erzählte, und dafür habe ich einen Tadel bekommen. – »*Du*, Jill, kannst es dir *weniger als alle anderen* erlauben, deine Zeit zu vergeuden...« Dann, tja, dann gab es Würstchen zum Abendessen, von denen ich bestimmt Pickel kriege. Und nachmittags gegenständliches Zeichnen, wobei der höchst inspirierende Gegenstand des Zeichnens zwei Treppenstufen waren. Ich habe meine Zeichnung so oft ausradiert, daß Miss Shore sagte: »Nun ja, Jill, *unter all dem Schmutz* könnte es wohl eine hervorragende Zeichnung sein, aber da ich nichts sehe, kann ich es auch nicht wissen.« Alle haben gelacht, also habe ich gesagt: »Ich denke, das Papier ist von ziemlich schlechter Qualität...«

MITTWOCH. Heute hatten wir angeblich einen halben Tag schulfrei, aber ich wurde für obligatorisch-freiwillig-obligatorische Gartenarbeiten eingespannt. Infolgedessen habe ich eine Blase an der Hand, und deshalb sieht meine Handschrift heute auch so miserabel aus. Das ist das Ärgerliche an dieser Schule – nichts ist privat. Diese schreckliche Miss Keen – immer ist sie gerade irgendwohin unterwegs, verteilt Noten hierfür oder Ärmelstreifen dafür oder Preise für etwas anderes. Ich stehe dauernd am Rand eines Nervenzusammenbruchs und bin kurz davor, ausfällig zu werden. »Unser kleiner Hitzkopf Jill«, wie die Jennings zu sagen beliebt (ich muß es schaffen, das *völlig ruhig* sagen zu können).

DONNERSTAG. Wenn ich ehrlich bin, muß ich zugeben, daß mir Keats nicht so gut gefällt wie Dowson. Die O. an den H. zum Beispiel – »ihre feuchtkalten Zellen«... Igitt! »Wehklagender Chor« – »Hügelige Mark« – so *altmodisch*, was vermutlich eine törichte Bemerkung von mir ist. Und dann »des Glückes Frucht am Gaumen wohl zerplatzen läßt«... Abgesehen davon, daß mich das an Joy Roberts erinnert, muß ich immer an Zahnärzte und falsche Zähne denken.

Muß jetzt aufhören. Es sagt wahrscheinlich einiges über diese Schule aus, daß ich mich zum Tagebuchschreiben auf der Toilette einschließen muß...

FREITAG. Heute haben wir während der Pause in der Eingangshalle herumgeblödelt, weil es draußen regnete, und ich habe mich plötzlich im Glas eines Bilderrahmens selbst gesehen. Ein ziemlicher Schock – nichts als ein Uniformrock plus Bluse und Krawatte unter vielen anderen. Ich von außen gesehen. Und ist *das* hier mein Ich von innen? Nein, alles in allem glaube ich das nicht, nicht das wahre Ich; nicht so, wie wenn ich in »wortloser Ekstase« auf Toby reite oder das Lied der Feen aus Boughtons »Immortal Hour« höre...

SAMSTAG. Noch ein garstiger Tag, alles wegen Delia. Warum zum Teufel müssen wir in alphabetischer Reihenfolge sitzen? Ich hasse sie mehr, als ich in meinem ganzen Leben jemanden gehaßt habe. Ich hasse ihr dummes, fettes

Gesicht und ihren blöden Pony. Ich hasse ihre linkische Schlampigkeit – daß sie nichts schreiben kann, ohne ihren Zeigefinger auf dem Federhalter nach innen zu biegen. In Mathe war heute Geometrie dran, und sie hatte keinen Bleistift dabei. Sie hat mich um einen gebeten, aber ich hatte nur einen neuen »Venus«, und das habe ich ihr auch gesagt. Bevor ich ausgesprochen hatte, sagte sie: »Der reicht völlig«, hat ihn mir weggeschnappt, in der Mitte auseinandergebrochen und mir die Hälfte ohne Spitze zurückgegeben. Ich habe versucht, ihr eine runterhauen, und so haben wir uns ein bißchen geprügelt, bis die olle B. einen Blick über die Schulter geworfen hat und irgendeine Verwarnung herunterleierte. Warum kann die alte Idiotin keine Ordnung halten? Ich habe vor Wut am ganzen Leib gezittert und konnte durch meine Tränen hindurch kaum noch etwas sehen. Ich hatte kein Federmesser dabei, um meine Bleistifthälfte anzuspitzen, und ich wußte, daß ich laut losheulen würde, wenn ich jemanden bitten würde, mir einen zu leihen, denn es war ein besonderer Bleistift aus der Kiste, die Vati mir letzte Weihnachten geschenkt hat, und ich hatte sie eigentlich zum Skizzenzeichnen mitgebracht. Ich saß einfach da und habe auf das Blatt gestarrt, bis die olle B. vorbeikam und sah, daß ich meine Aufgaben nicht gemacht hatte. Da war der Fettsack dann *au feu*. Ch. sagte ihr, daß ich keinen Bleistift hätte, und sie sagte, das sei kein Grund, denn ich hätte mir einen ausleihen können. Ich sagte, daß ich mich nicht gut fühle. »Du hast dich vor zehn Minuten gut genug gefühlt, um dich zu prügeln«, sagte sie. »Ich habe mich nicht geprügelt«, sagte ich und hatte gleichzeitig einen Wein- und einen Wutkrampf. Ich habe mich selber verabscheut und hätte die ganze Meute am liebsten umgebracht. Zum Glück läutete dann die Glocke.

SPÄTER. Sie – Delia – läßt mich nicht in Ruhe. Sie hat gemerkt, daß ich letzte Nacht eine Ewigkeit in den Toilettenräumen verbracht habe (um das hier zu schreiben, natürlich, aber das würde sie mir nicht glauben), und jetzt läuft sie herum und erzählt es allen. Ich wünschte, diese Schule würde bis auf die Grundmauern abbrennen, mit allen, die darin sind.

MONTAG. Wurde heute ausgeschimpft, und anscheinend glaubt niemand mehr, daß ich versetzt werde. Ich selbst auch nicht. Warum kann man nicht seiner Wege gehen und ein friedliches Leben ohne diese Meute von Straßengören und Dummköpfen führen?

DIENSTAG. Heute ist etwas Seltsames passiert. Miss Fairfax mußte gleichzeitig auf uns und auf eine der Babyklassen aufpassen, die im Nachbarraum saß und nähte. Sie hat mir – MIR! – aufgetragen, nach nebenan zu gehen und denen was vorzulesen. Mit anderen Worten, sie hat mir praktisch die Aufsicht über eine ganze Klasse mit zwanzig Babys erteilt. Ich war so überrascht, daß ich fast gar nicht nervös geworden bin, und ich habe den Babys ein Märchen von der Tochter eines Holzfällers vorgelesen, die »tief, tief im Walde« lebte (glückliches Biest). Ich habe jede Menge Ausdruck hineingelegt, so daß sie völlig gebannt waren, und hin und wieder mußte ich sie daran erinnern, mit ihren Topflappen und Haarbändern und Nadelkissen weiterzumachen; sie saßen nämlich einfach da und hörten mit offenen Mündern zu. Aber sie haben ihre Garnrollen so schrecklich verknäult, daß ich aufhören mußte, ihnen zu helfen, und am Ende habe ich sie einfach dasitzen und zuhören lassen, bis die Stunde zu Ende war. Sie waren hingerissen. Es gab einen Moment, in dem ich einen fürchterlichen Schmerz über meine eigenen verlorenen Jahre der jugendlichen Unerfahrenheit fühlte – aber eigentlich tut es mir überhaupt nicht leid darum. Ich weiß zwar, daß alles immer schlimmer wird, aber es ist mir egal, weil eben auch alles immer besser wird. Ich würde nicht wieder zurück wollen, nicht für Millionen ...

Heute war es nicht so schlecht.

Dann bekümmerte ihn, daß der Rest des Taschenkalenders leer geblieben war, und er begann, das ganze Jahr mit Einträgen zu füllen. Insgeheim hoffte er, ein volles Jahr ihres Lebens erschaffen zu können, ergänzt um kleine Gedichte über Frühling und Herbst und um Dankesbriefe für Geburtstags- und Weihnachtsgeschenke. Aber dazu hätte er die Geschichte, die er aufgeschrieben hatte, übertragen müssen, und das ermüdete ihn, und dann kam er mit der Chronologie durcheinander, und auf einmal erschien ihm die ganze Sache banal und uninteressant. Er war seinem Ziel, eine eigenständige Jill zu erschaffen, um keinen Deut näher gekommen. Alles, was er getan hatte, war, sich selbst auf ihr Bild zu projizieren, und damit hatte er ihr Bild aus seiner Phantasie getilgt. Wie sehr er es auch versuchte, es gelang ihm nun nicht mehr, ihr Bild vor seinem inneren Auge heraufzubeschwören, obwohl es sich vorher immer mit großer Leichtigkeit eingestellt hatte.

Der letzte Anfall von Besessenheit ereilte ihn eines Tages beim Mittagessen, als er still ein Brot mit Käse aß und den Tischgesprächen der anderen Studenten lauschte, von denen einige über den Untergang der »Jervis Bay« debattierten. Wie gebannt saß er da, das Messer in der Hand, und sein Herz klopfte laut. Es war, als würde er aufmerksam in das Zentrum eines reinen, weißen Leuchtens blicken: Er hatte das Gefühl, Jills Essenz sehen zu können, den Kern ihres Wesens, um den herum sich alle anderen Informationen aus seinen Aufzeichnungen neu anordneten. Er glaubte, genau zu erkennen, was sie war und wie er es ausdrücken mußte. Das Schlüsselwort lautete »unschuldig«. In Gedanken hatte er es Dutzende Male benutzt, und doch hatte er bis zu diesem Augenblick niemals wirklich begriffen, was es bedeutete.

Er stand auf, um schnurstracks zu Stift und Papier zurückzukehren, und ließ ein Stück brauner Brotkruste und etwas Käse unberührt zurück. Aber ehe er die Tür erreicht hatte, war ein anderer Student auf ihn zugekommen und hatte begonnen, ihm eindringlich die Aktivitäten irgendeines politischen Klubs zu schildern. Der junge Mann hatte rote Haare und enorm breite Schultern. John trat ungeduldig von einem Bein aufs andere; er sehnte sich danach, fortzukommen.

»Aber ich kenne mich damit überhaupt nicht aus.«

»Dann sind Sie genau die Sorte Mensch, für die dieser Klub gedacht ist. Wissen Sie, wir betrachten die Sache auf diese Weise: Wir Studenten genießen hier gewisse Privilegien – Privilegien, die wir uns vielleicht erarbeitet haben, aber eben doch Privilegien, aufgrund derer es uns möglich ist, die gesellschaftlichen Umstände zu durchschauen. Viele junge Menschen unseres Alters arbeiten in der Fabrik oder sind bei der Armee und haben keinerlei Freizeit. Wir haben genug Freizeit, und ich denke, Sie werden mir beipflichten, wenn ich sage, daß es an uns ist, sie sinnvoll zu nutzen. Wir verfügen über Bibliotheken, wir verfügen über gute Redner, und selbst in der kurzen Zeitspanne, die wir hier verbringen, ist es möglich – und ich weiß genau, daß es möglich ist –, genug über die Vergangenheit und die Gegenwart zu lernen, um nicht die Zukunft zu vermasseln, wenn es an uns ist, Staatsbürger zu werden.«

»Ja, aber ...«

»Wir haben also den zentralen Klub, den Hauptklub mit wöchentlichen Versammlungen, in denen wir Fragen von unmittelbarem und allgemeinem Interesse debattieren, sofern wir – das ist so üblich – einen Redner von leidlich gutem Ruf verpflichten können. Sie haben sicherlich die Plakate gesehen ...«

»O ja, aber ...«

»Aber darüber hinaus versuchen wir, selbst etwas auf die Beine zu stellen. In allzu vielen Klubs kommen die Mitglieder Woche für Woche zu keinem anderen Zweck zusammen, als aufeinander einzureden – ich werde keine Namen nennen, aber Sie kennen vermutlich die Sorte, die ich meine. Wir hingegen teilen uns gemäß unserer Colleges in Gruppen auf – jedes College verfügt über eine eigene Diskussionsgruppe, und in jedem Trimester erwählt jede Gruppe eine bestimmte Frage zu ihrem Thema, das sie aus allen Blickwinkeln beleuchtet. Verschiedene Mitglieder übernehmen verschiedene Aspekte. Lassen Sie uns der Anschaulichkeit halber für einen Moment annehmen, daß unsere Gruppe das Thema ›Indien‹ diskutiert. Dann nehme ich beispielsweise die Position der Verwaltung ein, Sie könnten die Ziele und Methoden der Nationalistischen Partei übernehmen, ein Dritter würde die verschiedenen religiösen Gruppierungen und ihre divergierenden politischen Haltungen darstellen, und so weiter und so fort. Auf diese Weise bekommen wir quasi eine Arbeitsgruppe von Experten, denn jeder hat es sich zur Aufgabe gemacht, alles Erdenkliche über sein Spezialgebiet in Erfahrung zu bringen. Und wir alle vereinen unser Wissen, indem jeder ein Referat vor dem Rest der Gruppe hält.«

»Ich...«

»Und schon sind Sie, wie Sie sehen, nicht bloß dem Namen nach und auf dem Papier ein Klubmitglied – für dieses eine Trimester sind Sie der Spezialist für das Thema, mit dem Sie sich befaßt haben, was auch immer das sein mag, und bei den Klubtreffen können Sie den Redner, falls er zu sehr vom Thema abschweifen sollte, zur Ordnung rufen, denn Sie nehmen bereits eine bestimmte Haltung ein. Sie sehen, wir versuchen etwas zu *tun*.«

»Ja, ich verstehe, aber...«

»Und wer soll es denn tun, wenn nicht wir? Sobald dieser Krieg vorüber ist, wird es eine ungeheure Nachfrage nach gut informierten, intelligenten Leuten geben, die Gruppen leiten und Versammlungen abhalten können, damit die Politiker nicht immer und immer dieselben alten Fehler begehen. Eine Art Fortschrittswächter der neuen Weltordnung.«

»Äh... ich...«

»Was halten Sie davon, zur öffentlichen Teeversammlung heute nachmittag zu kommen? Wir haben großes Glück – der Präsident ist auch da, um zu den neuen Mitgliedern und den Anwärtern auf eine Mitgliedschaft zu sprechen.«

»Nun... das klingt sehr interessant... wo soll es stattfinden?«

»In meinen Räumen. Sie werden vielleicht Bleistift und Papier mitbringen oder sich einige Fragen ausdenken wollen, die Sie stellen können. Der Mitgliedsbeitrag beläuft sich auf zwei Schillinge für ein halbes Trimester.«

»Ja... wenn ich kann... ich muß jetzt gehen... Termin...«

Er schaffte es, sich loszumachen, und gelangte halb rennend in den Innenhof, ehe er bemerkte, daß die außerordentliche Klarheit der Wahrnehmung, die ihm einige Momente vorher zuteil geworden war, sich nun natürlich verflüchtigt hatte, ganz und gar verflüchtigt. Als er mit Bleistift und Papier in seinem Zimmer saß, sah er im Geist nichts als eine graue Mauer stumpfer Trägheit vor sich, so daß er sein Schreibwerkzeug seufzend niederlegte, sich auf dem Sofa zurücklehnte und die Hände hinter dem Kopf verschränkte.

Kurz danach kam Eddy vorbei. Er nahm seine Tweedmütze ab und warf sie auf den Tisch.

»Chris nich' da?«

»Ich glaube, er spielt Squash...«

»Aha«, meinte Eddy und machte es sich im Sessel bequem. »Stört's, wenn ich warte?«

Er steckte eine unangezündete Zigarette zwischen seine schlaffen Lippen und streckte die Beine aus, wobei er mit dem Fuß gegen Johns Knöchel stieß, ohne sich dafür zu entschuldigen. John legte Jills Tagebuch beiseite, und nachdem er seinen Mantel zugeknöpft hatte, ging er müde hinaus, ohne zu wissen, wohin er gehen würde und für wie lange. In der Pförtnerloge erwartete ihn ein Brief vom Dekan des Colleges, welcher ihn zum Sonntagstee in sein Haus einlud. John sah, daß Whitbread den gleichen Brief erhalten hatte und steckte ihn in die Tasche.

Ins Kino schienen nur Paare oder Dreier- und Vierergruppen gegangen zu sein, und als das Licht anging, mußte er unwillkürlich an Christopher und Elizabeth denken. Die von ihm unfreiwillig belauschte Unterhaltung der beiden erschien ihm jetzt fast schon entschuldbar. Er konnte sich nur noch schwach an den genauen Wortlaut erinnern, aber war er denn überhaupt so beleidigend gewesen? War nicht sogar etwas wie Freundlichkeit angeklungen, herablassend vielleicht, aber doch von einer gewissen gutmütigen Toleranz zeugend? Er hatte Elizabeth in letzter Zeit nicht gesehen, da sie und Patrick sich um eine Cousine kümmerten, die gerade in der Stadt war. Also hatte Christopher manchmal auf freundliche Weise mit John geplaudert, und John hatte ihm recht freundlich und bescheiden geantwortet. Vielleicht sprachen sie über jeden so, wie sie über ihn gesprochen hatten; vielleicht hatte das nichts zu bedeuten und war bloß ein Zeichen wohlwollender Amüsiertheit.

Er kam sich vor wie ein Kind, das seinen Spielkameraden wütend den Rücken gekehrt hat und nun über die Schulter zurückblickend feststellen muß, daß das Spiel auch ohne seine Teilnahme weitergeht. Und wie ein Kind wünschte er sich nichts sehnlicher, als wieder mitzuspielen.

Doch als er in einem ziemlich billigen und schmutzigen Café saß und seinen Tee trank, erfaßte ihn eine so starke Welle des Selbstekels, daß er sich fragte, warum er noch eine einzige Stunde länger leben solle. Es schien unmöglich zu sein, sich mit Christopher und Elizabeth zu befreunden, und doch war es das einzige, was er wollte, nachdem er seinen Versuch, eine Welt rund um Jill zu errichten, ohne jede Aussicht auf Erfolg hatte abbrechen müssen. Wieder war eine Welt unter seinen Händen zerfallen. Er bezahlte bei einer Kellnerin, die einen schmuddeligen Kittel um ihre Hüften geschlungen hatte, und ging hinaus.

Automatisch lenkte er seine Schritte in Richtung College, aber dann fiel ihm gerade noch rechtzeitig die politische Teeversammlung ein, und so blieb er stehen. Alte Gebäude ragten rings um ihn auf, vereinzelte Passanten in Wintermänteln eilten hierhin und dorthin, und ein Mädchen radelte so schnell vorüber, als ob es sich auf der Flucht befände. Einige Autos parkten entlang der breiten Straße, die von Dutzenden Lichtern aus einem benachbarten College beschienen wurde. Ein Neger in einem riesigen Pelzmantel ging an ihm vorbei; er trug eine goldgerahmte Brille und hielt einen Spazierstock aus Elfenbein in der Hand. John stand da und starrte ihm geistesabwesend nach; der Wind fuhr durch sein Haar. Einem plötzlichen Entschluß folgend, öffnete er die Glastür einer großen Buchhandlung – er hoffte, dort ein Buch zu finden, das billig genug war, daß er es sich leisten konnte. Er bereitete sich innerlich auf den angenehmen Geruch der Bücher vor, das elektrische Licht, das die glänzenden Seiten beschien, das gedämpfte Klappern einer Schreibmaschine hinter einer Bürotür. Gedankenverloren ging er von Regal zu Regal und nahm dann und wann einen Band heraus, um ihn genauer zu betrachten, ohne Neid, nur von einer vagen Neugier erfüllt. Aus Richtung der Kasse drangen das Klimpern von Kleingeld und höflich gemurmelte Anfragen.

Während er zerstreut und leicht enttäuscht an den Kanten einer unaufgeschnittenen Seite herumfingerte, wanderte sein Blick durch den Gang, in dem er gerade stand. Ihn erfaßte ein Schockgefühl, das nicht größer hätte sein können, wenn jemand einen Backstein durch das Glas der Schaufensterscheibe geworfen hätte.

Er sah Jill.

Sie trat soeben aus einer Nische heraus und ging langsam an den Regalen entlang, bis sie sich schließlich in seine Richtung wandte. Für einen Moment verschwand sie in einer Nische, um einen näheren Blick auf ein Buch zu werfen, das er nicht sehen konnte, aber dann kam sie wieder zum Vorschein und ging an den Vitrinen vorbei.

Es war keine Frage des Nachdenkens. Er dachte nicht: Dieses Mädchen ähnelt Jill. Es war nichts Beiläufiges an dieser Ähnlichkeit; sie war so exakt, daß er sich einen Moment lang nicht erinnern konnte, wem er dieses allzu vertraute Gesicht zuordnen sollte. Und als ihm die Wahrheit dämmerte, war er zu verwirrt, um klar denken zu können.

Es waren ihre Haare von der Farbe zähflüssigen, dunklen Honigs, es war ihr ernsthafter Gesichtsausdruck, es waren ihre fremdartig wirkenden, hohen Wangenknochen. Kleine Vertiefungen erschienen und verschwanden unter diesen Wangenknochen, weil sie – wie John bemerkte, als er sich ihr näherte – leise vor sich hin pfiff. Ihr Wintermantel stand offen, und sie hatte ihre blauen Wollhandschuhe in die Taschen gestopft. Anstelle von Strumpfhosen trug sie kurze Socken, und ihre Hände wirkten jetzt, da sie ein Buch herausgenommen hatte und darin blätterte, klein, knochig und nicht sonderlich gepflegt. Als John direkt neben ihr stand, sah sie kurz hoch und trat ein paar Schritte zurück, um ihn vorbeizulassen.

Es verstrich einige Zeit, doch John machte keine Anstalten, an ihr vorbeizugehen, sondern stand einfach da und starrte sie an. Es war absurd, lächerlich, unglaublich. Dann sah sie zum zweiten Mal hoch, und ein Blick aus ihren grauen, zutiefst merkwürdigen Augen traf auf seine weit aufgerissenen Augen. Beide starrten sich an, und beide sahen sehr jung aus.

»Ich...« haspelte John, dann stockte er. »Sie... äh... Sind wir uns schon einmal irgendwo begegnet?«

Sie runzelte leicht die Stirn und antwortete rasch:

»Nein, ich glaube nicht. Nicht, daß ich wüßte.«

Er wußte nicht, daß sie nervös war, deshalb glaubte er, daß sie ihn brüsk zurückweisen wollte. Er lief rot an und wurde seinerseits nervös.

»Ach so, tut mir leid ... ich dachte ...«

Sie stieß ein kurzes, unterdrücktes Lachen aus.

»Ich bin sicher, daß ich Sie nicht kenne«, sagte sie und hob ihr Buch, um den Wortwechsel zu beenden.

Niemand hatte den Zwischenfall bemerkt. John stand immer noch da, und er wußte, daß er sich nun entschuldigen und weitergehen mußte. Er tat es, aber nur als Reflex auf seine peinliche Berührtheit. Es war alles so lächerlich. Er wollte sie dazu bringen, zuzugeben, daß sie ihn kannte, etwas einzugestehen, das er selbst kaum benennen konnte. Der Anblick ihres linkischen, mädchenhaften Körpers rief in ihm eine zaghafte Sehnsucht wach – es war fast wie ein Ruf des Schicksals. Er war auf alles gefaßt gewesen, nur nicht auf ein Nichterkennen.

Hinter einer anderen Vitrine stehend, musterte er sie erneut. Rasch schloß er die Augen und öffnete sie wieder, um sicherzugehen, daß sein Eindruck ungetrübt blieb. Dadurch wurden seine Gefühle nur noch verstärkt: Erst wollte er lachen, dann wollte er einem natürlichen Impuls nachgeben und weinen. Er sehnte sich danach, erleichtert aufschluchzen zu können, denn über all seiner Verblüffung und Demütigung wogte ein machtvolleres Gefühl: das der Dankbarkeit. Er kam sich vor wie ein Segelschiff, das nach einer langen Seefahrt in die heimische Flußmündung einläuft.

Aber sie bewegte sich von ihm fort. Nachlässig hatte sie das Buch ins Regal zurückgestellt und wanderte nun langsam den Gang zwischen den Regalen hinab. Zwar richtete sie ihren Blick weiterhin auf die Buchtitel, doch ihre Hände zogen bereits die blauen Wollhandschuhe hervor, und es war klar, daß sie gehen wollte. Er schlich ihr nach. Architektur vermochte sie nicht zu fesseln, Kochen und Musik auch nicht. John schob alle Zweifel beiseite und beschloß, ihr zu folgen. Sie ging zur Tür und öffnete sie; draußen im späten Novemberlicht fuhr ein Pferdewagen vorüber, und die Fenster einiger Geschäfte waren hell erleuchtet – bald würden sie schließen. Sie ging hinaus, wobei sie ihren Mantel zuknöpfte und ihre Handschuhe anzog, und er folgte ihr im Abstand von ungefähr fünfzehn Metern. Er versuchte, am Schwung ihrer Schritte die Richtung zu erkennen, die sie einschlagen würde. Sobald er sich in direkter Linie hinter ihr befand, fühlte er sich aller Entscheidungsnot ledig und gab sich mit diesem Akt reiner Anhänglichkeit zufrieden.

Sie ging langsam und ohne zurückzusehen die Straße entlang. Er beschleunigte seinen Schritt, bis ihr rehbrauner Mantel nicht weiter als zehn Meter von ihm entfernt war. Immer wieder versuchte er, sich durch einen Blick auf ihr Gesicht zu vergewissern, daß sie noch diejenige war, für die er sie hielt, daß nicht alles bloß eine abstruse Sinnestäuschung gewesen war. Aber es wäre leichtsinnig gewesen, sich ihr zu sehr zu nähern. Allem Eifer und aller Furcht zum Trotz schlug sein Herz regelmäßig. Allerdings mußte er feststellen, daß er unter der Kleidung schwitzte: Es war, als ob er ein seltenes und schreckhaftes Tier jage.

Was dann tatsächlich geschah, hatte die vorsätzlich quälende Qualität eines Albtraums. Sie überquerte die Straße und ging zu einem Stellplatz für Fahrräder seitlich eines kleines Friedhofs. Dort beugte sie sich vor, um das Vorhängeschloß am Hinterrad ihres Fahrrads aufzuschließen, verstaute Kette und Schloß in der Satteltasche und drehte so lange an der Lampe herum, bis diese aufleuchtete. Dann schoß sie davon und war bereits im Dämmerlicht verschwunden, ehe sie auch nur auf dem Sattel saß. Er sah noch, wie sie am Martyrs Memorial vorbeifuhr und einen raschen Blick hinter sich warf, ehe sie mit dem Straßenverkehr verschmolz und seinen Blicken entschwand. Binnen einer Minute war sie hundert Meter weit weg.

Reflexhaft rannte er ihr nach. Er folgte der Straße nach Norden, so schnell ihn seine Beine trugen, und es war ihm egal, daß er mit allerlei Menschen zusammenstieß, die gerade vom Einkaufen oder von der Arbeit kamen und auf dem Heimweg waren. Volle dreihundert Meter rannte er die Straße entlang, die aus der Stadt hinaus nach Banbury führte. Er gelangte in eine Wohnsiedlung mit Häusern aus dem vergangenen Jahrhundert. Hier gab es Gärten, und Bäume überschatteten die Straße. Schließlich verlangsamte er seinen Lauf zu einem raschen Gehen. Er wußte, wie nutzlos es war, weiterzulaufen, aber was sollte er tun? Er hoffte, daß sie aus irgendeinem Grund umkehren werde, oder daß sie vielleicht in einem dieser Häuser jemanden besuche, so daß er ihr Fahrrad draußen stehen sähe und seinerseits auf sie warten könne. Außerdem war er viel zu erregt, um einfach nach Hause zu gehen und still in seinem Zimmer zu sitzen.

Während er lief, durchdachte er die Angelegenheit mit aller Unlogik seines verwirrten Geistes. Erst nahm er die eine Haltung ein, dann ging er hastig zu einem anderen Standpunkt über, ohne sich die Mühe zu machen, beide Sichtweisen miteinander zu verbinden. Es gab sie also. Beunruhigenderweise war die Erfindung, die er sich aus einzelnen Elementen seines eigenen Lebens zusammengestückelt hatte, in Fleisch und Blut erstanden – so lebendig und wirklich, daß sie ihm wirkliches Handeln abverlangte. Was sollte er tun?

Es gab sie also wirklich, und sie hatte einen Namen und eine Adresse. Wie sollte er die herausfinden? Er sah sich um. Der Rinnstein war voller Laub, und die Abwesenheit jeglichen Straßenlärms ließ Raum für eine brütende Stille über den Vorgärten, in denen immer noch einzelne Gänseblümchen vom Michaelistag und einige späte Dahlien standen. Sie konnte in jedem dieser Häuser wohnen. Er starrte sie neidisch an, diese Häuser mit ihren hell erleuchteten Vorderzimmern, in denen manchmal ein Tisch mit einer weißen Decke zu sehen war, eingedeckt für das Abendessen. Die Straße war menschenleer, mit Ausnahme eines einzelnen Dienstmädchens, das gerade mit übergeworfenem Mantel und einem Brief in der Hand auf die Straße trat und zu einem Briefkasten lief. In welcher dieser sich bogenförmig hinziehenden, einsamen Alleen war sie schließlich von ihrem Fahrrad gesprungen und hatte – vorsichtig, damit nicht etwa der Hund hinausliefe – die Holzpforte geöffnet?

Unter einem Baum blieb er stehen und sah sich in alle Richtungen um. Was wäre denn, wenn er ihren Namen und ihre Adresse herausfände? Er hatte sich ihr gegenüber heute nachmittag so unhöflich verhalten, daß er es nicht wagen würde, sich ihr noch einmal zu nähern. Alles, was ihm blieb, war die Erkundung ihres realen Lebens. Er konnte versuchen, ihr unbemerkt zu folgen; er konnte Listen mit den Kleidern führen, die sie trug, und mit den Orten, die sie aufsuchte. Er konnte sie noch einmal zu seinem Lebenszweck machen, jetzt, da er gerade wieder begonnen hatte, neidisch das Leben von Christopher Warner und Elizabeth Dowling zu beschnüffeln und sich nach deren Gesellschaft zu sehnen. Bei dieser Suche wäre seine Einsamkeit sogar von Vorteil: sie verliehe ihm Mobilität und Charme.

Am nächsten Morgen war er schon vor Tagesanbruch wach. Aufgeregt lag er im Bett und freute sich auf den Tag, der vor ihm lag. Beim Anziehen verwandte er große Mühe auf seine Erscheinung, band seine Schleife um und gab etwas Pomade ins Haar. Zum Frühstück wurde Räucherhering serviert, worüber sich Whitbread ungemein freute. Er legte große Geschicklichkeit im Zerlegen seiner Portion an den Tag und redete mit vollem Mund auf John ein.

»Man muß den Dreh raushaben, wissen Sie«, sagte er. »Ich hab einen Onkel, der in hundert Sekunden jede Gräte aus einem Räucherhering herauszieht. Ich hab die Zeit gestoppt, und danach war keine einzige Gräte mehr zu finden, weder groß noch klein. Nicht, nachdem *er* mit dem Fisch fertig war. Man muß nur wissen, wo man zu suchen hat.«

John holte eine Handvoll Gräten aus dem Mund.

»Da ist der Schatzmeister«, sagte Whitbread, als ein Dozent den Speisesaal durch die obere Tür betrat und sich am Tisch des Lehrpersonals niederließ. Eine Kriegsverordnung veranlaßte viele der im College wohnenden Dozenten zur Teilnahme am gemeinschaftlichen Frühstück, und der Schatzmeister nahm diese Verpflegungsmöglichkeit mit geradezu herausfordernder Regelmäßigkeit in Anspruch. »Sieht ganz danach aus, als ob er sich letzte Nacht einen hinter die Binde gekippt hätte. Zuviel Portwein im Senior Common Room, wette ich.«

»Da fällt mir ein«, sagte John hastig, »daß ich eine

Nachricht für Sie habe. Ich war gestern abend in der Pförtnerloge und habe danach nicht im College zu Abend gegessen. Sie ist vom Dekan – höchstwahrscheinlich eine Einladung zum Tee. Es tut mir leid, daß ich sie vergessen habe.«

»Oh!« Whitbread nahm den Umschlag entgegen und steckte ihn ungeöffnet in seine Innentasche. »Verstehen Sie mich nicht falsch, Kemp, aber würden Sie sich bitte nicht in meine Postangelegenheiten einmischen? Auf diese Art gehen Sachen verloren. Ich weiß, daß Sie es gut meinen, aber es hätte sein können, daß der Brief wichtig ist, und dann hätte ich ihn zu spät bekommen.«

Nach dem Frühstück zog er seinen Mantel an und brach nervös zu einem Stadtbummel auf. In der Nacht hatte es starken Frost gegeben, und die Verdecke aller Lastwagen, die über Nacht draußen gestanden hatten, waren weiß und glitzerten in der Sonne. Der Himmel war weit und blau; es herrschte eine allgemeine Atmosphäre der Frische. John beobachtete, wie große Tabletts mit Broten und Brötchen aus einem Lieferwagen in eine Konditorei gebracht wurden. Schon bevölkerten Einkaufende die Straße, und Studenten, die ihre Bücher nachlässig in die Lenkradkörbe ihrer Fahrräder geworfen hatten, radelten vorbei. Andere Studenten hasteten zu Fuß in ihren Roben über den Gehsteig. In einem Kinofoyer schrubbte eine Frau in einer sackleinenen Schürze auf Knien den Linoleumboden; ein Eimer stand neben ihr. Man konnte hören, wie im Kassenschalter Geld gezählt wurde.

Er kam sich wie ein Detektiv vor, der sich ohne jede äußere Hilfe zurechtfinden mußte. Im Grunde hatte er keine Ahnung, wo er anfangen sollte. Sein Instinkt führte ihn zunächst in die Buchhandlung, in der er Jill am Vortag gesehen hatte, aber sie war praktisch leer, und so blieb er nicht lange dort. Langsam begann ihn die Schwierigkeit seiner Aufgabe zu bedrücken. Möglicherweise kam sie heute vormittag gar nicht in die Stadt; möglicherweise war sie überhaupt nur zu Besuch in der Stadt gewesen und längst wieder abgereist. Und selbst, wenn sie stets dieselben Geschäfte aufsuchte, wäre die Wahrscheinlichkeit, sie wiederzusehen, äußerst gering.

Ihrem Aussehen nach zu urteilen, war sie fünfzehn oder sechzehn Jahre alt. Aber ging sie noch zur Schule? Er hatte sie um ungefähr fünf Uhr nachmittags gesehen. Wenn sie eine der örtlichen Tagesschulen besuchte, hätte sie erst nach Hause fahren und sich dann wieder auf den Weg machen können; mit dem Fahrrad wäre das ein leichtes gewesen. Aber wenn sie nur in eine Buchhandlung hatte gehen wollen, hätte sie das ebensogut auf dem Heimweg erledigen können – außer natürlich, wenn die Buchhandlung nicht auf ihrem Weg lag. Und was war eigentlich mit dem Nachmittagstee?

Klar war, daß es reine Zeitverschwendung wäre, vormittags und nachmittags die Stadt nach ihr zu durchkämmen, wenn sie noch zur Schule ginge. Er spazierte über die High Street und musterte aufmerksam die Gesichter der Passanten. Um halb elf betrat er ein Kaufhauscafé und nahm an einem Ecktisch Platz. Der Raum war fast leer, aber gegen elf Uhr begannen die Leute grüppchenweise hereinzuströmen und sich die Zeit mit Rauchen, Reden und Kaffeetrinken zu vertreiben. Er war noch nie in diesem Lokal gewesen, aber er hatte gehört, daß dies der Ort sei, an dem man in kürzester Zeit den meisten Menschen begegnen könne, und als sich der

Raum mehr und mehr füllte, sah er, daß das stimmte. Nach einer Weile wurden Tische zusammengeschoben und zusätzliche Stühle aus dem benachbarten Speiseraum hereingetragen, damit größere Gruppen Platz fänden. Er sah, wie Christopher Warner zusammen mit Tony Braithwaite und Patrick eintrat; später kamen Elizabeth und ein dunkelhaariges, jüdisch wirkendes Mädchen hinzu, das er noch nie gesehen hatte. Tony Braithwaite spielte, wie er inzwischen erfahren hatte, Klavier in der Tanzkapelle der Universität. Der Anblick jedes einzelnen Neuankömmlings versetzte ihm einen schmerzhaften Stich der Erkenntnis, bis die Gruppe schließlich vollzählig versammelt war. Mit seinen hübschen Haaren und seinem blassen Gesicht sah er fast wie ein religiöser Eiferer aus, aber dazu strahlten seine Augen zu wenig.

Der Kaffee kostete ihn einen Fourpence und war somit eine bemerkenswert billige Art der Recherche. Nach einer Dreiviertelstunde wechselte John in ein anderes, ähnliches Café, wo er bis Viertel nach zwölf saß. Zahlreiche Menschen kamen und gingen, aber die eine, nach der er Ausschau hielt, blieb aus. Nachdem er das Café wieder verlassen hatte, und ehe er zum Mittagessen ins College zurückkehrte, stattete er mehreren Buchhandlungen und Kaufhäusern einen Besuch ab. Dabei konzentrierte er sich auf diejenigen Abteilungen, von denen er annahm, daß sie Jill interessierten – den Maßtisch für Stoffe, die Schuhabteilung, den Bereich mit Seife und Parfüm. Die Verkäuferinnen betrachteten ihn mißtrauisch, aber er kümmerte sich nicht darum.

Als es Zeit für das Mittagessen war, fühlte er sich niedergeschlagen. Das überraschte ihn nicht, denn zum einen war er körperlich erschöpft, und zum anderen beunruhigte ihn auch, daß er für einen derart geringfügigen Anlaß soviel Energie und Enthusiasmus aufgebracht hatte. Erst jetzt begriff er, daß sein starkes Verlangen, Jill wiederzusehen, keineswegs ein Grund dafür war, daß sie sich ihm zeigte. Erst jetzt erkannte er, wie groß eine Stadt wie Oxford wirklich war – so groß, daß es unmöglich schien, auch nur die wenigen Haupteinkaufsstraßen im Blick zu behalten. Und die Menschenmengen ringsum ließen ihm seine Suche zwar nicht weniger dringlich, aber doch weniger bedeutsam erscheinen.

Trotzdem konnte er keine Ruhe finden. Am Nachmittag unternahm er einen Gang durch das ausgedehnte, friedliche Gebiet im Norden von Oxford. Er durchquerte Parks, durch die der Wind die schwachen Rufe der Hockeyspieler trug, folgte dem Weg entlang des Flusses und durchstreifte das Gewirr aus ehrbaren, baumgesäumten Wohnstraßen. Es war merkwürdig: kaum hatte er sich entschlossen, an einem Ort zu suchen, wo er sie mit hoher Wahrscheinlichkeit zu finden glaubte, erschien ihm dieser Ort ebenso leer wie die Suche sinnlos. Jedesmal, wenn er um eine Ecke bog, blickte er zurück, denn er befürchtete, daß sie gerade dann auftauchen würde, wenn er sie nicht mehr sehen konnte. Ein zufälliger Beobachter mußte annehmen, daß er sich verfolgt fühlte.

Gegen vier Uhr versank die Sonne als roter, eisig brennender Ball hinter den Häusergiebeln und über den Gärten mit ihren kahlen Bäumen. Rasch kehrte er zur nächsten Hauptverkehrsstraße zurück und folgte ihr in die Stadt. Jeden entgegenkommenden Fahrradfahrer sah er prüfend an, und als er das Stadtzentrum erreicht hatte, ging er auf einen Tee in ein großes Café. Wenn überhaupt irgendwo, dann muß sie hier auftauchen, dachte er. Er musterte die kleinen Tische mit ihren weißen Decken, den hübschen Kunstblumen und den Aschenbechern, und er beobachtete das angejahrte Musiktrio, das auf Klavier, Violine und Cello ein Potpourri populärer Operettenmelodien spielte. Allmählich begann er, Jill mit Schauplätzen wie diesem in Verbindung zu bringen. Aber sie kam nicht. Er aß seinen Marmeladentoast und sein Gebäck, trank seinen Tee und blickte so rastlos wie vergeblich um sich. Das Trio legte eine Pause ein, saß ungefähr sechs Minuten lang da und setzte dann zu einem neuen Potpourri an. In seiner angespannten Stimmung empfand er die Musik als ungemein störend. Leute kamen und gingen. Schließlich gab er die Hoffnung auf. Er ließ die Rechnung kommen und zahlte mit dem bitteren Gefühl, versagt zu haben.

Obwohl ihm klar war, daß er nichts als Zeit und Geld verschwendete, verbrachte er den nächsten und auch den übernächsten Tag auf dieselbe Weise. Er konnte einfach nicht anders. Er gestand sich ein, wie unwahrscheinlich es war, daß er sie jemals wiedersähe, und daß er selbst im Fall eines Wiedersehens keine Möglichkeit haben würde, ihren Namen herauszufinden oder ihre Bekanntschaft zu machen. Bei dem Gedanken an ihre erste, unbeholfene Begegnung hätte er vor Wut heulen mögen. Das Zusammentreffen war nicht nur peinlich gewesen, es hatte auch jeden weiteren Versuch vereitelt, Freundschaft mit ihr zu schließen. Am dritten Tag seiner Suche saß er wieder in einem Kaufhauscafé, an einem Tisch mit Glasplatte. Es war die Zeit des Nachmittagstees, und während er auf seine Bestellung wartete, beobachtete er die anderen Gäste beim Essen. Der riesige Raum wurde durch Spiegel an den Wänden noch vergrößert. Als sein Essen eintraf, warf er einen prüfenden Blick auf das Tablett der Kellnerin, um zu sehen, welche Gebäcksorten sie ausgewählt hatte. Irgendein Instinkt ließ ihn den Blick heben und zur Tür schauen. Jill stand dort. Die Kellnerin hatte inzwischen den Tisch erreicht und begann zu decken. Da sie John die Sicht versperrte, murmelte er etwas Unverständliches und reckte den Hals, um an ihr vorbeizusehen. Als ihm das nicht gelang, erhob er sich schwerfällig, doch als er endlich stand, war der Eingang leer. Ein schneller Rundblick zeigte ihm, daß Jill den Raum nicht betreten hatte, sondern zurück auf die Straße gegangen sein mußte. Wahrscheinlich hatte sie niemanden gesehen, den sie kannte.

»Zwei acht, Sir«, sagte die Kellnerin und riß die Rechnung ab.

Er zahlte und rannte, ohne seinen Mantel mitzunehmen, hinaus auf die Straße. Jills entspannter Körperhaltung nach zu urteilen, konnte sie nicht weit gekommen sein. Die Hände in den Manteltaschen, hatte sie sich so unbeteiligt im Raum umgesehen, als ob all das nicht das geringste mit ihr zu tun hätte. Er blickte in alle Richtungen. Sie war spurlos verschwunden. Die vorbeiströmende Menschenmenge formierte sich zu immer neuen, vom Zufall bestimmten Gruppierungen; selbst jetzt, während er sie beobachtete, bildete sie sich unentwegt neu. Binnen zehn Sekunden hätte Jill auf dieser belebten Straße untertauchen können. Er holte seinen Mantel aus dem Café (an seinem Tisch saßen Leute) und machte sich auf den Weg durch die Straßen. Es dämmerte schon. Er wußte, daß sie irgendwo ganz in der Nähe sein mußte, quälend nah, und wenn er nur schnell genug wäre, würde er sie fast mit Gewißheit ausfindig machen.

Es gelang ihm nicht. Nachdem er die unmittelbar benachbarten Straßen abgesucht hatte, wurde ihm schlagartig klar, daß sie in ein anderes Teelokal gegangen sein mußte, nachdem sie das erste als zu eintönig oder anderweitig unbefriedigend empfunden hatte. Also betrat er von nun an jedes Teelokal, an dem er vorbeikam. Da stand er dann genau wie sie für einen Moment in der Tür und eilte wieder hinaus. Obwohl er in jedes erdenkliche Lokal und sogar in das Café eines Kinos ging, blieb seine Suche erfolglos. Jill war unauffindbar, und allmählich sank sein Mut. Sein Mißerfolg rief in ihm nicht so sehr Niedergeschlagenheit, als vielmehr wütende Enttäuschung hervor.

Er ärgerte sich über die vergeudete Gelegenheit, denn ihm war klar geworden, wie selten solche Gelegenheiten künftig sein würden – falls es überhaupt noch einmal eine gäbe.

Der nächste Tag war ein Sonntag. Er fragte sich, ob Jill wohl zur Kirche ginge. Und trotz seiner Enttäuschung und Wut konnte er nicht anders, als Dankbarkeit zu empfinden, denn nun wußte er wenigstens, daß es sie gab und daß er der richtigen Strategie folgte, wenn er sie wiedersehen wollte. Er saß im studentischen Gemeinschaftsraum und blätterte desinteressiert in einer Zeitung, während Christopher und einige Studenten aus dem zweiten Studienjahr sich in einer Ecke des Raumes lautstark unterhielten. Auch Patrick war bei ihnen, und nach einer Weile verlangte er, daß Christopher ihm zwei Pfund zurückzahle, die er ihm schuldete.

»Zwei Piepen? Wovon redet dieser Mann?« erkundigte sich Christopher gereizt.

»Von den zwei Piepen, die du mir schuldest.«

»Ich schulde dir keine zwei Piepen.«

»O doch, das tust du«, sagte Patrick und zog ein kleines, in Leder eingebundenes Notizbuch aus seiner Westentasche. Er schlug es auf und begann darin zu blättern.

»Du bist ein Lügner.«

»Ich bin kein Lügner. Ich habe sie dir einen Tag vor unserer Abfahrt nach London geliehen. Am neunten Oktober.«

»Ich erinnere mich nicht daran«, beharrte Christopher.

»Das wundert mich nicht. Du warst völlig besoffen. Wie auch immer, hier steht es, falls du nachschauen willst.«

»Ich will nicht in deinem verdammten Jüngste-Gericht-Buch nachschauen«, versetzte Christopher grob und kramte in seinen Taschen herum. »Alles kann ich dir nicht geben. Reicht ein Pfund?«

»Ich denke, das reicht erst einmal«, sagte Patrick mit einem Lächeln, nahm den gefalteten Geldschein entgegen und machte einen weiteren Eintrag in seinem Buch. Zufällig kreuzten sich Johns und Christophers Blicke, und dieser griff noch einmal in die Tasche.

»Herrje, ja, sagen Sie mir nicht, daß ich Ihnen auch etwas schulde. Was für ein verdammtes Leben. Hier, nehmen Sie das fürs erste.«

Mit einer Geste, als ob er einem Gepäckträger ein Trinkgeld gäbe, hielt er ihm zwei Halfcrowns hin. John lief rot an.

»Es ist schon in Ordnung... wenn Sie knapp bei Kasse sind...«

»Nehmen Sie es.«

»Nein, es ist völlig in Ordnung.«

»Was zum Teufel meinen Sie damit? Nehmen Sie es. Ich möchte nicht, daß Sie mir Geld schenken.«

John schien es, als ob er die Wörter »Sie« und »mir«

besonders betone. Dann warf er die beiden Münzen in das aufgeschlagene Buch, in dem John zu lesen begonnen hatte. Der saß schweigend und mit hochrotem Gesicht da, ohne die Münzen zu berühren.

»Wenn Sie erst einmal so lange wie ich auf der Welt sind, Chris«, sagte einer der Studenten aus dem zweiten Jahr, »dann werden Sie keine Leute mehr bezahlen, die nicht bezahlt werden wollen. Ihr schönes Ehrgefühl wird dann abgestumpft sein. Übrigens hatte ich mich fest darauf verlassen, daß Sie mir heute nachmittag das Kino spendieren.«

Das Gelächter mündete in eine allgemeinere Unterhaltung, und John nahm unbemerkt die fünf Schillinge und steckte sie in die Tasche. Beschämt gestand er sich ein, daß er eigentlich froh war, sie bekommen zu haben, denn in den letzten Tagen hatte er mehr Geld ausgegeben, als er sich leisten konnte. Dann stand er auf und verließ den Raum. Ihm war mit überwältigender Deutlichkeit bewußt geworden, daß er Jill und alles, was sie repräsentierte, vor Christopher geheimhalten mußte, und er verstand rückblickend nicht mehr, warum er ihren Namen jemals erwähnt hatte.

Dies war der Nachmittag, an dem er und Whitbread zum Tee im Haus des Dekans eingeladen waren, und so vertrieb er sich die Zeit bis zu ihrem Aufbruch damit, in seinem Zimmer einen Brief an seine Eltern zu schreiben. Er hatte sich mit Whitbread für vier Uhr in der Pförtnerloge verabredet; den Brief nahm er mit. Bei strahlender Nachmittagssonne brachen sie auf und traten auf die Straße hinaus; keiner der beiden trug einen Hut. Unter seinem Mantel trug Whitbread ein schwarzes Jackett und eine gestreifte Hose, die ihn wie einen Bürogehilfen aussehen ließen.

»Kommen wir an einem Briefkasten vorbei?« erkundigte sich John, der wußte, daß auf Whitbread in solchen Sachen Verlaß war.

»Das läßt sich einrichten. Sie hätten das beim Pförtner einwerfen können.«

»Gibt es dort einen Briefkasten?«

»Aber natürlich, Mensch. Haben Sie den nie bemerkt?«

John gab zu, den Briefkasten bislang nicht bemerkt zu haben. Ein alter Mann humpelte über den Gehsteig und sammelte Zigarettenstummel aus dem Rinnstein. Whitbread schritt mit zufriedener Miene einher.

»Na also! Der Dekan bittet nur uns Stipendiaten zu diesem kleinen Treffen. Das zeigt, was er von uns hält. Es gibt uns die Gelegenheit, einen guten Eindruck zu hinterlassen.«

»Ich kenne ihn nicht gut«, sagte John, der sich über Whitbreads vertraulichen Ton ärgerte.

»Er ist in Ordnung. Sie müssen ihm zeigen, daß Sie nicht so ein Taugenichts wie dieser Warner sind – der Dekan hatte schon einigen Ärger mit ihm. Ich weiß nicht, warum dieser Mensch überhaupt hier ist. Wenn es bloß ums Trinken und um Frauen geht, könnte er genausogut in London bleiben. Er will ja gar keinen Magistertitel – muß seinen Lebensunterhalt schließlich nicht selbst verdienen.«

»Nicht, daß er einen bekäme«, sagte John mit plötzlich aufwallender Gehässigkeit und war froh, als Whitbread lachte und ihm beipflichtete. Sie gingen weiter die Banbury Road entlang, vorbei an frischverheirateten Paaren, die langsam mit ihren unsicher tapsenden Kleinkindern spazierengingen oder Kinderwagen vor sich herschoben. Nasse Blätter klebten auf dem Gehsteig, und die Baumstämme trugen weiße Markierungen etwa einen Meter über dem Boden. Aus einiger Entfernung ließ sich eine Blaskapelle mit einem schlichten Kirchenlied vernehmen, und ein vereinzeltes Flugzeug kroch so weit oben über den Himmel, daß es praktisch unsichtbar war.

»Hier entlang, wenn Sie den Brief einwerfen möchten«, sagte Whitbread und wandte sich zum Überqueren der Straße um. »Das bedeutet nur, daß wir die Straße, in der er wohnt, von der anderen Seite her betreten.«

Der Nachmittag war ungewöhnlich still. Bald erreichten sie den Briefkasten an der menschenleeren Allee.

»Dort ist es«, bemerkte Whitbread und nickte in Richtung eines umzäunten Hauses in einer Reihe anderer. »Nicht schlecht für die Lohntüte eines Junior Fellow.«

Er öffnete die Pforte und ließ John eintreten. In diesem Moment schwebte Jill langsam und mit der Gemächlichkeit einer Fata Morgana auf dem Fahrrad vorüber. Eine ihrer Hände ruhte auf dem Lenker, die andere steckte in der Tasche ihres lose gegürteten Mantels. Lässig saß sie auf dem Fahrradsattel, bedächtig trat sie in die Pedale, und wieder einmal pfiff sie vor sich hin. Ihr Haar flatterte im Wind, und die Sonne ließ darin eine Bronzeschattierung aufleuchten, die John noch nicht bemerkt hatte.

Er war wie gelähmt. Ihre Angewohnheit, immer dann aufzutauchen, wenn er ihr nicht folgen konnte – wie jetzt, da Whitbread bereits an der Tür geklingelt hatte, die Schöße seiner Weste herunterzog und abwartend auf die Schritte des Dienstmädchens in der Diele horchte –, erschien ihm als Teil einer albtraumhaften Frustration. Er trat einen Schritt zurück durch die Pforte, und wie die Spielzeugjacht eines kleinen Jungen sah er sie unwiederbringlich in die Ferne davonsegeln.

»Nun kommen Sie schon«, zischte Whitbread, als er zauderte. »Los, Kemp, stehen Sie nicht da wie ein Ölgötze.«

Es hatte keinen Zweck. Binnen zehn Sekunden war Jill um die Ecke gebogen und seinen Blicken entschwunden. In diesem Moment öffnete das Hausmädchen die Tür.

Zwei Tage später – John hatte Jill in der Zwischenzeit nicht gesehen und wappnete sich innerlich bereits gegen die Vorstellung, daß sie auf immer verschwunden bleiben könnte – schlenderte Christopher nach dem Mittagessen ins Zimmer, näherte sich träge dem Spiegel und rieb prüfend sein Kinn, wie um anzudeuten, daß er sich rasieren wolle. In dieser Frage der Körperpflege war er nicht besonders regelmäßig. Er beugte sich vor, streckte forschend das Gesicht aus und untersuchte sein Kinn aus mehreren Blickwinkeln, ehe er sich mit einem unzufriedenen Grunzen seines Jacketts entledigte und den scharlachroten Morgenmantel anzog. Dann stellte er den Teekessel aufs Feuer und steckte sich eine Zigarette an.

John arbeitete still am Schreibtisch.

Als das Wasser kochte, goß Christopher etwas davon in eine von Johns Teetassen, deren Griff abgebrochen war. Er stellte die dampfende Tasse auf das Kaminsims und ging ins Schlafzimmer, um sein Rasierzeug zu holen.

»Mein Friseur meint«, sagte er und schäumte die Rasierseife auf, »daß das Geheimnis des Rasierens darin besteht, sich acht Minuten lang einzuseifen.« Er verteilte Schaum auf seinem Kinn. »Das hat er gesagt.«

John wandte die Aufmerksamkeit von seinem Buch ab. »Ich dachte, Sie hätten sich gestern rasiert. Wozu rasieren Sie sich heute?«

»Stimmt. Ich habe mich gestern rasiert.« Christopher legte seine Zigarette beiseite, seifte sich die Oberlippe ein und steckte die Zigarette wieder zwischen seine Lippen. »Habe ich wirklich... Und mit gutem Grund, wie ich hinzufügen darf.« Er musterte prüfend sein Spiegelbild. »Ich habe Elizabeth zum Teetrinken ausgeführt.«

»Nun, und heute...?«

»Heute begleitet mich Elizabeth zum Teetrinken.«

»Viel Spaß«, sagte John mit einem nervösen Lachen.

»Oh, den werde ich haben.« Christopher stieß eine Art kurzen Schlachtrufes aus, ehe er wieder innehielt – diesmal, um zu verhindern, daß Wasser an seinem Handgelenk hinab in den Ärmel lief. »O ja, den werde ich haben. Vertrauen Sie einem Warner.« Er wischte das dicke Ende seines Rasierpinsels an dem Handtuch ab, das er sich um den Nacken geschlungen hatte, und fuhr mit dem Einseifen fort. »Wir werden das *ne plus ultra* von Spaß haben, wenn ich mich nicht irre.« John, der eine Weile brauchte, um die Anspielung zu verstehen, stieß schließlich ein weiteres halbherziges Lachen aus. »Oder ich müßte mich sehr irren.« Er setzte ein Grinsen auf, das auf seinem eingeseiften Gesicht besonders beunruhigend wirkte. Dann tauchte er die Rasierklinge ins Wasser. »Und das glaube ich nicht.« Nur das leise Kratzen der Klinge durchbrach die Stille. »Wir werden ganz bestimmt ungestört bleiben wollen.«

John sagte nichts, sondern fuhr fort, zu lächeln. Christopher spülte den Rasierer aus und sang:

»One more river, and that's the River of Jordan,
One more river, there's one... more... river... too-oo...«

Geschickt endete er in einer zarten Wendung. »Wenn es nicht das erste Mal wäre, würde ich natürlich nicht all diese Mühen auf mich nehmen«, sagte er mit normaler Stimme.

»Das erste Mal?«

»Das erste Mal mit ihr. Das überrascht Sie, nicht wahr? Sie sind nicht der einzige...«

»Nun ja, ich habe tatsächlich angenommen...«

Christopher warf seine Zigarette fort und stieß eine Rauchwolke aus, die langsam herabsank und vom Kamin aufgesogen wurde. Er begann, sich die Oberlippe zu rasieren. »Nein, zum ersten Mal«, sagte er seufzend. »Frauen sind komisch in diesen Dingen, das werden Sie noch herausfinden, mein Guter.«

»Woher wissen Sie dann...«

In Johns Stimme schwang Neugier mit, aber auch eine Spur von Unruhe. Überrascht stellte er fest, daß er innerlich vor Aufregung kochte. Es war fast, als ob man ihn bedrohe.

»Nun ja, ich *weiß* es nicht«, sagte Christopher mit gedehnter Stimme. »Es wird eben so sein... Sie wird es an nichts zu wünschen übriglassen, das steht fest...«

»Aber sie hat gesagt...«

»Man *sagt* nicht alles im Leben.« Christopher seifte sein Gesicht zum zweiten Mal ein. »Es gibt Dinge, die man nicht aussprechen muß. Wenn ich sie fragte, würde sie nein sagen. In Ordnung, werde ich sie also nicht fragen...« Diesmal rasierte er in eine andere Richtung als beim ersten Mal. Er fuhr fort: »Tatsache ist, daß ich sie einmal gefragt habe. Letzten September war das, in London... Ich kannte sie erst seit drei Wochen. Sie hat nein gesagt. Natürlich ist es möglich, daß sie sich weigert. Etwas ist ein bißchen komisch an ihr und Patrick. Ich habe Ihnen doch erzählt, daß Patrick plötzlich katholisch geworden ist, nicht wahr? Das ist schon eine sehr seltsame Sache, von welcher Seite aus man es auch betrachtet. Und Elizabeth... Sie hatte einen schrecklichen Keuschheitsfimmel, als ich sie kennenlernte. Sollte man nicht meinen, wenn man sie sieht, nicht wahr?«

»Nein«, räumte John ein. Er stand auf, um den Raum zu verlassen. Christophers Gerede war ihm unangenehm. Er wußte, daß ihm dessen Selbstbewußtsein abging.

»Ich gehe dann besser«, sagte er.

»Nun, unter den gegebenen Umständen könnte Ihre Anwesenheit meiner Unterhaltung mit Elizabeth tatsächlich im Weg stehen, mein Guter«, sagte Christopher scherzhaft. Er trocknete sein Gesicht mit einem Handtuch ab und schüttete etwas Talkumpuder auf die linke Handfläche. »Aber es ist nicht nötig, daß Sie jetzt schon gehen«, fügte er über die Schulter gewandt hinzu.

Doch die Tür schloß sich bereits. John war rasch in seinen Mantel geschlüpft und ging nun durch den Kreuzgang. Es hatte zu regnen aufgehört, und als er zum Himmel hochblickte, sah er, wie der Wind einzelne Wolkenfetzen vor sich hertrieb und nichts als eine blaue Unendlichkeit zurückließ. John wollte laufen, und er wollte allein sein. Er zitterte, selbst seine Knie bebten, und es dauerte eine Weile, ehe er seiner Unruhe Herr zu werden begann. Da hatte er das College schon hinter sich gelassen und war in ein Gewirr schmutziger Straßen eingetaucht, die aus dem pittoresken Teil der Stadt hinausführten. Hier befanden sich das Krankenhaus, billige Unterkünfte, *Fish-and-Chips*-Imbisse und Geschäfte mit Gebrauchtmöbeln, deren Preise mit weißen Ziffern auf Spiegel gekritzelt waren. Es hätte eine Straße in seiner eigenen Heimatstadt sein können. Ein paar Kinder spielten vor einem Kinofoyer und unterbrachen ihr Spiel, um ihn zu fragen, ob er hineinginge. Er gab ihnen keine Antwort.

Was ihn schockierte (denn er war schockiert), war die gewaltige Kluft, die sich zwischen seinen Phantasien und dem, was tatsächlich geschehen war, aufgetan hatte. Wenn er an den breitbeinig dastehenden Christopher in seinem Morgenmantel dachte, der gleichmütig die Rasierklinge über die Wange zog und bedächtig den nächsten Schritt erwog, dann empfand er mit unerträglicher Gewißheit, daß er selbst einer solchen Situation niemals gewachsen sein würde, ja, daß er sich lange, ehe sie eintrat, umdrehen und fortlaufen würde. Selbst jetzt hatte er sich umgedreht und war fortgelaufen, fort aus jenem Zimmer, obwohl er genau wußte, daß er den ganzen Tag an nichts anderes würde denken können. Dabei konnte er guten Gewissens sagen, daß er mit der Sache nicht das Geringste zu tun hatte. Wenn es das war, wohin ihn seine Suche nach Jill führte, würde er keinen Moment zögern, sie aufzugeben.

Er ließ die letzten Schrebergärten am Stadtrand hinter sich. Ein Feldweg brachte ihn zu einer Holzbrücke über den Fluß, die er überquerte. Von dort aus führte der Treidelweg für ein oder zwei Meilen geradeaus. Bald wurde es ländlich, Kühe trotteten neben dem Weg einher, und zwei Pferde standen abgewandt nebeneinander. In einiger Entfernung erhob sich ein dunkel bewaldeter Abhang. Der Wind pfiff durch die Büsche, und das aufgewühlte Wasser hatte die Farbe von Stahl. Ein Schwan erhob sich mit stürmischem Schwingenschlag halb aus dem Wasser, als ob er auffliegen wollte, aber dann besann er sich eines Besseren und sank wieder zurück.

Inzwischen hatte John zwei Schlüsse gezogen. Alles wäre gut, solange er Jill vor Christopher verborgen halten konnte. Er mußte diese beiden Personen klar voneinander trennen. Wenn es ihm gelang, sich mit ihr anzufreunden, dann mußte er sie in ihre eigene Umgebung zurückschieben und ihr selbst dorthin folgen. Keinesfalls durfte er ihr erlauben, ihre Lebenswelt zu verlassen. Und dann konnte er in dieses andere, unschuldige Leben treten, das sie führte. Er war froh über die Unterhaltung mit Christopher. Sie hatte ihn auf den Boden der Tatsachen zurückgebracht und ihn gezwungen, der Wahrheit ins Auge zu blicken. Als erstes erkannte er (mit einer gewissen schmachvollen Erleichterung), wie unwahrscheinlich es war, daß er Jill jemals näher kennenlernen würde. Aber wenn es dennoch geschah, dann mußten sie fort aus seiner gegenwärtigen Umgebung. Und da er wußte, daß ihm Christophers rohes Selbstbewußtsein abgehen würde, wenn es soweit war (wann würde es soweit sein?), mußte er außerdem darauf achten, daß es niemals soweit sein würde.

Sehr zufrieden mit seinen Entschlüssen setzte er den Spaziergang fort, bis er am Ende des Treidelpfads ein Dorf mit einer Bushaltestelle erreichte; dort wartete er auf den nächsten Bus. Seine Aufregung war abgeklungen, und obwohl seine Gedanken den Raum, den all diese Fragen bildeten, immer noch vorsichtig umkreisten, empfand er nunmehr keine stärkere Abneigung dagegen als gegen einen Raum, in dem eine komplizierte und unangenehme chirurgische Operation stattfand. Und ebenso selten und zufällig wie eine Operation, so glaubte er nun, waren auch diese »Dinge«. Sie standen nicht mehr mit ihm in Verbindung. Er würde mit dem Bus zurück ins Stadtzentrum fahren und auf einen Tee in ein Café gehen. Und er würde das College bis kurz nach sechs Uhr meiden, denn das, erinnerte er sich, war die Zeit, zu der Christopher und Elizabeth ins Theater aufbrachen.

Schließlich kam der Bus, und nachdem er eine Zeitlang gefahren war, erkannte John den nördlichen Stadtrand wieder, die gleichmäßigen Häuserreihen entlang stiller Alleen. Der Himmel hatte sich bewölkt, so wie sich ein Spiegel bewölkt, wenn man ihn anhaucht. Dies war Jill-Territorium, und so hielt er aus reiner Gewohnheit nach ihr Ausschau. Und sogleich sah er sie. Er saß im Obergeschoß auf der Fahrerseite, und der Bus fuhr gerade eine Haltestelle an, um eine alte Dame aussteigen zu lassen. Auf der anderen Straßenseite zweigte eine Allee ab, von der aus sich Jill in vollem Lauf näherte. Die alte Dame hatte sich über die Plattform gebeugt und bereitete sich auf das Aussteigen vor. Sie hielt sich gleichzeitig am Geländer und an ihrem silberverzierten Spazierstock fest und streckte vorsichtig einen Fuß in Richtung der Straße aus. Die Schaffnerin wartete mit der Hand an der Klingel. Jill kam näher, und als sie leicht in Richtung der Busrückseite einschwenkte, wurde John klar, daß sie diesen zu erreichen versuchte. Aber weil sie sich von der Fahrerseite aus näherte, hatte niemand sie gesehen. Die alte Dame stand jetzt mit einem Fuß auf der Straße und sammelte Mut für den letzten Schritt. Er hatte die Situation kaum erfaßt, als bereits zweimal die Klingel ertönte. Dann gab es eine unerträgliche Pause, und dann fuhr der Bus mit einem Ruck an. Jill hatte soeben den gegenüberliegenden Bordstein erreicht, und als der Bus an Tempo gewann, verschwand sie aus Johns Blickfeld. Während er sich noch gequält in seinem Sitz krümmte, ertönte ein schnelles Fußgetrappel auf der Treppe, und mit rotem Kopf, atemlos, aber lächelnd über einen Wortwechsel mit der Schaffnerin erschien Jill, ihre Handtasche haltend, und sah sich nach einem Sitzplatz um. Es war, als ob der Schwung der Anstrengung, mit der sie den Bus zu erreichen versucht hatte, sie die Treppe hinaufgetragen hätte.

Sie setzte sich in den hinteren Teil des Busses. Aus Angst, daß sie ihn wiedererkennen könne, wagte John nicht, sich nach ihr umzudrehen. Weil sie nun hinter ihm war, hatten sich ihre Rollen vertauscht: Er war der Gejagte, und das behagte ihm gar nicht. Da er nicht gehört hatte, welchen Fahrpreis sie gezahlt hatte, bezahlte er selbst bis zur Endstation, um jederzeit aussteigen zu können, wenn sie ausstieg. Obwohl es unwahrscheinlich war, daß sie den Bus gleich wieder verlassen würde, wandte er an jeder Haltestelle leicht den Kopf und vergewisserte sich aus den Augenwinkeln, daß das verschwommene Rehbraun ihres Mantels noch an Ort und Stelle war.

Da sie sich so sehr bemüht hatte, den Bus nicht zu verpassen, kam sie entweder spät zu einer Verabredung oder beabsichtigte, eine längere Strecke zu fahren. Wenngleich er die genaue Uhrzeit nicht wußte, vermutete er ersteres: Dies war nicht die richtige Tageszeit für längere Ausflüge, und so war es sehr wahrscheinlich, daß sie die Stadt noch vor Ladenschluß erreichen wollte, um irgendeine dringliche Kleinigkeit zu besorgen. Jedenfalls war es zu spät für eine Verabredung am Nachmittag und zu früh für Kino oder Theater. Aber wohin sie auch gehen mochte – er war fest entschlossen, sie nicht entkommen zu lassen. Diesmal würde er sie zur Strecke bringen, diesmal würde er sie bis zu ihrem Zuhause verfolgen, und sollte es ihn den Tee, das Abendessen und das Frühstück am nächsten Morgen kosten.

Der Bus bog in die breite St.-Giles-Street ein, deren hell erleuchtete Fenster auf beiden Straßenseiten durch die kahlen Bäume schimmerten. Wie er es erwartet hatte, stand sie auf, als der Bus vor der Haltestelle am Ende der Straße seine Fahrt verlangsamte. Er sah noch, wie ihre rehbraunen Schultern auf der Treppe entschwanden. Dies war eine beliebte Haltestelle, und im allgemeinen Gedränge dauerte es einige Augenblicke, ehe er sich aus der Menge freikämpfen konnte. Unterdessen war sie etwa zwanzig Meter weit gekommen, mit schnellen, von kleinen Hüpfern unterbrochenen Schritten. Ihn irritierte die Richtung, die sie einschlug: Weder ging sie in das Geschäftsviertel – es sei denn auf Umwegen – noch in Richtung des Kinos. Sie bewegte sich auf einen ruhigeren Bereich mit einigen Colleges zu. Das überraschte ihn so sehr, daß er um ein Haar überfahren worden wäre. Und als sie ihn vor die Mauern seines eigenen Colleges führte, stockte ihm fast das Blut in den Adern. Als sie einige Studenten ansprach, die schwatzend in der Toreinfahrt standen, als sie dann eintrat und seinen Blicken entschwand, da blieb er wie angewurzelt stehen, und das Herz schlug ihm bis zum Hals. Dann rannte er los, wie in einem Albtraum am ganzen Körper schweißgebadet. Keuchend erreichte er das Portal und hörte noch, wie der Pförtner ihr einen Weg beschrieb. Es war dieselbe Beschreibung, die er fast sechs Wochen zuvor erhalten hatte. »Treppenhaus vierzehn liegt auf der rechten Seite«, sagte der Pförtner. »Sie können es nicht verfehlen.«

Sie bedankte sich bei ihm und überquerte schnellen Schrittes den kiesbestreuten Innenhof. Ihre Handtasche baumelte an dem breiten Riemen. Mit ein paar schwungvollen Kopfschlenkern brachte sie ihr Haar einigermaßen in Ordnung. John packte den Pförtner beim Ärmel, als dieser sich gerade umdrehen wollte.

»Wohin geht sie?« verlangte er aufgeregt zu wissen.

»Nun, in Ihr Zimmer, Sir. In Ihr Zimmer geht sie.«
»Will sie zu mir?«

»Kann ich nicht sagen, Sir«, sagte der Pförtner und bedachte ihn mit einem kühlen Blick, den John, jäh gepackt von einem schrecklichen Gedanken, ignorierte. »Aber es kann nicht sein, daß sie dorthin geht«, rief er aus. Sie verschwand durch den Torbogen. »Es kann nicht sein«, wiederholte er und begann, ihr nachzurennen. »Es kann nicht sein«, echote er in dem Torbogen, der zum Kreuzgang führte. Er hörte das Klappern ihrer Schuhe auf der anderen Seite des Hofes, hörte die zwei unterschiedlichen Kratzgeräusche, die ihre Schuhe machten, als sie die Treppe hochging, und sah dann durch eine Lücke zwischen den Pfeilern, wie sie nach kurzem Zögern entschlossen das Haus betrat. Sein Mund war ausgedörrt, und ihm war vor Aufregung übel – als ob er zugesehen hätte, wie eine nichtsahnende Person einen Raum voller Giftschlangen betrat. Doch nichts geschah. Lediglich drei Krähen überquerten das Himmelsquadrat über dem Hof, und aus der Ferne drang wie immer Jazzmusik. Er wußte selbst nicht, was er erwartet hatte; trotzdem war er so angespannt wie jemand, der soeben eine Pulverspur entzündet hat, die zu einem Munitionslager führt.

Widerwillig folgte er ihr bis zum Treppenaufgang. Dort wurde ihm klar, daß es durchaus mehrere Studentenwohnungen gab, die sie hätte betreten können. Aber es war ihm egal – er war viel zu aufgebracht, um die Situation im Licht der Vernunft betrachten zu können. Eine wilde Mischung aus Furcht, Neugier und dem Verlangen, sie zu retten, trieb ihn an. Wieder war es pure Verzweiflung, die ihn – wie immer, wenn er überhaupt nicht mehr weiterwußte – die Initiative ergreifen ließ. Er klopfte an und öffnete die Tür.

»John!« sagte Elizabeth überrascht. Alle drehten sich um.

»Hallo, mein Alter, habe nicht erwartet, daß Sie es sind«, sagte Christopher mit falscher Fröhlichkeit. John lächelte plötzlich.

»Wie geht es Ihnen?« fragte er.

»Würdest du den Kessel aufsetzen?« sagte Patrick im konzentrierten Tonfall eines Mannes, der so viel ertragen hat, wie er nur ertragen kann. Christopher antwortete nicht und stellte den Kessel auf das Feuer. »Ich glaube, Sie kennen sich noch nicht«, sagte er beiläufig zu John und zeigte auf das dunkelhaarige Mädchen und Jill. »Das ist John Kemp, meine bessere Hälfte. Das ist Evelyn, und das ist Gillian, die das Unglück hat, eine Cousine von Elizabeth zu sein« – Elizabeth tat, als wolle sie mit ihrer Zigarette nach ihm werfen – »und von Patrick.«

John konnte gar nicht anders, als die sechs Personen im Zimmer einen Moment lang zu mustern und zu registrieren, was sie taten. Christopher saß auf dem Kamingittersitz und schwenkte mit einem zweifelhaften Lächeln die Teekanne; Patrick und das dunkelhaarige, jüdisch aussehende Mädchen saßen einander in Sesseln gegenüber; Eddy kippelte auf einem schlichten Holzstuhl, der sich bereits gefährlich weit nach hinten zum Schreibtisch neigte; Elizabeth und Jill saßen auf dem Sofa. Sie hatten ihr Abendessen fast beendet, und schmutzige Teller und Tassen standen überall auf dem Kaminvorleger herum. In einer Ecke lag ein Haufen Mäntel, zuoberst Jills Mantel. Leicht vorgebeugt saß sie da, die Hände im Schoß und mit nach vorn fallendem Haar; der schmale Umriß ihrer Schulterblätter zeichnete sich durch die Jacke ab.

»Oh?« John lächelte immer noch, aber sein Lächeln gab

bereits unter der Last seines Erstaunens nach. Evelyn nickte ihm zu, und Jill warf ihm einen so flüchtigen Blick zu, daß ihre Augen sich kaum trafen. »Freut mich, Ihre ...«

»Es gibt gleich Tee, falls Sie eine Tasse finden«, fuhr Christopher fort. »Ist noch eine da? Ich glaube, ich habe Gillian die letzte gegeben. Ihr seid beide im ungünstigen Moment des Wasserkochens eingetroffen.«

»Tut mir *leid*, daß ich mich verspätet habe«, sagte Jill mit sanfter Stimme und verschränkte die Hände. John stellte fest, daß er sich an ihre Stimme erinnerte.

Um seine Verwirrung zu verbergen, ging er zum Schrank, wo er die Tasse ohne Griff fand: Christopher hatte sie nach dem Rasieren einfach weggestellt, ohne sie auszuwaschen. Also ging er hinaus zum Waschbecken und hörte im Gehen noch, wie Christopher antwortete: »Oh, das geht in Ordnung, nur daß jetzt nicht mehr fürchterlich viel zu essen da ist. Genaugenommen gar nichts.« Nachdem er den Rand von Bartstoppeln weggespült hatte, lief er hinüber zu Whitbreads Zimmer. Whitbread war nicht da, doch auf dem Tisch lagen mehrere aufgeschlagene Bücher. Er öffnete den Schrank und fand einen halben Kuchen, den er stahl. Mit dem Kuchen unter dem Jackett lief er zurück zum Treppenhaus vierzehn.

»Wo kommt der denn her?« fragte Christopher überrascht, als er kurz darauf den Kuchen sah. »Mensch, John, Sie alter Pirat. Gut gemacht. Jetzt können wir Gillian etwas zu essen anbieten.« Er sah sich nach einem sauberen Teller um und lud ein großes Stück Kuchen darauf.

»Oh, das ist viel zu viel – ich frage wohl besser nicht, wo der herkommt!« sagte sie und biß lachend in den Kuchen. Als John merkte, daß sie ihn direkt angesprochen hatte, hielt er den Atem an. Gillian, sie hieß Gillian, ihr Name war Jill.

»Aus rein akademischem Interesse: wo *kommt* er denn her?« fragte Christopher. Er hob eine Augenbraue und warf John einen vielsagenden Blick zu. Der war froh, Teil einer kleinen Verschwörung zu sein.

»Von Whitbread.«

»Wer? Nie von ihm gehört«, sagte Christopher und brach in schallendes Gelächter aus.

»Geben Sie mir etwas davon«, sagte Patrick und beugte sich gierig vor.

»Oh, er ist ein schrecklicher Mensch«, sagte John, um weiter an der Unterhaltung teilzuhaben. »Nehmen Sie, soviel Sie wollen.«

»Ist er gut?« erkundigte sich Patrick bei Jill. Sie hatte den Mund voll und konnte zuerst nur nicken. »Ja, wunderbar, aber ich habe zuviel bekommen. Ich hatte heute schon Tee und Kuchen. Meine Tante weiß gar nicht, daß ich hier noch einmal Tee trinke.« Sie blinzelte schüchtern in die Runde.

»Warum sollten Sie hier nicht Tee trinken?« fragte Eddy so herausfordernd, als ob er eine persönliche Beleidigung wittere.

»Sprich nicht, als ob sie sich jeden Moment in Luft auflösen könnte«, protestierte Elizabeth, legte ihren Arm schützend um Jill und zog sie an sich. »Tante Charlotte ist nur ein bißchen streng. Sie glaubt, daß Jills treu ergebener Cousin und ihre gleichfalls treu ergebene Cousine heute ins Theater gehen. Wenn sie wüßte, daß ihr Flegel alle mitkommt, würde sie Zustände kriegen.«

»Wie bist du entkommen?« fragte Evelyn, die zum ersten Mal seit Johns Eintreffen sprach. »Mit einem Seil aus Bettlaken durch das Schlafzimmerfenster?«

»Oder mit einer Feile in einem Brotlaib?«

»Sie muß dasitzen und dem alten Mädchen *East Lynne* vorlesen«, sagte Elizabeth und blickte in die Runde. »Stellt euch das vor – in diesen unseren Zeiten.«

»Oh, der Roman ist nicht schlecht«, rief Jill aus und stellte ihre Tasse ab. »Nicht wie *Sorrell und Söhne*.« Sie stieß ein kurzes, hartes Lachen aus. Es schien, daß der Klang ihrer eigenen Stimme sie befremdete.

»Wer?« fragte Eddy. »Also, ich würde sagen, laßt uns aufbrechen und das alte Mädchen ein bißchen auf Vordermann bringen. Die Guy-Fawkes-Nacht mit allem Drumherum ist zwar schon vorbei, aber wir könnten ihr ein paar Weihnachtslieder vorsingen ...«

»Sei nicht so ein Idiot«, sagte Elizabeth verärgert.

Während sie sprachen, trank Jill ihren Tee aus. Sie achtete auf alles, was gesagt wurde, blickte von einem Sprechenden zum nächsten, und wenn sie ihren Kopf drehte, traten die feinen Sehnen an ihrem Hals hervor. John schwieg, weil er ahnte, daß sie ihn auf dieselbe Weise ansehen würde, sobald er spräche. Alles Glück, das er hätte empfinden müssen, weil sie sich im selben Zimmer aufhielt wie er, wurde dadurch zunichte gemacht, daß er sein Opfer ausgerechnet an jenem Ort zur Strecke gebracht hatte, den er am meisten hatte meiden wollen. Was blieb, war eine Art von staunender Verwirrung. Er half Christopher dabei, die Verdunkelungen anzubringen.

»O weh, nun heißt es aufzubrechen«, deklamierte Elizabeth. »Hol Gillians Mantel, Christopher. Du könntest dich immerhin wie ein Gentleman benehmen, wenn du schon keiner bist.«

»Ha, ha, ha«, brüllte Eddy und legte seinen Schal um. Patrick und Evelyn brachen ihre Unterhaltung ab und blickten freundlich in die Runde. John ging zur Tür, so daß

Jill an ihm vorübergehen mußte, sobald Christopher ihr in den Mantel geholfen hatte. Vergebens kämpfte er gegen einen aufwallenden Schmerz an, den das Weggehen der anderen in ihm auslöste. Jill kam jetzt auf ihn zu, zögerte kurz und sah ihn unsicher an. John spürte, daß sein ganzes Gesicht sich anspannte.

»Hoffentlich werden Sie sich gut amüsieren«, sagte er.

»Ja – aber ja, ich denke, das werden wir. Wissen Sie, ob das Stück gut ist?«

»Nein. Ich wünschte, ich könnte mit Ihnen gehen.«

»Gehen Sie denn nicht mit?« fragte sie, doch da kamen bereits Elizabeth und die anderen und führten sie mit sich aus dem Raum, nach draußen und die Treppe hinab. Er blieb allein zurück und hörte, wie ihre Schritte draußen verhallten. Nach kurzem Zögern ging er hinüber zum Sofa und trank die kalte Pfütze aus Jills Tasse – seinen Mund drückte er auf dieselbe Stelle, wo ihrer gewesen war.

*

Mancherlei schockierte ihn. Nachdem er den anderen zum Theater gefolgt war und im Schutz der Dunkelheit an einer Mauer lehnte (es fehlte ihm der Mut, hineinzugehen), vertrieb er sich die Zeit damit, diese Dinge nach ihrer Wichtigkeit zu ordnen – etwa so, wie man ein Kartenspiel ordnet. Am seltsamsten erschien ihm, daß Jill und Elizabeth Cousinen waren. Selbst nach einer Stunde anhaltenden Bemühens konnte er sich nicht zu mehr als einer rein theoretischen Anerkennung dieser Tatsache überreden. Doch selbst damit ging die schreckliche, schleichende Furcht einher, daß sie einander in ihrem Charakter weitaus ähnlicher sein mochten, als dies dem Äußeren nach der Fall war, und mit großer Gewißheit stellte sich die Erkenntnis ein, daß Jill völlig unter Elisabeths Kontrolle stand. Als nächstes kam die Tatsache dran, daß sie sich weigerte, irgendeine Verbindung zu ihm anzuerkennen. Das war verstörend, so verstörend, wie wenn er sich vor einen Spiegel gestellt und die Hand zum Gruß erhoben hätte, ohne daß sein Spiegelbild geantwortet hätte. Dann kam sein Entschluß vom Nachmittag an die Reihe, daß alles in Ordnung sei, solange er Jill nur von Christopher fernhalten könne.

Er überquerte die Straße und kaufte eine Karte für einen billigen Platz im Kino, nah bei der Leinwand. Riesige Schatten gestikulierten unmittelbar vor ihm herum, während er mit geschlossenen Augen dasaß und nichts als die gelegentlichen Äußerungen der Charaktere und die Geräusche hörte, die die Handlung begleiteten. Seltsam, wie wenig gesprochen wurde. Eine kreischende Kinderstimme sagte etwas, woraufhin alles lachte. Dann folgte eine lange Pause voller Knallen, Kratzen und Knirschen, dazwischen vertraute, aber künstlich wirkende Geräusche: das Klingen eines Glases, das gegen eine Karaffe stößt, das Zuschlagen einer Autotür. Er öffnete einen Moment lang die Augen und sah einen Mann und eine junge Frau, die durch eine ländliche Szenerie fuhren. Er schloß die Augen wieder. Als er daran dachte, wie nah Jill war, nur durch die Straße von ihm getrennt und in der Gesellschaft von Menschen, die er kannte, begann er unwillkürlich schneller zu atmen. Ein unbestimmtes körperliches Unwohlsein überkam ihn, und er hätte sich gern gestreckt. Wieder sah er auf die Leinwand: Der Mann und die junge Frau waren verschwunden. An ihrer Stelle saß nun ein Mann an einem Schreibtisch und sprach in ein Telefon. Es war klar, daß er komisch wirken sollte. Kurz darauf klingelte ein weiteres Telefon, das der Mann an sein anderes Ohr hielt. Antworten, die für den einen Anrufer bestimmt waren, wurden von dem anderen mißverstanden, und der Mann, der immer nervöser wurde, verhedderte sich in den beiden Kabeln, bis er praktisch an den Stuhl gefesselt war. Das Publikum lachte schallend. John brachte vorübergehend Interesse für den Film auf, aber ihm fiel immer wieder ein, daß er die Uhrzeit nicht aus dem Blick verlieren und die Theatergesellschaft unbeobachtet entkommen lassen durfte. Also verließ er das Kino eine Viertelstunde vor dem Ende des Films, dessen Titel er immer noch nicht kannte. Als er hinausging, wurden ihm aus der Warteschlange Blicke zugeworfen.

Die Straße war unbeleuchtet und gedrängt voll mit Soldaten und Luftwaffenleuten auf der Suche nach Speiselokalen und Bars. Ihre Rufe hallten über die Straße. Als die Besucher der ersten Abendvorstellung aus dem Theater zu strömen begannen, wurde John klar, daß es unmöglich war, sie im Blick zu behalten, ohne wenigstens ein paar Schritte in das Foyer zu treten. Als er dort angekommen war, bemerkte er einen zweiten Ausgang, den er auf gar keinen Fall auch noch im Auge behalten konnte. Getrieben von Sorge und Eifer wagte er sich ins Licht vor und erhielt unerwartet einen Rippenstoß. Christopher, Patrick und Eddy standen in ihren weit geöffneten Mänteln da und grinsten ihn aus unmittelbarer Nähe an.

»Hallo, alter Knabe, holen Sie uns ab?«

»Nein ... nein! Ich ...« Entsetzt starrte er zurück. »Nein, ich habe mich bloß gefragt ... ich habe mich gefragt, ob ich zur zweiten Vorstellung hineingehen sollte ...«

»Gute Idee! Gute Idee! Lohnt sich wirklich, nicht wahr, Eddy?«

»Verdammt gute Aufführung«, bestätigte Eddy hicksend. Er versuchte, einen Scherz aus der Vorstellung zu wiederholen und überspielte sein Scheitern mit übertriebenem Gelächter.

»Dann sollten Sie aber keine Zeit verlieren«, sagte Patrick.

»Nein, Sie sollten sich gleich Ihren Sitz sichern, mein Alter... Es ist bestimmt noch etwas frei... Na los, kommen Sie mit und sehen Sie selbst.«

Sie wirbelten John herum, bis sie vor dem strahlend hellen Kartenschalter standen, der von den Preisinformationen eingerahmt wurde. Als Christopher sich ins Licht vorbeugte, schimmerte sein Kinn in unnatürlicher Glätte und erinnerte John an die nachmittägliche Rasur.

»Wo sind Elizabeth und die anderen?« fragte er Patrick mit gedämpfter Stimme. Patrick starrte ihn mit einem herablassenden Grinsen an, ohne zu antworten.

»Jawohl, alles in Ordnung, alter Knabe! Parkett links, sieben und sechs. Auf zu sieben und sechs! Sie haben Glück. Die erste Vorstellung war ziemlich überfüllt, nicht wahr, Eddy?«

»Gott, ja.«

»Wo sind die anderen, Christopher?« fragte John verzweifelt und händigte ihm eine Zehn-Schilling-Note aus, als ob er für die Information bezahlen wollte. In einer fast tänzerischen Bewegung wirbelte die Gruppe von dem Kartenschalter fort, und John hielt eine blaue Eintrittskarte und einen Halfcrown umklammert.

»Los, laßt uns etwas trinken gehen«, sagte Eddy. »Zum Teufel mit dem Abendessen. Wir können nach der Sperrstunde immer noch etwas essen gehen.«

»Aber irgendwo, wo es ruhig ist.«

»Meine Güte, Pat«, sagte Christopher verächtlich, »kannst du nicht ein einziges Mal die Kontrollettis vergessen?«

»Scheiß auf die Kontrolleure!« johlte Eddy, und etliche Leute drehten sich nach ihnen um. John bemerkte, daß der Türsteher auf sie zukam. Er war ein großer Mann mit einem unangenehmen Narbengesicht.

»Kommen 'Se rein oder geh'n 'Se raus?«

»Hä?« fragte Christopher und drehte sich ehrlich erstaunt um.

»Weil, wenn Se reinkommen, halten Se besser den Mund. Machen Se Krach, sind Se schneller wieder draußen auf die Straße, wie Se denken können.«

Er beugte sich vor und starrte sie drohend an.

»Kümmern Sie sich verdammt noch Mal um Ihren eigenen Kram!« sagte Eddy entrüstet und warf den Kopf weit zurück. Das gedämpfte Licht malte tiefe Hohlräume unter seine Augen und um seine Nasenlöcher.

»Was sagen Se da? Hä? Was hatta gesagt?«

»Ich habe gesagt, Sie sollen sich verdammt noch Mal um Ihren eigenen Kram scheren«, wiederholte Eddy mit voller Absicht und Unverschämtheit.

»Und sich schleunigst verkrümeln«, fügte Christopher hinzu und drängte voran. Seine Stimme hatte einen gebieterischen Ton angenommen, und er versuchte nicht im geringsten, ihn zu mäßigen. Doch der Mann ließ keinerlei Anzeichen gesteigerten Ärgers erkennen.

»Jetzt aber raus hier. Na los, raus hier. Solche wie Sie woll'n wa hier nich' ham. Raus hier, wenn Se sich nich' benehmen könn'.«

John befürchtete ein Handgemenge, und es gelang ihm, sich davonzustehlen. Aus schierer Verzweiflung händigte er einer jungen Frau in Uniform seine Eintrittskarte aus und betrat den Zuschauerraum, der sich zwar langsam füllte, aber noch zu drei Vierteln leer war. Sofort bereute er seine Entscheidung und kehrte, nachdem er den zusammengefalteten Mantel auf seinen Sitz gelegt und die Haare zurückgestrichen hatte, in das Foyer zurück, wo er die jungen Frauen anzutreffen hoffte. Aber sie waren spurlos verschwunden, und der Portier stand da und unterhielt sich liebenswürdig mit der Platzanweiserin, die damit beschäftigt war, die Eintrittskarten in Empfang zu nehmen. John rannte hinaus auf die dunkle Treppe, doch da war nichts als das Hupen der vorbeifahrenden Autos und die Rufe und das Fußgetrappel der Passanten in einer nächtlich belebten Stadt. Von den anderen war keine Spur zu sehen. Als er in den Zuschauerraum zurückkehrte, fühlte er sich von Kummer wie ausgehöhlt. Ein tiefer, bodenloser Brunnen des Alleinseins schien sich in ihm aufzutun. Die Lichter erloschen: eines nach dem anderen ging aus, und die Dunkelheit ergriff erneut von allem Besitz.

Er ließ das Stück an sich vorüberziehen. Etwas anderes gab es nicht zu tun. Als er aus dem Theater kam, war der Mond aufgegangen, und der Zaun rings um den kleinen Friedhof warf sein Gitterraster auf den Rasen und die Gräber. Überall ballten sich gewaltige Mengen von Schatten zusammen, unförmige, verschlingende Massen, aber hier und da ragten einzelne Fassaden oder ganze Straßenseiten in dem blassen, jedes Detail betonenden Licht auf, als wollten sie still ihre Dankbarkeit bekunden. Der Wind wehte um die Torbögen und die unzähligen filigranen Turmspitzen. Als John das Collegetor erreichte, war sein Klopfen das einzige Geräusch auf der Straße. Die Uhren schlugen Viertel vor elf.

Abgesehen davon, daß das Feuer ausgegangen war, befand sich der Raum in exakt demselben Zustand wie zum Zeitpunkt seines Aufbruchs. Christopher war fort, und allem Anschein nach war er zwischendurch auch nicht zurückgekehrt. John holte einen Anzünder aus dem Schrank des Bediensteten und brachte das Feuer wieder in Gang. Er wusch sich die Hände, setzte sich auf das Sofa und las in Christophers monatealter amerikanischer Zeitschrift. Wo auch immer Christopher sein mochte und was auch immer er tat, er würde mit Sicherheit bis Mitternacht zurückkehren. Wo sie sich jetzt wohl gerade aufhielten? Als er sich ausmalte, wie die sechs miteinander lachten und scherzten, empfand er einen Schmerz, der so akut und spürbar wie Zahnweh war. Er legte die Hände auf den Kopf, preßte die Handflächen gegen die Augen und empfand deutlich, wie überdrüssig er des Wartens war. Im Zimmer war nichts zu hören als das Ticken der Uhr und das Knistern der neubelebten Flammen. John hatte sich schon immer für wenig befähigt gehalten, aber nie zuvor hatte er sich so vollkommen hilflos, gelähmt und besiegt gefühlt. Er stand auf und suchte in den Bücherregalen nach einem Band, den er für eine seiner vielen unerledigten Arbeiten brauchte. Dabei fiel sein Blick auf die Schreibmappe, die er Christopher geschenkt hatte. Er machte sich nicht die Mühe, nachzuschauen, ob sie immer noch leer war.

Die Uhr zeigte fünf vor zwölf. Weil die Tore um Mitternacht endgültig verschlossen wurden, saß John bis zehn nach zwölf da und erwartete fest, jeden Moment Schritte zu hören. Aber niemand kam. Er lehnte sich zurück und schloß die Augen.

Als er aufwachte, ging Christopher im Raum umher, und die Uhr zeigte Viertel vor eins. Das helle Licht verwirrte John, der vergessen hatte, warum er hochgeschreckt war. Christopher wirkte verärgert. Er setzte sich hin und ließ seine Schuhe geräuschvoll fallen.

»Mir sind gerade achtzehn Schillinge flöten gegangen«, sagte er.

Alles, woran John denken konnte, war, daß er eine Wette auf Jills Verführung abgeschlossen hatte.

»Wette verloren?« fragte er einfältig.

Christopher schaute mürrisch drein. »Drei Stunden Poker mit Robin Scott und Max und diesem Dummkopf Patrick. Mein Gott, ich frage mich manchmal, warum wir uns mit diesem Kerl abgeben. Erst nimmt das Schwein mir achtzehn Schillinge ab, und dann nörgelt er wegen einer Zigarette herum.« Er warf den Stummel ins Feuer. »Diese lausige Ratte.«

Nachdem er das alles mit größter Heftigkeit hervorgestoßen hatte, zog Christopher seine Pantoffeln an und ging ins Schlafzimmer. Einige Augenblicke später hörte man ihn lauthals fluchen, weil ihm sein Zahnputzbecher heruntergefallen war. John eilte mit langsam aufklarendem Verstand hinterdrein.

»Dann sind Sie den ganzen Abend im College gewesen?«

»Seit es geschlossen ist, ja. Vorsicht, da unten liegt eine Scherbe.«

»Aber die Mädchen, was ist mit ihnen passiert?«

»Ach, Elizabeth ist gleich mit der Kleinen los, und Evelyn hatte keinen Passierschein für den Abend... Ich habe Elizabeth allmählich satt.« Christopher klatschte sich energisch auf den Bauch und massierte die Vorderseite seiner Oberschenkel. Dann zog er seine Schlafanzugjacke an und kroch ins Bett. Heftig ausatmend lag er da. John begann, sich auszuziehen.

»Und wie lief es heute nachmittag?«

»Ach ja, richtig. Himmel, was für ein Tag. Das hat alles diese verfluchte kleine Cousine vermasselt.«

»Wie denn das?«

»Ach ...« Christopher räkelte sich. Der Versuch, sich zu erinnern, strengte ihn offenbar an, und die Geste ging in ein Gähnen über. »Na ja, Elizabeth hatte zwei Theaterplätze für uns reserviert, schon vor Ewigkeiten. Dann erfährt dieses alte Miststück von Tante von der Reservierung und hetzt ihr Gillian auf den Hals. Als nächstes erzählt es die alberne kleine Gans Patrick, und Patrick will mit Evelyn dazukommen. Also wird aus der ganzen Sache eine Familienfeier, und alles ist völlig im Eimer.«

»Und Sie hatten keine Gelegenheit, sie, na ja, nach der Sache zu fragen?«

»Nein, aber eines kann Ihnen sagen: Elizabeth ist wieder völlig abweisend, das habe ich den ganzen Abend über gemerkt. Sie ist jetzt ganz mütterlich und beschützend und unschuldig wegen dieser dummen kleinen Gans Gillian. Was halten Sie davon? Ich bin es allmählich ziemlich leid. Nun gut, vielleicht kann ich sie überreden, wenn wir wieder in London sind ...« Er stieß ein Lachen aus und drehte sich geräuschvoll zur Seite. »Zumindest muß ich mich morgen nicht rasieren. Ach Gott. Sie machen das Licht aus, ja? Ich will nicht gestört werden.«

Aus irgendeinem Grund hatte John nach dem Gespräch mit Christopher das Gefühl, begnadigt worden zu sein, und als er am nächsten Morgen erwachte, empfand er keine Verzweiflung, sondern Glück. Wie der Wind hatte sich seine Stimmung über Nacht vollständig gedreht. Es war noch halbdunkel, als er sein Handtuch nahm und sich auf den Weg ins Bad machte. Ein paar vereinzelte Sterne blinkten über den Türmen, der Rauch frisch entfachter Feuer quoll aus den Schornsteinen und wurde von einem warmen, starken Wind davongetragen. Der Himmel war bedeckt, und in einer halben Stunde würde es nur noch ein ganz normaler, langweiliger Morgen sein, aber John nahm das anders wahr: dieses Halbdunkel, dieser Zustand, kurz bevor der Bug des neuen Tages den Wogenkamm erreicht hatte, schien ihm das Bevorstehen von etwas Neuem zu versinnbildlichen. Und was außer Jill konnte das sein? Das nasse, grüne Gras des Innenhofes, die dumpfe Stille des Kreuzganges, die Bäume mit ihren tropfnassen Zweigen, vor allem aber der Wind waren für ihn die Sendboten einer großen Macht, die auf seiner Seite stand. Er war sich jetzt sicher, daß sein Bemühen von Erfolg gekrönt sein würde. Als er gerötet das Bad verließ, wußte er es genau: Wenn sie sich wieder begegneten, würde etwas, das so stark wie der Wind war, jedes Mißtrauen, jeden Mißmut, unter dem er je gelitten hatte, einfach hinwegfegen. Er verstand gar nicht, warum er diese Tatsache jemals angezweifelt hatte. Sie mußten sich bloß begegnen.

Was machte es denn im Grunde schon aus, daß sie die Cousine von Elizabeth war? Whitbread war John nur deshalb mit Mißtrauen begegnet, weil er Christophers Stubengenosse war. Bei ihr war es das gleiche: Sie war sie selbst, sonst nichts. Alles, was seinen Charakter normalerweise kennzeichnete, war fortgespült worden wie Felsbrocken aus einer ausgewaschenen Klippe. In der Pförtnerloge lag ein Brief seiner Schwester für ihn. Sie erkundigte sich, warum er ihren letzten Brief nicht beantwortet habe, aber er fühlte sich zu matt, um mehr als die erste Seite zu lesen. Als er sich anzog, beruhigte ihn das Vogelgezwitscher im Garten. Aus dem Spiegel sah ihn sein Gesicht an.

Nachdem er den Vormittag mit Kaffeetrinken verbracht hatte, ging er mittags ins »Bull and Butcher« und traf dort auf Eddy Makepeace, der allein vor seinem Bier saß. Eddy hatte eine Zeitung aufgeschlagen und studierte aufmerksam die Rennprognosen. Als John hereinkam, hustete er und hob das Glas zum Mund.

»Guten Morgen«, sagte John.

»Wie geht's.« Eddy richtete seine Aufmerksamkeit wieder auf die Zeitung, aber John ging zu ihm hin und setzte sich neben ihn. Er öffnete ein neues Päckchen Zigaretten. »Möchten Sie eine?« fragte er.

»Ah.« Eddy holte sein Feuerzeug hervor und nahm eine Zigarette. Eine Neuigkeit in der Zeitungsspalte, die er gerade gelesen hatte, erregte seine Aufmerksamkeit, und sein Mund öffnete sich ein wenig. »Ach du liebes bißchen«, kommentierte er halblaut und gab John Feuer.

»Gutes Stück gestern abend.«

»Hä? Ach, das Stück. Ja, verdammt gutes Stück.«

»Einige gute Pointen.«

»O ja, einige verteufelt gute Pointen.« Eddy versuchte wieder, den Witz nachzuspielen, der ihm so gut gefallen hatte. Er lachte leise und keuchend, und John fiel in sein Gelächter ein. In einem Spiegel sah er Eddys Hinterkopf.

»Wo ist übrigens Elizabeth hingegangen?«

»Hä? Ach, Elizabeth. Wann meinen Sie?«

»Nach der Aufführung.«

»Nun, sie ist nach Hause gegangen. Ja genau, hat sich ziemlich früh verkrümelt, noch vor der Nationalhymne.

Ich mag's nicht, wenn Leute das tun«, sagte Eddy und schüttelte den Kopf.

»Ich nehme an, daß das andere Mädchen bei ihr war?«

»Wer, Evelyn? Nicht ums Verrecken. Die können sich nicht ausstehen. Oder meinen Sie diese Kleine, Gillian? Ja, die war bei ihr.«

»Sie ist Elizabeths Cousine, nicht wahr?«

»Klar doch.«

»Sie kann nicht sehr alt sein.«

»Gerade aus der Schule.« Eddy schlug die Beine übereinander und steckte die zusammengefaltete Zeitung in die Tasche. Er blinzelte ein paar Mal. »Ich fühle mich heute vormittag nicht so besonders«, sagte er.

»Kater?« fragte John mitfühlend. Eddy begann, einen unzusammenhängenden und langweiligen Bericht über die Party zu geben, auf der er am Vorabend gewesen war. »Wo sind eigentlich alle? Kommt Christopher heute vormittag her?«

»Ich denke, daß er unterwegs ist.«

»Aber Sie sollten mal hören, wie Jack die Geschichte erzählt. Da war er also und ging mit einem Glas und einer Flasche über den Rasen, als er den Dekan mit einer Taschenlampe kommen sieht. Was glauben Sie, was das blöde Schwein da tut? Legt sich flach auf den Boden, als ob er Soldat spielen würde. Kommt also der Dekan und leuchtet mit seiner Taschenlampe auf ihn herab – wie er da liegt, nicht wahr, mit einer Flasche in der einen Hand und einem Glas...«

John lachte.

»Gott, ich wünschte, ich hätte dabei zusehen können. Wo sind denn bloß alle hin? He, Charley, war Mr. Warner heute morgen schon da?« rief Eddy.

Charley sagte nein. Eddy leerte sein Bierglas, und die nächste Runde ging auf John.

»Und wie lange bleibt sie?« fragte er, als er mit den Getränken zurückkehrte.

»Wie lange bleibt wer?«

»Diese Kleine, diese Gillian... Wie heißt sie mit Nachnamen?«

»Weiß ich nicht. Ich weiß gar nichts über sie. Ihre Mutter erholt sich wohl von einer Krankheit, und sie lebt bei ihrer Tante. Die Kleine, meine ich. Ich wollte hingehen und sie ein bißchen aufheitern, aber Elizabeth ist mir ziemlich scharf in die Parade gefahren.«

»Warum, wo wohnt sie denn?«

»Irgendwo an der Banbury Road. Moment mal!« Eddy starrte John an und drehte seine Zigarette zwischen den Fingern. Als er merkte, daß sie ausgegangen war, kramte er sein Feuerzeug wieder hervor. »Moment mal, Sie haben doch nicht vor, mit ihr anzubändeln, oder? Seien Sie kein Dummkopf. Elizabeth würde Sie auffressen.«

»Was geht das Elizabeth an? Aber ich hatte es sowieso nicht vor.« John lachte nervös, und die Muskeln in seinem Mund zogen sich zusammen, als ob er auf etwas Saures gebissen hätte. Ihm fiel eine scharfe Erwiderung ein, die sich unter Whitbreads Freunden großer Beliebtheit erfreute, und er fügte hinzu: »Sie sind ja nicht ganz dicht.«

Eddy stieß frischen Rauch aus und nahm einen Schluck von seinem Bier.

»Seien Sie kein Dummkopf«, wiederholte er, und John begriff, daß er damit nicht nur sagen wollte, wie dumm es von John sei, Jill auf sich aufmerksam machen zu wollen, sondern sie überhaupt attraktiv zu finden.

»Was zum Teufel hat das damit zu tun...«

»Versuch macht klug.« Eddy sah auf seine Armbanduhr: ein teures Stück, denn Eddys Vater war hoher Beamter in Indien. »Verdammter Kinderschänder.« Er ließ eine so außerordentlich unanständige Bemerkung folgen, daß John rot anlief und ganz still dasaß. »Zum Teufel, wo sind denn nur alle hin?«

Wie als Antwort steckte in diesem Moment Patrick den Kopf durch die Tür und trat ein. Er war mit einem dunklen Mantel und einem Spazierstock ausstaffiert und näherte sich ihnen mit einem gerissenen Grinsen. »Auf wen geht die nächste Runde?« wollte er wissen.

»Holla, Pat«, sagte Eddy. »Drei Dunkel lautet die Bestellung.«

»Bitte, John, Sie haben gehört, was der Gentleman hier gesagt hat.« Patrick angelte sich mit seinem Stock einen Stuhl und ließ sich darauf nieder. »Nun machen Sie schon, Mann! Sitzen Sie nicht wie ein Ölgötze da.«

John nahm das Glas, das Eddy ihm hinhielt, und ging zum Tresen.

»Und Sie können Charley sagen, daß in meines Gin soll«, rief Patrick. John tat so, als habe er nichts gehört. Eddy grinste.

Als er zurückkam, unterhielten sich die beiden über den letzten Abend. »Chris ist ein schockierend schlechter Verlierer«, sagte Patrick. »Wir haben eine Runde Poker mit ein paar Jungs aus dem zweiten Studienjahr gespielt, und Chris hat es schlimm erwischt. Wenn es darum geht, für eine Sache geradezustehen, benimmt er sich wie ein Kind. Sehen Sie ihn heute eigentlich?« fügte er an John gewandt hinzu. »Ich werde zum Mittagessen wohl nicht im College sein. Elizabeth hat mir eine Nachricht für ihn geschickt.«

»Wie lautet sie denn?«

»Sie bezog sich zwar eigentlich auf mich, aber Christopher tut's auch.« Er schnippte die Asche von seiner Zigarette. »Ob er wohl zu Cousine Gillian gehen und ihr sagen könne, daß Elizabeth ihre Verabredung zum Tee absagen muß? Ihr ist wohl nicht gut.«

»Also das ist doch wirklich eine Unverschämtheit!« ließ sich Eddy mit Nachdruck vernehmen. »Warum zum Teufel kann sie ihre verdammten Botengänge nicht selbst erledigen? Das ist das Problem mit ihr: Sie denkt, daß alle nichts Besseres zu tun haben, als dauernd für sie herumzurennen.«

»Na ja, sie haben kein Telefon, sonst hätte sie angerufen«, erklärte Patrick. »Sie wollten ins ›Green Leaf‹ gehen. Elizabeth hat ihr Uhrarmband dort vergessen und wollte es holen.«

»Das ist Ihre Gelegenheit«, sagte Eddy und grinste John breit an. Der empfand das, was nun unweigerlich kommen würde, wie das Bevorstehen eines Anfalls von Seekrankheit. »Weißt du schon das Neueste? Der Mann hier ist scharf auf deine kleine Cousine.«

Patrick grinste noch breiter als zuvor, kippelte auf seinem Stuhl nach hinten und lachte zur Decke hinauf, ohne Johns unbeholfene Gesten und Dementi zu beachten.

»Hören Sie gar nicht auf ihn«, sagte John. »Der ist nicht ganz dicht. Ich bin kein verdammter Kinderschänder.«

»Dann wünsche ich Ihnen viel Glück«, sagte Patrick, als sein Entzücken endlich abebbte. »Das ist Ihre Gelegenheit. Sie müssen sie nur noch ergreifen.«

»Die Gelegenheit, geradewegs ins Ziel zu segeln.«

»Das Eisen zu schmieden, solange es noch heiß ist.«

»Alles ist vorbereitet, nicht wahr? Alles ist vorbereitet«, sagte Eddy rülpsend.

Sie stießen ihm prustend in die Rippen, klopften ihm abwechselnd auf die Schulter, um den Witz am Laufen zu halten, und gaben ihm einen aus. «Schenken Sie ihm einen Gin ein, ja?« sagte Patrick wieder. »Geben Sie ihm etwas ›Dutch‹. Na los, Charley, geben Sie einen Gin in das letzte Glas.« Und er angelte eine frische Pfundnote mit Zeige- und Mittelfinger aus seiner Brieftasche.

»Und jetzt auf ex«, sagte Eddy, der das randvolle Glas zurücktrug.

»Sie sind wirklich zwei... Jetzt machen Sie sich nicht lächerlich«, sagte John entrüstet. »Ich habe so etwas nie gesagt...«

»Weißt du noch, wie er sie gestern beim Tee angestarrt hat, Pat?« Eddy zwinkerte.

»Der Schaum ist ihm vom Maul getropft«, nickte Patrick, »Geifer stand ihm in den Mundwinkeln.« Die falsche Freundlichkeit in den Gesichtern der beiden verschlug John die Sprache. »Na bitte, er weiß genau, worüber wir sprechen, oder ich will verdammt sein. Und hier also ist die Chance seines Lebens, serviert auf einem gottverdammten Silbertablett. Was werden Sie damit...«

»Haben Sie den Schneid?« fuhr Eddy dazwischen und streckte den Kopf mit seinen hervorquellenden Augen vor. »Darüber sollten Sie sich schon einmal Gedanken machen.«

»Ja, Sie müssen alles in Gedanken durchgehen«, sagte Patrick und lehnte sich, den Spazierstock zwischen den Knien, ebenfalls vor. Die beiden umrahmten John, der nun vorsichtig in den Rhythmus ihres Gelächters einstimmte. Seine wahren Gefühle schnurrten zusammen, doch er achtete sorgsam darauf, sie sicher zu verschließen. »Wessen Zimmer kann ich haben?« fragte er lachend.

»Meines können Sie haben«, sagte Eddy. »Gern geschehen, mein Alter, und hören Sie mal zu, hier ist ein Rat von jemandem, der weiß, wovon er spricht: Lassen Sie sie als erste hineingehen, im Boden gibt's einen verdammt großen Hubbel gleich bei der Tür.«

»Jetzt mal der Reihe nach«, sagte Patrick und wedelte mit dem rechten Zeigefinger vor ihnen herum. »Sie holen Sie also ab...«

»Nein, zum Teufel, Pat, so geht das nicht; natürlich fängt er sie im ›Green Leaf‹ ab, weil sie da nicht weglaufen kann. Er geht also hin und sagt: ›Tut mir leid, Elizabeth ist verhindert, aber hier ist meine Wenigkeit als Ersatz...‹«

»Also gut. Während des Tees leisten Sie die Vorarbeit. Danach schlagen Sie ihr vor, gemeinsam zu Eddy zu spazieren...«

»Sagen Sie ihr, daß Sie Ihren Zigarrenabschneider auf meinem Flügel vergessen hätten«, gackerte Eddy und kratzte sich.

»Und dann machen Sie sich an die Arbeit... schließen die Außentür... bringen die Verdunkelung an...«

Sie waren aufgestanden, knöpften ihre Mäntel zu und schlugen ihm von oben herab auf die Schultern. »Das wird ein Millionen-Dollar-Gefühl heute abend«, versicherte ihm Eddy. Beider Atem sandte Wölkchen in die kalte Luft, und ihre Füße trappelten auf den Gehsteigplatten, als sie sich über den Hof entfernten. Sie gingen zur Herrentoilette, über die sich ein entlaubter Baum neigte.

Er konnte beim besten Willen nichts von dem, was sie gesagt hatten, mit seinem eigenen Verlangen in Verbindung bringen. Dennoch wußte er, daß sich ihm hier eine Gelegenheit bot, wie ein Stück Brot, in eine fliegende Möwenschar geworfen, einem geschickten Vogel die Gelegenheit bietet, es mit einer kleinen Kursabweichung im Sturzflug zu erfassen. Und er mußte es diesem Vogel gleichtun, denn das Geheimnis war gelüftet und die Jagd hatte begonnen. Er konnte immer noch nicht fassen, daß sein wohlgehütetes Geheimnis binnen fünfzehn Minuten erst von Eddy, dann von Patrick entdeckt worden war, die es zweifellos Christopher und Elizabeth enthüllen würden, von wo aus es sich in ein Delta flüchtiger Bekanntschaften verzweigen würde. Er erschrak, als ihm klar wurde, wie blitzschnell sich die Neuigkeit verbreiten würde. Er mußte Jill unbedingt vorher sprechen. Er mußte diese Gelegenheit ergreifen. Die Tür in eine andere Welt stand angelehnt, und er mußte – schnell und leichtfüßig, kühl und ruhig – nur noch hindurchschlüpfen. Dann würde er für immer in Sicherheit sein.

Auf dem Rückweg bot ihm ein Blumenverkäufer seine Ware an, doch er tat, als würde er ihn nicht sehen.

Und doch hätte John die Neuigkeit aus schierer Unterwürfigkeit an Christopher weitergegeben, wenn dieser zum Mittagessen im College erschienen wäre. Weil er aber nicht da war, aß John seinen Curryreis mit derselben resignierten Übelkeit, die ihn stets überkam, wenn äußere Umstände sein Handeln diktierten. Whitbread beschwerte sich bitterlich und ließ den größten Teil seines Essens stehen – es war die erste Mahlzeit seit Studienbeginn, die er nicht aufaß.

John legte sich aufs Sofa um zu warten, bis die Zeit zum Gehen gekommen war, nachdem er zuvor das Feuer unter einer neuen Ladung Kohle begraben hatte. Dann legte er seinen Schreibblock auf den Schoß, denn er fand, daß es an der Zeit sei, den längst überfälligen Brief an Mr. Crouch zu schreiben. »Lieber Mr. Crouch«, schrieb er:

»Es tut mir leid, daß ich Ihnen seit meiner Ankunft noch nicht geschrieben habe, aber ich hatte sehr viel zu tun.« Die beiden Lügen verharrten still auf dem Blatt und warteten auf Gesellschaft. Aber er schaffte es nicht, ihnen weitere Lügen hinzuzufügen. Crouch und die wohlgeordnete Welt seiner Kindheit lagen hinter ihm, und jeglicher Sinn für Kontinuität war ihm abhanden gekommen. Die Tage, Wochen und Monate wirkten, statt an ihm vorbeizueilen wie die Häuser einer Straße an einem Vorbeifahrenden, wie ein Schwarm Möwen, die kreischend zwischen Himmel und Küste kreisen und sich von den Winden tragen lassen.

Dieser Nachmittag der Entscheidung ängstigte ihn wie ein Zahnarztbesuch. Die Drinks, die er zu sich genommen hatte, vernebelten seine Gedanken zusätzlich. Es war seltsam: Überall gab es junge Männer wie ihn, die ihre Nachmittage, ihre Abende und alles, was sie jetzt und jemals tun würden, im voraus planten – und doch fühlte sich keiner von ihnen an die aufsteigenden, kreiselnden, fortschweifenden und zurückstrebenden Bewegungen eines Möwenschwarms erinnert. Diese Menschen kannten ihre Wünsche und setzten sie zielstrebig um. Und obwohl auch er seine Wünsche kannte, glich deren Umsetzung doch eher dem Abfeuern einer Pistole im Traum: alles verschloß und verklemmte sich, jede denkbare Störung und Verwirrung trat ein.

Als ihm die Zeit zum Aufbruch gekommen zu sein schien, riß er das Blatt aus dem Schreibblock und verbrannte es, dann verließ er die Wohnung. Um Jill auf keinen Fall zu verpassen, war er sehr früh losgegangen, und nun mußte er mit einiger Willensanstrengung seine unruhigen Schritte zügeln. Der Wind hielt den Regen nicht länger fern. Erst fielen einzelne Tropfen, dann wurde daraus eine feine, dichte Regenwand. Einzelne Bruchstücke dieser Wand wirbelten im Wind herum wie Schwalben, die jäh im Flug ihre Richtung wechseln. Der Regen schlug gegen die Scheiben, er fegte horizontal über die Straße und diagonal über den Rasen. Jedem Baum, jedem Busch, jeder Mauer entlockte er ein schwaches Zischen. In den Straßen spiegelte sich das Grau des Himmels, und wieder einmal standen die alten Gebäude tropfnaß da. John, der zwei halbbewußten Versuchungen widerstand – der Versuchung, am Fluß entlangzulaufen, und der Versuchung, überhaupt irgendwo entlangzulaufen, solange es nur weit genug weg war – suchte für ein paar Minuten den Schutz der Treppe von All Saints nahe der Bushaltestelle auf und betrachtete die Lichter in den oberen Fenstern der gegenüberliegenden Geschäfte.

Er wünschte sich, so reich zu sein, daß er eine Party veranstalten könne. Eine Party für Jill, bei der die Möbel zur Seite geschoben wurden und ein weißes Tuch auf dem Tisch lag. Eine Party mit Fässern und sauberen Gläsern, die den Raum wie eine Bar aussehen ließen. Ein Holzfeuer loderte. Es gab Gin in der Farbe morgendlichen Nebels und Whisky in der Farbe von Feengold. Er trug einen Anzug für zehn Guineen und hielt eine Zigarettenspitze aus Bernstein zwischen den Fingern. Alle waren gekommen. Christopher hängte seine Kreissäge an einem Hirschgeweih auf und riß Witze. John stieß Eddy in die Rippen und drängte ihn, sein erstes Pint auszutrinken. Dann tanzte er mit Elizabeth und fühlte, wie ihre Brüste sich gegen seine Brust preßten. Später steckten sie Botschaften in die geleerten Flaschen und sandten sie als Flaschenpost den Fluß hinab. Die Musiktruhe spielte ganz ohne äußeres Zutun.

Dann hörte ein Tänzer nach dem anderen auf, bis schließlich nur noch Jill in ihrem weißen Kleid dastand – in einer Ecke des Raumes, wo sie schon den ganzen Abend gestanden hatte, ein kleines, unberührtes Glas zwischen den Händen, das sie unablässig drehte.

Er ließ die Treppe mit zwei unzufriedenen Sprüngen hinter sich und bahnte sich einen Weg durch die Menschenmenge. In Gedanken war er so sehr in seine Geschichte vertieft und damit beschäftigt, sie hier auszuschmücken und dort zu straffen, daß er gar nicht merkte, wie Jill etwa zehn Meter entfernt aus einem Geschäft trat. Seine Schritte trugen ihn weiter, bis er unmittelbar vor ihr stand; dann erst sah er sie.

Er wandelte seine Überraschung in einen Gruß um. Rasch, so aufmerksam wie erwartungslos, drehte sie sich zu ihm um. »Oh, hallo!« Beinahe hätte sie ihn nicht wiedererkannt. Sie trug einen rehbraunen Regenmantel von militärischem Zuschnitt (mit einem Gürtel und Taschenklappen), rümpfte die Nase über den Regen, und hielt zwischen den Händen widerstrebend einen Regenschirm bereit. »Ist das nicht ein mieses Wetter?« fragte sie verdrossen.

Langsam, zum Verzweifeln langsam, fiel ihm eine Entgegnung ein:

»Was haben Sie gekauft?«

»Weihnachtskarten.« Ihre Stimme klang überrascht. »Die haben hier schöne.«

»Tatsächlich?« Er starrte sie immer noch an. »Ist es nicht ... ist es nicht ziemlich früh für Weihnachtskarten?«

Sie machte eine Bewegung, als ob sie auf ihre Armbanduhr sehen wollte, beherrschte sich aber sofort und antwortete:

»Es dauert ja nur noch einen Monat bis Weihnachten.«
»So wenig?« Er lachte. »Übrigens habe ich gerade nach Ihnen gesucht. Elizabeth ist wohl krank geworden. Sie kann nicht kommen.«
»Krank? O je. Richtig krank?«
»Ach, das glaube ich nicht – sie hat bloß eine Nachricht geschickt, daß es ihr leid tut...«
»Sie hatte gestern abend Kopfschmerzen, daran erinnere ich mich... Vielen Dank, daß Sie es mir gesagt haben.«

John sah sie unverwandt an und klaubte ein weiteres halbes Dutzend zittriger Wörter zusammen:
»Möchten Sie mit *mir* Tee trinken?«
»Oh...« Er hatte sie überrumpelt, und das fast im Wortsinn, denn sie wich einen Schritt vor ihm auf dem Gehsteig zurück. »Ich glaube nicht, danke. Ich muß zurückgehen, wenn es Elizabeth nicht gut geht.«
»Ach, bitte. Es ist erst halb vier.« Er sah eine Uhr hinter ihr, die zwanzig vor vier zeigte. Nun geschah also tatsächlich das, was er sich immer wieder ausgemalt hatte, und ihr tatsächlich vorhandener, flinker Körper wich vor ihm zurück. Das ließ ihn nur um so nachdrücklicher sprechen. Am liebsten hätte er sie gepackt.

»Ich denke, das sollte ich lieber nicht tun, danke. Trotzdem vielen Dank. Ich gehe jetzt besser zurück.«

Er ging einen Schritt auf sie zu. »Gehen Sie in diese Richtung?«
»Ja...« Sie sah ihn skeptisch an. »Ich muß noch eine Besorgung machen.«

Es erschien ihm nicht unhöflich, sich ihr anzuschließen. Also gingen sie gemeinsam die Straße hinab, in die Richtung, aus der er gekommen war. Was hätte er sonst tun sollen, abgesehen von der Unvorstellbarkeit, sie hier und jetzt zu verlassen? Sie hatte ihren kleinen braunen Regenschirm geöffnet, der ihn auf etwa dreißig Zentimeter Abstand hielt, und ihre Gummistiefel machten beim Gehen ein stampfendes Geräusch. Da sie jetzt nicht mehr sprach, hatte er keine Ausrede, sie anzusehen. Als er es dennoch tat, war seine Bewunderung unvermindert. Sofort errötete er, und es sah aus, als ob er gleich in Tränen ausbrechen würde. Sie hob ihre linke Hand und ergriff eine feuchte Haarsträhne, die sie hinter dem Ohr feststeckte.

»Hier ist der Laden. Ich brauche ein Stück Borte.«

Er folgte ihr durch eine Drehtür über dicke Teppiche, durch Kleiderständer und Stapel von Stoffen hindurch, die den Raum mit Stille füllten. Alles roch nach Kleidungsstücken. Eine junge Frau in einem schwarzen Kleid mit weißem Kragen kam herbei, um Jill zu bedienen. Beide waren im gleichen Alter und von gleicher Größe. John, der sich im Hintergrund bei einem Tisch mit Handtaschen und Ledergürteln aufhielt, verglich die beiden miteinander. Der Mund der jungen Frau hatte sich beim Zuhören leicht geöffnet. Nun ging sie zu einer Schublade hinter einer der Ladentheken. Jill folgte ihr und drehte nervös ihren Regenschirm zwischen den Händen. Dank ihrer blonden Haare und des hellen Regenmantels, der in deutlichem Kontrast zur dunklen Kleidung der Verkäuferin stand, schien es, als ob das Licht sie auserwählt hätte, als ob es von ihr angezogen würde. Die junge Frau streckte ihre Hände aus, zwischen denen ein Stück ziegelroter Borte aufleuchtete. Jill beugte sich vor und befühlte den Stoff. John hörte sie eine Frage stellen. Es amüsierte ihn, sie den Stoff so ernsthaft prüfen zu sehen. Dann wurde ein Stück Borte gedehnt, gegen das Messingmaß an der Thekenkante gehalten, abgeschnitten und in braunes Packpapier eingewickelt. Zwischenzeitlich hatte Jill die Rechnung bezahlt, wobei ihr Regenschirm heruntergefallen war. Anscheinend verunsicherte sie die Gegenwart Johns, der in seinem schäbigen blauen Mantel linkisch im vorderen Teil des Ladens stand.

»Sind Sie fertig? Wie wäre es jetzt mit etwas Tee?«

»Nein, ich muß gehen, ich muß meinen Bus bekommen.«

»Wo?«

»Um die Ecke.«

Das war sehr nah, und John war plötzlich von Furcht erfüllt, sie zu verlieren. »Gehen Sie nicht«, sagte er verzweifelt.

»Was?«

»Ich wollte sagen... Das ist wirklich eine ganz seltsame Angelegenheit...«

Ein Kinderwagen und einige Frauen trennten sie, und als sie wieder zusammenkamen, schlug ihm die Kante des offenen Regenschirmes zweimal auf den Kopf.

»Ehe ich Sie traf... Sie erinnern sich: das erste Mal, als ich Sie fragte, ob wir uns noch nie zuvor begegnet seien...«

»Das waren wir bestimmt nicht.«

»Nein, aber auf gewisse Weise waren wir uns doch begegnet. Entschuldigung.« Er drängte sich durch eine schwatzende Menschenmenge an der Straßenecke. »Ich kannte Sie nämlich, ich kannte Sie ziemlich gut...«

»Was?« Ein riesiger Transportlastwagen der Luftwaffe fuhr samt Anhänger um die Ecke, und jede akustische Lücke wurde von seinem kreischenden Lärm erfüllt. »Es tut mir leid, ich habe nicht ganz...«

»Ich will damit sagen, daß mir Ihr Gesicht vertraut

war.« John sah sie an und sehnte sich nach einem anderen Medium als der Sprache. »Lange ehe ich Sie sah, wußte ich, wer Sie sind...«

»Wollen Sie damit sagen, daß Elizabeth...«

»Was? Ich bitte wirklich...«

»Hat Elizabeth...«

»Nein... es ist wirklich schwierig zu erklären.« Sie sahen nach links und rechts, überquerten die Straße in Richtung der Bushaltestelle und starrten wie Verwirrte um sich. »Es war, als ob ich Sie kennen würde... Ich wußte, daß Sie Jill heißen...«

»Ich heiße nicht Jill.« Eine Ruhepause im Verkehrslärm ließ ihre Stimme schärfer klingen, als sie beabsichtigt hatte, und als sie sich zu ihm umdrehte, breitete sich zum ersten Mal ein Lächeln auf ihrem Gesicht aus: es zog ihre Mundwinkel auseinander und ließ ihre hohen Wangenknochen noch wilder wirken. »Tut mir leid, das ist eine Marotte von mir. Ich habe es Ihnen gestern gesagt... Ach nein, da waren Sie nicht dabei. Ich will, daß man mich nicht anders als Gillian nennt, bitte... Aber fahren Sie doch fort. Ich habe das Gefühl, daß ich Sie irgendwie unterbrochen habe.«

»Es klingt alles so albern... Ich hatte nämlich einen Brief von meiner Schwester bekommen«, setzte John an, als ein großer roter Bus vorfuhr und mit seiner Bugwelle aufspritzenden Regenwassers die kleine Menge der Wartenden kurzzeitig auseinandertrieb. »Ein Brief ist eingetroffen«, wiederholte er, als sie sich in Bewegung setzte. »Sehen Sie, ich muß Ihnen das alles in der richtigen Reihenfolge erzählen. Lassen Sie uns morgen gemeinsam Tee trinken.«

»Ich muß jetzt gehen. Auf Wiedersehen.«

»Werden Sie morgen Tee mit mir trinken?«

»Ja, in Ordnung. Auf Wiedersehen.«
»Werden Sie gegen vier Uhr dasein?«
»Was? Ja, in Ordnung.« Sie stand auf der Stufe und sah nicht zurück. »Auf Wiedersehen.«

Er blieb zurück und sah zu, wie der Bus sich mit Menschen füllte und abfuhr. Das jähe, feuerwerksartige Ende ihrer Begegnung und Jills Versprechen hatten ihn förmlich geblendet. Er war so überwältigt, daß er auf schnellstem Wege nach Hause ging. Der Lärm, der Wind, das Zischen der Reifen auf den nassen Straßen feuerten ihn an wie eine Militärmusik. Er ging nach Hause und saß in seinem leeren Zimmer. Aber er stand gleich wieder auf und ging hinaus. Er war viel zu aufgeregt, um ruhig dazusitzen. Er konnte nicht glauben, daß sie ihm versprochen hatte, ihn zu besuchen. Es war, wie wenn er mit klarem Verstand gegen eine Ziegelsteinmauer gerannt wäre, wohl wissend, daß sie aus Ziegelstein und völlig undurchdringlich war. Und dann hatte sich plötzlich herausgestellt, daß er sich irrte, daß die Mauer nur eine optische Täuschung war, durch die er geradewegs hindurchgehen konnte. Er hatte es auf die andere Seite geschafft! Das Gefühl, ins Freie hinauszutreten, teilte sich ihm fast körperlich mit.

Ohne zu wissen, wohin er ging, wanderte er zu dem Kanal, der sich nahezu unbemerkt hinter Kohlenhöfen, Rangiergleisen, Häusern und Gärten durch die Stadt zog. Hier war er noch nie zuvor gewesen, und so paßte die Neuartigkeit des Ortes gut zu seiner ungewohnten Stimmung. Der nasse Kies hinterließ Flecken auf seinen Schuhen. Inzwischen hatte es zu regnen aufgehört, und das Wasser des Kanals stand völlig still. Nur manchmal trieben schmutziger Schaum, Kraut und fauliges Holz vorbei. In einer Ausbuchtung sammelte sich das Treibgut und kam zum Stillstand. Ein hellgestrichener Kohlenkahn war an einem Kai des gegenüberliegenden Ufers vertäut, der seinerseits von einer Hecke begrenzt wurde. Dahinter lagen Schrebergärten und die Geleise der Bahn. Die Hecke war naß, sie roch nach feuchtem Holz und durchweichten Blättern, aber die Nesseln darunter machten einen trockenen, weichen Eindruck, und manchmal glitzerte ein Wassertropfen zwischen Blatt und Stengel. Eine Packung Holzspäne lag halbversteckt in einem Graben.

Auf der Westseite, wo er stand, brach langsam die Sonne durch – ein gelbes Licht, das jeden Zweig erglänzen ließ. Die Luft frischte auf, und das Knirschen seiner Schuhe auf dem Kies war das einzige Geräusch. Einige Enten schwammen vorsichtig von ihm fort, und weiter weg trieb ein einzelner Schwan mürrisch auf dem Wasser: der gesenkte Kopf, die anmutige Rundung des Halses und die Füße mit den Schwimmhäuten, die hin und wieder nach hinten stießen, drückten nichts als Geringschätzung und Verachtung aus. Wegen der Kohlenhöfe, der Telefonleitungen und des schmutzigen Wassers erschien ihm die Szenerie zunächst wenig reizvoll. Und doch faszinierte ihn etwas daran. Während er noch dastand und sich umsah, raste ein Expreßzug zwanzig Meter weiter auf den glänzenden Schienen vorbei. Und wie einst im Garten seines Elternhauses weckte die lange Reihe der vorbeieilenden Abteilwagen in ihm Bedauern, nichts als Bedauern. Er war froh, sie davonfahren zu sehen, einfach froh, dort zu sein, wo er war, und sie davonfahren zu sehen.

Aus der Überfülle seine Herzens lud er Whitbread auf ein Bier zu sich ein, nachdem sie das Abendessen im halbleeren Speisesaal beendet hatten (es war ein fleischloser

Abend, und viele Leute im College mißtrauten den Experimenten des Kochs).

»Das ist nett von Ihnen«, sagte Whitbread und hielt seine Robe beim Aufstehen an den Schultern fest. »Wenn es Ihnen nichts ausmacht, hätte ich aber lieber Kaffee.«

»Dann also Kaffee«, sagte John und lachte. Sie gingen gemeinsam hinaus; der leitende Collegebedienstete beobachtete sie aus der Ferne.

Whitbread war vorher noch nie in Johns Unterkunft gewesen. Interessiert sah er sich um, wärmte seine Hände am Feuer und gab zu allem sein Urteil ab.

»Jawohl! Das könnte ein richtig hübsches Zimmer sein. War früher bestimmt teuer. Früher hätte man Ihnen so ein Zimmer nicht gegeben.«

»Nein, wahrscheinlich nicht.« John stellte Tassen und Untertassen auf den Tisch. »Aber man muß es sich mit jemandem teilen...«

»Das ist ein Nachteil, ich weiß.« Sein Blick fiel auf das Geschirr. Er gab einen erfreuten Laut von sich und wechselte das Thema. »Das ist ein hübsches Muster. Ja, das gefällt mir. Es ist Ihres, nicht wahr...?«

»Stimmt, das ist meines. Chris hat keines.«

»Er hat keines? Was macht er dann?«

»Benutzt meines«, sagte John und grinste peinlich berührt.

Whitbread schien zutiefst entrüstet. »Also, das würde ich nicht dulden; nein, das nicht!« rief er aus. »Also, ich denke, das geht ein bißchen zu weit! Wollen Sie damit sagen, daß er einfach... Also, das würde ich nicht dulden, keinen Augenblick lang.«

»Ach, es macht mir nichts aus«, sagte John obenhin. Dies war einer der Augenblicke, da er an Jills bevorstehenden Besuch mit einem kleinen, neuerlichen Aufwallen von Freude dachte. »Es macht mir überhaupt nichts aus. Zucker?«

»Jawohl, wenn Sie ihn entbehren können.« Er warf John einen Blick zu, der ebenso entwaffnend wie neidisch war. »Haben Sie genug?«

»Nur zu, nehmen Sie sich, soviel Sie wollen.«

Er hielt Whitbread die Zuckerschale hin. Er mochte ihn wegen seiner altmodischen Höflichkeit, die so ganz anders klang als Eddys »Wo ist der Zucker, Chris, du gemeiner Hund?«

Whitbread nahm vier Stück.

»Übrigens«, sagte er, beugte sich vertraulich vor und rührte seinen Kaffee um: »Es macht Ihnen hoffentlich nichts aus, wenn ich frage, aber haben Sie ein Schloß an Ihrem Schrank?«

»Nein, ich glaube nicht.«

»Nein, ich auch nicht. Ich überlege aber, eines anzubringen. In diesem College gibt es *Diebe*.«

»Diebe?«

»Jawohl, Diebe. Neulich ist ein Kuchen aus meinem Zimmer verschwunden, den ich erst zu einem Drittel aufgegessen hatte. Und es war ein wunderbarer Kuchen – von daheim. Das ist kein Scherz. Für meinen Geschmack haben viele Studenten hier ziemlich flinke Finger, trotz all ihrer Penunzen.«

Irgendwann schlief John endlich ein. Als er am nächsten Morgen erwachte, lag er fünf Sekunden lang da und fragte sich, woran er sich erinnern wollte, bis es ihm einfiel. Die Welt lag so still da wie ein Orchester unter den ausgestreckten Armen des Dirigenten, ehe der Moment des

Erinnerns jeden einzelnen Nerv seines Körpers zum Erzittern brachte, so wie eine einzige Bewegung des Dirigenten hundert Bögen in Bewegung setzt. Eine gespannte, flüchtige Sekunde lang glaubte er zu wissen, wie eine Braut sich am Hochzeitsmorgen fühlt.

Beim Aufstehen musterte er aufmerksam Christophers Gesicht. Wenn Eddy und Patrick die pikante Neuigkeit herausposaunt hatten, würde er den Tag lieber zwanzig Meilen weit weg verbringen. Aber Christopher machte keine Bemerkung, die in irgendeiner Weise als Hinweis auf Jills angekündigten Besuch gedeutet werden konnte. Bestimmt hatte er den vergangenen Abend in Gesellschaft Eddys verbracht, aber alles, was er sagte, als er in seinem Bademantel, mit einem Handtuch um die Schultern, etwas trübsinnig dasaß, bezog sich darauf, daß sie einen sehr interessanten Mann getroffen hätten, der Orgeln reparierte. Also zog John seine besten Kleider an: seinen Anzug, seine Schleife und ein sauberes Hemd. Er gab etwas Haaröl ins Haar, um es besser scheiteln zu können, doch die Wirkung mißfiel ihm sofort, so daß er sich auszog und zu den Duschen ging, um die Haare zu waschen.

Es war wieder einer dieser geschäftigen und dennoch fröhlichen Samstage. Die Stadt wirkte so heiter wie ein Schwimmbad im Freien. Altehrwürdige Gebäude wurden vom Sonnenschein liebkost, und all jene Dächer, die die Sonne noch nicht erreicht hatte, waren weiß von Frost. Als John gegen zehn Uhr das College verließ, um Tee und etwas Eßbares zu besorgen, schien es unmöglich, daß an einem solchen Tag irgend jemand fünf Minuten oder fünf Pfund zu wenig haben könne. Beim Betreten des nächstbesten Cafés würde man unweigerlich Unmengen der allerbesten Freunde antreffen. Er sah sich die überfüllten

Geschäfte an, kaufte einige Fruchttörtchen und Biskuitrollen, außerdem einen Biskuitkuchen mit Marmeladenfüllung und einen Obstkuchen. Er ging sehr vorsichtig und achtete darauf, ob auf den sauberen neuen Papiertaschen womöglich ein Fleck das Austreten von Marmeladenfüllung anzeigte. Rasch brachte er seine Einkäufe nach Hause und arrangierte Kuchen und Törtchen auf Tellern. Die tägliche Milchlieferung war soeben eingetroffen, und er verstaute die Halbliterflasche zusammen mit den Kuchentellern im hinteren Teil des Schrankes.

Dann stellte er fest, daß sein Haar seit dem Waschen zu sehr an Halt verloren hatte, und er verbrachte einige Zeit mit einem Kamm und einer Flasche Haaröl vor dem Schlafzimmerspiegel. Um das Haaröl möglichst gleichmäßig zu verteilen, schmierte er es tröpfchenweise auf die Zinken des Kammes. Zwar sah sein Haar jetzt schon besser aus, aber zufrieden war er dennoch nicht. Tun konnte er nun allerdings nichts mehr. Er ging noch ein zweites Mal in die Stadt, um Radieschen und Salat zu besorgen, denn die waren ihm in den Geschäften aufgefallen, und er dachte, daß sie in angenehmem Kontrast zu all den süßen Sachen stehen würden, die er bereits gekauft hatte.

Die Markthalle in der Stadtmitte war der beste Ort, um Gemüse einzukaufen: ein gepflastertes Labyrinth mit einem Glasdach und mehr oder weniger dauerhaft aufgebauten Verkaufsständen. John war schon früher mehrfach dort gewesen und hatte schnell Gefallen an dem Ort gefunden: Ein einziger Schritt von der Straße aus brachte einen in eine überraschend andersartige Welt. Hier roch es immer nach Chrysanthemen und Gemüse, rund um die Metzgereien bedeckten Sägespäne die Steinplatten, und nackte Glühbirnen beleuchteten Kisten voller Früchte. Immer flossen und trockneten irgendwelche Rinnsale und Pfützen, als ob die ganze Halle stündlich mit Wasserschläuchen abgespritzt würde. Zu dieser Tageszeit standen fade gekleidete Frauen mit Einkaufskörben in der Hand für Fleisch an. Geduldig überbrückten sie die Wartezeit mit ihren Unterhaltungen und tauschten die üblichen unstrittigen Kommentare über Dinge des täglichen Lebens aus. Während er an ihnen vorüberging, hörte er Redensarten, die wohl schon ihre Eltern gekannt hatten und die von Frauen ihres Schlages in jedem Land der Erde dahergesagt wurden. Als er ihre fetten oder verhutzelten Gesichter betrachtete, ihre zurückgesteckten Haare und die betagten Hüte, als er die abgegriffenen Geldbörsen in ihren Händen sah, da kamen sie ihm vor wie das Älteste, das die Stadt je hervorgebracht hatte.

John hatte von Haus aus Erfahrung mit Gemüse, und so wählte er Salat mit guten, frischen Salatherzen und Radieschen, die nicht holzig waren. Das in Zeitungspapier eingeschlagene Päckchen war leicht und feucht. Eine große Blumenvase lockte ihn, und fast wäre er der Versuchung erlegen, ein Dutzend Blumen als Zimmerschmuck zu kaufen, aber dann bog er zu einem Tabakwarenhändler ab, wählte ein Päckchen Zigaretten von leicht gehobener Qualität aus und erschrak kurz über den Preis. Als er beim Verlassen des Geschäfts einen Blick auf sein Spiegelbild in der Schaufensterscheibe warf, stellte er fest , daß seine Frisur gerade auf ansprechende Weise aus der Fasson geriet. Erfreut vermerkte er, daß sein Haar nun teils wild und teils gebändigt war.

Nachdem er seine Einkäufe im Schrank versteckt und sich die Hände gewaschen hatte, war es Zeit zum Mittagessen. Er war viel zu aufgeregt, um zu essen, und gleich nachdem er den Speisesaal verlassen hatte, fühlte er sich wieder hungrig.

Als er in der Mittagspause kurz vor zwei Uhr einen Spaziergang durch die Gartenanlagen machte, dachte er ernsthaft über seine Aufgeregtheit nach. Er kam zu dem Schluß, daß sie bedeutungslos sei.

Christopher suchte gerade gelassen seine Fußballkleidung zusammen. Für den Nachmittag war ein Spiel der College XV angesetzt worden, das ihn aus dem Weg schaffen würde. Die Umstände waren derart günstig, daß John sich selbst im Verdacht hatte, davon im voraus gewußt zu haben – auch wenn ihm das nicht wirklich klar gewesen war. Zigaretterauchend packte Christopher Pullover, Shorts und ein Handtuch in seinen kleinen Koffer und verkündete, daß er Semples Fahrrad für den Nachmittag auszuleihen beabsichtige. Seit Semples Untergang hatte dessen Fahrrad unbenutzt im Fahrradschuppen gestanden, bis Christopher es entdeckt und ein Vorhängeschloß dafür gekauft hatte.

»Gegen wen spielen Sie?« fragte John beiläufig.

»Jungs von der Luftwaffe.«

Er warf einen Blick auf ihn, ohne seine Erscheinung zu kommentieren. John war erleichtert, und doch überkam ihn Niedergeschlagenheit, als er sich notgedrungen eingestand, wie wenig es ihm gelungen war, sein Äußeres zu verändern. Sobald er allein war, betrachtete er sich im Spiegel. Nach reiflicher Überlegung entfernte er den Füllfederhalter aus seiner Brusttasche und steckte statt dessen ein Taschentuch hinein. Dann ging er ins Schlafzimmer, um Christophers Nagelschere zu suchen und seine Augenbrauen an der Stelle zu stutzen, wo sie über der Nase zusammentrafen. Seine Fingernägel hatte er schon am Morgen sorgfältig gereinigt.

Nun war es an der Zeit, über das Essen nachzudenken. Er drehte den Salat in dem schmutzigen Zeitungspapier hin und her und gelangte zu dem Schluß, daß er gewaschen werden müsse. Also füllte er die wappengeschmückte Waschschüssel, wusch den Salat im Wasser, zupfte die äußeren Blätter ab, schüttelte sie und legte sie auf sein Handtuch, das er auf dem Bett ausgebreitet hatte. Aber sobald er begann, die Blätter in Stücke zu rupfen, schien der Salat zu wachsen. Er war riesig, viel zu groß für zwei Personen – es war genug für einen ganzen Hasenstall da. Schließlich warf er alles außer der Salatmitte weg. Das saftige, hellgrüne Herz schüttelte er zum Trocknen in seinem Handtuch, wie er es bei seiner Mutter gesehen hatte.

Die Radieschen hätten eigentlich geschrubbt werden müssen, aber er gab sich damit zufrieden, die Erde von Hand abzureiben und die Strünke zu kappen. Er legte sie in eine Untertasse, aß zwei Stück und wurde augenblicklich von einem nervösen Schluckauf geplagt, der noch anhielt, als er ungeschickt versuchte, das Brot in möglichst dünne Scheiben zu schneiden. Immer wieder rutschte das Messer ab, halbe Scheiben sanken schlaff auf den Teller und große, buttrige Krumen fielen aus der Mitte des Brotlaibes. Er aß diese Fehlversuche auf, und endlich legte sich auch sein Schluckauf. Als die erfolgreichen Versuche einen Teller füllten, legte er das restliche Brot zurück in den Schrank.

Ihm fiel auf, daß der Raum nicht sehr ordentlich war, und so stellte er das Essen auf einem Beistelltisch ab, um etwas Ordnung in den herumliegenden Krimskrams zu bringen. Eine kleine Phalanx leerer Flaschen, die Christopher gehörte, ließ er absichtlich stehen, denn er dachte, daß sie beindruckend aussehen könne. Er ordnete die Flaschen jedoch in geraden Reihen an, wobei er die Weinflaschen in die vordere Reihe stellte und es so einrichtete, daß ihre Etiketten sichtbar waren. Auch die Bücher auf den Regalen brachte er in Reih und Glied, und die Roben hängte er ebenfalls gut sichtbar auf. Dann leerte er die Aschenbecher, schüttelte die Kissen auf und machte auf dem Schreibtisch Ordnung. Die fusselige Tischdecke war voller Krümel, die er zunächst mit der Hand herunterzustreichen versuchte. Nachdem dieser Versuch fehlgeschlagen war, nahm er die Decke als Ganzes und schüttelte sie aus. Mit jedem Schütteln segelten lose Notizblätter in Richtung der Feuerstelle.

Er fand, daß immer noch einiges verbesserungsbedürftig sei, doch nun konzentrierte er sich darauf, dem Gesamteindruck aufzuhelfen, statt einzelne Details zu korrigieren. Christophers verbeulten, mit Klebeband geflickten, aber teuren und sportlich wirkenden Schläger legte er betont unauffällig auf den Fenstersitz. Eine Weinkarte, von Christopher in einem Restaurant gestohlen, plazierte er in prominenter Position auf dem Kaminsims. Zwei äußerst gelehrte Bücher, die er aus der Collegebibliothek entliehen hatte, legte er auf den Tisch, daneben ein halbbeschriebenes Notizblatt, das er nach dem Vorbild von Mr. Crouch mit Anmerkungen und Unterstreichungen versehen hatte. Das Feuer schürte er geschickt so, daß es in ungefähr einer Stunde hell und behaglich prasseln würde. Dann schloß er die Augen, öffnete sie wieder und versuchte festzustellen, ob ihn das Ergebnis beeindruckte. Das tat es nicht, aber vielleicht kannte er den Raum auch zu gut.

Nachdem er eine Decke auf dem Tischchen neben dem Sofa ausgebreitet, das Essen darauf angerichtet und Tassen, Untertassen und Messer gedeckt hatte, war der Gesamteindruck ansprechender, als er es für möglich gehalten hatte. Alles wirkte geradezu appetitlich, wenn er auch jetzt noch keinerlei Hunger verspürte. Aber es gab kein Salz; er hatte schlichtweg vergessen, welches zu besorgen. Fast verzweifelt umklammerte er den Salzstreuer, denn ihm war eingefallen, daß die Mensa geschlossen hatte. Also mußte er noch einmal in die Stadt laufen und beim nächstbesten Lebensmittelhändler ein Päckchen kaufen. Es war zu groß und kostete mehr, als ihm angemessen erschien, aber er verzichtete darauf, sich mit dem Händler herumzustreiten. Kurioserweise war ihm die *Gabelle* eingefallen – einer der Gründe für die Französische Revolution.

Als er atemlos zurückkehrte, war die Nachmittagspost eingetroffen, doch es war nichts für ihn dabei. In diesem Moment – die Zeiger der Collegeuhr zeigten zwanzig vor vier – machte sich ein deutliches Unwohlsein in seinen Eingeweiden bemerkbar. Sie würde kommen. Bislang hatte er nicht daran geglaubt, andernfalls hätte er seine Vorbereitungen nicht so methodisch treffen können: Alles, was er getan hatte, beruhte auf der Annahme, daß sie nicht käme. Wie ein Bauer, der sich gefaßt auf den Winter vorbereitet, hatte er eine Nachricht erwartet, die ihm mitteilte, daß es ihr sehr leid tue, der Besuch aber unmöglich sei. Das war nicht geschehen, und es würde auch nicht mehr geschehen. Aller Voraussicht nach würde sie in einer halben Stunde hier sein. Das letzte Hindernis war beseitigt.

Verzagt, das Salzpäckchen in der Hand haltend, lief er durch den Kreuzgang zurück in die Wohnung. Der Raum machte als Folge seiner Kulissenarbeiten einen derart ungewohnten Eindruck, daß er ihm fast unwirtlich erschien. John wurde von einer kleinen Hysterie erfaßt. Er mußte fort, ehe sie kam. Er würde eine Nachricht an der Tür hinterlassen. Die Vorstellung, daß sie dort stünde, ihren Mantel auszöge und erwartete, von ihm unterhalten zu werden, ließ ihn erschaudernd zum Fenster laufen, um nachzusehen, ob sie bereits in Sicht sei. Sie war es nicht. Er konnte einfach die Außentür schließen, durch den Hinterausgang schlüpfen und sich unbemerkt durch die Gartenanlagen davonmachen. Genau das würde er tun.

Aber unter Aufbietung all seiner Willenskraft füllte er den Salzstreuer und ergab sich in das, was kommen mochte. Denn immerhin wünschte er sich, daß sie käme, soviel war ihm klar. Was auch immer geschähe, sie würden zusammensein. Selbst, wenn sie nur unbehaglich schweigend dasäßen, konnte daraus etwas Gutes entstehen. Allein die Tatsache, daß sie sich trafen, war ein Ausgangspunkt, ein Punkt, der sich mit der Zeit hinter ihr ausbreiten und neues Land bilden konnte. Natürlich war ihm jetzt klar, wie dumm es von ihm gewesen war, sich in dieses Abenteuer zu stürzen, ohne zu bedenken, wie unfähig er war, die daraus entstehenden Situationen zu meistern. Trotzdem bereute er sein Handeln nicht, ja, auf eine schwächliche und absonderliche Weise war er stolz darauf und sah es als einen Akt der Tapferkeit an. Er kam sich vor wie ein Soldat, der unbewaffnet einem maschinengewehrbestückten Geschützstand entgegentritt.

Er steckte die Hände in die Taschen, kniete vor dem Feuer nieder und wippte auf den Fersen. Alles war bereit und das natürlich viel zu früh.

Seine Gedanken wurden vom Klang schneller Frauenschritte im Kreuzgang unterbrochen. Mindestens acht

Minuten zu früh? Kompliment oder Zufall? Er richtete sich auf. Vielleicht war es gar nicht für ihn? Die Schritte näherten sich. Er fixierte mit ernstem Gesicht die Tür und fuhr unwillkürlich mit der Hand über seine Schleife. Die Schritte kamen die Treppe hoch und näherten sich der Tür.

Es klopfte zweimal.

»Herein.«

Elizabeth trat ein.

Er blinzelte. Zuerst dachte er, daß sie vorbeigekommen sei, um Christopher zu besuchen und er sie so schnell wie möglich loswerden müsse. Aber sie wirkte nicht überrascht, ihn zu sehen. Sie ließ den Türknauf los, hielt ihre Handtasche mit beiden Händen fest und wandte sich ihm zu:

»Hallo, John. Ich wollte nur einen Augenblick mit Ihnen sprechen... Gillian sagte, Sie hätten sie zum Tee eingeladen.«

»Ja, ich...«

»Nun, ich denke, es ist besser, daß sie nicht kommt.« Sie ignorierte den Teetisch und hielt ihren Blick starr auf ihn gerichtet. Ihre Stimme war um einiges lauter als sonst, und auch auf ihre üblichen Vokalhüpfer verzichtete sie. »Wissen Sie, Gillians Familie ist wirklich fürchterlich streng und wäre sehr verärgert, wenn sie davon erführe. Ich dachte, Sie wüßten das.«

»Aber... sie sagte...«

»Nun, sie ist bloß ein Kind und wollte Sie nicht verletzen. Wirklich, Sie hätten das wissen müssen... Ich dachte, Ihnen sei klar, wie die Dinge stehen.«

Von der offenen Tür wehte ein kalter Luftzug in Johns Gesicht.

»Nun, ich – es tut mir leid...«

»Als sie es mir sagte, dachte ich, es handele sich um einen Scherz oder jemand triebe sein Spiel mit ihr... Aber auch, wenn das nicht der Fall ist, kann sie leider unmöglich herkommen. Ich habe angenommen, daß Sie das erspürt hätten.«

Und in der Pause, die nach diesen Worten entstand, machte sie auf dem Absatz kehrt und ging hinaus. Ohne einen Abschiedsgruß schloß sie die Tür hinter sich.

Wenige Minuten später waren draußen erneut Schritte zu hören, diesmal von sechs polternden Füßen. Die Tür flog auf und Eddy Makepeace, Patrick Dowling und Tony Braithwaite platzten herein. Tony und Eddy packten John jovial an den Armen und schlugen ihm auf den Rücken. Patrick umrundete das Sofa und ging zu dem kleinen Tisch, auf dem das Essen stand.

»Pech gehabt, alter Junge!« schrie Eddy: »Pech gehabt. Verdammt nobler Versuch. Wir haben sie hineingehen sehen. Hat sie Ihnen die Hosen heruntergezogen und den Hintern versohlt?«

»Was hat sie gesagt?« fragte Tony. »Ich wußte, daß es sie auf die Palme bringen würde.«

»Aber Sie hätten uns ruhig einen Wink geben können«, beschwerte sich Eddy. »Die Sache ist mir erst heute Mittag zu Ohren gekommen. Wenn wir davon gewußt hätten, wäre alles glatt gelaufen. Wir hätten sie aus dem Weg geschafft und so weiter.«

»Ich dachte, sie sei krank«, sagte Tony.

»Angeblich.« Pat sprach mit vollem Mund. »Nicht allzu krank, wie es scheint.«

»Daß diese Kuh sich in alles einmischen muß«, entrüstete sich Eddy. »Weißt du, Pat, bei allem Respekt, aber deine Schwester ist eine verdammte Hexe. Eine neugierige Hexe, genau das ist sie.«

»Trotzdem war es den Versuch wert«, sagte Tony Braithwaite. »Wir müssen das irgendwann noch einmal ausprobieren. Es wäre doch wunderbar, wenn wir sie ihr direkt unter der Nase wegschnappen könnten.«

»Ich ärgere sie liebend gern«, sagte Eddy: »Ich weiß nicht warum, aber ich tu's liebend gern.«

»Tony, setz den Teekessel auf«, wies ihn Patrick an. »Und vergiß nicht wieder, ihn zu füllen, wie letzte Nacht. Wo wir schon einmal hier sind, sollten wir John dabei helfen, das ganze Zeug hier niederzumachen – Salat, John?«

Er hielt ihm den Teller hin. John machte den Mund auf und gab ein seltsames Geräusch von sich. Es begann als höfliche Ablehnung, aber weil er während der ganzen Zeit unregelmäßig geatmet hatte, endete es als halbartikulierter Schrei, durchsetzt von einem merkwürdig heulenden Vibrato. Er hatte keineswegs schreien wollen, aber sobald er es getan hatte, war es ihm unmöglich geworden, im Zimmer zu bleiben. Also ging er zur Tür und verließ den Raum. Patrick blieb zurück und starrte ihm mit gespielter (und die beiden anderen mit echter) Überraschung nach.

Die nächsten paar Tage vergingen rasch, doch je mehr Zeit verstrich, desto stärker wurde sein Schmerz. Jeder Tag schien ein weiteres Gewicht zu sein, das zu der Last hinzugefügt wurde, die an einem Haken in seinem Fleisch hing. Er versuchte, nach und nach die Zeitspanne zu vergrößern, in der er die Ereignisse des Samstagnachmittags vergessen konnte, aber er machte keine großen Fortschritte. Sein ganzes Leben lang hatte er sich vorgestellt, daß andere Menschen ihm feindlich gesonnen waren, daß sie ihn verletzen wollten – nun wußte er, daß er recht gehabt hatte. Die schrecklichsten Ängste seiner Kindheit waren ausnahmslos wahr geworden. Er war an demütigende Erinnerungen gewöhnt, aber diese Erinnerung unterschied sich in einer Hinsicht von allen anderen: sie existierte wirklich. Die Folge war, daß seine Lebensgewohnheiten völlig in ihr Gegenteil umschlugen: Er versuchte nun um jeden Preis, Jill aus dem Weg zu gehen. Also ging er nirgendwohin, wo sie hätte sein können. Sogar von seiner eigenen Wohnung, die ihm ganz und gar zuwider geworden war, hielt er sich fern. Wie ein riesiger Felsbrocken hatte sich die Erinnerung an den Samstagnachmittag auf seinen Verstand gesenkt. Unvorstellbar, daß die Zeit diese Erinnerung so rasch fortspülen würde, wie ein Felsbrocken durch das beständige Tropfen des Wassers ausgewaschen wurde. Das Gewicht der Erinnerung lähmte und betäubte ihn; er bewegte sich wie in einem Traum.

Es war völlig ausgeschlossen, daß irgendein Ereignis etwas an diesem Zustand ändern könnte – so schien es ihm zumindest. Doch schon vier Tage später, zur Mittagszeit, gelang Whitbread genau das. Ein paar beiläufige Bemerkungen ließen den ganzen Vorfall so leicht und fragil wie ein Dekaeder aus Papier aussehen. Whitbread war der einzige Mensch, mit dem sich John während dieser Woche regelmäßig unterhalten hatte. Das war zu den Mahlzeiten geschehen, und ihr Gespräch hatte sich üblicherweise um das Essen gedreht. Und nun, nachdem er genug kaltes Fleisch und Salat in seinen Mund geschoben hatte, um für mindestens zwei Minuten daran zu kauen zu haben, setzte Whitbread seinen großen, haselmausartigen Kopf in Bewegung, drehte sich in Johns Richtung und blinzelte mit den Augen, als wäre er unsicher, wie er beginnen sollte.

»Haben Sie die Nachrichten um ein Uhr gehört, Kemp?« John schreckte hoch und sah ihn an. Whitbread wiederholte seine Frage. »Nein«, sagte John. »Nein, habe ich nicht.«

»Oh.« Whitbread machte eine Pause, um weiteres Essen in seinen Mund zu manövrieren. »Ich dachte, Sie hätten sie vielleicht gehört. Offenbar wurde letzte Nacht eine größere Ladung auf Ihre Heimatstadt abgeworfen.«

»Was, Sie meinen auf Huddlesford?«

»Jawohl. Es scheint ziemlich ernst zu sein, nach allem, was zu hören war.«

»Meinen Sie etwa einen richtigen Luftangriff – wie auf Coventry?«

»Ein schwerer und konzentrierter Angriff, so hieß es. Muß schon ziemlich heftig gewesen sein, um überhaupt erwähnt zu werden.« Whitbreads Augen weiteten sich leicht, als er schluckte, dann schaufelte er mit dem Messer neues Essen auf seine Gabel. John hatte aufgehört, zu kauen. »Ich dachte, vielleicht... wenn Sie dort jemanden haben...«

»Meine Eltern leben dort...« John wandte sich Whitbread zu. »Was genau hat man gesagt? Erzählen Sie mir, was gesagt wurde!«

»Ach, nur das Übliche, Sie wissen schon... Schwerer und konzentrierter Angriff, Schäden an Schulen, Krankenhäusern, Kirchen sowie in Wohngebieten... das, was sie immer sagen... Die Brände sind unter Kontrolle –«

»Haben sie gesagt, wo der Schaden entstanden ist?«

»Nein, das sagen sie nie.«

»Überhaupt nichts – kein versteckter Hinweis?«

»Wohngebiete... ich gehe davon aus, daß sie es auf den Bahnhof, die Fabriken und die Innenstadt abgesehen hatten...« Er sah John prüfend an: »Wohnen Ihre Eltern in der Nähe des Bahnhofs?«

»Nein, überhaupt nicht.«

John stand auf, ließ sein Essen stehen und ging zitternd hinaus in die Sonne. Es hieß, daß bei solchen Luftangriffen sofort tausend Menschen getötet würden – und dabei waren die Verwundeten und alle, die später starben, nicht mitgezählt. Seine Eltern hatten unmöglich fliehen können. Was sollte er tun? Eine eisige Hülle der Trübsal umschloß ihn und schnitt ihn von dem schwachen Zitronenlicht der Sonne ab, das die Luft leicht erwärmte. Tauben stolzierten vor ihm über den Weg, und ihm fiel das weiche, seidige Grau ihrer Federn ins Auge. Sein Verstand rang mit der Neuigkeit, doch er unterlag wie ein unvorsichtiger Schwimmer, der, von einer Welle erfaßt, mit winkenden Armen und strampelnden Beinen davongetragen wird. Jedesmal, wenn er sich vorstellte, daß seine Eltern tot seien, glaubte er es ein wenig bereitwilliger. Nun war alles längst vorbei und auf die eine oder andere Weise entschieden, er aber wußte von nichts. Wie konnte er etwas in Erfahrung bringen? Er sehnte sich nach Gewißheit.

Als erstes ging er auf das Postamt und schickte per Telegramm eine Anfrage. Die junge Frau hinter den Gitterstäben zählte die Wörter, als ob es sich um eine normale Nachricht handelte. Er bezahlte und erkundigte sich, wann das Telegramm überstellt werde. Sie wußte es nicht.

»Es hängt vom Zustand der Fernmeldeleitungen ab. Aber die sind außer Betrieb. Es kann sein, daß sie drei oder vier Tage lang nicht funktionieren, kommt darauf an.«

»Gibt es keine schnellere Möglichkeit?«

»Zur Zeit nicht, nein.«

Er steckte das Wechselgeld ein und malte sich aus, wie das Telegramm in seinem zerstörten Elternhaus einträfe und unzugestellt ebenso ziellos durch das Postsystem wandern würde wie seine Briefe an Jill. Im Schein der Mittagssonne wurde die erste Zeitungsausgabe angeboten. Er eilte zur nächsten Ecke, aber das letzte Exemplar war bei seinem Eintreffen gerade verkauft worden. Die kreidebeschriebene Anzeigentafel verkündete: »Schwerer Luftangriff auf Stadt im Norden«. Er machte einen anderen Zeitungsverkäufer ausfindig, der ebenfalls ausverkauft war. Hier lautete die Aufschrift: »Schwerer Luftangriff auf Huddlesford«. Nun war klar, daß Whitbread die Wahrheit gesagt hatte. Der Schock der Erkenntnis schloß sich wie eine Eisenzwinge um seinen Verstand; angsterfüllt ging er ins College zurück. Die Studenten strömten soeben aus dem Speisesaal; mit in die Taschen gesteckten Händen schlenderten sie in die Sonne hinaus. Im Sonnenlicht sah man, wie die scharfen Bügelfalten ihrer Hosen beim Gehen abwechselnd zerknitterten und sich wieder glätteten. Noch während sie sich in alle Richtungen zerstreuten, setzten sie rufend ihre Gespräche fort. Herbert, der Pförtner, stand am Eingang seiner Loge und verfolgte das Treiben.

»Herbert, wer hat den Schlüssel zu dem Schuppen hinter dem Rugbyplatz?«

»Ich kann Sie nicht hören, Sir!« Der Pförtner legte eine Hand hinters Ohr, und als der junge Mann auf ihn zuging, fuhr er fort: »Hat man Ihnen zu Hause nicht beigebracht, erst herzukommen und dann zu fragen?«

Whitbread fing John ab, als dieser sich niedergeschlagen dem Kreuzgang näherte.

»Hören Sie, Kemp, wenn ich Sie wäre, würde ich mir

die Erlaubnis geben lassen, für ein paar Tage nach Hause zu fahren.«

John war gerührt von der Besorgnis, die in seiner Stimme mitschwang.

»Glauben Sie denn, daß das geht?«

»Aber natürlich, Mann. Laufen Sie gleich los, um Rivers zu erwischen.«

»Ich habe gerade ein Telegramm abgeschickt. Aber es heißt, daß man es tagelang nicht überstellen kann...«

»Die Leitungen werden von den offiziellen Anrufen überlastet sein.«

»Vielleicht gibt man mir Bescheid.«

»Ich an Ihrer Stelle würde selbst hinfahren.«

»Ja, aber...« John hatte das Gefühl, zu etwas gedrängt zu werden, das er nicht wollte.

»Zum Henker, Mann«, rief Whitbread aus, »Sie müssen *Gewißheit* haben.«

»Ja, wahrscheinlich.«

Er mußte Gewißheit haben. Wenn sie tot waren, mußte er das so bald wie möglich in Erfahrung bringen. Falls er herumtrödelte und es später erführe, würde das unerträglich sein. Dennoch empfand er einen großen Widerwillen dagegen, irgend etwas zu unternehmen. Er hatte gelernt, daß es normalerweise mehr schadete als nutzte, wenn er die Initiative ergriff.

»Ich an Ihrer Stelle würde jetzt zu Rivers gehen und heute abend hinfahren.«

John fuhr sich mit der Zunge mißmutig über die Lippen.

»Nein, es ist zu spät, um heute noch zu fahren. Ich warte bis morgen früh, und wenn ich bis dahin nichts gehört habe, fahre ich hin.«

»Ich an Ihrer Stelle würde trotzdem gleich zu ihm gehen. Vielleicht kann er Ihnen helfen.«

Widerwillig holte John seine Robe und ging zu Rivers, dem obersten Tutor. Er war nicht da. John lief die Treppe zu Whitbreads Zimmer hoch, das sich im selben Treppenhaus befand. Er biß sich auf die Lippen.

»Und?«

»Er war nicht da.«

»Tatsächlich?« Die Uhr zeigte erst Viertel vor zwei, und doch saß Whitbread bereits am Schreibtisch vor seinen Büchern. »Versuchen Sie es in einer Stunde noch einmal. Sie können Ihre Bücher holen und hier arbeiten, wenn Sie möchten.«

»Macht Ihnen das nichts aus? Würde ich Sie nicht stören?«

»Dazu braucht es mehr als Sie.« Whitbread grinste und streckte die Ellbogen rechtwinklig von sich.

Also holte John einige Bücher und zwängte sich auf den winzigen Fenstersitz, um bald darauf zu einem Sessel vor dem Feuer zu wechseln. Er verhielt sich still, arbeitete aber kaum. Dreimal ging er zu Rivers, und jedesmal war dieser nicht da. Einmal ging er auf die Toilette. Whitbread arbeitete stetig und gelassen. Seine Ruhe war ermutigend: Er arbeitete auf die gleiche Weise, wie John in der Schule gearbeitet hatte. Draußen hatte sich der klare Novembertag inzwischen bewölkt. John ging und sah nach der Post, aber es war nichts für ihn dabei.

Um halb fünf kochten sie sich einen starken Tee und toasteten Brot auf Messern über dem Feuer. »Das ist etwas, das mir an Oxford gefällt: daß es hier einen Platz für jeden gibt«, sagte Whitbread. »Schauen Sie uns beide an. Mein Vater hat immer gesagt, wenn ich aufs College ginge, hätte ich keine Freunde, alle würden auf mich herabblicken. Aber ich habe ihm immer gesagt, ich wisse genau, daß ich ein paar anständige Kommilitonen finden würde – wie Sie, zum Beispiel –, Kommilitonen in ähnlichen Verhältnissen, die wüßten, wie man sich anständig benimmt. Ich habe ihm immer gesagt: Im ganzen Land gibt's Burschen wie mich, die versuchen, nach oben zu kommen. Es werden genug von ihnen da sein.« Er wendete sein Brot. »Aber er hat's mir nicht abgenommen. Hat gesagt, die kommen alle von Eton und tralala.« Er lachte.

»Nun ja, Warner...«

»Warner!« Whitbread lehnte sich spöttisch zurück. »*Er* ist ein Niemand. *Er* hat nicht die gute Kinderstube von jemandem aus kleinen Verhältnissen.«

»Aber er ist reich«, sagte John.

»Wirklich? Ich habe ihn nie mit Geld um sich werfen sehen, und er schnorrt ziemlich viel. Er schnorrt alle an – er würde Sie anschnorren, wenn Sie so dumm wären, das zuzulassen, und ich wette, daß er es Ihnen nicht zurückzahlen würde. Nein, für Leute wie ihn ist mir meine Zeit zu kostbar.«

John strich etwas Fleischextrakt auf seinen trockenen Toast. »Er ist sehr liebenswürdig.«

»Nein, meine Zeit ist mir zu schade für ihn.« Whitbread sprach mit großem Nachdruck. »Leute wie er machen mich krank. Und es ist ja nicht so, daß er wirklich Klasse hätte. Jemanden von Bedeutung, aus Eton oder Harrow – den kann ich respektieren. Jemanden mit guter Erziehung. Geld schafft Unterschiede, es hat keinen Zweck, das zu leugnen. Aber Burschen wie dieser Warner, die versuchen, eine Klasse aufzusteigen und aus schäbigen Privatschulen wie Lamprey kommen, wo sie nichts als schlechte Ausdrücke und schmutzige Angewohnheiten lernen ...«

»Ich finde ihn ziemlich amüsant«, sagte John lahm.

»Jawohl, na gut, vielleicht ist er das. Aber mich amüsieren schlechte Manieren nicht, ich habe zu viele Leute gesehen, die wirklich schlechte Manieren hatten. Er und seine Schauspielmutter und sein zwielichtiger Vater.«

»Ist sie Schauspielerin?«

»Ja! War es jedenfalls mal. Aber was bedeutet es schon, daß er hierher kommt?« Whitbread malte seine Frage mit einem Stück angebissenen Toasts in die Luft. »Wenn er zu leisten hätte, was ich geleistet habe – wenn er nur ein Viertel dessen zu leisten hätte, was ich geleistet habe ...«

Er fuhr fort, indem er seine Schulzeit beschrieb, den Kampf, den er hatte durchstehen müssen, nachdem er sein Abschlußzeugnis bekommen hatte, das stundenlange Lernen, die Feindseligkeit seiner zwei älteren Brüder (beide Elektrotechniker), die sagten, er sei eine Bürde für die Familie und würde versuchen, sich über Seinesgleichen zu erheben. Eines Nachts hatten sie einige seiner Notizbücher zerrissen. Danach hatte er immer einen zweiten, abgespeckten Satz seiner Notizen und Nachschlagewerke versteckt, aus Angst, sie würden ihre Attacke wiederholen. »Aber das haben sie nie mehr getan. Und als ich mein Stipendium erhalten habe und sie von der Arbeit nach Hause gekommen sind, da haben wir uns die Hände geschüttelt, und sie haben sich entschuldigt. Nichts ist so erfolgreich wie der Erfolg.« Whitbread grinste koboldhaft. »He, Sie Verschwender! Sie verbrennen ja das Brot. Kratzen Sie's ab.«

John gehorchte. »Sie hatten es schwerer als ich. Ohne meinen Englischlehrer hätte ich nie daran gedacht, mich für ein Stipendium zu bewerben.« Er machte eine Pause und dachte nach. »Nein, ich hätte nicht im Traum daran gedacht.«

»Und genau das ist Ihr Problem, Kemp«, sagte Whitbread. »Sie strengen sich nicht genug an. Es reicht nicht aus, klug zu sein – man muß seine Klugheit auch zum Ausdruck bringen. Ich bin gar nicht besonders klug, aber ich komme voran. Das ist meine Philosophie. Und ich habe es immerhin hierher geschafft.« Stolz sah er sich in der schmalen Dachkammer um.

»Mutter und Vater haben sich auch sehr anständig verhalten«, sagte John. Er kaute seinen Toast und sah ins Feuer. Seine Züge verhärteten sich, als er sich erinnerte. Er stellte seine leere Teetasse ab und stand auf. »Ich sehe dann mal nach, ob Rivers zurück ist. Tausend Dank für den Tee – hoffentlich bin ich Ihnen nicht zur Last gefallen...«

»Überhaupt nicht!«

Der oberste Tutor war just in diesem Augenblick zurückgekommen und verstaute gerade Hut und Mantel in einem kleinen Wandschrank. Dann wusch er sich die Hände und hörte durch die offene Tür zu, was John im Nebenzimmer zu sagen hatte. Händereibend kam er zurück und knipste die Leselampe auf seinem Schreibtisch an. Rivers war ein großer, buckliger Mann, der eine Atmosphäre der Unbestimmtheit und Unaufmerksamkeit verbreitete und dessen tiefe Stimme oft etwas verwaschen war.

»Sie wollen also eine Freistellung für eine Nacht«, sagte er, nahm seinen Füllfederhalter und griff nach einem Vordruck. »Sind Sie sicher, daß eine Nacht ausreichen wird?«

»Ich hoffe es. Ja, Sir.«

Rivers füllte schwungvoll den Vordruck aus, ohne die gestrichelten Linien zu beachten. Freundlich lächelnd reichte er ihn John.

»Sollten Sie feststellen, daß es doch länger dauert, schicken Sie mir ein Kabel oder dergleichen. Das genügt.«

»Ja, Sir. Vielen Dank, Sir.«

»Wann fahren Sie? Heute abend?«

»Morgen.«

»Gut.« Rivers' Wange zuckte, als ob ihn etwas peinlich berühre, aber er sagte nichts und lächelte nur, so daß John sich zurückzog. Auf dem Rückweg begutachtete er den Freistellungsschein. Rivers mußte den Luftangriff sehr ernst genommen haben, denn es war allgemein bekannt, daß solche Scheine nur schwer zu bekommen waren. Da nun alles geregelt war, ergab John sich in sein Schicksal und fühlte sich in gewissem Maß sogar erleichtert. Jetzt hatte er nur noch den nächsten Morgen abzuwarten. Besorgt sah er zum dunklen Himmel hoch. Der Bedienstete hatte die Verdunkelungen in ihrem Zimmer angebracht, und dort traf John auch Christopher an, der gerade aus dem Kino zurückgekommen war und auf dem Kamingittersitz hockte, um sich die Hände zu wärmen. Sein goldener Siegelring glitzerte von Zeit zu Zeit im Feuerschein.

»Holla, Bruder«, versetzte er sanftmütig. »Wie steht's, wie geht's?« Den Luftangriff auf Huddlesford erwähnte er nicht, und John war froh darüber. In Wahrheit hatte Christopher gar nichts von dem Luftangriff gehört, und selbst, wenn er davon gehört hätte, wäre er nicht auf die Idee gekommen, ihn mit John in Verbindung zu bringen. Sobald er sich aufgewärmt hatte, ging er laut pfeifend ins Schlafzimmer und wechselte Hemd und Krawatte.

»Lust, einen trinken zu gehen?« schlug er beiläufig vor, als er wieder ins Zimmer kam.

»Danke, aber ich bleibe besser im College«, sagte John förmlich. »Ich erwarte eine Nachricht.«

»Dann trinken wir eben hier einen.«

Christopher brachte eine Flasche und zwei Gläser zum Vorschein. John setzte sich auf das Sofa und sah zu, wie Christopher die kleinen Gläser bis zum Rand füllte. Das Licht schien durch sie hindurch, und er mußte daran denken, wie oft er sich geschworen hatte, Christopher auf ewig zu hassen. Es war bedeutungslos. Entschlüsse dieser Art hatten keine größere Bedeutung als der Wind, der erst in die eine, dann in die andere Richtung weht. Sie änderten nichts. Er nahm sein Glas.

»Prost.«

»Prost.«

Nachdem Christopher getrunken hatte, kicherte er und hielt John eine knallbunte Zigarettenschachtel hin. »Nehmen Sie nur«, sagte er, »es sind kubanische – mit Melasse getränkt. Habe heute die letzte Schachtel von George bekommen. Bis auf weiteres wird's keine mehr geben. Die hauen einen um. Habe Elizabeth heute nachmittag eine angeboten, und sie war völlig fertig. Sie sind ihr letzte Woche über den Weg gelaufen, stimmt's?«

John mußte einen Augenblick nachdenken, ehe er sich erinnerte. »Ach ja«, sagte er. »Ja, ich denke schon.«

»Ich hatte Ihnen ja gesagt, wie es sich damit verhält.« Wieder ließ Christopher sein jungenhaftes Kichern los und trank noch etwas Sherry. Er war allerbester Stimmung. »Sie ist ein Engel mit rotem Flammenschwert. Will sich natürlich mit der alten Frau gut stellen. Hat jede Menge Schotter. Sie sollten sie mal sehen, wenn sie da zum Tee hingeht. Angezogen wie Frau Oberin: schwarzes Kleid, weißer Kragen, weiße Manschetten. Herr im Himmel!«

John lachte und strich sich über die Haare.

»Ich dachte mir schon, daß etwas dahintersteckt.«

»Darauf können Sie wetten. Ich meine, es hat Sie doch nicht persönlich getroffen, oder? Es wäre wirklich ein verdammt guter Scherz gewesen. Eddy wollte es selbst schon ausprobieren. Solange Sie es nicht ernst gemeint haben...«

John zog den Rauch ein und brach in hustendes Gelächter aus; der aufsteigende Rauch bildete einen Heiligenschein um seinen Kopf. »Gott, nein. Nein, es war nur so eine Idee.«

»Oh, es wäre ein verdammt guter Scherz gewesen. Elizabeth ist eine solche Heuchlerin, wirklich mies... Man hätte die Sache besser anpacken müssen. Am besten hätten wir alles im voraus ordentlich geplant.«

John trank seinen Sherry aus und fragte sich gedankenverloren, was passiert wäre, wenn es dazu tatsächlich gekommen wäre. Es kümmerte ihn nicht allzu sehr.

»Ich nehme an, daß sie bald fortgeht?«

»Sie meinen Gillian? Genaugenommen ist sie schon fort – über das Wochenende. Sie kommt nächste Woche zurück, danach bleibt sie bis zum Ende des Trimesters.« Christopher gähnte. »Ich schulde Ihnen etwas Geld, nicht wahr?«

»Acht Schillinge.«

»So viel? Sieh mal einer an! Akzeptieren Sie fünf Schillinge und einen zweiten Sherry?«

»In Ordnung.«

Christopher stellte die Flasche hochkant. Der Inhalt reichte gerade noch für zwei annähernd volle Gläser, wobei der Sherry schon etwas trübe war. John trank rasch und studierte den fremdartigen Aufdruck seiner Zigarette. Draußen schlug es sieben Uhr.

»Ich werde dann besser mal zum Pförtnerhaus gehen und nachsehen, ob eine Nachricht für mich angekommen ist«, sagte er und stand auf. »Ist gut möglich, daß etwas da ist.«

»Bis später.« Christopher nickte und streckte sich auf dem Sofa aus. John nahm seine Robe und durchquerte die dunklen, hallenden Innenhöfe. Wegen der Dunkelheit kam er nur langsam und tastend voran und wünschte sich, eine Taschenlampe dabeizuhaben. Er zog kräftig an seiner Zigarette, um wenigstens auf diese Weise etwas Licht zu erzeugen.

Im Pförtnerhaus lag keine Post für ihn. Der Dekan stand da und inspizierte ein Bündel Briefe aus seinem Postfach, die er in das schwache Licht hielt. Der Pförtner, der ein Schwätzchen mit einem Feuerwehrmann der Hilfstruppen gehalten hatte, kam aus dem Innenraum, rieb sich die Hände und sagte:

»Die Luftschutzsirenen sind gerade losgegangen, Sir. In London.«

Sie war lang und deprimierend, die Reise nach Norden am nächsten Tag. Als der Zug Oxford verließ, überkam John eine Anwandlung von Reue und Furcht. Es schien ihm, als würde er eine unwirkliche Welt voller unmaßgeblicher Schmerzen hinter sich lassen und in die wirkliche Welt zurückkehren, wo er wirklich verletzt werden konnte. Der Luftangriff war ein zu bedeutsames Ereignis gewesen, als daß man ihn hatte ignorieren können. Die Morgenzeitungen waren in das entgegengesetzte Extrem verfallen und hatten noch das letzte bißchen Schrecken und Pathos möglichst breit ausgewalzt. John hatte sich vor der Fahrt aufmerksam die Fotografien angeschaut, auf denen geborstene Kirchenfenster, Rettungsmannschaften inmitten von Trümmern und kleine Kinder zu sehen waren, letztere Becher mit heißem Tee umklammernd. Das auffälligste Bild zeigte einen alten Mann, der finster gen Himmel starrte. Es trug die Bildunterschrift:

DAS ZAHLEN WIR IHNEN HEIM!

Die Zeitungen vermittelten den Eindruck, daß die ganze Stadt ein einziger Trümmerhaufen sei. John war sich sicher, daß seinen Eltern des Schlimmste widerfahren war; er wußte, daß sie tot waren. Es war offenkundig – er verdiente es, auf diese Weise bestraft zu werden. Seit seinem Weggang hatte er kaum je an sie gedacht, manchmal hatte er sich für sie geschämt, hatte sich nicht die Mühe gemacht, ihnen regelmäßig zu schreiben, hatte Dinge getan, die sie nicht gebilligt hätten. Nun konnte er an nichts anderes als an ihre Güte denken. Genau dieselben Eigenschaften, die ihn vorher am meisten gestört hatten – die bedächtige Art seines Vaters, sich die Brille mehr überzustülpen als aufzusetzen: erst das eine Ohr, dann das andere; oder das Geräusch, das seine Mutter beim Schlucken machte – genau diese Dinge verkehrten sich plötzlich in ihr Gegenteil und wurden zu Sinnbildern ihrer liebenswertesten Eigenschaften. Und als er sich daran erinnerte, wie alt sie in letzter Zeit geworden waren, wie sie nach den Mahlzeiten immer schläfriger wurden, immer vorsichtiger, wenn sie die Treppe hinunterstiegen, bestürmte ihn der quälende Gedanke, daß das Schlimmste geschehen sein mußte, daß sie tot waren, weil er so leichtfertig mit ihnen umgegangen war. Es gab keinen anderen Grund, warum er sich all dieser Einzelheiten erinnern sollte, als den, daß sein Schmerz dadurch noch quälender wurde. Er verdiente ihn, verdiente ihn zwanzigfach, aber es erschien ihm unerträglich, daß sie deshalb gelitten haben sollten.

Es war zwanzig nach drei, als der Zug in Kilbury Halt eintraf, einem winzigen Knotenpunkt drei Meilen vom Hauptbahnhof von Huddlesford entfernt, und da der Zug nicht weiterfuhr, mußten alle Passagiere aussteigen. In einer düsteren Prozession polterten sie über die hölzerne Fußgängerbrücke, an letzter Stelle John. Als er auf die Straße trat, sprach er sich Mut für jeden erdenklichen Schock zu, aber alles war vollkommen unbeschädigt: Der Lieferwagen einer Bäckerei stand am Randstein, ein Süßwarenladen hatte geöffnet.

Er riß sich zusammen und machte sich auf den Weg. Kilbury war ein ganzes Stück von seinem Elternhaus entfernt, und er würde eine Dreiviertelstunde lang zügig gehen müssen, um es zu erreichen. Wenn das Haus unbeschädigt und seine Eltern wohlauf wären, würde er über Nacht bleiben, wenn nicht... nun, es war kaum von Bedeutung, was geschehen würde, wenn sie es nicht wären. Er hatte gehört, daß die Verwundeten von den Krankenhäusern der umliegenden Städte aufgenommen worden waren.

Er war diese Strecke noch nie gegangen, nie zuvor in seinem ganzen Leben. Unter dem griesgrämigen Himmel und der gelegentlich unwillig zum Vorschein kommenden Sonne machten die Straßen einen drohenden Eindruck. Fünf Minuten lang sah er überhaupt keine Schäden, dann fiel sein Blick plötzlich auf ein zerbombtes Haus – fast das erste, das er jemals gesehen hatte. Er sah die geborstenen Backsteine, die durchhängenden Böden, die Latten, die wie zerbrechliche, zerbrochene Knochen aus dem Gebäude herausragten. Das Eingangstor war durch den Druck der Explosion vollständig aus den Angeln gerissen worden, aber jemand hatte es ordentlich gegen die Hecke gelehnt. Die Bombe war direkt durch das Dach gefallen und im Innern explodiert.

Es war das erste von vielen ähnlichen Häusern. Als er sich der Innenstadt näherte, wo die Straßenbahnen immer noch unbenutzt auf den Straßen standen und wo es Lagerhallen und Geschäfte gab, tauchten plötzlich auf allen Seiten Ruinen auf. Etliche Straßen waren abgesperrt, weil in ihnen Bomben mit Zeitzündern niedergegangen waren. Dort hatte man Dachziegel und Glassplitter nicht weggefegt, und sie lagen verstreut auf dem Straßenpflaster, anstatt in ordentlichen Haufen im Rinnstein. Manchmal öffnete sich der Blick plötzlich auf Straßenzüge, die völlig zerstört worden waren. Nur wenige normale Passanten bewegten sich hier. Gruppen von Männern und Jugendlichen mit Helmen und in blauen Arbeitsanzügen standen an den Straßenecken und redeten miteinander, und in einer solchen Gruppe bemerkte John auch einen jungen Mann, mit dem er gemeinsam zur Schule gegangen war. In seiner Besorgnis überquerte er ohne zu zögern die Straße und ging zu ihm hin.

»Hallo, Fred. Ist...«

»Johnny! Also sag mal. Nett, dich mal wieder hier zu sehen. Ganz schönes Durcheinander, was?«

»Wie sieht es bei meinen Eltern aus?«

»Wo ist das?«

»King Edward Street, in der Nähe des Stadions.«

»Das weiß ich nicht.« Der Junge kaute auf dem Kinnriemen seines Helms herum.

»Weiß es jemand anders?« John wandte sich an die vier

oder fünf anderen. »Hat es die Leute in der Nähe des Stadions schlimm erwischt?«

Keiner schien etwas zu wissen. Alle wohnten hier in der Nähe, und ihr Interesse erstreckte sich nicht über dieses Gebiet hinaus. »Die in der Nähe des Krankenhauses hat es schlimm erwischt«, meinte einer hilfsbereit. John wandte sich ungeduldig ab.

»Also, nirgendwo ist nichts runtergekommen, soviel steht fest«, sagte Fred. »Aber ich glaube nicht, daß es in der Nähe des Stadions schlimmer ist als irgendwo sonst. An deiner Stelle würde ich hingehen und nachsehen. Aber durch die Innenstadt kannst du nicht gehen. Da wird gesprengt... das, was übriggeblieben ist.«

»Wirklich?«

»Ja. Es gibt eine Sperre im Umkreis von einer Meile um das Rathaus. Du mußt um den Swanmill-Park herumgehen. Hörst du das?« Aus der Ferne ertönte eine dumpfe Explosion, und Fred grinste mit erhobener Hand.

»Warum machen sie das?«

»Um zu verhindern, daß die Brände sich ausbreiten. Übrigens, Johnny!«

»Ja?« fragte John und drehte sich in zehn Metern Entfernung um.

»Wie läuft's denn so in Oxford?«

»Oxford? Ach – ganz ordentlich.«

Sobald er außer Sichtweite war, schlug er einen schlurfenden Trab an, denn nach dem, was er eben gehört hatte, wollte er Gewißheit haben. Er lief durch eine Seitenstraße und sprang über Lachen des seltsamen roten Schlamms, der sich aus Ziegelstaub und Spritzwasser gebildet hatte. Alles sah vollkommen verlassen aus. Hier und da stand noch die leere Hülle eines Hauses, aber der Gesamteindruck war der einer Stadt, die wegen einer Pest oder Völkerwanderung verlassen worden war. Nur eine Katze drückte sich gegen eine Eingangstür, drückte und miaute, rieb sich den Kopf und sah hoch und miaute erneut. John ließ eine Straße nach der anderen hinter sich – Straßen, in denen er niemals zuvor gewesen war, Straßen, die er nur vom Hörensagen kannte und durch die er niemals gegangen war. Mehrfach glaubte er, sich verlaufen zu haben. Alles andere war verschwunden, aber überall tauchten Zeichen der Zerstörung auf: ein ausgebranntes Geschäft mit verkohlten Fensterrahmen, das Innere ein Haufen schwelenden Gerümpels. Noch immer stieg ein dünner Rauchfaden langsam in die Luft auf. Ganz in der Nähe war ein Haus über einem Auto eingestürzt, und obwohl man die Trümmer beiseite geschaufelt hatte, stand das Auto immer noch da, zusammengedrückt und mit weißem Staub bedeckt, die Ledersitze voller Backstein und Glas.

Eine weitere gedämpfte Exlosion ertönte, wie eine Ehrensalve bei einem Begräbnis.

Und nun, nachdem er all dies mehrere Meilen durchquert hatte, keuchend und am ganzen Leib schwitzend, ging die Sonne unter. Als er schließlich das Ende einer langen Straße erreicht hatte, von dem seine eigene Straße abzweigte, sah er die Sonne unter dunkelgrauen Wolken: nichts als eine wutentbrannte Scheibe hinter einer Reihe von Fabrikschornsteinen. Sie wirkte beobachtend, bedrohlich, und sie erzeugte eine seltsame, warme Dämmerung, die sogar diesen wohlvertrauten Ort in ein fremdartiges Licht tauchte. Wie ein feindliches, apokalyptisches Auge starrte sie auf die Hintereingänge, die wackligen Schuppen, die schlichten, schmutzigen Backsteinhäuser und die Müllabladeplätze. John war voller Furcht. Als er den langsam ansteigenden Hügel hochstolperte und die geborstenen Backsteine sah, die von einer heftigen Detonation in die Hecken geschleudert worden waren, zogen die Jahre rückwärts an ihm vorüber, und er betete mit der Inbrunst eines Kindes für seine Eltern. Laut stieß er hervor, daß er alles tun, alles geloben werde, wenn nur alles in Ordnung wäre. Alle Versuche, ein eigenes Lebens zu führen, erschienen ihm wie wirre Auswüchse einer heuchlerischen Selbstsucht. In Wahrheit war er ihr Eigentum; von ihnen war er auf ewig abhängig. Auf alles würde er verzichten, wenn nur alles in Ordnung wäre. Und für den Fall, daß das Schlimmste eingetreten wäre, betete er um die Stärke, ihm standzuhalten.

Die weiße Kugellampe hing verblüffend intakt über dem Laden an der Ecke. Er bog in die King Edwards Street ein.

Sie lag unversehrt vor ihm, mit ihren zwei Reihen armseliger Häuser ohne Vorgärten, genau wie immer. Er sah sein Elternhaus, Nummer vierundachtzig, das in einer Reihe mit den anderen Häusern stand, genau wie immer. Er ging darauf zu.

Eine Nachricht in der Handschrift seines Vaters war an der Tür befestigt. Sie besagte, daß sie nach Preston zum Haus eines Onkels gefahren seien; die Adresse war angegeben.

Er trat ein paar Schritte zurück und wußte vor Dankbarkeit kaum, was er tat. Die Erleichterung überströmte ihn so fühlbar, als ob ein Eimer Wasser über ihm ausgegossen worden sei. Er lächelte, sah zum Himmel hoch und die Straße hinab: die sterbende Sonne ließ die Backsteinhäuser auf die gleiche Weise erglühen, wie sie es in seiner Kindheit getan hatte. Ihm war, als sei er gerade erst aus der

Schule gekommen und müsse nun, weil seine Mutter einkaufen war, über die Auffahrt zur Hintertür gehen. Der Schlüssel hatte anfangs unter einem losen Stein gelegen, später unter einem Blumentopf. Er drehte sich um und las noch einmal die Nachricht, dann inspizierte er sorgfältig das Haus. Er ging zur Rückseite, um ganz sicher zu sein, daß es keinen Kratzer abbekommen hatte. Der Garten war frisch umgegraben, und ein riesiger Zementklumpen lag als Fremdkörper in der aufgelockerten Erde. Er stand da, starrte um sich und legte seine Hand auf den mit Teeröl imprägnierten Zaun. Dann ging er wieder nach vorn – er konnte sich einfach nicht losreißen. Er beugte sich vor, um durch ein Fenster zu blicken, und sah das Wohnzimmer. Alles wirkte genauso ordentlich wie immer: Da waren die Verzierungen am Kaminsims, und auch die Uhr zeigte die korrekte Zeit an. Auf dem Tisch lag ein Stapel Zeitungen, und hinter einer Glasvase lehnte ordentlich gebündelt das halbe Dutzend Briefe, das er nach Hause geschrieben hatte. Es war ein seltsames Gefühl – als würde man in ein Puppenhaus schauen. Und als er die Hände an die Fensterscheibe legte, empfand er dieselbe Fürsorge, die ein Kind gegenüber seinem Puppenhaus und dessen winzigen Zimmern empfinden mochte. Er hätte gern irgendein Zeichen gesetzt, irgend etwas getan, das sein Begreifen signalisiert hätte: Alles war gut.

Jetzt, nachdem die große Last von ihm genommen war, fesselte ihn die Fremdartigkeit seiner Umgebung. Die Stadt war ihm so vertraut gewesen, so innig mit seiner Kindheit verbunden, daß ihre Zerstörung ihn faszinierte. Dutzende wohlbekannter Orte waren zerstört, das schmuddelige örtliche Kino ebenso wie ein Fischgeschäft, und große Lehmspritzer bedeckten die Werbeplakate. Im Vorübergehen betrachtete er die Ruinen, studierte die Auswirkungen einzelner Explosionen auf Gebäudegruppen: Es mußten große, zerstörerische Bomben gewesen sein, die imstande waren, Eisenstangen so zu verbiegen, daß sie unschlüssigen Fragezeichen glichen. Rasch senkte sich die Dunkelheit herab, vereinzelt fuhren Radfahrer auf den geräumten Fahrbahnspuren von der Arbeit nach Hause. Der Mond, tagsüber ein dünnes, weißliches Segment, stand leuchtend am Himmel und sandte sein Licht über skelettierte Dächer, kahle Wände und Trümmerhaufen, die sich hoben und senkten wie eine gefrorene See. Nie zuvor hatte er auf John so hell gewirkt. Die Trümmer sahen aus wie die Ruinen eines vergangenen, vergessenen Zeitalters.

Benommen vor Hunger, schlug er sich zurück nach Kilbury Halt durch. Er hatte keine Ahnung, was er tun sollte. Alles, was er wußte, war, daß er am besten versuchte, nach Oxford zurückzukehren. Auf seine Nachfrage erfuhr er, daß eine halbe Stunde später ein Zug in Richtung Süden fahren würde.

»Gibt es einen Pub in der Nähe?«

»Es gibt das ›Brandon Arms‹ auf der anderen Straßenseite. Keine Ahnung, ob es geöffnet hat.«

John ging hinüber, um das herauszufinden, und sein Schatten ging ihm im Mondlicht voraus. Das Gebäude war in Dunkelheit gehüllt, aber er fand eine Tür, die angelehnt war. Als er hineinging, befand er sich in einer kleinen, von Kerzen erleuchteten Bar, in der ein halbes Dutzend Männer die Wände säumten. Drei der Kerzen steckten in Kerzenständern und eine in einer Flasche. Die Wirtin hatte die Ellbogen auf dem Tresen abgestützt und schwieg. Der Raum war bitterkalt, und sie trug einen Mantel mit

Pelzkragen. Es war vollkommen still. Jedesmal, wenn draußen der Wind blies, tanzten und flackerten die Kerzenflammen.

Er bestellte ein Pint Bitter. »Haben Sie auch etwas zu essen?«

»Nein, Kleiner, wir haben gar nichts. Und es gibt nur Dunkel in Flaschen. Nimmst du das?«

»Ja, bitte.«

Er betrachtete das Bier im Kerzenschein, das schwarz und gehaltvoll aussah und glitzernd bis zum Rand des Glases stand. Wenn er es auf leeren Magen tränke, würde ihm schlecht werden.

»Sind Sie sicher, daß nichts zu essen da ist? Ich habe den ganzen Tag über nichts gegessen.«

Sie sah ihn teilnahmslos an und richtete sich schwerfällig auf. »Ich sehe mal nach.«

Drei Minuten später kam sie mit einer Packung Kartoffelchips und einem Teller zurück, auf dem ein dickes Sandwich lag. Das Sandwich bestand aus zwei Scheiben trockenen Brotes mit etwas kaltem Schinkenspeck dazwischen.

»Danke – vielen Dank.« Er bezahlte und nahm das Sandwich.

Die versammelten Männer beobachteten die Wirtin, die das Geld schweigend einsteckte, dann beobachteten sie John beim Essen. Sie ließen keinerlei persönliches Interesse an ihm erkennen, es schien eher so, als ob sie ihre Aufmerksamkeit die ganze Zeit auf die eine oder andere Weise beschäftigen müßten. Vier dieser Männer waren Arbeiter, zwei machten den Eindruck, als warteten sie wie John auf einen Zug.

Die Frau wischte mit einem Geschirrtuch halbherzig über den Tresen. »Ich dachte, ich mache besser auf, solange es irgend etwas zu verkaufen gibt«, sagte sie. »Es können ja nicht alle streiken, oder?«

»Das ist richtig«, sagte einer der Männer.

»Wie geht's Ihr'm Mann, Mrs. Page? Haben Se was von ihm gehört?« fragte ein anderer teilnahmsvoll. Er war kräftig gebaut und trug einen Schnurrbart. Seine Melone und sein Mantel waren schlammbespritzt, und wie die anderen sah er so aus, als habe er in seinen Kleidern geschlafen.

»Nein, hab' ich nich' – und werd' ich wohl auch nicht.« Die Frau stützte die Ellbogen wieder auf dem Tresen ab. »Ich mache mir aber keine Sorgen. Hat keinen Sinn, sich Sorgen zu machen.«

»Nein, das nutzt gar nichts.«

»Und bei ihm verheilt immer alles schnell.«

»Ja, 'n Schnellheiler, genau«, sagte der Mann mit der Melone, als ob er ihr helfen wollte, die richtigen Worte zu finden.

»Oh, er heilt immer schnell, jawoll.«

»Das is'n Segen.«

»Das stimmt. Und es is' nichts wie sein Bein. Viele hat's schlimmer getroffen. Man soll dankbar sein, sag ich immer.«

Ein anderer Mann schnaubte nachdrücklich, um seine Zustimmung zu bekunden, und hob sein Bierglas. Ein dritter, die Ellbogen auf den Knien, sah hoch und begann aufgeregt zu sprechen. Er war unter dreißig, hatte ein jugendfrisches Gesicht, auf dem sich die ersten Falten bemerkbar machten, blondes, welliges Haar und einen gestutzten Schnurrbart. Seine Kleidung war elegant, aber schmuddlig, sein ölverschmierter Kamelhaarmantel wurde von einem Gürtel ohne Schnalle zusammengehalten. Ein verdreckter Filzhut lag neben seinem Bierglas.

»Ich habe vielleicht was durchgemacht, also wirklich. Ich weiß kaum, was ich tue, warum ich hier bin oder sonstwas. Bin am Mittwoch aus Manchester rübergekommen, um die hiesige Zweigstelle zu besuchen – Fowler's, wissen Sie: Geschäftsreise, Benzin auf Firmenkosten, bringen Sie Ihre Frau mit, Auslagen werden erstattet. Wir sind im King's Head untergekommen. Hatten gerade mit dem Abendessen angefangen, wie die kleine Ladung runterkommt. Da gab's ja 'ne Verschnaufpause zwischendrin, Sie erinnern sich bestimmt. Wir sind also raus aus dem Keller, und ich hab' ihr gesagt, sie soll 'raufgehen und 'n Koffer packen, während ich das Auto hole, und mich dann in fünf Minuten am Vordereingang treffen.«

Er machte eine Pause und trank, wobei er seinen Blick auf die Wirtin gerichtet hielt, die immer noch am Tresen lehnte und zurückstarrte, in der Hand ein vergessenes, halb poliertes Glas. Im Fenster flatterte das Papier. Die Männer hielten ihre Köpfe gesenkt wie in der Kirche – es sah aus, als ob sie das Mitteilungsbedürfnis des jungen Mannes anerkannten, ohne sich für das, was er sagte, übermäßig zu interessieren.

»Natürlich kommt ein Polyp, sobald ich bei den Garagen bin, und sagt mir, daß ich kein Idiot sein soll. Die Straßen waren alle blockiert – kein Holzpferd hätte da durchgepaßt, ganz zu schweigen von einer V 8. Aber ich stand da und zankte mich mit ihm herum. Dann hörten wir, wie ein paar von den Dingern herunterkamen. Was für einen Lärm die machen! Eine hat das Hotel voll erwischt, es war die, die als erste traf. Und jetzt, gestern den ganzen Tag lang und heute, komme ich nicht mehr ran, bekomme aus niemandem nix raus. Kenne hier keine Menschenseele – kenne hier keine Seele mit Ausnahme vom Geschäftsführer von Fowler's, und es heißt, der hat dran glauben müssen. Aber ich komme sowieso nicht in die Nähe des Werks. Keiner scheint irgendwas zu wissen. Ich weiß nicht, was ich tun soll.«

Er hörte so abrupt auf, wie er begonnen hatte und starrte auf den Boden zwischen seinen Füßen. Ein sehr alter Mann meldete sich mit zittriger Stimme zu Wort:

»Bei uns drüben haben sie einen Luftschutzraum getroffen.«

Eine Pause trat ein.

»Ich denke, daß das jetzt überall passieren wird«, sagte der junge Mann und sah wieder hoch. »Überall. Keine einzige Stadt wird stehenbleiben.«

Seine Stimme hatte einen leicht hysterischen, gierigen Beiklang, so, als ob er sich das mehr als alles andere wünsche.

»Aber wir werden es ihnen heimzahlen, schreiben die Zeitungen«, sagte der Mann mit der Melone und schneuzte sich die Nase.

Keiner sprach, und alle saßen da und lauschten mit halbem Ohr in die Stille.

John ging zurück zum Bahnhof, der aus wenig mehr als zwei Bahnsteigen mit einem Übergang bestand, und lehnte sich gegen einen Holzzaun, um auf den Zug zu warten. Er war müde, und was er gesehen hatte, ließ ihn sich so unbedeutend wie eine Fliege fühlen, die über einen Steinhaufen kriecht. Das alles ließ das Leben wie den erfolglosen Versuch erscheinen, eine Kerze im Wind anzuzünden.

Er fuhr die ganze Nacht durch. In Birmingham gelang es ihm, eine Mahlzeit zu ergattern. Danach blieben ihm noch zwei Pfund, drei Pence und die Rückfahrkarte. Die meisten Reisenden waren Soldaten, die sich lärmend zusammenrotteten und ihre Uniformsäcke wie Leichen auf dem Boden des Warteraums abluden. Ihre Nacken waren so rot, als ob sie sich verbrüht hätten. Der Zug fuhr langsam und vorsichtig durch die Dunkelheit. John wurde sehr müde und schlief ein.

Das schmutziggelbe Licht schien auf sein gelöstes Gesicht, seine Hände und sein blondes, seidiges Haar. Seine Schuhe waren mit rotem Schlamm bespritzt, und dasselbe traf auf seinen Hosenaufschlag und den rechten Ärmel zu. Die Rastlosigkeit der dahineilenden Räder schlich sich in seine Träume ein, und er sah noch einmal die an Vogelscheuchen erinnernden Ruinen, die zerbombten, aufgeworfenen Straßen, die Bar im Kerzenschein. All das schien nun nicht länger bedeutungslos zu sein. Er schreckte aus dem Schlaf hoch und rieb sich mit kalten Händen die Augen. Ihm ging durch den Kopf, daß alles, was geschehen war, das Ende der Verwendung markierte, die er für seinen Heimatort hatte. Er bedeutete ihm jetzt nichts mehr, folglich wurde er zerstört: Es war wie ein Symbol, eine Annullierung seiner Kindheit. Dieser Gedanke erregte ihn. Es war, als hätte man ihm gesagt: Die gesamte Vergangenheit ist gestrichen worden; all das Leiden, das mit dieser Stadt verbunden war, deine ganze Kindheit ist ausgelöscht. Nun kannst du neu beginnen. Du wirst nicht länger von dem beherrscht, was vergangen ist.

Der Zug eilte weiter durch Felder, die unter Frost und Dunkelheit lagen.

Und dann war es wieder, als würde man ihm sagen: Schau, wie wenig das alles bedeutet. Jeder hat nichts als sein Leben, das ihn vorwärts treibt, und schau, wie leicht das beendet werden kann. Schau, wie schockierend wenig das Leben ist.

Er gähnte und grinste und streckte die Hände zwischen den Knien aus. Er konnte kaum glauben, was für einen Wirbel er um alles veranstaltet hatte, während in Wahrheit alles so einfach war. Ein richtiger Trottel war er gewesen; immer hatte er sich gesorgt und geplagt. Aber nun würde er es ihnen zeigen. Er streckte sich in voller Länge auf dem Zugsitz aus, ohne sich die Mühe zu machen, ein spezielles Versprechen zu formulieren. Unbeschwert wiederholte er einfach, daß er mit diesen Dingen fertig sei, daß alles vorbei sei, daß die anderen sich jetzt auf eine Überraschung gefaßt machen könnten. Es war kalt, und er zog die kurzen Mantelschöße so weit wie möglich über seine Knie. In dieser Haltung, halbwach, fröstelnd und sich allerhand ausmalend, verbrachte er den Rest seiner langsamen Reise durch die Nacht, bei jedem Halt und Neustart durch den Vorhang blinzelnd. Alles tat ihm weh, als sie kurz vor fünf Uhr morgens in den langen, fast menschenleeren Bahnhof einfuhren. Es war frostig, und er wünschte, Handschuhe dabeizuhaben. Die Reihen der Lampen zeichneten ihre Lichtkreise entlang des Bahnsteigs. Hier und da standen Milchkannen oder stapelten sich Pakete. Vom Ende des Zuges drang Lärm, als Träger das Gepäck aus dem Gepäckwagen warfen und neues aufluden.

Er verließ den Bahnhof und ging langsam durch die Straßen. Alle Geschäfte waren versperrt, jeder Eingang mit Ketten verhängt und abgeschlossen. Sein Kopf schwirrte vor Müdigkeit. Sein erschöpfter Körper stand kurz vor einer Hysterie und erfand Tanzrhythmen und Gestalten für das Echo seiner Schritte. Hin und wieder tönte es plötzlich hohl, wenn er an einem Säulengang oder einer weiter zurückliegenden Ladentür vorüberging. Im Rinnstein raschelte der Wind mit einem unsichtbaren Papierfetzen.

Im Freien war ein schwacher Sternenhimmel zu sehen, aber er mußte sich durch Gassen und an Steinmauern entlangtasten und fühlte kaltes Moos unter den Fingern. Über ihm erhoben sich die komplexen Umrisse der Colleges. Und als es fünf Uhr zu schlagen begann, entlockte ihm seine übermäßige Ermüdung eine weitere seltsame Reaktion: Er lehnte sich gegen eine Mauer und schluchzte tränenlos, während die zahllosen Glocken in der frostigen Dunkelheit die Uhrzeit erörterten. Ihr Alter hatte etwas Beruhigendes: Er konnte sich darin einwickeln wie in einen Mantel.

Es war einfach, bei einem Kastanienbaum über die Mauer zu klettern. Und genau das tat er, obwohl er sich die Hände dabei aufschrammte. Dann machte er sich leise auf den Weg zu seinem Zimmer.

Er wachte erst um zwei Uhr am nächsten Tag auf. Die Verdunkelung war abgenommen, der Raum gereinigt und Christophers Bett gemacht worden, ohne daß er davon wach geworden wäre. Für einige Minuten lag er da und starrte die Zimmerdecke an, prüfte seine Gedanken und Erinnerungen und brachte sie in eine geordnete Form. Dann warf er die Bettdecke zurück und stand auf. Er trank ein Glas kalten Wassers und reckte die Arme.

Aus dem Wohnzimmer drangen drei Stimmen, und nachdem er in seinen Morgenmantel geschlüpft war und sich ein Handtuch um den Nacken gelegt hatte, öffnete er die Tür. Christopher, Eddy und Patrick saßen vor einem gewaltigen Kohlenfeuer, tranken Bier und rauchten Zigarren. Die Luft war heiß und stickig.

»Nun hör schon auf«, sagte Patrick gerade geringschätzig. »Du hast doch keine Ahnung von Rennen.«

»Dann gilt es also!« Eddy hatte sich erregt aufgerichtet. »Ich wette mit dir, daß ich bis zum Ende des Monats wieder hochkomme – also am Ende des Trimesters! Ich wette mit dir, daß ich am Ende des Trimesters obenauf bin.«

Eddy trug eine gelbe Weste mit Messingknöpfen, die sein gerötetes Gesicht sehr rosig aussehen ließ. Die Asche seiner Zigarre löste sich und fiel herab.

»Hallo, John«, sagte Christopher, der mit dem Rücken zur Tür saß und den Kopf drehte, um ihn anzusehen. »Trinken Sie etwas.«

»Es ist nichts übrig«, sagte Patrick, schenkte sich nach und warf die Flasche in die Ecke. Sie donnerte auf die Dielen, ohne zu zerbrechen.

John fand eine volle Flasche unter dem Schreibtisch, goß sich ein Glas ein und setzte sich an den Tisch, um Brot zu schneiden. Mit Heißhunger aß er gewaltige Scheiben Butterbrot und verstreute die Krümel.

»Es heißt überhaupt nichts, bis zum Ende des Trimesters hochzukommen«, beharrte Patrick. »Das kannst du machen, indem du einfach den Hinweisen eines Tipgebers folgst.«

»Was weißt du denn schon. Es steckt eine verdammte Wissenschaft im Wetten. Man muß sich ein System erarbeiten...«

»Wo ist dieser Bursche gewesen?« wollte Patrick wissen und zeigte auf John. »Warum ist er nicht anständig angezogen?«

John kaute eine Weile stumm weiter und starrte Patrick an.

»Ich war in Huddlesford.«

»Warum?«

»Ich lebe dort, darum.«

»Leben dort Menschen?« erkundigte sich Patrick mit einer Andeutung von Überraschung. »Ich dachte, es sei eine Erfindung aus der Operette.«

John schnitt sich noch mehr Brot ab. »Ja«, sagte er, »ziemlich viele Menschen leben dort.«

»Ich hatte es vergessen«, sagte Christopher. »Ist der Schaden groß?«

»Ziemlich groß, ja.«

»Der Luftkrieg ist wie ein gutes Theaterstück«, bemerkte Patrick und legte seine Füße auf den Kamin. »Wenn es längere Zeit in der Stadt gelaufen ist, geht es auf Tournee durch die Provinz.« Eddy hustete und steckte seine Zigarre zurück in den Mund. »Viel davon gesehen?« erkundigte er sich nicht ohne Aggression. John glaubte, daß er gemeint sei, und sagte:

»Die Innenstadt war komplett abgesperrt.«

»Tatsächlich«, sagte Christopher. »Natürlich gibt es nicht viel zu treffen in diesen Provinzstädten, sie können alles auf einmal treffen. Ich muß sagen, daß ich die Luftangriffe in London ziemlich spaßig fand. Wir waren immer betrunken, und die ganze Sache schien absolut normal zu sein. Habe ich euch jemals erzählt, wie wir bei dieser Party von Julian waren, als so ein Ding runterging und alle Lichter auslöschte? Und nachdem er Kerzen gefunden hatte, stellten wir fest, daß aus allen Flaschen die Korken herausgeflogen waren.«

»Ach, das glaube ich nicht, Chris«, sagte Eddy breit grinsend. »Nicht, wenn du es nicht selbst gewesen bist.«

»Nun ja«, sagte Patrick, »als ich in der Nähe von Shepherd's Bush die Aufgabe eines Hilfspolizisten übernommen hatte, stießen wir auf einen Luftschutzraum voller

Leichen, die keinen einzigen Kratzer abbekommen hatten. Im Umkreis von zwanzig Metern war keine einzige Bombe runtergegangen. Wir dachten, es sei Gas oder dergleichen. Aber es war nur die Druckwelle, all ihre Lungen waren unter der Druckwelle geplatzt...«

»Ulkig«, sagte Eddy. »Natürlich sollte mich nichts überraschen, was auf einer Party von Julian passiert. Wenn der verdammte Erzengel Gabriel hereinkäme und die Trompete zum Jüngsten Gericht bliese, würde mich das nicht überraschen. Herrje, was man mit Geld alles anstellen kann.«

»Geld!« rief Christopher aus und schlug sich theatralisch auf die Taschen. »Habt ihr welches?« fragte er und sah zu Patrick hinüber. Patrick starrte zurück und gab unvermittelt einen bellenden Rülpser von sich.

John aß sein Brot auf und schob den Teller beiseite. »Ich könnte welches gebrauchen«, sagte er. »Jetzt gerade besitze ich auf der ganzen Welt nichts als zwei Pfund und drei Pence. Haben Sie eine Zigarette, Chris?«

Christopher warf ihm das Päckchen zu. »Ich denke, wir sollten eine Party schmeißen, ehe das Trimester vorbei ist«, sagte er. »Mir scheint, das wäre ein sehr nützlicher Beitrag zu den Kriegsbemühungen.«

»Nicht in diesem College«, sagte Patrick. »Nicht nach dem ganzen verdammten Krach wegen Semple.«

»Der Blödmann«, sagte Eddy. »Macht sie einfach bei mir. Ihr könnt auch Frauen mitbringen.«

Patrick runzelte die Stirn. »Ich finde, daß Frauen eine ernsthafte Party verderben.«

»Du mußt ja nichts mit ihnen zu tun haben«, sagte Christopher und warf seinen Zigarrenstummel ins Feuer. »Du kannst ihnen aus dem Weg gehen.«

»*Du* nicht«, kicherte Eddy.»Wir wissen alle, wohinter du her bist.«

Christopher versuchte, Eddys Stuhl nach hinten zu kippen, doch er bewirkte bloß, daß dieser sein Bier verschüttete. Sie rauften eine Weile und stießen dabei einen Stapel mit Büchern und Papieren um.

»Hört auf mit dem Rumgemache«, sagte Patrick gelangweilt.

»Also, wann soll die Sache steigen?« wollte Eddy wissen und wischte sich den Schweiß von der Stirn.»Ich finde, das ist eine saugute Idee, vorausgesetzt, daß wir an Fusel kommen.«

»Oh, an den Fusel kommen wir schon«, sagte Patrick. »Und du kannst ihn mit deinen Gewinnen aus den Pferdewetten bezahlen.«

»Du bist eine fiese Ratte« sagte Eddy offen und ehrlich.

»Dies ist unsere letzte Woche, oder?« Christopher lümmelte am Kamin und drehte den Siegelring an seinem Finger.»Das Trimester ist schnell herumgegangen. Bringt nichts, jetzt mit Arbeiten anzufangen.«

»Wie wär's mit Donnerstag abend?« schlug Eddy vor. »Donnerstag bei mir.«

»Ich habe Freitag ein Tutorium.« Patrick lehnte sich in seinem Stuhl zurück.

»Dann also Freitagabend.«

»Da gehe ich tanzen.«

»Ach, verdammt.« Christopher war ungeduldig.»Du kannst am Donnerstag arbeiten.«

»Ich habe Korps.«

»Herrgott!« sagte Christopher sarkastisch.»Seht euch diesen Schlaumeier an. Du warst ein Vollidiot, dieser Truppe beizutreten.«

»Das glaube ich nicht. Warte, bis sie dich als einfachen Soldaten ziehen.«

»Einfacher Soldat am Arsch! Die kriegen mich nicht.«

»Ich wette einen halben Dollar«, sagte Patrick wissend, »daß sie binnen drei Monaten die Neunzehnjährigen registrieren.«

»Die Wette gilt.«

»In Ordnung.« Patrick brachte sein winziges Notizbuch zum Vorschein.

»Selber in Ordnung. Ich werde früh genug ins Korps eintreten, wenn es irgendwelche krummen Touren gibt.«

»Wer hat das Nonnenkloster dichtgemacht?« gluckste Eddy. »Sie werden dich finden!«

»Du sagst es«, sagte Patrick und streckte seine Beine aus. »Du kannst nicht das ganze Arbeitsministerium auf Dauer zum Narren halten.«

»Herr im Himmel!« rief Christopher. »Du glaubst doch wohl nicht, daß mich das groß kümmert. Bis zum Sommer werde ich diese Stadt satt haben und froh sein, zu gehen. Dein Problem ist«, sagte er und zeigte auf Patrick, »daß du selber ein Angsthase bist.«

»Blödmann«, sagte Patrick übellaunig.

»Also, am Samstag geht es nicht, da sind wir alle weg«, sagte Eddy.

»Und Mittwoch ist ein bißchen früh, oder? Lassen wir die Sache am Donnerstag abend steigen.«

»Aber ...«

»Ach, pfeif doch auf deinen dämlichen Essay!« rief Christopher. »Als ob du nicht genug wüßtest, um mit links zu bestehen! ... Sag deinem Tutor, daß du eine Lungenentzündung hast.«

»Oder die Pocken«, kicherte Eddy. »Hahaha!«

An dieser Stelle ging John hinaus, um ein Bad zu nehmen. Es war angenehm, wieder dazusein. Am Montagmorgen bekam er aus Preston einen Brief von seinen Eltern, in dem sie beschrieben, wie sie den Luftangriff überstanden hatten. Der Brief war nicht anschaulich genug, um ihn zu bewegen, aber es beunruhigte ihn, zu hören, daß seine Mutter immer noch unter einem Nervenschock litt. Er steckte den Brief zurück in die Tasche und vergaß ihn binnen drei Minuten.

Als er an diesem Morgen Kaffee trank (etwas, das er jetzt ganz automatisch machte, ohne Bezug zu dem ursprünglichen Anlaß), sah er Elizabeth mit einigen Freundinnen an einem der anderen Tische und beobachtete belustigt ihre Art, zu sprechen und zuzuhören, ganz, als ob sie Teil einer Komödie wäre, die zu besuchen er das Privileg hatte. Indirekt erinnerte sie ihn an Jill, die er nicht wiederzusehen erwartete. Als alle aufstanden, um zu gehen, kam Elizabeth rasch zu seinem Tisch herüber. »John!« rief sie, »Sie *müssen* mir erzählen... Ich habe mir *solche* Sorgen gemacht... Ist Ihre Familie in Sicherheit? War sie bei diesem schrecklichen Angriff dabei?«

Ihr Gesicht schwebte auf lachhafte Weise vor ihm, wie eine Anzeige für Kosmetikartikel. Auf ihrer linken Schulter war ein Fussel.

»Ja«, sagte er, »waren sie. Aber sie hatten Glück.« Er lehnte sich zurück.

»Wie gut.« Sie sah erleichtert aus. »Ich bin *so* froh. Es muß furchtbar gewesen sein.«

»Es war ziemlich schlimm, glaube ich.«

»Und da ist noch etwas...« Sie schaute ihn eindringlich an, dann runzelte sie die Stirn und ging ein wenig auf Distanz. »Ich hoffe, daß Sie nicht allzu gekränkt sind wegen... neulich, Sie wissen schon. Ich muß ein bißchen unhöflich gewirkt haben. Sagen Sie mir, war es so?«

»Unhöflich?« John lachte und versuchte aufrichtig, sich zu erinnern. »Nun, vielleicht ein bißchen. Aber nicht allzu sehr, wenn man die Umstände bedenkt.«

»Ich war mir sicher, daß... Also, ich möchte mich entschuldigen. Ich hatte nicht vor, garstig zu sein. Es ist nur, weil Gillian...« Sie machte eine Pause und erwartete, daß er ihren angefangenen Satz beendete, aber er lächelte sie bloß an. »Na ja, es ist nur, weil Gillian so jung ist. Sie ist nämlich erst fünfzehn.«

»Fünfzehn? Wirklich!« meinte John nichtssagend. »Mehr nicht?«

»Ja, erst fünfzehn... Und sie wollte wirklich nicht – sie hat mich nämlich gefragt... Sie sehen schon, wie es war«, endete sie lahm.

»Ja, ich sehe schon«, sagte John. »Das ist völlig in Ordnung.«

»Sind Sie sicher? Nun, wenn Sie keinen Groll hegen.« Sie sah ihm mit einem strahlenden Lächeln in die Augen.

»Nein, das ist völlig in Ordnung. Ich verstehe schon.«

»Gut. Jetzt muß ich mich aber sputen. Auf Wiedersehen!«

»Auf Wiedersehen«, sagte er gähnend. »Miststück!« fügte er in Gedanken hinzu, als er seinen Kaffee umrührte und sich fragte, was sie veranlaßt hatte, soviel Unterwürfigkeit vorzutäuschen und ihm all diese Lügen aufzutischen. Er fragte sich auch, ob dies ein Epitaph auf Jill gewesen sei. Unter den gegebenen Umständen schien das nur wahrscheinlich, und während er rauchte und in kleinen Schlucken seinen Kaffee trank, resümierte er die ganze Geschichte mit einem erstaunlichen Mangel an Schamgefühl.

Es war Dezember: Die vielen Bäume waren völlig kahl, und dieselben Aussichten, die im Sommer auf Postkarten abgedruckt worden waren, wirkten jetzt karg und verlassen. Die Boote hingen längst in den Bootshäusern, und in den Gemeinschaftsräumen tauchten die ersten Weihnachtsausgaben der Zeitschriften auf. Das Trimester näherte sich seinem Ende. John gab sich Mühe, einige ausstehende Arbeiten zu erledigen.

Glücklicherweise arbeitete er gerade, als es am Donnerstag kurz vor dem Mittagessen an seiner Tür klopfte und ein gelbes Gesicht unter einem weichen Hut hineinspähte. »Fleißig dabei?« erkundigte sich eine ironische Stimme.

John sprang auf. »Oh! Kommen Sie herein, Sir. Was machen Sie... Kommen Sie herein und setzen Sie sich.«

Er ergriff Mr. Crouchs ausgestreckte Hand. Der Lehrer schloß die Tür und legte seinen Hut auf den Tisch, ehe er zum Kaminvorleger ging. Er trug einen dicken braunen Mantel mit hochgeschlagenem Kragen.

»Ein nettes Zimmer haben Sie hier. Schade, daß Sie es mit jemandem teilen müssen.«

»Ja, das Zimmer ist nett.« John sah sich abwesend darin um.

»Wirklich schade. Mir erschien es immer unabdingbar, ein eigenes Zimmer zu haben, wie klein es auch sein mochte. Aber vielleicht sind Sie da anders. Zigarette?«

Er hielt ihm sein Etui hin und war amüsiert, als sich der Junge automatisch eine nahm. Soweit es John betraf, sah Mr. Crouch unerwartet jung aus und wirkte hier überhaupt nicht deplaziert.

»Bestimmt haben Sie noch keine Ferien?«

»Ferien? Man hat uns Ferien aufgezwungen. Ich vermute, daß Sie zu vertieft in Ihre akademischen Studien waren, um zu wissen, daß wir in der letzten Woche einen kleinen Angriff hatten.«

»Wurde die Schule getroffen?« rief John.

»Voll und ganz. Ist fast vollständig ausgebrannt, mit Ausnahme der Labors und der Turnhalle und einiger der neuen Klassenzimmer. Deshalb sind wir vorzeitig aufgelöst worden.« Er stieß Rauch aus. »Ich glaube nicht, daß Ihre Gegend viel abbekommen hat.«

»Nein, ich war am Freitag dort – nichts, kein Schaden.«

»Sie waren also dort, ja? Schade, daß ich nichts davon gewußt habe. Sie hätten mich besuchen können. Wußten Sie, daß ich jetzt verheiratet bin?«

»Aber nein – na, dann herzlichen Glückwunsch«, sagte John, der zu seiner alten Schüchternheit zurückgekehrt war, mit einer Handbewegung.

»Danke«, sagte Mr. Crouch obenhin. »Wirklich vielen Dank.« Einen Moment lang sah er den Jungen lächelnd an.

»Und wo leben Sie jetzt, Sir?«

Sie unterhielten sich eine Weile über Huddlesford, Mr. Crouch mit dem Rücken zum Feuer stehend und John mit den Beinen über der Armlehne des Sofas. »Trotz allem habe ich es nicht so behaglich wie Sie«, sagte er und ließ die Augen durch das Zimmer schweifen. »Sie haben es hier wirklich gut getroffen. Nicht, daß Sie es nicht verdient hätten. Warum haben Sie mir nicht geschrieben?« Er grinste auf seine alte Manier, als er die Verwirrung des Jungen bemerkte.

»Na ja, ich habe damit angefangen, mehrmals...«

Mr. Crouch hob eine gelbe Hand.

»Ich weiß, wie das ist. Sie müssen sich nicht die Mühe

machen, mir das zu erklären.« Er betrachtete eindringlich die Zigarette zwischen seinen Fingern. »Ich weiß, wie es im ersten Trimester ist. Man fühlt sich, als hätte man nie zuvor gelebt.« John blickte zu Boden. »Aber das ist es wert gewesen, nicht wahr? Die ganze Plackerei?«

»O ja«, sagte der Junge schüchtern.

»Gut. Und nun lassen Sie uns gemeinsam zu Mittag essen. Ich weiß nicht, wo man hier am besten hingeht.«

John legte einige Kohlen auf das Feuer, und sie gingen in ein Restaurant, über das er Christopher hatte sprechen hören. Mr. Crouch sah sich interessiert um, während sie durch die Straßen gingen. Was er zu sehen bekam, mißfiel ihm – eine Kunststudentin in rotem Rock, die einen Gewölbebogen skizzierte, ein Blumenverkäufer und ein weißbekittelter Küchenjunge, der ein Tablett voller abgedeckter Teller zum Zimmer eines Dozenten trug. All das drückte einen Lebensstil aus, den er nicht teilte und nun nie mehr teilen würde. Er wußte, daß dem jungen Mann an seiner Seite nichts davon aufgefallen war.

»Erzählen Sie mir, was Sie gemacht haben«, bat er, als sie an ihrem Tisch Platz genommen hatten. Seine nikotingelben Finger lagen verschränkt vor ihm.

John erzählte ausführlich von den Arbeiten und Vorlesungen des Trimesters und versuchte erst unbewußt, dann bewußt, diese beeindruckender erscheinen zu lassen, als sie eigentlich waren. »Haben Sie das letzte Buch meines Tutors gelesen?« fragte er. »Es ist sehr gut. Er ist der maßgebliche Experte für England im elften Jahrhundert, und ich habe viele seiner Arbeiten gelesen. Ich habe Glück, bei ihm zu sein.«

»Es ist schade, daß er Sie nicht einzeln unterrichten kann«, sagte Mr. Crouch und brach sein Brötchen. »Haben Sie jemals daran gedacht, ihn darum zu bitten? Natürlich hat der Krieg alles durcheinandergebracht.«

John antwortete nicht, und kurz darauf fragte ihn Mr. Crouch, was er, außer zu arbeiten, sonst noch getan habe. Die Antworten, die er erhielt, waren unbestimmt. John war offenbar keiner Gesellschaft beigetreten, hatte keinerlei Freundschaften geschlossen und lenkte, um das nicht zugeben zu müssen, das Gespräch in andere Richtungen. Mr. Crouch studierte sein Gesicht hinter den Kunstblumen. Nach einiger Zeit sagte er:

»Natürlich fassen Sie hier gerade erst Fuß, etwas anderes war auch nicht zu erwarten. Das geht nicht von heute auf morgen.« Abwesend steckte er sich eine Zigarette an. »Aber wenn ich so kühn sein darf, Ihnen einen kleinen Rat zu geben – und es könnte der letzte für längere Zeit sein, wenn nicht für immer –, dann würde ich Ihnen raten, sich von der Vorstellung freizumachen, daß Arbeit die einzige Sache ist, die hier zählt.«

John nickte unbestimmt.

»Das ist keineswegs so. Aus einem sehr geringen Prozentsatz – sehr gering – der Leute, die zur Zeit hier sind, werden einmal Dozenten der einen oder anderen Art werden. Aber wenn Ihnen so etwas vorschwebt – und wenn das der Fall ist, bedenken Sie, daß der Wettbewerb sehr hart ist, weil das sehr, sehr exklusive Posten sind –, dann müssen Sie Ihre Zeit hier aus der Perspektive betrachten, was passieren wird, wenn Sie die Universität verlassen.« Er machte es sich in seinem Stuhl bequem. »Sie können diesen Ort als einen großen Kopfbahnhof betrachten. Tausende von Menschen. Züge, die in alle Richtungen fahren. Was Sie entscheiden müssen, ist, wohin *Sie* wollen. Und wenn Sie das entschieden haben, sehen Sie zu, daß Sie mit

Ihren Mitreisenden gut auskommen. Sie werden Ihnen von Nutzen sein. Ich vermute, es klingt für Sie wie ein äußerst abgedroschener Zynismus, wenn ich sage, daß Ihnen zehn Minuten sozialen Aufstiegs einen besseren Posten bescheren können als zehn Jahre harter Arbeit.«

John zuckte die Schultern.

»Leider verhält es sich so. Was Sie im Gedächtnis behalten müssen, ist, daß Sie hier normalerweise ein paar tausend Menschen antreffen, die in zwanzig Jahren – oder vielleicht weniger – ganz oben sein werden. Sie sind privilegiert, sich zwischen ihnen tummeln zu können, weil Sie hier mehr oder weniger dieselbe gesellschaftliche Stellung einnehmen. Machen Sie das Beste daraus. Je mehr Beziehungen Sie aufbauen können, desto besser. Deswegen rate ich Ihnen, vielen Klubs, Gesellschaften und was-nicht-noch beizutreten, selbst, wenn Sie sie verachten oder sich dort nicht zugehörig fühlen. Sie können es sich nicht leisten, sie zu verachten – Sie können es sich nicht leisten, durch Ihr Leben zu gehen, ohne sich zugehörig zu fühlen. Wohl oder übel müssen Sie jetzt drei Jahre lang mit dem Strom schwimmen. Ob Ihnen das gelingt oder nicht, hängt völlig davon ab, inwieweit Sie die Gelegenheiten wahrnehmen, die sich Ihnen hier bieten.«

John nickte wieder. »Ja«, sagte er, »ich verstehe, was Sie meinen.«

»Werden Sie also nicht zu klösterlich oder zu mönchisch«, sagte Mr. Crouch, als sie aufstanden, um zu gehen. »Es zahlt sich nicht aus. Und da wir gerade vom Zahlen sprechen...« Er winkte den Kellner heran.

Er glaubte, dem Jungen einen guten Rat gegeben zu haben.

Als sie draußen waren, sagte John:

»Aber was wird jetzt aus der Schule?«

»Die Schule?« Mr. Crouch hielt seine Handschuhe in der rechten Hand und schlug sie klatschend gegen die linke. »Das kann ich nicht sagen. Ich wollte sowieso zu Weihnachten gehen.«

»Tatsächlich, Sir? Warum?«

»Ich werde der Königlichen Luftwaffe beitreten, in der einen oder anderen Funktion.« Mr. Crouchs Gesicht teilte sich zu einem Lächeln, und seine Ausdrucksweise wurde präziser und förmlicher. »Ich hatte mich bereits weitgehend entschieden, und das Vorgefallene hat meine Absicht zur Gewißheit werden lassen.«

»Wird man Sie nehmen?«

»Vielleicht nicht bei den kämpfenden Truppen. Ich könnte es aber in den eher ausbildenden Bereich schaffen. Erscheint Ihnen das so überraschend?«

»Nun ja, Sir, doch.«

»Ich glaube nicht, daß es das ist.« Mr. Crouch schlurfte eilig voran und warf Blicke durch die Eingangstore der verschiedenen Colleges, an denen sie vorbeikamen. Beinahe wäre er auf eine Katze getreten. »Ein Nachweis über die Teilnahme am Kriegsdienst wird sich als sehr nützlich bei der Stellensuche erweisen, sobald der Frieden ausgerufen wird, und es wird besser aussehen, sich freiwillig gemeldet zu haben, als einberufen worden zu sein.«

John war deprimiert, als sie sich am frühen Nachmittag verabschiedeten. Er kehrte in einer bitteren Stimmung zurück in sein Zimmer. Eine kalte Feuchtigkeit lag in der Luft, und die Straßen waren naß, obwohl es an diesem Tag nicht geregnet hatte. Offenbar war es ihm nicht gelungen, vor Mr. Crouch zu verbergen, daß er mit seinem Leben nicht im Reinen war, daß er den Vertrag gebrochen hatte, den sie stillschweigend abgeschlossen hatten. Sein Rat (den er bekräftigt hatte, als sie sich verabschiedeten) erschien ihm vernünftig und wohlmeinend, aber seine eigene seltsame Willenlosigkeit ließ ihn völlig unerheblich erscheinen. Alles schien falsch zu sein.

Er brachte den Teekessel zum Kochen und machte sich einen Tee. Selbstvorwürfe oder gute Vorsätze kamen jetzt nicht mehr in Frage: Er hatte sich selbst bis zum Stillstand bekämpft.

Nachdem er die Verdunkelung angebracht hatte, folgte er einem unbestimmten freundschaftlichen Impuls und ging zu Whitbread. Dessen Zimmer war leer und das Feuer nicht angezündet. John fiel ein, daß er Whitbread beim Frühstück in der akademischen Tracht gesehen hatte, die man bei den Prüfungen tragen mußte. Eines der Prüfungsblätter lag auf dem Tisch, und John warf einen Blick darauf. Es erschien ihm nichtssagend. Als er sich eingestand, daß Whitbread eine Prüfung ablegte, während sein eigener Tutor anscheinend so wenig von ihm hielt, daß er das Thema nicht einmal angesprochen hatte, wurde er seltsam zornig. Er öffnete die Schranktür, nahm den Marmeladentopf heraus und plazierte einen großen Löffel Marmelade in jedem der offenen Bücher auf dem Schreibtisch. Dann klappte er sie zu. Die restliche Marmelade verteilte er auf der Rückseite des Kamins, kratzte dann den Topf sorgfältig aus und leckte den Löffel ab. Im Schrank befand sich noch eine fast unberührte Portion Butter, die er aus dem Papier auswickelte und in zwei Hälften zerteilte, welche er in die Spitzen von Whitbreads Hausschuhen steckte. Dann füllte er die Taschen des Jacketts, das im Schlafzimmer hing, mit Zucker und Tee. In einer der Taschen fand er eine Pfundnote, die er in seine eigene Brieftasche steckte.

Dann hatte er noch den Einfall, Whitbreads Milch in den Kohleneimer zu schütten und das Feuer anzuzünden.

Eine große Fröhlichkeit erfaßte ihn nun, und er schlenderte ziellos durch den dunklen Kreuzgang. Im Pförtnerhaus lag ein Brief seiner Eltern für ihn, aber er machte sich nicht die Mühe, ihn mitzunehmen. Als es sechs Uhr schlug, ging er in die nächstbeste Kneipe und setzte sich als erster Kunde des Abends allein an die Bar. Die Wirtin polierte Gläser hinter dem Tresen und summte ein Lied, dann ging sie ins Hinterzimmer. John trank stetig. Das Bier schmeckte so unangenehm, daß er schüchtern einen Whisky bestellte, den er unverdünnt schlürfte. Das machte ihn durstig, und seine nächste Bestellung war ein Bier, mit dem er seine Kehle kühlen konnte. Erst nach mehreren Schlucken merkte er, daß er das Bier nicht mehr schmeckte. Unter diesen Umständen erschien es ihm recht angenehm, und so trank er es rasch aus. Dann kaufte er eine Packung Zigaretten und rauchte, wobei er eine Zigarette an der nächsten ansteckte.

Er fragte sich, wo genau Jill sich in diesem Augenblick aufhalten mochte. Er hatte sie nicht gesehen, seit er aus Huddlesford zurückgekehrt war, obwohl er annahm, daß sie wieder in Oxford sei. Der Gedanke war zuerst recht theoretisch und rief nichts in ihm hervor. Er verweilte bei der Erinnerung an sie und gedachte ihrer als ein Irrlicht, dem er dank seiner Willenskraft nicht mehr folgte. Wie recht er daran getan hatte. Dann fing er an, in Gedanken ihr Gesicht zu rekonstruieren, wie man etwa eine Perlenkette erneut auffädelt, bis es schließlich wie eine Erscheinung über einem großen Kessel schwebte. Er bestellte noch etwas zu trinken. Die Uhr tickte fröhlich, die Kneipe füllte sich mit Männern, die mit tiefen, ernsten Stimmen sprachen, und aller innere Tumult hatte sich gelegt und war verschwunden. Er starrte in das Feuer und in den Spiegel und auf sein eigenes Glas.

Aber die Uhrzeit! Er war entsetzt, als er sah, daß es halb acht war. Er sprang so plötzlich auf, daß er sein Glas umwarf, das auf den Boden fiel und zerbrach. Alle sahen sich um, als die Wirtin hinter der Bar hervorkam, um die Scherben aufzufegen. John versuchte, sie für den Schaden zu bezahlen und brachte sie dazu, den Schilling anzunehmen, den er in der Hand hielt. Puterrrot eilte er davon, stieß sich die Schulter am Türpfosten und dachte wütend, daß alle ihn für betrunken halten mußten, was er nicht war.

Nach der Helligkeit des Raumes war die Dunkelheit schrecklich. Er rempelte drei Leute an und zerschrammte seine Hand an einem Geländer, was ihn laut auffluchen ließ. Das wiederum brachte ihn zum Kichern. In der kalten Luft wurde er sich eines leichten Schwindels bewußt.

Irgendwo schlug eine Uhr die halbe Stunde, und das erinnerte ihn an seine Furcht, zu spät zu kommen, um noch zum Abendessen in den Speisesaal eingelassen zu werden. Dennoch eilte er zurück und holte seine Robe. Aus der Küche drang warmer Essensduft, und aus dem Speisesaal selbst erklang gedämpftes Geplapper.

Wie er erwartet hatte, ließ ihn der Oberkellner nicht ein.

»Nein, Sir, Sie sind zu spät, Sir.«

John fürchtete sich zu sehr vor ihm, um mit ihm zu streiten. Tief errötend lief er davon und murmelte als Entschuldigung, daß er aufgehalten worden sei. Als er forteilte, brachten ihn die kalte Luft und die vielen Zigaretten zum Husten, und er hustete so lange, bis er glaubte, sich übergeben zu müssen und im Gehen seine Robe abstreifte.

Als er in seinem Zimmer ankam, stellte er fest, daß er das Licht angelassen hatte. Eine Nachricht für Christopher lag offen auf dem Tisch, und er begann sie zu lesen, während er vor dem Feuer hockte und sein Gesicht gegen die Hitze abschirmte. Sie lautete wie folgt:

Lieber Chris, ich nehme an, es ist in Ordnung, wenn ich Gillian heute abend mitbringe? Es ist ihr letzter Abend hier, und ich habe sie wie üblich am Hals – und Eddy erwähnte vage, daß er sich mit jemandem zusammengetan hat, um eine Party mit Sandwiches zu geben – glaubst du, ich könnte sie dorthin mitnehmen, sofern nämlich die Leute nicht allzu betrunken sind? Leider werden wir früh aufbrechen müssen, aber ich möchte wirklich gern kommen. Kannst du mich zwischen vier und fünf Uhr anrufen ...?

Es standen noch einige Zeilen da, aber er machte sich nicht die Mühe, sie zu lesen, sondern kratzte sich am Kopf und las den ersten Teil noch einmal. Das Blatt zitterte in seiner Hand. Dann kam er wieder auf die Füße und lehnte sich gegen den Kamin. Erst legte er den Kopf auf die Handgelenke, dann hob er ihn und starrte seine Augen im Spiegel an. Sein Gesicht war sehr blaß geworden. Er faltete die Nachricht zusammen, warf sie auf den Tisch und ging mehrmals zur Tür und zurück. Er wischte sich die Hände an der Hose ab. Die Uhr auf dem Kaminsims war um zwanzig vor fünf stehengeblieben.

Er strich sich das Haar zurück und machte sich in der Dunkelheit auf den Weg zurück zur Mensa.

»Ich hätte gern zwei Flaschen Sherry«, sagte er und starrte verwirrt auf die Weinkarte. »Die da«, sagte er und zeigte mit dem Finger auf die teuerste Sorte. Der Steward nahm einen Schlüssel von einem Nagel und holte die Flaschen. Nachdem er zurückgekommen war, wischte er jede einzelne vorsichtig ab. »Unterschreiben Sie bitte dafür, Sir«, sagte er. John schrieb unbeholfen seinen Namen auf einen eigens zu diesem Zweck gedruckten Zettel, dann ging er mit den Flaschen zurück zu seinem Zimmer. Auf halbem Weg ließ er eine fallen, die sofort auf den Steinplatten zerbrach. Er hielt einen Moment inne, dann eilte er weiter. Die verbliebene Flasche trug er mit beiden Händen.

Als er sie hinstellte, leuchtete sie im Licht wie eine Säule aus Bernstein; ihr Etikett war fleckig vor Alter. Er frisierte sich im Schlafzimmer, dann zog er erneut seinen Mantel an, schlug den Kragen hoch und ging, nachdem er die Flasche genommen hatte, zur Tür. Dort hielt er inne. Er stellte die Flasche zurück auf den Tisch, ging zu einer Schublade und holte den Ordner heraus, der alles enthielt, was er über Jill geschrieben hatte. Er zündete eine Zigarette an, lehnte sich an das Kaminsims und blätterte systematisch durch die Seiten, langsam, schnell.

Schrecklich heute morgen beim Frühstück. Wir fingen gerade mit dem Porridge an, und ich meinte, wie bezeichnend es sei, daß sowohl Schulen als auch Gefängnisse ihre Mahlzeiten auf dieselbe Weise beginnen – mit Haferschleim –, als die alte B. vorbeiging und mich hörte. »Ich finde nicht, daß es nett ist, so etwas zu sagen«, sagte sie so sanft und gequält, daß ich wirklich das Gefühl hatte, etwas Falsches gesagt zu haben und völlig am Boden war. Merkwürdig...

Und:

Ich weiß zwar, daß alles immer schlimmer wird, aber es ist mir egal, weil eben auch alles immer besser wird. Ich würde nicht wieder zurück wollen, nicht für Millionen ...

Mit einem plötzlichen Schulterzucken warf er die Handvoll beschriebener Blätter ins Feuer, wo sie in Flammen aufgingen. Er sah einen Moment lang zu, dann steckte er die Flasche Sherry in eine Manteltasche und ging hinaus. Das Licht ließ er an, und seine Zigarette brannte dort weiter, wo er sie auf dem Kaminsims abgelegt hatte.

Als er durch den Gewölbegang ging, trat er auf Glassplitter und fragte sich, was das sei.

Es war so kalt draußen, daß er in einen Pub ging und einen Whisky bestellte. Es gab nur Gin, den er in einem Zug hinunterstürzte. Das hatte keine wahrnehmbare Wirkung auf seine kalten Hände, so daß er im nächsten Pub erneut einen Whisky bestellte und diesmal auch bekam, wenngleich er während des Trinkens dachte, daß er gut daran getan hätte, bei Gin zu bleiben. Dann bestellte er ein Pint Bier, um seinen Durst zu löschen.

Eddys College lag auf der anderen Seite der Stadt, etwa fünf Minuten Fußweg entfernt, und die Flasche, die schwer in seiner Tasche hing, ließ seine Schultern schmerzen. Aus der Dunkelheit erklang das Stampfen von Militärstiefeln, dann läutete die Glocke von Eddys College ohrenbetäubend und drohend die Viertelstunde und füllte jeden Spalt der Nacht. Ein sehr feiner Nieselregen hatte zu fallen begonnen. Eingeschüchtert von dem gewaltigen Lärm der Glocke, stand John unschlüssig vor dem Eingangstor und blickte in Innere. Aus dem Pförtnerhaus drang schwacher Lichtschein, und er sah den Pförtner, der eine Melone trug. Zwei junge Männer kamen heraus, und er trat beiseite, um sie vorbeizulassen. Dann sah er wieder hinein. An der Mauer lehnten Fahrräder.

Dies war der äußerste Gipfel der Unschlüssigkeit. Irgendwo in diesem gewaltigen Wust von Gebäuden war Jill, ohne Begleitung und höchstwahrscheinlich gelangweilt, und wartete nur darauf, gerettet und entführt zu werden. Er hatte seine Flasche als Passierschein, und doch brachte er nicht den Mut auf, hineinzugehen. Elizabeths Nachricht hatte ihn schwankend gemacht und seine alte Sehnsucht wiederaufleben lassen. Die Überzeugung, daß sich hier eine weitere letzte Gelegenheit bot, hatte von ihm Besitz ergriffen und ließ ihn sich nach Taten sehnen. Er wollte sich selbst zwingen, zu dieser Party zu gehen, der letzten Gelegenheit, die sich ihm jemals bieten würde. Doch er wagte nicht, hineinzugehen. Er befürchtete, daß man ihn hinauswerfen werde oder daß er sie glücklich in Gesellschaft eines anderen vorfände. Er wußte nicht, was er tun sollte, nur, daß er bei ihr sein wollte. O Jill, dachte er verzweifelt und fröstelnd. Er lehnte seine Stirn gegen die Mauer: Sein Elend war in ihm gefangen, und er war gefangen in seinem Elend.

Auf der anderen Straßenseite gab es eine Bierkneipe. Vielleicht war es besser, zu warten, bis die Party in Schwung gekommen war, so daß man sich weniger über seine Anwesenheit ärgern würde. Und für eine weitere Dreiviertelstunde, bis neun, wenn die Tore geschlossen wurden, bestand keine Notwendigkeit, hineinzugehen. Sollten sie erst einmal ohne ihn anfangen.

Der Wirt sah ihn mißtrauisch an, als er an den Tresen kam und ein Pint bestellte.

»Sind Sie achtzehn?«

John blinzelte. Er mußte sich die Worte im Kopf zurechtlegen, ehe er antworten konnte.

»Ich bin achtzehn. Ich bin Mitglied der Universität.«

Der Mann drehte sich fort, sagte etwas, das John nicht verstand, und zapfte das Bier. Um seine Verlegenheit zu kaschieren, steckte sich John eine Zigarette an der winzigen Gasdüse an, die in einer Ecke des Raumes brannte, und sah sich um. Dies war ein altmodisches Lokal, mit Sägespänen auf dem Boden und verzierten Fässern auf den Regalen, die als Weinbrand und Gin etikettiert waren. An einem Tisch spielte eine Gruppe von Arbeitern Domino, und der Wirt beugte sich vor, um ihnen zuzusehen und trank gelegentlich ein Pint.

»'arold, 'arold«, warf er einmal ein: »ist das alles, was du kannst?«

Aber wenn er zu spät aufbräche, würde Jill vielleicht nach Hause gehen. Er erinnerte sich, daß Elizabeth in ihrer Nachricht geschrieben hatte, daß sie früh gehen würden, und in jedem Fall mußten sie irgendwann das College verlassen, vermutlich um halb zehn oder zehn. Er würde schnell handeln müssen, wenn er etwas erreichen wollte. Er nahm die brennende Zigarette aus dem Mund und ließ sie versehentlich zu Boden fallen, wo er sie nach einigem unschlüssigen Herumtasten liegenließ. Während er an der Theke stand, hob ein zerlumpter Mann sie auf, drückte sie zwischen den Fingern aus und steckte sie sich hinter ein Ohr. Er saß auf Johns Platz, als dieser kurz danach mit einem weiteren Pint zurückkam.

»Hab grad meine Arbeit beendet und die Friedhofstore abgeschlossen«, sagte er freundlich zu John. »Damit se nicht alle abhauen. Ah, hier ist neues Öl für's Getriebe.« Er trank sein halbes Pint aus und wischte sich genießerisch den Mund ab. John sah ihn nervös an und bemerkte, daß er ein Glasauge hatte. Der Mann zündete Johns fortgeworfene Zigarette an der Gasdüse an und setzte zu einer vertraulichen Rede an.

»Von mir gibt's eine Marmortafel in Dünkirchen. Sie wissen, was ich meine, oder?« Er tippte auf sein Auge. »Ich war nämlich dabei. Da hab' ich das her. Ist sozusagen ein Wunder, daß ich hier bin.«

Er fing an, so schnell und vertraulich zu reden, daß John nicht alles verstand, was er sagte; er bekam nur mit, daß der Mann die Geschichte seines Lebens in der Armee erzählte. Einmal holte er ein großes Bündel Papiere hervor: zusammengeheftete zerfetzte Militärformulare und Urkunden, die er auf dem Tisch ausbreitete. Er reichte John erst eines, dann ein weiteres. John wurde klar, daß er bettelte.

»Also, Sir, vielleicht können Sie mir helfen. Ich bin kein Bettler nich'. Hatte ein Handwerk wie jeder andere, ein richtiges Handwerk. Ich sag's Ihnen, was es war. Es war nämlich Tischlerei, das war es, was es war. Wolln 'Se mir nicht helfen, Sir, ich bin kein verdammter Schnorrer, ich war in Dünkirchen. Ich bin ein entlassener früherer Militärangehöriger, und ich krieg' keine Arbeit und keine Rente nich'. Glauben Se nich', ich hätt's nich' versucht, Arbeit zu kriegen. Ich bin nicht arbeitsscheu, Mann. Ha ha ha! Ich hab's versucht. Ich hab zwei, drei – vier Stunden hab ich vor diesem verdammten Arbeitsamt gestanden. Das iss nicht rechtens, sag ich Ihnen. Wolln Se mir nicht helfen, Sir? Ich bin kein junger Bursche mehr wie Sie. Sie holen dich in die Armee, machen dich fertig und dann sagen se, du bist zu nix mehr gut. Bei Gott, das bist du nicht. Du bist verdammt noch mal für niemanden mehr was wert.«

John wünschte sich, fortgehen zu können, er wünschte es sich so sehnlich, daß er ihm einen Halfcrown gab und wegsah. Der Mann sprang auf und verschwand so eilig, als habe man ihm eine Besorgung aufgetragen. Die Tür schlug hinter ihm zu, und John vergrub sein Gesicht in den Händen. Sofort überwältigte ihn die Kreiselbewegung in seinem Kopf, die er unter Kontrolle gehabt hatte, solange er die Augen offenhielt. In der Dunkelheit fühlte es sich an, als ob sein Stuhl langsam seitwärts nach links sinken würde. Er nahm die Hände vom Gesicht, und der Raum stellte sich langsam wieder aufrecht – dann begann er an seinen Augen zu zerren und wollte sich nach links drehen. Es war schmerzhaft, dagegen anzukämpfen, und John schloß die Augen wieder. Erneut begann sein Stuhl seitwärts zu sinken.

Er mußte unbedingt frische Luft schnappen und eine Toilette finden, also trank er sein Bier aus und ging hinaus. Sofort legte sich der feine Regen wie ein Stück nassen Musselins auf sein Gesicht. Da er nicht wußte, wo die Toilette war und befürchtete, den Mann aus Dünkirchen dort vorzufinden, überquerte er die Straße und betrat Eddys College. Er stolperte durch das Tor, und der Pförtner sah sich um, jedoch ohne etwas zu sagen.

Auf einmal schien es sehr kalt zu sein. Die Sterne marschierten eisig über den Himmel. Er knöpfte seinen Mantel zu, tastete nach der Sherryflasche und erinnerte sich an Eddys Party, wo es ein Feuer und einen Korkenzieher und mehr zu trinken geben würde. Er mußte dorthin. Auch Eddys unanständige Bemerkung über Jill ging ihm durch den Kopf, und er brach in gackerndes Gelächter aus und streckte die Arme von sich, wie wenn er die Dunkelheit buchstäblich fortschieben wollte. Es wäre vernünftig, dachte er, nach dem Weg zu fragen. Aber gerade jetzt war niemand zwischen all den Mauern zu sehen, und die Türen waren groß und verschlossen und führten in Küchen und Lagerräume. Er stolperte und fluchte und lief gegen einen Baum. Daraufhin machte er eine Pause und erzählte dem Baum, wonach er suche. Während er redete, bemerkte er ganz in der Nähe ein Treppenhaus, das von einem blauen Licht erhellt wurde. Er ging hinein und klopfte an die erstbeste Tür.

»Herein«, rief eine Stimme. John rüttelte töricht an der Tür, die endlich von einem jungen Mann geöffnet wurde, dessen blondes Haar mit Pomade zurückgestriegelt war und der eine Hornbrille trug.

»Ja?« fragte er. »Was kann ich für Sie tun?«

»Ich ...« John hatte einige Schwierigkeiten, seine Zunge zum Sprechen zu bewegen. »Ich versuche, eine Party zu finden – eine Party, sie wird veranstaltet von ... von ...« Er konnte sich nicht mehr an Eddys Nachnamen erinnern. »Eddy Sowieso, nicht wahr. Hier, trinken Sie was.« Er zog die Flasche aus seiner Tasche. »Oh, Entschuldigung. Hab sie nicht geöffnet.« Er fummelte an dem Flaschenhals herum. »Sie ist verkorkt.«

»Ich habe einen Flaschenöffner – kommen Sie herein.« Der junge Mann nahm die Flasche und trat zurück. John trat ein, blinzelte ins Licht und sah einen Schreibtisch unter einer Lampe, der mit halbfertigen Gedichten übersät war.

»Man verliert sich ganz in seiner Arbeit«, sagte der junge Mann. »Was Ihre Party angeht, so gibt es Dutzende hier auf dem Gelände. Auf jeden Fall dringt ein ruchloser Lärm aus dem benachbarten Innenhof.«

Er brachte einen Korkenzieher aus einer Schublade voller Messer zum Vorschein und stellte zwei Gläser auf den Tisch. John ließ sich in einen Sessel fallen, und als der junge Mann ihm ein volles Glas reichte, stürzte er es hinunter.

»Das ist wirklich ein bemerkenswert guter Sherry. Wo haben Sie den her? Ich muß sagen, davon hätte ich selbst gern ein Dutzend Flaschen. Wo kommt er her?«

John sagte es ihm, und eine Phase völligen Vergessens trat ein. Als nächstes nahm er wahr, daß der junge Mann ihm ein Gedicht vorlas, in langsamem Tonfall, der sich hob und senkte und einen endlosen Satz zu bilden schien. John verstand nichts und trank noch mehr Sherry.

»Gibt es hier irgendwo eine Toilette?« erkundigte er sich, als der Mann eine Atempause machte.

»Ja, im nächsten Treppenhaus. Gehen Sie draußen nach rechts. Kommen Sie schnell zurück, sonst ist die Stimmung zerstört.«

John verließ ihn, als er gerade eine lange, tönerne Tabakspfeife an einem Stück glühender Kohle anzündete, das er mit einer Zange hielt. Es war nicht schwierig, die Toilette zu finden, die von einem schrecklichen blauen Licht beleuchtet wurde und nach einem ausgesprochen ekelerregenden Desinfektionsmittel roch. Als er hinausging, schlug er die falsche Richtung ein, und der Raum, den er betrat, war bis auf ein heruntergebranntes Feuer, das im Kamin schwelte, leer. Er schaltete das Licht ein und streckte sich, um endlich warm zu werden, auf dem Kaminvorleger aus. Er legte Kohle mit bloßen Fingern auf, aber das Feuer brannte immer noch nicht. Wie kalt es war. Um die Flammen in Gang zu bringen, nahm er ein Buch vom Tisch und stopfte es zwischen die schwach glimmenden Kohlen. Dann lag er völlig still da, wie eine Statue mit geöffneten Augen auf einem Steinsarg, und starrte eine Fotografie an, die auf dem Schreibtisch stand – genau genommen war es Jill. Langsam kam er hoch auf die Knie, um sie anzusehen, und als er sie in die Hände nahm, änderte sich der Ausdruck des fotografierten Gesichts langsam, bis sie es nicht mehr war. Er begann zu zittern. Er schirmte seine Augen gegen das Licht ab, und das Buch im Kamin ging mit einem lauten Flattergeräusch in Flammen auf. Zugleich schien jemand ganz in der Nähe über den Boden zu laufen. Mit der Fotografie in der Hand rutschte er verzweifelt auf den Knien zur Tür, zog sich am Türpfosten hoch und schaffte es nach draußen. Seine schmutzigen Hände hatten Flecken auf der Fotografie hinterlassen: da sie verdreckt war, zerriß er sie und warf sie fort.

Aber das reichte nicht aus. Also richtete er seine Krawatte und wischte sich die Finger am Mantel ab. Dann klopfte er gebieterisch an eine Tür und öffnete. Der Raum wurde von drei Kerzen erhellt, die symmetrisch auf dem Tisch angeordnet waren. Ein Mann stand auf dem Kaminvorleger, starrte sich im Spiegel an und blickte nicht um sich, als John eintrat.

»Wissen Sie, wo die Party ist?« fragte John.

Es kam keine Antwort, und langsam dämmerte John, daß der Mann sehr leise lachte. Er lachte so leise, daß er kaum mehr Geräusche als der Treibriemen einer langsam laufenden Maschine machte. Der Wind, der durch die Tür drang, ließ das Wachs in länglichen Formen aus den Kerzen fließen. John ging hinaus auf die Treppe und übergab sich still. Dann kam er mühsam hoch und lauschte auf etwas, das jetzt völlig unverkennbar war – Gesang und Geschrei und Gefluche. Die Geräusche drangen plötzlich von allen Seiten auf ihn ein, hallten und widerhallten wieder von den vielen dunklen Mauern, vermischt mit den krächzenden Klängen irgendeines Musikinstruments, einer

Trompete oder eines Jagdhorns. Sie schienen vom Himmel abzuprallen, als ob der ein tiefhängendes, feuchtes Gewölbe sei. Ein beleuchtetes Flugzeug kroch über den Himmel und hinterließ eine weiche Klangspur. John, der unablässig die Lichter ansah, lief gegen eine Wand.

Plötzlich war die Dunkelheit voller Menschen, die in alle Richtungen rannten, sich anrempelten und riefen: »Hier entlang! Nein, hier entlang! Passen Sie auf die Gartenpforte auf!« John drückte sich flach gegen die Wand, um nicht umgeworfen zu werden, und bemerkte nach einigen Minuten, daß andere neben ihm lehnten. Er drehte sich zur Seite, um sie genauer zu betrachten, und als er das tat, beugten sie sich langsam vor und erbrachen sich ausgiebig. John wartete geduldig, bis sie fertig waren, dann fragte er:

»Wo ist denn hier nun die Party?«

Lauter Jubel verkündete in einiger Entfernung, daß jemand gefangengenommen und in den Brunnen geworfen worden war. John putzte sich die Nase und machte sich unmelodisch singend wieder auf den Weg. Er hörte den schnellen Rhythmus der Tanzmusik, der zusammen mit dem Geschrei und den stampfenden Füßen einen dichten Klangteppich bildete, und lenkte seine Schritte in Richtung der Musikquelle. Hinter ihm erstreckte sich unsichtbar der heftige Protest sich vereinender Schreie. John führte den Weg zurück zur Party an. Am Eingang eines Treppenhauses sah er im Lampenlicht eine unzerbrochene Flasche und ein Stück Kohle. Die Musik wurde lauter und lauter. Er stolperte die Stufen zum Treppenhaus hoch und setzte sich auf die unteren Treppenstufen, das Gesicht in den Händen vergraben. Sein Kopf fühlte sich an wie ein sich aufbäumendes Pferd, das ihn im Zurückfallen zu zermalmen versuchte. Kurze Zeit später glaubte er, sich erneut übergeben zu müssen. Aber er wurde von den Betrunkenen gestört, welche die Stufen hochpolterten. Es war ein halbes Dutzend, schnaufend und Lärm ausdampfend. Einer hielt eine Posaune. John, der allein in einer Lache aus Licht saß, hob den Kopf und blickte sie, nach seiner Flasche tastend, mit murmelnden Lippen an. Sie war nicht da. Er war starr vor Schreck angesichts ihrer zerzausten Haare, losen Krawatten und speichelglänzenden Lippen – er war sich sicher, daß sie ihn niedertrampeln würden. Doch plötzlich verstummte wie durch einen Zauberspruch der Lärm, den sie verursachten. Oben öffnete sich eine Tür und ein Strom von Lärm ergoß sich die Stufen hinab. Sie kauerten mit blassen, zurückgeneigten Gesichtern da, schmiegten sich eng aneinander und sahen über seinen Kopf hinweg nach oben.

John kam mühsam auf die Beine und blickte sich um. Jill, Elizabeth und Christopher gingen soeben die Treppe hinunter; die Mädchen in ihren Mänteln und Christopher in Hemdsärmeln mit zurückgerollten Manschetten. Seine Hose war an den Knien feucht, als ob er irgendwo gekniet hätte, wo es feucht war. John trat beiseite. In dem schwachen Licht war sein Gesicht völlig ausdruckslos. Alles schien in diesem Moment klar und friedlich zu sein. Als Jill auf seiner Höhe war, nahm er sie still in die Arme und küßte sie.

Elizabeth stieß keuchend etwas hervor.

Christopher lief leichtfüßig ein paar Stufen hinab, drehte John mit Gewalt herum und schlug ihm hart ins Gesicht.

John taumelte und stürzte rücklings zwischen die Betrunkenen, deren Schreie über seinem Kopf zusammenschlugen. Sie kämpften darum, ihn zu fassen zu kriegen, und dann trugen sie ihn hinaus in die Dunkelheit. Die Posaune krähte triumphierend. Christopher war ihnen gefolgt, und für kurze Zeit waren die jungen Frauen allein auf der Treppe.

»So eine Frechheit«, sagte Elizabeth heftig.

Jill antwortete nicht: Sie war sehr rot geworden, und ihre Augen hatten sich mit Tränen gefüllt. Als sie sich bückte, um den Regenschirm aufzuheben, der ihr heruntergefallen war, fing sie ernstlich an zu weinen. Ihre Hand tastete, ohne den Schirm zu finden, auf den Stufen herum.

Ein weiterer gedämpfter Jubelruf verkündete, daß man John in den Brunnen geworfen hatte.

Vier Tage später lag John aufgrund einer Bronchopneumonie mit ziemlich hoher Temperatur im Bett. Als das Fieber stieg, verlor er jedes Gefühl für zeitliche Abläufe, so daß die Tage seiner Krankheit verblaßten und um nichts lebendiger waren als eine Kindheitserinnerung, während die Ereignisse des Abends sich zu monströser Größe aufblähten. Als er sich an das Geschehene erinnerte, fühlte sich sein Verstand wie eine Fliege an, die über das große Steingesicht einer Statue krabbelt und immer nur ein Merkmal nach dem anderen wahrnehmen kann.

Zum Beispiel wurde er, obwohl er sicher im Bett lag, die Vorstellung nicht los, daß er immer noch mit dem Gesicht nach unten und völlig durchnäßt auf dem feuchten Rasen läge. Die Grashalme kitzelten sein Gesicht. Er fühlte, wie seine Hände, die ausgestreckt neben seinen Ohren lagen, kalt auf dem Gras ruhten, und wie die Fingernägel sich langsam in die Erde gruben. Dann dämmerte ihm langsam, daß er in Wahrheit auf dem Rücken lag, mit an den

Seiten ausgestreckten Armen, und es kam zu einem nervenzerreibenden Kampf, bei dem beide Eindrücke in ihre jeweilige Richtung zogen. Über kurz oder lang verabschiedete sich die Realität ein weiteres Mal, und er lag wieder mit dem Gesicht nach unten da, während das Gras kalte Abdrücke auf seine Wange zeichnete.

Auch der Kuß nahm mit jeder Stunde an Bedeutung zu. Ständig fühlte er den stillen Druck ihrer Lippen, und ihn erwidernd lag sie wieder in seinen Armen. Diese Erinnerung war von großer Schärfe. Dann wiederum merkte er, daß er bloß seine eigenen geschwollenen Lippen und noch vorhandenen lockeren Zähne fühlte, und ein weiterer, Übelkeit erregender Kampf folgte. Die Empfindungen zerrten hierhin und dorthin.

Auch hatte er sich noch nicht aus dem Sturm der Übelkeit befreit, der ihn in jener Nacht übermannt hatte. Wie ein Hund war er auf Händen und Knien über den Rasen gekrochen und hatte immer wieder innehalten und den Kopf senken müssen, um sich zu erbrechen. Am Rand der Rasenfläche war er wieder zusammengebrochen – das war das letzte, woran er sich erinnerte. Dann lief sein Verstand zurück zum Anfang, und alles begann von vorn.

Als seine Temperatur stieg, nahmen Unwahrheiten ganz natürlich ihren Platz zwischen seinen Erinnerungen ein. Eine der ersten war, daß sie einander auf dem Boden eines Zimmers liegend umarmten. Er fühlte, wie ihre Lippen sich gegen die seinen preßten, aber sonst konnte er nichts von ihr fühlen. Er konnte sie mit seinem Körper überhaupt nicht fühlen. Er umarmte sie stärker, preßte sich verzweifelt gegen sie, aber das hatte keine Wirkung, er konnte sie überhaupt nicht fühlen. Alles Fühlen war auf den Mund beschränkt, und er wachte mit brennenden Lippen auf.

Dies wurde zu einem Stammtraum, in den sich eine Vielzahl anderer Träume verwandelte. Immer wieder mündeten die Höhepunkte verschiedener Träume in diesen Traum. Einer der lebhaftesten spielte in einem Cottage, wo sie längere Zeit gelebt hatten. Es war in Meeresnähe gelegen und hatte einen langgestreckten, verwilderten Garten voller Unkraut und mit vielen Himbeerstöcken. Sie lagen gemeinsam auf dem Sofa, und John war von einer so großen Energielosigkeit erfüllt, daß er es mit der Angst zu tun bekam – es war wie eine Form von Verrat. Sie hatten so lange miteinander gelebt, daß ihre Liebe abgewetzt war wie ein Mantel, fadenscheinig vom vielen Tragen. Er sah die junge Frau in seinen Armen an, ihr vollkommenes, ruhiges Gesicht, das dem seinen so nahe war, und er erschrak über seine eigene Gleichgültigkeit. Diese Stimmung war leicht zu definieren: sie war schlichtweg die Langeweile dessen, der nicht mehr liebt. In Gedanken versuchte er verzweifelt, seinen Mangel an Gefühlen hinter immer neuen Schichten von Unaufrichtigkeiten zu verbergen, und er küßte ihren Hals gleich unter dem Ohr. Sie rümpfte leicht die Nase, sagte aber nichts. Er stand auf und ging, die Hände in den Taschen, hinüber zum Fenster und starrte mißgestimmt in den Garten mit seinen vielen Bäumen. Und dort sah er Christopher, der den Garten schon zur Hälfte durchquert hatte und in den Büschen nach irgend etwas herumstocherte. Ein unbegründetes Entsetzen befiel ihn. Er wußte, daß Christopher Jill nicht sehen durfte, weil er sonst hereinkommen und sie mitnehmen würde, und wenn ihm jetzt auch nicht viel an ihr gelegen sein mochte, so war er doch fest entschlossen, dies unter allen Umständen zu verhindern. Er fing an, sehr schnell auf sie einzureden, um ihre Aufmerksamkeit zu fesseln, aber zu seinem Entsetzen stand sie auf und wollte zum Fenster gehen. Er packte sie, um sie zurückzuhalten, und als letzte Zuflucht ließ er seinen Griff in eine Umarmung übergehen und hoffte, ihren Verstand mit Sinnlichkeit zu vernebeln. Er preßte sein Gesicht gegen ihres und wußte doch die ganze Zeit, daß sie über seine Schulter hinaus aus dem Fenster blickte, daß Christopher sie gesehen hatte und auf das Haus zukam. Mit dieser schwindelerregenden Aussicht stockte der Traum und ging in den anderen über, und wieder lagen sie gemeinsam auf dem Boden.

Äußerer Umstände war er sich überhaupt nicht bewußt. Alles zog so rasch an ihm vorüber wie graue Wolken, die über den leeren Himmel ziehen. Er bemerkte, daß sein Bett unter einem Fenster stand und daß etwas an dem Raum nicht stimmte. Er sah einen winzigen Heizkörper, dessen Stecker in der Wand verschwand, und er konnte durch das Fenster Baumwipfel erkennen, die sich unheilvoll bewegten. Der Raum sah wie das Krankenzimmer des Colleges aus, von dessen Vorhandensein er wußte, in dem er aber nie gewesen war. Die Krankenschwester des Colleges versorgte ihn, brachte ihm Essen und wusch seine Hände. Solche Details bemerkte er in unterschiedlichen Abständen und fügte sie voller Mißtrauen zu dem Gesamtbild zusammen, das sich aus ihnen ergab. Ihm war noch nicht richtig bewußt geworden, daß er krank war.

Statt dessen verfiel er in Grübeleien innerhalb des Rahmens, den seine Träume absteckten, und fragte sich, wie es kam, daß ihre Liebe füreinander abgestorben war. Denn die Tatsache, daß er im Leben um Jill betrogen worden war, stellte nicht die ganze Wahrheit dar. Irgendwo, vielleicht in Träumen, auf einer anderen Ebene, hatten sie sich miteinander verbunden, und er hatte so umfassend aus eigenem Antrieb gehandelt, wie er es im Leben stets verweigert hatte. Und sie zeigten, diese Träume, daß Liebe abstirbt, ob sie nun erfüllt ist oder unerfüllt. Er konnte nicht wissen, ob Jill ihn akzeptiert hatte oder nicht, denn das Ergebnis war dasselbe. Und während seine Verwirrung zunahm, weitete sie sich gleichzeitig zu Erfüllung und Nichterfüllung aus, die miteinander verschmolzen und untrennbar wurden. Der Unterschied zwischen den beiden Kategorien hatte sich aufgelöst.

Er beobachtete die Bäume, deren Wipfel er gerade noch durch das Fenster sehen konnte. Besinnungslos warfen sie sich hin und her. Er sah, wie sie sich in diese und in jene Richtung schleuderten und ihre Häupter in den Nacken legten wie ungeduldige Pferde, wie Meereswellen, die sich im Wind krümmten und streckten. Sie waren unbelaubt. Unablässig wurden sie in verschiedene Richtung bewegt, und dennoch erhoben sie sich wieder zu ihrer voller Größe. Sie schienen unermüdlich zu sein. Manchmal wurden sie so tief nach unten gebeugt, daß sie außer Sichtweite gerieten und für eine Sekunde ein weißes Himmelsquadrat hinterließen, aber dann kehrten sie zurück und schlugen ihre stolzen Zweige aneinander wie wütende Hirsche ihre Geweihstangen.

Wenn es also keinen Unterschied zwischen erfüllter und unerfüllter Liebe gab, wie konnte es irgendeinen Unterschied zwischen anderen Gegensätzen geben? War er nicht für den Rest seines Lebens von jeder Wahl befreit?

Was konnte eine solche Wahl schon ändern? Mochte er nun den einen Kurs einschlagen oder den anderen – der Weg, den er verschmäht hatte, wurde im selben Moment festgelegt und führte zum selben Ziel. Was änderte es, welchen Weg er einschlug, wenn beide ihn an dieselbe Stelle führten? Er blickte auf die Baumwipfel im Wind. Welche Kontrolle konnte er sich über die toll gewordene Oberfläche der Dinge erhoffen?

Die Collegekrankenschwester schloß leise die Tür hinter sich und ließ ihn schlafend zurück. Draußen schlug die Uhr in einiger Entfernung elf. Dies war das Ende ihrer Morgenschicht, und sie ging über den teppichbedeckten Flur in Richtung des Medikamentenraums. Als sie um die Ecke bog, traf sie auf Rivers, den obersten Tutor. Er rauchte Pfeife und hielt einen Brief in der Hand.

»Ah, Mrs. Crawford, ich habe gerade nach Ihnen gesucht...« Er verstummte und studierte eingehend den Brief in seiner Hand. »Es scheint, daß Kemps Eltern herkommen werden... Sie kommen heute, genauer gesagt sind sie bereits unterwegs und werden diesem Schreiben zufolge am frühen Nachmittag eintreffen.« Er blickte zerstreut auf. »Leider sieht es so aus, als müßten Sie hierbleiben, um sie zu empfangen...«

»Aber warum tun sie das?« fragte Mrs. Crawford mit dem Nachdruck des Erstaunens. Rivers drehte sich um, und sie gingen langsam in Richtung des Medikamentenraums. »Warum kommen sie her? Es gibt keinen Anlaß dazu...«

»Ich weiß nicht, warum sie herkommen«, sagte Rivers und nahm die Pfeife aus dem Mund. »Ich habe Ihnen geschrieben, daß Kemp krank sei und für ungefähr eine Woche nicht nach Hause kommen könne... Ich denke, ich habe von einer leichten Bronchopneumonie gesprochen, aber daran erinnere ich mich nicht mehr genau...«

»Wahrscheinlich haben sie es mit der Angst zu tun bekommen«, sagte Mrs. Crawford. »Nichts macht den Leuten mehr Angst als das Wort Pneumonie.« Sie wusch sich die Hände in einer Waschschüssel, die in der Ecke stand.

»Der Himmel weiß, daß ich das nicht wollte.« Rivers studierte den Brief erneut, dann steckte er ihn wieder in den Umschlag. »Denken Sie, daß sie sich Sorgen machen, weil er so etwas schon einmal hatte? ... Ist er – ?«

»Ich kann es natürlich nicht mit Sicherheit sagen, aber Kemp macht auf mich nicht den Eindruck des Bronchialtypus«, sagte die Schwester und trocknete sich die Hände ab. »Für mich klingt es so, als wären das mäkelige Leute, die uns zur Last fallen werden. Sie haben überhaupt keinen Grund, herzukommen und uns zu belästigen.«

»Nein, das habe ich ihnen auch gesagt, oder zumindest zu sagen versucht«, entgegnete Rivers eifrig. »Obwohl es so aussieht, als ob ich damit keinen Erfolg gehabt hätte ... Ich sagte, es bestünde keine Gefahr. Das trifft doch zu, nicht wahr?«

»Oh, absolut. Der Junge ist jetzt nicht in Gefahr, es geht ihm heute sogar ein bißchen besser. Als ich ging, hat er geschlafen, und seine Temperatur war heute morgen um einen Punkt gesunken. Er ist nicht in Gefahr. Er war niemals auch nur im Geringsten in Gefahr.«

»Sehen Sie, und genau das habe ich gesagt.« Rivers steckte den Brief zurück in seine Tasche und holte eine Streichholzschachtel heraus. »Das müssen Sie diesen Leuten sagen, wenn sie heute nachmittag eintreffen. Und versuchen Sie, sie so schnell wie möglich wegzuschicken.«

Die Kemps trafen etwas später als halb drei Uhr nachmittags ein. Wie die Krankenschwester richtig vermutete, hatte sie die Nachricht, daß John an einer Bronchopneumonie erkrankt war, in Sorge versetzt, aber es war Joes Einfall gewesen, daß sie ihn besuchten. Er war sehr gerührt gewesen, als er von Johns Besuch in Huddlesford gleich nach dem Luftangriff erfahren hatte, und er schämte sich insgeheim, nicht dort gewesen zu sein, um ihn zu empfangen. Natürlich hatte er nichts davon gegenüber Mrs. Kemp erwähnt. Aber als später der Brief des obersten Tutors eintraf, verkündete Joe, daß er unverzüglich nach Oxford fahren werde. Ihn erfüllte eine unklare Besorgnis, die er verbarg, indem er jede Erläuterung hartnäckig verweigerte. Er empfand auf tiefe und unlogische Weise, daß er dadurch etwas von der Liebe zurückgeben könne, die sein Sohn bekundet hatte. Zuerst verlangte er, daß Mrs. Kemp zu Hause bleiben solle. Aber so angespannt, wie sie nach dem Schock durch den Luftangriff immer noch war, wollte sie nicht allein bleiben. Sie verbarg dies, indem sie immer wieder sagte, daß sie »diesen Krankenschwestern« nicht über den Weg traue. Also waren sie schließlich gemeinsam aufgebrochen, ohne einen Gedanken daran, wie lange sie fort sein oder wo sie nachts schlafen würden.

Ihre Ankunft war eine traurige Persiflage der Besichtigungstour, die sie geplant hatten und bei der John sie herumgeführt hätte. Etwas davon schwang in ihrem Schweigen mit, als sie langsam die eintönigen Straßen entlang gingen, ohne zu wissen, daß ihr Ziel weit vom Bahnhof entfernt lag. Joe Kemp hielt seine Mütze umklammert, setzte sie dann plötzlich auf und starrte die Ampeln und Kinos an, als wäre er überrascht, daß Oxford eine Stadt wie jede andere war. Wenn sie die Straßen überquerten, ergriff er den Arm seiner Frau.

»Ist es hier, wo er gesagt hat, daß man rechts abbiegen muß?« fragte Mrs. Kemp zweifelnd. Noch einmal fragten sie nach dem Weg.

Unwillkürlich betrachteten sie voller Neugier die ehrwürdigen Gebäude, die Geschäfte mit ihren seltsamen Namen und die verschiedenfarbigen Omnibusse, wenngleich die Sorge, die in ihrem Schweigen mitschwang, sie von jedem Kommentar über das Gesehene abhielt. Joe machte eine einzige Bemerkung, als er vor einer großen Buchhandlung stand und in der Auslage ein voluminöses Buch sah, dessen Einband in filigraner Goldprägung das Wappen und Motto der Universität zeigte. Seine Stirn legte sich in Falten, als er langsam das Motto entzifferte. »Domimina«, sagte er zögernd. *»Domimina ... nustio ... illumea.«* Er drehte sich langsam um. »Das ist Latein«, sagte er.

»Hier muß es sein«, sagte Mrs. Kemp, als sie sich dem College näherten und genauso nervös wurden wie ihr Sohn, als er zum ersten Mal vor dem jetzt schon oft durchschrittenen Tor stand. Sie zögerten ängstlich und lasen die Regeln für den Zutritt von Besuchern, die in einem Rahmen vor dem Tor aushingen. Während sie dort standen, kam der Kaplan heraus, starrte sie an und eilte davon.

»Na los, Joe, frag da drinnen nach«, drängte Mrs. Kemp. Joe betrat respektvoll das Pförtnerhaus, nahm seine Mütze wieder ab und erhaschte einen Blick auf den Pförtner, der durch die Innentür lugte.

»Ich möchte John Kemp besuchen – ich bin sein Vater«, sagte er.

Der Pförtner telefonierte. Schließlich sagte er Joe, daß er geradewegs zum Medikamentenraum gehen könne, wo die Schwester auf ihn warten würde.

»Und wo ist das, wenn Sie vielleicht –?«

Der Pförtner sagte es ihm, und Joe hörte aufmerksam zu und nickte mit dem Kopf. Mrs. Kemp wartete draußen und betrachtete die grünen Anschlagtafeln, die jetzt, zu

Beginn der Trimesterferien, nahezu leer waren. Sie suchte nach einem Hinweis auf ihren Sohn, doch sie fand keinen. Eine Notiz, die sich auf die Aktivitäten einer literarischen Gesellschaft bezog, war von Patrick Dowling als Sekretär unterzeichnet worden.

Joe hatte den Instruktionen des Pförtners nicht ganz folgen können, aber er mochte ihn nicht bitten, sie zu wiederholen, und so machten sie sich auf den Weg quer über den Innenhof und hofften, daß sie später jemanden treffen würden, der ihnen weiterhelfen konnte. Ein kräftiger Wind wehte. Die meisten Zimmer waren jetzt leer, und die verschlossenen Fensterläden wirkten kahl. Nur die Räume im Erdgeschoß wurden noch von Studenten benutzt, die aus unterschiedlichen Gründen nicht gleich bei Trimesterende aufgebrochen waren. Jetzt, am frühen Nachmittag, war der Ort menschenleer.

»Alt!« sagte Mrs. Kemp und zeigte auf eine Steinplatte in einer Mauer, in die »1610« gemeißelt war.

Im Gründerhof machten sie eine Pause, denn sie hatten sich verlaufen. »Er hat gesagt, wir sollen durch einen weiteren Torbogen gehen«, sagte Joe unsicher. »In 'ne Art Gartenhof.«

»Da ist ein Student – frag den«, flüsterte Mrs. Kemp und hielt ihre Handtasche fester umklammert.

Es war Christopher, der rasch und zielstrebig aus der Richtung seines Zimmers kam. Er trug seinen Mantel und auf dem Kopf seine Kreissäge, hielt einen Koffer in der Hand und sah weder nach rechts noch links. Gerade hatte er vor dem endgültigen Verlassen einen letzten Blick auf seine Räume geworfen. Johns wenige Besitztümer, die nun endlich sichtbar geworden waren, hatten jämmerlich verstreut herumgelegen. Christophers Schrankkoffer waren bereits abgeholt worden. Er blieb ungeduldig stehen, als Mr. Kemp ihm in den Weg trat.

»Entschuldigen Sie, ist der Gartenhof... wie finde ich den?«

»Da hindurch.« Christopher zeigte mit seiner freien Hand die Richtung. »Sehen Sie, dort? Der dritte Torbogen.«

»Vielen Dank. Und wo liegt dann der Medikamentenraum?«

»Der Medikamentenraum? Oh...« Christopher runzelte die Stirn. »Die zweite Tür rechts. Am Ende des Durchgangs.«

»Danke – vielen Dank, Sir«, sagte Joe Kemp erleichtert. »Ich bin Ihnen sehr verbunden – sehr.«

Christopher ging fort, ohne den Zuruf des Pförtners zu beachten, ohne sich klarzumachen, wer ihn gerade angesprochen hatte. Am Pförtnerhaus wurde er von Elizabeth erwartet, die ein Taxi gerufen hatte, während er sein Zimmer aufgeräumt hatte. Sie trug keinen Hut, und obwohl es nicht besonders kalt war, war sie mit einem Pelzmantel bekleidet.

»Endlich.«

»Hast du eines? Braves Mädchen.«

Sie nahm seinen freien Arm. Ohne die Sache ein einziges Mal zu erwähnen, hatte sie ihn ihre Bereitschaft spüren lassen, nach ihrer Ankunft in London seine Geliebte zu werden. Nun war ihr Verhältnis um vieles einfacher geworden.

Er setzte seine Tasche beim Pförtnerhaus ab und suchte nach zwei Halfcrowns für den bereits heraustretenden Pförtner, der genau wußte, daß er von Christopher ein Trinkgeld bekäme.

»Dann sind Sie jetzt also weg, Sir?« fragte er und sah sich in dem leeren Innenhof um. »Verlassen uns im Guten?«

»Stimmt genau, Herbert. Eine Entspannung von meinen anstrengenden Studien. Trinken Sie auf meine Gesundheit, während ich fort bin.« Er gab dem Mann fünf Schillinge.

»Danke, Sir. Haben Sie vielen Dank. Sie achten auf ihn, Miss? Ich weiß nicht, was er anstellen wird, wenn der Dekan nicht mehr auf ihn aufpaßt, wirklich nicht. Er wird sich fühlen wie'n verlorener Hund.«

Elizabeth grinste. »Und da wir gerade von verlorenen Hunden sprechen«, sagte Christopher, »hält das College neuerdings Haustiere?«

Er deutete auf einen kleinen weißen Hund, der entlang der Mauer ziellos durch das Portal streunte und mit gesenktem Kopf herumschnüffelte.

»Muß von der Straße reingekommen sein«, sagte der Pförtner mißbilligend. »He, das ist hier kein Ort für dich.«

Der Hund duckte sich, als er die drohende, offiziöse Stimme hörte und schlich zu ihnen herüber. Christopher warf einen Blick auf seine Armbanduhr und ergriff seine Tasche. Draußen fuhr ihr Taxi in weitem Bogen an den Bordstein.

»Zeit, daß wir gehen«, sagte er. »Leben Sie wohl, Herbert, ein langes Lebewohl.«

Elizabeth klemmte ihre Handtasche unter den linken Arm und beugte sich herab. Sie streckte eine Hand aus und gab einen schmeichelnden Laut von sich: »Na komm schon«, sagte sie lockend.

Der Hund sah zu ihr hoch und fing zu knurren an.

Oxford und danach

PHILIP LARKIN ZUM 60. GEBURTSTAG

Von Kingsley Amis

Kurz nach meiner Ankunft am St. Johns College in Oxford im April 1941 begegnete ich jemandem, der auf den – mir damals etwas komisch erscheinenden – Namen Philip Larkin hörte. Ich war sehr beeindruckt von seinem Selbstbewußtsein, als er mir schon kurz danach erzählte, daß ihm einmal in einem Handbuch für Schriftsteller eine Liste mit Namen für komische Figuren untergekommen sei, auf der er auch »Larkin« gefunden habe. Bei unserer ersten Begegnung – die ich dramaturgisch sehr viel weniger befriedigend in Erinnerung habe als seine Schilderung in der Einleitung zur 1964 erschienenen Ausgabe von *Jill* – kam mir seine Kleidung nicht besonders seriös vor: Tweedjackett, weinfarbene Hose, kariertes Hemd, Schleife. Auf meine vorstädtische Art fand ich das allzu auffallend, aber ich hätte zugeben müssen, daß seine Kleidung ordentlich war, mit geputzten Schuhen und einer sorgfältig ausgewählten und gebundenen Schleife. Er hat sich immer gut und schick, also angemessen gekleidet, ob auf die legere Art eines Studenten oder mit den »guten« Anzügen eines Bibliotheksleiters.

Er hatte eine ziemlich große Nase, eine frische Gesichtsfarbe und recht hübsches hellbraunes Haar, das bereits erste Anzeichen des Rückgangs zeigte, obwohl er damals erst achtzehn Jahre alt war. Wiederum verging nicht viel Zeit, ehe er sagte, daß sein Großvater mit achtundzwanzig so kahl wie ein Bläßhuhn gewesen sei. (»Er trug immer eine Mütze im Haus. Er sah lächerlich aus.«) Sobald er seinen Mund aufmachte, ließ sich nicht verhehlen, daß er von einem qualvollen (jetzt längst geheilten) Stottern heimgesucht wurde, das die Kommunikation gelegentlich erschwerte. Sonst wurde sie durch nichts erschwert. Nach der anfänglichen Unbeholfenheit, wie sie charakteristisch für liebenswürdige Menschen ist, erwies sich sein Verhalten als freundlich, ungezwungen, sogar ziemlich lautstark, und gespickt mit Imitationen von Privatschulabsolventen, Studenten aus Yorkshire, diversen ungehobelten und anderen Personen.

Die Kunstform, mit der ich Philip in Oxford in Verbindung bringe, war nicht irgendeine Form von Literatur, sondern Jazz. Bis dahin hatte ich Jazz als eines von mehreren unzweifelhaft guten Dingen neben Filmen, Science Fiction, Radio und so weiter betrachtet. Philip interessierte sich brennend für Jazz, wie viele seiner und meiner Freunde und bald auch ich. Ich habe seinen Schilderungen, welche Rolle der Jazz in unserem Leben spielte (in den Einleitungen zu *Jill* und *All What Jazz*), nichts hinzuzufügen; ich will nur anmerken, daß unsere Helden die Chicagoer waren: Count Basies Band, Bix Beiderbecke, Sidney Bechet, Henry Allen, Muggsy Spanier, Fats Waller, der frühe Armstrong und der frühe Ellington – verblüffend, daß es 1941 frühe Stücke von ihnen gab –, und unsere Heldinnen Bessie Smith, Billie Holiday, Rosetta Howard (»Ich bin die Königin von allem und jedem«) und Cleo Brown. Einige von ihnen dürften immer noch leben.

Ungefähr um diese Zeit organisierte der Rhythm Club der Universität Oxford eine Reihe von Konzerten, aber das Gebotene sprach uns nicht sonderlich an: George Shearing, Cyril Blakes Band aus dem Jig's Club in Soho, der siebenjährige Victor Feldman. Unsere *Sessions* im Victoria Arms an der Walton Street – in das später die Oxford University Press einzog – war sehr viel mehr nach meinem Geschmack. Hier, in einem kleinen schmuddeligen Zimmer, das normalerweise leer oder fast leer war, stand ein ramponiertes, aber ordentlich gestimmtes Klavier, auf dem zu spielen Philip sich manchmal überreden ließ. Er tat das mit einigem Können und auf eine beiläufige Art, die in meinem akustischen Gedächtnis aus diesem Abstand – ich habe ihn seit langer Zeit nicht mehr spielen hören – stark nach Jimmy Yancey klingt. Das Resultat war anmutig, klar, melodisch und oft ein wenig traurig – eher der Larkin von »Coming«, wenn man so will, als der von »Whatever Happened?« (»Wie hast du das gelernt?« »Jahrelange Versuche.«) Er hielt sich im allgemeinen an die zwölftaktige Bluesform, was für uns andere völlig in Ordnung ging – sie war auch unser Favorit. Wenn keine Außenstehenden anwesend waren, sang ich manchmal (besser gesagt: ich brüllte) eine Reihe von Liedtexten, die ich von verschiedenen Platten zusammengeklaubt hatte. Eine Ausnahme bildete *Locksley Hall Blues* (Tennyson – Larkin).

Trotzdem entkamen wir der Literatur in Gestalt des Lehrplans der *English School* nicht: Wir mußten Vorlesungen besuchen, Arbeiten schreiben, vor allem aber mußten wir Bücher, Texte, Gedichte lesen. Sämtliche altenglischen und die meisten mittelenglischen Werke erzeugten bei allen, die sie studierten, Haß und Langeweile. Die erstgenannten brachten die zusätzliche Mißlichkeit mit sich, daß Tolkien unzusammenhängend und oft unhörbar über sie dozierte. Niemand hatte ein gutes Wort für *Beowulf, The Wanderer, The Dream of the Rood, The Battle of Malden* übrig. Philip hatte weniger als das. Wenn je ein Mann für seine Generation sprach, dann er, als er bei der Erwähnung von etwas, das er in einem Brief an mich als »Affenarschwisch« bezeichnete, sagte: »Ich ertrage es gerade noch, das Dreckskauderwelsch zu lernen, in dem es geschrieben ist. Was mich fertigmacht, ist, daß ich diesen bescheuerten Kram auch noch *bewundern* soll.« So weit, so üblich, wie gesagt, aber er hätte weniger allgemeinen Zuspruch für sein nicht minder harsches Urteil über mittelenglische Literatur erfahren, an der andere manches Bewundernswerte oder zumindest Erträgliche finden konnten, zumeist von Chaucer. Wenn es um die Werke in modernem Englisch ging (nach 1500), war er auf sich gestellt.

Ich entsinne mich nicht, daß Philip im Studium jemals zugegeben hätte, einen Schriftsteller oder ein Buch gern gelesen zu haben, oder auch nur zu einer Tolerierung bereit gewesen wäre. Eine Ausnahme bildete möglicherweise Shakespeare. Bestenfalls schwieg er, und das selbst bei jenen, die ihn, seiner eigenen Arbeit nach zu urteilen, angesprochen haben müssen: Collins, Crabbe, Clare. (Der obligatorische Teil des Lehrplans endete vor Christina Rossetti, von Hardy ganz zu schweigen). Während der Sommerferien jenes Jahres arbeitete ich mich durch »The Faerie Queene«. Wie wohl die meisten von uns las ich das Buch nur ungern in dem erforderlichen Tempo, doch auch wenn ich dieses Erlebnis freiwillig nicht wiederholt hätte, war ich recht froh, daß man mich dazu gezwungen hatte. Für Philip galt das nicht. Ich hatte die Bibliotheksausgabe benutzt (prinzipielle und auch finanzielle Erwägungen schrieben vor, daß man niemals ein Buch kaufte, bloß weil man eine Prüfung darüber ablegen mußte). Am Fuß der letzten Textseite hatte er in seiner unverwechselbaren, schönen und raumgreifenden Handschrift mit Bleistift geschrieben:

Zuerst dachte ich, *Troilus und Criseyde* sei das *langweiligste* Langgedicht auf englisch. Dann dachte ich, *Beowulf* sei es. Dann dachte ich, *Das verlorene Paradies* sei es. Jetzt weiß ich, daß *The Faerie Queene* das *ödeste von allen* ist. Was für ein Mist!

(Ich sprach ihn auf die untypisch alkoholfreie Sprache an; er entgegnete mißmutig, daß er es nicht gewagt habe, seine Missetat noch zu verschlimmern, indem er die Worte benutzte, die ihm tatsächlich durch den Kopf gegangen waren.)

Ich sollte nicht den Eindruck erwecken, daß Urteile wie diese in Gesprächen offeriert und dann in irgendeinem Umfang diskutiert wurden. Unabhängig von dem, was man für sich selbst daraus machte, wurde Literatur nicht nur von Philip, sondern von den meisten Leuten in Oxford als ein notwendiges Übel betrachtet, etwas, das man irgendwie hinter sich bringen mußte, um seinen Abschluß zu bekommen. Sie zu lesen und zu Vorlesungen über sie zu gehen, war die Art, wie man sich auf das einzige Ereignis von Wichtigkeit vorbereitete: das bevorstehende geistige Kräftemessen mit den Prüfern.

Besondere Aufmerksamkeit schenkten wir den Romantikern. Jeder von ihnen wurde in zwei Zeilen von »Revaluation«, einem weiteren Blues, aufgerufen und wieder entlassen. Alle zusammen meldeten sich als »Bill Wordsworth and his Hot Six« zur Stelle – Wordsworth (tb) mit »Lord« Byron (tr), Percy Shelley (Sop.), Johnny Keats (Alt und cl.), Sam »Tea« Coleridge (p), Jimmy Hogg (b), Bob Southey (dr). (Ich erinnere mich, daß es auch ein Café Royal Quintett gab, mit »Baron« Corvo am Schlagzeug.) Shelley war für eine Form von Parodie auserwählt worden, bei der nichts verändert, aber vieles hinzugefügt wurde: »Musik«, begann eine von Philips Travestien, »wenn sanfte *dämliche* Stimmen, die *Schwachsinn* sprachen, sterben, / Vibriert, wie ein ...«

Ich muß nicht fortfahren. Wenn es aussieht, als wären derlei Dinge das Resultat der üblichen studentischen Respektlosigkeit und Hochgestimmtheit, dann sei es so. Für Außenstehende war Philip ein geradezu aggressiv normaler Untergraduierter der nicht-intellektuellen Art – kraftvoll fluchend, kraftvoll rülpsend und so weiter –, der die College-Dozenten als Futter für seine Spottverse betrachtete und den Pförtner als einen komischen Troll, der Tolkien nachahmte und mich dazu brachte, Lord David Cecil nachzuahmen, der in den *English Club* ging, dessen Sitzungen aber lediglich als Intermezzi bierseliger Kneipennächte ansah und vom Dekan mit einer Geldstrafe bedacht wurde (ich wünschte, wir hätten mehr als den winzigen, aber exakten Schnappschuß zu Beginn von *Dockery and Son*). Auch paßte er nicht zu der sherryschlürfenden, elegant zu Abend speisenden Oxford-Elite – nicht, daß in den Jahren 1941–42 (den vier Trimestern, in der sich unsere Studienzeit überschnitt) viel davon zu sehen gewesen wäre. Das einzelgängerische Geschöpf späterer Jahre, das unfähig war, einen Tag zu überstehen, ohne einen Gutteil davon allein zu verbringen, ganz zu schweigen vom Autor von (sagen wir) *First Sight*, war damals für mich nicht sichtbar. Höchstwahrscheinlich sah ich nicht genau genug hin.

Während die Lehrplanliteratur, wann immer möglich, zu meiden war, konnten Schriftsteller außerhalb ihrer Reichweite ganz in Ordnung sein, wenn auch natürlich nicht so aufregend und diskussionswürdig wie Pee Wee Russell oder Jack Teagarden. Philip weckte mein Interesse am, oder machte mich überhaupt erst bekannt mit dem Werk Audens (ihm vor allem), Isherwoods, Betjemans, Anthony Powells, Montherlants (ein einsamer Ausländer) und Henry Greens, mit *The Rock Pool* (Connolly), *In Schwimmen-Zwei-Vögel* (Flann O'Brian) und *The Senior Commoner* (Julian Hall), einem wunderbaren Irrlicht von Roman, dessen Einfluß um das Jahr 1946 herum dazu beitragen sollte, das der Vorgänger von *Jim im Glück* unpublizierbar wurde.

Zu meinem großen Neid hatte Philip Gedichte in Studentenzeitungen veröffentlicht. Ich selbst veröffentlichte zwei im »Bulletin« des Labour Club der Universität Oxford, das ich im Jahr 1942 ein Trimester lang herausgab, und wurde vom Ausschuß wegen bourgeoisen Obskurantismus getadelt. Wie seltsam – die Gedichte seien völlig unkompliziert, sagte Philip und kommentierte die ersten beiden Substantive der Zeile »Die Turmspitzen und Oberlichter eines Traums« mit diversen Einsilbern. Diese Bemerkung markierte einen Höhepunkt ungewohnter Tiefe und Ernsthaftigkeit in unseren Gesprächen über das Handwerk des Gedichteschreibens. Meiner Erfahrung nach diskutieren Lyriker, die etwas taugen, ihre Arbeit nur als Reaktion auf Kritik oder wenn sie einen Rat in technischen Fragen benötigen. Philip war damals keiner Kritik ausgesetzt, und er hat niemals Rat in technischen Fragen benötigt.

In jenem Zeitraum von etwas mehr als einem Jahr war Philip Larkin nicht der führende Oxford-Dichter: Diese Position hatten Sidney Keyes oder Michael Meyer oder John Heath-Stubbs inne. Als die beiden erstgenannten im Jahr 1941 *Acht Oxford-Dichter* (*Eight Oxford Poets*) herausgaben, war Philip nicht darin vertreten. Rückblickend sieht es so aus, als ob Keyes, der sehr wohl gewußt haben könnte, daß Philip ihn als drittklassige Erscheinung einstufte, ihn nicht ohne Absicht ausgeschlossen hätte. Das war ärgerlich, aber ohne große Bedeutung, denn in dieser Phase seines Lebens war es Philips erklärtes Ziel, Romanautor zu werden. (Ich war derjenige, der sich entschlossen hatte, Lyriker zu sein.) Teile von *Jill* existierten bereits; einer dieser Teile, die *Willow Gables*-Episode, hatte ein Eigenleben in Form einer Persiflage auf Schulmädchengeschichten zu führen begonnen. Als das Buch schließlich erschien, war ich über die Geschicklichkeit erstaunt, mit der Philip den krassen Widerspruch, in dem diese Episode zu dem restlichen Material stand, mehr oder weniger kaschiert hatte. Nun, vielleicht war der Widerspruch in mancher Hinsicht nicht so groß; mit Gewißheit zeigten mir aber die Passagen um John Kemp einen Philip, den ich so noch nicht gekannt hatte.

Ich las mit seiner Erlaubnis die ersten Seiten, und ich machte sogar Vorschläge. Einer von ihnen bewirkte, daß »Kalt sah alles aus, kalt und verlassen« in »Alles sah kalt und verlassen aus« abgeändert wurde. Ich bekam auch ein Stück von *Ein Mädchen im Winter (A Girl in Winter)* vor der Veröffentlichung zu Gesicht, wurde aber etwas ausführlicher zu Philips drittem Roman um Rat befragt, einem ernsthaft-komischen Bericht über die sich allmählich entwickelnde Affäre zwischen einem jungen und aufstrebenden leitenden Angestellten in der Kraftfahrzeugindustrie, Sam Wagstaff, und einem Mädchen aus der Arbeiterklasse, das von Sam auf dem Heimweg aus der Fabrik mit dem Auto angefahren wird. Warum dieser vielversprechende Einfall nicht weiter verfolgt wurde, warum es seinem ambitionierteren Nachfolger ebenso erging, entzieht sich meiner Kenntnis, aber neben vielem anderen habe ich die Schliche jenes unterschätzten Elements menschlicher Umtriebe im Verdacht, das man Versagensangst nennt. Kein Gedicht in der von Philip bevorzugten Länge legt den Kopf des Verfassers in der Art und Weise auf den Richtblock, wie ein Roman es tut.

Das bringt uns zu den späten Vierzigern und den Fünfzigern, als ich Philip besser kennenlernte als jemals zuvor in Oxford. Dort hatte ich ihn normalerweise als Teil einer Gruppe wahrgenommen. Um das Jahr 1946 besuchte ich ihn bei seinen Eltern in Warwick. Meine bedeutendste Erinnerung an diesen Aufenthalt besteht darin, daß ich ein Manuskript, besser gesagt: ein Typoskript mit seinen frühen, unveröffentlichten Gedichten las. Auf einer der ersten Seiten stand:

Die vorliegende Ausgabe
ist auf ein Exemplar limitiert.
Dies ist Nr. 1

(Jeder andere, den ich kenne, hätte zumindest Kohlepapier verwendet, um die Durchschläge an seine Kumpane zu verteilen.) Die Gedichte, die er vermutlich in seinen mittleren Jugendjahren geschrieben hatte, erinnerten zwar an Auden, aber keineswegs direkt. Mir war schmerzlich bewußt, daß jedes einzelne von ihnen besser war als die Gedichte, die ich zu diesem Zeitpunkt, als Vierundzwanzigjähriger, geschrieben hatte. Damals hatte er natürlich bereits *The North Ship* veröffentlicht, und schon das hatte mich beeindruckt, aber es waren – vielleicht seltsamerweise – diese Gedichte, die er niemals veröffentlicht hatte, die mir zeigten, wie gut er war und sein würde.

Um das Jahr 1948 besuchte ich ihn in seinem möblierten

Zimmer in Leicester. Da wohnte er nun in einem Haus, das nach Einreibemittel roch, mit einer Wirtin, die an ein ramponiertes altes Eichhörnchen erinnerte und einem teiggesichtigen Physiker als Mitbewohner. Am Samstagvormittag mußte er ins College gehen und nahm mich (»Es macht dir hoffentlich nichts aus – sie sind ganz in Ordnung dort«) auf einen schnellen Kaffee mit in den Gemeinschaftsraum. Ich sah mich ein paarmal um und sagte mir: »Himmel, jemand sollte etwas daraus machen.« Nicht, daß es furchtbar gewesen wäre – na ja, nur ein bißchen; es war sonderbar und auf gewisse Weise *hochentwickelt*, eine ganze Daseinsform, von der niemand draußen den geringsten Schimmer hatte. Ich würde was daraus machen.

Jim Dixons Familienname hat etwas mit Durchschnittlichkeit zu tun, aber anfangs hatte er weit mehr mit Dixon Drive zu tun, der Straße, in der Philip wohnte. Für kurze Zeit sollte *Jim im Glück* seine Geschichte werden. Die Tatsache, daß Dixon, wie sich herausstellte, Larkin nicht im kleinsten Detail ähnelt, bezeugt die verwandelnde Kraft der Kunst. Philip fand seinen Weg in *Jim im Glück* auf völlig andere Art. Um das Jahr 1950 schickte ich ihm meinen ersten, weit ausgreifenden Entwurf, und was er mir zurücksandte, kam einer Zusammenfassung des ersten Drittels der Romanstruktur gleich – flankiert von weiteren Änderungen. Er dezimierte die Anzahl der Figuren, die ich in meiner ersten Begeisterung ohne Rücksicht auf den Handlungsstrang in die Erzählung eingeführt hatte: den Lokalmagnaten Sir George Wettling, den kricketliebenden Philip Orchard, den temperamentvollen amerikanischen Besucher Teddy Wilson. Er verhalf mir zu einem ordentlichen Start. Und ich habe ihn nie zum Mittagessen eingeladen! – jedenfalls damals nicht.

So um 1976 saßen wir in einem Londoner Taxi und fuhren etwas trinken. Ohne groß darüber nachzudenken, fragte ich in einen Moment der Stille hinein:

»Wie stehen die Chancen für den Nobel?«

»Oh, die sind weg«, sagte er mit Nachdruck. »Ich dachte, sie würden ihn für einen Burschen wie mich warmhalten – du weißt schon, einen Burschen, der niemals etwas *schreibt* oder etwas *tut* oder etwas *sagt*. Aber jetzt muß ich sehen, daß sie ihn gerade einem Scheiß-Itaker gegeben haben, der nie etwas *schreibt* oder etwas *tut* oder etwas *sagt*. Nein, *der* ist weg.«

Nach einer Pause fragte ich: »Was ist mit der Laureatur?«

»Ich träume manchmal davon«, sagte er in demselben Tonfall, »*und wache schreiend auf.* Nee, mit ein bißchen Glück übergehen die mich.«

Ende der Unterhaltung. Was mich daran zum Lachen brachte, war, daß Philip völlig natürlich gesprochen hatte. Nur wenige Menschen hätten über ausreichend Selbstbeherrschung verfügt, ihr Verhalten von jeder Spur von Witzelei oder irgendeiner anderen defensiven Reaktion freizuhalten, wenn sie diese Tatsachen wiedergegeben hätten. Hier also hatte ich ein aufschlußreiches Beispiel der völligen Ehrlichkeit, die sowohl ihn als auch sein Werk kennzeichnet. Ich habe ihn nie etwas sagen hören, das er nicht meinte. Wenn er einem sagt, daß er etwas fühlt, dann kann man völlig sicher sein, daß er es fühlt – ein unbezahlbarer Vorzug bei einem Dichter, zumal bei einem Dichter des Empfindens. Die gleiche Eigenschaft garantiert, daß er nichts sagt, wenn er nichts zu sagen hat, was ihm dabei hilft, keine schlechten Gedichte zu schreiben.

Ich bin dankbar dafür, daß ich Philip Larkin seit über

vierzig Jahren kenne, nicht nur, weil er mein Lieblingsdichter ist – na ja, nach Housman (muß auch versuchen, ehrlich zu sein), sondern weil er Philip ist. Obwohl er seit unseren gemeinsamen Tagen in Oxford ruhiger geworden ist, betrachtet er die Welt noch immer mit heiterer Schärfe und straft damit die nüchterne, betrübte Ausstrahlung seiner Fotografien Lügen – klar, es gibt Momente der Trostlosigkeit, zumindest wären sie es, wenn sie nicht so lustig wären. Da geht es um den Gewerkschaftsverband oder den Zustand des Jazz oder die Notwendigkeit, Rechnungen zu bezahlen, oder, natürlich, um den Tod. Philip ist der belebendste Kamerad, den ich jemals hatte, und der beste aller Briefeschreiber – bis zum heutigen Tag beschert mir ein flüchtiger Blick auf den Poststempel aus Hull ein kleines Prickeln der Aufregung und des Optimismus, wie eine Erinnerung an die Jugend.

Kingsley Amis: *Oxford und danach. (Oxford and After.)*
Zum 60. Geburtstag von Philip Larkin.
In: *Larkin at Sixty*. Edited by Anthony Thwaite. London:
Faber & Faber 1982.
© 1982 Kingsley Amis.
Deutsch von Steffen Jacobs, 2010

Nachruf

AUF PHILIP LARKIN 1922–1985

Von Martin Amis

Philip Larkin hatte in Amerika nicht dieselbe unausweichliche Präsenz wie in England, und in gewissem Umfang kann man die Amerikaner verstehen. Sein Englischsein war so trostlos und unwirtlich, daß sogar die Engländer davon schockiert waren. Ganz gewiß werden Sie sein Werk nicht auf den Regalen mit Psychoratgebern und Seelentrostbänden in Ihrer örtlichen Buchhandlung finden. Er selbst sagte einmal:

> »Get out as early as you can / And don't have any kids yourself.«
> [Mach dich so schnell wie möglich fort / und hinterlasse keine Kinder.]

All seine Werte und Einstellungen waren negativ bis zum Extrem. Er war wirklich »lebensfeindlich« – eine Einstellung, die vielen vorgeworfen, aber nur von wenigen erreicht wird. Wenn man es besonders scharf ausdrücken wollte, könnte man sagen, daß seine Gesinnung einen Zug von geistiger Armut, ja, fast schon geistiger Verkommenheit aufweist. Neben John Betjeman war er der beliebteste englische Lyriker der Nachkriegszeit; aber er liebte das Nachkriegsengland so wenig, wie er irgend etwas anderes liebte. Er liebte einfach nicht – Punkt, aus –, denn Liebe erschien ihm lächerlich im Vergleich zum Tod. »The past is past and the future neuter« [Das Vergangene ist vergangen und das Künftige ein Neutrum]; »Life is first boredom, then fear« [Leben ist erst Langeweile, dann Angst] ... Daß aus solchen Bestandteilen ein Gesamtwerk voller Wahrheit, Schönheit, Belehrung und Freude – und viel hellwachem Witz – entstanden ist, gehört zu den zahlreichen Segnungen, die die Ironie bereithält. Alles an Larkin fußt auf jener englischen Besonderheit und Untugend, der Ironie.

Larkin war geistfeindlich, gleichgültig und reaktionär (»Oh, ich bewundere Mrs. Thatcher«), und er war ein Antipoet. Er wollte niemals irgendwo hingehen oder irgend etwas tun. »Ich bin nie in Amerika gewesen, und auch sonst nirgendwo.« Als eine Interviewerin ihn fragte, ob er beispielsweise gern China besuchen würde, entgegnete er: »Es würde mir nichts ausmachen, nach China zu fahren, wenn ich am selben Tag zurückkommen könnte.« Er hat seine Gedichte niemals öffentlich vorgetragen, niemals einen Vortrag über Dichtung gehalten und »niemals jemandem beigebracht, wie man sie schreibt«. Er lebte in Hull, und das ist etwa so, wie wenn man in Akron, Ohio lebt, mit dem zusätzlichen Vorteil, daß es mehr oder weniger unmöglich ist, dorthin zu kommen.

Sein Geiz war legendär und stand in engem Zusammenhang mit der Einsamkeit, mit der er sich umgab. Es heißt, daß er niemals mehr als einen einzigen Küchenstuhl besessen habe, um zu verhindern, daß jemand zum Mittagessen vorbeikäme – oder, schlimmer noch, auf Besuch. Weihnachtseinkäufe waren für ihn »die jährliche Verwandlung gegenseitiger Gleichgültigkeit in aktiven Haß«. Manchmal jedoch hatte er einen schwachen Moment:

Als ich vor einigen Jahren zur Weihnachtszeit in einer Buchhandlung auf Stevie Smiths *Not Waving but Drowning* stieß, war ich hinreichend beeindruckt, um mehrere Bände zu kaufen und sie unter Freunden zu verteilen. Die Überraschung, die ich damit auslöste, war zum Teil zweifellos auf die Reaktion zurückzuführen, die uns vor dem Krieg dazu gebracht hatte, die berühmte Zigarettenreklame »Wenn Sowieso, normalerweise eine bekannte Persönlichkeit des Theaterlebens, Ihnen eine Zigarette anböte, wäre es eine Kensitas« dahingehend abzuändern, daß wir den Markennamen durch die Worte »ein gottverdammtes Wunder« austauschten.

Sein Verhältnis zum Geld war schwierig und freudlos. Er sprach das Wort »Rechnungen« aus, als wäre es eine unglaubliche Obszönität. (Er brütete tief über seinen Rechnungen.) Er hatte immer genug Geld, und trotzdem gab es nichts, wofür er es ausgeben wollte:

> Quarterly, is it, money reproaches me:
> "Why do you let me lie here wastefully?
> I am all you never had of goods and sex.
> You could get them still by writing a few cheques" […]
>
> I listen to money singing. It's like looking down
> From long french windows at a provincial town,
> The slums, the canals, the churches ornate and mad
> In the evening sun. It is intensely sad.
>
> [Vierteljährlich macht mein Geld mir Vorwürfe:
> »Warum läßt du mich hier nutzlos liegen?
> Ich bin die Ware und der Sex, den du nie hattest.
> Schreib ein paar Schecks, und du bekommst sie immer noch.«
> […]

Ich höre dem Gesang des Geldes zu. Es ist, als blicke man
Von hohen Balkontüren hinab auf eine kleine Stadt
Mit Slums, Kanal und Kirchen, prunkvoll und verrückt
Im Abendsonnenschein. Es ist unglaublich traurig.]

Geld bedeutete Arbeit, und Larkins Hingabe an – oder Aufopferung für – seine Arbeit als Universitätsbibliothekar in Hull war durch einen gewissen priesterlichen Stoizismus gekennzeichnet. Er leitete eine Belegschaft von über hundert Mitarbeitern, und normalerweise war er ein brillanter Organisator mit einem großen Talent für Schufterei. Arbeit war die »Kröte«, der er gestattete, »auf meinem Leben zu hocken«. In den letzten zehn Jahren seines Lebens war er auf seine Stelle nicht mehr angewiesen, aber er dachte (mit dem größten denkbaren Mangel an Glamour): »Da ich nun einmal so weit gekommen bin, kann ich genausogut für die volle Pension arbeiten.«

What else can I answer,

When the lights come on at four
At the end of another year?
Give me your arm, old toad,
Help me down Cemetery Road.

[Was sonst soll ich antworten,

Wenn die Lichter um vier Uhr angehen
Und ein weiteres Jahr sich neigt?
Reich mir den Arm, alte Kröte,
Stütz' mich auf der Friedhofsstraße.]

Er blieb natürlich unverheiratet und hat gern mit seiner Abneigung gegen Kinder geprahlt. »Kinder sind ganz schrecklich, ist doch wahr! Egoistische, laute, grausame, vulgäre Biester.« Als er selbst ein Kind war, so sagte er, habe er gedacht, daß er jeden haßte. »Aber als ich erwachsen wurde, bemerkte ich, daß es bloß die Kinder waren, die ich nicht mochte.« Seine eigene Kindheit hat er mehrfach als »eine vergessene Zeit der Langeweile« abgetan (»Nothing, like something, happens anywhere« [nichts geschieht, wie etwas, überall.]). Man hat das Gefühl, daß schon die Vorstellung von Kindheit mit all ihren Aufregungen, all ihrem Zauber, schlichtweg zu sexy für Larkin gewesen sein muß. Er betrachtete das Eheleben als ein schreckliches Geheimnis, etwas, das ausschließlich andere Leute taten (und: »Andere Leute sind die Hölle«), einen Stoff für entsetzten (und zweischneidigen) Spott:

> He married a woman to stop her getting away
> Now she's there all day,
>
> And the money he gets for wasting his life on work
> She takes as her perk
> To pay for the kiddies' clobber and the drier
> And the electric fire ...

[Er hat eine Frau geheiratet, damit sie nicht mehr weggeht
Jetzt ist sie den ganzen Tag da,

Nimmt sich zu ihrem Vorteil das Geld,
Das er kriegt, weil er sein Leben mit Arbeit verschwendet.
Sie bezahlt damit den Kinderkram und den Trockner
Und das elektrische Heizgerät ...]

Und so fort, bis zur unaufhaltsamen Rache:

> So he and I are the same,
>
> Only I'm a better hand
> At knowing what I can stand
> Without them sending a van –
> Or I suppose I can.
>
> [Er und ich sind also gleich,
>
> Nur daß ich besser weiß
> Was ich aushalten kann
> Ohne daß der Transporter kommt –
> Zumindest vermute ich das.]

Das verschlungene Paradoxon könnte jedoch darin bestehen, daß Larkin als romantischer Dichter überlebt, als der Vertreter einer ironischen Romantik des Ausschlusses oder der Umkehrung. Eine Besprechung von *High Windows* (seines letzten und mit einigem Abstand besten Gedichtbandes) trug die Überschrift »Don Juan in Hull«, und das sagt, denke ich, eine Menge über die Unterströmungen eines vereitelten Erotismus in seinem Werk aus. Larkin besang Einkaufszentren, Autobahnraststätten, Altenheime, Parks, in denen Irre herumstrolchen, Krankenwagen und Krankenhäuser. Selbst seine eigene innere Häßlichkeit (»affenbraun, fischgrau«) ließ er schön erscheinen:

> For something sufficiently toad-like
> Squats in me, too;
> Its hunkers are heavy as hard luck,
> And cold as snow ...

> [Denn etwas hinreichend Krötenhaftes
> Hockt auch in mir;
> Die Schenkel so schwer wie Elend,
> Und kalt wie der Schnee ...]

»Glauben Sie, daß Sie ein viel glücklicheres Leben hätten führen können?« fragte eine Interviewerin einmal. »Nicht, ohne jemand anderes gewesen zu sein.« Was uns bleibt, ist die Lyrik, die Larkin zu verlieren oder abzuwerfen schien, als er sich dem Tod näherte. Aus »The Trees«:

> Yet still the unresting castles thresh
> In fullgrown thickness every May.
> Last year is dead, they seem to say,
> Begin afresh, afresh, afresh.

> [Doch schlagen diese Türme rastlos aus
> In jedem Mai zu ganzer Fülle.
> Das letzte Jahr ist tot, so scheinen sie zu sagen
> Beginnt von vorn, von vorn, von vorn.]

Es war in meiner Eigenschaft als grausames und vulgäres kleines Biest, daß ich Larkin zum ersten Mal begegnete – im Alter von vier oder fünf Jahren. Er war der Pate und Namensvetter meines älteren Bruders, und für meinen Bruder und mich (wie nicht anders zu erwarten; im Grunde könnten wir sogar diejenigen gewesen sein, die ihm Kinder verleidet haben) bedeuteten die Besuche von Paten Geld. *Mein* Pate war reich, großzügig und selten nüchtern, wenn er uns besuchte: Halfcrowns und Zehn-Schilling-Noten fielen aus seiner Hand in die unseren. Aber es war immer ein feierlicher Moment, wenn die Reihe an Larkin war, »den Jungs ein Taschengeld« zu geben – in meiner Erinnerung ist es eine beinahe religiöse Erfahrung. Zuerst stand es Sixpence für Philip gegen Threepence für Martin; Jahre später stand es Tenpence gegen Sixpence; noch später war es ein Schilling gegen Ninepence – immer der Inflationsrate angeglichen und sorgfältig abgestuft. Andere Dichter, die mir damals begegnet sind – allen voran Robert Graves –, neigten dazu, auf überschwengliche, leicht erregbare und offenherzige Weise »bardisch« zu sein. Larkin war einfach ein Melancholiker, mit früher Glatze und den Überbleibseln eines Stotterns. Wann immer ich später mit ihm zu tun hatte, war er auf stille Weise amüsant, von beharrlicher Ehrlichkeit und (im weitesten Sinn) außerordentlich guten Manieren. Larkin schrieb vielleicht Gedichte, aber er verwandte keine Zeit darauf, »ein Poet zu sein«.

Der Tod war so trostlos wie das Leben. Und er war nicht ohne ironischen Heroismus. Es gab natürlich keine richtige Familie, und Freunde wurden nicht zu Besuchen ermutigt. Sein ganzes Leben lang hatte er sich für seine Auslöschung gerüstet, aber als sie dann kam (und das ist nur angemessen und folgerichtig), war er völlig unvorbereitet und bei aller Entschlossenheit hilflos – er hatte keinen Handel mit dem Tod abgeschlossen. Er wies seine Ärzte an, ihm nichts zu sagen – ihn zu belügen. Es heißt, daß Evelyn Waugh an Snobismus gestorben sei. Philip Larkin starb an Scham: tödlicher, körperlicher Scham.

Er unternahm keine Bemühungen, die Sache hinauszuzögern. In seinem letzten Lebensjahr begann er den Tag mit drei Gläsern Supermarkt-Portwein (»Man braucht irgendeinen beschissenen Grund, um morgens aufzustehen«, erklärte er meinem Vater). In der letzten Woche ernährte er sich von »Gin, Complan und billigem Rotwein«. »Könntest du dir nicht wenigstens *teuren* Rotwein besorgen?« fragte meine Mutter ihn drei Tage vor seinem Tod am Telefon. Aber nein. Sich in die Trostlosigkeit, Furcht und Verblüffung zu ergeben – das war die Strategie. Obwohl er Larkins bester Freund war, sah mein Vater ihn selten und fragt sich jetzt, ob er ihn jemals richtig gekannt hat.

Postskriptum: Dieses Stück ist als Nachruf geschrieben worden. Die (normalerweise feindselige) Neubewertung, die den Tod eines Dichters begleitet, verzögerte sich im Fall Larkins, bis kürzlich die Briefe und eine Biographie erschienen. Vor einigen Jahren war Larkin noch immer unser beliebtester Dichter der Nachkriegszeit; nun ist er vorerst der am meisten verunglimpfte. Die Neubewertung war auf beispiellose Weise gründlich. Die Biographie und der Briefband stehen auf meinem Schreibtisch: Ich werde umfassend über sie – und über ihn – schreiben. Schon jetzt kann ich lautstark versichern, daß die gegenwärtige Kontroverse sich bald in Luft auflösen wird. Nichts von Bedeutung wird durch sie beeinflußt worden sein.

Martin Amis: *Philip Larkin 1922–1985*.
Zuerst in: »Vanity Fair« 1985. Aus: M. A.: *Visiting Mrs Nabokov and Other Excursions*. London: Jonathan Cape 1993.
© 1993 Martin Amis. All rights reserved.
Deutsch von Steffen Jacobs, 2010. Die Übersetzungen der Gedichte sind als Lesehilfen gedacht, nicht als Nachdichtungen.

PHILIP LARKIN

Wirbel im Mädcheninternat Willow Gables
[Trouble at Willow Gables. By Brunette Coleman]

Herausgegeben von James Booth
Aus dem Englischen übersetzt von Steffen Jacobs

»Ein seltsames Nebenwerk eines großen Autors. Larkin spielt mit der Topik von Schwärmerei und Eifersucht, Schuldisziplin und Cricketteam-Intrigen. Eine Idyllendichtung, die klassische Situationen von Liebe, Sehnsucht, Unterwerfung und Vereinigung inszeniert. Die deutsche Übersetzung von Steffen Jacobs ist gut; er hat ein Ohr für die charakteristisch neckische Phrase. »Trouble« ist mit »Wirbel« schön übersetzt, was das stereotyp Betuliche genau einfängt.

Dieses kleine Buch ist ein bemerkenswertes *document humaine*. Albernheit und Tragödie transzendierend durch die ironische Hingabe, mit welcher ein Meister der Sprache seine geheimen Spiele im Spiegel einer banalen Erzählform inszeniert. Wenn dieses Buch ein Faszinosum hat, dann liegt es darin beschlossen, daß dieser Einsame, einer der großen Lyriker des zwanzigsten Jahrhunderts, auf dem dünnen Eis über der Tiefe seiner sexuellen Obsessionen kunstvoll Figuren läuft. Wenn dieses bewegend-törichte Schauspiel den Leser zu Larkins Gedichten oder zu *Jill* führt, hat es sich gelohnt.« *Joachim Kalka, FAZ*

»Jetzt liegt das köstliche literarische Kleinod in einer spritzigen deutschen Übersetzung vor. Die temporeiche, ungemein komische Geschichte entwickelt sich immer mehr zur Farce, die mit zunehmender Geschwindigkeit auf ein virtuos konzertiertes Finale zusteuert.

Larkin, einer der bedeutendsten Lyriker der Nachkriegszeit, hatte seine Erzählung unter dem Pseudonym Brunette Coleman verfaßt. Viele englische Schriftstellerinnen des 19. Jahrhunderts wählten männliche Pseudonyme, der umgekehrte Kasus ist entschieden seltener und im Falle Larkins, wie er selber sagt, seiner »nicht zielgerichteten« Sexualität geschuldet. Diese Ambiguität erlaubte es Larkin, sich in eine Schriftstellerpersönlichkeit mit äußerst femininer Sensibilität zu verwandeln, als diese in die Schlafsäle eines Mädcheninternats zu schleichen, sich somit in die Welt vierzehnjähriger Mädchen zu versetzen. Wir können uns freuen, ein Stück Jugendliteratur zu bekommen, für das wir endlich alt genug sind.« *Susanne Ostwald, NZZ*

HAFFMANS VERLAG
BEI ZWEITAUSENDEINS
www.Zweitausendeins.de

Kingsley Amis
&
Philip Larkin

Die
Geschichte
einer wunderbaren
literarischen Freundschaft.

Beiheft zu den Romanen
»Jill« von Philip Larkin
und »Jim im Glück« von Kingsley Amis
im Haffmans Verlag bei Zweitausendeins.

Willi Kinzel, Marie und Hilbs Schwester Margaret ("Miggy") Partington.

Hilly, Philip Larkin, Kingsley Amis und Maggie Aeron-Thomas, Swansea, 1956

Christopher Tosswil, Kingsley Amis, Hilly und Philip Larkin in Cambridge

Philip Larkin vor Bruce Montgomerys Wohnung in Oxford, 1943

Kingsley Amis in Abbey Timbers, 1946

Aus dem Briefwechsel Kingsley Amis – Philip Larkin

Deutsch von Steffen Jacobs

PHILIP LARKIN an Kingsley Amis   20. August 1943
73 Coten End, Warwick

Lieber Kingsley,
Ich schreibe eine Geschichte mit dem (vorläufigen) Titel *Jill*. Es geht um einen jungen Mann, der sich eine jüngere Schwester ausdenkt und sich in sie verliebt. Ziemlich lustig, denn er schreibt ihr alles mögliche zu – Tagebücher, Briefe etc. Brunette Coleman, die bereits Wirbel im *Mädcheninternat Willow Gables* geschrieben hat, hilft mir dabei.

PHILIP LARKIN an Kingsley Amis   25. August 1943
73 Coten End, Warwick

Lieber Kingsley,
danke, daß Du mir wieder mal einen witzigen Brief geschrieben hast, was ich sehr zu schätzen weiß, während ich meine Zeit hier vergeude. Wenigstens vergeude ich sie nicht ganz, denn meine Geschichte kommt gut voran. Sie wird infantiler. Ich bin gerade mit dem „Stück-im-Stück" beschäftigt – das ist die kurze Mädchenschulgeschichte, die eine der Figuren schreibt. Diese Figur möchte ein komplettes Dossier über das fünfzehnte Lebensjahr eines imaginären Mädchens anlegen – eines imaginären Mädchens, versteht sich. Es fängt damit an, daß sie an ihrem fünfzehnten Geburtstag ihre Frisur ändert: von Zöpfen zu einer Art Bändereffekt, und es endet mit ihren Dankesbriefen an Verwandte für die Geschenke zu ihrem 16. Geburtstag. Dazwischen wird es mehrere Geschichten über sie geben, ihr Tagebuch (sehr lustig), ein paar Briefe an ihre Freundinnen etc. Und so weiter. Natürlich trifft er schließlich ein Mädchen, das seiner Schöpfung exakt entspricht, und verliebt sich Knall auf Fall in sie. Alles ist herrlich pervers.

PHILIP LARKIN an Kingsley Amis   13. September 1943
Montag
73 Coten End, Warwick

Lieber Kingsley,
Bitte hab keine Angst, etwas Falsches zu sagen. Brunette hält vernünftige Kritik aus. Ich habe gerade die ersten 4 Seiten einer neuen, als Roman geplanten Fassung von *Jill* geschrieben, „Die Pantomime" betitelt. Ich habe

Titel aus Zitaten satt: („This Above All", „If this be error",„Cover Her Face",
„If Winter Comes" und so weiter). "Die Pantomime" meint den Teil des
Stückes, der die restliche Handlung zusammenfaßt; ich glaube, Ophelia
sagt: „Vielleicht, daß dies ... die Bedeutung des Stücks anzeigt" [Hamlet III, 2].
Es heißt „Die Pantomime", weil es in Oxford spielt (leider) und von jungen
Menschen handelt. An dieser Geschichte kann man folglich die Muster ihrer
Biographien ersehen. Ich werde mich wirklich anstrengen und versuchen,
sie zu beenden.

PHILIP LARKIN an Kingsley Amis   30. September 1943
                                                                    Mittwoch
                                                      73 Coten End, Warwick

Lieber Kingsley,
Ich wünschte wirklich und wahrhaftig, daß die Geschichte nicht in Oxford
spielen würde; irgendwie ist es mir unmöglich, aufrichtige und interessante
Gespräche zwischen Menschen zu entwickeln, die *in statu pupillari* sind.
Das Etikett ist zu restriktiv. Ich denke die ganze Zeit an Treffen zum Kaffee
und Treffen zum Tee und an Feiern und die Treffen des Labour Club etc.
etc. Was ich schwierig finde, ist, daß ich dauernd mit der einen Hand einen
Abwehrkampf gegen diese Sachen führe, während ich mit der anderen
versuche, die Erzählung voranzutreiben. Du sollst sie unbedingt lesen,
„wenn und falls" sie jemals fertig wird. Es dürfte ungefähr ein Jahr dauern,
denke ich, wenn ich mit diesem Entwurf vor Weihnachten fertig werde.
Es versteht sich von selbst, daß er nichts taugt. Trotzdem sehne ich mich
danach, zu den Abschnitten mit den Schulmädchen zu kommen.
Ich habe zur Zeit sehr starke Empfindungen für Schulmädchen.

PHILIP LARKIN an Kingsley Amis   12. Oktober 1943
                                                      73 Coten End, Warwick

Lieber Kingsley,
Ich freue mich, daß der kleine Ausschnitt aus *Jill* Deinen Appetit *erregt* hat
(nein, das ist kein Schreibfehler), aber er ist eigentlich ein bißchen irre-
führend. Jill ist nicht wie nochmal Willow Gables. Ich wünschte in verschiedener Hinsicht, es wäre so. Die meiste Zeit ist es eine Menge langweiliger
Unsinn über einen siebzehn- oder achtzehnjährigen Jungen namens John
Kemp, der in Oxford nicht besonders gut klarkommt. Es gibt keine einzige
intelligente Figur in dem Buch. John Kemp wird ziemlich klug, aber das

PHILIP LARKIN an Kingsley Amis

8. November 1943
73 Coten End, Warwick

Lieber Kingsley,

Wo wir schon beim Thema „Frauen in der Literatur" sind, könnte ich wohl sagen, daß Jill sich schlecht benimmt. Vor neun Tagen war mir, um Deine unnachahmliche Formulierung zu benutzen, als hätte ich ins Bett gekackt, liegt daran, daß er sich mit mir entwickelt, eine Tendenz, die ich im dritten Entwurf strikt unterdrücken muß. Es gibt keine Künstler oder Dozenten oder netten, freundlichen Mädchen oder komischen Collegebediensteten. Ich habe einen ziemlich scheußlichen Pförtner, aber nicht Henry. Er heißt Jack, was meiner Meinung nach ein unangenehmer Name ist. Alle sind sehr jung und trinken sehr viel, und es gibt keine Homosexualität.

Übrigens hast Du Wirbel im *Mädcheninternat Willow Gables* nie gelesen, oder? Ich bin nämlich fertig damit. Bitte mich nicht, es Dir zu schicken, weil ich einfach nicht wage, es aus der Hand zu geben, es ist zu wertvoll und zu belastend. Es hat Diana Gollancz eine ganz schöne „crisis des nerfs" beschert, oder wie auch immer das auf Französisch heißt, als Philip ihr die Vertführungsszene in Miss Horders Arbeitszimmer vorlas. Aber verlaß Dich drauf, wenn Du jemals lang genug hier bist (oder wo auch immer ich bin), um alles zu lesen, dann sorg es ganz bestimmt Du bestimmt tun.

Ich habe jetzt beinahe exakt jenen Punkt in Jill erreicht, wo der erste Entwurf endet, das heißt, fortan reise ich allein, angewiesen auf meine erlahmende Erfindungsgabe. John hat gerade die reale Jill getroffen." Er blieb mit einem Schauder der Beklommenheit stehen. Denn dort, in einem offenen Wintermantel mit in die Taschen gestopften Wollhandschuhen, ihren Fuß spielerisch auf dem Absatz drehend und in einem Gedichtband lesend, stand Jill.

Es war keine Frage des Nachdenkens: Dieses Mädchen sieht ziemlich genau so aus, wie Jill aussehen könnte. So etwas hatte er früher, zu seinem eigenen Vergnügen, bei anderen Mädchen gemacht. Dies war die Jill, die er sich ganz zu Anfang vorgestellt hatte: In seinem Bewußtsein gab es kein einziges Atom des Zögerns. Sie wirkte sehr jung, mochte aber siebzehn Jahre alt sein. Ihr Haar von der Farbe dunklen Honigs fiel wie ein Schleier über ihre Schultern, und als sie sich bückte, um einen Blick in die unteren Regale zu werfen, wurden die leichten Höhlungen unter ihren Wangenknochen betont, da sie, wie John bemerkte, leise pfiff ..."
Ich vermute, daß das nicht viel von dem vermittelt, was es vermitteln soll. Nein. Mich dünkt nicht.

und ich habe begonnen, den zweiten Entwurf noch einmal durchzulesen. Ich hatte vor, bei Seite 1 anzufangen und bis Seite 210 weiterzulesen, wo ich Schluß gemacht hatte (die Formulierung ist nicht ohne Grund gewählt). Ich bin bis ungefähr Seite 40 gekommen. Ja, genau. Infolgedessen habe ich kochend vor Wut mit Entwurf III angefangen und bin jetzt bis Seite 60 gekommen. „Es ist besser geworden, hoffe ich." Die einzigen Teile, die mir gefallen haben, waren die Teile mit den Schulmädchen: das Tagebuch und die Kurzgeschichte, die er schreibt, aber ich denke, daß ich sie vielleicht herauskürzen muß. Ein kleiner Blödian wie John Kemp kann sich unmöglich etwas von so subtiler Perversität ausdenken. Nein, *mein Härr*. Die einzige andere Formulierung von Genie ist eine Bemerkung über *Jill*, die „in ihren Gummistiefeln dahertrottet". SCHEISS AUF DIESE ARSCHLOCHIGE SCHREIBMASCHINE WAS STIMMT NICHT MIT DIESEM VERFICKTEN DRECKSDING????

PHILIP LARKIN an Kingsley Amis   9. Juli 1945
                                         Glentworth, King Street,
                                                Wellington, Salop

Mein lieber Kingsley,
JILL soll vor Ende des Jahres herauskommen. *Ich stimme zu*. DAS SOLLTE ES. ABER ICH WEISS NUR ZU GUT, daß die Gedichte ENDE AUGUST herauskommen werden, und daß JILL *nicht* vor Ende des Jahres herauskommen wird. Und ich mag keine Vorschußtantiemen. Nicht, weil ich glaube, daß das Buch etwas taugt („es muß nicht eigens gesagt werden, daß das nicht stimmt"), sondern weil es für EIN JAHR HARTER ARBEIT unter UNGÜNSTIGEN Umständen steht, die mich, wenn ich sie in andere Kanäle geleitet hätte, vermutlich für eine berufliche Aufnahmeprüfung qualifiziert oder genug Elektrizität erzeugt hätte, um Nelsons Hintern zu erleuchten oder was auch immer. Und wenn ich sehe, wie Bruce [Montgomery veröffentlichte 1946 als Edmund Crispin bei Victor Gollancz den Philip Larkin gewidmeten Krimi *Der wanderne Spielzeugladen*] wegen ein bißchen Zeug, daß er in drei Wochen rausgeschleudert hat, im Geld aus zwei Kontinenten wühlt, dann packt mich die Wut, und ich möchte mit den Fäusten auf etwas einprügeln, und mein Blick verfinstert sich, und es pocht in meiner Kehle, und es geht mir gut, habe ich gesagt. Und damit basta!

PHILIP LARKIN an Kingsley Amis

20. Dezember 1945
Stadtbücherei, Walker Street,
Wellington, Shropshire

Mein lieber Kingsley,
Neulich trafen einige Korrekturfahnen für JILL ein. Was die ersten drei oder vier Kapitel betrifft, bin ich wütend auf die Leute beim Verlag. Sie haben das Original-MS mit Blaustift markiert [= zensiert]. Heftig und sinnlos. Es macht mir nichts aus, daß sie Wörter wie Axschlxch und fxckxn und Sxd und Schxxße und Sxck herausstreichen, aber SIE STREICHEN VER-DAMMT UND GOTT UND HIMMEL UND HERRJE, und das gefällt mir nicht. Probeauszug (nach neuem Stil): "Und sobald ich den ersten Schluck intus hatte, hab' ich zu Eddy gesagt: ,Eddy', hab ich gesagt, ,dieses Bier ist schlecht.' Und er hat zugestimmt. Und ich hab' gesagt: ,Wenn mir von etwas übel wird, dann ist es so ein schlechtes Bier.'" AUSSERDEM: "Na also, wollen doch mal sehen, ob das Ding ... Zum Teufel, wo ist der ..." Ohne Vorwarnung drehte Christopher den Lautstärkeregler bis zum Anschlag auf, und der Raum wurde von einem überdimensionalen, ohrenbetäuben-den Klavierstück erfüllt. Er drehte leiser. "Verdammt. So ist es besser. Ja, so ist es gut. Läuft es jetzt weiter? Nein! Pat, das Ding steckt schon wieder fest." Ich bin mir nicht sicher, wie sehr dadurch das ganze Buch verdorben wird.

KINGSLEY AMIS an Philip Larkin

24. Dezember 1945
26, Shrublands Road,
Ferkhamsted, Ferts,
Weihnachtsabend bwbwbw 1945

Mein lieber Philip,
es war sehr nett, heute von Dir zu hören, während ich mit einem Grippe-anfall im Bett lag, der ganz danach aussah, als ob ich zu Weihnachten im Bett bleiben müßte – aber so war es dann doch nicht. Ich weiß nicht, ob ich gerade jetzt besonders viel zu sagen habe, aber es ist trotzdem gut, die Sache am Laufen zu halten. Glaube nur nicht, daß ich es nicht mag, wenn Du viel über Jassmusik sagst; ich befürchte bloß, Du würdest es bei mir nicht mögen.
Sehr komisch und ärgerlich, was Du über JILL schreibst. O ja, Du kannst stolz darauf sein, daß Dn erster Roman dnrchst gedruckt wird. Deine Fähigkeit, zu schreiben und dann auch noch zu veröffentlichen, ist eine ständige Quelle des Ärgers und der Resignation für mich, der nicht mal einen scheiß Stift aufs Papier setzen kann – so sehr, daß Du alle Ansprüche auf mein Mitgefühl völlig verwirkt hast – oder es hättest, wenn ich nicht

so ein weltfremder Idiot, ein vagabungierender Christus wäre – Bande des
Herzens mit seinem roten Blut mein einz'ger Lohn vergebens weinen wir
so schwere Tränen WUFF WUFF

27. Dezember

Na dann, jetzt ist zum Glück alles vorbei. Ich bin zu dem Schluß gekommen,
daß ich Weihnächte nicht besonders mag.

Ehe ich es vergesse:

```
WILLOW GABLES AT OXFORD
 ILLOW GABLES AT OXFORD W
 LLOW GABLES AT OXFORD WI
  LOW GABLES AT OXFORD WIL
   OW GABLES AT OXFORD WILL
    W GABLES AT OXFORD WILLO
     GABLES AT OXFORD WILLOW
     ABLES AT OXFORD WILLOW G
      BLES AT OXFORD WILLOW GA
       LES AT OXFORD WILLOW GAB
        ES AT OXFORD WILLOW GABL
         S AT OXFORD WILLOW GABLE
          T OXFORD WILLOW GABLES A
           OXFORD WILLOW GABLES AT
            XFORD WILLOW GABLES AT O
             FORD WILLOW GABLES AT OX
              ORD WILLOW GABLES AT OXF
               RD WILLOW GABLES AT OXFO
                D WILLOW GABLES AT OXFORD[10]
                  WILLOW GABLES AT OXFORD
```

PHILIP LARKIN an Kingsley Amis 26. Februar 1947
172 London Road, Leicester

Mein lieber Kingsley,
Mein Bock ist rausgekommen & ich gehe davon aus, daß Du inzwischen
Deinen Blick darauf hast fallenlassen. Es weckt keine besonderen Gefühle
in mir, außer einer leisen Wut, wenn ich sehe, daß der Klopp 'n Text eine
Figur namens „Robert" erwähnt, die in der Geschichte nicht vorkommt.
Es gibt eine Figur namens Robin. Aber mir hat ein Zettel gefallen, auf dem
steht, daß ich siebenundzwanzig Pfund zum Ausgeben bekommen könne.
Gälisch, gälisch. Wenn ich's schaffe, schicke ich Dir ein Exemplar. Es hat
eine Aura um sich, die ich nur als „mittelklassehaft" bezeichnen kann…
Sag mir, was Du davon hältst, ja? Selbst wenn ablehnend, ist Deine
Meinung immer hochwillkommen.

PHILIP LARKIN an Alan Pringle

[Pringle hatte vorgeschlagen, Larkins Romane für den jährlichen John-Llewely-Rhys-Gedenkpreis einzureichen. Dies geschah zwar, wie Briefe aus dem Archiv von Faber & Faber belegen, aber ohne Erfolg.]

4. März 1947
Universitäts-College, Leicester

Mein lieber Pringle,
Bezüglich des Rhys-Gedenkpreises könnte dies eventuell hilfreich sein:

Werdegang:
Geboren Aug. 1922, Coventry.
1930-40: King-Henry-VIII-Schule, Coventry.
1940-43: St. John's College, Oxford. Abschluß summa cum laude.
Schule f. engl. Spr. & Lit.
1943-1946: Bibliothekar der öffentlichen Bibliothek in Wellington, Shropshire.
(Das war so ziemlich die einzige „abenteuerliche" Sache in meinem Leben. Ich hatte die akademische Atmosphäre so satt, daß ich diese völlig unerträgliche Stelle annahm. Ich löste einen betagten Bibliothekshausmeister von 76 Jahren ab und teilte für ein Anfangsgehalt von – wenn ich mich recht erinnere – £ 175 plus jährlich £ 49.10 altmodischen Stuß an das einfache Volk aus. Es war entsetzlich.)
1946- Assistenzbibliothekar am Univ.-College Leicester.
Bücher: Nach einigen vereinzelten Gedichten in Oxford-Anthologien:
The North Ship. Gedichte. (Fortune Press 1945)
Jill. (" 1946)
Ein Mädchen im Winter ——— 1947.
All das wurde in den Pausen von der Schreckenssituation in Wellington geschrieben.

Allgemein: Kurzsichtigkeit hinderte mich am Kriegsdienst, und ich bin nie gereist, seit ich ungefähr 16 war. Einige Besuche in Deutschland haben kaum einen Eindruck hinterlassen – für lebhafte Eindrücke ziehe ich England vor. Ich bin bislang unverheiratet. Dem Schreiben von Romanen galt immer mein stärkster Ehrgeiz, und es vergeht, wenn ich das sagen kann, ohne aufgeblasen zu klingen, kaum ein Tag, an dem mir nicht aufs neue bewußt wird, wie sehr dies meine hauptsächliche Freude, Aufgabe und fast schon Verpflichtung ist. Ich wünschte nur, ich hätte mehr und Besseres geschrieben. Ich hoffe, im Verlauf dieses Jahres die Arbeit an einem neuen

Roman anzufangen, der gegenwärtig in meinem Kopf so etwas wie Gestalt annimmt.

KINGSLEY AMIS an Philip Larkin   15. März 1947
                                                St. John's College, Oxford

Jeder, den ich treffe, sagt mir Gutes über Dein Buch [*Ein Mädchen im Winter*]. Wohin ich auch gehe, finde ich Exemplare in den Zimmern der Leute. Soll ich versuchen, eine Besprechung im nächsten Mandrake unterzubringen? Was mir am meisten daran gefiel, war die Aura von VÖLLIGER KOMPETENZ, daß Du genau entschieden hast, was Du tust, und daß Du genau das getan hast, was Du entschieden hast. Nur zwei Kritikpunkte, mein Alter: Es fiel mir schwer, zu glauben, daß Katherine und „Robert" 16 waren, als sie 16 waren, und obwohl ich die Schreiberei über alles, was mit dem besetzten Europa zu tun hat, genauso hasse wie Du, mußte ich mich fragen, ob nicht gezeigt werden sollte, daß die Lage ihres Landes und ihrer Familie und Freunde eine größere Rolle in ihren Gedanken spielt. Aber alles andere ist gelungen, vor allem der *Zahnarzt* und Miss Green und *Anstey* und *Jane* und Mister Stormalong. Mir hat gefallen, daß es kein GEBROCHENES ENGLISCH und keine AUSWIRKUNGEN VON ALLGEMEINGÜLTIGER WICHTIGKEIT FÜR UNSERE GESELLSCHAFT und solchen QUATSCH gab. Der Schluß war sehr gut … Alles Tiefergehende werde ich mir aufsparen müssen, bis wir uns sehen und ich das Buch durchgehen und auf Sachen hinweisen kann, die mir gefallen.

Das ist erst mal alles, mein Alter. Ich habe schollend über die alten britischen Wörter gelacht. Schreib mir, wenn Du ein bißchen Zeit neben Deiner Arbeit hast, laß Dich nicht von ihr runterziehen.

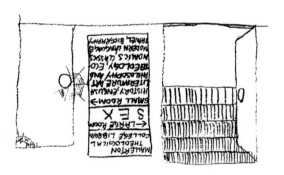

KINGSLEY AMIS an Philip Larkin   20. März 1947
                                                  26, Shrublands Road,
                                                  Berkhamsted, Herts.

Mein lieber Philip,

mir scheint, daß Dein jüngst erschienener Liebesroman [*Ein Mädchen im Winter*] nicht nur ein Erfolg bei der Kritik, sondern auch beim Publikum wird. ALLE FREUNDINNEN MEINER MUTTER lesen es; die Mädchen bei Boots haben eine lange Warteliste dafür angelegt, viele Leute haben sie nach Jill gefragt. Ich nehme an, daß Du das gerne hörst. ICH WÜRDE ES. Ich werde das Buch bald noch einmal lesen, und zweifellos werde ich dann mehr darüber zu sagen haben.

KINGSLEY AMIS an Philip Larkin   30. März 1947
                                                  26, Shrublands Road,
                                                  Berkhamsted, Herts.

Hilly und ich haben im Mapleton gewohnt. Das ist eine Art Ganovenhotel an der Coventry Street, und fast unmittelbar daneben gab es eine Buchhandlung, in deren Schaufenster lag *Jill* ausgestellt zwischen *Nackt und schamlos* und *Hochhackige Yvonne*. Das ist wahr, aber ich erwarte nicht, daß Du es glaubst.

KINGSLEY AMIS an Philip Larkin   12. September 1947
                                              26, Shrublands Road,
                                              Berkhamsted, Herts.

Mein Besuch bei Caton [Reginald Catin, Larkins Verleger bei Fortune Press und Figur in Amis' *Jim im Glück*] bietet so viel Stoff, das ich nur einiges von dem, was passiert ist, aufschreiben kann. Nachdem er mich heftig dafür getadelt hatte, daß ich das Wetter heiß fand („Heiß? Sie nennen es doch nicht heiß, verglichen mit dem, wie es war? Heiß-wie? Heiß?"), und er wandte sich einem seiner Lieblingsthemen zu. Er hat sich ziemlich ausgiebig über Larkin und sein Schreiben erkundigt, und ich antwortete ausweichend und wohlgesonnen:
– „Jill" ist ein ziemlich peinliches Buch, nicht wahr?
– Ach, finden Sie das? Ich finde es gut geschrieben.
– O ja, es ist gut geschrieben, aber die Setzer haben einen schrecklichen Wirbel darum gemacht.
– Tatsächlich? Wegen der Flüche, nehme ich an?
– Ja; sie haben es überhaupt nicht gerne gemacht. Überhaupt nicht gerne. Es gab da sogar eine junge Dame, die die Korrekturfahnen gelesen hat und die sich geweigert hat, sie zu lesen. Hat sich einfach geweigert, sie zu lesen.
Er wollte wissen, ob Faber eine Option auf Larkins nächstes Buch habe, und ich sagte, das wisse ich nicht. Er nahm diese Antwort so auf, als hätte ich gesagt: Was für eine unglaublich dämliche Annahme, natürlich hat er keine, Sie alberner Scheißkerl, und hielt mir in enttäuschtem, tadelndem Ton, wie ein humaner Oberfeldwebel, einen Vortrag darüber, wie wichtig Optionen seien.

KINGSLEY AMIS an Philip Larkin   3. Januar 1949
                                           Marriner's Cottage, Eynsham

Mein lieber Philip,
Als ich in Berkhamsted war, habe ich *Jill* noch einmal gelesen, und wieder habe ich gedacht, wie gut es ist, insbesondere die erste Hälfte. Diesmal war mir deutlicher bewußt, daß Kemp der Warner-Fürchter und Kemp der Jill-Imaginierer nicht ein und dieselbe Person sind, aber mir war auch deutlicher bewußt, wie gut die Oxfordsachen sind: die Vermittlung des Eindrucks dessen, was sich zusammenfassend als die Banbury Road in der Abenddämmerung bezeichnen läßt, finde ich große Klasse. Danach las ich *Ein Porträt des Künstlers als junger Mann* von Jas. Joyce: Es ist in gewissem Umfang Quelle für das andere Buch, nicht wahr? Seine bevorzugte Tages-

KINGSLEY AMIS an Philip Larkin 22. März 1950
11 Haslemere Road,
Sketty, Swansea

Mein lieber Philip,

Alles, was ich Dir anbieten kann, ist mein pornographischer Roman (bald 5000 Wörter), einige weitere Seiten aus meinem Roman *Dixon und Christine* [später: *Jim im Glück*], ein Foto von einem Mädchen, das eine lesbische Prostituierte sein sollte, einige unanständige Zeichnungen, die neuen Schallplatten, ein Kapitel meiner wissenschaftlichen Arbeit, das den größten Teil ausmacht, ach, und ein oder zwei Gedichte.

KINGSLEY AMIS an Philip Larkin 12. Juni 1951
Swansea

Ich habe wieder mit Dixon und *Chr.* angefangen; ich entscheide mich für Trunksucht, wenn die sonst keiner nimmt. Es ist nicht so lustig wie *The legacy*, aber dafür, hoffe ich, substantieller.

KINGSLEY AMIS an Philip Larkin 15. Juli 1951
Swansea

Das Leben hier wäre in Ordnung, wenn ich mehr Zeit hätte – das Haus füllt sich immer noch mit Scheißern, die sich selbst eingeladen haben – und mehr Energie; ehrlich, mein Alter, ungelogen, drei Seiten *Dixon* und ich bin für den Rest des Tages fertig. Trotzdem stehe ich jetzt bei S. 94 und bringe mich selbst ein bißchen öfter als früher zum Lachen, obwohl ich nicht weiß, ob sonst jemand lachen würde.

KINGSLEY AMIS an Philip Larkin   22. Dezember 1951
                                              24 The Grove, Uplands, Swansea,
                                                                   Glamorgansh.

Ich habe meine letzte Überarbeitung von *Dixon* auf nach den Ferien verschoben. Mein Kopf in der Toilettenschüssel, und in meinen Zehen zuckt es, elterliche Hinterteile zu treten, und meine Finger ballen sich paarweise, und mein Rektum schwillt von stinkender Luft an, und das sind meine Ferien.

KINGSLEY AMIS an Philip Larkin   4. April 1952
                                                                      Swansea

Bruce hat D & C nicht gesehen, weil es zur Zeit bei den Leuten von Michael Joseph ist, als Reaktion auf deren Bitte, daß sie gern jedes Buch sähen, das ich geschrieben habe, im Hinblick auf eine mögliche Publikation. Ich werde einfach nicht schlau daraus, ob ich glaube, daß sie es annehmen werden, oder ob ich bloß hoffe, daß sie es annehmen werden, oder ob ich nicht glaube, daß sie es annehmen werden, weil ich hoffe, daß sie es annehmen werden, oder ob ich nicht glaube, daß sie es annehmen werden, weil sie es wahrscheinlich nicht annehmen werden, oder ob ich glaube, daß sie es annehmen werden, weil ich mich im voraus so sehr damit abgefunden habe, daß sie es nicht annehmen werden, oder ob ich glaube, daß sie es nicht annehmen werden, oder ob ich mich im voraus so sehr damit abgefunden habe, daß sie es nicht annehmen werden. Ich weiß, daß Du glaubst, ich bin ein bißchen komisch, was Druckerschwärze angeht, und daß es darauf ankommt, gut zu schreiben; es ist leicht für Euch veröffentlichte Schriftsteller, den Hunger auf Veröffentlichungen zu verspotten – für mich ist der springende Punkt, daß ich mich gern als Schriftsteller sehen würde, und zwar nicht allein (wie ich hoffe) aus Gründen der Eitelkeit, und daß ein von allen Schriftstellern geteiltes Charakteristikum darin besteht, daß das, was sie schreiben, abgedruckt wird, damit es Leute, die es lesen wollen, lesen können, selbst wenn niemand es liest, falls Du verstehst, was ich meine. Ich langweile Dich doch hoffentlich nicht, hm?

KINGSLEY AMIS an Philip Larkin 18. Juni 1952
Swansea

Ich brauche dieser Tage alle Hilfe, die ich bekommen kann. Mike Joe [Michael Joseph] wollte mein Buch nicht, aber andererseits haben sie es nicht verloren, wie ich schon fast sicher vermutet hatte, und jetzt wird es, wie ich annehme, von einem Kumpel von John Wain abgelehnt, obwohl diesmal zweifellos aus etwas anderen Gründen. Kennst Du das Problem mit Dixon? Es ist nicht „einfühlsam" genug, um seinen Mangel an Interesse für Themen wie Religion und Schuldgefühl und unsere schwierige Situation als Europäer wettzumachen.

KINGSLEY AMIS an Philip Larkin 8. September 1952
Swansea

Was D & C angeht: die Bibliothek: Dixon kann Zeug für einen Beitrag Welchs zu einer Volkstanzkonferenz oder einer Vorlesung über Kunsthandwerk im Hamberton des achtzehnten Jahrhunderts sammeln; es muß nichts mit seinem Buch zu tun haben. Trotzdem danke für den Tip.
Der Vortrag: Ich verstehe, was Du hier meinst, obwohl es schrecklich schwierig zu machen wäre. Ich könnte es trotzdem mal versuchen, und Du könntest entscheiden, ob es in den Roman hinein soll; es ist im Hinblick auf Handlungsverlauf, Geschichte etc. eine optionale Szene. Ich denke, er müßte betrunken sein.
Die Stelle: Einverstanden. Der Dreh mit dem Gymnasium ist ein Knaller. Bertrands Annäherungsversuch: ja. Würde es reichen, wenn Carol D & C bei dem Sherry-Empfang beobachtet und daraus den Schluß zieht, daß sie sich absichtlich aus dem Weg gehen – sich etwa anschauen und dann schnell wegschauen, wenn ihr Blick erwidert wird? Und dann fragt Carol Christine, was ist? Würde das reichen? Die Fickeinladung könnte irgendwo hinter den Kulissen stattfinden. Der Haken ist, daß uns das der Entschuldigung beraubt, Christine wegen ihrer Kopfschmerzen im oberen Stockwerk zu lassen, wenn Dixon seinen mißlungenen Besuch macht. Na ich denke, sie könnte auftauchen und mit den anderen weggehen. Aber das wären dann 6 im Auto. Welch. „ist nicht" nach Mitgehen. Oder weder Bert noch Chr. gehen mit. Aber es wäre nett, wenn sie mitgingen; sie könnten zum Abendessen mit den Goldsmiths ausgehen, wo B. seine Fickeinladung aussprechen könnte & Carol die Möglichkeit

hätte, die Sache zu beobachten, und anfangen könnte, Christine zu mögen. Dann muß Mrs. W zurückbleiben, sagen wir, um einen Lautenspieler aus Schweden zu empfangen, dessen Ankunft erwartet wird. Die Plazierung im Auto wäre dann so: Christine neben Welch auf dem Beifahrersitz und hinten Bertrand-Dixon-Veronica. Ja ich glaube, Mrs. Welch wartet auf Ole. „Ole ole ole ole Moses keep her sweet to me", sang Dixon in einer halblauten Imitation einer Tanzplatte, die er einmal gehört hatte.

Mediävistik: ja; dann könnten wir Welch zu einem Freund von Kinderkunst machen & Mrs. Welch zu einer anglokatholischen Faschistin, die mit Welch ewig in Streitigkeiten über die Wichtigkeit usw. von Kindern verstrickt ist.

Weitere Anmerkungen: Stimmst Du der schwarzen Dekade zu?

Stimmst Du zu, G-S zum neuen Liebhaber Carols zu machen?

Was die Sache mit der zeitlichen Abfolge angeht: Ich denke, vieles *muß* aus Gründen der Motivation dicht gedrängt sein; zum Beispiel darf der Hoteltee nicht zu lange nach dem Ball stattfinden – sie würden nicht warten wollen; und der gesamte 2te Teil (ab dem Sommerball) muß innerhalb von Christines Besuch bei den Welchs stattfinden, und sie muß schließlich zu ihrer Arbeit zurück. Nicht?

Ich denke, das beste bei Veronicas Name wäre es, ihn in Margaret Jones zu ändern; dann könnte ich mich damit vergnügen, sowohl gegen Margaret Ashbury als auch gegen Monica zu sticheln [Monica Jones ist die Freundin von Philip Larkin]. Du sagst Monica, daß ich irgendein entsetzliches Welch-Mädchen beleidige, und ich sage Margaret, daß ich irgendein entsetzliches Mädchen aus Leicester beleidige. Wie wäre es damit? Es ist weiß Gott ein ausreichend häufiger Name.

Wäre es zuviel, Dich zu bitten, schnell das Typoskript zu überfliegen und kleine Randbemerkungen zu allem zu machen, was Dir mißfällt? („Schlechter Stil", „matte Satire", schlechter Dialogabschnitt und so weiter, damit ich nichts davon wieder benutze.)

Nochmals Dank für deine GROSSARTIGE FREUNDLICHKEIT UND GROSS-ZÜGIGKEIT UND GEDULD beim Durchgehen der ganzen Sache ...

KINGSLEY AMIS an Philip Larkin 4. Oktober 1952
Swansea

Danke für Deine Kommentare zu *Dixon*. Die meisten sind berechtigt, vor allem, wenn Du etwas abhakst. Folgendes habe ich nicht verstanden: „Weiß nicht mehr, wie wir deswegen verblieben sind, aber das Verfahren sollte nicht zweimal benutzt werden" – gegen Dixon, der Welch sagt, daß er

KINGSLEY AMIS an Philip Larkin
6. November 1952
tweforgrowupswoglam [24 The Grove,
Uplands, Swansea, Glamorgan]

Mein lieber Philip,

ja, Du hast ganz recht, ich habe mit *The feeling* [zweiter Titel für *Jim im Glück*] neu begonnen, und klar isses meine ganze Zeit, die wo es in Anspruch nimmt. Ich werde Dich nicht damit langweilen, wie ich vorankomme, außer indem ich sage, daß wir die Streitszene erreicht haben („Wer ist Ihr Psychiater?" – „Hören Sie mal, Dixon, wollen Sie eins auf die Nase")·
Die Schwierigkeit ist, daß es so viele „Fäden" gibt (Margaret (sie ist übrigens zu Peel zurückgekehrt), Welch, Johns, Atkinson, Michie, Caton, Bertrand, Christine, Carol), daß der Leser mit jedem Kapitel erwartet, daß jemand umgebracht wird – vermutlich Dixon. Ich habe jetzt einen Mann in einer meiner Klassen, der Dixon heißt; ich liebe es, seine Aufgaben zu korrigieren. Nun Jungchen, Du sollst der erste sein, der alles sieht, wenn es fertig ist, das verspreche ich Dir.

nicht zum Wochenende kommen kann. Du übertreibst (wenngleich ich darauf gefaßt bin, zuzugeben, daß ich in die andere Richtung übertreibe) hinsichtlich Damen, die nicht „Herrgott nochmal!" sagen. Allein unter meinen weiblichen Bekannten hier fallen mir sechs Frauen in ebenso vielen Sekunden ein, die es gewohnt sind, die besagte Wesenheit anzurufen.
„Richtig gegründet" ist eine Formulierung, die von Schotten benutzt wird, deren einer G-S ist. Ich stimme Dir zu hinsichtlich all der peinlichen Sachen, die die jungen Frauen (C und V) sagen. Und daß C eine schreckliche Schlampe ist – ich muß etwas mit ihr machen. Ich habe mich holbtat gelacht über „Bei dieser Sprache wünde ich mich vor Langeweile" – „ja, vielleicht ging es zu weit, aber es ist als die Sprache einer strunzdummen Scheißerin gedacht. Trotzdem v. Dank, daß Du die Sache durchgegangen bist. Was ich jetzt von Dir will, ist alles Material, das ich Dir geschickt habe und das ich haben sollte (wie den Abschnitt mit dem Vorschlag der fruchtlosen London-Träumereien) nebst einer allgemeinen Zustimmung zur letzten Zusammenfassung (ich habe mich tholbat gelacht, als ich „ein Okarinaseptett von P. Racine Fricker" schrieb), und dann kann ich weitermachen. Steck mir diese 2 Erforderlichkeiten bald in einen Umschlag (ach und übrigens hast Du nie gesagt, was Du von dem G-S/Carol-Affären-Vorschlag hältst), während ich mich freue, weiterzumachen.

KINGSLEY AMIS an Philip Larkin   3. März 1953
                                              Swansea

Dixon ist jetzt auf S. 95 der letzen, versandfertigen Fassung. Es wäre nutzlos, sie Dir zu schicken, damit Du sie noch einmal anschaust, es sei denn zu Deiner Unterhaltung, denn das verdammte Ding wird einfach aufhören zu existieren, wenn noch mehr an seiner Struktur herumgefummelt wird. Was ich tun werde, wenn sich die Gelegenheit bietet, ist, Dich dazu zu bringen, das MS durchzugehen und zu sagen, was nicht lustig ist, damit solche Stellen gestrichen werden können und nicht die lesende Öffentlichkeit belästigen. Wenn sich die Gelegenheit nicht bietet, d. h. wenn kein Schwein es haben will, dann werde ich Dir beide Fassungen schicken und Du kannst Dir meinetwegen den Arsch damit abwischen.

KINGSLEY AMIS an Philip Larkin   30. März 1953
                                              Swansea

Mein lieber Philip,
Na, mein alter Bandolero, ich habe just in diesem Moment meine Arbeit an diesem Dickson-Ding beendet, so daß es fix und fertig für den Versand an eine Menge Männer ist, die eine gute Sache nicht erkennen, wenn sie sie sehen, und zur Feier lasse ich Dich die gute Nachricht gleich wissen. (Ich meine die gute Nachricht, daß ich aufgehört habe, meinem Körper durch Maschineschreiben wehzutun, nicht daß Fred Cape oder Jack Heinemann auf dem Weg hierher ist, um einen Scheck gegen das Typoskript einzutauschen.) Es kommt auf 349 Quartseiten, was ungefähr 87.000 Wörtern entspricht, was eine Menge ist. Ich bin die Reinschrift zum letzten Mal durchgegangen, habe „Starße" in „Straße" geändert und „Chrisitine" in „Christine" und „gmaarouche" in „gamarouche"; das letzte in Wahrheit nicht, ich habe Dir nur ein Bein gestellt; und ich habe „seine Indischer-Bettler-Grimasse" in „seine Evelyn-Waugh-Grimasse" geändert und, ach, viele Kleinigkeiten dieser Art. Das einzige, was ich überhaupt mit Gewißheit über den ferti gerti fertigen Entwurf weiß ist, daß es ein fertiger Entwurf ist; kein, oder fast kein Scheißer wird mich jemals dazu bringen, irgend etwas daran zu machen. Alles andere sollst Du selbst beurteilen.

KINGSLEY AMIS an Philip Larkin   5. Mai 1953
Swansea

Mein lieber Philip,
kein richtiger Brief, das hier („DAS SEHE ICH"), nur eine winzige Nachricht, die besagt, daß Victor Gollancz Ltd, in Covent Garden, *Jim im Glück* angenommen hat. Sie denken, daß es im November herauskommt. Gut, nicht wahr? Es wird Dir gewidmet sein.

KINGSLEY AMIS an Philip Larkin   26. Mai 1953
Swansea

Ich fühle mich ein bißchen leer, nachdem *Jim* jetzt fertig und angenommen ist. In gewisser Weise habe ich das Gefühl, mit dem *Schreiben aufhören zu wollen*, wie ein Mann, der mit einer einzigen Verführung zufrieden ist, weil er bewiesen hat, daß er es kann und Bestätigung suchte, nicht Vergnügen. Nimm das aber nicht zu ernst.

KINGSLEY AMIS an Philip Larkin   9. Juni 1953
24 The Grove, Uplands, Swansea

Mein lieber Philip,
Die Korrekturfahnen für *Jim im Glück* sind angekommen, was schnell von denen war. Ich habe sie schon durchgelesen, mit wachsender Bewunderung. Einige Teile sehen im Druck besser aus. Es gibt auch einige Teile, die schlechter aussehen. Es ist mir schon einige Male in den Sinn gekommen, sie Dir zum Lesen zu schicken, aber wenn Du keine Einwände erhebst, schlage ich vor, zu warten, bis ich Dir ein richtiges Exemplar schicken kann. Es gibt eine schöne Seite in den Fahnen mit nichts auf der Rückseite und bloß WIDMUNG auf der Vorderseite. Ich soll mir vielleicht etwas ausdenken, womit ich sie füllen kann, nicht wahr? Zum ersten Mal habe ich das Gefühl, daß ich ein Buch geschrieben habe, obwohl ich mich bereits an diese Bemerkung von Dir erinnere und sie auch verstehe, daß Du Dich „peinlich berührt und nur schwach interessiert" gefühlt hast angesichts der Vorstellung, daß Dein erster Roman herauskommt. Das ist jetzt lange her. Im Moment kommt mir der Anblick des Epigraphs so komisch vor wie alles im Text.

KINGSLEY AMIS an Philip Larkin   4. – 7. August 1953

Nicht vor dem 9. August einzulösen:

 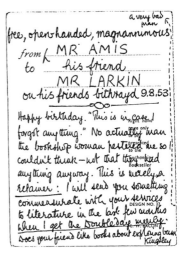

Kingsley

KINGSLEY AMIS an Philip Larkin   22. September 1953
Swansea

Habe ich jemals gesagt, wie sehr es mich gefreut hat, wie sehr Dich J. i. Gl. erfreut hat? Hat es. Ich schätze niemandes Meinung höher als Deine.

PHILIP LARKIN an Patsy Strang   3. Oktober 1953
Samstag
Wohnung 13, 30 Elmwood Avenue, Belfast

Was die Literatur angeht, so scheinen alle Neuigkeiten von Kingsley zu handeln – siehe V. S. Pritchett, der die Tugenden von *Jim im Glück* darlegt, ehe das verdammte Ding überhaupt erschienen ist!

KINGSLEY AMIS an Philip Larkin 26. November 1953
Swansea
Freitag

Ich wünschte, etwas Nettes würde mir widerfahren, wie ein Fick oder das Verkaufen der Filmrechte von *Jim*. Das wäre lustig, oder? Dixon: Alec Guinness. Christine: Gina Lollobrigida. Margaret: Dulcie Grey. Bertrand: Orson Welles. Welch: Boris Karloff. Johns: Peter Lorre. Atkinson: Trevor Howard. Musik von Bruce Montgomery. Drehbuch von Eric Ambler. Regie von Alfred Hitchcock. Nur Luftschlösser, mein Lieber.

KINGSLEY AMIS an Philip Larkin 23. Januar 1954
Swansea

Nett von Dir, daß Du all diese netten Sachen über die Ergebnisse meiner literarischen Freizeitaktivitäten sagst. (Ein anderes nett-von-Resultat kam vor zwei oder drei Tagen: £ 388 von Doubleday – oder habe ich Dir das schon erzählt? Scheint mir, als hätte ich es mal auf die Rückseite eines Umschlags gekritzelt. Nein? Tüti nüti nüt mir jedenfalls leid. Bin vor allem froh, daß *Jim* ausreichend lustig ist. Ich möchte, daß das Buch auch einiges andere ist, aber wenn es nur eines sein kann, dann ist es das, was ich ausgewählt hätte. Ich stimme Dir wegen der Klappe zu, aber insgesamt bin ich ziemlich erleichtert, denn ich weiß ja, wie sie bei VG sein können, und hatte etwas befürchtet wie: „Von bedeutenden Kritikern mit Henry James, Tacitus, Leopard, Schubert, Carter Dickson und Caravaggio verglichen, ist Kingsley Amis' turbulente, urkomische, tränentreibende, schwanzstehende" etc. Ich denke, daß sie einige dumme Leute dazu bringt, das Buch zu kaufen, und kluge Leute, die sich mit Klappentexten und Golly auskennen, sowieso nicht beeinflußt.

PHILIP LARKIN an Patsy Strang 23. Januar 1954
30 Elmwood Ave., Belfast

Kingsley hat das Jahr mit 2 Büchern + einem Baby begonnen: *A frame of mind* (18 Gedichte) ist jetzt für 5/- bei Reading Fine Arts Dept erhältlich & *Jim* im Glück kommt nächste Woche heraus. Das Baby ist ein Mädchen und heißt Sally Myfanwy. Natürlich beschert mir Jim im Glück anhaltende Anfälle brüllenden Gelächters. Der „Klappentext" (der lächerlich lang ist und die gesamte Handlung verrät) endet mit: „Mr. Amis' Humor ist in der Tat universell und hat jedem etwas zu bieten, ob geistig anspruchsvoll, durchschnittlich oder anspruchslos." Das ist ein bißchen dick aufgetragen, aber ich denke, daß das Buch wunderbar und unglaublich komisch ist, mit einer Art von Spontaneität, die den Leser nicht im geringsten ermüdet. *Abgesehen* davon, daß es lustig ist, ist es, denke ich, ein bißchen über-schlicht.

KINGSLEY AMIS an Philip Larkin   19. Februar 1954
                                                              Swansea

Meine Erkältung hat sich jetzt gelegt, aber statt dessen habe ich eine Magenverstimmung. Zumindest sind die Dinge für mich ziemlich gut gelaufen, was Rezensionen angeht und privates und öffentliches Lob von Doctor Edith Sitwell, und Gollancz hat jetzt insgesamt 7500 Stück gedruckt. Verdammt gut, das alles.

KINGSLEY AMIS an Philip Larkin   9. August 1956

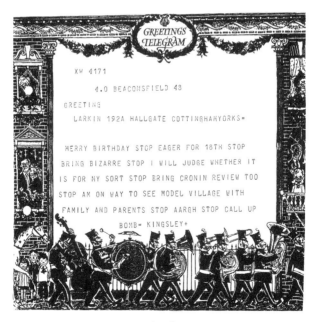

Kingsley

KINGSLEY AMIS an Philip Larkin
27. Dezember 1956
Swansea

Habe ich Dir überhaupt von meinem Film erzählt? In der Öffentlichkeit bin
ich deshalb nichts als Lächeln, aber privat, oho Sir, das ist etwas anderes,
dessen kann ich Euch versichern. Ganz anderes Paar Schuhe, wie? Sie spielen
nämlich die ganze Zeit auf Lacher. Das würde nicht so viel ausmachen,
wenn sie auch wüßten, wie man sie erzeugt. Atkinson ist eine gewaltige
4-Sterne-Katastrophe, Bertrand ist Terry-Thomas, Margaret ist ein kleines,
undeutlich-verhuschtes Ärgernis, für Dixon etwa so wichtig wie der
Anhauch einer Magenverstimmung. Es gibt einen schrecklichen HUND,
der aus dem Nirgendwo hervorgeholt wurde, er ist BERTRANDS HUND,
weißt Du, aber er MAG BERTRAND NICHT, nein, er MAG DIXON, und er
STEHT OFT IM WEG HERUM, und er hilft DEN VORTRAG ZU VERPATZEN,
und wenn Dixon sauer ist, IST ER AUCH SAUER, und er kommt am ENDE
HEREIN, und ganz allgemein TRÄGT ER EINE MENGE zu der allgemeinen
ATMOSPHÄRE VON VERRÜCKTHEIT und der allgemeinen ATMOSPHÄRE
KARIKIERTEN HERUMLUNGERNS bei. Es gibt nur einen Platz für den
Schriftsteller in der Filmindustrie: AN MICHAEL BALCONS GROSSEM
DICKEM FETTEM HINTERN HOCHSTARREND. Sei's drum, es ist vermutlich
eine Menge kostenloser Werbung, aber mal ganz abgesehen von dem,
was ich gesagt habe, zieht einen die schlumpige schlampige schlampampige
Urt SCHEISSE Art wie die Dinge gehandhabt werden runter. Hilly und ich
haben fast drei Stunden Stendan Ständer Stunden auf das Autor gewartet,
das uns zum Studio fahren sollte, die Schauspieler halten sich nur ungefähr
an das Drehbuch und niemand bemerkt es, nette kleine Details werden
ersonnen, bejubelt, nicht aufgeschrieben, vergessen und so weiter.
Nicht viel anders als wir es uns immer vorgestellt haben, nehme ich an.

PHILIP LARKIN an William Van O'Connor
2. April 1958
Universität Hull, Bibliothek

Der einzige mir nahestehende Kollege in der Gruppe ist Kingsley Amis,
den ich seit 1941 recht gut kenne, wenngleich wir in den letzten fünf Jahren
zwangsläufig weniger Zeit füreinander hatten. Unsere Verbundenheit ist
nicht ganz leicht zu erklären, da ich nicht denke, daß wir viele künstlerische
Ziele teilen, aber wir stimmen üblicherweise darin überein, welche Dinge
wir komisch oder lächerlich finden. Sicherlich haben Sie bemerkt, daß
Jim im Glück mir gewidmet ist, was unser Verhältnis ziemlich gut

dokumentiert und einer Zeit des intensiven Austauschs von Späßen kurz nach dem Krieg gedenkt.

PHILIP LARKIN an Kingsley Amis 27. März 1983
105 Newland Park, Hull HU5 2DT

Ein unbekanntes Paar von Irren hat eine Jahresoption auf die Filmrechte von JILL erworben. Kennste die? Nehme an, Du hast Umgang ZURÜCK INS GLIED DER MANN mit allen Arten von interessanten Leuten wie diesen. Mache mich darauf gefaßt, daß die ganze Sache auf irgendeinen Mann-von-historischer-Bedeutung-Campus versetzt wird, mit Crouch als Stecher von Elisabeth, und so weiter.

PHILIP LARKIN an Robert Conquest 13. Juli 1984
105 Newland Park, Hull HU5 2DT

Habe gerade noch einmal *Jim im Glück* gelesen, um zu sehen, wie sich das Buch macht: nach einem etwas zähen Anfang VERDAMMT LUSTIG und ziemlich bewegend und aufregend, obwohl ich mich erinnere, daß Bruce die zwei Flaschen Aspirin, oder was es war, aus der Detektivclub-Perspektive für unbrauchbar erklärt hat. Trotzdem: Respekt für den Mann; gut zu wissen, daß er immer noch unter uns ist und munter um sich schlägt.

„Jim im Glück ist ein klassischer komischer Roman, ein folgenreicher Campus-Roman, und der Roman der 50er Jahre. Meine Romane über das Universitätsleben sind diesem Vorbild tief verpflichtet." *David Lodge*

Kingsley Amis

Philip Larkin – Ferien in Schottland

„Ich habe mich besonders über den Shakespeare-Preis gefreut, weil er 1976 Philip Larkin verliehen wurde, dem besten englischen Lyriker der zweiten Hälfte des zwanzigsten Jahrhunderts, einen Dichter, den ich immer wieder lese und den ich um seiner Gedankentiefe, seines Humors und seiner tiefempfundenen Melancholie willen verehre." *Julian Barnes*

Englische- & Weltgeschichte

KINGSLEY AMIS

1922 Wahlsieg der Konservativen, Regierung unter Andrew Bonar Law. Gründung des PEN-Clubs in London.
Bürgerkrieg in Irland, das 1920 von Großbritannien unabhängig geworden ist.
Italien wird unter Mussolini der erste faschistische Staat in Europa.
Literatur-Nobelpreis an Jacinto Benavente.

Am 16. April wird Kingsley William Amis in Clapham im Süden Londons geboren. Einziges Kind von William Robert Amis, Büro-Angestellter beim Senf-Hersteller Coleman, und seiner Frau Rosa Annie Lucas (Peggy).

1923 Stanley Baldwin (Tory) neuer Premierminister.
Britische Dominien werden de facto souverän.
Französische Truppen besetzen das Ruhrgebiet.
Literatur-Nobelpreis an W. B. Yeats.

1924 Wahlsieg der Labour-Party. Die erste Labour-Regierung unter James Ramsey Macdonald bleibt 11 Monate im Amt.
† Lenin. Beginn der Stalin-Herrschaft in der UdSSR.
Großbritannien erkennt die Sowjetunion an. Zweite Tory-Regierung unter Baldwin.
Literatur-Nobelpreis an Wladyslaw Reymond.

1925 Literatur-Nobelpreis an G. B. Shaw.

1926 Generalstreik der Bergarbeiter. Niederlage der Gewerkschaften.
Literatur-Nobelpreis an Graza Deledda.

1927 Gewerkschaftsgesetz schränkt das Streikrecht ein.
Abbruch der diplomatischen Beziehungen zur UdSSR.
T. S. Eliot, der amerikanische Dichter und spätere Verleger Philip Larkins, wird britischer Staatsbürger.
Literatur-Nobelpreis an Henri Bergson.

Besuch der St. Hilda Volksschule. Erste Verse und Prosa: Ein 90 Zeilen Gedicht in Blankversen über ein Wunder der Heiligen Sophia und eine Geschichte *Das Heilige Nashorn von Uganda*.

CHRONIK
PHILIP LARKIN

Am 9. August wird Philip Arthur Larkin in Coventry geboren.
Zweites Kind und einziger Sohn von Eva Emily und Sydney Larkin,
City Treasurer of Coventry; eine ältere Schwester: Catherine ("Kitty").

Englische- & Weltliteratur
& etwas Jazz

1922

Katherine Mansfield, The Garden-Party
James Joyce, Ulysses
George Frazer, The Golden Bou
T. S. Eliot, The Waste Land
Sinclair Lewis, Babbit

1923

Katherine Mansfield, The Dove's Nest and other Stories
D. H. Lawrence, The Fox
Sean O'Casey, The Shadow of a Gunman
G. B. Shaw, Saint Joan
R. M. Rilke, Duineser Elegien

1924

Katherine Mansfield, Something Childish and other Stories
Herman Melville, Billy Budd
E. M. Forster, A Passage to India
Ronald Firbank, Prancing Nigger
Ford Madox Ford, Some Do Not
Thomas Mann, Der Zauberberg

1925

Virginia Wolfe, The Common Reader
F. Scott Fitzgerald, The Great Gatsby
Adolf Hitler, Mein Kampf
Franz Kafka, Der Prozeß

1926

T. E. Lawrence, The Seven Pillars of Widom
Ronald Firbank, Concerning the Eccentricities of Cardinal Pirelli
Lady Cynthia Asquith, The Ghost Book
Ernest Hemingway, The Sun Also Rises
Thomas Mann, Unordnung und frühes Leid

1927

E. M. Forster, Aspects of the Novel
Walter de la Mare, Stuff and Nonsense
Thornton Wilder, The Bridge of San Louis Rey
Hermann Hesse, Der Steppenwolf
Louis Armstrong & His Hot Seven, Hotter Than That
Duke Ellington, Black and Tan Fantasy

1929	Großer Wahlsieg der Labour Party. Zweite Regierung unter Macdonald. 24. Oktober: Black Friday. Ausbruch der Weltwirtschaftskrise. Massenarbeitslosigkeit in Amerika und Europa. Literatur-Nobelpreis an Thomas Mann.
1930	Aufstände in Indien gegen die britische Kolonialherrschaft. Literatur-Nobelpreis an Sinclair Lewis.
1931	Koalitionsregierung unter Macdonald.
1932	Literatur-Nobelpreis an John Galsworthy. Nach einem 5-Shilling-Stadt-Rundflug in einem Sport-Flugzeug vom Croydon Aerodrome hat Amis bis zum Ende seines Lebens nie wieder ein Flugzeug betreten.
1933	»Schwarzhemden«: Britische Faschisten-Bewegung unter Sir Oswald Mosley. Adolf Hitler wird zum deutschen Reichskanzler ernannt.

1928

D. H. Lawrence, *Lady Chatterley's Lover*
Aldous Huxley, *Point Counter Point*
Virginia Woolf, *Orlando*
William Faulkner, *The Sound and the Fury*
E.B.White & James Thurber, *Is Sex Necessary?*
Walt Disneys erste Mickey-Mouse-Filme
George Gershwin, *An American in Paris*
Bert Brecht & Kurt Weill, *Die Dreigroschenoper*

1929

John Cowper Powys, *Wolf Solent*
Arthur Conan Doyle, *Our African Winter*
G. K. Chesterton, *The Father Brown Stories*
Julien Green, *Leviathan*
Dashiell Hammett, *The Maltese Falcon*
Ernest Hemingway, *Farewell to the Arms*
Erich Maria Remarque, *Im Westen nichts Neues*
Alfred Döblin, *Berlin Alexanderplatz*

1930

W. H. Auden, *The Poems*
Somerset Maugham, *Cakes and Ale*
Sigmund Freud, *Das Unbehagen in der Kultur*
José Ortega y Gasset, *Aufstand der Massen*
Robert Musil, *Der Mann ohne Eigenschaften*
Carl Zuckmayer, *Der Hauptmann von Köpenick*
Duke Ellington, *Mood Indigo*

1930 – 1940 Besuch der King-Henry-VIII.-School in Coventry.

1931

Eugene O'Neill, *Mourning Becomes Electra*
Charlie Chaplin, *City Lights*
Liam O'Flaherty, *I Went to Russia*
Erich Kästner, *Fabian*

1932

Aldous Huxley, *Brave New World*
Erskine Caldwell, *Tobacco Road*
William Faulkner, *Light in August*
Dashiell Hammett, *The Glass Key*
Frank O'Connor, *The Saint and Mary Kate*
Hans Fallada, *Kleiner Mann – was nun?*

1933

George Orwell, *Down and out in Paris and London*
Albert Einstein & Sigmund Freud, *Warum Krieg?*
Gertrude Stein, *The Autobiography of Alice B. Toklas*

Erste Veröffentlichung im Schulmagazin "The Coventrian".

	F. D. Roosevelt wird zum Präsidenten der USA gewählt. »Der lange Marsch« Mao Tse Tungs in China. Literatur-Nobelpreis an Iwan Bunin.	
1934	Literatur-Nobelpreis an Luigi Pirandello.	Besuch der City of London School.
1935	Koalitionsregierung unter Stanley Baldwin. Deutsch-britisches Flottenabkommen. Friedens-Nobelpreis an Carl von Ossietzky.	Stipendium für die City of London School.
1936	Abdankung Edward VIII. sein Bruder George VI. wird König von England. Strikte britische Neutralität im Spanischen Bürgerkrieg – bis 1939. Die Faschisten unter Franco werden von der deutschen »Legion Condor« und italienischen Truppen unterstützt. Das Amt des britischen Generalgouverneurs für Irland wird abgeschafft. Internationale Olympiade in Berlin. Wiederwahl Roosevelts in den USA. Literatur-Nobelpreis an Eugene O'Neill.	
1937	Rücktritt Baldwins, Neville Chamberlain wird Premierminister. Außenminister Lord Halifax besucht Hitler. Neue Verfassung für Indien ratifiziert. Japan erobert und besetzt China und Korea. Literatur-Nobelpreis an Roger Martin du Gard.	
1938	Chamberlain besucht Hitler in Berchtesgaden und Bad Godesberg. Anschluß Österreichs an das Großdeutsche Reich. Panik in den USA nach Orson Welles' Hörspiel nach H. G. Wells' *War of the Worlds*. Literatur-Nobelpreis an Pearl S. Buck.	

1936 – 1937 Deutschland-Besuche mit dem Vater in Königswinter, Wernigerode und Bad Kreuznach.

1934

Nathanael West, *Miss Lonelyhearts*
Federico García Lorca, *Die Bluthochzeit*
Thomas Mann, *Joseph und seine Brüder* – Tetralogie bis 1943
Duke Ellington, *Drop me off in Harlem*

Dylan Thomas, *Poems*
Robert Graves, *I Claudius*
Henry Miller, *Tropic of Cancer*
F. Scott Fitzgerald, *Tender Is the Night*
William Saroyan, *The Daring Young Man on the Flying Trapeze*
Ella Fitzgerald & Chick Webb, *A Tisket, a Tasket*

1935

T. S. Eliot, *Murder in the Cathedral*
George Santayana, *The Last Puritan*
George Gershwin, *Porgy & Bess*

1936

Evelyn Waugh, *Mr. Loveday's Little Outing*
Margaret Mitchell, *Gone with the Wind*
Djuna Barnes, *Nightwood*
John Dos Passos, *The Big Money*
Upton Sinclair, *Coop*
Charlie Chaplin, *Modern Times*

1937

George Orwell, *The Road to Wigan Pier*
Liam O'Flaherty, *Famine*
Ernest Hemingway, *To Have and Have Not*
John Steinbeck, *Of Mice and Men*
Lord Dunsany, *My Ireland*
Eric Partridge, *Dictionary of Slang and Unconventional English*
Count Basie & His Orchestra, *One o'Clock Jump*
Duke Ellington & His Orchestra, *Crescendo & Diminuendo in Blue*

1938

George Orwell, *Homage to Catalonia*
Samuel Beckett, *Murphy*
Walter de la Mare, *Stories, Essays and Poems*
Richard Wright, *Uncle Tom's Children*
Elizabeth Bowen, *The Death of the Heart*
Bert Brecht, *Furcht und Elend des Dritten Reiches*
Benny Goodman, *The Carnegie Hall Concert*

1939	Deutscher Überfall auf Polen. Kriegserklärung Englands und Frankreichs an Deutschland. Zweiter Weltkrieg – bis 1945.	Die City of London School wird evakuiert und ins Marborough College nach Wiltshire verlegt.
1940	Rücktritt Chamberlains. Winston Churchill (Tory) wird Premierminister; Clemens Richard Attlee (Labour) Stellvertreter. F. D. Roosevelt zum dritten Mal Präsident der USA.	Familie Amis zieht von Norbury nach Berkhamsted in Hertfordshire in Pendel-Entfernung von London.
1941	Japanischer Angriff auf Pearl Harbour. Kriegserklärung Japans und Deutschlands an die USA. Deutscher Überfall auf die Sowjetunion. Hongkong kapituliert.	Im April Eintritt als Stipendiat ins St. John's College der Universität Oxford. Studium der englischen Sprache und Literatur. In der ersten Woche erste Begegnung mit Philip Larkin. Im Juni Eintritt in die Kommunistische Partei.
1942	Singapur kapituliert.	Im Juli zur Armee. Zwei Monate Grundausbildung in Yorkshire; als Offizier-Anwärter zu den Fernmeldetruppen nach Catterick. Nach 26-monatiger Spezialausbildung als Second Lieutenant bei den Southern Commands Signals bei Salisbury stationiert.
1943	Casablanca-Konferenz: Churchill, Roosevelt und Stalin fordern die bedingungslose Kapitulation Deutschlands und Japans.	Nach High Wycombe, Buckinghamshire. Affäre mit der verheirateten Elisabeth Anne Simpson. Im November in Headington Hall in Oxford zum Hauptquartier der Zweiten Armee.
1944	20 Juli: Mißlungenes Attentat auf Hitler. F. D. Roosevelt zum 4. Mal Präsident der USA; Vize: Harry Truman. Landung der Briten und Amerikaner in der Normandie und auf Sizilien. Literatur-Nobelpreis an Johannes Wilhelm Jensen.	Am 30. Juni mit der zweiten Armee Landung in der Normandie; fünf Monate in Sonnis in Belgien. Beginn des ersten unvollendeten Romans Who Else is Rank mit Frank Coles. Im November Beförderung zum Leutnant.

1939

Klassenfahrt nach Belgien.

Christopher Isherwood, *Goodbye to Berlin*
James Joyce, *Finnegans Wake*
Flann O'Brien, *At Swim-Two-Birds*
Elliot Paul, *The Mysterious Mickey Finn*
Eric Ambler, *The Mask of Dimitrios*
Raymond Chandler, *The Big Sleep*
John Steinbeck, *The Grapes of Wrath*
Thomas Mann, *Lotte in Weimar*
Anna Seghers, *Das siebte Kreuz*

1940

1940 – 1943 Studium der Englischen Sprache und Literatur am St. John's College der Universität Oxford.

Graham Greene, *The Power and the Glory*
George Orwell, *Inside the Whale*
Dylan Thomas, *A Portrait of the Artist as a Young Pig*
Ernest Hemingway, *To Whom the Bell Tolls*
Carson McCullers, *The Heart Is a Lonely Hunter*
Bert Brecht, *Der gute Mensch von Sezuan*
Louis Armstong & Sidney Bechet, *Perdido Street Blues*

1941

Erste Gedichtveröffentlichung im Studentenmagazin "Cherwell".
Erste Begegnung mit Kingsley Amis und Bruce Montgomery, der als Edmund Crispin seinen Roman *The Moving Toyshop* Philip Larkin widmet.

F. Scott Fitzgerald, *The Last Tycoon*
Duke Ellington & His Orchestra, *Take the A Train*

1942

Bei der Musterung als untauglich für den Militärdienst befunden.

William Saroyan, *Human Comedy*
Langston Hughes, *Shakespeare in Harlem*
William Faulkner, *Go Down, Moses*
Bert Brecht, *Galileo Galilei*
Klaus Mann, *Der Wendepunkt*

1943

Hört im University English Club erstmals Gedichte von W. B. Yeats.
Studienabschluß summa cum laude. Nach zwei vergeblichen Bewerbungen um eine Anstellung im Staatsdienst im Dezember Ernennung zum Bibliothekar der öffentlichen Bibliothek Wellington, Shropshire.
Schreibt *Trouble at Willow Gables*. Beginnt *Jill*.

Raymond Chandler, *The Lady in the Lake*
William Saroyan, *The Human Comedy*
Hermann Hesse, *Das Glasperlenspiel*
Fats Waller, *Ain't Misbehavin*

1944

Vollendet *Jill* im Winter. Komponiert seine erste Gedicht-Sammlung.

Tennessee Williams, *The Glass Menagerie*
Somerset Maugham, *The Razor's Edge*

1945	† F. D. Roosevelt. Henry Truman wird 33. Präsident der USA – bis 1953 9. Mai: Kapitulation Deutschlands. Die erste Wahl im UK nach dem Sieg bringt einen Sieg der Labour Party. Atombomben auf Hiroshima und Nagasaki. Kapitulation Japans. Gründung der UNO in San Francisco. Literatur-Nobelpreis an Gabriela Mistral.	Am 22. Mai Kriegsende. Stationierung in Minden in Westfalen. Am 22. August begrüßt ihn ein Brief von Philip Larkin zurück in England. Nach der Ausmusterung im Oktober wieder zum Studium nach Oxford.
1946	Clement Atlee wird Premierminister. Umgestaltung Großbritanniens zum Sozialstaat. Versicherung gesetzlich geregelt: Ärztliche Behandlung ist frei für Alle. Die Bank of England und die Kohle-Förderung werden verstaatlicht. Nürnberger Prozesse. Literatur-Nobelpreis an Hermann Hesse.	Erste Begegnung mit Hilary "Hilly" Bardwell, seiner späteren ersten Frau und Mutter seiner Söhne Philip und Martin und der Tochter Sally. Ein Aufenthalt bei Philip Larkin an der Universität Leicester inspiriert ihn zu *Lucky Jim*.
1947	Wirtschaftskrise in Großbritannien. Marshall-Plan der USA für Europa verhindert den Staatsbankrott. Gewaltloser Widerstand unter Mahatma Ghandi: Ende der britischen Kolonialherrschaft in Indien und Pakistan. Pandit Neruh erster indischer Premierminister. Literatur-Nobelpreis an André Gide.	Als erste Veröffentlichung erscheint der Gedichtband *Bright November*. Abschluß des Studiums summa cum laude. Arbeit an einer Dissertation über *English Non-Dramatic Poetry 1850 – 1900 and the Victorian Reading Public*.
1948	Gründung des Staates Israel auf Britischem Mandatsgebiet. Burma wird souverän, Ceylon bleibt Dominion. Beginn des Kalten Krieges. Berlin-Blockade. Ende des britischen Kontrollrats in Deutschland. Literatur-Nobelpreis an T. S. Eliot.	Am 21. Januar Heirat mit Hilly, Einzimmer-Wohnung in Oxford. Am 15. August wird Sohn Philip geboren. Pate: Philip Larkin. Vollendet seinen ersten Roman *The Legacy*, der nie erscheint.
1949	Mao Tse Tung ruft die Volksrepublik China aus. Gründung der NATO in Washington. Bonner Grundgesetz. Erste Bundestagswahl in Deutschland. Konrad Adenauer wird erster Bundeskanzler; CDU bleibt bis 1969 Regierungspartei. Literatur-Nobelpreis an William Faulkner.	Longmans und andere Verlage lehnen *The Legacy* ab. Am 25. August wird Sohn Martin geboren. Im Oktober Anstellung als Literatur-Dozent am University College of Swansea.

Als erste Veröffentlichung erscheint der Gedichtband The North Ship bei der Fortune Press. Vollendet im Sommer seinen zweiten Roman A Girl in Winter (ursprünglicher Titel: The Kingdom of Winter).

Aldous Huxley, Time Must Have a Stop
Evelyn Waugh, Brideshead Revisited
George Orwell, Animal Farm
Philip Larkin, The North Ship
J. B. Priestley, An Inspector Calls
H. L. Mencken, The American Language
Charlie Parker & Dizzy Gillespie, The Birth of Modern Jazz

1945

Ernennung zum Assitenzbibliothekar am University College of Leicester.
Erste Begegnung mit seiner lebenslangen Freundin Monica Jones, dem späteren Vorbild der Margaret in Amis' Lucky Jim.
Im Oktober erscheint Jill bei der Fortune Press.

Philip Larkin, Jill
Edmund Crispin, The Moving Toyshop
Antoine de Saint-Exupéry, Der kleine Prinz

1946

Im Februar erscheint A Girl in Winter bei Faber & Faber, London.
Seine neue Gedichtsammlung In the Grip of Light übergibt er der Literary Agency A. P. Watt.

Philip Larkin, A Girl in Winter
Tennessee Williams, A Streetcar named Desire
Malcolm Lowry, Under the Vulcano
Thomas Mann, Doktor Faustus
Heinrich Mann, Ein Zeitalter wird besichtigt
Gottfried Benn, Statische Gedichte
Wolfgang Borchert, Draußen vor der Tür
Albert Camus, Die Pest
Louis Armstrong & His All Stars, The Boston Town Hall Concert

1947

Am 26. März stirbt sein Vater Sydney Larkin.
Die Verlage Faber & Faber (Larkins späterer Hausverlag), Methuen, John Lane, J. M. Dent und John Lehmann lehnen In the Grip of Light ab.

George Orwell, 1984
Graham Greene, The Heart of the Matter
W. H. Auden, The Age of Anxiety
Norman Mailer, The Naked and the Dead
Ezra Pound, The Pisan Cantos
Count Basie, Swinging the Blues
Humphrey Littleton & His First Band at Leicester Square Jazz Club

1948

Ivy Compton-Burnett, Two Worlds and their Ways
Patrica Highsmith, Strangers on a Train
Raymond Chandler, The Little Sister
Arthur Miller, Death of a Salesman
Henry Miller, Sexus
Arno Schmidt, Leviathan

1949

1950 Korea-Krieg.
Literatur-Nobelpreis an Bertrand Russell.

Beginnt im Februar den Roman *Lucky Jim* (Arbeitstitel: *D & C: Dixon and Christine*).
Vollendet seine Dissertation, mit der er beim Rigorosum scheitert.
Schreibt Libretti für zwei Opern von Bruce Montgomery, der sich als Autor Edmund Crispin nennt.

1951 Winston Churchill wird nach knappem Wahlsieg erneut Premierminister.
Reprivatisierungsprogramm.
Festival of Britain.
Literatur-Nobelpreis an Per Lagerkvist.

Im Februar erbt Hilly, sie kaufen ein Haus in Swansea, The Grove 24; erstes eigenes Arbeitszimmer für Kingsley. Im April Besuch bei Larkin in Belfast, dem er im November die Vollendung von D & C ankündigt.

1952 † George VI.
Seine älteste Tochter Elisabeth II. wird Königin von England.
General Dwight D. Eisenhower wird Präsident der USA; Richard Nixon Vize.
Intellektuellenjagd unter Innensenator Joseph McCarthy gegen »unamerikanische Umtriebe«.
Literatur-Nobelpreis an François Mauriac.

1953 † Stalin
17. Juni: Aufstand in Ost-Berlin.
Literatur-Nobelpreis an Winston Churchill.

Im April erste Rundfunk-Lesungen aus *Lucky Jim*. Verlagsvertrag mit Victor Gollancz, der die US-Rechte an Doubleday verkauft.

1954 Literatur-Nobelpreis an Ernest Hemingway.

Am 17. Januar wird Tochter Sally Myfanwy geboren.
Am 25. Januar erscheint *Lucky Jim*, Mitte Februar liegt die 4., bis Ende Jahr die 12. Auflage vor und sind die Filmrechte verkauft.

1955 Rücktritt Churchills.
Anthony Eden wird Premierminister.
Einwanderungswelle aus der Karibik nach Großbritannien.

Im März Somerset Maugham Award für *Lucky Jim*. Am 17. Juli Polemik in einer "Spectator"-Sondernummer gegen populäre Reiseschriftsteller: *Is the Travel-Book dead?*

Ernennung zum Assitenzbibliothekar an der Queen's University in Belfast.

Im April erscheinen XX Poems als Privatdruck in Belfast. Wohnung auf dem Campus der Universität. Bekannt- und Freundschaft mit vielen Dozenten, darunter dem für Philosophie, Colin Strang, und dessen Frau Patsy.

Im Mai Ausflug mit Bruce Montgomery nach Paris.

Seine Gedichte werden erstmals in der BBC vorgetragen; erscheinen erstmals im "Spectator" und in der Anthologie Springtime.

Veröffentlicht im März Fantasy Poets No. 21 (a pamphlet of five poems) bei der Fantasy Press, Oxford. Im Sommer erste Gedicht-Veröffentlichung in "Listen". Vertrag mit der Marvell Press für den Gedichtband The Less Deceived.

Ernennung zum Chefbibliothekar an der University Hull, was er bis zu seinem Tode bleibt. Wohnung in der Universität, Pearson Park 32. The Less Deceived erscheint im November bei der Marvell Press, Hull.

1950

Graham Greene, The Third Man
T. S. Eliot, The Cocktail Party
Langston Hughes, Simple Speaks His Mind

1951

Anthony Powell, A Dance to the Music of Time – bis 1975
Doris Lessing, This was the Old Chief's Country
J. D. Salinger, The Catcher in the Rye
James Jones, From Here to Eternity
Ray Bradbury, Fahrenheit 451
Thomas Mann, Der Erwählte
Simone de Beauvoir, Das andere Geschlecht

1952

Samuel Beckett, Waiting for Godot
Ernest Hemingway, The Old Man and the Sea
Philip K. Dick, Beyond Lies the Wub
Lord Dunsany, The Little Tales of Smetters
Wolfgang Hildesheimer, Lieblose Legenden

1953

Evelyn Waugh, Love Among the Ruins
Alfred Kinsey, Sexual behaviour in the human female
Raymond Chandler, The Long Goodbye
Ian Fleming, Casino Royal
Arno Schmidt, Die Umsiedler
Wolfgang Hildesheimer, Paradies der falschen Vögel

1954

Kingsley Amis, Lucky Jim
Iris Murdoch, Under the Net
William Golding, Lord of the Flies
Dylor. Thomas, Under Milkwood
Aldous Huxley, The Doors of Perception
Tennessee Williams, Cat on the Hot Tin Roof
Ian Fleming, Life and Let Die
Humphrey Littleton, I Play As I Please
Louis Armstong plays W. C. Handy

1955

Philip Larkin, The Less Deceived
Kingsley Amis, That Uncertain Thing
Vladimir Nabokov, Lolita

	BRD wird souverän. Eintritt in die NATO. Beitritt der DDR zum Warschauer Pakt. Literatur-Nobelpreis an Halldór Laxness.	Im August zweiter Roman bei Gollancz: *That Uncertain Feeling*.
1956	Ägypten verstaatlicht den Suezkanal. Militärische Intervention Englands und Frankreichs. Aufstand in Ungarn. KPD-Verbot in der BRD. Wiederwahl Eisenhowers als Präsident der USA; Nixon bleibt Vize. Literatur-Nobelpreis an Juan Ramón Jiménez.	Veröffentlicht *A Case of Samples: Poems 1946–1956*. Gibt *Oscar Wilde: Poems & Essays* heraus. Bespricht Jazz-Platten für den "Observer". Während des Ungarn-Aufstands Konvertierung zum glühenden Anti-Kommunismus.
1957	Rücktritt Edens. Harold Macmillan wird Premierminister. "Wolfenden Report" zur Lage der Homosexualität und Prostitution in Großbritannien. Abschaffung der Todesstrafe. Sputnik, erster Satellit der UdSSR. Gründung der Europäischen Wirtschaftsgemeinschaft EWG ohne Beteiligung Englands. Literatur-Nobelpreis an Albert Camus.	*Lucky Jim* – Der Film startet mit Ian Carmichael als Jim; der Schöpfer des Romans ist nicht zufrieden. Im März Tod der Mutter nach einem Schlaganfall. Der Vater zieht zur Familie nach Swansea. Hörspiel für die BBC: *Touch and Go*. Streitschrift für die Fabian Society: *Socialism and the Intellectuals*.
1958	England wird Atom-Macht. Zahlreiche Kolonien in Afrika werden unabhängig. Literatur-Nobelpreis an Boris Pasternak.	Ruf als Visiting Fellow in Creative Writing an die Princeton University, New Jersey. Im September Überfahrt mit Familie und Vater auf der "Queen Elizabeth"; wohnhaft Princeton, Edgerstoune Road 271. Dritter Roman bei Gollancz: *I Like It Here*. Kolumne für "Esquire": *The Art of the Cinema*. Diskussion mit Jack Kerouac u. a. Autoren der Beat-Generation in New York.
1959		Im Juli Rückkehr auf der Liberté nach England.
1960	Macmillans Rede "Wind of Chance". Austritt Südafrikas aus dem Commonwealth. Literatur-Nobelpreis an Saint-John Perse.	Veröffentlicht *New Maps of Hell: A Survey of Science Fiction*. Vierter Roman: *Take a Girl Like You* bei Gollancz. Bespricht SF-Neuerscheinungen für den "Observer".

Im Januar erscheint in Tokio *Poets of the 1950s*, herausgegeben von D. J. Enright, mit acht Larkin-Gedichten. *New Lines*, herausgegeben von Robert Conquest, erscheint mit neun Larkin-Gedichten bei Macmillan, London.

J. R. R. Tolkien, *Lord of the Rings*
Lawrence Ferlinghetti, *A Coney Island on the Mind*
Angus Wilson, *Anglo-Saxon Attitudes*
Gore Vidal, *Visit to a Small Planet*
Arno Schmidt, *Das steinerne Herz*
Friedrich Dürrenmatt, *Der Besuch der alten Dame*
Bill Haley & His Comets, *Rock Around the Clock*

__1956__

John Osborne, *Look Back in Anger*
Harold Pinter, *The Birthday Party*
Jack Kerouac, *On the Road*
Arno Schmidt, *Die Gelehrtenrepublik*
Alfred Andersch, *Sansibar oder der letzte Grund*
Ella Fitzgerald & Louis Armstrong, *Ella & Louis*
Elvis Presley, *Jailhouse Rock*

__1957__

Alan Sillitoe, *Saturday Night and Sunday Morning*
Samuel Beckett, *Krapp's Last Stand*
Graham Greene, *Our Man in Havanna*
Ian Fleming, *Doctor No*
Duke Ellington & Mahalia Jackson, *Black Brown & Beige*
Louis Armstrong & His All Stars & Sy Oliver Choir, *Louis and the Good Book*

__1958__

Alan Sillitoe, *The Loneliness of the Long-Distance Runner*
Muriel Spark, *Memento mori*
Ian Fleming, *Goldfinger*
Arnold Wesker, *Roots*
Saul Bellow, *The Rainbow King*
Günter Grass, *Die Blechtrommel*

__1959__

Freundschaft mit der Bibliotheks-Kollegin Maeve Brennon. Sie schildert Larkin als zuvorkommend, leidenschaftlich, großzügig, ein Mann von Charme und Feinfühligkeit, witzig, geistreich und sehr komisch. Sie kann ihn in dem verbreiteten Bild vom trüben Miesepeter nicht erkennen.

Kingsley Amis, *Take A Girl Like You*
Edna O'Brien, *The Country Girl*
John Betjeman, *Summond by Bells*
John Updike, *Rabbit, Run*
Erster Auftritt der Beatles im Indra Club in Hamburg

__1960__

1961	John F. Kennedy wird 35. Präsident der USA; Lyndon B. Johnson Vize. Bau der Berliner Mauer. Literatur-Nobelpreis an Ivo Andric.	Im April Fellowship on English at Peterhouse, Cambridge. Nachzug der Familie in die Madingley Road 9.
1962	Commonwealth Immigrants-Act soll die Einwanderung aus den Kolonien beschränken. Kuba-Krise. Literatur-Nobelpreis an John Steinbeck.	
1963	† Präsident Kennedy (ermordet). Lyndon Johnson wird 36. Präsident. Profumo-Skandal. Macmillan tritt zurück. Alec Douglas-Home wird Premierminister. EWG-Beitritt scheitert am Einspruch Frankreichs. Literatur-Nobelpreis an Giorgos Seferis. *Lady Chatterley's Lover* in England freigegeben.	Im August Ferien auf Mallorca. Begegnung mit Robert Graves. Uraufführung der Filmfassung *That Uncertain Feeling* von Peter Sellers in der Hauptrolle. Verliebt sich am 4. Oktober beim Cheltenham Literatur-Festival zum Thema "Sex in Literature" in die Programmleiterin Elizabeth Jane Howard.
1964	Knapper Labour-Wahlsieg: Harold Wilson wird Premierminister. Friedens-Nobelpreis an Martin Luther King. Jean-Paul Sartre lehnt Literatur-Nobelpreis ab.	Am 18. April stirbt der Vater an Krebs. Hilly erfährt von der Affäre mit Jane und zieht mit den Kindern aus; Kingsley zieht bei Jane in London ein. *One Fat Englishman* erscheint bei Gollancz.
1965	Eskalation des Vietnam-Kriegs. Weltweite Proteste gegen die USA. Literatur-Nobelpreis an Michail Scholochow.	Umzug mit Jane und ihrem Bruder Colin Howard ins Haus Maida Vale 108. Scheidung von Hilly; am 29. Juli Heirat mit Jane; Hilly zieht nach Wivenhoe in Essex, die beiden Jungen ziehen zum Vater, die Tochter kommt ins Internat. *The Egyptologists*, verfaßt mit Robert Conquest, erscheint bei Cape. Veröffentlicht *The Book of Bond, or Every Man His Own 007* unter dem Pseudonym Lt.-Col. William "Bill" Tanner.

1961

Plötzlicher Zusammenbruch, Einlieferung ins Krankenhaus, zunächst in Hull, dann in London.
Regelmäßig Besprechungen neuer Jazz-Platten für den „Daily Telegraph".

Samuel Beckett, Happy Days
P. C. Snow, The Two Cultures
Frank O'Connor, An Only Child
Allen Ginsberg, Kaddish
Joseph Heller, Catch 22
Louis Armstrong & Duke Ellington, The Great Reunion

1962

Veröffentlicht New Lines 2.

Oscar Wilde, The Letters of O. W.
Doris Lessing, The Golden Notebook
Anthony Burgess, Clockwork Orange
Edith Sitwell, The Outcasts
William Burroughs, The Naked Lunch
Edward Albee, Who's Afraid of Virginia Woolf?
Friedrich Dürrenmatt, Die Physiker
Philip K. Dick, The Man in the High Castle

1963

ANNUS MIRABILIS
Geschlechtsverkehr begann
Im Jahre Dreiundsechzig
(Schon ziemlich spät für mich) –
Über Lady Chatterley hob sich der Bann,
Und die Beatles fingen grad an.

John le Carré, The Spy Who Came in from the Cold
Spike Milligan, Puckoon
Edna O'Brien, Girl With Green Eyes
Mary McCarthy, The Group
Robert A. Heinlein, The Door Into Summer
Rolf Hochhuth, Der Stellvertreter
Ella Fitzgerald & Count Basie & Quincy Jones, Ella & Basie
The Beatles, Please Please Me

1964

Der Gedichtband The Whitsun Weddings erscheint bei Faber & Faber.
Jill erscheint in einer durchgesehenen Neuauflage mit einem Vorwort des Autors bei Faber & Faber.

Ian Fleming, You Only Live Twice
Philip Larkin, The Whitsun Weddings
John Osborne, Inadmissible Evidence
Samuel Beckett, How It Is
Joe Orton, Entertaining Mr Sloane
John Lennon, In His Own Write
Otto Jägersberg, Weihrauch und Pumpernickel

1965

Ausgezeichnet mit der Queen's Gold Medal for Poetry und dem Arts Council Triennal Award for Poetry.

Saul Bellow, Herzog
Ian Fleming, The Man With the Golden Gun
Wolfgang Hildesheimer, Tynset
The Rolling Stones, I Can't Get No Satisfaction
John Lennon, A Spaniard in the Works

1966	Auflösung des Unterhauses, Neuwahlen: Sieg Wilsons. England wird Fußballweltmeister. Große Koalition von CDU und SPD in der BRD. Literatur-Nobelpreis an Nelly Sachs.	Reise nach Jamaica. *The Anti-Death League* erscheint bei Gollancz.
1967	Homosexuelle Handlungen bei Erwachsenen in England und Wales nicht länger strafbar. Sechstagekrieg Israels gegen Ägypten, Jordanien und Syrien. Staatsstreich der Obristen in Griechenland. Literatur-Nobelpreis an Miguel Angel Asturias. † Konrad Adenauer	Im Februar stirbt Victor Gollancz. *A Look Round the Estate: Poems 1957–1967* erscheint bei Jonathan Cape, dem neuen Hausverlag. Von Oktober Gast-Professor an der Vanderbilt University, Nashville, Tennesse, bis Januar 1968. Hilly heiratet den Cambridge-Professor David Baily
1968	Richard Nixon wird Präsident der USA. Studentenunruhen in Frankreich, Deutschland und den USA. Notstandsgesetze in Deutschland. † Martin Luther King (ermordet) † Robert Kennedy (ermordet) Literatur-Nobelpreis an Yasunari Kawabata.	Reise mit Jane durch Mexiko. Veröffentlicht als Robert Markheim Colonel Sun, als *KA I Want it Now*. Baily wird Latein-Professor in Ann Arbor, Michigan, wo Hilly den Fish & Chip Shop "Lucky Jim's" eröffnet.
1969	Volljährigkeit und Wahlalter werden in Großbritannien vom 21. auf das 18. Lebensjahr herabgesetzt. Reform des Scheidungsrechts: Vom Schuld- zum Zerrüttungsnachweis. Abbruch der diplomatischen Beziehungen zu Rhodesien. Apollo 11: Die erste Mondlandung. Willy Brandt deutscher Bundeskanzler. Literatur-Nobelpreis an Samuel Beckett.	*The Green Man* erscheint bei Cape.
1970	Wahlsieg der Konservativen: Edward Heath wird Premierminister. Streiks und Proteste gegen die Politik der Energieeinsparungen. Straßenkämpfe in Belfast und Londonderry in Nordirland. Literatur-Nobelpreis an Alexander Solschenizyn.	Die Aufsatz-Sammlung *What Became of Jane Austen? and other Questions* erscheint bei Cape. Hilly trennt sich von Baily und zieht zum Sprachlehrer Alastair Boyd nach Spanien.
1971	Einführung des Dezimalsystems in die britische Währung. Friedens-Nobelpreis an Willy Brandt. Literatur-Nobelpreis an Pablo Neruda.	*Girl 20* erscheint bei Cape; Entstehung des Fernsehspiels *The Importance of Beeing Hairy*. Reise nach Portugal.
1972	Streik der Kumpel gegen Zechenschließungen: "Blutiger Sonntag". Großbritannien wird Mitglied der EWG. Literatur-Nobelpreis an Heinrich Böll.	Am 27. Januar wird Jamie als Sohn von Hilly und Alistair Boyd geboren.

Im September erscheint eine Neuausgabe von *The North Ship* mit einem neuen Vorwort bei Faber & Faber.	Graham Greene, *The Comedians* Tom Stoppard, *Rosencrantz and Guildenstern Are Dead* Edward Bond, *Saved* Peter Handke, *Publikumsbeschimpfung* James Joyce, *The Letters of J.J.*	1966
	Ted Hughes, *Wodwo* Joe Orton, *Loot* Alfred Andersch, *Efraim*	1967
	Arthur C. Clarke & Stanley Kubrick, *2001 – A Space Odyssee* Timothy Leary, *Politics of Ecstasy*	1968
Ehrendoktor der Queen's University, Belfast.	H. W. Auden, *City Without Walls* Joe Orton, *What the Butler Saw* John Fowles, *The French Lieutenants Woman* Monty Python's Flying Circus on BBC Philip Roth, *Portnoy's Complaint* Kurt Vonnegut, *Slaughterhouse Five* Herbert Rosendorfer, *Der Ruinenbaumeister*	1969
Im Februar erscheint *All What Jazz: A Record Diary 1961 – 1968* bei Faber & Faber. Ehrendoktor der University of Leicester.	Kingsley Amis, *The Green Man* Philip Larkin, *All What Jazz* David Mercer, *Flint* John Montague, *A New Siege* Arno Schmidt, *Zettels Traum*	1970
1970 – 71 Zwei Semester Visiting Fellow am All Soul's College, Oxford. Arbeit an *The Oxford Book of Twentieth-Century English Verse*.	John Osborne, *West of Suez*	1971
	Kingsley Amis, *On Drink*	1972

1973	Einführung der verkehrsfreien Wochenenden als Energiesparmaßnahme. Watergate-Skandal um Nixons Wahlkampfpraktiken. Literatur-Nobelpreis an Patrick White.	*The Riverside Villas Murders* und *Wasted*, *Kipling at Bateman's* erscheinen bei Cape. Im Mai einstimmige Aufnahme in den Garrick Club.
1974	Harold Wilson wird erneut Premierminister. Die Inflationsrate in Großbritannien liegt bei 16%. Richard Nixon tritt zurück. Vize Gerald Ford wird 38. Präsident der USA. Türkische Invasion auf Zypern. Sturz der Militär-Junta in Griechenland. Rückkehr Portugals zur Demokratie. Helmut Schmidt wird Bundeskanzler.	Schreibt das Drehbuch der Folge *See what You've Done* für die Fernseh-Krimiserie *Softly, Softly*. Mit Jane in Rom.
1975	Die Inflationsrate liegt bei 25%. Margaret Thatcher wird Vorsitzende der Konservativen Partei. Rückzug aller US-Truppen aus Vietnam. † Generalissimus Franco. Rückkehr Spaniens zur Demokratie unter König Juan Carlos. Literatur-Nobelpreis an Eugenio Montale.	Am 26. März zum Lunch bei der Königin im Buckingham Palace. *Kipling and His World* erscheint bei Thames & Hudson.
1976	Jim Callaghan wird Premierminister. Jimmy Carter wird 39. Präsident der USA. Vollendung der Doppeltürme des World Trade Centers in New York. Literatur-Nobelpreis an Saul Bellow.	*The Alteration* erscheint bei Cape. Er und Jane suchen mehrere Sex-Therapeuten auf.
1977	Schiffs- und Flugzeugbau werden verstaatlicht. Silbernes Jubiläum der Königin Elizabeth. Literatur-Nobelpreis an Vincente Aleixandre.	Hilly heiratet Alaistair Boyd, seit 1975 Lord Kilmarnock, Rückkehr nach London.
1978	Literatur-Nobelpreis an Isaac Bashevis Singer.	*Jake's Thing* erscheint bei Hutchinson, dem neuen Hausverlag. *The New Oxford Book of Light Verse*, chosen by KA, in der Oxford University Press.
1979	Margaret Thatcher wird als erste Frau Premierminister in Großbritannien. Sturz des Schahs von Persien. Der Iran wird islamischer Gottesstaat. Literatur-Nobelpreis an Odysseus Elytis.	*Collected Poems 1944 – 1979* erscheinen bei Hutchinson. Gesteht Philip Larkin "den totalen Verlust der Libido".

1973

The Oxford Book of Twentieth-Century English Verse, chosen by Philip Larkin, erscheint bei der Oxford University Press (Clarendon Press).
Honorary Fellow am St. John's College, Oxford.
Ehrendoktor der University of Warwick.

Philip Larkin (Editor), The Oxford Book of Twentieth Century English Verse
Kingsley Amis, The Riverside Villas Murders
Martin Amis, The Rachel Papers
Kyril Bonfiglioli, Don't Point that Thing at Me
Eckhard Henscheid, Die Vollidioten

1974

Im Juni erscheint der Gedichtband High Windows bei Faber & Faber.
Umzug ins erste eigene Haus Newland Park 105 in Hull.

Philip Larkin, High Windows
John le Carré, Tinker, Tailor, Soldier, Spy
Tom Stoppard, Travesties

1975

Ehrung als CBE (Companion of the British Empire).
A. C. Benson Silver Medal der Royal Society of Literature.
Ehrendoktor der Universität St. Andrews.
Ehrendoktor der Universität of Sussex.
A Girl in Winter erscheint in einer Neuauflage bei Faber & Faber.

David Lodge, Changing Places: A Tale of Two Campuses
Hans Wollschläger, Ulysses-Neuübersetzung
Michael Palin in der Verfilmung Three Men in a Boat

1976

Ausgezeichnet mit dem Shakespeare-Preis der FVS-Stiftung in Hamburg.

Erica Jong, Fear of Flying
Kyril Bonfiglioli, Something Nasty in the Woodshed
Timothy Leary, What Does Women Want?
Kinky Friedman, Asshole from El Paso
Walter E. Richartz, Büroroman

1977

Vorsitzender der Jury für den Booker-Prize.
Am 17. November Tod der Mutter, Eva Larkin.

Martin Amis, Dark Secrets
Eckhard Henscheid, Geht in Ordnung – sowieso – – genau – – –
Hermann Kinder, Der Schleiffrog

1978

Martin Walser, Ein fliehendes Pferd

1979

Ehrung als Companion of Literature der Royal Society of Literature.
Coventry Award of Merit.

Ted Hughes, Moortown
Harold Pinter, Betrayel
Caryl Churchill, Cloud Nine

1980	Über zwei Millionen Arbeitslose in Großbritannien. Literatur-Nobelpreis an Czeslaw Miszloz.	*Russian Hide-and-Seek* erscheint bei Hutchinson. Im April Begegnung mit Mrs. Thatcher bei einem Empfang in der Downing Street 10. Am 13. November verläßt Jane KA mit dem Ultimatum: entweder er gibt den Alkohol auf oder sie kommt nicht zurück.
1981	Ronald Reagan wird 40. Präsident der USA; George Bush sein Vize. Literatur-Nobelpreis an Elias Canetti.	Auf dem Neujahrsempfang der Königin als CBE (Commander of the British Empire) ausgezeichnet. Im Februar reicht Jane die Scheidung ein. "wegen unvernünftigen Verhaltens". Das gemeinsame Haus steht zum Verkauf. Auf Vermittlung von Philip Amis zieht KA bei Lady Hilly und Lord Alastair Kilmarnock und ihrem Sohn Jaime als Untermieter ein.
1982	Krieg um die Falkland-Inseln vor Argentinien. Sturz Helmut Schmidts nach 13 Jahren sozial-liberaler Koalition. Helmut Kohl wird Bundeskanzler der BRD. Literatur-Nobelpreis an Gabriel Garcia Márquez.	Im Januar Umzug mit den Kilmarnocks in ein Haus in Kentish Town, Leighton Road 186. Im März Beinbruch (Schien- & Wadenbein) nach einem Sturz im Badezimmer. Operation und drei Wochen Aufenthalt im Royal Free Hospital. Neun Wochen Hausarrest. Gibt das Rauchen auf und für fast sechs Wochen das Trinken. Beginnt im September die Kolumne *On Drink* im "Observer".
1983	Beginn der Privatisierung von British Telecom, British Airways, British Gas, British Petroleum, British Rail. Literatur-Nobelpreis an William Golding.	Scheidung von Jane. *Every Day Drinking* erscheint bei Hutchinson.
1984	IRA-Angriff während des Parteitags der Konservativen in Brighton. Literatur-Nobelpreis an Jaroslav Seifert.	*How's Your Glass?* erscheint bei Weidenfeld & Nicholson, und *Stanley and the Women*, der erste Roman nach vier Jahren, der längsten Roman-Pause seiner Karriere, bei Hutchinson.
1985	Bergarbeiterstreik endet mit der Niederlage der Gewerkschaften gegen Premierministerin Thatcher. Michail Gorbatschow wird Generalsekretär der KPdSU, Verjüngung der sowjetischen Regierung. Wiederwahl von Präsident Ronald Reagan; George Bush bleibt Vize. Literatur-Nobelpreis an Claude Simon.	Im Juli Umzug mit den Kilmarnocks in die Regent's Park Road. Am 9. Dezember reisen Hilly & Amis zu Philip Larkins Beerdigung nach Hull.

1980

Honorary Fellow der Library Association.

Iris Murdoch, *Nuns and Soldiers*
Kingsley Amis, *Russian Hide and Seek*
John Kennedy Toole, *A Conference of Dunces*

1981

Zum 60. Geburtstag erscheint *Larkin at Sixty*, herausgegeben von Anthony Thwaite, mit Beiträgen von Kingsley Amis, Alan Bennett, John Betjeman, Seamus Heany, Noel Hughes, Andrew Motion u.v.a.
Honorary Professor, University of Hull.

John Osborne, *A Better Class of Person*
Samuel Beckett, *Ohio Impromptu*
Salmar Rushdie, *Midnight's Children*
Wolfgang Hildesheimer, *Marbot*

1982

Die gesammelten Aufsätze, Einleitungen, kleinen Schriften und die zwei einzigen Interviews erscheinen im Sammelband *Required Writing. Miscellaneous Pieces 1955–1982* bei Faber & Faber.
Ehrendoktor der New University of Ulster.
H. Smith Award.

Malcolm Bradbury, *The after Dinner Game*
Caryl Churchill, *Top Girls*
Alan Bleasdale, *Boys from the Black Stuff*
Hans Wollschläger, *Herzgewächse oder der Fall Adams*
Robert Gernhardt, *Ich Ich Ich*
Eckhard Henscheid, *Roßmann, Roßmann...*
Gerhard Mensching, *Love in Aspik*

1983

Ehrendoktor, sein siebter und letzter, der Universität Oxford.
Ablehnung der ihm, nach John Betjeman, angetragenen Ehre als Poet Laureate.

Fay Weldon, *The Life and Loves of a She-Devil*
Salman Rushdie, *Shame*
Arno Schmidt, *Julia, oder die Gemälde*
Wolfgang Hildesheimer, *Mitteilungen an Max*
Eckhard Henscheid, *Dolce Madonna Bionda*

1984

Ehrung als CH (Companion of Honour).
Am 11. Juni Einlieferung ins Krankenhaus; nach der Diagnose Speiseröhren-Krebs Ösophagus-Operation. Im Juli Entlassung.
Im November erneute Einlieferung ins Hospital in Hull.
Diktiert am 21. November seinen letzten Brief an Kingsley Amis.
Am 2. Dezember stirbt Philip Larkin.
Zur Beisetzung am 9. Dezember hält Kingsley Amis die Grabrede.

Martin Amis, *Money*
David Lodge, *Small World: An Academic Romance*
Julian Barnes, *Flaubert's Parrot*
Tom Stoppard, *The Real Thing*
William Golding, *The Paper Men*
Gerhard Polt & Hanns Christian Müller, *Da schau her*

1985

Graham Swift, *Waterland*
Jeanette Winterson, *Oranges are not the Only Fruit*
Arno Schmidt, »*Zürcher Kassette*«. *Das erzählerische Werk in 8 Bänden.*
Joseph v. Westphalen, *Warum ich Monarchist geworden bin*
Ror Wolf, *Hans Waldmanns Abenteuer*

1986	Verluste der Konservativen unter M. Thatcher. Unruhen in Nordirland. Abbruch der diplomatischen Beziehungen zu Libyen. AKW-GAU in Tschernobyl. Literatur-Nobelpreis an Wole Soyinka (Nigeria).	Booker Prize für *The Old Devils*. Ernennung zum Testamentsvollstrecker des literarischen Nachlasses von Dylan Thomas.
1987	Margaret Thatcher zum dritten Mal Premierministerin. Als letzter Schweizer Kanton gewährt Apppenzell den Frauen das Stimmrecht. Literatur-Nobelpreis an Joseph Brodsky.	Schreibt & moderiert von 28. Januar bis 4. März am BBC sechs Folgen über Jazz: *Blues with a Difference*. *The Crime of the Century* erscheint bei Hutchinson.
1988	Thatcher in Polen unterstützt Lech Walesa. Neil Kinnock bekennt sich als Chef der Labour-Party zur Marktwirtschaft. 125-Jahr Feier der SPD als älteste Partei Deutschlands Literatur-Nobelpreis an Nagib Mahfus. Shakespeare-Peis an Iris Murdoch.	*Difficulties with Girls* erscheint bei Hutchinson.
1989	George Bush, 41. Präsident der USA. GB lehnt Beitritt zur Europäischen Währungsunion ab. Reste vom Globe-Theatre in London gefunden. Fall der Berliner Mauer. Iranische Fatwa gegen Salman Rushdie wegen angeblicher Gotteslästerungen im Roman *Satanic Verse*. Rückzug der Roten Armee aus Afghanistan. Literatur-Nobelpreis an Camilo José Cela.	
1990	Friedens-Nobelpreis an Michail Gorbatschow. Mary Robinson erste Präsidentin der Republik Irland. Lech Walesa Präsident Polens. Vaclav Havel Ministerpräsident der Tschechoslowakei. Iraks Überfall auf Kuweit. Literatur-Nobelpreis an Ocatavio Paz. Booker-Prize an Antonia S. Byatt.	Im Juni als Sir Kingsley geadelt. Veröffentlicht: *The Pleasure of Poetry* und den Sammelband *The Amis Collection. Selected Non-Fiction 1954 – 1990*. Restaurant-Kritiker bei "Harpers and Queens".
1991	Irak-Krieg. Literatur-Nobelpreis an Nadine Gordimer.	*We Are All Guilty* – ein Roman für junge Erwachsene bei Viking.

1986

Julian Barnes, Starring at the Sun
Robert Gernhardt, Kippfigur
W. E. Richartz, Vom Äußersten
Joseph v. Westphalen, Warum ich Terrorist geworden bin
Hans Wollschläger, In diesen geistfernen Zeiten

1987

Dan Kavanagh, Going to the Dogs
Hermann Kinder, Ins Auge
Robert Gernhardt, Körper in Cafés
Eckhard Henscheid, Sudelblätter
Gerhard Polt & Hanns Christian Müller, Ja mei

1988

David Lodge, Nice Work
John Cleese & Conny Booth, The Complete Foulty Towers
Peter Greenaway, The Cook, the Thief, His Wife and her Lover
Heinrich Böll, Frauen vor Flußlandschaft
Axel Marquardt, Sämtliche Werke, Band I: Die frühe Prosa

1989

Monty Python's Flying Circus: Just the Words
John Cleese & Charles Crichton, A Fish Called Wanda
Julian Barnes, A History of the World in ten and a half Chapters
Harry Rowohlt, In Schwimmen-zwei-Vögel. Neuübersetzung
Peter Rühmkorf, Aus der Fassung – Selbst III/88
Gisbert Haefs, Hannibal – Der Roman Karthagos
F. W. Bernstein, Bernstein's Buch der Zeichnerei
Gerhard Mensching, E.T.A. Hoffmanns letzte Erzählung
Joseph v. Westphalen, Moderne Zeiten. Blätter zur Pflege der Urteilskraft

1990

Philip K. Dick & Paul Verhoeven, Total Recall
Aki Kaurismäki, I Hired a Contract Killer
Robert Gernhardt, Gedanken zum Gedicht
Harald Hartung stellt im "Merkur Nr. 499" erstmals Larkin-Gedichte zweisprachig vor

1991

Stephen Fry, The Liar
David Lodge, Paradise News
Robert Gernhardt, Lug und Trug
Frank Schulz, Kolks blonde Bräute

1992   Literatur-Nobelpreis an Derek Walcott.

Veröffentlicht *The Russian Girl* und *Memoirs* bei Hutchinson.
Lucky Jim erscheint als Penguin Taschenbuch mit einer Einleitung von David Lodge.

1993   Bill Clinton 52. Präsident der USA.
Friedens-Nobelpreis an Nelson Mandela.
Literatur-Nobelpreis an Toni Morrison.

Mrs Barratt's Secret and Other Stories erscheint bei Hutchinson.

1994   Nelson Mandela erster von allen frei gewählter Präsident Südafrikas.
Rückkehr Südafrikas ins Commonwealth.
Friedens-Nobelpreis an Yassir Arafat und Yitzak Rabin.
Gewaltverzichtserklärung der IRA.
Die Encyclopaedia Britannica erscheint nur noch als CD-Rom, nicht mehr in Buchform.
Literatur-Nobelpreis an Kenzaburo Oe.

Nach drei Kolumnen als Restaurant-Kritiker gefeuert.
You Can't Do Both erscheint bei Hutchinson.

1995   Literatur-Nobelpreis an Seamus Heany.

Kingsley Amis – A Biography von Eric Jacobs erscheint bei Hodder & Stoughton. Antwort mit *The Biographer's Moustache* bei HarperCollins.
Beginn des Romans *Black and White*, der unvollendet bleibt.
Ende August Schlaganfall. Behandlung in verschiedenen Krankenhäusern.
Am Morgen des 22. Oktober stirbt Kingsley Amis in London.
Am 31. Oktober Kremierung und Totenfeier in St. Mark's Church, nahe der Regent's Park Road.

1992

Robert Harris, Fatherland
Harold Nebenzal, Café Berlin
Stephen Fry, Paperweight
David Lodge, The Art of Fiction
Eckhard Henscheid, Die Wolken ziehn dahin
Axel Marquardt, 100 Jahre Lyrik!

1993

Jonathan Lynn, Mayday
Edmund Crispin, Der wandernde Spielzeugladen. Erstmals deutsch
Harry Rowohlt, Pooh's Corner. Meinungen und Deinungen eines Bären von geringem Verstand
Ulrich Holbein, Warum zeugst du mich nicht?

1994

Christopher Buckley, Thank you for Smoking
Stephen Fry, The Hippopotamus
David Sedaris, Barrel Fever

1995

Hugh Laurie, The Gun Seller
Michael Palin, Hemingway's Chair
David Lodge, Therapie: A Novel
Rober. Gernhardt, Wege zum Ruhm

Posthume Veröffentlichungen:

The King's English. A Guide to Modern Usage.
HarperCollins, London 1997.

Martin Amis, *Experience.* Jonathan Cape. London 2000.
[*Die Hauptsachen.* Deutsch von Werner Schmitz. Hanser, München 2005]

The Letters of Kingsley Amis, edited by Zachary Leader.
HarperCollins, London 2001.

Zachary Leader, *The Life of Kingsley Amis.*
Jonathan Cape, London 2006.

Posthume Veröffentlichungen:

"A Lifted Study-Storehouse". The Brynmor Jones Library 1929 – 1979, updated to 1985 with an Appreciation of Philip Larkin as Librarian. By Maeve Brennan. Hull University Press, Hull 1987.

Philip Larkin, Collected Poems. Edited by Anthony Thwaite. The Marvell Press & Faber & Faber, London 1988.

Selected Letters of Philip Larkin 1940 – 1985, edited by Anthony Thwaite. Faber & Faber, London 1992.

Andrew Motion, Philip Larkin. A Writer's Life. Faber & Faber, London 1993.

Philip Larkin, Jazz Writings. Essays and Reviews 1940 – 1984, edited by Richard Palmer & John White. The University of Hull Press, Hull 1999.

Philip Larkin, Further Requirements. Interviews, Broadcasts, Statements and Book Reviews 1952 –1985, edited by Anthony Thwaite. Faber & Faber, London 2002.

Philip Larkin, Trouble at Willow Gables and Other Fictions, edited by James Booth. Faber & Faber 2002.

Maeve Brennan, The Philip Larkin I knew. Manchester University Press, Manchester & New York 2002.

Philip Larkin, Early Poems and Juvenilia, edited by A. T. Tolley. Faber & Faber, London 2005.

In deutscher Übersetzung:

Philip Larkin, Gedichte. Ausgewählt und übertragen von Waltraud Maria Mitgutsch. Zweisprachig. Klett-Cotta, Stuttgart 1988.

Philip Larkin, Gedichte. Übersetzt von Harald Hartung. In: "Merkur" Nr. 499, September 1990.

Philip Larkin, Annus Mirabilis. Nachdichtung von Steffen Jacobs. In: Liebe, Lust & Leidenschaft. Hrsg. v. Eva Zutzel & Adam Zausel. Haffmans, Zürich 2001.

Philip Larkin, Wirbel im Mädcheninternat Willow Gables. Hrsg. von James Booth. Deutsch von Steffen Jacobs. Haffmans bei Zweitausendeins, Frankfurt a. M. 2004.

Philip Larkin
ANNUS MIRABILIS
Deutsch von Steffen Jacobs

Geschlechtsverkehr begann
Im Jahre Dreiundsechzig.
(Schon ziemlich spät für mich) –
Über *Lady Chatterley* hob sich der Bann,
Und die Beatles fingen grad an.

Bis dahin war da nichts gewesen
Als eine Art Geschacher,
Gerangel um einen Ring.
Eine Schande, die mit sechzehn anfing,
Und ausgriff auf alles und jeden.

Mit einem Schlag sank das dann hin,
Alle empfanden gleich,
Und jedes Leben war reich
Beschenkt: ein sicherer Lottogewinn,
Ein Durchbruch mit glattem Streich.

Nein, Leben ließ sich nie besser an
Als im Jahre Dreiundsechzig
(Obwohl zu spät für mich) –
Über *Lady Chatterley* hob sich der Bann,
Und die Beatles fingen grad an.

LARKIN-ZITATE

Ein gutes Gedicht über Scheitern & Versagen ist ein Erfolg.

Herauszufinden, wie man sagt, was man sagen will, braucht Zeit.

Das lesen zu können, was bisher noch keiner geschrieben hat, ist ein guter Grund zu schreiben.

*Im Zeitalter der Globalisierung besteht er auf dem Kleinen, dem Vergessenen, dem Unprofitablen, dem Verborgenen, Seltsamen, den Gedichten im Privatdruck, der Kapelle hinter dem Autobahnkreuz, den lokalen Aquarellen im Dorfmuseum
(geöffnet 2 – 4 Sonntag nachmittags).
Er haßt Spekulanten, Modernisierer, Zentralisierer und Rationalisierer, die alles verkehrsgerechter oder kindersicherer oder kostengünstiger zurichten wollen.*
(über John Betjaman)

Für Shakespeare gab es keinen Shakespeare-Preis.

Shakespeare erfreute sich einer wachsend wohlhabenden Laufbahn; dies geschah dadurch, daß er Stücke schrieb, die dem Publikum gefielen.

Meine Gedichte entstehen alle aus persönlicher
und nicht literarischer Erfahrung.
Und für den Leser ist völlig klar, was das bedeutet.

Ich finde Herbst und Winter besser
als Frühling und Sommer, da muß ich nicht zu tun,
als wäre ich fröhlich.

Kinder sind wirklich schrecklich.
Selbstsüchtige, laute, brutale, vulgäre kleine Monster.

Ich kann das nicht, wie die Jungs heute in Amerika
in den Universitäten ihre Runden machen und erklären,
wie ihre Gedichte entstehen. Als würde ich herumziehen
und öffentlich erklären, wie ich mit einer Frau schlafe.
Daraufhin sagte mir einer: Das machen die heute auch,
wenn der Agent ihnen Termine verschafft.

Glück im Sinne eines anhaltenden emotionalen
Orgasmus? Nein. Und wenn es nur am Bewußtsein liegt,
daß man sterben muß, und daß Menschen, die man liebt,
sterben müssen.

Romane handeln von Menschen. Gedichte von einem
selbst. Da liegt mein Problem. Ich weiß zu wenig von
anderen Menschen. Ich mag sie nicht genug.

Einer der größten Augenblicke meines Lebens
war die Erkenntnis, daß ich aus einem Theater auch
wieder herausgehen kann.

Das Apfelkuchen-Prinzip:
Ein Apfelkuchen schmeckt besser als ein Apfel,
obwohl das Beste am Apfelkuchen der Apfel ist.

Was man mit Literatur alles machen kann:
Sie schreiben, sie verlegen, sie lesen. Der ganze Rest
ist Geschwafel und Zeitverschwendung.

Der Dichter soll unbemerkt durchs Leben gehen,
farblos und unauffällig, er soll sich anziehen wie alle
anderen, den Scheitel links tragen und sich für billige
Plätze anstellen.

Ein Gedichtband soll wie ein Varieté-Programm
daherkommen:
Gegensätzliches, kurz-lang-kurz, Komisches,
Zwischenmusik, laßt die Mädels rein.

Ich halte mich eigentlich für komisch und hoffe,
das merkt man meinen Werken auch an.
Aber es ist das Unglück, aus dem ein Gedicht entsteht.
Glücklichsein führt zu keinem Gedicht.

Philip Larkin und Kingsley Amis, beide 1922 geboren, begegneten sich 1941 im St. John's College in Oxford, wo beide englische Sprache und Literatur studierten. Das war der Beginn einer wunderbaren lebenslangen Freundschaft, wie sie unter Literaten rarer und neidloser nicht gedacht werden kann – wohl auch, weil sie später in verschiedenen Gattungen brillierten.

Philip Larkin, im bürgerlichen Beruf Bibliothekar, ein schüchterner Stotterer, der nie vor mehr als sechs Menschen reden konnte, nie aus seinen Werken vorgelesen, nie einen öffentlichen Vortrag gehalten, England nur vier Mal im Leben kurz verlassen hat, wurde mit seinem schmalen Œuvre – vier Gedichtbände, zwei Romane, ein Band Jazzkritiken, ein Band Aufsätze, eine Gedicht-Anthologie – der berühmteste, erfolgreichste und beliebteste Lyriker der englischsprachigen Welt.

Kingsley Amis wurde ein gewaltiger Erzähler, der das humoristische Genre zur schneidenden Ironie steigern konnte und alle epischen Formen, vom Gesellschafts- bis zum Kriminal- und SF-Roman beherrschte – er hinterließ ein Werk von 25 Romanen, fünf Bänden mit Erzählungen, dazu zahlreiche Sachbücher, Gedichte, Anthologien; er war weit gereist, lehrte an ehrwürdigen amerikanischen und englischen Universitäten, war witzig-wortgewandt in den Medien präsent und ist der Vater eines bedeutenden Schriftstellers der Gegenwart.

Mit ihren Erstlingsromanen *Jill* (1946) und *Jim im Glück* (1954) haben Philip Larkin und Kingsley Amis der Nachkriegsliteratur Englands die Richtung gewiesen und nebenbei die Gattung des Campus-Romans begründet.

EDITORISCHE NOTIZ

Alle Brief-Zitate und Photos aus:

Selected Letters of PHILIP LARKIN 1940 – 1985.
Edited by Anthony Thwaite.
London · Boston: Faber & Faber 1992.
© The Estate of Philip Larkin, 1992.

The Letters of KINGSLEY AMIS.
Edited by Zachary Leader.
London: HarperCollinsPublishers 2000.
© The Estate of Kingsley Amis, 2000, 2001.

Beiheft zu den Romanen
»Jill« von Philip Larkin
und »Jim im Glück« von Kingsley Amis.

Abdruck der Zitate aus den Briefen von Kingsley Amis
mit freundlicher Genehmigung der Wylie Agency, London.
Abdruck der Zitate aus den Briefen von Philip Larkin
mit freundlicher Genehmigung von Faber & Faber, London.

Die Zitate aus dem Briefwechsel sind, wie das bei Zitaten so ist,
aus dem Zusammenhang gerissen, ohne daß Auslassungszeichen (...)
ausdrücklich auf Anfang und Fortgang des Briefes hinweisen.
Alles in runden Klammern (..) stammt von den Autoren;
Angaben in eckigen Klammern [] vom Hrsg.

1. Auflage: Frühjahr 2010.
Copyright © 2010 by Haffmans & Tolkemitt, Berlin-Zürich.

Übersetzung der Brief-Zitate von Steffen Jacobs.
Auswahl, Chronik & Redaktion: Gerd Haffmans in Eglisau am Rhein.
Konzeption, Satz & Gestaltung,
Werbeagentur Edelweiss & Reingold in Winterthur.
Lithos: Fotosatz Amann in Aichstetten.
Druck & Bindung: Ebner & Spiegel in Ulm.
Printed in Germany

PHILIP LARKIN

Jill
Ein Roman aus dem Jahr 1946
in deutscher Erstausgabe.
Mit einer Einleitung des Autors
zur Neuausgabe von 1964.

Statt eines Nachworts eine Rede
von Kingsley Amis und ein Nachruf
von Martin Amis auf Philip Larkin.

Aus dem Englischen übersetzt
von Steffen Jacobs.

ISBN 978-3-94208-11-8
Bestell-Nr. 250015

KINGSLEY AMIS

Jim im Glück
Ein Roman aus dem Jahr 1954
in vollständiger Neuübersetzung.
Mit einer Einleitung von David Lodge
zur Taschenbuchausgabe von 1992.

Aus dem Englischen übersetzt
von Steffen Jacobs.

ISBN 978-3-94208-10-1
Bestell-Nr. 250016
www.Zweitausendeins.de

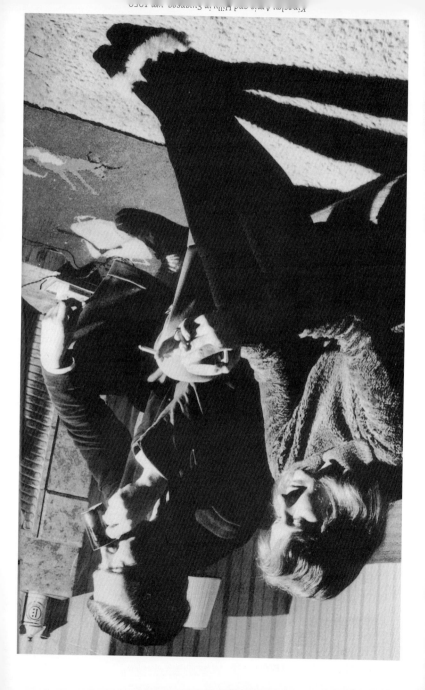

Kingsley Amis and Hilly in Swansea, ca 1950

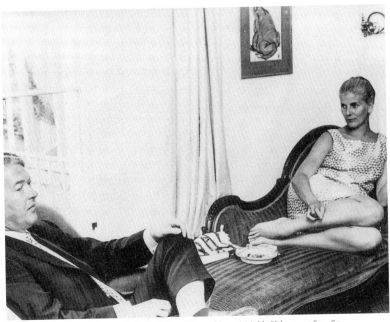

Kingsley Amis und Elizabeth Jane Howard in 108 Maida Vale, ca. 1965–67

Kingsley Amis und Elizabeth Jane Howard im Garten von Lemmons, um 1970

Philip Larkin 1961

Philip Larkin und Patsy Strang

Philip Larkin

Philip Larkin und John Bateman 1954

Anthony Powell, Kingsley Amis, Philip Larkin und Hilly Amis in London, 1958

»Nicht auszudenken, wie die Geschichte der englischen Nachkriegsliteratur verlaufen wäre, wenn Kingsley Amis & Philip Larkin sich nicht als Studenten in Oxford begegnet und enge Freunde geworden wären.

Sie führten einen neuen Stil ein, fanden eine neue Stimme, eine neue Haltung in Poesie wie in Prosa, sie prägten die literarische Landschaft, sie definierten das Selbstverständnis des Schriftstellers neu. Dies war eine gemeinsame Unternehmung, sie belehrten, berieten und ermunterten sich wechselseitig durch die ruhmlosen Lehrjahre.« *David Lodge*